Rechtslehre

Bürgerliches Recht, Zivilprozess und Zwangsvollstreckung, Freiwillige Gerichtsbarkeit, Arbeitsrecht und Arbeitsgerichtsverfahren, Grundzüge des Verwaltungsrechts und Verwaltungsstreitverfahrens, Strafrecht und Strafverfahren, Kostenrecht

Dr. jur. Elisabeth Mast
Oberstudienrätin a. D.

Dr. jur. Rolf Gerold
Verbandssyndikus a. D.

Götz Trolldenier
Dipl.-Rechtspfleger

Sylvia Derer
Rechtsanwältin

Tamara Witt
Dipl.-Rechtspflegerin

4. Auflage

Bestellnummer 04314

Bildungsverlag EINS – Gehlen

www.bildungsverlag1.de

Gehlen, Kieser und Stam sind unter dem Dach des Bildungsverlages EINS zusammengeführt.

Bildungsverlag EINS
Sieglarer Straße 2, 53842 Troisdorf

ISBN 3-441-**04314**-6

© Copyright 2003: Bildungsverlag EINS GmbH, Troisdorf
Das Werk und seine Teile sind urheberrechtlich geschützt. Jede Verwertung in anderen als den gesetzlich zugelassenen Fällen bedarf deshalb der vorherigen schriftlichen Einwilligung des Verlages.

VORWORT

Die vorliegende 4., überarbeitete Auflage der Rechtslehre umfasst alle wesentlichen Rechtsgebiete, vor allem die in der „Verordnung über die Berufsausbildung zum Rechtsanwaltsfachangestellten/zur Rechtsanwaltsfachangestellten, zum Notarfachangestellten/zur Notarfachangestellten, zum Rechtsanwalts- und Notarfachangestellten/zur Rechtsanwalts- und Notarfachangestellten und zum Patentanwaltsfachangestellten/zur Patentanwaltsfachangestellten (ReNoPat-Ausbildungsverordnung-ReNoPatAusbV)" des Bundesministeriums der Justiz in der Fassung vom 15. Februar 1995 und im Bundesrahmenlehrplan für die Rechtsanwalts- und Notarfachangestellten aufgeführten Bereiche, die je nach Bedeutung für die Berufsausbildung mehr oder weniger ausführlich behandelt sind. Es ist jedoch auch für den Rechtskundeunterricht an den allgemeinbildenden Schulen gedacht.

Behandelt werden die auf der Titelseite genannten Rechtsgebiete. Das Handels- und Wertpapierrecht wurde nicht aufgenommen, weil es der Betriebswirtschaftslehre zuzuordnen ist.

Das Lehrbuch vermittelt Rechtskenntnisse und gibt Einblick in rechtliche und soziale Zusammenhänge. Es ist außer für den Unterrichtsgebrauch auch zum Selbststudium geeignet, da der Lernende anhand der im Text angegebenen Gesetzesbestimmungen und mithilfe der vielen Beispiele die Zusammenhänge selbst erkennen kann. Die jedem Teilgebiet angeschlossenen Wiederholungs- und Übungsaufgaben helfen ihm, das Gelernte anzuwenden und zu festigen. Das Buch ist zugleich Lehr- und Übungsbuch. Ein Lösungsheft zu den Wiederholungsaufgaben ist im Handel erhältlich.

Die rechtlichen Bestimmungen sind einem ständigen und oft recht schnellen Wandel unterworfen. Verfasser und Verlag bemühen sich, den Inhalt durch überarbeitete Neuauflagen und, wenn nötig, durch Aktualisierungsbeilagen auf dem neuesten Stand zu halten. Für Hinweise auf erforderliche oder wünschenswerte Änderungen, die sich auch unter dem Einfluss landesrechtlicher Bestimmungen ergeben können, sind wir den Lesern dankbar.

Die Arbeiten für die 4. Auflage wurden im Juli 2002 abgeschlossen. Alle bis dahin ergangenen gesetzlichen Bestimmungen sind berücksichtigt worden, u. a.:

◆ Neufassung des Verbraucherkreditgesetzes vom 29. Juni 2000 (BGB1 I 940);
◆ Neufassung des Gesetzes über den Widerruf von Haustürgeschäften und ähnlichen Geschäften vom 29. Juni 2000 (BGB1 I 955);
◆ Gesetz zur Änderung und Ergänzung des Strafverfahrensrechts – Strafverfahrensänderungsgesetz – vom 2. August 2000 (BGB1 I 1253);
◆ Gesetz zur Reform des Zivilprozesses vom 27. Juli 2001, in Kraft seit 1. Januar 2002;
◆ Gesetz zur Modernisierung des Schuldrechts vom 26. November 2001, in Kraft seit 1. Januar 2002;
◆ Gesetz zur Einführung des Euro in Rechtspflegegesetzen vom 13. Dezember 2001, in Kraft seit 1. Januar 2002;
◆ Gesetz zur Änderung schadensersatzrechtlicher Vorschriften vom 19. Juli 2002, in Kraft seit 1. August 2002.

Die Verfasser

INHALTSÜBERSICHT

Einführung 7
A. Grundlagen des Rechts 7
B. Überblick über die Arten der Gerichtsbarkeit, ihren Aufbau und ihre Aufgaben 10
C. Die Personen der Rechtspflege 12

Das Bürgerliche Recht 23
Das Bürgerliche Gesetzbuch (BGB) 24
Erstes Buch: Allgemeiner Teil 24
A. Die Personen im Rechtsverkehr (Rechtssubjekte) 24
B. Die Gegenstände des Rechtsverkehrs (Rechtsobjekte) 32
C. Das Rechtsgeschäft 37

Zweites Buch: Recht der Schuldverhältnisse 51
A. Wesen und Entstehung der Schuldverhältnisse 51
B. Die geschuldete Leistung 52
C. Die Forderungsabtretung 57
D. Aufhebung und Erlöschen von Schuldverhältnissen 58
E. Schuldverhältnisse aus Verträgen 62
F. Schuldverhältnisse aus unerlaubten Handlungen 80
G. Der Schadensersatz 83
H. Schuldverhältnisse aus ungerechtfertigter Bereicherung 85

Drittes Buch: Sachenrecht 88
A. Rechte an beweglichen Sachen (Fahrnisrecht) 88
B. Rechte an Grundstücken (Liegenschaftsrecht) 97

Viertes Buch: Familienrecht 115
A. Verwandtschaft und Schwägerschaft 115
B. Das Eherecht 116
C. Das Rechtsverhältnis zwischen Eltern und Kindern 127
D. Die Unterhaltspflicht 134
E. Die nichteheliche Lebensgemeinschaft 137
F. Die eingetragene Lebenspartnerschaft 138
G. Vormundschaft über Minderjährige, Betreuung Volljähriger und Pflegschaft 139

Fünftes Buch: Erbrecht 143
A. Allgemeines 143
B. Die gesetzliche Erbfolge 144
C. Die Verfügungen von Todes wegen 147
D. Die rechtliche Stellung des Erben 152
E. Pflichtteil – Vermächtnis – Auflage 155
F. Erbverzicht – Erbunwürdigkeit 157

Das Verfahrensrecht 164
Der Zivilprozess 164
A. Die Besetzung der ordentlichen Zivilgerichte und der Instanzenzug 164
B. Die Zuständigkeit 166
C. Die Prozessparteien 171
D. Die Prozesskostenhilfe 176
E. Die Beratungshilfe für Bürger mit geringem Einkommen 178
F. Zustellungen 180
G. Termine – Fristen – Wiedereinsetzung in den vorigen Stand 183

Das gerichtliche Mahnverfahren 192
A. Überblick und Voraussetzungen 192
B. Mahnbescheid und Widerspruch 193
C. Vollstreckungsbescheid und Einspruch 196
D. Die maschinelle Bearbeitung der Mahnsachen 199

Das ordentliche Verfahren (Klageverfahren) 204
A. Die Klagearten 204
B. Die Erhebung der Klage 205
C. Die Prozessvoraussetzungen 208
D. Das Verfahren in erster Instanz 210

Abweichungen vom normalen Verfahren 233
A. Das Versäumnisverfahren 233
B. Die Entscheidung nach Lage der Akten 235
C. Das schriftliche Verfahren 236

Besondere Verfahrensarten 238
A. Der Urkunden- und Wechselprozess 238
B. Das Verfahren in Familiensachen, in Kindschaftssachen und
   das Verfahren über den Unterhalt Minderjähriger 240

Die Rechtsmittel 250
A. Berufung und Anschlussberufung 251
B. Revision und Sprungrevision 253
C. Die Beschwerde 255
D. Zusammenfassender Überblick über Rechtsmittel und Rechtsbehelfe im Zivilprozess 256

Die Wiederaufnahme des Verfahrens 258

Überblick über das Aufgebots- und das schiedsrichterliche Verfahren 261
A. Das Aufgebotsverfahren 261
B. Das schiedsrichterliche Verfahren 262

Die freiwillige Gerichtsbarkeit 263
A. Begriff und Angelegenheiten der freiwilligen Gerichtsbarkeit 263
B. Das Verfahren der freiwilligen Gerichtsbarkeit 264

Vollstreckungsrecht 275

Die Zwangsvollstreckung: Allgemeine Vorschriften 278
A. Die Arten der Zwangsvollstreckung 278
B. Die Voraussetzungen der Zwangsvollstreckung 279
C. Die Organe der Zwangsvollstreckung 284

Die Zwangsvollstreckung wegen Geldforderungen 288
A. Die Zwangsvollstreckung in das bewegliche Vermögen 288
B. Die Zwangsvollstreckung in das unbewegliche Vermögen (Immobiliarvollstreckung) 309

Die Zwangsvollstreckung wegen anderer Ansprüche 315
A. Die Zwangsvollstreckung zur Erwirkung der Herausgabe von Sachen 315
B. Die Zwangsvollstreckung zur Erwirkung von Handlungen 315
C. Die Zwangsvollstreckung zur Erwirkung von Duldungen und Unterlassungen ... 317
D. Die Leistung des Interesses 317
E. Die Zwangsvollstreckung wegen Abgabe von Willenserklärungen 317

Eidesstattliche Versicherung und Haft 319

Die Einwendungen gegen die Zwangsvollstreckung 323
A. Die Erinnerung 323
B. Die Vollstreckungsabwehrklage 323
C. Die Drittwiderspruchsklage (Interventionsklage) 324

    D. Die Klage auf vorzugsweise Befriedigung 325
    E. Die sofortige Beschwerde 325
    F. Vollstreckungsschutz in Härtefällen 326
    G. Die Einstellung der Zwangsvollstreckung durch den Gerichtsvollzieher 327
Arrest und einstweilige Verfügung 330
Insolvenzverfahren 334

Besondere Gerichtsverfahren 338
Arbeitsrecht und Arbeitsgerichtsverfahren 339
Verwaltungsrecht und Verwaltungsstreitverfahren 346

Strafrecht und Strafverfahren 352
Das Strafrecht 354
    A. Allgemeiner Teil des Strafgesetzbuches 354
    B. Besonderer Teil des Strafgesetzbuches 362
Das Strafverfahren 374
Das Jugendstrafverfahren 385
Das Bußgeldverfahren 389

Kostenrecht 397
Die Gebühren des Rechtsanwalts 398
    A. Allgemeine Grundzüge 398
    B. Die Gebühren in bürgerlichen Rechtsstreitigkeiten und ähnlichen Verfahren 420
    C. Die Gebühren im Verfahren der Zwangsversteigerung und der Zwangsverwaltung ... 460
    D. Die Gebühren in Insolvenzverfahren 463
    E. Die Gebühren in Strafsachen 464
    F. Die Gebühren in Verfahren vor Gerichten der Verfassungs-, Verwaltungs- und
       Finanzgerichtsbarkeit und vor den Gerichten der Sozialgerichtsbarkeit 475
    G. Die Gebühren in sonstigen Angelegenheiten 477
Die Gerichtsgebühren nach dem Gerichtskostengesetz 480
    A. Einführung 480
    B. Gebührentatbestände in bürgerlichen Rechtsstreitigkeiten 480
Die Kosten des Notars 487
    A. Allgemeine Vorschriften 487
    B. Die Bestimmung des Geschäftswertes 491
    C. Die Höhe der Gebühren 498

Abkürzungen 509

Sachwortverzeichnis 510

Ausführliche Inhaltsverzeichnisse befinden sich am Anfang der verschiedenen Rechtsgebiete

EINFÜHRUNG

Inhalt

A. Grundlagen des Rechts 7
   1. Wesen und Ursprung des Rechts 7
   2. Quellen des Rechts 7
   3. Privatrecht und öffentliches Recht 8
   4. Träger des Rechts 9
B. Überblick über die Arten der Gerichtsbarkeit, ihren Aufbau und ihre Aufgaben 10
C. Die Personen der Rechtspflege 12
   1. Der Richter 12
   2. Der Rechtspfleger 12
   3. Der Urkundsbeamte 13
   4. Der Gerichtsvollzieher 13
   5. Der Staatsanwalt 13
   6. Der Rechtsanwalt 14
   7. Der Notar 16

Wiederholungsaufgaben 18

A. Grundlagen des Rechts

1. Wesen und Ursprung des Rechts

Das Recht regelt die rechtlichen Beziehungen der Menschen in der staatlichen Gemeinschaft, es ist von der kulturellen und wirtschaftlichen Entwicklung beeinflusst. Durch Gebote und Verbote ordnet es den Verlauf unseres gesellschaftlichen Lebens.

Das Wort „Recht" hat einen doppelten Sinn:
- zum einen bedeutet es Rechtssatz, Vorschrift, Regel (objektives Recht),
- zum anderen bedeutet es Berechtigung, Rechtsanspruch einer Person (subjektives Recht).

Nicht allein das Recht ordnet die sozialen Beziehungen. Neben ihm bestimmen Religion, Sittlichkeit und Sitte das menschliche Verhalten.

2. Quellen des Rechts

Das Rechtsgefühl des Menschen genügt nicht, im Streitfall über Recht und Unrecht zu entscheiden. Die Rechtsordnung muss deshalb in Rechtsvorschriften (Rechtsnormen) ihren Ausdruck finden, die so abstrakt, d. h. losgelöst vom Einzelfall, gefasst sein müssen, dass sie auf alle denkbar möglichen Sachverhalte angewandt werden können.

Gesetzesrecht und Gewohnheitsrecht sind zu unterscheiden:

Das Gesetzesrecht ist schriftlich festgelegt. Häufig ist es in Gesetzbüchern zusammengefasst.

Beispiele:
- das bürgerliche Recht im Bürgerlichen Gesetzbuch (BGB), im Handelsgesetzbuch (HGB);
- das Strafrecht im Strafgesetzbuch (StGB);
- das Prozessrecht in der Zivilprozessordnung (ZPO), in der Strafprozessordnung (StPO).

Das **Gewohnheitsrecht** ist durch *lang dauernde Übung* (Gewohnheit) entstanden. Es ist nicht schriftlich niedergelegt, wird aber *als Recht anerkannt,* z. B. hat sich die Sicherungsübereignung durch Gewohnheitsrecht entwickelt. **Das Gesetzesrecht wird unterteilt in Gesetze, Rechtsverordnungen und Satzungen.**

◆ Gesetze

Gesetze werden von den durch die Verfassung berufenen Organen (Gesetzgebende Gewalt – Legislative) erlassen, z. B. die Bundesgesetze vom Bundestag unter Mitwirkung des Bundesrats, die Landesgesetze von den Landtagen.

◆ Rechtsverordnungen

Rechtsverordnungen werden von der vollziehenden Gewalt (Exekutive) aufgrund einer ausdrücklichen **gesetzlichen Ermächtigung** erlassen. Nach Art. 80 GG können die Bundesregierung, ein Bundesminister oder die Landesregierungen Rechtsverordnungen erlassen.

Beispiel: Die Bundesregierung kann aufgrund der Ermächtigung in § 1612 a BGB den Unterhalt eines minderjährigen Kindes durch Rechtsverordnung[1]) festsetzen. Die Regelbetragsverordnung vom 6. April 1998 geht auf diese Ermächtigung zurück.

Von den Rechtsverordnungen sind die **Verwaltungsanordnungen** zu unterscheiden, die nur innerdienstliche Anweisungen der übergeordneten Dienststellen an die untergeordneten enthalten, z. B. eine Anordnung des Justizministeriums für die Gerichtsvollzieherverteilerstelle oder die Geschäftsstellenleiter der Gerichte.

◆ Satzungen

Satzungen werden von im Staate bestehenden staatlichen Verbänden, den Körperschaften, Anstalten und Stiftungen des öffentlichen Rechts zur Regelung ihrer Angelegenheiten erlassen.

Beispiele:
- Die Gemeinden erlassen die Haushaltssatzung.
- Die zu einem Zweckverband zur Müllbeseitigung zusammengeschlossenen Gemeinden regeln die Rechte und Pflichten der Mitglieder und die Möglichkeit des Beitritts weiterer Gemeinden.

Die Satzungen sind *öffentlich bekannt zu machen.*

3. Privatrecht und öffentliches Recht

Die Rechtsordnung unterscheidet Privatrecht und öffentliches Recht.

◆ Das Privatrecht

Das Privatrecht, auch **bürgerliches Recht oder Zivilrecht** genannt, regelt die privaten Rechtsbeziehungen der Einzelnen zueinander, wobei sich die **Beteiligten gleichberechtigt** gegenüberstehen. Sie sind befugt, ihre rechtlichen Beziehungen frei zu regeln, ohne dass grundsätzlich der Staat mitwirkt.

Zum Privatrecht gehört vor allem das im BGB niedergelegte Recht, das Handelsrecht, das Urheber- und Erfinderrecht. Eine reinliche Scheidung von privatem und öffentlichem Recht ist oft *schwierig,* weil der Staat immer wieder in privatrechtliche Verhältnisse eingreift, z. B. in das Miet-, Pacht- und Arbeitsrecht durch Kündigungsschutzbestimmungen.

---

[1]) Näheres über die RegelbetragVO siehe S. 136.

◆ **Das öffentliche Recht**

Das öffentliche Recht regelt die rechtlichen Beziehungen der staatlichen Verbände untereinander, z. B. der einzelnen Länder und Gemeinden und **des Einzelnen zum Staat. Der Staat ist kraft seiner Staatsgewalt (Hoheitsgewalt) dem Einzelnen übergeordnet.**

Beispiele:
- Jeder Einwohner einer Gemeinde ist den Bestimmungen über Müllabfuhr, Gehwegreinigung, Streupflicht unterworfen.
- Der einzelne Handwerker ist der Satzung der Handwerkskammer, der Benutzer eines öffentlichen Schwimmbades der Hausordnung unterworfen.
- Für den Steuerzahler ist der Steuerbescheid des Finanzamtes bindend, für den Bauherrn die endgültige Ablehnung seines Baugesuchs.

Tritt der Staat jedoch als „Privatmann" auf, kauft er z. B. Heizöl oder Schreibmaterial für die Behörden, Baustoffe für den Straßenbau, ist er seinen Vertragspartnern nicht übergeordnet; er untersteht den Bestimmungen des Privatrechts wie diese auch.

Zum öffentlichen Recht gehören insbesondere folgende Rechtsgebiete:
- das Staatsrecht (Verfassungs- und Verwaltungsrecht),
- das Kirchen- und Völkerrecht,
- das Strafrecht,
- das gesamte Verfahrensrecht, vor allem das Zivilprozess- und Strafprozessrecht,
- das Steuerrecht.

Das Verfassungsrecht regelt den rechtlichen Aufbau, die Verfassung des Staates, **das Verwaltungsrecht** die Aufgaben der staatlichen Einrichtungen (Behörden, Körperschaften, Anstalten) auf der Grundlage der Verfassung, das **Kirchenrecht** die Beziehungen zwischen den kirchlichen und staatlichen Verbänden, das **Völkerrecht** die staatsrechtlichen Beziehungen zwischen den einzelnen Völkern.

4. Träger des Rechts

Träger des Rechts sind sowohl die natürlichen Personen (Menschen) als auch die **juristischen Personen**[1]. Bei den juristischen Personen unterscheidet man solche des privaten Rechts und des öffentlichen Rechts.

Juristische Personen des privaten Rechts sind:
- die Kapitalgesellschaften (z. B. GmbH, AG),
- der eingetragene Verein (eV),
- die eingetragene Genossenschaft (eG),
- die Stiftung des privaten Rechts.

Keine juristischen Personen sind:

die offene Handelsgesellschaft (oHG) und die Kommanditgesellschaft (KG). Bei ihnen hat der Gesetzgeber von einer eigenen Rechtspersönlichkeit abgesehen, weil hier im Gegensatz zu den oben genannten juristischen Personen schon natürliche Personen als persönlich haftende Gesellschafter vorhanden sind. Wenn oHG und KG im Gegensatz zu den juristischen Personen auch nicht rechtsfähig sind, sind sie aber doch parteifähig (§§ 124, 161 HGB).

[1]) Zum Wesen der juristischen Person siehe S. 27.

Juristische Personen des öffentlichen Rechts sind:

◆ **Körperschaften,** dazu gehören:
- **Gebietskörperschaften:** Gemeinden, Gemeindeverbände (z. B. Abwasser- oder Müllbeseitigungszweckverbände), Städte, Landkreise, Bundesländer und schließlich der Bund selbst.
- **Personenkörperschaften:** Hierzu gehören die berufsständischen Kammern (Industrie- und Handelskammern, Rechtsanwalts- und Notarkammern, Ärztekammern, Handwerkskammern, Zahnärztekammern, Architektenkammern).

Körperschaften entstehen durch staatlichen Hoheitsakt (Verwaltungsakt)[1]) oder durch Gesetz. Sie unterstehen einer besonderen staatlichen Aufsicht, z. B. die Rechtsanwaltskammer der des Justizministers. Die Mitgliedschaft ist nicht freiwillig, sondern beruht auf Zwang, z. B. ist jeder Einwohner einer Gemeinde der Gemeindesatzung unterworfen und muss Grundsteuern an die Gemeinde zahlen und ggf. Straßenreinigungspflichten wahrnehmen. Jeder Rechtsanwalt oder Arzt muss als „Zwangs"-Mitglied seiner Kammer den Kammerbeitrag zahlen, sich den Richtlinien der Kammer unterwerfen und ihren Anordnungen fügen.

◆ **Die rechtsfähigen Anstalten des öffentlichen Rechts:** Sie unterscheiden sich von den Körperschaften dadurch, dass sie keine Personenverbände sind, sondern eine Verbindung von Verwaltungsmitteln, die aus Sachen und Personen bestehen (Verwaltungsapparat). Sie sind einem Träger der öffentlichen Verwaltung unterstellt, z. B. einem Ministerium, und dienen einem besonderen öffentlichen Zweck, z. B. die Kreissparkassen, die Landesversicherungsanstalten, die Bundesanstalt für Arbeit.

◆ **Die Stiftungen des öffentlichen Rechts:** Es handelt sich hier um eine rechtlich selbstständige Vermögensmasse, aus der je nach dem Zweck der Stiftung Beträge zu Förderung wissenschaftlicher, künstlerischer und sonstiger öffentlicher oder privater Einrichtungen gezahlt werden, z. B. unterhält die Stiftung Preußischer Kulturbesitz mit dem Sitz in Berlin Gemäldegalerien, wissenschaftliche Institute und Bibliotheken.

B. Überblick über die Arten der Gerichtsbarkeit, ihren Aufbau und ihre Aufgaben

Jeder Bürger hat gegen den Staat Anspruch auf Schutz seiner Rechte. Der Staat gewährt diesen *Rechtsschutz* durch die Gerichte und eröffnet hierzu einen bestimmten *Rechtsweg*. Welcher Rechtsweg zu beschreiten ist, ergibt sich aus der Art des Schutzes, der verlangt wird:

◆ Schutz gegen Verletzung privatrechtlicher Ansprüche gewähren die Zivilgerichte,
◆ Schutz gegen verbrecherische Angriffe auf Person und Vermögen ist Aufgabe der Strafgerichte,
◆ Schutz gegen widerrechtliche Maßnahmen des Staates und seiner Institutionen gegen den Bürger gewähren die Verwaltungs- und die Verfassungsgerichte.

Der Verlauf der Gerichtsverfahren (Prozesse) ist in den Prozessordnungen geregelt, insbesondere in der Zivilprozessordnung, der Strafprozessordnung und in der Verwaltungsgerichtsordnung.

---

[1]) Verwaltungsakte sind Entscheidungen oder Maßnahmen, die von einer Verwaltungsbehörde zur Regelung eines Einzelfalls auf dem Gebiet des öffentlichen Rechts getroffen werden.

Überblick über die Arten der Gerichtsbarkeit, ihren Aufbau und ihre Aufgaben:

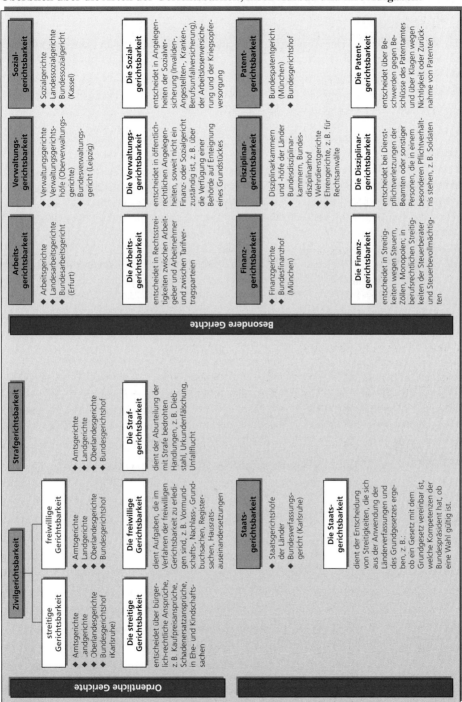

C. Die Personen der Rechtspflege

1. Der Richter

Das Amt des Richters, seine Ausbildung und seine besondere Stellung im Staat sind im Deutschen Richtergesetz (DRiG) geregelt. Hiernach wird die Rechtssprechung durch Berufsrichter und ehrenamtliche Richter (Laienrichter, § 109 GVG) ausgeübt.

Die Befähigung zum Richteramt wird durch das Bestehen der ersten und zweiten juristischen Staatsprüfung erworben. Zwischen den beiden Prüfungen liegt ein Vorbereitungsdienst von zurzeit zwei Jahren.

Zum Richteramt ist außerdem jeder ordentliche Professor der Rechte an einer deutschen Universität befähigt.

Richter sind in ihrer Entscheidung unabhängig; sie sind *nur dem Gesetz und ihrem Gewissen* unterworfen (Art. 97 GG § 38 DRiG). Keine staatliche Stelle hat das Recht, ihre Rechtssprechung zu beeinflussen oder sie gegen ihren Willen zu versetzen oder abzusetzen.

Neben den Berufsrichtern sind ehrenamtliche Richter (Laienrichter) tätig. Sie heißen in der Strafgerichtsbarkeit „Schöffen", in anderen Gerichtsbarkeiten „ehrenamtliche Richter". Sie sind ebenso unabhängig wie die Berufsrichter und haben wie diese das Berufsgeheimnis zu wahren.

Von der Ausübung des Richteramtes ist ein Richter in bestimmten Fällen *kraft Gesetzes ausgeschlossen* (§ 41 ZPO; §§ 22, 23 StPO).

Beispiele:
- wenn er in einer Zivilsache selbst Partei oder in einer Strafsache selbst Verletzter ist;
- wenn er in einer Sache bereits in einem früheren Rechtszug oder in anderer Eigenschaft, z. B. als Staatsanwalt oder Verteidiger, tätig gewesen ist;
- wenn es sich um eine Sache seines Ehegatten handelt, auch wenn die Ehe nicht mehr besteht;
- wenn er mit einer Partei, mit dem Verletzten oder Beschuldigten nahe verwandt oder verschwägert ist.

Liegt ein Grund vor, der Unparteilichkeit eines Richters zu misstrauen, kann er *abgelehnt werden* (§ 42 ZPO, § 24 StPO). Das Ablehnungsrecht steht jeder Partei, in Strafsachen dem Beschuldigten, dem Privatkläger und dem Staatsanwalt zu. Über das Ablehnungsgesuch entscheidet das Gericht, dem der Richter angehört. Über die Ablehnung des Richters beim Amtsgericht entscheidet das Landgericht, in Kindschaftssachen und bei Ablehnung eines Familienrichters das Oberlandesgericht. Einer Entscheidung bedarf es nicht, wenn der Richter beim Amtsgericht das Ablehnungsgesuch für begründet hält. (§ 45 Abs. 2 ZPO).

2. Der Rechtspfleger

Neben dem Richter nimmt der Rechtspfleger eine Vielzahl *richterlicher Tätigkeiten* wahr. Rechtspfleger sind Fachjuristen mit Fachhochschulausbildung und Prüfung für den gehobenen Justizdienst. Sie sind bei der Erledigung ihrer Geschäfte *sachlich unabhängig,* also wie der Richter nur dem Gesetz und ihrem Gewissen unterworfen. Für den Rechtspfleger gelten *dieselben Ausschließungs- und Ablehnungsgründe* wie für den Richter.

Zu seinen Aufgaben gehören vor allem:
- das Mahnverfahren (Mahnbescheid und Vollstreckungsbescheid),
- die Grundbuchsachen[1],

---

[1] In Württtemberg sind in Grundbuch-, Vormundschafts- und Nachlasssachen an Stelle des Rechtspflegers die Amtsnotare (Notare im Landesdienst) zuständig.

- Register-, Nachlass- und Vormundschaftssachen[1]), Familien-und Betreuungssachen[1]),
- Die Tätigkeiten des Vollstreckungsgerichts[1]),
- das Kostenfestsetzungsverfahren nach §§ 193 ff. ZPO und nach § 19 BRAGO,
- die Beratungshilfe für Bürger mit geringem Einkommen.

3. Der Urkundsbeamte

Bei jedem Gericht und jeder Staatsanwaltschaft sind *Geschäftsstellen* eingerichtet, die mit der erforderlichen Anzahl von Urkundsbeamten besetzt sind. Als Urkundsbeamte werden in der Regel Beamte des mittleren Justizdienstes[2]) tätig, in einfacheren Geschäften auch Justizangestellte mit entsprechender Ausbildung. Eine Anzahl rechtlich schwieriger Geschäfte des Urkundsbeamten ist jedoch dem Rechtspfleger als Urkundsbeamten des gehobenen Justizdienstes vorbehalten[3]).

Zu den Aufgaben des Urkundsbeamten gehören unter anderem:
- Urteile und Beschlüsse auszufertigen,
- Anträge und Rechtsbehelfe der Parteien aufzunehmen,
- Zustellungen zu vermitteln,
- Kosten des Pflichtverteidigers und des im Prozesskostenhilfeverfahren beigeordneten Rechtsanwalts festzusetzen.

4. Der Gerichtsvollzieher

Der Gerichtsvollzieher ist *Zustellungs- und Vollstreckungsbeamter*. Ihm obliegen insbesondere die Zustellungen im Auftrag der Partei, die Zwangsvollstreckung in das bewegliche Vermögen des Schuldners, angeordnete Vorführungen und Verhaftungen, Wegnahmen und Räumungen und die Abnahme der eidesstattlichen Versicherung. Jeder Gerichtsvollzieher ist für einen bestimmten Bezirk zuständig. Er unterhält ein eigenes Büro. Er wird entweder unmittelbar von der Partei beauftragt oder über die Verteilerstelle für Gerichtsvollzieheraufträge.

Der Gerichtsvollzieher erhält als Beamter des mittleren Justizdienstes ein festes Gehalt. Außerdem stehen ihm ein Teil seiner Gebühren und Ersatz seiner Auslagen zu, die er von seinem Auftraggeber oder vom Schuldner erhebt.

Der Gerichtsvollzieher ist von der Ausübung seines Amtes kraft Gestzes unter denselben Voraussetzungen ausgeschlossen wie der Richter von der Ausübung des Richteramtes. Er kann aber nicht abgelehnt werden.

5. Der Staatsanwalt

Bei jedem Gericht soll eine Staatsanwaltschaft bestehen (§ 141 GVG). Das Amt wird von Beamten ausgeübt, die die Befähigung zum Richteramt haben:
- beim Bundesgerichtshof durch den Generalbundesanwalt und durch Bundesanwälte,
- bei den Oberlandesgerichten und Landgerichten durch Staatsanwälte,
- bei den Amtsgerichten durch Staatsanwälte oder Amtsanwälte[3]).

---

[1]) Einzelne Aufgaben aus diesen Rechtsbereichen sind dem Richter vorbehalten.
[2]) Die Abgrenzung der Aufgaben des Urkundsbeamten des mittleren Justizdienstes von denen des gehobenen Justizdienstes ergibt sich aus §§ 153 GVG, 24 RpflG.
[3]) Die Amtsanwälte sind Beamte des gehobenen Justizdienstes (Rechtspfleger) mit zusätzlicher strafrechtlicher Ausbildung. Sie nehmen bei den Amtsgerichten im Bereich der „Kleinkriminalität" und des Straßenverkehrsrechts die Aufgaben des Staatsanwalts wahr.

Einführung

Der Staatsanwalt ist im Strafprozess *Vertreter der Anklage.*

Im Gegensatz zu den Richtern haben die Beamten der Staatsanwaltschaft die *dienstlichen Anweisungen ihres Vorgesetzten zu befolgen.* Besteht die Staatsanwaltschaft eines Gerichtes aus mehreren Beamten, so handeln die dem ersten Beamten beigeordneten Staatsanwälte als dessen Vertreter.

Hilfsbeamte der Staatsanwaltschaft sind die Beamten der Kriminalpolizei. Sie haben Anordnungen der Staatsanwaltschaft zu befolgen.

6. Der Rechtsanwalt

Der Beruf des Rechtsanwaltes ist in der Bundesrechtsanwaltsordnung (BRAO) geregelt. Der Rechtsanwalt übt einen **freien Beruf** aus. Er ist befugt, Rechtsuchende in allen Rechtsangelegenheiten zu beraten und zu vertreten[1]. Jedermann hat das Recht, sich durch einen Rechtsanwalt seiner Wahl vor Behörden und Gerichten vertreten zu lassen.

Nur wer die **Befähigung zum Richteramt** nach dem Deutschen Richtergesetz erlangt hat, die Eingliederungsvoraussetzungen nach dem „Gesetz über die Tätigkeit europäischer Rechtsanwälte in Deutschland" vom 9. März 2000 erfüllt oder die Eignungsprüfung nach diesem Gesetz bestanden hat (§ 4 BRAO), kann als Rechtsanwalt zugelassen werden. Die Zulassung erteilt auf Antrag die Landesjustizverwaltung. Mit der ersten Zulassung zur Rechtsanwaltschaft wird zugleich die Zulassung bei einem bestimmten Gericht der ordentlichen Gerichtsbarkeit erteilt. Der bei einem Amtsgericht zugelassene Rechtsanwalt ist auf seinen Antrag zugleich beim übergeordneten Landgericht zuzulassen. Der bei einem Oberlandesgericht zugelassene Rechtsanwalt darf nicht zugleich bei einem anderen Gericht zugelassen sein[2][3][4].

Beim Bundesgerichtshof kann nur als Rechtsanwalt zugelassen werden, wer durch den Wahlausschuss für Rechtsanwälte beim Bundesgerichtshof benannt worden ist. Über die Zulassung entscheidet der Bundesminister der Justiz. Ein Rechtsanwalt beim Bundesgerichtshof darf nicht zugleich bei einem anderen Gericht zugelassen sein.

Bei jedem Gericht der ordentlichen Gerichtsbarkeit wird eine Liste der bei ihm zugelassenen Rechtsanwälte geführt. Erst wenn der Rechtsanwalt in die Liste eingetragen ist, kann er die Anwaltstätigkeit ausüben.

---

[1] Ein Rechtsanwalt, der auf dem Gebiet des Verwaltungs-, Steuer-, Arbeits- oder Sozialrechts besondere Kenntnisse erworben hat, kann nach Verleihung durch die Rechtsanwaltskammer eine entsprechende Fachanwaltsbezeichnung führen, jedoch nur für höchstens zwei Gebiete (§ 43c BRAO).

[2] Für die Länder Baden-Württemberg, Bayern, Berlin, Bremen, Hamburg und Saarland gilt folgende Besonderheit: Die bei einem Landgericht zugelassenen Rechtsanwälte können auf Antrag zugleich bei einem übergeordneten Oberlandesgericht zugelassen werden, wenn sie fünf Jahre lang bei einem Gericht des ersten Rechtszuges zugelassen waren – § 226 Abs. 2 BRAO.

[3] Tätigkeit und Zulasssung der Rechtsanwälte in der früheren DDR sind im „Rechtsanwaltsgesetz" (RAG) für die fünf neuen Bundesländer geregelt.

[4] Mehrere Rechtsanwälte können sich in der Form einer Gesellschaft mit beschränkter Haftung zu einer Rechtsanwaltsgesellschaft zusammenschließen und als solche zugelassen werden (§§ 59c ff. BRAO).

Die Personen der Rechtspflege

Anwaltszwang (die Vertretung durch einen Rechtsanwalt ist im Gesetz vorgeschrieben) besteht in der Zivilgerichtsbarkeit beim Amtsgericht als Familiengericht in bestimmten Familiensachen (§ 78 Abs. 1 S. 2 ZPO), bei Landgericht, Oberlandesgericht und Bundesgerichtshof, in der Arbeitsgerichtsbarkeit bei Landesarbeitsgericht und Bundesarbeitsgericht, in der Verwaltungs- und Sozialgerichtsbarkeit nur bei Bundesverwaltungs- bzw. Bundessozialgericht. Bei Finanzgerichten und dem Bundesfinanzhof besteht kein Anwaltszwang.

Ein deutscher Rechtsanwalt kann auch in anderen Staaten nach den dort geltenden Bestimmungen Kanzleien errichten und unterhalten (§ 29 a BRAO). Die Landesjustizverwaltung befreit einen solchen Rechtsanwalt von der Residenzpflicht (§ 29 BRAO).

Auch Rechtsanwälte aus Mitgliedstaaten der Europäischen Gemeinschaft und unter bestimmten Voraussetzungen auch aus anderen Staaten können sich in Deutschland niederlassen, wenn sie in die für den Ort ihrer Niederlassung zuständige Rechtsanwaltskammer aufgenommen worden sind (§§ 206, 207 BRAO).

◆ *Standespflichten (§§ 43 f. BRAO)*

Der Rechtsanwalt hat folgende Standespflichten zu beachten:

◆ Er hat seinen Beruf gewissenhaft auszuüben.
◆ Er darf nicht bewusst dem Unrecht dienen oder dem Richter die Rechtsfindung erschweren.
◆ Er darf sich nicht von Gewinnstreben leiten lassen. Er darf deshalb seine Kollegen nicht unterbieten oder Beteiligung am Erfolg eines Prozesses verlangen.
◆ Er hat das Berufsgeheimnis zu wahren, ebenso seine Mitarbeiter.
◆ Er muss den Auftraggeber über alle wichtigen Maßnahmen und Vorgänge in der Sache unverzüglich unterrichten.
◆ Er hat Handakten anzulegen, die ein Bild der von ihm entfalteten Tätigkeit in der Sache geben sollen.

Die *Vergütung* des Rechtsanwalts richtet sich nach der Bundesgebührenordnung für Rechtsanwälte (BRAGO). Honorarvereinbarungen sind nur in beschränktem Umfang möglich. Der Rechtsanwalt kann die Herausgabe der Handakten verweigern, bis er wegen seiner Gebühren und Auslagen befriedigt ist.

Grundsätzlich hat der Rechtsanwalt die Handakten fünf Jahre lang nach Beendigung des Auftrages aufzubewahren (die Kostenrechnung aus steuerrechtlichen Gründen zehn Jahre). Die Fünfjahresfrist endet vorzeitig, wenn der Rechtsanwalt seinen Auftraggeber aufgefordert hat, die Handakten in Empfang zu nehmen und dieser der Aufforderung nicht innerhalb sechs Monaten nachkommt. Er kann die Handakten dann vernichten.

Will der Rechtsanwalt einen Auftrag nicht übernehmen, muss er die Ablehung unverzüglich erklären. *Verpflichtet zur Übernahme der Prozessvertretung* ist er nur, wenn er der Partei im Wege der **Prozesskostenhilfe**[1]) (§ 121 Abs. 4 ZPO) oder als Beistand in einer Scheidungssache (§ 625 ZPO) oder sonst im Anwaltsprozess (§ 78 b ZPO) beigeordnet wurde. In Strafsachen *muss* er die Verteidigung übernehmen, wenn er vom Gericht zum „Pflichtverteidiger" bestellt worden ist.

---

[1]) Näheres über die Prozesskostenhilfe siehe S. 176.

Einführung

Außerhalb eines gerichtlichen Verfahrens ist der Rechtsanwalt nach dem **Beratungshilfegesetz** verpflichtet, Bürgern mit geringem Einkommen **kostenlose Rechtsberatung** zu gewähren. Ablehnen kann er nur aus wichtigem Grund. Er erhält eine pauschale Vergütung zwischen 23,00 EUR und 56,00 EUR aus der Landeskasse[1]) (§ 132 BRAGO).

◆ Haftung

Der Rechtsanwalt haftet seinem Auftraggeber für jedes Verschulden, das ihm zur Last fällt; es genügt leichte Fahrlässigkeit. Als fahrlässiges Verhalten wird zum Beispiel gewertet, wenn er versehentlich eine Frist falsch berechnet oder es versäumt, seine Partei über die Aussichtslosigkeit eines Rechtsmittels und das damit verbundene Kostenrisiko zu belehren. Entsteht dem Auftraggeber dadurch ein Schaden, so ist der Rechtsanwalt zum Ersatz des Schadens verpflichtet.

Der Rechtsanwalt *haftet* nicht nur für eigenes Verschulden, sondern auch *für Verschulden seiner Mitarbeiter*, z. B. des Bürovorstehers, des Rechtsanwaltsfachangestellten, des Auszubildenden.

◆ Vertretung

Der Rechtsanwalt muss für seine *Vertretung* sorgen, wenn er länger als eine Woche verhindert ist, seinen Beruf auszuüben, z. B. wegen Krankheit, oder wenn er sich länger als eine Woche von seiner Kanzlei entfernen will, z. B. wegen einer Urlaubsreise. Er kann den Vertreter selbst bestellen, wenn die Vertretung nicht länger als einen Monat dauert und wenn sie von einem beim selben Gericht zugelassenen Rechtsanwalt übernommen wird. In anderen Fällen wird der Vertreter auf Antrag und Vorschlag des Rechtsanwalts von der Landesjustizverwaltung bestellt. Der Vertreter kann auf Antrag des Rechtsanwalts auch für sämtliche Verhinderungsfälle bestellt werden, die im Laufe eines Jahres eintreten können (allgemeiner Vertreter).

◆ Rechtsanwaltskammern

Die Interessen der Rechtsanwälte werden von der *Rechtsanwaltskammer* vertreten. Sie wird von den Rechtsanwälten gebildet, die im Bezirk eines Oberlandesgerichtes zugelassen sind. Die Rechtsanwälte, die beim Bundesgerichtshof zugelassen sind, bilden die *Rechtsanwaltskammer bei dem Bundesgerichtshof*.

Die Rechtsanwaltskammern wiederum sind zur Bundesrechtsanwaltskammer zusammengeschlossen. Diese hat die gemeinsamen Interessen der Rechtsanwaltskammern wahrzunehmen, so z. B. Richtlinien für die Fürsorgeeinrichtungen der Rechtsanwaltskammern aufzustellen oder die Gesamtheit der Rechtsanwaltskammern gegenüber Behörden zu vertreten (§ 177 BRAO).

Für den Bezirk jeder Rechtsanwaltskammer wird ein *Anwaltsgericht* errichtet, dessen Mitglieder Rechtsanwälte sind. Das Anwaltsgericht kann eine „anwaltsgerichtliche Maßnahme" gegen einen Rechtsanwalt verhängen, der seine Pflichten schuldhaft verletzt hat.

7. Der Notar

Der Notar ist **unabhängiger Träger eines öffentlichen Amtes** auf dem Gebiet der vorsorgenden Rechtspflege. Zum Notar darf nur ein deutscher Staatsangehöriger bestellt werden; er muss die Befähigung zum Richteramt haben. Amt und Aufgaben des Notars sind in der

---

[1]) Näheres über die Beratungshilfe siehe S. 178.

Bundesnotarordnung (BNotO) geregelt[1]). Der Notar wird von der Justizverwaltung des Landes bestellt. Amtsbezirk ist der Oberlandesgerichtsbezirk, in dem er seinen Amtssitz hat. Es werden jedoch nur so viele Notare bestellt, wie hierfür **ein Bedürfnis besteht.**

Standesvertretung der Notare sind die *Notarkammern* der Oberlandesgerichtsbezirke. Sie sind in der *Bundesnotarkammer* zusammengeschlossen, die die gemeinsamen Interessen der Notarkammern wahrnimmt.

Die Bundesnotarordnung unterscheidet:
- **hauptberufliche Notare:** sie werden auf Lebenszeit bestellt;
- **Anwaltsnotare:** sie üben neben ihrem Beruf als Rechtsanwalt das Amt des Notars aus;
- **Notaranwälte:** ausnahmsweise kann ein hauptberuflicher Notar bei dem Amtsgericht, in dessen Bezirk er seinen Amtssitz hat, als Rechtsanwalt zugelassen werden, wenn dies im Interesse einer geordneten Rechtspflege erforderlich ist.

Der Notar ist, anders als der Rechtsanwalt, nicht Vertreter einer Partei, sondern **unparteiischer Betreuer der Beteiligten.** Er ist *zur Verschwiegenheit verpflichtet* über alle ihm bei seiner Berufsausübung bekannt gewordenen Angelegenheiten und hat auch die bei ihm beschäftigten Personen zur Verschwiegenheit anzuhalten.

Die Aufgaben des Notars sind in den §§ 20–25 BNotO aufgeführt. Dies sind vor allem:
- Beurkundungen jeder Art, z.B. von Grundstückskaufverträgen, Erbverträgen, Testamenten;
- Beglaubigungen von Unterschriften und Abschriften;
- Vornahme von Verlosungen, z.B. nach Preisausschreiben;
- Aufnahme von Wechsel- und Scheckprotesten;
- Vornahme freiwilliger Versteigerungen;
- Aufbewahrung und Ablieferung von Wertgegenständen;
- Verwahrung von Urkunden.

Das *Beurkundungsgesetz* (BeurkG) regelt das Verfahren für Beurkundungen durch den Notar, so z.B. Form und Inhalt der Niederschrift, Prüfungs- und Belehrungspflichten des Notars, Behandlung der Urkunden hinsichtlich Urschrift und Ausfertigungen.

Grundsätzlich darf der Notar seine Urkundstätigkeit nicht ohne ausreichenden Grund verweigern, es sei denn, es handelt sich um eine Beurkundung in fremder Sprache. Er kann sich jedoch *wegen Befangenheit* weigern, in einer Angelegenheit tätig zu werden. *Kraft Gesetzes* ist der Notar von seiner Amtstätigkeit ausgeschlossen, wenn es sich zum Beispiel handelt um
- eigene Angelegenheiten des Notars, auch wenn er nur mitberechtigt oder mitverpflichtet ist,
- Angelegenheiten des Ehegatten, früheren Ehegatten, seines Verlobten oder naher Verwandten,
- Angelegenheiten von Personen, deren gestzlicher Vertreter er ist,
- Angelegenheiten von Personen, zu denen er in einem ständigen Dienst- oder ähnlichen Geschäftsverhältnis steht.

---

[1]) Die BNotO gilt nicht für Notare im Landesdienst in den OLG-Bezirken Karlsruhe und Stuttgart (§§ 115, 114 BNotO). Ihre Zuständigkeit, ihre Aufgaben und das Verfahren ihrer Tätigkeit sind im Wesentlichen im baden-württembergischen Landesgesetz über die freiwillige Gerichtsbarkeit (LFGG) geregelt. Sie haben den ersten Anspruch auf das Amt des „öffentlichen Notars" im Sinne der BNotO. Soweit darüber hinaus ein Bedürfnis besteht, können Rechtsanwälte zu Anwaltsnotaren bestellt werden.

Einführung

Wiederholungsaufgaben

1 a) Wer kann Richter an einem deutschen Gericht sein?
b) Wodurch unterscheidet sich die Stellung des Richters von derjenigen der anderen Staatsbeamten?
c) Wann ist der Richter von der Ausübung seines Richteramtes ausgeschlossen?

2 a) Inwieweit gleicht die Stellung des Rechtspflegers der des Richters?
b) Welche Aufgaben sind dem Rechtspfleger insbesondere übertragen?
c) Welche Aufgaben hat der Urkundsbeamte wahrzunehmen?
d) Wer beauftragt den Gerichtsvollzieher?
Worauf erstreckt sich seine Tätigkeit?

3 a) Welche Stellung hat der Staatsanwalt im Strafprozess?
b) Wodurch unterscheidet sich die Stellung des Staatsanwalts von der des Richters?
c) Welche Beamten werden als „Hilfsbeamte der Staatsanwaltschaft" bezeichnet?

4 a) Klaus Rickert hat acht Semester Jura studiert und danach die erste juristische Staatsprüfung mit gutem Erfolg bestanden. Kann Rickert jetzt als Rechtsanwalt zugelassen werden?
b) Wer erteilt die Zulassung zur Rechtsanwaltschaft?
c) Bei welchem Gericht kann ein Rechtsanwalt zugelassen werden?
d) Wann erst kann der zugelassene Rechtsanwalt mit seiner Tätigkeit beginnen?

5 Fritz Klasen hat die Klageschrift beim Landgericht Darmstadt eingereicht. Er ist empört, dass ihm das Gericht die Klageschrift mit dem Bemerken zurückschickt, er solle sich an einen Rechtsanwalt wenden. Weshalb ist Klasens Empörung fehl am Platze?

6 Rechtsanwalt Steiger ist beim Landgericht Stuttgart (Baden-Württemberg) zugelassen. Er möchte auch beim Oberlandesgericht Stuttgart und beim Bundesgerichtshof zugelassen werden.
a) Unter welchen Voraussetzungen ist die Zulassung beim Oberlandesgericht möglich?
b) Wie steht es mit der Zulassung beim Bundesgerichtshof?

7 Firma Kiesel fragt bei Rechtsanwalt Schober wegen Übernahme einer Rechtssache gegen Firma Liebig an. Rechtsanwalt Schober ist jedoch in derselben Sache von Firma Liebig bereits beauftragt. Wie lange kann Rechtsanwalt Schober mit der Ablehnung des Mandats der Firma Kiesel warten?

8 Rechtsanwältin Bertram hat eine achtwöchige Auslandsreise vor. Wofür hat sie zu sorgen?

9 Welche Einrichtungen vertreten die Interessen der Rechtsanwälte
a) innerhalb des Oberlandesgerichtsbezirks,
b) beim Bundesgerichtshof?

10 Welche Aufgaben hat die Bundesrechtsanwaltskammer?

11 Die BNotO regelt Amt und Aufgaben der Notare:
a) Welche Notare unterscheidet sie?
b) Welche Einrichtung vertritt die Standesinteressen der Notare?
c) Worauf erstreckt sich die Schweigepflicht des Notars?

12 In welchen Fällen ist der Notar von seiner Amtstätigkeit kraft Gesetzes ausgeschlossen?

DAS BÜRGERLICHE RECHT

Inhalt

Das Bürgerliche Gesetzbuch (BGB) 24

Erstes Buch: Allgemeiner Teil 24
- **A. Die Personen im Rechtsverkehr (Rechtssubjekte)** 24
  - I. Natürliche Personen 25
    1. Die Rechtsfähigkeit 25
    2. Die Geschäftsfähigkeit 25
    3. Die Deliktsfähigkeit 26
  - II. Juristische Personen 27
    1. Allgemeines 27
    2. Der rechtsfähige Verein 28
  - III. Der nichtrechtsfähige Verein 29
  - IV. Die Gesellschaft des bürgerlichen Rechts 30
- **B. Die Gegenstände des Rechtsverkehrs (Rechtsobjekte)** 32
  - I. Sachen und ihre Bestandteile – Zubehör – Tiere 32
  - II. Rechte 34
- **C. Das Rechtsgeschäft** 37
  - I. Arten der Rechtsgeschäfte 37
    1. Einseitige und zweiseitige Rechtsgeschäfte 37
    2. Verpflichtungs- und Verfügungsgeschäfte 37
  - II. Der Vertrag 38
    1. Der Antrag 38
    2. Die Annahme 39
    3. Vertragsfreiheit und Abschlusszwang (Kontrahierungszwang) 39
  - III. Die Form der Rechtsgeschäfte 40
    1. Die Schriftform, elektronische Form, Textform 40
    2. Die öffentliche Beglaubigung 40
    3. Die notarielle Beurkundung 40
    4. Abschluss vor einer Behörde 41
    5. Die vereinbarte Form 41
  - IV. Nichtige und anfechtbare Rechtsgeschäfte 41
    1. Nichtige Rechtsgeschäfte 41
    2. Anfechtbare Rechtsgeschäfte 42
  - V. Stellvertretung und Vollmacht 43
    1. Die Stellvertretung 43
    2. Die Vollmacht 44
  - VI. Verjährung und Verwirkung 46
    1. Die Verjährung 46
    2. Die Verwirkung 47

Wiederholungsaufgaben 47

Zweites Buch: Recht der Schuldverhältnisse 51
- **A. Wesen und Entstehung der Schuldverhältnisse** 51
- **B. Die geschuldete Leistung** 52
  - I. Art, Zeit und Ort der Leistung 52
  - II. Mehrere Schuldner und Gläubiger 53

III.	Leistungsstörungen	54
	1. Der Schuldnerverzug	54
	2. Der Gläubigerverzug	55
	3. Unmöglichkeit der Leistung	56
	4. Schlechterfüllung oder positive Vertragsverletzung	56

C. Die Forderungsabtretung 57

D. Aufhebung und Erlöschen von Schuldverhältnissen 58
    I. Aufhebung von Schuldverhältnissen 58
    II. Erlöschen von Schuldverhältnissen 59

Wiederholungsaufgaben 60

E. Schuldverhältnisse aus Verträgen 62
    I. Der Kauf 63
        1. Der Kaufvertrag – Arten des Kaufvertrages 63
        2. Der Kauf unter Eigentumsvorbehalt 66
        3. Der Verbraucherkredit 67
        4. Das Vorkaufsrecht 67
    II. Der Dienstvertrag 68
    III. Werkvertrag und Werklieferungsvertrag 69
    IV. Der Reisevertrag 70
        1. Geltungsbereich 70
        2. Haftung des Reiseveranstalters für Reisemängel 70
        3. Verjährung der Haftungsansprüche 70
        4. Haftungsbeschränkung 71
        5. Rücktrittsrecht des Reisenden 71
        6. Kündigung wegen höherer Gewalt 71
        7. Sicherung des Reisenden 71
    V. Miete und Pacht – Leasing – Leihe und Darlehen 72
        1. Miete 72
        2. Pacht 73
        3. Leasing 74
        4. Leihe 74
        5. Darlehen 74
    VI. Auftrag und Geschäftsführung ohne Auftrag 75
        1. Auftrag 75
        2. Geschäftsführung ohne Auftrag 76
    VII. Die Bürgschaft 77

Wiederholungsaufgaben 78

F. Schuldverhältnisse aus unerlaubten Handlungen 80
    I. Haftung für eigene schädigende Handlungen 80
        1. Verletzung von Lebensgütern, Eigentum und sonstigen Rechten 80
        2. Verletzung der allgemeinen Verkehrssicherungspflicht 81
        3. Verletzung von Schutzgesetzen 81
        4. Sittenwidrige Schädigung 81
    II. Haftung für fremdes Tun und für Tiere 81
        1. Haftung für den Verrichtungsgehilfen 82
        2. Haftung der Aufsichtspflichtigen für Minderjährige und Gebrechliche 82
        3. Haftung des Tierhalters 82
    III. Haftung für den eigenen gefährlichen Betrieb 83

G. Der Schadensersatz 83

H. Schuldverhältnisse aus ungerechtfertigter Bereicherung 85

Wiederholungsaufgaben 86

Das Bürgerliche Recht

Drittes Buch: Sachenrecht 88

A. Rechte an beweglichen Sachen (Fahrnisrecht) 88
    I. Der Besitz 88
        1. Arten des Besitzes 89
        2. Erwerb und Verlust des Besitzes-Besitzschutz 89
    II. Das Eigentum 90
        1. Umfang des Eigentums 90
        2. Erwerb des Eigentums an beweglichen Sachen 91
        3. Erwerb des Eigentums an Grundstücken 95
    III. Das Pfandrecht an beweglichen Sachen 95
    IV. Die Sicherungsübereignung 96

Wiederholungsaufgaben 97

B. Rechte an Grundstücken (Liegenschaftsrecht) 97
    I. Das Grundbuchamt 98
    II. Das Grundbuch 98
    III. Eintragungsvoraussetzungen 99
        1. Der Antrag 99
        2. Die Bewilligung (Eintragungs- oder Löschungsbewilligung des Betroffenen) 100
        3. Die Voreintragung des Betroffenen 100
    IV. Eintragungsverfahren und Rangordnung 100
    V. Erwerb und Übertragung von Rechten an Grundstücken 102
        1. Wichtige Grundsätze 102
        2. Das Grundstückseigentum 103
        3. Das Wohnungseigentum 104
        4. Das Erbbaurecht 104
        5. Die Grundpfandrechte 105
        6. Die Reallast 110
        7. Die Dienstbarkeiten 110
    VI. Die vorläufige Sicherung von Rechten an Grundstücken 111
        1. Die Vormerkung 111
        2. Der Widerspruch 112

Wiederholungsaufgaben 112

Viertes Buch: Familienrecht 115

A. Verwandtschaft und Schwägerschaft 115
    I. Die Verwandtschaft 115
    II. Die Schwägerschaft 116

B. Das Eherecht 116
    I. Das Verlöbnis 116
    II. Die Ehe 117
        1. Die Ehefähigkeit 117
        2. Die Eheschließung 117
        3. Eheverbote 117
        4. Die rechtlichen Wirkungen der Ehe 118
        5. Das eheliche Güterrecht 120
        6. Die Ehescheidung 122
        7. Die Folgen der Scheidung für die Ehegatten 124
        8. Die Folgen der Scheidung für die minderjährigen Kinder 126

Das Bürgerliche Recht

C. Das Rechtsverhältnis zwischen Eltern und Kindern	127
I. Die Abstammung	127
1. Mutterschaft	127
2. Vaterschaft – Anerkennung und Anfechtung – Gerichtliche Feststellung	128
II. Die Annahme als Kind	129
III. Die Rechtsstellung minderjähriger Kinder	131
IV. Die elterliche Sorge für minderjährige Kinder	132
V. Die Beistandschaft	134
D. Die Unterhaltspflicht	134
I. Reihenfolge der Unterhaltspflichtigen	135
II. Reihenfolge bei mehreren Unterhaltsbedürftigen	136
III. Besondere Vorschriften für das Kind und seine nicht miteinander verheirateten Eltern	137
E. Die nichteheliche Lebensgemeinschaft	137
F. Die eingetragene Lebenspartnerschaft	138
G. Vormundschaft über Minderjährige, Betreuung Volljähriger und Pflegschaft	139
I. Die Vormundschaft über Minderjährige	139
II. Die Betreuung Volljähriger	140
III. Die Pflegschaft	141
Wiederholungsaufgaben	141

Fünftes Buch: Erbrecht — 143

A. Allgemeines	143
B. Die gesetzliche Erbfolge	144
I. Das Erbrecht der Verwandten	144
II. Das Erbrecht des Ehegatten	146
III. Das Erbrecht des Fiskus	147
IV. Die Ausgleichspflicht der Abkömmlinge	147
C. Die Verfügungen von Todes wegen	147
I. Das Testament	147
1. Das Privattestament (eigenhändiges Testament)	149
2. Das öffentliche Testament	149
3. Das gemeinschaftliche Testament	149
4. Der Widerruf des Testaments	150
II. Der Erbvertrag	151
D. Die rechtliche Stellung des Erben	152
I. Anfall und Ausschlagung der Erbschaft	152
II. Die Haftung des Erben	153
III. Der Testamentsvollstrecker	154
IV. Der Erbschein	154
E. Pflichtteil – Vermächtnis – Auflage	155
I. Der Pflichtteil	155
II. Das Vermächtnis	156
III. Die Auflage	157
F. Erbverzicht – Erbunwürdigkeit	157
I. Der Erbverzicht	157
II. Die Erbunwürdigkeit	157
Wiederholungsaufgaben	158

Das Bürgerliche Recht

Das deutsche bürgerliche Recht ist aus der Verschmelzung von römischem und deutschem Recht entstanden. Dieser Vorgang vollzog sich von Beginn des 15. Jahrhunderts bis um die Mitte des 16. Jahrhunderts. Die an den damals berühmten italienischen Universitäten studierenden Deutschen brachten die römischen Rechtstheorien mit nach Deutschland. Hier fanden sie Nährboden, denn das deutsche Recht war im Laufe der Zeit durch unzählige voneinander abweichende Rechtsaufzeichnungen sehr unübersichtlich geworden und deshalb schwer zu handhaben. Das römische Recht dagegen war in vielen Jahrhunderten nach Form und Inhalt so vollendet entwickelt, dass es den meisten Kulturvölkern als Vorbild gedient hat. Die allmählich fortschreitende „Rezeption" (Übernahme) des römischen Rechts ließ zunächst in den einzelnen deutschen Gebieten verschiedene Landrechte entstehen:

- in Württemberg das Württembergische Landrecht von 1555;
- in Preußen das Allgemeine Landrecht von 1794;
- in den linksrheinischen Gebieten den Code civil von 1804;
- in Österreich das Allgemeine Gesetzbuch von 1811;
- in Sachsen das Sächsische Bürgerliche Gesetzbuch von 1863.

Das Bürgerliche Gesetzbuch (BGB)

Das **Bürgerliche Gesetzbuch** von 1896, das am 1. Januar 1900 in Kraft trat, setzte der bisherigen Rechtszersplitterung ein Ende und brachte – begünstigt durch die Reichsgründung von 1871 – die lang ersehnte Rechtseinheit auf dem Gebiet des bürgerlichen Rechts.

Das BGB[1]) ist in fünf Bücher eingeteilt:
1. Buch: Allgemeiner Teil
2. Buch: Recht der Schuldverhältnisse
3. Buch: Sachenrecht
4. Buch: Familienrecht
5. Buch: Erbrecht

Mit seinen 2385 Paragraphen ist das BGB eines der bedeutendsten Gesetzgebungswerke der neueren Zeit. Es wird durch zahlreiche Nebengesetze ergänzt, z. B.: Verschollenheitsgesetz, Kündigungsschutzgesetz, Erbbaurechtsverordnung.

Erstes Buch: Allgemeiner Teil

Der allgemeine Teil des BGB enthält Rechtssätze von allgemeiner Bedeutung, so z. B. über das Zustandekommen von Verträgen, über Stellvertretung und Vollmacht, über die Verjährung von Ansprüchen.

A. Die Personen im Rechtsverkehr (Rechtssubjekte)

Am Rechtsverkehr kann nur teilnehmen, wer **rechtsfähig** ist, d. h. **wer Rechte und Pflichten haben kann.** Rechtsfähig sind:

- **die natürlichen Personen** = alle Menschen ohne Rücksicht auf Alter, Geschlecht und Rasse,
- **die juristischen Personen** = Personenvereinigungen und Vermögensmassen, die im Rechtsverkehr wie natürliche Personen behandelt werden, also Rechte erwerben und mit Pflichten belastet werden können.

Wer selbstständig im Rechtsverkehr handelt, z. B. einen Kaufvertrag abschließen oder eine Kündigung aussprechen will, muss nicht nur rechtsfähig, sondern auch **geschäftsfähig** sein, d. h. er muss **die Fähigkeit** haben, **rechtlich wirksame Willenserklärungen abzugeben.**
Beispiel: Ein Säugling oder ein Geisteskranker ist rechtsfähig, aber nicht geschäftsfähig. Er kann zwar ohne weiteres Eigentümer eines Hauses sein und als solcher zum Steuerzahlen verpflichtet werden; für ihn handeln muss aber sein gesetzlicher Vertreter.

Von der Rechtsfähigkeit und der Geschäftsfähigkeit ist die **Deliktsfähigkeit** zu unterscheiden. Hat jemand eine so genannte unerlaubte Handlung begangen, z. B. eine Körperverletzung, so kann er nur dann zum Schadensersatz herangezogen werden, wenn er **deliktsfähig** ist. Demnach sind voneinander abzugrenzen:

- Rechtsfähigkeit,
- Geschäftsfähigkeit,
- Deliktsfähigkeit.

[1]) Paragraphen ohne Gesetzesangabe sind die des BGB.

I. Natürliche Personen

1. Die Rechtsfähigkeit

Der Mensch ist rechtsfähig mit Vollendung seiner Geburt (§ 1). Voraussetzung ist jedoch, dass das Kind in diesem Zeitpunkt Lebenszeichen von sich gegeben hat, lebensfähig braucht es nicht zu sein. Wenn es auch nur einen Augenblick gelebt hat, kann es in diesem kurzen Zeitraum, z. B. durch Erbgang, Eigentümer eines Vermögens geworden sein, das es dann seinerseits weiter vererbt.

Beispiel: Die Mutter stirbt während der Geburt (03:15 Uhr morgens), wenige Minuten später (03:20 Uhr) stirbt auch das Kind. Dieses ist in den fünf Minuten seiner Lebenszeit Erbe der Mutter geworden.

Die Rechtsfähigkeit endet mit dem Tode.

2. Die Geschäftsfähigkeit

Die Rechtsordnung geht davon aus, dass jeder Mensch in der Lage ist, seine Geschäfte vernünftig zu führen, dass er geschäftsfähig ist. Sie erklärt aber bestimmte Gruppen von Menschen, denen erfahrungsgemäß diese Fähigkeit fehlt, für geschäftsunfähig oder für beschränkt geschäftsfähig.

◆ Geschäftsunfähige Personen

Geschäftsunfähig sind (§ 104):

- Kinder unter sieben Jahren,
- Geisteskranke, die **dauernd** außerstande sind, nach vernünftiger Einsicht zu handeln.

Eine Willenserklärung, die ein Geschäftsunfähiger abgibt, z. B. ein Vertragsangebot oder eine Kündigung, ist **nichtig** (§ 105 Abs. 1), d. h. ohne jede rechtliche Wirkung.

Beispiel: Ein 6-jähriger Junge entnimmt heimlich seiner Sparbüchse 10,00 EUR und kauft sich im Spielwarengeschäft ein Auto.
Der Sechsjährige ist geschäftsunfähig (§ 104), der Kaufvertrag deshalb nichtig (§ 105 Abs. 1).

Nichtig ist auch eine Willenserklärung, die ein Geschäftsfähiger im Zustand der Bewusstlosigkeit oder während einer vorübergehenden Störung der Geistestätigkeit abgibt (§ 105 Abs. 2).

Beispiel: Thomas besitzt ein wertvolles Reitpferd, das Andreas gern kaufen möchte. Bisher weigerte sich Thomas jedoch, das Pferd wegzugeben. Andreas lädt Thomas in eine Kneipe ein. Als Thomas sinnlos betrunken ist, überredet ihn Andreas, das Pferd zu verkaufen. Thomas willigt ein. Als Andreas das Pferd am nächsten Tag abholen will, weigert sich Thomas, es herauszugeben mit der Begründung, er wisse nichts von einem Verkauf.

Thomas ist zwar nicht geschäftsunfähig, da § 104 nicht zutrifft. Er war aber im Augenblick des Vertragsabschlusses außerstande, nach vernünftiger Einsicht zu handeln, da seine Geistestätigkeit gestört war. Der Vertrag ist somit gemäß § 105 Abs. 2 nichtig.

◆ Beschränkt geschäftsfähige Personen

Beschränkt geschäftsfähig ist:

wer das 7. Lebensjahr vollendet hat, aber noch nicht volljährig ist (Minderjährige, § 106).

Volljährig ist, wer das 18. Lebensjahr vollendet hat (§ 2).

Ein beschränkt Geschäftsfähiger bedarf zu einer wirksamen Willenserklärung grundsätzlich der **Einwilligung seines gesetzlichen Vertreters** (§ 107).

Wird eine Willenserklärung einem beschränkt Geschäftsfähigen gegenüber abgegeben, so wird sie erst wirksam, wenn sie seinem gesetzlichen Vertreter zugegangen ist.

Schließt ein beschränkt Geschäftsfähiger einen Vertrag ohne *Einwilligung* seines gesetzlichen Vertreters ab, so hängt die Wirksamkeit von dessen nachträglicher *Genehmigung* ab. Genehmigt dieser, so ist der Vertrag gültig; verweigert er die Genehmigung, so ist der Vertrag nichtig. Solange sich der gesetzliche Vertreter nicht erklärt hat, besteht demnach ein *Schwebezustand*. Man sagt, **der Vertrag ist „schwebend unwirksam"** (§ 108). Bis zur Genehmigung des Vertrags hat der andere Teil ein Widerrufsrecht (§ 109).

Beispiel: Der 14-jährige Klaus kauft beim Fahrradhändler ein Rad für 220,00 EUR. Klaus ist beschränkt geschäftsfähig; das Rechtsgeschäft bedarf zur Wirksamkeit der Genehmigung seines gesetzlichen Vertreters. Weigert sich dieser, sie zu erteilen, so ist der Vertrag nichtig.

In folgenden Ausnahmefällen, in denen entweder keine Nachteile zu befürchten sind oder die *Einwilligung* des gesetzlichen Vertreters allgemein im Voraus gegeben wurde, kann der beschränkt Geschäftsfähige die Willenserklärung selbstständig abgeben:

- Willenserklärungen, die ihm lediglich einen rechtlichen Vorteil bringen (§ 107); z. B. Annahme einer Schenkung;
- wenn er die Leistung mit Mitteln bewirkt, die ihm zu einem bestimmten Zweck oder zur freien Verfügung von seinem gesetzlichen Vertreter oder von einem Dritten mit Zustimmung des gesetzlichen Vertreters überlassen worden sind (§ 110, so genannter Taschengeldparagraph).

Beispiel: Der Onkel gibt seinem elfjährigen Neffen 20,00 EUR mit der Bemerkung, er könne sich hiermit einen Wunsch erfüllen.

Der Elfjährige darf über die 20,00 EUR nur frei verfügen, wenn sein gesetzlicher Vertreter damit einverstanden ist.

Eine gewisse Einschränkung der Geschäftsfähigkeit besteht für einen unter Betreuung gestellten Volljährigen (§ 1903).

3. Die Deliktsfähigkeit

Eine unerlaubte Handlung (§§ 823 ff.)[1] verpflichtet nur dann zum Schadensersatz, wenn der Täter deliktsfähig (zurechnungsfähig) ist, d. h. wenn er für sein Tun verantwortlich gemacht werden kann. Ein Verschulden kann einem Menschen aber nur dann vorgeworfen werden, wenn er fähig ist, sein Tun und Lassen nach vernünftigen Beweggründen zu bestimmen. Deshalb ist deliktsunfähig, d. h. für den Schaden nicht verantwortlich:

- wer unter sieben Jahre alt ist (§ 828 Abs. 1),
- wessen Geistestätigkeit im Augenblick der Tat krankhaft gestört ist (§ 827 S. 1),
- wer sich im Zustand der Bewusstlosigkeit befindet (§ 827 S. 1).

Beispiele:
- Ein 5-jähriger Junge wirft eine Fensterscheibe ein.
- Ein Landarbeiter zündet in einem Anfall geistiger Umnachtung den Hof seines Arbeitgebers an.
- Ein Arbeiter wird während einer Betriebsfeier von seinen Kollegen betrunken gemacht. In seinem unfreiwilligen Rauschzustand begeht er eine Sachbeschädigung.

In allen drei Beispielen können die Täter nicht zum Schadensersatz herangezogen werden. Hätte im dritten Beispiel der Arbeiter seine Trunkenheit selbst verschuldet, so wäre er schadensersatzpflichtig (§ 827 S. 2).

---

[1] Näheres siehe S. 80 f.

Für die Deliktsfähigkeit von Minderjährigen gibt es Sonderbestimmungen:

- Minderjährige zwischen 7 und 10 Jahre sind für Schäden aus einem Unfall mit einem Kraftfahrzeug, einer Schienenbahn oder einer Schwebebahn nicht verantwortlich, es sei denn, sie haben die Verletzung vorsätzlich herbeigeführt (§ 828 Abs. 2).
- Im Übrigen müssen Kinder bzw. Minderjährige, deren Verantwortung nicht bereits nach § 828 Abs. 1 und 2 ausgeschlossen ist, nur für einen Schaden einstehen, wenn sie für die Begehung der schädigenden Handlung die zur Erkenntnis der Verantwortlichkeit erforderliche Einsicht hatten (§ 828 Abs. 3).

Beispiel:

Die 9-jährige Carola wirft von der Autobahnbrücke einen Ziegelstein auf ein fahrendes Auto. Der Stein schlägt durch die Windschutzscheibe und verletzt den Autofahrer, welcher auf weitere PKW's auffährt. Carola ist nach § 828 Abs. 2 für Unfälle mit einem Kraftfahrzeug nur verantwortlich, wenn sie die Tat vorsätzlich begangen hat. Davon ist hier auszugehen. Da der Haftungsausschluss nach § 828 Abs. 2 somit nicht zugunsten von Carola eingreift, ist nach § 828 Abs. 3 (Auffangtatbestand) zu prüfen, ob Carola die zur Tatbegehung erforderliche Einsichtsfähigkeit besaß. Sollte dies zu bejahen sein, so muss Carola haften.

II. Juristische Personen

1. Allgemeines

Juristische Personen sind keine Individuen, sondern Vereinigungen von Personen oder Vermögensmassen (Stiftungen), die von der Rechtsordnung als rechtsfähig anerkannt werden.

Juristische Personen können wie natürliche Personen Rechte erwerben und mit Pflichten belastet werden.

Beispiele:

- Ein Sportverein e.V. kann das Eigentum an einem Grundstück erwerben, Gläubiger einer Kaufpreisforderung sein, von einem Vereinsmitglied als Erbe eingesetzt werden (aber nicht Erblasser sein!).
- Die Stiftung „Lebensabend alter Künstler" hat unter anderem Zinsen für ein Darlehen, den Kaufpreis für ein Grundstück und Instandhaltungskosten für ein Altersheim zu zahlen.

Die juristische Person des Privatrechts „existiert" in der Regel *ab Eintragung* in das für sie bestimmte öffentliche Register. Der Verein wird z. B. ins Vereinsregister eingetragen, die GmbH ins Handelsregister, die eG ins Genossenschaftsregister. Die juristische Person „stirbt" mit *Löschung der Eintragung* im Register. Während ihrer „Existenz" werden ihre Rechte und Pflichten von bestimmten „Organen" wahrgenommen, die durch Gesetz oder Satzung bestimmt sind.

Beispiele:

- vom Vorstand der Stiftung;
- von Vorstand, Aufsichtsrat und Hauptversammlung der Aktiengesellschaft;
- von Geschäftsführer und Gesellschafterversammlung der GmbH.

Die juristische Person *haftet grundsätzlich für den Schaden, den eines ihrer Organe einem Dritten zufügt* (§ 31).

Im Bürgerlichen Gesetzbuch ist von den juristischen Personen des Privatrechts nur der Verein geregelt, der gleichsam das Modell für die anderen juristischen Personen des Privatrechts ist.

2. Der rechtsfähige Verein
◆ Allgemeines

Das Bürgerliche Gesetzbuch unterscheidet zwischen rechtsfähigem und nichtrechtsfähigem Verein. Letzterer ist wegen der ihm fehlenden Rechtsfähigkeit keine juristische Person, er wird wegen seiner „Verwandtschaft" zum rechtsfähigen Verein dennoch am Ende dieses Abschnitts kurz behandelt, wobei die zwischen ihm und dem rechtsfähigen Verein bestehenden wesentlichen Gemeinsamkeiten und Unterschiede aufgezeigt werden.

Vereine sind wichtige Träger des geselligen, wirtschaftlichen und kulturellen Lebens. Sie organisieren die Freizeit des Bürgers ebenso wie seine religiösen, politischen, künstlerischen und beruflichen Interessen.

Das private Vereinsrecht[1]) ist in den §§ 21 bis 79 des Bürgerlichen Gesetzbuches enthalten. Darin wird der Vereinsbegriff jedoch nicht bestimmt. Nach Rechtsprechung und Lehre sind Vereine **freiwillige Personenvereinigungen,** die

- ◆ einen gemeinsamen Zweck verfolgen,
- ◆ auf die Dauer angelegt und
- ◆ vom Wechsel der Mitglieder unabhängig sind,
- ◆ eine körperliche Organisation (Verfassung) haben, die in der Satzung niedergelegt ist und
- ◆ einen Gesamtnamen führen.

Der Verein hat das Recht, sein Innenleben weitgehend selbst zu gestalten, sich eigene Gesetze (Satzung, Ordnungen) zu geben und sich selbst zu verwalten (Vereinsautonomie).

Man unterscheidet

- ◆ wirtschaftliche Vereine, d. h. solche Vereine, die einen wirtschaftlichen Zweck verfolgen und zur Erreichung dieses Zwecks einen wirtschaftlichen Geschäftsbetrieb unterhalten,
  Beispiele: Taxizentralen, privatärztliche Verrechnungsstellen.
- ◆ Idealvereine, d. h. solche Vereine, die keine wirtschaftlichen Zwecke verfolgen.
  Beispiele: Wohltätigkeitsvereine, Sportvereine, Gesangsvereine.

◆ Beginn und Ende der Rechtsfähigkeit

Die wirtschaftlichen Vereine (s. o.) erlangen die Rechtsfähigkeit durch staatliche Verleihung.

Idealvereine erlangen die Rechtsfähigkeit durch Eintragung in das Vereinsregister bei dem Amtsgericht, in dessen Bezirk der Verein seinen Sitz hat. Die Eintragung soll nur erfolgen, wenn die Zahl der Mitglieder mindestens sieben beträgt (§ 59). Mit der Eintragung erlangt der Verein die uneingeschränkte Parteifähigkeit. Er kann insbesondere als Kläger oder Beklagter in einem Zivilprozess auftreten. Sein Name erhält den Zusatz: eingetragener Verein (e. V.).

Alle späteren wichtigen Änderungen in der Organisation oder dem Schicksal des Vereins müssen ebenfalls in das Vereinsregister eingetragen werden, so z. B. Änderungen des Vorstandes, der Satzung, die Auflösung des Vereins, die Eröffnung des Konkursverfahrens.

Da ein Verein auch als nicht eingetragener = nichtrechtsfähiger Verein bestehen kann, liegt es im freien Ermessen der Vereinsmitglieder, ob sie die Eintragung erreichen wollen oder nicht. Der Staat zwingt Vereine nicht, sich eintragen zu lassen.

---

[1]) Das öffentliche Vereinsrecht ist im Vereinsgesetz enthalten. Es regelt vor allem das Verfahren in den Fällen, in denen ein Verein zu verbieten und aufzulösen ist, weil sein Zweck oder seine Tätigkeit den Strafgesetzen zuwiderläuft oder weil er sich gegen die verfassungsmäßige Ordnung oder gegen den Gedanken der Völkerverständigung richtet (§ 3 Vereinsgesetz i. V. m. Art. 9 Abs. 2 Grundgesetz).

Die Rechtsfähigkeit endet mit der Auflösung des Vereins:
- durch Beschluss der Mitgliederversammlung (§ 41),
- mit Entziehung der Rechtsfähigkeit durch die zuständige Behörde wegen Gefährdung des Gemeinwohls (§ 43),
- infolge gerichtlicher Entziehung, wenn die Mitgliederzahl unter drei herabsinkt (§ 73) oder
- durch die Eröffnung des Insolvenzverfahrens (§ 42 Abs. 1).

- *Verfassung, Organe und Haftung des Vereins*

Verfassung	Sie wird durch die **Satzung** geregelt (§ 25). Die Satzung **muss** Angaben enthalten über: - **Zweck, Namen, Sitz des Vereins, Eintragung in das Vereinsregister (§ 57).** Die Satzung **soll** Bestimmungen enthalten über: - **Eintritt** und **Austritt der Mitglieder, Mitgliedsbeiträge, Bildung des Vorstands, Einberufung der Mitgliederversammlung (§ 58).**
Organe	Die **Mitgliederversammlung** ist das **oberste Organ** des Vereins. Sie wird durch Beschlussfassung tätig. Es entscheidet grundsätzlich die Mehrheit der erschienenen Mitglieder (§ 32). Sie ist vor allem zuständig für: - **Bestellung des Vorstands (§ 27), Satzungsänderungen (§ 33),** Entscheidung über **Auflösung des Vereins (§ 41).** Der **Vorstand** kann aus mehreren Personen (z. B. Vorsitzender, Kassierer, Sportwart, Schriftführer) bestehen (§ 26). Ihm obliegt: - die **Geschäftsführung, die gerichtliche und außergerichtliche Vertretung des Vereins. Er hat die Stellung eines gesetzlichen Vertreters.** Seine **Bestellung kann jederzeit widerrufen werden.**
Haftung	Der Verein **haftet** für zum Schadensersatz verpflichtende Handlungen - **seiner Angestellten** (z. B. Hausmeister, Platzwart) nach allgemeinen Grundsätzen (§§ 278, 831) **mit der Möglichkeit des Entlastungsbeweises,** d. h. dem Nachweis, dass er bei der Auswahl der betreffenden Person die erforderliche Sorgfalt beobachtet hat; - **seiner Organe nach § 31 ohne die Möglichkeit des Entlastungsbeweises.**

III. Der nichtrechtsfähige Verein

Auf den nichtrechtsfähigen Verein sollen nach § 54 die Vorschriften über die Gesellschaft des bürgerlichen Rechts Anwendung finden. Zwischen den beiden Rechtsformen bestehen jedoch ganz erhebliche Unterschiede.

Der nichtrechtsfähige Verein steht dem rechtsfähigen Verein viel näher als der Gesellschaft des bürgerlichen Rechts.

Rechtsfähiger und nichtrechtsfähiger Verein haben vor allem *gemeinsam:*
- eine körperschaftliche Verfassung mit einer Satzung,
- einen Gesamtnamen,

- dieselben Organe (Mitgliederversammlungen und Vorstand),
- Unabhängigkeit vom Mitgliederwechsel.

Nach bisheriger Auffasssung ist der nichtrechtsfähige Verein nur passiv parteifähig, d. h. er kann nur verklagt werden, nicht aber klagen. Immer mehr setzt sich jedoch die Auffassung durch, ihm auch die aktive Parteifähigkeit zuzuerkennen, wie sie den als nichtrechtsfähige Vereine organisierten politischen Parteien, Arbeitgeberverbänden und Gewerkschaften zusteht (§§ 3 PartG, 10 ArbGG).

Auch die Eintragung des nichtrechtsfähigen Vereins im Grundbuch wird zunehmend, zumindest bei Vereinen mit großer Mitgliederzahl, als zulässig angesehen. Danach besteht der Unterschied zwischen rechtsfähigem und nichtrechtsfähigem Verein im Wesentlichen nur noch darin, dass der nichtrechtsfähige Verein nicht in das Vereinsregister eingetragen werden kann.

IV. Die Gesellschaft des bürgerlichen Rechts (§§ 705 ff.)

Die Gesellschaft des BGB entsteht durch den vertraglichen Zusammenschluss mehrerer Personen zur Erreichung eines gemeinsamen Zweckes. Wichtige Anwendungsfälle der BGB-Gesellschaft sind vor allem die Zusammenschlüsse von Angehörigen freier Berufe in Sozietäten, wie z. B. Rechtsanwälte, Ärzte, Steuerberater, Architekten.

Im Bereich des täglichen Lebens bestehen häufig BGB-Gesellschaften, ohne dass sich die Beteiligten dessen bewusst sind, z. B. gemeinsames Spielen von Toto und Lotto oder eines Lotterieloses.

♦ Die rechtlichen Beziehungen zwischen den Gesellschaftern

In dem grundsätzlich formlos gültigen Gesellschaftsvertrag verpflichten sich die Gesellschafter, die Erreichung eines gemeinsamen Zwecks in der durch den Vertrag bestimmten Weise zu fördern.

Rechte und Pflichten der Gesellschafter ergeben sich aus dem Gesellschaftsvertrag. Jeder Gesellschafter hat, wenn der Gesellschaftsvertrag nichts anderes bestimmt, ohne Rücksicht auf Art und Größe seines Beitrags gleichen Anteil am Gewinn und Verlust (§ 722). Häufig wird jedoch durch Gesellschaftsvertrag der Gewinnanteil nach der Höhe der Einlage festgelegt. Die Gesellschafter sind vor allem verpflichtet, Beiträge zu leisten, die in Geldzahlungen, der Einbringung von Sachen oder von Rechten (z. B. Patenten) oder auch in Dienstleistungen bestehen können (§ 706).

Beispiel: Bauunternehmer Zeisig, Kaufmann Stoll und Architekt Motzer vereinbaren durch mündlichen Vertrag, ein Terrassenhaus zu bauen, dessen Wohneinheiten nach Fertigstellung vermietet werden sollen.

Kaufmann Stoll stellt das Grundstück zur Verfügung, Architekt Motzer entwirft die Baupläne und übernimmt die Bauleitung, Bauunternehmer Zeisig errichtet den Rohbau. Darüber hinaus beteiligen sich alle drei im Verhältnis des Wertes ihrer Leistung an einem aufzunehmenden Kredit.

Es handelt sich hierbei um eine typische Gesellschaft des bürgerlichen Rechts.

♦ Geschäftsführung und Vertretung

Zu unterscheiden sind Geschäftsführung und Vertretung.

Die **Geschäftsführung** erstreckt sich auf alle Maßnahmen, die im Verhältnis der Gesellschafter zueinander von Bedeutung sind, so z. B. die Entscheidung über die Einstellung von Hilfskräften oder die Anschaffung einer Röntgeneinrichtung in einer in der Form einer BGB-Gesellschaft bestehenden ärztlichen Gemeinschaftspraxis. Die Geschäftsführung steht in der

Regel allen Gesellschaftern gemeinschaftlich zu, sodass für jedes Geschäft die Zustimmung aller Gesellschafter erforderlich ist (§ 709 Abs. 1). Dieser Grundsatz wird jedoch in der Praxis häufig durch die Einführung der Mehrheitsentscheidung ersetzt.

Durch den Gesellschaftsvertrag kann die Geschäftsführung einem oder mehreren Gesellschaftern übertragen werden.

Bei grober Pflichtverletzung oder Unfähigkeit kann die Befugnis zur Geschäftsführung durch Beschluss der übrigen Gesellschafter entzogen werden. Der geschäftsführende Gesellschafter kann seinerseits kündigen, wenn ein wichtiger Grund vorliegt.

Die **Vertretung** der Gesellschafter bezieht sich auf das Verhältnis nach außen. In der Regel ist ein Gesellschafter, dem die Geschäftsführung zusteht, auch ermächtigt, die anderen Gesellschafter Dritten gegenüber zu vertreten (§ 714).

Tritt der vertretungsberechtigte Gesellschafter im Namen der Gesellschaft auf, also als unmittelbarer Stellvertreter[1]), so werden die Gesellschafter aus dem Geschäft berechtigt und verpflichtet.

Überschreitet der vertretungsberechtigte Gesellschafter seine Vollmacht, wird er selbst berechtigt und verpflichtet, wenn die übrigen Gesellschafter das Geschäft nicht nachträglich genehmigen (§§ 177, 179).

Beispiel: Die Geschäftsführung und Vertretung gegenüber Dritten wird im oben angeführten Beispiel Architekt Motzer übertragen. Er soll die Gesellschaft vor Behörden vertreten, den Bau leiten, die Finanzierung des Projekts regeln und die spätere Verwaltung des Hauses übernehmen.

◆ Gesellschaftsvermögen und Gesellschaftsschulden

Zur Erfüllung der Gesellschaftsaufgaben wird in der Regel ein **Gesellschaftsvermögen** gebildet. *Dieses steht den Gesellschaftern zur gesamten Hand* zu, d.h. es ist ein vom sonstigen Vermögen der Gesellschafter losgelöstes *Sondervermögen* der Gesamtheit der Gesellschafter. Zum Gesellschaftsvermögen gehören insbesondere die Beiträge der Gesellschafter, außerdem die von der Geschäftsführung erworbenen Gegenstände (§ 718 Abs. 1). Das Gesellschaftsvermögen ist „gesamthänderisch" gebunden, d.h. die Gesellschafter können vor Beendigung der Gesellschaft nicht über ihren Anteil am Gesellschaftsvermögen und an den einzelnen dazu gehörenden Gegenständen verfügen und sind nicht berechtigt, Teilung zu verlangen (§ 719 Abs. 1).

Der Anteil eines Gesellschafters am Gesellschaftsvermögen (nicht aber an den einzelnen zum Gesellschaftsvermögen gehörenden Gegenständen) ist gemäß § 858 ZPO der Pfändung unterworfen[2])

Für die **Gesellschaftsschulden** haftet den Gesellschaftsgläubigern das Gesellschaftsvermögen. Außerdem haften die Gesellschafter *persönlich* mit ihrem eigenen Vermögen *als Gesamtschuldner,* soweit nicht die Haftung durch Vereinbarung mit dem Dritten oder durch – für den Dritten erkennbare – Einschränkung der Vertretungsmacht auf das Gesellschaftsvermögen beschränkt ist.

Der Bundesgerichtshof hat im Jahre 2001 mit einem Grundsatzurteil entschieden, dass künftig Gesellschaften des bürgerlichen Rechts klagen und verklagt werden können. Ein Urteil gegen einen einzelnen Gesellschafter benötigt ein Gläubiger deshalb nur noch, wenn das Vermögen der Gesellschaft nicht ausreicht, um seine Forderungen abzudecken und aus diesem Grunde auch in das Privatvermögen des Gesellschafters vollstreckt werden soll.

---

[1]) Näheres über unmittelbare Stellvertretung siehe S. 44.
[2]) Näheres über die Wirkung der Pfändung siehe S. 305.

◆ **Auflösung und Auseinandersetzung der Gesellschaft**

Die Gesellschaft wird aufgelöst

- durch Ablauf der für die Dauer der Gesellschaft bestimmten Zeit,
- durch Beschluss der Gesellschafter,
- durch Erreichen oder Unmöglichwerden des Zwecks der Gesellschaft,
- durch Vereinigung der Gesellschafterstellung in einer Hand (z. B. Beerbung),
- durch Kündigung durch einen Gesellschafter (§ 723),
- durch Kündigung durch den Gläubiger eines Gesellschafters (§ 725),
- durch Tod eines Gesellschafters (§ 727),
- durch die Eröffnung des Insolvenzverfahrens über das Vermögen eines Gesellschafters (§ 728).

Im Falle der vier letztgenannten Auflösungsgründe kann der Gesellschaftsvertrag bestimmen, dass die Gesellschaft unter den übrigen Gesellschaftern fortbestehen soll (§ 736). Dann wächst diesen der Anteil des ausscheidenden Gesellschafters am Gesellschaftsvermögen zu. Der Ausscheidende wird abgefunden (§ 738).

Im Falle der Auflösung und der Nichtfortsetzung der Gesellschaft unter den übrigen Gesellschaftern findet eine Auseinandersetzung statt (§§ 738 ff.). Die Einzelheiten der Abwicklung sind meist im Gesellschaftsvertrag bestimmt.

B. Die Gegenstände des Rechtsverkehrs (Rechtsobjekte)

Alles, was zum Vermögen einer Person gehört, kann Gegenstand des Rechtsverkehrs sein:
- Sachen,
  Beispiele: ein Schrank, ein Auto, ein Grundstück,
- Rechte,
  Beispiele: Kaufpreisforderungen, Ansprüche aller Art, Urheber- und Erfinderrechte.

I. Sachen und ihre Bestandteile – Zubehör – Tiere

Sachen im Sinne des Gesetzes sind nur körperliche Gegenstände (§ 90). Sie sind entweder bewegliche Sachen oder Grundstücke, bebaut oder unbebaut.

Die beweglichen Sachen teilt das BGB in folgende Gruppen ein:

◆ **Vertretbare und nicht vertretbare Sachen (§ 91):**
   – Vertretbare Sachen werden nach Zahl, Maß oder Gewicht bestimmt und sind durch gleiche Sachen ersetzbar,
      Beispiele: Kartoffeln, Eier, Banknoten, alle serienmäßig hergestellten Sachen.
   – Nicht vertretbare Sachen sind einmalig in ihrer Eigenart,
      Beispiele: ein Maßanzug, ein Gemälde, getragene Kleider, Schuhe.

◆ **Verbrauchbare Sachen und nicht verbrauchbare Sachen (§ 92):**
   – Verbrauchbare Sachen sind dazu bestimmt, *verbraucht* zu werden,
      Beispiele: Nahrungs- und Genussmittel
   – oder *veräußert* zu werden,
      Beispiele: die Schuhe im Schuhgeschäft, die Bücher in der Buchhandlung.
   – Nicht verbrauchbare Sachen sind zum Gebrauch bestimmt,
      Beispiele: Erichs Auto, seine Schuhe, Kleider, Bücher;
   – sie werden höchstens abgenützt.

Zu den Sachen gehören ihre Bestandteile;
Beispiele: der Motor zum Auto, das Dach zum Haus, die Sohle zum Schuh, die Jacke zum Kostüm.

Handelt es sich um einen **wesentlichen Bestandteil**, d. h. um einen solchen, der von der Sache nicht getrennt werden kann, ohne dass der abgetrennte Bestandteil oder der zurückbleibende Bestandteil zerstört oder in seinem Wesen verändert wird, so kann der Bestandteil als solcher weder verkauft noch belastet noch sonst Gegenstand eines besonderen Rechtes sein (§§ 93[1]), 94).

Beispiele:
◆ Eine speziell angefertigte Einbauküche,
◆ Zentralheizung,
◆ Waschbecken und Badewannen in Wohneinheiten.

2. Zubehör

Von den Bestandteilen ist das **Zubehör** zu unterscheiden (§ 97). Zubehör sind bewegliche Sachen, die dazu bestimmt sind, dem wirtschaftlichen Zweck der Sache dauernd zu dienen. Sie dürfen höchstens vorübergehend von dem Hauptbestandteil entfernt werden und müssen allgemein als Zubehör angesehen werden.

Beispiele: Die Maschinen einer Fabrik; die landwirtschaftlichen Geräte auf dem Bauernhof, auch der Pflug, der auf dem Acker steht und der Mähdrescher, der in den Nachbarort verliehen wurde; Warndreieck und Warnleuchte im Auto.

3. Tiere

Nach bisherigem Recht waren **Tiere** den Sachen zugeordnet. In der Erkenntnis, dass das Tier ein Mitgeschöpf und schmerzempfindendes Lebewesen ist (§ 1 Tierschutzgesetz), ist dem Tier durch das „Gesetz zur Verbesserung der Rechtsstellung des Tieres im bürgerlichen Recht" vom 20. August 1990 eine Sonderstellung eingeräumt worden.

Nach § 90 a sind **Tiere keine Sachen.** Die Vorschriften über Sachen finden jedoch entsprechende Anwendung, soweit nichts anderes bestimmt ist.

Letzteres gilt insbesondere in folgenden Fällen:
◆ Hat jemand schuldhaft ein fremdes Tier verletzt, kann er die Bezahlung der Kosten für die Heilbehandlung des Tieres nicht schon deshalb verweigern, weil diese den Wert des Tieres erheblich übersteigen (§ 251 Abs. 2, S. 2).
Beispiel: Kübler verletzt mit seinem Auto bei der Ausfahrt aus seiner Garage den Hund von Frau Meisel, die ihren „Zukki" schon viele Jahre als ständigen treuen Begleiter besitzt. „Zukki" ist kein Rassehund, eher eine „Promenadenmischung". Sein Wert beträgt höchstens 50,00 EUR. Die Kosten der Behandlung von „Zukki" berechnet der Tierarzt mit 200,00 EUR. Kübler kann deren Ersatz nicht mit der Begründung verweigern, die Behandlungskosten überstiegen den Wert des Hundes um ein Vielfaches.
◆ Nach § 903 S. 1 kann der Eigentümer einer Sache grundsätzlich mit der Sache nach Belieben verfahren. Diese Vorschrift ist durch die Bestimmung ergänzt worden, dass der Eigentümer bei der Ausübung seiner Befugnis die besonderen Vorschriften zum Schutz der Tiere (insbesondere die Bestimmungen des Tierschutzgesetzes) zu beachten hat (§ 903 S. 2).
◆ Tiere, die im häuslichen Bereich nicht zu Erwerbszwecken gehalten werden, dürfen grundsätzlich nicht gepfändet werden (§ 811 c ZPO).

[1]) § 93 gilt nicht für Eigentumswohnungen (vgl. § 3 WEG).

II. Rechte

1. Absolute und relative Rechte

Zu unterscheiden sind **absolute** und **relative Rechte**.

Absolute Rechte	Relative Rechte
Sie wirken gegen jedermann. Hierzu gehören:	**Sie richten sich gegen eine bestimmte Person.** Hierzu gehören:
◆ **Persönlichkeitsrechte** d. h. Rechte auf Achtung der Person, z. B. Schutz von Leben, Körper, Freiheit (§ 823 Abs. 1); Schutz des Namens (§ 12).	◆ **Ansprüche** Der Anspruch ist das Recht, von einem anderen ein Tun oder Unterlassen zu verlangen (§ 194), z. B. das Recht des Verkäufers auf Zahlung des Kaufpreises
◆ **Herrschaftsrechte an Sachen** Sie verleihen eine Herrschaftsbefugnis. Das umfassendste Herrschaftsrecht ist das Eigentum an einer beweglichen oder unbeweglichen Sache (§ 903).	◆ **Gestaltungsrechte** Sie gewähren die Befugnis, einseitig ein Rechtsverhältnis zu begründen, es zu ändern oder aufzuheben, z. B.: – **Anfechtung** des Kaufvertrags wegen arglistiger Täuschung oder Irrtums;
◆ **Herrschaftsrechte an geistigen Schöpfungen** Hierzu gehören z. B. Patentrechte, Warenzeichenrechte und die durch das Urhebergesetz geschützten Schöpfungen auf den Gebieten der Wissenschaft und Kunst (Literatur, Musik, Baukunst).	– **Kündigung** des Mietvertrages; – **Rücktritt vom Vertrag** bei Leistungsverweigerung oder Schlechterfüllung; – **Widerruf** von Haustürgeschäften.
	◆ **Einreden und Einwendungen** Mit der **Einrede** macht der Schuldner ein Leistungsverweigerungsrecht geltend, z. B. – weil die Forderung verjährt sei = **dauernde Einrede** oder – weil ihm die geschuldete Leistung gestundet worden sei = **aufschiebende Einrede**. In beiden Fällen besteht der Anspruch zwar weiter, seine Durchsetzung wird aber dauernd oder vorübergehend gehemmt. Eine **Einwendung gegen einen Anspruch selbst** besteht dann, wenn der **Anspruch** – **nicht entstanden** ist = **rechtshindernde Einwendung**, z. B. der Vertrag ist nichtig wegen Sittenwidrigkeit (§ 138) oder – **nachträglich erloschen** ist = **rechtsvernichtende Einwendung**, z. B. der Schuldner rechnet mit einer Gegenforderung auf (§ 389).

2. Rechtsschutz und Selbstverteidigung – Notwehr, Notstand, Selbsthilfe

Unsere Rechtsordung gewährt dem Inhaber eines Rechts staatlichen Rechtsschutz. Sie verbietet ihm, im Interesse des Rechtsfriedens, sein wirkliches oder vermeintliches Recht eigenmächtig durchzusetzen (Faustrecht). Der staatliche Rechtsschutz umfasst:

◆ das **Erkenntnisverfahren,** in dem das Gericht prüft, ob das Begehren des Klägers berechtigt ist; es endet in der Regel durch Urteil;

- das **Vollstreckungsverfahren** zur Durchsetzung des im Urteil festgestellten Anspruchs;
- das **Verfahren vorbeugenden Rechtsschutzes,** das der **Sicherung des Gläubigeranspruchs durch Arrest** oder **einstweilige Verfügung** dient.

In Ausnahmefällen kann sich der Berechtigte mit Gewalt gegen die Verletzung seines Rechts wehren:

- durch **Notwehr,**
- im Falle eines **Notstandes,**
- im Wege der **Selbsthilfe.**

Notwehr (§ 227)

Notwehr ist diejenige Verteidigung, welche erforderlich ist, um einen gegenwärtigen, rechtswidrigen Angriff von sich oder einem anderen **(Nothilfe)** abzuwenden.

Voraussetzungen:

- **Der Angriff verletzt oder droht zu verletzen die durch das Recht geschützten Interessen eines anderen.** Droht der Angriff von einem Tier, trifft Notstand zu (s. S. 36), es sei denn, das Tier wird auf einen Menschen gehetzt;
- **Der Angriff muss gegenwärtig sein,** d. h. er muss begonnen haben (so z. B. wenn A die Pistole zieht) und **darf noch nicht beendet sein.** Im Beispiel wäre eine Notwehrlage nicht mehr gegeben, wenn A die Pistole wegwirft;
- **Der Angriff muss rechtswidrig sein.** Steht dem Angreifer ein Rechtfertigungsgrund zu, ist sein Tun rechtmäßig. Nimmt z. B. ein Kriminalbeamter aufgrund seiner Amtsgewalt einen auf frischer Tat ertappten „Autoknacker" fest, kann dieser sich nicht dagegen wehren mit der Begründung, er handle in Notwehr.

Geschützt sind nicht nur Leib und Leben, sondern auch Eigentum, Besitz und Persönlichkeitsrechte.

Beispiel: Der Hauseigentümer oder Wohnungsbesitzer, der den Einbrecher, der im Begriff ist, mit der gestohlenen Geldkassette wegzulaufen, niederschlägt, handelt in Notwehr, somit rechtmäßig. Wehrt sich der Einbrecher, kann er sich nicht auf Notwehr berufen (keine Notwehr gegen Notwehr!).

Ein **Verschulden des Angreifers ist nicht Voraussetzung,** deshalb ist Notwehr auch gegen Kinder, Betrunkene und Geisteskranke grundsätzlich möglich, jedoch mit einer gewissen Zurückhaltung und Vorsicht!

Wer die Grenzen der notwendigen Verteidigung überschreitet **(Notwehrexzess),** handelt rechtswidrig.

Beispiel: Schießt der Hauseigentümer in dem o. a. Beispiel den Einbrecher vorsätzlich in den Kopf, obwohl ein Schuss ins Bein genügt hätte, seine Flucht zu verhindern, handelt er nicht nur widerrechtlich, sondern auch schuldhaft und ist deshalb schadensersatzpflichtig (§§ 823 ff.).

Wer irrtümlich eine Notwehrlage annimmt **(Putativnotwehr),** handelt rechtswidrig und ist, wenn der Irrtum auf Fahrlässigkeit beruht, schadensersatzpflichtig.

Beispiel: Der Wohnungseigentümer Freimann verwechselt nach einem Trinkgelage die Wohnungstüren und öffnet gewaltsam die falsche Tür. Der Wohnungsinhaber hält ihn irrtümlich für einen Einbrecher und schlägt ihn krankenhausreif. Er ist Freimann schadensersatzpflichtig, weil sein Irrtum auf Fahrlässigkeit beruht, denn bei näherem Hinsehen hätte er den Nachbarn, der seit Jahren neben ihm wohnt, erkennen müssen.

◆ Notstand (§ 228)

Ein **Verteidigungsnotstand** liegt vor, wenn **dem Handelnden oder einem Dritten von einer fremden Sache oder einem Tier** Gefahr droht und diese nur durch das angewandte Mittel beseitigt werden kann.

Beispiel: Auf einem Spaziergang wird A von einem bissigen Foxterrier angefallen. A kann sich nicht anders helfen, als mit einem Stock auf ihn einzuschlagen und ihn auf diese Weise unschädlich zu machen.

Der Angriffsnotstand setzt eine Bedrohung eines Rechtsgutes eines anderen voraus (z. B. Leib, Leben, Eigentum, Besitz). Die **Gefahr muss gegenwärtig** sein. Die Notstandshandlung besteht in der Benutzung, Beschädigung oder Zerstörung einer fremden Sache oder eines Tieres (von der bzw. von dem keine Gefahr ausgeht), um das gefährdete Rechtsgut zu schützen. Voraussetzungen:

- die **Handlung muss notwendig** sein, um die dem anderen drohende Gefahr abzuwehren,
- es darf **keine weniger einschneidende Möglichkeit der Gefahrenabwehr** geben,
- der **drohende Schaden muss im Vergleich zum angerichteten Schaden unverhältnismäßig groß** sein.

Beispiel: A ist auf einer Landstraße mit seinem Fahrrad so schwer gestürzt, dass er bewusstlos ist. B findet ihn und entdeckt auf einem nahen Waldparkplatz einen BMW, den der Fahrer versehentlich unabgeschlossen und mit steckendem Zündschlüssel verlassen hat. B lädt A in den Wagen ein und fährt ihn zum nächsten Krankenhaus. B hat rechtmäßig gehandelt, weil der dem A drohende Schaden an seiner Gesundheit im Vergleich zu der vorübergehenden Benutzung des BMW unverhältnismäßig groß ist.

◆ Selbsthilfe (§§ 229 f.)

Selbsthilfe heißt, eigene Ansprüche gewaltsam durchzusetzen oder zu sichern. Sie ist nur unter folgenden Voraussetzungen zulässig:

- der **Anspruch muss gerichtlich durchsetzbar sein,**
- **obrigkeitliche Hilfe ist nicht rechtzeitig zu erlangen,** so z. B. die Polizei, ein Arrest oder eine einstweilige Verfügung,
- **ohne sofortiges Eingreifen** besteht die **Gefahr, dass die Verwirklichung des Anspruchs vereitelt oder wesentlich erschwert wird.**

Mittel der Selbsthilfe sind:

- **Wegnahme, Zerstörung oder Beschädigung einer Sache,**

  Beispiel: Der Hotelier kann dem Gast, der ohne zu bezahlen, verschwinden will, den Koffer wegnehmen,

- **Festnahme** eines Verpflichteten **bei Fluchtverdacht,**

  Beispiel: Hat sich der Gast in dem o. a. Beispiel ohne Gepäck eingemietet, kann ihn der Hotelier vorläufig festnehmen;

- **Beseitigung des Widerstands gegen eine Handlung, die der Verpflichtete dulden muss.**

  Beispiel: Wehrt sich der Gast in dem zuletzt genannten Beispiel gegen die Festnahme, kann der Hotelier seinen Widerstand gewaltsam brechen.

Die Selbsthilfe darf nicht weitergehen, als zur Abwendung der Gefahr erforderlich ist (§ 230 Abs. 1).

Im Falle der Festnahme ist, sofern der Verpflichtete nicht wieder in Freiheit gesetzt wird, der **persönliche Sicherheitsarrest** (Näheres s. S. 340) zu beantragen. Zuständig ist das Amtsgericht, in dessen Bezirk die Festnahme erfolgt ist. Der Verpflichtete ist unverzüglich dem Gericht vorzuführen.

Nimmt der Handelnde **irrtümlich** an, zur Selbsthilfe berechtigt zu sein, ist er dem anderen zum Schadensersatz verpflichtet.

Beispiel: Der Hotelier hat übersehen, dass der Gast die Kosten für die einmalige Übernachtung bei seiner Ankunft im Voraus bezahlt hat, um am anderen Morgen, ohne aufgehalten zu werden, das Hotel verlassen zu können.

Wenn in diesem Fall der Hotelier dem Gast wegen dessen vermeintlicher Mietschuld den Koffer wegnimmt, muss er dem Gast den Schaden ersetzen, der diesem z. B. dadurch entsteht, dass er das Flugzeug versäumt und dadurch einen wichtigen Termin nicht einhalten kann.

C. Das Rechtsgeschäft

Das Rechtsgeschäft ist das Mittel, womit die Einzelnen ihre *rechtlichen Beziehungen* – Rechtsverhältnisse – beliebig regeln können. Es kommt durch eine oder mehrere Willenserklärungen zustande.

I. Arten der Rechtsgeschäfte

1. Einseitige und zweiseitige Rechtsgeschäfte

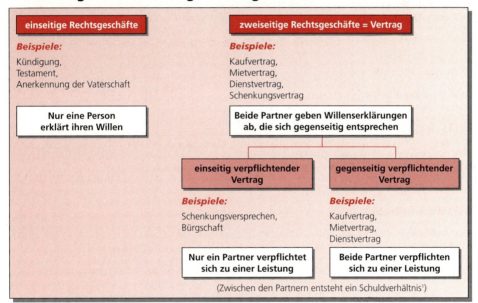

2. Verpflichtungs- und Verfügungsgeschäfte

◆ **Verpflichtungsgeschäfte**

Verpflichtungsgeschäfte sind Rechtsgeschäfte, durch die sich eine Person gegenüber einer anderen zu einer Leistung verpflichtet. Hierdurch wird *ein Schuldverhältnis begründet*. Das Verpflichtungsgeschäft kann ein einseitiges Rechtsgeschäft sein, z. B. eine Stiftung (§ 82), eine Auslobung (§ 657), ein Vermächtnis (§§ 1939, 2147), in der Regel ist es jedoch ein Vertrag, z. B. Kauf (§ 433), Miete (§ 535), Pacht (§ 581), Dienstvertrag.

◆ **Verfügungsgeschäfte**

Verfügungsgeschäfte sind Rechtsgeschäfte, die darauf gerichtet sind, ein *Recht zu begründen,* ein bestehendes Recht *zu verändern,* zu *übertragen* oder *aufzuheben.* Hauptanwendungsgebiet der Verfügungsgeschäfte sind die verfügenden Verträge im Sachenrecht. Hierzu gehören z. B. die Einigung und Übergabe einer beweglichen Sache (§ 929), die Einigung und Eintragung im Grundbuch betreffend die Übertragung des Eigentums an einem Grundstück oder die Belastung eines solchen mit einem Grundpfandrecht (§ 873)[1]).

Das Verfügungsgeschäft ist von dem ihm zugrunde liegenden Verpflichtungsgeschäft losgelöst, beide sind rechtlich selbstständig. Dies bedeutet, dass die Ungültigkeit des Verpflichtungsgeschäftes (z. B. wegen Sittenwidrigkeit oder Formfehlers) nicht ohne weiteres auch die Ungültigkeit des Verfügungsgeschäfts zur Folge hat. Dies wäre nur dann der Fall, wenn auch das Verfügungsgeschäft mit einem solchen Mangel behaftet ist.

II. Der Vertrag

Der Vertrag kommt durch mindestens zwei Willenserklärungen zustande, die sich inhaltlich entsprechen müssen. Die zeitlich vorangehende Erklärung heißt Antrag (Angebot, Offerte), die zeitlich nachfolgende Annahme.

1. Der Antrag

Er muss regelmäßig an einen bestimmten Gegner gerichtet sein (mündlich, schriftlich, telefonisch, telegrafisch).

Er muss inhaltlich so genau bestimmt sein, dass der Partner ihn durch ein einfaches „Ja" annehmen kann.

Der Anbietende ist an den Antrag gebunden, d. h. er kann ihn nicht mehr widerrufen, **sobald er dem Partner zugegangen,** d. h. in seinen Machtbereich gelangt ist.

Beispiel: Huber in München bietet Meier in Hamburg 200 Paar Lederhosen zu je 70,00 EUR an. Das Angebot ist bindend geworden, sobald der Brief in das Postfach des Meier eingelegt oder in seinen Briefkasten eingeworfen ist.

Der Anbietende kann jedoch die Gebundenheit an den Antrag ausschließen, und zwar durch Zusätze, wie „Ich biete freibleibend an" oder „solange Vorrat reicht".

Preislisten, Reiseprospekte, Zeitungsanzeigen sind keine bindenden Angebote, sondern Aufforderungen zu einem Angebot des Lesers.

Dagegen ist die Aufstellung eines Automaten ein bindendes Angebot an unbestimmte Personen. Auch in der Zusendung unbestellter Waren ist ein bindendes Angebot zu sehen.

Der Antrag erlischt:
◆ wenn der Partner das Angebot ablehnt,
◆ wenn der Partner die Annahme nicht innerhalb der vom Anbietenden gesetzten Frist erklärt,
◆ bei Widerruf des Antrags, wenn sich der Anbietende den Widerruf vorbehalten hat.

[1]) Siehe S. 105 f.

2. Die Annahme

Die Annahmeerklärung muss dem Anbietenden zugehen; sie ist eine **„empfangsbedürftige" Willenserklärung.**

Sie braucht dem Anbietenden nicht zuzugehen, wenn nach der Verkehrssitte eine ausdrückliche Erklärung nicht üblich ist oder der Antragende auf sie verzichtet hat.

Beispiel: Fabrikant Räuchle wird eine unbestellte Kiste Zigarren zugeschickt. Er teilt dem Lieferanten seine Annahme in keiner Weise mit – was dieser auch gar nicht erwartet –, sondern raucht jeden Abend zwei Stück und bietet Besuchern welche an. Räuchle hat damit durch „schlüssige Handlung" das Angebot des Lieferanten angenommen, der auf eine ausdrückliche Erklärung des Räuchle von vornweg verzichtet hatte.

Die **Annahme muss rechtzeitig erklärt werden.** Sie ist rechtzeitig erklärt, wenn sie innerhalb eines üblichen Zeitraums beim Anbietenden eingetroffen ist.

Beispiel: Geigenbauer Streicher hat Musiklehrer Kurz eine Amati-Meistergeige zu 50 000,00 EUR schriftlich angeboten. Streicher ist an sein Angebot bis zu dem Zeitpunkt gebunden, zu dem er das Eintreffen der Annahmeerklärung normalerweise erwarten darf. Die Beförderungszeit für die beiden Briefe und eine angemessene Überlegungsfrist für Kurz sind zu berücksichtigen.

Trifft die Annahme verspätet ein, wird sie als Antrag umgedeutet, da das Angebot des Partners erloschen ist (§ 150 Abs. 1).

Beispiel: Musiklehrer Kurz lässt sich vier Wochen Zeit, das schriftliche Angebot des Geigenbauers zu überdenken; dann erst schreibt er diesem, er sei bereit, die Amati zu kaufen. Geigenbauer Streicher ist nicht mehr an das Angebot gebunden, da er nach regelmäßigen Umständen die Annahme durch Kurz längst erwarten durfte. Das Schreiben des Musiklehrers gilt nun als bindendes Angebot, das der Annahme durch Streicher bedarf.

Enthält die Annahmeerklärung Abänderungen, Erweiterungen oder Einschränkungen des Angebots, gilt sie als Ablehnung des Angebots, verbunden mit einem neuen Antrag (§ 150 Abs. 2).

Beispiel: Kurz erklärt sich rechtzeitig bereit, die Amati zu kaufen, will jedoch nur zu 45 000,00 EUR bezahlen. Seine Erklärung gilt als Ablehnung des Streicher'schen Angebots, wird aber als neuer Antrag umgedeutet.

3. Vertragsfreiheit und Abschlusszwang (Kontrahierungszwang)

Vertragsfreiheit ist die jedem Menschen zustehende Befugnis, seine Lebensverhältnisse unter eigener Verantwortung zu gestalten. Sie ist ein Teil des in der Verfassung verankerten Grundrechts auf die freie Entfaltung der Persönlichkeit (Art. 2, Abs. 1 GG). Sie ist jedoch insoweit eingeschränkt, als sie nicht Rechte Dritter verletzen und nicht gegen die verfassungsmäßige Ordnung oder gegen die guten Sitten verstoßen darf (§§ 134, 138).

Die Vertragsfreiheit umfasst

- die Abschlussfreiheit und - die Freiheit inhaltlicher Gestaltung.

Abschlussfreiheit bedeutet die Freiheit, sich seinen Geschäftspartner nach Belieben aussuchen und mit ihm einen Vertrag abzuschließen zu können. Dieser Grundsatz wird jedoch in wichtigen Bereichen des täglichen Lebens eingeschränkt. So zum Beispiel durch den **Abschlusszwang oder Kontrahierungszwang.**

Er bedeutet die Pflicht, mit einem anderen den von diesem gewünschten Vertrag abzuschließen. So ist vor allem auf dem Gebiet der Daseinsvorsorge (z. B. Pflegeversicherung) die Abschlusspflicht durch Gesetz festgelegt. Dies gilt z. B. auch für die Versorgung mit Strom, Gas und Wasser, für den Personen- und den Güterverkehr, für die Postbeförderung und den Telefonverkehr. In allen diesen Fällen kann der Betreiber dieser Unternehmen den Abschluss eines Vertrages nur aus wichtigen Gründen ablehnen, z. B. wenn der Vertragspartner die Gebühren nicht bezahlt.

◆ **Freiheit der inhaltlichen Gestaltung**

Freiheit der inhaltlichen Gestaltung bedeutet, dass die Vertragspartner den Inhalt des Vertrags frei bestimmen können. Dieser Grundsatz ist jedoch in der Praxis durch zahlreiche gesetzliche Vorschriften zugunsten der wirtschaftlich Schwächeren (z. B. im Miet- und Arbeitsrecht) eingeschränkt worden. In neuerer Zeit hat der Verbraucherschutz große Bedeutung erlangt (vgl. hierzu die Ausführungen auf den Seiten 62, 63, 67).

III. Die Form der Rechtsgeschäfte

Grundsätzlich können Willenserklärungen formfrei, d. h. auch mündlich, abgegeben werden, sowie stillschweigend durch Geschehenlassen oder durch schlüssige Handlung.

Einzelne Rechtsgeschäfte von besonderer Bedeutung, die im Gesetz ausdrücklich erwähnt sind, bedürfen einer bestimmten Form zu ihrer Wirksamkeit. Die Form bezweckt Schutz vor Übereilung und dient der Beweiserleichterung.

1. Die Schriftform (§ 126), elektronische Form (§ 126a), Textform (§ 126b)

Der schriftlich abgefasste Text muss durch eigenhändige Namensunterschrift räumlich abgeschlossen werden. Ein Pseudonym (Deckname z. B. Künstlername) genügt, wenn die Person darunter bekannt ist. Unterschrift durch Faksimile-Stempel genügt nicht.

Die Schriftform kann durch die elektronische Form ersetzt werden, wenn dies nicht gesetzlich ausgeschlossen ist, wie z.B. bei

- ◆ Beendigung eines Arbeitsverhältnisses (§ 623),
- ◆ Erteilung einer Bürgschaftserklärung (§ 766),
- ◆ Schuldanerkenntnis (§ 781).

Unterhalb der Schriftform rangiert die Textform, die lediglich verlangt, dass eine Erklärung in lesbar zu machenden Zeichen fixiert wird. Sie kommt z.B. zum Einsatz bei

- ◆ Garantieerklärungen (§ 477),
- ◆ Widerrufsbelehrung bei Verbraucherverträgen (§ 355).

2. Die öffentliche Beglaubigung (§ 129; § 40 BeurkG)

Vom Notar wird die Unterschrift unter einer schriftlich abgefassten Erklärung beglaubigt. Die Unterschrift muss vor dem Notar vollzogen oder anerkannt werden. Die Beglaubigung geschieht durch einen unter die Unterschrift zu setzenden Vermerk, der die Echtheit der Unterschrift bezeugt.

Beispiele:
- ◆ Ausschlagung einer Erbschaft (§ 1945),
- ◆ Anmeldung der Firma zum Handelsregister (§ 12 HGB),
- ◆ Namenserteilung an ein Kind (§ 1618).

3. Die notarielle Beurkundung (§ 128; §§ 8 ff. BeurkG)

Der Notar beurkundet den ganzen Vorgang und nimmt ein Protokoll darüber auf, das vom Notar vorgelesen, von den Erschienenen genehmigt und vom Notar und den Erschienenen unterschrieben werden muss. Entweder geben die Erschienenen mündlich ihre Erklärung ab oder sie erkennen eine überreichte schriftliche Erklärung an.

Beispiele:
- ◆ Grundstückskaufvertrag (§ 313),   ◆ Erbvertrag (§ 2276),
- ◆ Schenkungsversprechen (§ 518),   ◆ Ehevertrag (§ 1410),

4. Abschluss vor einer Behörde

Die Beteiligten haben vor einer Behörde zu erscheinen und dort ihre Willenserklärung abzugeben.

Beispiele:
- Die Verlobten bei der Eheschließung vor dem Standesbeamten (§ 1310, 1311),
- der Erblasser beim Erbvertrag vor dem Notar (§§ 2274/2276).

5. Die vereinbarte Form (§ 127)

Wenn das Gesetz keine bestimmte Form vorschreibt, können die Parteien selbst eine Form vereinbaren, z. B. die Schriftform.

Ein Rechtsgeschäft, das nicht in der im Gesetz vorgeschriebenen oder von den Parteien vereinbarten Form abgeschlossen wird, ist nichtig (§ 125).

IV. Nichtige und anfechtbare Rechtsgeschäfte

Rechtsgeschäfte können unwirksam sein oder nachträglich werden, wenn die abgegebenen Willenserklärungen Mängel aufweisen.

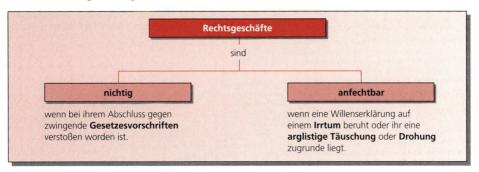

1. Nichtige Rechtsgeschäfte

Bei besonders schweren Verstößen gegen das Gesetz ist ein Rechtsgeschäft von Anfang an nichtig.

Beispiele:
- wenn ein Geschäftsunfähiger die Willenserklärung abgegeben hat (§ 105 Abs. 1);
- wenn der Erklärende vorübergehend geistig gestört war (§ 105 Abs. 2), z. B. wegen Trunkenheit oder Bewusstlosigkeit;
- wenn die vorgeschriebene Form nicht eingehalten wurde (§ 125);
- wenn die Willenserklärung zum Spaß oder zum Schein abgegeben wurde (Scherz- oder Scheingeschäft §§ 117, 118);
- wegen Verstoßes gegen die guten Sitten (§ 138 Abs. 1).

Sittenwidrig sind Geschäfte, die gegen das Anstandsgefühl des Durchschnittsbürgers verstoßen, z. B. wenn sich jemand gegen Entgelt verpflichtet, ein Verbrechen nicht anzuzeigen. Ein Unterfall der sittenwidrigen Geschäfte ist das **Wuchergeschäft** (§ 138 Abs. 2), z. B. die Vermietung von Wohnräumen gegen unangemessen hohe Miete.

2. Anfechtbare Rechtsgeschäfte

Eine Willenserklärung kann durch eine formfreie Erklärung dem Partner gegenüber angefochten werden:

- wenn die Willenserklärung auf einem **Irrtum** beruht. Ein Irrtum liegt vor, wenn das Erklärte mit dem Willen des Erklärenden, **diesem unbewusst,** nicht übereinstimmt.
    Beispiele:
    - Strebe irrt sich über den Inhalt seiner eigenen Erklärung. Er hat von Falbe ein Auto gekauft in der Meinung, es handele sich um einen Diesel Pkw, in Wirklichkeit handelt es sich um einen Benzinmotor **(Inhaltsirrtum).**
    - Der Verkäufer wollte Ware zu 960,00 EUR, verschrieb sich aber und bot sie zu 690,00 EUR an **(Erklärungsirrtum).**
    - Dr. Fischer irrte sich über eine wesentliche Eigenschaft einer holzgeschnitzten Madonna, die er erworben hat. Er meinte, die Plastik stamme von Jörg Syrlin dem Älteren, in Wirklichkeit stammt sie von einem unbekannten Meister **(Eigenschaftsirrtum).**

    Der Irrtum muss so erheblich sein, dass die Willenserklärung bei Kenntnis der Sachlage nicht abgegeben worden wäre (§ 119 Abs. 1). **Die Anfechtung muss unverzüglich, d. h. ohne schuldhaftes Zögern erfolgen** (§ 121). Zehn Jahre nach Abgabe der Willenserklärung ist die Anfechtung ausgeschlossen. Sie ist ebenfalls ausgeschlossen, wenn ein Irrtum im Beweggrund **(Motivirrtum)** vorliegt.
    Beispiel: Felix kauft ein Auto, bevor er die Fahrprüfung abgelegt hat. Er fällt in der Prüfung durch. Er kann den Autokauf nicht wegen Irrtums über seine Fahrkunst anfechten.

- wenn die Willenserklärung aufgrund einer **arglistigen Täuschung oder Drohung** abgegeben worden ist (§ 123).
    Beispiele:
    - Spahn preist Zander eine Perlenkette für echt an, obwohl er weiß, dass es sich um täuschend nachgemachte Glasperlen handelt. Zander kann den Kaufvertrag wegen arglistiger Täuschung anfechten.
    - Silberhorn droht Goldmann, er werde ihn wegen eines früher begangenen Diebstahls anzeigen, wenn er ihm die Rückzahlung eines Darlehens nicht erlasse. Goldmann verzichtet auf die Rückzahlung. Er kann seine Verzichtserklärung anfechten.

Die Anfechtung muss in diesem Falle, anders als bei der Anfechtung wegen Irrtums, **innerhalb eines Jahres** seit Entdeckung der Täuschung bzw. Aufhören der Zwangslage erfolgen. Die Ausschlussfrist von 10 Jahren gilt auch hier.

Die Wirkung der Anfechtung: Das anfechtbare Rechtsgeschäft ist bis zur Anfechtung gültig. Durch die Anfechtung wird das Rechtsgeschäft **rückwirkend nichtig,** d. h. es wird so angesehen, als wäre es von Anfang an nichtig gewesen (§ 142).

Die Folgen sind:

- bereits erbrachte Leistungen sind zurückzugeben, weil der Empfänger die Leistung *ohne rechtlichen Grund* erhalten hat und somit um die Leistung „ungerechtfertigt bereichert"[1] ist;
- der wegen Irrtums Anfechtende hat dem Partner das „Vertrauensinteresse" zu ersetzen, d. h. den Schaden, den der andere im Vertrauen auf die Gültigkeit des Rechtsgeschäftes erlitten hat;
- bei Anfechtung wegen arglistiger Täuschung oder Drohung ist dem Anfechtenden vom unlauteren Partner aller Schaden zu ersetzen, weil dieser in der Regel eine „unerlaubte Handlung" begangen hat (§ 823 Abs. 2).

---

[1] Näheres über die ungerechtfertigte Bereicherung siehe S. 85 f.

V. Stellvertretung und Vollmacht

1. Die Stellvertretung

Will jemand ein Rechtsgeschäft abschließen, so braucht er die nötigen Willenserklärungen nicht unbedingt selbst abzugeben, er kann sie durch einen Stellvertreter abgeben lassen.

Stellvertretung ist grundsätzlich bei allen Rechtsgeschäften zulässig.

Ausgenommen sind Geschäfte des Familien- und Erbrechts, die einen *höchstpersönlichen Charakter* haben:

Beispiele:
◆ Eheschließung (§§ 1310, 1311),
◆ Testamentserrichtung (§ 2064),
◆ Anfechtung der Vaterschaft (§ 1600a),

Verlangt das Gesetz „gleichzeitige Anwesenheit", ist Stellvertretung zulässig (vgl. z. B. §§ 925 Abs. 1, 1410).

Das Recht, einen anderen zu vertreten, kann beruhen

◆ **auf Gesetz** (gesetzliche Stellvertretung):
   Vater, Mutter, Vormund, Pfleger sind Stellvertreter kraft Gesetzes.
   Die Vertreter einer juristischen Person haben die Stellung eines gesetzlichen Vertreters.

◆ **auf Rechtsgeschäft** (rechtsgeschäftliche Stellvertretung):
   Sie wird meist durch Auftrag erteilt mit Vollmacht dem Dritten gegenüber.

Zwei Formen der Stellvertretung haben sich entwickelt: die mittelbare (indirekte) Stellvertretung und die unmittelbare (direkte) Stellvertretung.

◆ **Die mittelbare Stellvertretung**

Der mittelbare Stellvertreter schließt das Geschäft **in eigenem Namen für fremde Rechnung** ab. Er, nicht der Vertretene, tritt dem anderen als Partner gegenüber. In Wirklichkeit ist er nur Ersatzmann, der das Geschäft im Interesse des Vertretenen und für dessen Rechnung abschließt.

Beispiel: Antiquar Volz nimmt von Alberts einen wertvollen Barockschrank „in Kommission" und verkauft ihn günstig an den Antiquitätensammler Binder.

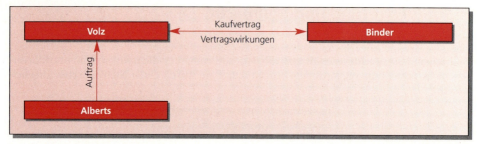

Der Kaufvertrag kommt zwischen Volz und Binder zustande. Binder kann sich nur an Volz halten, wenn der Vertrag nicht erfüllt wird, ebenso Alberts, wenn Volz seiner Verpflichtung aus dem Auftrag, Alberts den Erlös herauszugeben, nicht nachkommt.

◆ **Die unmittelbare Stellvertretung**

Das BGB regelt nur die unmittelbare Stellvertretung (§§ 164 ff.) Der unmittelbare Stellvertreter schließt das Geschäft **im Namen des Vertretenen und für dessen Rechnung** ab. Aus dem Geschäft wird nicht der Vertreter, sondern **unmittelbar der Auftraggeber berechtigt und verpflichtet.**

Beispiele: Abel beauftragt Vetter, für ihn einen Bildband zu kaufen, den er zu verschenken beabsichtigt. Vetter geht zu Buchhändler Böhme und kauft einen Bildband von Spanien zu 38,00 EUR.

Aus dem Kaufvertrag wird nicht Vetter, sondern Abel berechtigt und verpflichtet. Das Eigentum geht unmittelbar von Böhme auf Abel über, Vetter ist nur der Überbringer des Buches.

Zum **Stellvertreter** kann grundsätzlich jede Person bestellt werden, die nicht geschäftsunfähig ist, somit **auch der beschränkt Geschäftsfähige** (§ 165).

Vom Stellvertreter ist der **Bote** zu unterscheiden. Der Vertreter gibt die eigene Willenserklärung im Rahmen eines Auftrages ab, der Bote überbringt nur die fertige Erklärung, auf die er keinen Einfluss hat. Deshalb kann auch ein Geschäftsunfähiger Bote sein.

2. Die Vollmacht

◆ **Definition**

Vollmacht ist die durch Rechtsgeschäft erteilte Vertretungsmacht (§ 166 Abs. 3). Sie kann gegenüber dem zu Bevollmächtigenden (Innenverhältnis) oder dem Dritten (Außenverhältnis) erteilt werden. Im letzteren Fall bleibt die Vollmacht so lange bestehen, bis sie dem Dritten gegenüber widerrufen oder das Erlöschen angezeigt wird oder er das Erlöschen kennt (§§ 170 ff.).

Das Bürgerliche Gesetzbuch (BGB)

Die Vollmachtserteilung bedarf **grundsätzlich keiner Form,** sie kann mündlich oder stillschweigend erfolgen. Aus Beweisgründen wird sie häufig schriftlich erteilt.

In einigen Fällen bedarf die Vollmacht einer besonderen Form.

Beispiele:
- der Schriftform für die Prozessvollmacht (§ 380 ZPO),
- der öffentlichen Beglaubigung für Anträge beim Grundbuchamt (§ 30 GBO),
    - zur Ersteigerung eines Grundstücks in der Zwangsversteigerung (§ 81 Abs. 3 ZVG),
    - für die Ausschlagung einer Erbschaft (§ 1945 Abs. 3).

◆ *Vollmachtsarten*

Folgende Vollmachtsarten werden unterschieden:

◆ **dem Umfang nach:**
- Generalvollmacht = gültig für alle Rechtsgeschäfte
- Gattungs- oder Artvollmacht = gültig für einen bestimmten Kreis von Rechtsgeschäften, z. B. Einkaufsvollmacht
- Spezialvollmacht = gültig für ein bestimmtes oder einige bestimmte Rechtsgeschäfte

◆ **der Funktion nach:**
- Hauptvollmacht (wird von Auftraggeber erteilt)
- Untervollmacht (wird vom Bevollmächtigten erteilt)
- Einzelvollmacht (Alleinvertretungsrecht)
- Gesamtvollmacht (Vertretungsrecht mit mehreren zusammen)

◆ **Vollmachtsarten des Handelsrechts:**
- Prokura
- Handlungsvollmacht

Die Vollmacht erlischt

◆ mit Erledigung des Geschäfts, für das sie erteilt wurde,
◆ mit dem Tode des Vertreters,
◆ durch Zeitablauf, wenn sie befristet war,
◆ durch Widerruf.

◆ *Vertreter ohne Vertretungsvollmacht*

Schließt jemand für einen anderen einen Vertrag, ohne von ihm bevollmächtigt zu sein, so handelt er als *Vertreter ohne Vertretungsmacht.* Die Wirksamkeit des Vertrages hängt von der Genehmigung des Vertretenen ab (§ 177).

Genehmigt der Vertretene den Vertrag nicht, wird allein der Vertreter daraus verpflichtet. Der Vertragsgegner kann vom Vertreter Erfüllung des Vertrags oder Schadensersatz verlangen (§ 179 Abs. 1). Dies gilt jedoch nicht, wenn der Geschäftsgegner das Fehlen der Vertretungsmacht kannte oder kennen musste oder der beschränkt geschäftsfähige Vertreter ohne Zustimmung seines gesetzlichen Vertreters gehandelt hat (§ 179 Abs. 3).

Beispiel: Karin kauft für ihre Freundin Susanne eine Handtasche, die Susanne angeblich demnächst erstehen will. – Karin muss damit rechnen, dass Susanne bereits dieselbe Tasche gekauft oder ihre Absicht aufgegeben hat. In diesem Fall muss Karin die Tasche behalten und bezahlen.

VI. Verjährung und Verwirkung

1. Die Verjährung

Verjährung bedeutet, dass die Leistung infolge Zeitablaufs nicht mehr erzwungen werden kann.

Der Verjährung unterworfen sind nur Ansprüche. Unter einem Anspruch ist nach § 194 das Recht zu verstehen, von einem anderen ein Tun oder Unterlassen zu verlangen.

Beispiele: Zahlung des Kaufpreises, Herausgabe des Buches, Unterlassung störenden Lärmes.

Der verjährte Anspruch ist nicht erloschen. Der Schuldner kann sich aber auf die Verjährung berufen und die Leistung verweigern. Leistet der Schuldner in Unkenntnis der Verjährung, kann der das Geleistete nicht zurückfordern (§ 214 Abs. 2). Im Prozess hat das Gericht die Verjährung des Anspruchs nur zu beachten, wenn der Schuldner sie ausdrücklich geltend macht (Einrede der Verjährung).

Die regelmäßige Verjährungsfrist beträgt 3 Jahre (§ 195). Sie gilt immer dort, wo das Gesetz keine Sonderverjährungsfristen vorsieht.

Sonderverjährungsfristen gelten für folgende Ansprüche:

- **10 Jahre:** für die Rechte an einem Grundstück (§ 196),
  Beispiele: Ansprüche auf Begründung, Aufhebung, Übertragung des Rechts an einem Grundstück;

- **30 Jahre:** für Herausgabeansprüche aus dinglichen Rechten, Beseitigungs- und Unterlassungsansprüchen, einige familien- und erbrechtliche Ansprüche sowie rechtskräftig festgestellte und ähnliche Ansprüche (§ 197),
  Beispiele: Herausgabeanspruch aus Eigentum (§ 985), Unterlassungsanspruch nach § 1004;

- Gewährleistungsrechtliche Sonderverjährung
  Beispiel: 2 Jahre für Mängelgewährleistungsansprüche des Käufers aus einem Kaufvertrag (§ 438).

Die regelmäßige Verjährung beginnt ab dem Schluss des Jahres zu laufen, in dem der Anspruch entstanden ist und der Gläubiger von den anspruchsbegründeten Tatsachen sowie der Person des Schuldners Kenntnis erlangt hat bzw. ohne grobe Fahrlässigkeit hätte erlangen müssen (§ 199 Abs. 1).

Beispiel: Franz schuldet Fritz die Zahlung von 500,00 EUR aus einem Kaufvertrag, der am 01.06.2002 zwischen beiden geschlossen wurde. Die Verjährungsfrist beginnt mit Ende des Jahres, in dem Franz von der Forderung Kenntnis erlangt hat, also mit Ende des Jahres 2002, zu laufen. Die Forderung ist 3 Jahre später, also mit Ablauf des 31. Dezember 2005, verjährt.

Die regelmäßige Verjährungsfrist wird begrenzt durch **Maximalfristen,** nach deren Ablauf ein Anspruch auf jeden Fall kenntnisunabhängig verjährt ist (§ 199 Abs. 2 bis 4).

- **30 Jahre:** Schadensersatzansprüche, die auf der Verletzung des Lebens, des Körpers, der Gesundheit oder der Freiheit beruhen, verjähren kenntnisunabhängig in spätestens 30 Jahren ab dem schadensverursachenden Ereignis (§ 199 Abs. 2).

- **10 Jahre:** Sonstige Schadensersatzansprüche, bei denen der Schaden bereits eingetreten ist, verjähren kenntnisunabhängig in spätestens 10 Jahren ab dem Schadenseintritt (§ 199 Abs. 2 Nr. 1).

Unter bestimmten Voraussetzungen wird der Ablauf der Verjährung **gehemmt.** Dies bedeutet, dass ein gewisser Zeitraum in die Verjährungsfrist nicht mit eingerechnet wird. **Nach Beendigung der Hemmung läuft die Verjährungsfrist weiter.**

Die Verjährung wird gehemmt
- solange Gläubiger und Schuldner eines Anspruchs über den Anspruch verhandeln (§ 203). Die Hemmung endet 3 Monate nach Verhandlungsende (Ablaufhemmung).
- wenn ein Anspruch vom Gläubiger gerichtlich geltend gemacht wird (§ 204), zum Beispiel durch Zustellung einer Klage oder eines Mahnbescheids. Die Hemmung endet 6 Monate nach einer rechtskräftigen Entscheidung oder anderer Verfahrensbeendigung (Ablaufhemmung).
- wenn der Schuldner eine Leistung aufgrund einer Parteivereinbarung verweigern darf (§ 205), zum Beispiel, weil dem Schuldner die Leistung vom Gläubiger gestundet wird.

Vom **Neubeginn** der Verjährung spricht man, wenn der Lauf der Verjährungsfrist noch einmal von vorne beginnt. Die **Verjährung beginnt erneut** zu laufen
- wenn ein Schuldner den Anspruch des Gläubigers anerkennt (§ 212);
  Beispiel: Der Schuldner schreibt dem Gläubiger, er sei derzeit nicht in der Lage zu zahlen und bitte deshalb um Stundung oder um Gestattung von Ratenzahlung. Damit erkennt der Schuldner seine Schuld an.
- wenn Vollstreckungshandlungen vorgenommen werden (§ 212);
  Beispiel: Der Gläubiger beantragt die Vornahme einer gerichtlichen oder behördlichen Vollstreckungshandlung gegenüber dem Schuldner.

2. Die Verwirkung

Ein Anspruch ist verwirkt, wenn er während eines längeren Zeitraumes nicht geltend gemacht wurde und der Schuldner aus dem Verhalten des Gläubigers den Schluss ziehen konnte, dass dieser den Anspruch nicht mehr geltend machen will.

Im Gegensatz zum verjährten Anspruch ist der verwirkte Anspruch erloschen.

Beispiel: Altmann erfährt von Bekannten, dass sein Buchhalter Moser wegen eines Sittlichkeitsdeliktes eine Freiheitsstrafe verbüßt hat. Er stößt sich nicht daran. Fünf Jahre später überwirft er sich mit Moser und kündigt ihm fristlos mit der Begründung, Moser habe ihn arglistig getäuscht, weil er ihm seine Vorbestrafung verschwiegen habe. Die Kündigung ist unwirksam.

Wiederholungsaufgaben

1 a) Wann ist das BGB in Kraft getreten?
b) Welche Rechtsgebiete werden in den fünf Büchern des BGB geregelt?
c) Welche Nebengesetze ergänzen das BGB?

2 Der Vater hat in seinem Testament seinen Sohn als Alleinerben eingesetzt. Beim Tode des Vaters ist das Kind erst zwei Jahre alt.
a) Kann das Kind die Erbschaft erwerben?
b) Wie läge der Fall, wenn der Sohn 18 Jahre alt, aber geisteskrank wäre?
c) Hätte der Erblasser den „Sportverein e.V. Hinterwalden" als Erben einsetzen können?

3 Im Elektrogeschäft Zodel werden kurz nacheinander drei Fernsehgeräte verkauft:
a) an den 18-jährigen Kraus,
b) an den 40-jährigen Mammer, der, wie allgemein bekannt, trunksüchtig ist,
c) an den 14-jährigen Peter, der von seinem Onkel 300,00 EUR zur Konfirmation geschenkt bekommen hat.
Wie steht es mit der Wirksamkeit der Kaufverträge?

Das Bürgerliche Recht

4 Die Schaufenster eines Möbelgeschäfts sind eingeschlagen worden. Beteiligt waren
   a) der stockbetrunkene 20-jährige Paul,
   b) der 14-jährige Fritz,
   c) der 16jährige taubstumme Egon,
   d) und Egons 6-jähriger Bruder Emil.
   Wer von ihnen ist deliktfähig?

5 Ein 5-jähriger Junge, der für die Mutter eingekauft hat, kauft mit dem Restgeld einen Ball. Wie ist die Wirksamkeit der abgegebenen Willenserklärung zu beurteilen?

6 Um welche Art juristische Person handelt es sich bei
   a) der Daimler-Chrysler AG,
   b) der Deutschen Stiftung für Entwicklungsländer,
   c) der Bundesnotarkammer,
   d) des Vereins „Harmonie e.V."?

7 Der Gesangverein Sangeslust in Heidelberg ist im Vereinsregister eingetragen.
   a) Um welche Art Verein handelt es sich?
   b) Wo wird das Vereinsregister geführt?
   c) Welche Voraussetzungen und Formvorschriften müssen erfüllt sein, damit die Eintragung erfolgen kann?
   d) Welche rechtliche Wirkung hat die Eintragung?
   e) Was bedeutet Vereinsautonomie?

8 Der Vorstand des Vereins „Kinderhilfe e.V." ist zurückgetreten. Ein neuer Vorstand muss bestellt werden.
   a) Wer ist hierfür zuständig?
   b) Welche Aufgaben obliegen dem Vorstand?
   c) Der Hausmeister der „Kinderhilfe" hat bei Glatteis nicht gestreut. Ein Passant ist gestürzt und hat sich ein Bein gebrochen. An wen muss sich der Passant wegen Ersatzes seines Schadens wenden?

9 Drei Ärzte führen eine Gemeinschaftspraxis in Form einer Gesellschaft des bürgerlichen Rechts.
   a) Wie wird eine BGB-Gesellschaft gegründet?
   b) Eine weitere Sprechstundenhilfe soll eingestellt werden. Wer ist für die Einstellung zuständig?
   c) Der gemeinsam angeschaffte Röntgenapparat funktioniert nicht. Der Mangel wird vom Lieferanten nicht behoben. Gerichtliche Hilfe muss in Anspruch genommen werden. Wer ist Kläger?
   d) Angenommen, einer der Ärzte scheidet nach fünf Jahren aus. Welche Folgen hat dies für die Gesellschaft?

10 a) Woran ist zu erkennen, ob ein Bestandteil einer Sache ein „wesentlicher Bestandteil" ist?
   b) Ist ein einzelner elektrischer Nachtspeicherofen wesentlicher Bestandteil der Wohnung oder gehört er zum Zubehör?

11 Zu welcher Art der Rechtsgeschäfte gehört
   a) der Kaufvertrag,
   b) das Schenkungsversprechen,
   c) die Anfechtung der Vaterschaft,
   d) das Testament,
   e) die Bürgschaft?

12 Liegt in folgenden Beispielen ein bindendes Angebot vor?
   a) Eine Buchgemeinschaft schickt einem früheren Mitglied unbestellte Bücher.
   b) In einer Zeitungsanzeige wird Honig mit Preisangabe angeboten.
   c) Im Briefkasten stecken der Prospekt eines Reisebüros für eine Romreise und eine Liste von Sonderangeboten eines Lebensmittelgeschäftes.

13 Wie ist die Rechtslage in den beiden folgenden Fällen?
   a) Sie werfen ein 2-EUR-Stück in einen Strumpfautomaten. Der Automat versagt, gibt aber ihr Geld nicht zurück.
   b) Schramm wurde eine Ferienwohnung angeboten mit dem Hinweis, dass die Wohnung bis 20. März für ihn freigehalten werde. Am 24. März trifft Schramms Annahmeerklärung beim Vermieter ein. Dieser teilt mit, dass er die Wohnung bereits an einen anderen Interessenten vermietet habe.

14 Was kann Zeller unternehmen,
   a) wenn er in einem Vertragsangebot statt 200,00 EUR versehentlich 150,00 EUR geschrieben hat;
   b) wenn er ein Hochzeitsgeschenk gekauft hat in der irrtümlichen Erwartung, er werde zur Hochzeit eingeladen;
   c) wenn sich herausstellt, dass bei Abschluss eines Vertrages sein Partner volltrunken war?

15 a) Wodurch unterscheiden sich folgende Formvorschriften:
        Schriftform und öffentliche Beglaubigung;
        öffentliche Beglaubigung und notarielle Beurkundung?
   b) Wodurch beginnt die Verjährung neu zu laufen?
   c) Auf die Bitte des Mandanten gewährt der Rechtsanwalt eine Zahlungsfrist von drei Monaten. Wie wirkt sich die Stundung auf die Verjährung aus?

16 Welcher Form bedarf
   a) ein Grundstückskaufvertrag,
   b) eine Bürgschaftserklärung unter Nichtkaufleuten,
   c) ein eigenhändiges Testament,
   d) die Eheschließung,
   e) die Ausschlagung einer Erbschaft?

17 Frau Löser kauft für ihre Schwester in deren Auftrag eine Stehlampe. Sie unterschreibt den Kaufvertrag mit dem Namen ihrer Schwester.
   a) Welche Art der Stellvertretung liegt vor?
   b) Muss Frau Löser eine schriftliche Vollmacht vorlegen?
   c) Darf sie mit dem Namen ihrer Schwester unterschreiben?
   d) Wie ist die Rechtslage, wenn Frau Löser statt einer Stehlampe eine Tischlampe kauft?

18 Die Vergütung eines Rechtsanwalts ist Ende Mai 2001 fällig geworden. Wann verjähren seine Ansprüche?

19 Wodurch unterscheiden sich die Verjährung und die Verwirkung eines Anspruchs?

20 In einem Park wird Reiber nachts von einem Fremden tätlich angegriffen. Reiber setzt sich zur Wehr und streckt den Angreifer mit einem Faustschlag zu Boden, sodass sich dieser erheblich verletzt.
   Wie ist das Verhalten Reibers zu beurteilen?

21 Angenommen, im Fall Nr. 20 wird nicht Reiber selbst, sondern ein Dritter von dem Fremden angegriffen. Reiber kommt dem Dritten zu Hilfe und schlägt den Angreifer nieder.
Wie ist dieser Fall zu beurteilen?

22 Raser geht mit seinem Pudel spazieren. Plötzlich stürzt sich ein Schäferhund auf den Pudel und droht ihn totzubeißen. Raser schlägt mit einem Stock auf den Schäferhund ein und verletzt ihn erheblich.
Der Besitzer des Schäferhundes verlangt von Raser Schadenersatz. Wird er Erfolg haben?

23 Albers (A) hat gegen Bartels (B) einen höheren Betrag im Skat verloren. Da A seine Schuld nicht bezahlt, entwendet B aus der offenen Garage des A dessen neues Motorrad, um sich auf diese Weise schadlos zu halten.
Wie ist das Verhalten von B zu beurteilen?

Zweites Buch: Recht der Schuldverhältnisse

Das zweite Buch des BGB regelt die schuldrechtlichen Beziehungen zwischen Gläubiger und Schuldner. Neben allgemeinen Regeln werden einzelne typische Schuldverhältnisse behandelt, wie sie z. B. durch Kauf- oder Werkvertrag, Miet-, Pacht- oder Dienstvertrag begründet werden.

A. Wesen und Entstehung der Schuldverhältnisse

Das Schuldverhältnis ist ein Rechtsverhältnis zwischen Personen, kraft dessen der Gläubiger vom Schuldner eine Leistung fordern kann (§ 241).

Gläubiger ist, wer die Leistung fordern kann, *Schuldner*, wer sie zu erbringen hat, wer sie schuldet. Bei gegenseitigen Schuldverhältnissen ist jede Partei Gläubiger und Schuldner zugleich.

Beispiel: Der Verkäufer ist Schuldner der Ware und Gläubiger des Geldes, der Käufer ist Schuldner des Geldes und Gläubiger der Ware.

Schuldverhältnisse können entstehen

◆ **durch Verträge,**
  Beispiele: durch Kauf-, Tausch-, Miet-, Pacht-, Dienst- und Werkverträge, durch Darlehens-, Leih- und Verwahrungsverträge,

◆ **kraft Gesetzes,** insbesondere
  – *aus unerlaubten Handlungen* (§§ 823 ff.)
    Beispiel: Wer einen anderen fahrlässig verletzt, hat Schadensersatz zu leisten.
  – *aus ungerechtfertigter Bereicherung* (§ 812 ff.)
    Beispiel: Reimer hat Buchhändler Heber eine Rechnung versehentlich zweimal bezahlt. Er kann den zu viel bezahlten Betrag zurückfordern, weil Heber um diesen Betrag ungerechtfertigt bereichert ist.
  – *aufgrund anderer im Gesetz besonders aufgeführter Sachverhalte*
    Beispiele: §§ 228, 904 (Notstand), § 231 (irrtümliche Selbsthilfe), §§ 670, 683 (Ersatz von Aufwendungen) und andere.

Kraft des Schuldverhältnisses kann der Gläubiger vom Schuldner eine Leistung fordern, die in einem **Tun oder Unterlassen** bestehen kann. Er kann die Leistung mithilfe des Gerichts erzwingen.

Es gibt allerdings eine Anzahl Verbindlichkeiten, die zwar freiwillig erfüllt, aber nicht durch Klage und Zwangsvollstreckung erzwungen werden können (**unvollkommene Verbindlichkeit**): z. B. der verjährte Anspruch, Ansprüche aus Spiel und Wette.
Beispiel: Maier und Müller haben eine Wette über die Siegaussichten ihres Fußballvereins geschlossen. Müller verliert die Wette, zahlt auch freiwillig die Hälfte der vereinbarten 100,00 EUR, weigert sich aber, den Rest zu zahlen – mit Erfolg! Die gezahlten 50,00 EUR kann er aber nicht zurückfordern (§ 762).

Durch einen **Vertrag zugunsten Dritter** (§§ 328 ff.) können die Partner vereinbaren, dass ein Dritter das Recht auf die Leistung erwerben soll. **Der Dritte wird dadurch nicht Partner des Schuldverhältnisses, sondern nur Begünstigter.**

Ein typischer Vertrag zugunsten Dritter ist der Lebensversicherungsvertrag. Hier erwirbt der Dritte unmittelbar das Recht, die vereinbarte Leistung vom Versicherer zu fordern. Zur Prämienzahlung ist nur der Versicherungsnehmer verpflichtet.

Beispiel: Müller schließt bei der Allianz eine Lebensversicherung in Höhe von 50 000,00 EUR zugunsten seiner Ehefrau ab. Müller ist als Versicherungsnehmer zur Prämienzahlung verpflichtet. Bei seinem Tode fällt die Versicherungssumme nicht in den Nachlass, sondern seiner Frau unmittelbar zu.

B. Die geschuldete Leistung

I. Art, Zeit und Ort der Leistung

Die Leistung kann in einem Tun oder Unterlassen, in persönlicher Arbeit, in Werk- oder Sachleistung bestehen.

Nach § 242 ist der Schuldner verpflichtet, „die Leistung so zu bewirken, wie **Treu und Glauben** mit Rücksicht auf die Verkehrssitte es erfordern". Dies bedeutet, dass Schuldner und Gläubiger gegen Forderungen und Zumutungen des Partners, die dem Rechtsempfinden widersprechen, geschützt werden sollen, selbst wenn das Verlangen dem Buchstaben des Gesetzes nach zu Recht besteht.

Beispiel: Händler Flaig hat an verschiedene Haushalte Heizöl zu liefern. Er ist berechtigt, die Lieferung gleichmäßig zu kürzen, wenn in Notzeiten der Vorrat nicht ausreicht. Das Verlangen des Erstbestellers, trotzdem voll beliefert zu werden, verstieße gegen Treu und Glauben.

Die Lieferung unbestellter Sachen oder Erbringung sonstiger **unbestellter** Leistungen begründet keinen Anspruch gegen den Empfänger (§ 241a). Dieser ist auch nicht verpflichtet, unbestellte Waren zurückzuschicken oder sie längere Zeit aufzubewahren.

Die Leistung muss **zur richtigen Zeit** erbracht werden. Ist eine Leistungszeit nicht vereinbart, ergibt sie sich auch nicht aus den Umständen, so kann der Gläubiger die Leistung sofort verlangen, der Schuldner sie sofort erbringen (§ 271 Abs. 1).

Ist eine Zeit bestimmt, so kann der Gläubiger die Leistung in der Regel nicht vorher verlangen, der Schuldner sie aber vorher erbringen (§ 271 Abs. 2).

Beispiel: Toller gibt Zanger ein zinsloses Darlehen von 2000,00 EUR, das bis spätestens 31. Dezember zurückzuzahlen ist.
Zanger kann die 2 000,00 EUR vor diesem Termin zurückzahlen. Toller kann sie aber nicht vorher verlangen.

Anders ist es, wenn es sich um ein so genanntes *Fixgeschäft* handelt. Hier muss zur festgesetzten Zeit geleistet werden, weil die Leistung zu einer anderen Zeit für den Gläubiger ohne Interesse, unter Umständen sogar sinnlos ist.

Beispiel: Maier bestellt ein Taxi zum Bahnhof mit dem Hinweis, der Zug fahre 11:35 Uhr ab. Der Wagen kommt, als der Zug bereits abgefahren ist. Maier kann den Taxifahrer wegschicken.

Die Leistung muss **am richtigen Ort** erbracht werden: am Leistungs- oder **Erfüllungsort**.

Ist kein Erfüllungsort vereinbart worden, ergibt er sich auch nicht aus den Umständen, so ist der Ort, wo der *Schuldner* wohnt oder seine gewerbliche Niederlassung hat, maßgebend (§ 269).

Außerdem ist noch von Bedeutung, ob es sich um eine **Hol-, Bring- oder Schickschuld** handelt.

Für die Holschuld ist Leistungsort die Wohnung oder die Geschäftsräume des Schuldners.

Beispiel: Christmann bestellt für sein Ferienhaus in Oberstdorf bei der Kunstschreinerei Tiele in Stuttgart eine Truhe. Tiele liefert von Haus zu Haus nur im Umkreis von 50 km. Christmann muss die Truhe selbst abholen oder abholen lassen *(Holschuld).*

Bring- und Schickschuld ergeben sich entweder aus den Umständen oder werden vereinbart.

Beispiele:
- Christmann kauft im Musikhaus Frey in Tübingen einen Flügel. Erfüllungsort ist Rotenburg, wo Christmann wohnt. Der Flügel muss durch Fachkräfte transportiert und aufgestellt werden (Bringschuld).
- Christmann bestellt telefonisch beim Elektrohändler in Tübingen einen automatischen Toaster. Erfüllungsort ist das Geschäft des Elektrohändlers in Tübingen. Dieser hat sich jedoch verpflichtet, das Gerät dem Christmann zu schicken (Schickschuld).

Geldschulden sind in der Regel *Schickschulden* (§ 270 Abs. 1), obwohl, wenn nichts anderes vereinbart wurde, der Erfüllungsort der Wohnort des Geldschuldners ist (§ 270 Abs. 4). Dieser hat jedoch das Geld auf seine Gefahr und Kosten an den Wohnsitz des Gläubigers zu übermitteln.

Eine Vereinbarung des Erfüllungsortes begründet nur dann zugleich **den Gerichtsstand**, d. h. die Zuständigkeit des Gerichts im Streitfall, wenn die Parteien Vollkaufleute sind oder die Vereinbarung erst nach Entstehen des Streitfalls getroffen wird (§ 38 ZPO)[1].

Die Unterscheidung Hol-, Bring-, Schickschuld ist insbesondere dann von praktischer Bedeutung, wenn es darum geht, wer im Falle des Verlustes, der Zerstörung oder Beschädigung einer Ware den Schaden zu tragen hat (siehe S. 64).

II. Mehrere Schuldner und Gläubiger

An einem Schuldverhältnis können mehrere Personen als Schuldner oder Gläubiger beteiligt sein.

Sind mehrere Personen zu einer gemeinsamen Leistung verpflichtet, sind sie in der Regel **Gesamtschuldner**, d. h.:

- Jeder haftet für die ganze Schuld, und zwar so lange, bis die ganze Schuld getilgt ist. Unter sich haften sie nach Kopfteilen.
- Der Gläubiger kann die Leistung nur einmal verlangen (§ 421).

Beispiel: Albert und Bob haben bei einer Schlägerei Carlo angegriffen und verletzt. Carlo kann Schadensersatz von Albert oder Bob oder von beiden zusammen verlangen. Er kann beide zugleich verklagen.

Von den Gesamtschuldnern sind die **Gesamthandsschuldner** zu unterscheiden, so haften z. B. Miterben bis zur Teilung des Nachlasses hinsichtlich der Nachlassverbindlichkeiten, Eheleute in Beziehung zum Gesamtgut[2] als Gesamthandsschuldner, d. h.:

- Alle Schuldner haften nur gemeinschaftlich.
- Der Gläubiger kann nur von allen gemeinsam die Leistung verlangen.

Beispiel: Zwei Schwestern sind Erben ihres verstorbenen Vaters. Solange die Erbengemeinschaft besteht, der Nachlass also noch nicht geteilt ist, brauchen die Gläubiger, um in den Nachlass vollstrecken zu können, ein Urteil gegen beide, da sie nur gemeinsam die Leistung schulden.

Auch auf der Gläubigerseite können mehrere Personen beteiligt sein. Können mehrere Gläubiger eine Leistung fordern, so sind sie **Gesamtgläubiger**, d. h.:

- jeder Gläubiger kann die ganze Leistung fordern,
- der Schuldner braucht sie aber nur einmal zu bewirken (§ 428).

---

[1] Näheres über Gerichtsstandvereinbarungen siehe S. 169.
[2] Das Gesamtgut ist das gemeinsame Vermögen von Eheleuten, die aufgrund eines Ehevertrages in Gütergemeinschaft leben (Näheres siehe S. 121).

Hiervon zu unterscheiden sind die **Gesamthandsgläubiger,** d. h.:
- jeder Gläubiger kann nur Leistung an alle Gläubiger fordern,
- der Schuldner darf nur an alle Gläubiger gemeinsam leisten.

Beispiel: Drei Miterben haben eine zum Nachlass gehörende Geldforderung gegen Goll. Jeder Miterbe kann, von den anderen bevollmächtigt, gegen Goll klagen, muss aber die Leistung an alle verlangen. Goll muss an alle gemeinsam leisten. Leistet er z.B. nur an einen von den Dreien und verbraucht dieser das Geld für sich, ist Goll den beiden anderen gegenüber nicht frei geworden.

Im Zivilprozess werden mehrere Gläubiger und Schuldner *Streitgenossen* genannt. Auf der Klägerseite sind sie aktive Streitgenossen, auf der Beklagtenseite passive Streitgenossen.

III. Leistungsstörungen

Der Verwirklichung einer Leistung (Erfüllung) können Hindernisse entgegenstehen:

Schuldnerverzug	Der Schuldner leistet nicht oder nicht rechtzeitig
Gläubigerverzug	Der Gläubiger nimmt die ihm angebotene Leistung nicht an.
Unmöglichkeit der Leistung	Der Schuldner kann die Leistung nicht erbringen, weil der geschuldete Gegenstand untergegangen ist (objektive Unmöglichkeit), oder weil der Schuldner zur Leistung nicht in der Lage ist (subjektive Unmöglichkeit oder Unvermögen).
Schlechterfüllung oder positive Vertragsverletzung	Der Schuldner erbringt eine mangelhafte Leistung.

1. Der Schuldnerverzug

Der Schuldner kommt in Verzug, wenn er schuldhaft nicht rechtzeitig leistet, obwohl die Leistung fällig und angemahnt ist (Leistungsverzug).

Voraussetzungen des Verzugs sind demnach (§§ 280, 286):

- **Die Leistung muss fällig sein,** d. h. der Leistungstermin ist da.

- Der Schuldner muss **nach Eintritt der Fälligkeit** vom Gläubiger **gemahnt** worden sein.

  Die Mahnung bedarf keiner Form, kann also auch mündlich erfolgen. Aus Beweisgründen wird in der Regel schriftlich gemahnt.

  Ohne Mahnung kommt der Schuldner in Verzug, wenn die Leistung an einem nach dem Kalender bestimmten Tag fällig ist. Der Schuldner einer Geldforderung kommt spätestens 30 Tage nach Fälligkeit der Forderung und Zugang einer Rechnung oder gleichwertigen Zahlungsaufforderung in Verzug, ohne dass es einer Mahnung bedarf.

- Der Schuldner muss **schuld** an der Verzögerung sein.

  Bei Geldschulden liegt regelmäßig Verschulden vor, selbst dann, wenn der Schuldner unverschuldet in Geldnot geraten ist.

  Beispiele:
  - Dem Schuldner wurde eine Zahlungsfrist bis zum „31. März des Jahres" gewährt. Mit Ablauf des 31. März kommt der Schuldner in Verzug.
  - Die Ware ist „zwischen 4. Juni und 10. Juni" zu liefern. Hält der Schuldner die Lieferungsfrist nicht ein, befindet er sich ab dem 11. Juni in Verzug, es sei denn, er hat die Verspätung nicht zu vertreten, z. B. weil der Rohstoffhändler nicht liefern konnte.

Die **Folgen** des Verzugs sind:
- Der Schuldner hat allen Schaden zu ersetzen, der dem Gläubiger durch die verspätete Leistung entstanden ist.

  Rechte des Gläubigers:

  Der Gläubiger kann nach erfolgloser Bestimmung einer angemessenen Frist zur Leistung
  - Schadensersatz statt der Leistung verlangen (§§ 280 Abs. 3, 281);
  - bei gegenseitigen Verträgen vom Vertrag zurücktreten (§ 326);
  - weiterhin die Erfüllung des Vertrages verlangen.

  Beispiel: Schuhfabrik Henke hat bis spätestens 13. März Sommerschuhe an Kroll zu liefern. Am 16. März setzt Kroll dem Lieferanten eine Nachfrist bis 31. März und kündigt zugleich Annahmeverweigerung an, falls die Frist nicht eingehalten werde. Am 30. März trifft die Lieferung endlich bei Kroll ein. Er lässt sie zurückgehen und tritt vom Vertrag zurück. Außerdem verlangt er Schadensersatz nach §§ 280, 281 (die von einer anderen Firma gekauften Schuhe sind teurer).

- Eine Geldschuld ist mit mindestens 5% über dem Basiszinssatz[1]), bei Rechtsgeschäften, bei denen kein Verbraucher beteiligt ist, mit 8% über dem Basiszinssatz zu verzinsen (§ 288 Abs. 1 und 2).
  - Der Gläubiger kann höhere Zinsen als Verzugsschaden geltend machen, wenn er z. B. wegen der verspäteten Zahlung Bankkredit in Anspruch nehmen muss, oder
  - er kann höhere Zinsen, die der Schuldner aus einem anderen Rechtsgrund zu zahlen hat, z. B. 10% Darlehenszinsen, weiterhin verlangen (§ 288 Abs. 3).

- Der Schuldner haftet während des Verzugs auch dann, wenn die Leistung durch Zufall unmöglich geworden ist (§ 287 Satz 2).

2. Der Gläubigerverzug

Der Gläubiger kommt in Verzug, wenn er die ihm angebotene vertragsgemäße Leistung nicht annimmt (Annahmeverzug § 293).

Die *Folgen* sind:
- Geld, Wertpapiere und Kostbarkeiten kann der Schuldner beim Amtsgericht hinterlegen (§§ 372 ff.).

  Nicht hinterlegungsfähige Sachen kann er im Wege des Selbsthilfeverkaufs[2]) veräußern lassen (§§ 383 ff.).

- Mehraufwendungen des Schuldners hat der Gläubiger zu ersetzen (§ 304), z. B. für Lagerung der Ware in einem öffentlichen Lagerhaus, für einen wiederholten Transport der Ware.

- Zinsen für eine verzinsliche Geldschuld hat der Schuldner während des Verzugs des Gläubigers nicht zu entrichten (§ 301), z. B. Darlehenszinsen.

---

[1]) Basiszinssatz ist der am 31. Oktober 1998 geltende Diskontsatz der Deutschen Bundesbank. Er verändert sich mit Beginn des 1. Januar, 1. Mai und 1. September jedes Jahres, erstmals mit Beginn des 1. Mai 1999. Die deutsche Bundesbank gibt den Basiszinssatz im Bundesanzeiger bekannt.
Beispiel: Am 1. September 2000 betrug der Basiszinssatz 4,26%. Ab diesem Zeitpunkt war also eine Geldschuld mit 4,26% + 5% = 9,26% zu verzinsen (vgl. hierzu Anm. 1 zu Art. 48 Wechselgesetz).

[2]) Der Schuldner kann die Sachen durch den Gerichtsvollzieher oder eine andere hierzu befugte Person öffentlich versteigern lassen und den Erlös hinterlegen.

3. Unmöglichkeit der Leistung

Der Schuldner wird von der Verpflichtung zur Leistung frei, soweit diese infolge eines **nach der Entstehung des Schuldverhältnisses** eintretenden Umstandes, den er nicht zu vertreten hat, unmöglich geworden ist (§ 275 Abs. 1).

Unmöglich im Rechtssinne ist eine Leistung nur dann, wenn sie **von niemandem** erbracht werden kann **(objektive Unmöglichkeit).**

Beispiel: Beutel hat bei Antiquitätenhändler Kalbe einen wertvollen Schrank gekauft. Vor der Lieferung wird der Schrank durch einen Brand zerstört. Kalbe wird von seiner Leistungspflicht frei, hat aber auch keinen Anspruch auf Gegenleistung, nämlich den Kaufpreis (§ 326 Abs. 1, 1. Halbsatz). Hat Beutel schon bezahlt, so kann er den Kaufpreis einfach zurückfordern (§ 326 Abs. 4).

Kann nur der Schuldner die Leistung nicht erbringen, wäre die Leistungserbringung aber einem anderen möglich, liegt **subjektive Unmöglichkeit** (Unvermögen) des Schuldners vor. Das Unvermögen wird den Fällen der objektiven Unmöglichkeit gleichgestellt.

Beispiel: Klinger hat Schreinermeister Albert mit der Anfertigung eines Küchenschrankes beauftragt. Nach Annahme des Auftrags, aber vor Beginn seiner Arbeit, wird Albert infolge eines Unfalls dauernd arbeitsunfähig, sodass er den Schrank nicht mehr herstellen kann.

Da ein anderer Schreiner einen solchen einfachen Schrank herstellen könnte, liegt hier nicht objektive Unmöglichkeit, sondern subjektive Unmöglichkeit oder Unvermögen des Schuldners vor mit der Folge, dass Albert, da ihn kein Verschulden trifft, von seiner Verpflichtung frei wird.

Eine Leistung kann auch schon von Anfang an unmöglich sein **(ursprüngliche Unmöglichkeit).** In diesem Fall wird der Schuldner von seiner Pflicht zur Leistung frei und verliert zugleich den Anspruch auf die Gegenleistung. Es entsteht ein Schuldverhältnis ohne Primärleistungspflichten (§ 311 a Abs. 1). Hat der Schuldner die Kenntnis bzw. Unkenntnis vom Leistungshindernis zu vertreten, kann der Gläubiger wahlweise Schadensersatz statt der Leistung oder den Ersatz seiner vergeblichen Aufwendungen einfordern (§ 311 a Abs. 2).

Beispiel: Banker hat an Pfister einen an der Costa del Sol liegenden Bungalow verkauft, ohne zu wissen, dass das Gebäude bei Abschluss des Kaufvertrages bereits durch einen Orkan zerstört worden war. Der Kaufvertrag war also auf eine objektiv unmögliche Leistung gerichtet, weshalb ein Schuldverhältnis ohne Primärleistungspflichten entstanden ist.

4. Schlechterfüllung oder positive Vertragsverletzung

Neben Verzug und Unmöglichkeit gibt es als weitere Form der Leistungsstörung die positive Vertragsverletzung. Eine positive Vertragsverletzung liegt vor, wenn der Schuldner die vertragliche Hauptleistung nicht in der geschuldeten Qualität erbringt (Schlechterfüllung) oder Neben-, Sorgfalts- und Rücksichtnahmepflichten aus dem Schuldverhältnis verletzt.

Schlechterfüllung	Hierunter fallen z. B. die falsche Behandlung durch einen Arzt; die unrichtige Prozessführung oder Beratung durch einen Rechtsanwalt; die falsche Auskunft einer Bank.
Verletzung der Pflicht zur Vertragstreue	Hierzu gehören z. B. die Weigerung, den Vertrag zu erfüllen; das unberechtigte Lossagen vom Vertrag; das Bestreiten eines wirksamen Vertrags.
Verletzung von Schutzpflichten	Hierzu gehören z. B. die Pflicht, gefährliche Werkzeuge zu sichern; die Pflicht, für die Verkehrssicherheit eines Lifts zu sorgen.
Verletzung von Aufklärungs- oder Auskunftspflichten	Eine Bank verletzt z. B. ihre Aufklärungspflicht gegenüber ihrem Kunden, wenn sie ihn nicht über die steuerschädlichen Folgen bei einer vorzeitigen Verfügung über einen steuerbegünstigten Sparvertrag belehrt.

Eine schuldhafte Schlechtleistung bzw. Neben- oder Sorgfaltspflichtverletzung begründet einen Schadensersatzanspruch des geschädigten Vertragspartners (§ 280 Abs. 1). Auch die Verletzung einer Rücksichtnahmepflicht reicht zur Begründung eines Schadensersatzanspruches aus (§§ 241 Abs. 2, 282). Unter Umständen steht dem anderen Teil auch ein Rücktrittsrecht (§ 323 Abs. 1) oder ein Anspruch auf Schadensersatz statt der Leistung (§ 281) zu, wenn das Festhalten am Vertrag nicht zumutbar ist.

C. Die Forderungsabtretung

Die Forderungsabtretung (Forderungsübertragung, Zession) *ist ein* **Vertrag, durch den der Altgläubiger (Zedent) seine Forderung gegen den Schuldner auf den Neugläubiger (Zessionar) überträgt.** Der neue Gläubiger tritt an die Stelle des bisherigen Gläubigers (§ 398). Mit der Forderung gehen die Sicherheiten, die für sie bestellt sind (Hypotheken, Pfandrechte, Bürgschaften), auf den neuen Gläubiger über (§ 401).

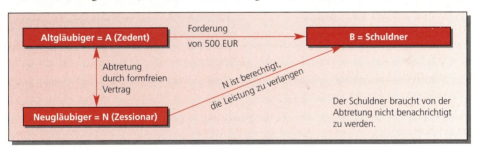

Ausnahmsweise ist eine Forderung nicht abtretbar.

Beispiel: wenn durch Vereinbarung zwischen Gläubiger und Schuldner die Abtretung ausgeschlossen wurde (§ 399) oder wenn die Pfändung der Forderung nicht zulässig ist (der unpfändbare Teil der Lohnforderung kann nicht abgetreten werden – § 400).

Da die Abtretung dem Schuldner nicht mitgeteilt zu werden braucht, ist der Schuldner besonders geschützt:

◆ Zahlt der Schuldner in Unkenntnis der Abtretung an den Altgläubiger, so wird er auch dem Neugläubiger gegenüber von der Leistung frei (§ 407 Abs. 1). Der Neugläubiger hat gegen den Altgläubiger einen Anspruch auf Herausgabe des Erlangten aus ungerechtfertigter Bereicherung. Dieser hat die Leistung „ohne rechtlichen Grund" erhalten, weil ihm die Forderung nicht mehr zusteht.

- Der Schuldner kann dem Neugläubiger alle Einwendungen entgegenhalten, die er gegen den Altgläubiger geltend machen konnte (§ 404).
  Beispiel: die Leistung sei bis 23. August gestundet; die Forderung sei verjährt; er habe an den Altgläubiger längst gezahlt.

- Bei mehrfachen Abtretungen (Altmann hat die Forderung nicht nur an Neumann, sondern danach noch an Müller abgetreten) wird der Schuldner frei, wenn er in Unkenntnis der ersten Abtretung an den zweiten Gläubiger leistet (§ 408 Abs. 1).

Dasselbe gilt, wenn der Schuldner auf Grund eines Pfändungs- und Überweisungsbeschlusses an einen Gläubiger des Altgläubigers leistet, falls er von einer früheren Abtretung nichts wusste (§ 408 Abs. 2).

Beispiel: Altmann (A) hat eine Forderung gegen Binder (B) am 1. Juni an Neumann (N) abgetreten. Dem Schuldner B wurde die Abtretung nicht mitgeteilt.

Ein Gläubiger (Gl) des A lässt dieselbe Forderung im Wege der Zwangsvollstreckung pfänden. Der Pfändungs- und Überweisungsbeschluss wird B am 10. Juni zugestellt. Am 18. Juni leistet B an Gl.

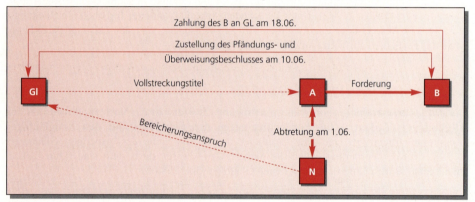

B ist gegenüber N von der Leistung frei geworden, obwohl dieser der Erstberechtigte ist. N kann von Gl das Erlangte herausverlangen, denn die Abtretung geht der später erfolgten Forderungspfändung vor. Inhaber der Forderung ist N.

Ein Forderungsübergang erfolgt nicht nur aufgrund eines Vertrages, sondern kann auch **kraft Gesetzes** eintreten.

Beispiele:
- Die Forderung des Gläubigers gegen den Schuldner geht kraft Gesetzes auf den Bürgen über, soweit dieser den Gläubiger befriedigt hat (§ 774).
- Der Unterhaltsanspruch des nichtehelichen Kindes gegen den Vater geht auf den Ehemann der Mutter über, wenn dieser dem Kinde Unterhalt gewährt (§ 1615b).
- Der Schadensersatzanspruch des Versicherungsnehmers gegen den Schädiger geht auf den Versicherer (die Versicherung) über, soweit dieser dem Versicherungsnehmer den Schaden ersetzt (§ 67 VVG).

D. Aufhebung und Erlöschen von Schuldverhältnissen

I. Aufhebung von Schuldverhältnissen

Schuldverhältnisse können *einseitig* durch Willenserklärung *eines* Partners, die dem anderen Partner zugehen muss (einseitige empfangsbedürftige Willenserklärung), aufgehoben werden, und zwar in nachfolgenden Fällen.

◆ durch Kündigung

Die Kündigung beendet ein Schuldverhältnis für die Zukunft.
Beispiele: Kündigung eines Dienstverhältnisses, eines Miet- oder Pachtverhältnisses,

oder führt die Fälligkeit einer Forderung herbei.
Beispiel: Kündigung eines Darlehens.

Für die Kündigung ist keine Form vorgeschrieben.

◆ durch Rücktritt (§§ 346 ff.)

Der Rücktritt hebt die Wirkungen eines Rechtsgeschäftes für Zukunft und Vergangenheit auf. Die bereits bewirkten Leistungen sind deshalb zurückzugeben.

Das Rücktrittsrecht kann *ausdrücklich vereinbart* werden oder sich aus dem *Gesetz* ergeben.
Beispiele: Rücktritt bei Schuldnerverzug nach Fristsetzung aus § 326.

Kann der Rücktrittsberechtigte den empfangenen Gegenstand infolge eigenen Verschuldens nicht mehr herausgeben,
Beispiel: der leichtsinnig verwahrte Schmuck wurde gestohlen,

so geht sein Rücktrittsrecht unter (§ 346). Dasselbe gilt, wenn er die im Vertrag vereinbarte Rücktrittsfrist nicht einhält (§ 350).

◆ durch Widerruf

Durch Widerruf wird in der Regel eine Erklärung zurückgenommen, durch die ein Schuldverhältnis erst begründet werden sollte.
Beispiele:
- Widerruf eines Vertragsangebotes;
- Widerruf der Willenserklärung des Käufers beim Kaufkreditgeschäft (§ 355);
- Widerruf des Darlehensnehmers beim Verbraucherdarlehensvertrag (§ 495);
- Widerruf der Schenkung bei grobem Undank des Beschenkten (§ 530).

II. Erlöschen von Schuldverhältnissen

Schuldverhältnisse erlöschen:

◆ durch Erfüllung (§ 362)

Der Schuldner bewirkt die vertragsgemäße Leistung an den Gläubiger.

◆ durch Hinterlegung (§ 372 ff.)

Der Schuldner kann sich durch Hinterlegung von seiner Schuld befreien, wenn ihm das Bereithalten der Leistung nicht mehr zugemutet werden kann,
- weil der **Gläubiger in Annahmeverzug** ist oder
- weil der **Schuldner im Ungewissen** darüber ist, wer Gläubiger der Forderung ist.

Beispiel: Heinz und Kurt machen sich eine Forderung streitig. Jeder behauptet, sie sei zuerst an ihn abgetreten worden, jedoch kann keiner von beiden den Schuldner überzeugen. Der Schuldner hinterlegt den Forderungsbetrag.

◆ durch Aufrechnung (§ 387 ff.)

Aufrechnen bedeutet *Verrechnen der Schuld mit einer Gegenforderung.* Die Forderungen erlöschen hierdurch, soweit sie sich decken.

Beispiel: Peter hat gegen Paul eine Kaufpreisforderung von 800,00 EUR, Paul gegen Peter eine Schadensersatzforderung von 600,00 EUR, mit der er aufrechnet. Beide Forderungen erlöschen in Höhe von 600,00 EUR.

Die Aufrechnung erfolgt durch *einseitige, formfreie, empfangsbedürftige Willenserklärung.*

Voraussetzung ist,

- dass die Forderungen den Parteien **gegenseitig** zustehen,
- dass sie **gleichartig** sind,
  Beispiel: Geld kann nur gegen Geld aufgerechnet werden.
- dass die Aufrechnungsforderung, d. h. die Forderung, mit der aufgerechnet wird, **fällig und klagbar** ist; auch darf ihr keine Einrede entgegenstehen.

Die Aufrechnung kann *vertraglich ausgeschlossen* werden,

Beispiel: Die Aufrechnung von Ersatzansprüchen des Mieters kann im Wohnungsmietvertrag gegen die Mietforderung des Vermieters ausgeschlossen werden.

oder sie kann den Umständen nach ausgeschlossen sein.

Beispiel: Fleck schuldet Gauger 50,00 EUR. Gauger entdeckt in einem Buch, das ihm Fleck geliehen hat, einen 50-EUR-Schein. – Gauger kann sich nicht weigern, den Schein herauszugeben mit der Begründung, er rechne mit seiner Forderung auf.

Aufrechnungsverbote enthalten z. B. §§ 390, 393, 394.

Beispiel: Hanke hat Iselt durch eine unerlaubte Handlung verletzt und ist ihm infolgedessen zum Schadensersatz verpflichtet. Er kann gegen die Schadensersatzforderung nicht mit einer ihm gegen Iselt zustehenden Kaufpreisforderung aufrechnen (§ 393):

◆ durch Erlass oder Verzicht (§ 397)

Der Gläubiger kann dem Schuldner durch Vertrag die Schuld erlassen oder auf die Forderung verzichten.

Der Vertrag bedarf keiner Form.

Wiederholungsaufgaben

1 a) Wodurch können Schuldverhältnisse entstehen?
   b) Welche Schuldverhältnisse sind „unvollkommene Verbindlichkeiten"? Weshalb werden sie so genannt?

2 Ein Kunde schließt mit der Sparkasse einen Vertrag des Inhalts ab, dass die Sparkasse bei seinem Tode 3 000,00 EUR aus seinem Guthaben an seinen Freund zahlen solle. Um was für einen Vertrag handelt es sich hier?

3 Kuhn bestellt zum Geburtstag seiner Frau eine Torte. Als er am Nachmittag die Torte abholen will, erfährt er, dass die Herstellung vergessen worden ist.
   a) Um was für eine Art von Rechtsgeschäft handelt es sich?
   b) Welche Rechte stehen Kuhn zu?

4 Erb hat Falke 50,00 EUR zu zahlen. Er schickt ihm das Geld in einem Briefumschlag mit der Post. Der Brief geht verloren. Falke besteht auf Zahlung. Mit Recht?

Das Bürgerliche Gesetzbuch (BGB)

5 A, B und C haften
   a) dem einen Gläubiger als Gesamtschuldner,
   b) einem anderen Gläubiger als Gesamthandschuldner.
   Von wem kann der jeweilige Gläubiger die Leistung verlangen?

6 a) Unter welchen Voraussetzungen gerät der Schuldner in Verzug?
   b) Parler hätte ein Darlehen bis spätestens 31. Mai an Rabe zurückzahlen sollen. Rabe mahnt ihn am 5. Juni. Seit wann befindet sich Parler in Verzug?
   c) Welche Ansprüche hat der Gläubiger im Falle des Verzugs seines Schuldners, wenn es sich handelt um
   ◆ Zahlung einer Geldschuld,
   ◆ Herausgabe eines Pkw,
   ◆ Lieferung von Ware?

7 a) Wodurch gerät der Gläubiger in Verzug?
   b) Schraft ist mit seiner Familie am 20. Juni in Urlaub gefahren. Wenige Tage danach steht Frau Knoll mit einem Korb bestellter Erdbeeren vor verschlossener Türe. Wie ist die Rechtslage?

8 Mahler verkauft aus seinem Reitstall ein besonders qualifiziertes Turnierpferd an Steuer, ohne zu wissen, dass das Tier kurz vor Abschluss des Kaufvertrags an einer Virusinfektion eingegangen war.
   Wie ist die Rechtslage?

9 Keller bestellt am Vorabend einer Geschäftsreise ein Taxi für 6:30 Uhr, das ihn zum Flughafen bringen soll. Der Taxiunternehmer vergisst die Bestellung, Keller versäumt das Flugzeug.
   Keller macht Schadensersatzansprüche gegen den Taxiunternehmer geltend. Wie ist die Rechtslage?

10 Elektrohändler Putzer hat an Langner ein Farbfernsehgerät verkauft und geliefert. Trotz mehrfacher schriftlicher Mahnungen zahlt Langner den Kaufpreis nicht. Zwei Wochen vor Eintritt der Verjährung beauftragt Putzer Rechtsanwältin Klotz, die nötigen Maßnahmen gegen Langner einzuleiten. Rechtsanwältin Klotz versäumt es, einen Mahnbescheid gegen Langner zu erwirken oder Klage gegen ihn zu erheben. Verjährung tritt ein. Hat Putzer Ansprüche gegen Rechtsanwältin Klotz?

11 Balser hat bei seiner Sparkasse einen Kredit von 10 000,00 EUR zur Anschaffung eines Pkw aufgenommen. Er will der Sparkasse den pfändbaren Teil seiner Gehaltsforderung abtreten. Balser möchte wissen,
   a) wie eine Forderung abgetreten wird;
   b) ob sein Arbeitgeber von der Abtretung benachrichtigt werden muss, damit sie wirksam ist;
   c) weshalb er nur den pfändbaren Teil seiner Gehaltsforderung abtreten könne; das Einkommen seiner Frau reiche für ihrer beider Unterhalt.

12 a) Albrecht kündigt einem Arbeitnehmer fristlos wegen Diebstahls;
   b) Frau Boost ficht den Kauf eines Pelzmantels wegen arglistiger Täuschung durch den Verkäufer an;
   c) Autokäufer Mack macht von seinem Rücktrittsrecht, das er sich im Kaufvertrag vorbehalten hat, Gebrauch.
   Wodurch unterscheiden sich die Wirkungen der drei Willenserklärungen?

13 Der Schuldner will mit einer Forderung gegen die Forderung seines Gläubigers aufrechnen. Unter welchen Voraussetzungen ist die Aufrechnung möglich?

Das Bürgerliche Recht

14 Stiller hat einem Bekannten ein Darlehen von 20 000 EUR rechtswirksam versprochen. Bald darauf hört er gerüchteweise, sein Bekannter habe große Verluste erlitten und stehe vor dem Zusammenbruch seines Betriebes. Eine von Stiller beauftragte Auskunftei bestätigt das Gerücht. Stiller weigert sich, den Darlehensbetrag auszuzahlen. – Wie ist die Rechtslage?

15 In welchem Fall und unter welchen Voraussetzungen kann der Schuldner die Leistung hinterlegen?

16 Gabler schuldet seinem Arbeitskameraden Müller 120 EUR. Ein Bekannter gibt Müller einen 50-Euro-Schein mit der Bitte, ihn Gabler als Hochzeitsgeschenk von ihm auszuhändigen. Müller behält das Geld und erklärt Gabler, er rechne mit seiner Forderung auf. – Wie ist die Rechtslage?

E. Schuldverhältnisse aus Verträgen

Besonders häufig vorkommende Vertragstypen sind im BGB ausführlich geregelt. Das bedeutet aber nicht, dass die einzelnen Vorschriften zwingend sind. Sie greifen nur Platz, wenn die Parteien nichts anderes vereinbart haben (**Vertragsfreiheit**)[1]).

Der Vertragsfreiheit sind jedoch Grenzen gesetzt. Sie darf nicht dazu führen, dass der übermächtige oder stärkere Geschäftspartner den anderen durch unangemessene Bedingungen knebelt, übervorteilt oder eine Überraschungswirkung ausnutzt. Deswegen gibt es im BGB eine Reihe von Vorschriften, die den Schutz des Verbrauchers vor solchen negativen Auswirkungen bezwecken:

- §§ 305–310: Kontrolle von Allgemeinen Geschäftsbedingungen (**AGB**);
- § 312: Schutz des Verbrauchers bei Verkaufsaktionen im Direktvertrieb (**Haustürgeschäfte**);
- §§ 312b–e: Schutz des Verbrauchers beim Abschluss von **Fernabsatzverträgen** und **E-Commerce-Verträgen.**

Unter Allgemeinen Geschäftsbedingungen sind alle **für eine Vielzahl von Verträgen vorformulierten Vertragsbedingungen** zu verstehen, die eine Vertragspartei der anderen Vertragspartei bei Abschluss eines Vertrages stellt (§ 305 Abs. 1).

Danach werden Allgemeine Geschäftsbedingungen nur dann Bestandteil eines Vertrages, **wenn bei Vertragsabschluss**
- der Verwender den Vertragspartner ausdrücklich auf sie hinweist,
- der Vertragspartner die Möglichkeit hat, in zumutbarer Weise von ihrem Inhalt Kenntnis zu nehmen und
- der Vertragspartner mit ihrer Geltung einverstanden ist (§§ 305 Abs. 2, 305a).

Bestimmungen in Allgemeinen Geschäftsbedingungen, die *so ungewöhnlich sind,* dass der Vertragspartner nicht mit ihnen zu rechnen braucht, werden nicht Bestandteil des Vertrages (§ 305c Abs. 1).

Zweifel bei der Auslegung von Allgemeinen Geschäftsbedingungen gehen zu Lasten des Verwenders (§ 305c Abs. 2).

Vertragsabreden, welche die Vertragsparteien *für den Einzelfall* miteinander treffen, gehen den Allgemeinen Geschäftsbedingungen vor (§ 305b).

Die §§ 307–310 enthalten eine Fülle von Klauseln, deren Anwendung die Unwirksamkeit Allgemeiner Geschäftsbedingungen zur Folge hat. Dies bedeutet nicht unbedingt die Unwirksamkeit des ganzen Vertrages. Die übrigen Bestimmungen bleiben grundsätzlich wirksam.

[1]) Siehe S. 39 f.

§ 312 schützt den Verbraucher vor sogenannten **Haustürgeschäften,** also Aktionen, durch welche ein Unternehmer den Verbraucher in seinem Privatbereich, an seinem Arbeitsplatz oder anlässlich einer Freizeitveranstaltung zu einem Geschäftsabschluss bewegen will. Ein solcher Vertrag wird erst wirksam, wenn der Verbraucher die auf den Vertragsschluss gerichtete Willenserklärung nicht binnen einer Frist von 2 Wochen widerruft. Die **2-wöchige Widerrufsfrist** beginnt in der Regel zu laufen, sobald der Verbraucher über das Widerrufsrecht belehrt wurde (§ 355).

Ein Recht auf Widerruf besteht allerdings nicht in folgenden Fällen:
- wenn der Verkäufer oder Vertreter nach vorhergehender Bestellung beim Kunden erschienen ist (§ 312 Abs. 3 Nr. 1),
- wenn Leistung und Zahlung sofort bei Abschluss des Vertrages erfolgen und das Entgelt 40,00 EUR nicht übersteigt (§ 312 Abs. 3 Nr. 2),
- wenn die Willenserklärung des Verbrauchers von einem Notar beurkundet worden ist (§ 312 Abs. 3 Nr. 3),
- wenn es sich um einen Versicherungsvertrag handelt (§ 312 Abs. 3 Satz 1).

Anstelle des Widerrufsrechts kann dem Verbraucher nach § 312 Abs. 1 auch ein Rückgaberecht im Sinne des § 356 eingeräumt werden.

I. Der Kauf

1. Der Kaufvertrag – Arten des Kaufvertrags

Der Kaufvertrag kommt wie jeder andere Vertrag durch Angebot und Annahme zustande und ist regelmäßig formfrei. Ausgenommen sind z. B. der Grundstückskauf und der Erbschaftskauf, die notariell beurkundet werden müssen.

Kaufgegenstand sind nicht nur einzelne Sachen und Rechte, sondern auch das Vermögen als Ganzes oder ein Geschäftsbetrieb samt Kundschaft und Absatzchancen.

Der Kaufvertrag bezweckt die Übertragung eines Gegenstandes auf den Käufer gegen *Entgelt in Geld*. Besteht das Entgelt in einem sonstigen Gegenstand, liegt ein Tausch vor.

Beispiel: Stieber „verkauft" seine Briefmarkensammlung an Tauber. Dieser gibt ihm als Gegenleistung sein Motorrad (Tausch).

- **Pflichten der Parteien**
- *Der Verkäufer* ist verpflichtet, dem Käufer die Kaufsache fehlerfrei zu übergeben und das Eigentum daran zu verschaffen.
- *Der Käufer* ist verpflichtet, den gekauften Gegenstand abzunehmen und den Kaufpreis zu zahlen.

Erfüllen sie ihre Verpflichtung nicht, kommt der Verkäufer in *Lieferungsverzug,* der Käufer in *Annahme- und Zahlungsverzug.*

Der Kaufvertrag ist ein bloßes Verpflichtungsgeschäft, das ein gegenseitiges Schuldverhältnis begründet. Das Erfüllungsgeschäft muss folgen, damit der Zweck des Kaufvertrages erreicht ist und das Schuldverhältnis erlischt.

Wie das Eigentum übertragen wird, ist im dritten Buch des BGB (Sachenrecht) geregelt (Näheres siehe S. 91 f.).

- **Gefahrübergang**

Von Bedeutung ist die Frage, *wer die* **Gefahr** (das Risiko) **bei zufälliger Verschlechterung oder zufälligem Untergang der Kaufsache trägt,** anders ausgedrückt: Muss der Käufer den Kaufpreis zahlen, obgleich er den Kaufgegenstand in schlechtem Zustand oder überhaupt nicht erhält?

Grundsätzlich trägt der *Verkäufer* die Gefahr bis zur Übergabe der Kaufsache an den Käufer. *Mit der Übergabe geht die Gefahr auf den Käufer über* (§ 446).

Beispiel: Frau Hansen hat in der Konditorei Schwarz eine Torte gekauft. Beim Verpacken rutscht die Torte ab und fällt zu Boden. – Frau Hansen braucht die Torte nicht zu bezahlen, den Schaden hat die Konditorei zu tragen.

Beim Versendungskauf (der Verkäufer hat die Nebenverpflichtung übernommen, für Versendung der Ware an den vom Käufer gewünschten Ablieferungsort Sorge zu tragen) geht die Gefahr auf den Käufer *bereits* über, *wenn der Verkäufer die Ware dem Transportunternehmen* (Bahn, Post, Fuhrunternehmer) *übergeben hat* (§ 447).

Beispiel: Die Hühnerfarm Weiß übergibt der Bahn eine Kiste mit einwandfreien und vorschriftsmäßig verpackten Eiern. Als der Käufer die Sendung auspackt, ist fast die Hälfte der Eier zerbrochen und ausgelaufen. – Der Käufer hat den Schaden zu tragen, denn der Verkäufer hat mit der sorgfältigen Auswahl und Verpackung der Eier seine Pflicht erfüllt, ihn trifft deshalb kein Verschulden (Ansprüche bestehen allenfalls gegen die Bahn).

Von besonderer Bedeutung ist die Frage, welche **Rechte** dem Käufer zustehen, wenn die Kaufsache einen Rechts- oder Sachmangel hat.

◆ *Rechts- und Sachmängel*

Ein **Rechtsmangel** liegt vor, wenn ein Dritter ein Recht an der Sache geltend machen kann (§ 435).

Beispiel: Stübler verkauft an Ulmann eine Werkzeugmaschine, die bereits der Kreissparkasse sicherungsübereignet ist. – Stübler ist verpflichtet, das Sicherungseigentum der Kreissparkasse abzulösen, andernfalls ist er Ulmann zum Schadensersatz verpflichtet.

Ein **Sachmangel** liegt vor, wenn die Kaufsache im Zeitpunkt des Gefahrübergangs nicht die vertraglich vereinbarten Beschaffenheit aufweist (§ 434 Abs. 1).

Beispiele: wenn in einem neu gekauften Buch einige Seiten fehlen oder wenn die zugesicherte feuerfeste Backform beim Backen entzweispringt.

Fehlt eine Beschaffenheitsvereinbarung, kann sich ein Sachmangel der Kaufsache auch aus einer Reihe objektiver Kriterien herleiten:
- ◆ die Kaufsache eignet sich nicht für die vertraglich vorausgesetzte Verwendung (§ 434 Abs. 1 Ziff. 1),
- ◆ die Kaufsache eignet sich nicht für die gewöhnliche Verwendung und weist keine Beschaffenheit auf, die bei Sachen gleicher Art üblich ist (§ 434 Abs. 1 Ziff. 2),
- ◆ die Kaufsache entspricht nicht den Werbeaussagen und ähnlichen Äußerungen von Hersteller und Verkäufer (§ 434 Abs. 1 Ziff. 3),
- ◆ die Kaufsache ist mangelhaft, weil Montagearbeiten unsachgemäß ausgeführt wurden (§ 434 Abs. 2 Satz 1) oder weil sie aufgrund einer fehlerhaften Montageanleitung falsch zusammengebaut wurde (§ 434 Abs. 2 Satz 2).

Als Sachmangel gelten auch die Fälle, in denen eine andere Sache oder eine zu geringe Menge geliefert wurd (§ 434 Abs. 3).

Der Verkäufer haftet dafür, dass die Kaufsache im Augenblick des Gefahrübergangs auf den Käufer keinen Sachmangel aufweist.

◆ *Gewährleistungsansprüche*

Hat die Kaufsache einen Mangel, so hat der Käufer nach § 437 folgende Ansprüche zur Wahl:
- ◆ er kann Nacherfüllung verlangen (§ 437 Nr. 1);
- ◆ er kann vom Kaufvertrag zurücktreten (§ 437 Nr. 2);

- er kann mindern, d. h. eine Herabsetzung des Kaufpreises verlangen (§ 437 Nr. 2);
- er kann Schadensersatz verlangen (§ 437 Nr. 3);
- er kann den Ersatz seiner vergeblicher Aufwendungen verlangen (§ 437 Nr. 3).

Bevor der Käufer Rücktritt, Minderung und Schadensersatz verlangen kann, muss er dem Verkäufer die Gelegenheit zur Nacherfüllung geben und diesem eine Frist zur Nacherfüllung setzen. Damit hat der Anspruch auf Nacherfüllung Vorrang vor den übrigen Käuferrechten.

◆ Gewährleistungsfristen

Der Käufer hat einen Mangel innerhalb einer bestimmten Frist zu rügen (Mängelrüge):

- bei beweglichen Sachen kenntnisunabhängig innerhalb von 2 Jahren ab dem Zeitpunkt der Ablieferung der Kaufsache (§ 438 Abs. 1 Nr. 3). Dies gilt auch bei versteckten Mängeln.
  Beispiel: Willmer entdeckt erst nach 3 Jahren, dass in seinem „Duden" 20 Seiten fehlen. Der Buchhändler muss das Buch nicht mehr umtauschen. (Natürlich kann er es aus Gründen der „Kulanz" umtauschen).
- bei bebauten Grundstücken wegen Mangelhaftigkeit des Bauwerks in 5 Jahren von der Übergabe des Grundstücks an (§ 438 Abs. 1 Nr. 2a, Abs. 2).

Längere Garantiefristen können vereinbart werden.

Verschweigt der Verkäufer den Mangel arglistig, so kann der Käufer seine Mängelgewährleistungsrechte innerhalb der regelmäßigen Verjährungsfrist geltend machen (§ 438 Abs. 3).

Das folgende Schaubild gibt einen Überblick über die verschiedenen Abwandlungen des Kaufs.

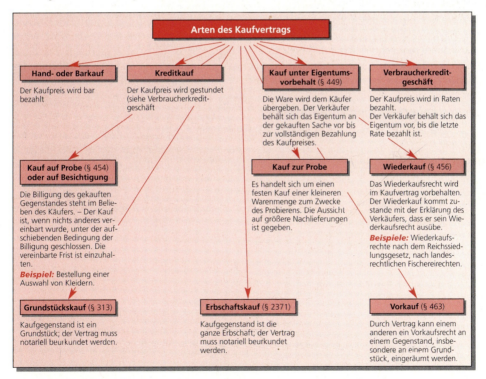

¹) Gattungssachen sind nur ihrer Art nach bestimmt und in der Regel vertretbare Sachen, z. B. Bücher in der Buchhandlung; Weinsorten; Eier; Dachziegel.

2. Der Kauf unter Eigentumsvorbehalt

Gesetzlich geregelt ist der Kauf unter Eigentumsvorbehalt in § 449. Hat sich danach in einem Kaufvertrag, wie es in der Regel geschieht, der Verkäufer einer beweglichen Sache das Eigentum bis zur Zahlung des Kaufpreises vorbehalten, erwirbt der Käufer *mit der Übergabe der Sache an ihn* das volle Eigentum erst dann, wenn er den Kaufpreis ganz bezahlt hat. Solange dies nicht geschehen ist, steht ihm nur ein **Anwartschaftsrecht auf Übertragung des Eigentums zu.**

Beispiel: Möbelhändler Sanner verkauft unter Eigentumsvorbehalt am 2. Mai an Muzler eine Sitzgarnitur. Diese wird am 5. Mai geliefert. Der Kaufpreis ist bis zum 1. Juni zu bezahlen. Muzler bezahlt den vollen Kaufpreis am 30. Mai.

Muzler hat mit der Lieferung am 5. Mai noch kein Eigentum an der Sitzgarnitur, sondern nur ein Anwartschaftsrecht darauf erworben. Das Eigentum ist zunächst bei Sanner verblieben. Erst mit Eingang der Zahlung bei Sanner am 30. Mai erlangt Muzler Volleigentum, ohne dass es hierzu noch einer Willenserklärung des Verkäufers Sanner bedarf.

Der Verkäufer kann aufgrund des Eigentumsvorbehalts die Sache nur herausverlangen, wenn er vom Vertrag zurückgetreten ist (§ 449 Abs. 2).

Der Eigentumsvorbehalt, der sich **nur auf bewegliche Sachen** und nicht auf Grundstücke, Forderungen oder andere Vermögensrechte erstrecken kann, ist in der Praxis des Warenverkehrs ein **wichtiges Kreditsicherungsmittel** für den Verkäufer, der das Eigentum an der verkauften Sache trotz Übergabe an den Käufer behält, solange dieser nicht den Kaufpreis bezahlt hat. Diese Kreditsicherung ist jedoch dann gefährdet, wenn die verkaufte Sache vom Käufer mit einer anderen Sache verbunden oder wenn sie verarbeitet wird und dadurch eine neue Sache entsteht. Gleiches gilt, und dies ist im Warenverkehr sehr häufig der Fall, wenn der Käufer zugleich Wiederverkäufer ist, die gekauften Sachen also weiterverkauft. Für diese Fälle hat die Praxis, im Interesse des Warenumsatzes und um dem Sicherungsbedürfnis des Verkäufers Rechnung zu tragen, folgende Arten des Eigentumsvorbehalts entwickelt:

◆ *Verlängerter Eigentumsvorbehalt*

Der „einfache" Eigentumsvorbehalt erstreckt sich grundsätzlich nur auf die verkaufte Sache. Wird diese mit einer anderen Sache verbunden oder wird sie verarbeitet und entsteht dadurch eine neue Sache, erstreckt sich der Eigentumsvorbehalt nicht auf die neue Sache. Wird die mit dem Eigentumsvorbehalt belastete Sache veräußert, so erstreckt sich der Eigentumsvorbehalt nicht auf die durch die Veräußerung entstehende Forderung. Um diese für den Verkäufer nachteilige Konsequenz zu vermeiden, können Verkäufer und Käufer eine **Vereinbarung treffen, wonach der Eigentumsvorbehalt sich auf die neue Sache bzw. auf die durch die Weiterveräußerung entstehende Forderung erstreckt. Sie gilt als an den Verkäufer abgetreten.**

Beispiele:

- Lederhändler Sauter verkauft Leder an den Schuhfabrikanten Fischer. Dieser verarbeitet das Leder zu Schuhen. Dadurch entstehen neue Sachen im Sinne von § 950.

  Beim einfachen Eigentumsvorbehalt würde dieser nach Herstellung der Schuhe erlöschen. Wurde jedoch verlängerter Eigentumsvorbehalt vereinbart, erstreckt sich dieser auch auf die Schuhe.

- Möbelfabrikant Hansch verkauft Möbel an Möbelhändler Riese. Dieser veräußert sie weiter an seine Kunden.

  Beim einfachen Eigentumsvorbehalt würde dieser mit der Weiterveräußerung der Möbel erlöschen. Wurde verlängerter Eigentumsvorbehalt vereinbart, ist Hansch Gläubiger der Kaufpreisforderung geworden, die Riese gegen seine Kunden zustehen.

◆ Kontokorrentvorbehalt

Ein Kontokorrentvorbehalt liegt vor, wenn Verkäufer und Käufer vereinbart haben, dass **der Eigentumsvorbehalt erst dann erlöschen soll, wenn alle aus der gegenseitigen Geschäftsverbindung entstandenen Forderungen des Verkäufers beglichen sind.**

Beispiel: Wurster hat als Unternehmer für Klinikbedarf am 2. April, 2. Mai, 2. Juni und 2. Juli Krankenhausbetten, Schränke und Sonstiges an ein Krankenhaus geliefert. Der Betreiber des Krankenhauses hat die Lieferungen vom 2. Mai, 2. Juni und 2. Juli bezahlt, die Rechnung über die Lieferung vom 2. April ist noch offen.
Beim einfachen Eigentumsvorbehalt wäre dieser an den Gegenständen, die am 2. Mai, 2. Juni und 2. Juli geliefert wurden, erloschen.
Wurde Kontokorrentvorbehalt vereinbart, besteht der Eigentumsvorbehalt auch an den Gegenständen dieser Lieferungen so lange weiter, bis auch die Lieferung vom 2. April bezahlt ist.

3. Der Verbraucherkredit

§§ 488–506 betreffen das Gelddarlehen und den Verbraucherkredit. Gewährt ein Unternehmer einem Verbraucher gegen Entgelt einen Kredit in Form eines Darlehens (Verbraucherkreditvertrag, § 491), so greifen zugunsten des Verbrauchern eine Reihe verbraucherschützender Vorschriften ein.

Der Verbraucherkreditvertrag bedarf der Schriftform, wobei die elektronische Form ausgeschlossen ist. Die Vertragsurkunde muss die in § 492 genannten Angaben enthalten.

Der Verbraucherkreditvertrag ist grundsätzlich nichtig, wenn die Schriftform nicht eingehalten ist oder eine Pflichtangabe fehlt (§ 494).

Der Verbraucherkreditvertrag wird erst wirksam, wenn der Verbraucher seine Willenserklärung nicht binnen einer Frist von 2 Wochen widerruft (§§ 494, 355). Bis dahin ist der Vertrag schwebend wirksam. Die 2-wöchige Widerrufsfrist beginnt zu laufen, sobald der Verbraucher die Abschrift des Vertrages bzw. Antrags sowie eine Belehrung in Textform erhalten und unterschrieben hat (§ 355 Abs. 2). Das Widerrufsrecht des Verbrauchers erlischt spätestens 6 Monate nach Vertragsschluss (§ 355 Abs. 3). Die Rechtsfolgen des Widerrufs entsprechen denjenigen des gesetzlichen Rücktritts (§§ 357 Abs. 1, 346 Abs. 1).

Für verbundene Geschäfte gilt die Sonderregel des § 358. Wird z. B. ein Verbraucherkredit zur Finanzierung des Kaufpreises für eine Ware aufgenommen, so bilden beide Geschäfte eine wirtschaftliche Einheit. Der Kaufvertrag wird in einem solchen Fall erst wirksam, wenn der Verbraucher seine auf den Abschluss des Kreditvertrags gerichtete Willenserklärung nicht widerruft.

Beispiel: Hill kauft bei einem Möbelhändler eine Kücheneinrichtung für 10 000,00 EUR. Zur Bezahlung des Kaufpreises nimmt er einen Kredit bei einer Bank auf, die mit dem Möbelhändler derart in Geschäftsverbindung steht, dass sie die Möbelkäufe kreditiert.
Der zwischen Hill und dem Möbelhändler abgeschlossene Kaufvertrag wird erst wirksam, wenn Hill den Abschluss des Kreditvertrages nicht widerruft.

4. Das Vorkaufsrecht (§§ 463 ff.)

Das Vorkaufsrecht an einer beweglichen Sache oder an einem Grundstück (auch an Forderungen und Rechten) wird durch *einen Vertrag zwischen dem Eigentümer und einem etwaigen Käufer* bestellt. Das Vorkaufsrecht an einem Grundstück wird regelmäßig als Belastung des Grundstücks in Abteilung II des Grundbuchs eingetragen (so genanntes dingliches Vorkaufsrecht §§ 1094 ff.).

Der Eigentümer kann die Sache ohne Rücksicht auf das Vorkaufsrecht an einen Dritten verkaufen, muss aber dem Vorkaufsberechtigten unverzüglich den Inhalt des Kaufvertrages mitteilen.

Übt der Vorkaufsberechtigte sein Vorkaufsrecht dem Verpflichteten (Eigentümer) gegenüber aus, kommt der Kaufvertrag zwischen dem Verpflichteten und dem Vorkaufsberechtigten unter denselben Bedingungen zustande, die der Verpflichtete mit dem Dritten vereinbart hat.

Verzichtet der Vorkaufsberechtigte auf sein Recht, so kann der Dritte das Eigentum an der Sache erwerben.

Ein Vorkaufsrecht kann auch *kraft Gesetzes* entstehen, es wird im Grundbuch nicht eingetragen.

Beispiel: Das Vorkaufsrecht der Miterben (§ 2034), der Siedlungsunternehmern nach dem Reichssiedlungsgesetz und der Gemeinden nach dem Baugesetzbuch.

II. Der Dienstvertrag (§§ 611 ff.)

Für die Bestimmungen des BGB über den Dienstvertrag bleibt heute nur noch ein enger Bereich, weil der „Arbeitsvertrag" aus dem Dienstvertragsrecht herausgelöst wurde.

Ausschließlich nach Dienstvertragsrecht richten sich die freien Dienste der Ärzte, Rechtsanwälte, wissenschaftlichen Berater, Steuerberater, Wirtschaftsprüfer usw. Auch die Tätigkeit gelegentlicher Hilfskräfte, wie Zugehfrauen, Gartenbetreuer, Babysitter, gehören dazu.

Unselbstständige Dienstverpflichtete (Arbeiter und Angestellte) stehen zum Dienstherrn (Arbeitgeber) in einem „Arbeitsverhältnis", sie sind Arbeitnehmer. Für sie gelten insbesondere *die Vorschriften des Arbeitsrechts*[1]*, des Handelsgesetzbuches und der Gewerbeordnung.* Arbeitsverhältnisse sind heutzutage regelmäßig durch Tarifvertrag geregelt. Die *Tarifverträge* werden zwischen den Arbeitgeberverbänden und den Gewerkschaften geschlossen. Sie regeln vor allem Arbeitszeit, Urlaub, Kündigungsfristen, Löhne und Gehälter. Ungünstigere Abmachungen für den Arbeitnehmer als die im Tarifvertrag vereinbarten sind ungültig. Dennoch bilden das Dienstvertragsrecht und das allgemeine Vertragsrecht des BGB die Grundlage des Arbeitsvertrages.

Der Dienstvertrag ist ein gegenseitig verpflichtender formfreier Vertrag. Der Dienstverpflichtete wird zur Leistung der versprochenen Dienste, der Dienstherr zur Gewährung der versprochenen Vergütung verpflichtet (§ 611).

Die Vergütung kann in Geld oder Sachbezügen bestehen (bei gewerblichen Arbeitern nur in Geld, § 115 GewO).

Beispiel: Die Hausgehilfin erhält außer ihrem Lohn freie Kost und Wohnung.

Der Dienstverpflichtete hat die Dienste *persönlich* zu leisten. Der Anspruch des Dienstherrn auf die Dienste ist nur mit Einwilligung des Verpflichteten übertragbar (§ 613).

Beispiel: Frau Maier kann ihre Haushaltshilfe nicht gegen deren Willen ihrer Schwester für den Großputz „leihen".

Der Dienstherr hat gegenüber dem Dienstverpflichteten *eine allgemeine Fürsorgepflicht (§ 618)*, z. B. müssen die Arbeitsgeräte in gefahrlosem Zustand sein, bei Erkrankung eines in die häusliche Gemeinschaft Aufgenommenen (Hausgehilfin) muss für ärztliche Behandlung und Pflege gesorgt werden (§ 617).

---

[1] Siehe „Arbeitsrecht und Arbeitsgerichtsverfahren", S. 339 f.

Das Dienstverhältnis endet *mit Ablauf der Zeit,* für die es eingegangen wurde (§ 620), bei Dienstverhältnissen von unbestimmter Dauer *durch Kündigung.* Die Kündigungsfristen sind, falls nichts vereinbart wurde, für Dienstverhältnisse in § 621, für Arbeitsverhältnisse in § 622[1]) geregelt. Die Beendigung eines Arbeitsverhältnisses durch Kündigung oder Auflösungsvertrag sowie die Befristung bedürfen der Schriftform. Die elektronische Form ist ausgeschlossen (§ 623). Für Arbeitsverhältnisse sind außerdem die Vorschriften des Arbeitsrechts (hier Kündigungsschutzgesetz) anzuwenden. Fristlose Kündigung von beiden Seiten ist möglich aus wichtigem Grund.

Beispiel: bei Verletzung der Schweigepflicht, Vertrauensbruch, Tod des Dienstherrn; ein Verschulden braucht nicht vorzuliegen.

Bei Beendigung eines länger dauernden Dienstverhältnisses hat der Dienstherr auf Verlangen des Verpflichteten ein schriftliches Zeugnis über die Art der Dienste und die Dauer des Dienstverhältnisses auszustellen; wenn es verlangt wird, auch über die Leistung und Führung im Dienst (§ 630).

Sind *Dienste „höherer Art"* zu leisten, „die aufgrund besonderen Vertrauens übertragen zu werden pflegen" – hierher gehören die oben erwähnten Dienste der Rechtsanwälte, Ärzte usw. – kann das Dienstverhältnis *jederzeit* und ohne Begründung gekündigt werden (§ 627). Bei „unzeitiger" Kündigung (der Dienstherr kann nicht mehr rechtzeitig Ersatz beschaffen) muss ein wichtiger Grund vorliegen, anderfalls hat der Verpflichtete den entstandenen Schaden zu ersetzen.

III. Werkvertrag und Werklieferungsvertrag (§§ 631 ff.)

Der **Werkvertrag** ist ein gegenseitig verpflichtender formfreier Vertrag. Er unterscheidet sich vom Dienstvertrag dadurch, dass **der Werkunternehmer einen bestimmten Erfolg, ein Werk schuldet,** der Dienstverpflichtete dagegen eine reine Tätigkeit.

Beispiele:
◆ Der Maler tapeziert die Wohnung (Werkleistung).
◆ Die Zugehfrau putzt die Wohnung (Dienstleistung).

Der Unternehmer verpflichtet sich zur Herstellung des versprochenen Werkes, der Besteller zur Leistung der vereinbarten Vergütung und zur Abnahme des Werkes.

Der Besteller gibt den Stoff (Material) zur Bearbeitung.

Beispiele: die Schuhe zum Besohlen, das Kleid zum Ändern, die Maschine zum Umbau, die Wasserleitung zum Reparieren.

Stellt der Werkunternehmer auch das Material,

Beispiel: Der Schreiner fertigt das Bücherregal aus eigenem Holz an.

so liegt ein **Werklieferungsvertrag** vor (§ 651).

Auf den Werklieferungsvertrag finden die Vorschriften über den Kauf Anwendung (§ 651 Satz 1).

Der Werkunternehmer hat das Werk **frei von Mängeln** zu liefern, andernfalls hat der Besteller Mängelgewährleistungsansprüche gegenüber dem Unternehmer.

Die Mängelgewährleistungsansprüche verjähren grundsätzlich in 2 Jahren, bei Bauwerken in 5 Jahren (§ 634a).

---

[1]) Nach der Neufassung des § 622 durch das Kündigungsfristengesetz vom 7. Oktober 1993 gelten für Arbeiter und Angestellte die gleichen Kündigungsfristen.

IV. Der Reisevertrag (§§ 651 a – 651 m)

Das Reisevertragsrecht bezweckt den Schutz des Reisenden im Falle eines missglückten Urlaubs. Insbesondere soll es ihn davor bewahren, dass er Schaden erleidet, wenn der Reiseveranstalter nach Abschluss des Reisevertrags in Konkurs fällt oder zahlungsunfähig wird.

1. Geltungsbereich

Die Bestimmungen über den Reisevertrag gelten nicht für alle Reiseverträge. Sie regeln nur diejenigen, nach denen der Reiseveranstalter verpflichtet ist, „dem Reisenden eine Gesamtheit von Reiseleistungen (Reise) zu erbringen" (§ 651 a Abs. 1). Es muss sich also um eine *Pauschalreise* handeln, bei der mindestens zwei Reiseleistungen erbracht werden. Für die vertragsgemäße Erfüllung haftet der Reiseveranstalter selbst. Er kann sich grundsätzlich nicht mit der Erklärung von seiner Haftung befreien, er vermittle nur einzelne Reiseleistungen mit den jeweiligen Leistungsträgern (Beförderungsunternehmen, Hotel, Reederei usw., § 651 a Abs. 2), an die sich der Reisende halten solle.

Beispiel: Albrecht bucht bei einem Reiseveranstalter eine „Studienkreuzfahrt in das östliche Mittelmeer". Der Reisepreis beträgt 2 550,00 EUR und enthält nach dem Reisevertrag: Bahnfahrt nach Venedig, Transfer des Gepäcks auf das Schiff, Reise mit dem Schiff, Unterkunft und Verpflegung auf dem Schiff und in den Hotels an Land, Reiseleitung und Betreuung der Reisenden.

Hierbei handelt es sich um eine typische Pauschalreise mit mehreren Reiseleistungen, auf welche die Bestimmungen über den Reisevertrag Anwendung finden. Hat Albrecht Mängel zu beklagen, ist z. B. die Verpflegung auf dem Schiff oder in den Hotels an Land miserabel oder wird ihm eine nicht dem Reisevertrag entsprechende Unterkunft zugewiesen, haftet allein der Reiseveranstalter.

Hat dagegen der Reiseveranstalter nur eine *einzelne Reiseleistung* erbracht, z. B. eine Ferienwohnung vermittelt, finden die Vorschriften über den Reisevertrag keine Anwendung. Hat die Wohnung Mängel, haftet in der Regel nur der Vermieter aus Mietvertrag. Daneben kommt eine Haftung des Reiseveranstalters nur in Betracht, wenn ihn bei der Vermittlung der Wohnung ein Verschulden trifft.

2. Haftung des Reiseveranstalters für Reisemängel

Der Reiseveranstalter haftet für solche Mängel der Reise, die ihren Wert aufheben oder mindern (§ 651 c). Ein Reisemangel liegt vor, wenn

♦ eine zugesicherte Eigenschaft fehlt

Beispiel: An Stelle des nach dem Reisevertrag gebuchten Zimmers „in absolut ruhiger Lage" findet der Reisende ein direkt an einer Baustelle gelegenes Zimmer vor, an der Tag und Nacht gearbeitet wird.

♦ oder eine sonstige Reiseleistung fehlerhaft ist.

Beispiel: Die Toilette in dem gemieteten Zimmer ist zwar vorhanden, aber nicht benutzbar, weil die Wasserspülung defekt ist.

Bei Vorliegen eines Reisemangels hat der Reisende gegen den Reiseveranstalter die sich aus §§ 651 c – 651 f ergebenden Ansprüche auf Abhilfe, Minderung (Herabsetzung des Reisepreises), Kündigung und Schadensersatz.

3. Verjährung der Haftungsansprüche

Haftungsansprüche muss der Reisende innerhalb *eines* Monats nach der vertraglich vorgesehenen Beendigung der Reise gegen den Reiseveranstalter geltend machen. Eine spätere Rüge ist nur zulässig, wenn der Reisende ohne Verschulden (z. B. durch schwere Erkrankung) an der Einhaltung der Frist verhindert war.

Die Haftungsansprüche verjähren in 2 Jahren. Verjährungsbeginn ist der Tag, an dem die Reise vertragsgemäß enden soll.

4. Haftungsbeschränkung (§ 651 h)

Durch Vereinbarung mit dem Reisenden, die in der Regel in den Reisebedingungen enthalten ist, kann der Reiseveranstalter seine Haftung für einen dem Reisenden entstandenen Schaden auf den dreifachen Reisepreis beschränken, für den Fall,

- ◆ dass ihm selbst nur leichte Fahrlässigkeit zur Last fällt oder
- ◆ dass er nur wegen des Verschuldens eines Leistungsträgers (Hotel, Reederei) haftet, gleichgültig, ob dieser leicht fahrlässig, grob fahrlässig oder vorsätzlich gehandelt hat.

5. Rücktrittsrecht des Reisenden (§ 651 i)

Der Reisende kann vor Reisebeginn jederzeit vom Reisevertrag zurücktreten. Er muss jedoch dem Reiseveranstalter eine Entschädigung bezahlen, falls dieser infolge einer kurzfristigen Absage keinen Ersatzteilnehmer mehr findet.

6. Kündigung wegen höherer Gewalt (§ 651 j)

Treten nach Abschluss des Reisevertrags nicht voraussehbare Umstände ein (z. B. Bürgerkrieg, Zerstörung des Reisegebiets durch Erdbeben), welche die Reise erheblich erschweren, gefährden oder beeinträchtigen, können beide Vertragsparteien den Vertrag kündigen.

7. Sicherung des Reisenden vor Insolvenz und Zahlungsunfähigkeit des Reiseveranstalters (§ 651 k)

Der Reiseveranstalter ist verpflichtet, durch Abschluss einer entsprechenden Versicherung bei einem Versicherungsunternehmen oder durch das Zahlungsversprechen einer Bank sicherzustellen, dass dem Reisenden erstattet werden:

- ◆ der gezahlte Reisepreis, soweit Reiseleistungen infolge Zahlungsunfähigkeit oder Insolvenz des Reiseveranstalters ausfallen, und
- ◆ notwendige Aufwendungen, die dem Reisenden aus demselben Grund für die Rückreise entstehen.

Der Reiseveranstalter muss dem Reisenden einen unmittelbaren Anspruch gegen den Versicherer oder die Bank verschaffen und ihm durch Übergabe eines von dem betroffenen Unternehmen ausgestellten **Sicherungsscheins** nachweisen.

Vor Beendigung der Reise darf der Reiseveranstalter Zahlungen auf den Reisepreis nur fordern oder annehmen, wenn er dem Reisenden einen Sicherungsschein ausgehändigt hat.

Wer ohne Übergabe eines Sicherungsscheines oder ohne Nachweis einer Sicherheitsleistung eine Zahlung des Reisenden fordert oder annimmt, begeht nach § 147 b Gewerbeordnung eine Ordnungswidrigkeit und kann mit einer Geldbuße belegt werden.

◆ **Abgrenzung der Leistungen bei Kaufvertrag, Dienstvertrag, Werkvertrag, Werklieferungsvertrag und Reisevertrag**

Kaufvertrag	Der Verkäufer schuldet in der Regel eine **fertige Ware**, z. B. Konfektionsanzug, Auto
Dienstvertrag	Der Dienstverpflichtete hat eine **reine Tätigkeit** zu leisten, z. B. Arzt, Rechtsanwalt, Geschäftsführer
Werkvertrag	Der Unternehmer schuldet **einen Erfolg**, nämlich die **Herstellung eines Werkes, wozu der Besteller das Material liefert**, z. B. Schneider fertigt Anzug aus vom Kunden gestelltem Stoff.
Werklieferungsvertrag	Zu erbringen ist – wie beim Werkvertrag – **ein Werk, wozu** aber – im Unterschied zum Werkvertrag – **der Hersteller das Material stellt.**
Reisevertrag	Der Reisevertrag ist auf die **Herbeiführung eines Erfolges,** nämlich einer beanstandungsfreien Reiseveranstaltung gerichtet. Er ist deshalb dem Werkvertrag ähnlich.

V. Miete und Pacht (§§ 535 ff.) – Leasing – Leihe und Darlehen (§§ 598 ff.)

1. Miete (§ 535 ff.)

Die Miete ist ein **gegenseitig verpflichtender Vertrag,** ihrem Wesen nach ein **Dauerschuldverhältnis,** das auf **Überlassung des Gebrauchs der vermieteten Sache gegen Entgelt** gerichtet ist (§ 535). Sie kann an **beweglichen Sachen, Grundstücken und Grundstücksräumen** bestehen.

Wird ein Mietvertrag über Wohnraum für längere Zeit als ein Jahr nicht in schriftlicher Form geschlossen, so gilt er für unbestimmte Zeit. Gekündigt werden kann er jedoch frühestens zum Ablauf eines Jahres nach Überlassung der Wohnung (§ 550).

◆ **Pflichten der Parteien**

Pflichten des Vermieters	Der Vermieter muss die Mietsache dem Mieter in einem zu dem vertragsgemäßen Gebrauch geeigneten Zustand überlassen und sie während der Mietzeit in diesem Zustand erhalten (§ 535), d. h.: ◆ er hat grundsätzlich die Kosten für **notwendige Reparaturen,** z. B. für Austausch oder Reparatur schadhaft gewordener Durchlauferhitzer oder Heizkörper zu tragen. ◆ Dies gilt grundsätzlich auch für **Schönheitsreparaturen** wie z. B. Streichen oder Tapezieren von Wänden und Decken. Diese Kosten werden jedoch in der Praxis durch entsprechende Klauseln im Mietvertrag meist auf den Mieter abgewälzt.
Pflichten des Mieters	Der Mieter ist verpflichtet: ◆ die vereinbarte Miete zu zahlen, ◆ sorgfältig mit der Mietsache umzugehen. ◆ im Falle der Miete von Räumen Einwirkungen zu dulden, die zur Erhaltung der Räume erforderlich sind (§ 554), ◆ Mängel der Mietsache dem Vermieter anzuzeigen. Unterlässt er dies, macht er sich schadensersatzpflichtig (§ 536 c). ◆ Er darf die gemietete Sache nur mit Erlaubnis des Vermieters weitervermieten (§ 540). Im Falle der Vermietung von Wohnraum kann der Mieter bei „berechtigtem Interesse" vom Vermieter die Erlaubnis zur Überlassung eines Teils der Wohnräume an einen Dritten gegen entsprechende Erhöhung der Miete verlangen (§ 553).

◆ Beendigung des Mietverhältnisses über Wohnraum

Das Mietverhältnis endet mit **Zeitablauf oder durch Kündigung.** Kündigungsgründe und Kündigungsfristen ergeben sich aus § 569 ff.

Der Vermieter darf ein Mietverhältnis über Wohnraum, das auf unbestimmte Zeit geschlossen ist – abgesehen von den Fällen der fristlosen Kündigung bei schweren Verstößen des Mieters gegen den Mietvertrag (§ 543) – **nur kündigen,** wenn er ein **berechtigtes Interesse** an der Beendigung des Mietverhältnisses hat (§ 573 z.B. Eigenbedarf). Ausnahmen: §§ 573 a, 573 b.

Die Kündigung bedarf der **Schriftform** (§ 568). Der Vermieter soll die Gründe für die Kündigung angeben und den **Mieter auf sein Widerspruchsrecht hinweisen,** aufgrund dessen der Mieter der Kündigung schriftlich **widersprechen** kann, wenn die Beendigung des Mietverhältnisses für ihn eine **nicht zu rechtfertigende Härte** bedeuten würde (§ 574).

Eine **Kündigung des Vermieters zum Zwecke der Miterhöhung ist ausgeschlossen** (§ 573).

◆ Vermieterpfandrecht (§§ 562 f.)

Der Vermieter eines Grundstücks, einer Wohnung oder sonstiger Räume hat für seine Forderungen aus dem Mietverhältnis ein **gesetzliches Pfandrecht an den eingebrachten Sachen des Mieters.**

Das Pfandrecht entsteht nur

- für Forderungen des Vermieters aus dem Mietverhältnis (z. B. für Miete- und Entschädigungsforderungen), nicht aber aus sonstigem Grund (z. B. Rückzahlung eines Darlehens),
- an eingebrachten Sachen des Mieters, die ihm gehören, also nicht an solchen Sachen, an denen Dritte Rechte haben (z. B. Sicherungseigentum oder älteres Pfandrecht),
- nur an den der Pfändung unterliegenden Sachen (s. § 811 ZPO).

Das Vermieterpfandrecht gibt dem Vermieter einen Anspruch auf Herausgabe der Sache und deren Verwertung in einer öffentlichen Versteigerung (§§ 1257, 1228 Abs. 2, 1235 Abs. 1).

2. Pacht (§§ 581 ff.)

Der Pachtvertrag ist ein gegenseitig verpflichtender Vertrag, in dem sich der **Verpächter verpflichtet, dem Pächter**

- den **Gebrauch** des verpachteten Gegenstandes, der eine Sache oder ein Recht (z. B. Patentrecht) sein kann, zu überlassen **und**
- ihm – im Unterschied zur Miete – **den Genuss der Früchte (Ertrag) zu gewähren** (z. B. das Obst in einem verpachteten Garten zu ernten).

Der Pächter ist verpflichtet, dem Verpächter die vereinbarte Pacht zu zahlen.

Auf die Pacht sind neben den Sondervorschriften der §§ 582–584 b die Vorschriften über die Miete entsprechend anzuwenden.

Für den Landpachtvertrag, in dem ein Grundstück mit oder ohne Wirtschaftsgebäuden für die Land- oder Forstwirtschaft verpachtet wird, gelten zusätzlich die besonderen Bestimmungen der §§ 585 ff.

3. Leasing

Ein mietvertragsähnlicher Vertrag ist der Leasingvertrag, der im Wirtschaftsleben zunehmend an Bedeutung gewonnen hat.

Ein **Leasingvertrag** liegt vor, **wenn der Leasinggeber dem Leasingnehmer eine Sache oder Sachgesamtheit gegen ein in Raten zu zahlendes Entgelt zum Gebrauch überlässt.** Die Gefahr oder Haftung für Instandhaltung, Sachmängel, Untergang oder Beschädigung geht auf den Leasingnehmer über.

Der Leasingvertrag ist **häufig mit einer Kaufoption (Ankaufsrecht) verbunden,** wonach der Leasingnehmer den Kaufpreis durch die Ratenzahlung tilgt und nach Zahlung sämtlicher Raten Eigentümer der Sache wird.

4. Leihe (§ 598 ff.)

Die Leihe ist ein zweiseitig verpflichtender Vertrag, in dem sich der Verleiher verpflichtet,

- dem Entleiher für bestimmte oder unbestimmte Zeit
- **unentgeltlich**
- eine bewegliche oder unbewegliche Sache
- zum Gebrauch zu überlassen.

Der Verleiher bleibt Eigentümer der Sache. Der Entleiher ist verpflichtet, **dieselbe Sache so zurückzugeben, wie es dem vertragsgemäßen Gebrauch entspricht.**

Beispiele:
- A leiht sich von seinem Bekannten ein Fahrrad für eine Radtour, ohne hierfür etwas bezahlen zu müssen.
- B „leiht" sich von einer Autozentrale ein Auto für eine Reise. Hier handelt es sich – entgegen der in der Umgangssprache üblichen Ausdrucksweise – in Wahrheit um Miete, weil – was vorausgesetzt wird – B ein Entgelt bezahlen muss.

5. Darlehen

Das Darlehen ist im Regelfall ein zweiseitig verpflichtender Vertrag. Ein Darlehen kann als Sach- oder Gelddarlehen gewährt werden:

- Beim **Gelddarlehen** (§§ 488–506) stellt der Darlehensgeber dem Darlehensnehmer einen bestimmten Geldbetrag zur Verfügung. Der Darlehensnehmer verpflichtet sich im Gegenzug zur Rückerstattung des fälligen Geldbetrages sowie zur Zahlung des vereinbarten Zinses.
- Beim **Sachdarlehen** (§§ 607–610) überlässt der Darlehensgeber dem Darlehensnehmer eine vertretbare Sache. Der Darlehensnehmer erstattet zum Fälligkeitstermin Sachen gleicher Art, Güte und Menge zurück und entrichtet in der Regel ein Darlehensentgelt.

Geld- und Sachdarlehen können auch unentgeltlich vereinbart werden. In diesem Fall entfällt die Pflicht zur Zinszahlung bzw. zur Entrichtung des Darlehensentgelts.

Vergleichende Kurzübersicht

	Miete	Pacht	Leihe	Darlehen
Vertragsgegenstand	Bewegliche Sachen und Grundstücke	Sachen und Rechte	Bewegliche Sachen und Grundstücke	Geld und andere vertretbare Sachen
Vertragsinhalt	Überlassung der gemieteten Sache zum Gebrauch	Überlassung der gepachteten Sache zum Gebrauch und zur Fruchtziehung	Überlassung der geliehenen Sache zum Gebrauch	Übertragung des Darlehensgegenstandes in das Vermögen des Darlehensnehmers
Entgelt	Die Miete ist entgeltlich	Die Pacht ist entgeltlich	Die Leihe ist unentgeltlich	Gegen oder ohne Entgelt.
Gegenstand der Rückgabe	Der Mieter hat die gemietete Sache zurückzugeben	Der Pächter hat die gepachtete Sache zurückzugeben	Der Entleiher hat die geliehene Sache zurückzugeben	Der Darlehensnehmer hat Geld oder Sachen gleicher Art, Güte und Menge zurückzugeben

VI. Auftrag (§§ 662 ff.) und Geschäftsführung ohne Auftrag (§§ 677 ff.)

1. Auftrag

Der Auftrag ist ein Vertrag, in dem sich der Beauftragte verpflichtet, ein ihm vom Auftraggeber übertragenes Geschäft für diesen unentgeltlich zu besorgen (§ 662).

Der Auftrag im Rechtssinne setzt voraus:

- einen **Vertrag,** d.h. die Erteilung eines Auftrages durch den Auftraggeber und die Annahme des Auftrags durch den Beauftragten; eine Form ist hierfür nicht vorgeschrieben;
- eine **Tätigkeit des Beauftragten.** Der Beauftragte muss also tätig werden, bloßes Dulden oder Gewährenlassen genügt nicht;
- eine Tätigkeit des Beauftragten im **Interesse des Auftraggebers,** wobei es nicht schadet, dass zugleich auch eigene Interessen gefördert werden;
- **eine unentgeltliche Tätigkeit** des Beauftragten. Er bekommt für seine Arbeit und den Zeitaufwand keine Vergütung. Dies schließt jedoch nicht aus, dass er Ersatz für seine sonstigen Aufwendungen (z.B. Fahrgeld) erhält. Bekommt er für seine Tätigkeit *eine Vergütung,* handelt es sich in der Regel um einen *Geschäftsbesorgungsvertrag* (§ 675), auf den die meisten Vorschriften des Auftragsrechts Anwendung finden.

Beispiele:
- Adler in Reutlingen bittet seinen Freund Bertram in Stuttgart, für ihn (Adler) dort eine Eintrittskarte für die Zauberflöte zu besorgen. Bertram erklärt sich hierzu bereit.
  Es handelt sich um einen Auftrag i.S. von § 662. Bertram erhält für seine Tätigkeit keine Vergütung. Er kann aber seine etwaigen Auslagen wie z.B. Fahrtkosten und den von ihm für die Theaterkarte bezahlten Kaufpreis ersetzt verlangen (§ 670).

- Fiedler beauftragt einen Architekten mit der Planung eines Einfamilienhauses.
  Hier handelt es sich um einen Werkvertrag (geschuldet wird ein geistiges Werk), der eine Geschäftsbesorgung i. S. von § 675 zum Gegenstand hat. Da der Architekt ein Honorar erhält, also gegen Entgelt tätig wird, besteht insoweit ein entscheidender Unterschied zum Auftrag i. S. von § 662, wonach der Beauftragte stets unentgeltlich tätig wird.
- Um einen Geschäftsbesorgungsvertrag handelt es sich in der Regel auch dann, wenn jemand einem Rechtsanwalt den Auftrag erteilt, ihn in einer Rechtssache zu vertreten.

Aus dem Auftragsverhältnis ergeben sich insbesondere **folgende Pflichten für:**

- **den Beauftragten:**
  - er darf die Ausführung des Auftrags grundsätzlich nicht einem Dritten überlassen (§ 664),
  - er muss die Weisungen des Auftraggebers befolgen (§ 665),
  - er muss Auskunft über den Stand des Geschäfts erteilen und nach dessen Erledigung Rechenschaft ablegen (§ 666),
  - er muss dem Auftraggeber alles herausgeben, was er aus der Geschäftsbesorgung erlangt (§ 667);
- **den Auftraggeber:**
  - er muss dem Beauftragten für die zur Ausführung des Auftrags erforderlichen Aufwendungen Vorschuss leisten (§ 669),
  - er muss dem Beauftragten **alle Aufwendungen ersetzen,** die dieser für erforderlich halten durfte (§ 670).

Der Auftrag kann grundsätzlich vom Auftraggeber **jederzeit widerrufen** und vom Beauftragten **jederzeit gekündigt werden** (§ 671).

Der Auftrag erlischt grundsätzlich mit dem Tod des Beauftragten. Der Erbe muss dem Auftraggeber unverzüglich vom Tod des Beauftragten Kenntnis geben. Er ist, falls mit dem Aufschub Gefahr verbunden ist, verpflichtet, die Besorgung des übertragenen Geschäfts fortzusetzen, bis der Auftraggeber anderweit Vorsorge treffen kann (§ 673).

Der Auftrag erlischt nicht durch den Tod oder den Eintritt der Geschäftsunfähigkeit des Auftraggebers. Die Erben haben jedoch ein unabdingbares Widerrufsrecht (§ 672).

2. Geschäftsführung ohne Auftrag

Besorgt jemand ein Geschäft für einen anderen, ohne von ihm hierzu beauftragt oder ihm gegenüber sonst dazu berechtigt zu sein (z. B. aufgrund eines Dienst- oder Werkvertrags), muss er es so führen, **wie es dem wirklichen oder mutmaßlichen Willen des Geschäftsherrn entspricht (§ 677).**

Beispiele:

- Albrecht entdeckt eines Abends, dass aus dem Haus seines verreisten Nachbarn Balser starker Rauch nach außen dringt. Albrecht alarmiert die Feuerwehr, die nach kurzer Zeit anrückt und einen Schwelbrand löscht. Albrecht hat ohne Zweifel dem mutmaßlichen Willen Balsers entsprechend gehandelt. Dass er zugleich in eigenem Interesse tätig wurde, das darin bestand, ein Übergreifen des Feuers auf sein Haus zu verhindern, schließt die Geschäftsführung ohne Auftrag nicht aus.
- Lang ist mit seinem Bruder auf einer Wanderung. Auf einem Waldweg finden sie Förster Hartung bewusstlos am Boden liegend. Lang lässt seinen Bruder bei Hartung zurück und geht selbst zur nächsten Ortschaft, um von dort den Notarzt zu verständigen. Auch in diesem Fall hat der Geschäftsführer (Lang) dem mutmaßlichen Willen des Geschäftsherrn (Förster) entsprechend gehandelt.

Albrecht und Lang haben deshalb einen Anspruch auf Ersatz ihrer Aufwendungen (z. B. Kosten des Feuerwehreinsatzes, Telefongebühren, § 683).

Entspricht die Geschäftsführung nicht dem wirklichen bzw. mutmaßlichen Willen des Geschäftsherrn, hat der Geschäftsführer keinen Anspruch auf Ersatz seiner Aufwendungen, er muss sogar *Schadensersatz* leisten (§ 678).

Ein entgegenstehender Wille des Geschäftsherrn ist dann *unbeachtlich,* wenn ohne die Geschäftsführung eine Pflicht des Geschäftsherrn, deren Erfüllung *im öffentlichen Interesse* liegt, verletzt oder eine *gesetzliche Unterhaltspflicht* des Geschäftsherrn nicht rechtzeitig erfüllt werden würde (§ 679).

Beispiele:
- Wulf ist lebensmüde und stürzt sich in Selbstmordabsicht vom Deck eines Fährschiffes in den Bodensee. Passagier Roth rettet den Ertrinkenden.
  Wulf kann gegen seine Rettung nicht einwenden, er sei fest entschlossen gewesen, aus dem Leben zu scheiden, denn es besteht eine im öffentlichen Interesse liegende Pflicht an der Erhaltung von Leben. Roth hat somit als Geschäftsführer ohne Auftrag gehandelt und hat Anspruch auf Ersatz seiner Aufwendungen (z. B. Reinigung bzw. Ersatz seiner Kleidung, § 683).
- Greiner entzieht sich der Unterhaltspflicht seiner Frau und den Kindern gegenüber dadurch, dass er sich ins Ausland absetzt. Dadurch gerät die Familie in große Not. Ein Onkel von Frau Greiner springt ein und unterstützt sie mit monatlichen Zuwendungen.
  Der Onkel handelt als Geschäftsführer ohne Auftrag und hat Anspruch gegen Greiner auf Ersatz seiner Aufwendungen. Da Greiner nach § 1360 verpflichtet ist, seine Familie zu unterhalten, ist sein entgegenstehender Wille unbeachtlich.

VII. Die Bürgschaft (§§ 765 ff.)

Die Bürgschaft ist ein Vertrag zwischen Gläubiger und Bürgen, in dem sich der Bürge verpflichtet, für die Erfüllung der Verbindlichkeit des Schuldners einzustehen.

Beispiel: Kohlenhändler Schwarz muss einen Kredit aufnehmen, um seinen auf Barzahlung drängenden Lieferanten befriedigen zu können. Die Kreissparkasse Glückeburg ist bereit, Schwarz das notwendige Kapital zur Verfügung zu stellen, verlangt aber als Sicherheit für die Rückzahlung eine selbstschuldnerische Bürgschaft. Schwarz kann seinen Freund Weiß für die Übernahme dieser Bürgschaft gewinnen. Weiß gibt der Sparkasse folgende schriftliche Erklärung ab: „Für den Herrn Schwarz gewährten Kredit in Höhe von 10 000,00 EUR nebst Zinsen übernehme ich die selbstschuldnerische Bürgschaft."

Die Bürgschaftsschuld ist von Bestehen und Umfang der Hauptschuld abhängig (akzessorisch). Dies bedeutet, dass die Bürgschaft hinfällig ist, wenn die Hauptschuld nicht entstanden (z. B. wegen Geschäftsunfähigkeit des Hauptschuldners) oder erloschen ist (z. B. durch Erfüllung). Befriedigt der Bürge den Gläubiger, so geht dessen Forderung gegen den Hauptschuldner kraft Gesetzes auf den Bürgen über (§ 774).

◆ Form der Bürgschaft

Die Bürgschaft ist ein gefährliches Kreditmittel, weil sie meist in der Erwartung eingegangen wird, nicht in Anspruch genommen zu werden. Um den Bürgen vor übereilter Übernahme der Bürgschaft zu warnen, **ist eine schriftliche Erteilung der Bürgschaftserklärung vorgeschrieben** (§ 766)[1]. Die Bürgschaftsübernahme durch einen Vollkaufmann bedarf nicht der Schriftform, weil bei ihm Kenntnis der Bedeutung einer Bürgschaftsübernahme vorausgesetzt wird.

---

[1]) Erteilung der Bürgschaftserkläruzng in elektronischer Form ist ausgeschlossen (§ 766 S. 2)

◆ Arten der Bürgschaft

gewöhnliche Bürgschaft	Bürge hat die Einrede der Vorausklage, d. h. er kann den Gläubiger zunächst an den Hauptschuldner verweisen und die Zahlung verweigern, solange der Gläubiger nicht die Zwangsvollstreckung gegen den Hauptschuldner ohne Erfolg versucht hat (§ 771).
selbstschuldnerische Bürgschaft	Bürge haftet von Anfang an. Die Einrede der Vorausklage ist ihm verwehrt (§ 773).
Mitbürgschaft	Verbürgen sich mehrere für dieselbe Verbindlichkeit, haften sie als Gesamtschuldner (§ 769), d. h. jeder Bürge haftet für die gesamte Verbindlichkeit.
Nachbürgschaft	Nachbürge haftet dem Gläubiger dafür, dass der Hauptbürge die ihm obliegende Verpflichtung erfüllt; er muss für den Hauptschuldner eintreten, wenn der Hauptbürge versagt.
Rückbürgschaft	Die Rückbürgschaft dient der Sicherung des Hauptbürgen. Der Rückbürge verbürgt sich dem Hauptbürgen für dessen Rückgriffsforderung gegen den Hauptschuldner.
Ausfallbürgschaft	Der Ausfallbürge haftet milder als der selbstschuldnerische Bürge. Während dieser schon dann zur Zahlung verpflichtet ist, wenn der Hauptschuldner nicht zahlt, kann der Ausfallbürge erst in Anspruch genommen werden, wenn der Gläubiger seinen endgültigen Ausfall nachweist. Schwebt z. B. ein Insolvenzverfahren über dem Vermögen des Hauptschuldners, muss der Gläubiger grundsätzlich den Ausgang dieses Verfahrens abwarten.

Wiederholungsaufgaben

1 a) Frau Strecker hat bei Möbelhändler Krautter eine Wohnzimmereinrichtung gekauft. Bevor die Möbel geliefert werden, vernichtet ein Brand das ganze Möbellager. Wer hat den Schaden zu tragen?
b) Wie läge der Fall, wenn die Möbel auf dem Transport beschädigt worden wären?

2 Welche Gewährleistungsansprüche stehen dem Käufer zu,
a) wenn die als rostfrei zugesicherten Metallklappläden nach kurzer Zeit zu rosten anfangen;
b) wenn das Innenfutter des Anzugs spannt und deshalb der Stoff auf dem Rücken Falten wirft;
c) wenn in einem Buch einige Seiten fehlen?

3 Tuchhändler Albrecht liefert Stoffe an den Kleiderfabrikanten Polster, der diese zu Anzügen verarbeitet und an seine Kunden veräußert.
Auf welche Weise kann sich Albrecht davor schützen, sein Eigentum zu verlieren, ohne den Gegenwert dafür zu erhalten?

4 Wodurch unterscheiden sich im Wesentlichen
a) Dienst-, Werk- und Werklieferungsvertrag;
b) Darlehen, Leihe und Miete?

5 Stäbler hat Motzer ein Vorkaufsrecht an seinem Grundstück bestellt. Stäbler verkauft das Grundstück an Spohn.
  a) Wozu ist Stäbler verpflichtet?
  b) Wer erhält das Grundstück?

6 Frau Romba hat eine Nähmaschine auf Kredit gekauft.
  a) Wo ist der Kauf auf Kredit geregelt?
  b) Welche Vorschriften über Form und Inhalt des Vertrages waren zu beachten?
  c) Wie lange hat Frau Romba Zeit, den Vertrag zu widerrufen? Ab wann läuft die Widerrufsfrist?
  d) Wie läge der Fall, wenn Frau Romba die Nähmaschine bei Neckermann nur aufgrund des Katalogs gekauft hätte?

7 Die Eheleute Rapp bestellen bei Schreiner Kaupp einen Bücherschrank nach genauen Maßen. Als der Schrank gebracht wird, stellt sich heraus, dass er 5 cm zu hoch ist.
  a) Um welchen Vertragstyp handelt es sich?
  b) War bei Vertragsschluss eine Form zu beachten?
  c) Welche Gewährleistung müssen die Besteller dem Schreiner in erster Linie gestatten?

8 Adler in Hannover beauftragt Kimmel, für ihn einen neuen Pkw aus dem Werk in München abzuholen. Adler ersetzt Kimmel die Fahrtkosten von Hannover nach München und bezahlt ihm außerdem eine Vergütung von 300,00 EUR für seine Bemühungen.
  Welche rechtlichen Beziehungen bestehen zwischen Adler und Kimmel?

9 Kolbe beobachtet, wie in dem einsam gelegenen Haus seines Nachbarn Volz, der verreist ist, eingebrochen wird. Kolbe stellt die Einbrecher und es gelingt ihm schließlich, sie zu vertreiben, er zieht sich aber bei einem Handgemenge einen Bruch des linken Unterarms zu. Kolbe muss sich in ärztliche Behandlung begeben, wodurch erhebliche Kosten entstehen.
  Kolbe verlangt die Arztkosten von Volz ersetzt. Zu Recht?

10 Maier beantragt bei der Landesgirokasse in Stuttgart einen Kredit von 6 000,00 EUR. Sein Freund Pohl ist bereit, die Bürgschaft zu übernehmen.
  a) Wem gegenüber und in welcher Form hat Pohl die Bürgschaftserklärung abzugeben?
  b) Wann kann der Bürge bei der einfachen Bürgschaft in Anspruch genommen werden, wann bei der selbstschuldnerischen Bürgschaft?
  c) Welche anderen Bürgschaftsarten werden unterschieden?

11 Straub hat beim Reisebüro „Fahrtenglück" einen zweiwöchigen Ferienaufenthalt im Hotel Adelgundis am Wörther See gebucht. Das Hotel soll unmittelbar am See liegen, jedes Zimmer soll Bad oder Dusche und WC haben. Der Preis beträgt 1 350,00 EUR. Er ist zwei Wochen vor Beginn der Reise an das Reisebüro zu bezahlen. Straub findet in Wirklichkeit Folgendes vor:
  Das Hotel liegt 1 000 m vom Strand entfernt;
  statt Bad oder Dusche ist im Zimmer ein Waschbecken, das nur kaltes Wasser liefert;
  es gibt nur ein WC für jedes Stockwerk.
  a) An wen muss sich Straub mit seinen Beanstandungen wenden?
  b) Welche Ansprüche kann er geltend machen?
  c) Auf welches Gesetz stützt er seine Ansprüche?

12 Schlosser hat über ein Büro für Ferienhausvermittlung ein Ferienhaus für vier Personen gemietet. Das Haus sei gut gepflegt und komfortabel eingerichtet. Schlosser trifft primitivste Verhältnisse an: Das Wasser muss aus einem 100 Meter entfernten Brunnen geholt werden, statt des WC ein „Häuschen" im Garten, die Betten je zwei übereinander in einem kleinen Raum, dessen Fenster sich nicht öffnen lässt.
  Gegen wen kann Schlosser seine Schadensersatzansprüche geltend machen?

> *13* Fauser behauptet,
>   a) nur Häuser und Wohnungen könnten vermietet werden;
>   b) ein Mietvertrag sei nichtig, wenn er nicht schriftlich geschlossen werde;
>   c) der Mieter könne einen Heißwasserboiler, den er habe anbringen lassen, genauso wenig beim Auszug mitnehmen wie eine Stockwerksheizung, die er habe einbauen lassen;
>   d) die Kündigung müsse durch eingeschriebenen Brief erfolgen;
>   e) die Kündigungsfrist verlängere sich um sechs Monate, wenn dem Mieter die Wohnung nach fünf Jahren gekündigt werde;
>   f) auf den Mieter eines möblierten Zimmers seien die Kündigungsvorschriften ebenfalls anzuwenden.
>   Wie verhält es sich in Wirklichkeit?
>
> *14* a) Wodurch unterscheiden sich Miete und Pacht?
>   b) Handelt es sich um einen Miet- oder Pachtvertrag, wenn
>   1. ein Grundstück einem Holzhändler als Lagerplatz,
>   2. ein Fabrikgebäude einem Gesangverein als Vereinslokal,
>   3. eine der Brauerei gehörende Gaststätte einem Wirtsehepaar,
>   4. ein Obstgrundstück einem Rentner zum Gebrauch oder zur Bewirtschaftung überlassen wird?

F. Schuldverhältnisse aus unerlaubten Handlungen (§§ 823 ff.)

Das BGB kennt keinen allgemeinen Begriff der unerlaubten Handlung. Der Gesetzgeber hat eine Reihe von Einzeltatbeständen aufgestellt. Drei Gruppen sind zu unterscheiden:
- die Haftung für eigene schädigende Handlungen,
- die Haftung für fremdes Tun und für Tiere,
- die Haftung für den eigenen gefährlichen Betrieb.

I. Haftung für eigene schädigende Handlungen

1. Verletzung von Lebensgütern, Eigentum und sonstigen Rechten

„Wer vorsätzlich oder fahrlässig das Leben, den Körper, die Gesundheit, die Freiheit, das Eigentum oder ein sonstiges Recht eines anderen widerrechtlich verletzt, ist dem anderen zum Ersatz des daraus entstehenden Schadens verpflichtet" (§ 823 Abs. 1).

◆ *Voraussetzungen einer unerlaubten Handlung*

Das geschützte Rechtsgut eines Menschen muss verletzt sein. Z. B. bedeutet die Verletzung von

Leben	=	Tötung
Körper	=	Schmerzzufügung durch Schläge oder Stiche
Gesundheit	=	Lieferung von verdorbenen Lebensmitteln, Ansteckung mit einer Geschlechtskrankheit
Freiheit	=	Entziehung der körperlichen Bewegungsfreiheit (z.B. einsperren, fesseln) oder der Handlungsfreiheit durch Drohung, Zwang oder Täuschung
Eigentum	=	Zerstörung, Beschädigung, Entziehung oder Verunstaltung einer Sache
Sonstiges Recht	=	Nur absolute Rechte (s. S. 34, z.B. Besitz, Namensrecht, Urheberrecht, Familienrechte, allgemeine Persönlichkeitsrechte (Art. 1, 2 GG)

Die schädigende Handlung muss widerrechtlich und schuldhaft sein.

Nicht widerrechtlich, sondern rechtmäßig handelt, wer einen Rechtfertigungsgrund geltend machen kann, z. B. Notwehr (§ 227), Notstand (§§ 228, 904), Selbsthilfe (§ 229), Handeln im Interesse eines Dritten (Geschäftsführung ohne Auftrag, § 677)

Schuldhaft kann nur handeln, wer deliktsfähig (s. S. 26 f.) ist. Der Deliktsfähige muss vorsätzlich oder fahrlässig gehandelt haben:
- vorsätzlich handelt, wer die Tat und ihren schädigenden Erfolg will;
- fahrlässig handelt, wer die im Verkehr erforderliche (und übliche) Sorgfalt außer Acht lässt.

2. Verletzung der allgemeinen Verkehrssicherungspflicht

Nach ständiger Rechtsprechung besteht für jeden, der Straßen, Verkehrsmittel, Grundstücke oder Räume dem Verkehr öffnet (für andere zugänglich macht), eine **allgemeine Verkehrssicherungspflicht,** d. h. er hat für einen verkehrssicheren Zustand zu sorgen.

Beispiel: Die Eisenbahn sorgt für gefahrlose Benutzung der Bahnsteige; der Bauleiter für Absicherung der Baustelle; der Eigentümer von Gebäuden für den sicheren Zugang; der Autofahrer für ausreichende Beleuchtung des abgestellten Fahrzeugs.

3. Verletzung von Schutzgesetzen

Zum Schadensersatz ist auch verpflichtet, wer gegen ein Gesetz verstößt, das den Schutz bestimmter Personen oder Personenkreise bezweckt **(Schutzgesetz).**

Schutzgesetze sind z. B. zahlreiche Vorschriften des Strafgesetzbuches (Beleidigung, Hausfriedensbruch, Verleumdung), der Straßenverkehrsordnung, des Jugendschutzgesetzes, der Arbeitszeitverordnung, Verordnung der Bau-, Feuer-, Wasserpolizei.

4. Sittenwidrige Schädigung

Schadensersatzpflichtig ist außerdem, **wer vorsätzlich in sittenwidriger Weise** einen anderen schädigt (§ 826). Sittenwidrig ist eine Handlung dann, wenn sie gegen das Anstandsgefühl des Durchschnittsbürgers verstößt.

Im Unterschied zu § 823 **gewährt § 826 Schutz gegen jede Art von Vermögensschädigung.**

Beispiel: Dorner erzählt Elbing im Vertrauen, dass ihm der Sammler Kaumann eine wertvolle Fayence-Vase weit unter dem Preis verkauft habe. Er werde sie nächste Woche abholen und bezahlen. – In der Zwischenzeit erreicht Elbing durch falsche Angaben die Übereignung der Vase an sich. – Elbing hat auf sittenwidrige Weise Dorner Schaden zugefügt. Dorner, der vor Aufregung einen Herzanfall erlitten hat, kann Schmerzensgeld[1]) und Herausgabe der Vase verlangen.

II. Haftung für fremdes Tun und für Tiere

Die folgenden Tatbestände befassen sich mit der Haftung
- für widerrechtliche Handlungen von Hilfspersonen,
- für widerrechtliche Handlungen von Personen, die wegen ihres Alters oder ihres geistigen oder körperlichen Zustandes der Beaufsichtigung bedürfen,
- für Schaden, den Tiere anrichten.

[1]) vgl. S. 84.

Den Tatbeständen ist gemeinsam, dass der Geschäftsherr oder der Aufsichtspflichtige für den Schaden verantwortlich gemacht wird ohne Rücksicht darauf, ob den Gehilfen oder den Beaufsichtigten ein Verschulden trifft. Jedoch kann er sich von der Ersatzpflicht durch den *Entlastungsbeweis* (Exculpationsbeweis) befreien.

1. Haftung für den Verrichtungsgehilfen (§ 831)

Wer eine Verrichtung (Arbeit, Dienst) durch einen anderen ausführen lässt, haftet für den Schaden, den dieser bei der Verrichtung einem Dritten zufügt.

Beispiel: Malermeister Joos lässt seinen 20-jährigen Gesellen Franz das Treppenhaus seines Kunden Stäbler tapezieren. Franz stellt einen Eimer mit Wasser so ungeschickt in den Weg, dass kurz darauf eine Mieterin darüberfällt und sich verletzt.

Der Geschäftsherr – hier Malermeister Joos – kann sich entlasten durch den Nachweis, dass er bei der Auswahl seines Gehilfen „die im Verkehr erforderliche Sorgfalt beachtet hat". Gelingt ihm der Beweis, haftet Franz allein nach § 823 (wegen fahrlässiger Körperverletzung).

2. Haftung des Aufsichtspflichtigen für Minderjährige und Gebrechliche (§ 832)

Wer seine Aufsichtspflicht über einen Minderjährigen oder einen körperlich oder geistig Gebrechlichen verletzt, haftet für den Schaden, den dieser einem anderen **widerrechtlich** zufügt.

Die Ersatzpflicht tritt nicht ein, wenn der Beaufsichtigende seiner Aufsichtspflicht genügt hat oder wenn der Schaden auch bei gehöriger Aufsichtsführung entstanden wäre.

Eltern haften somit für ihre Kinder **nur,** wenn sie ihre Aufsichtspflicht verletzt haben. Dasselbe gilt für Lehrer, Kindergärtnerinnen, Erzieher und andere zur Aufsicht Verpflichtete. Der *deliktsfähige Minderjährige haftet nach § 823 selbst.* Ein Urteil gegen ihn ist nicht sinnlos, weil aus einem rechtskräftigen Urteil 30 Jahre lang vollstreckt werden kann.

Der **Umfang der Aufsichtspflicht** richtet sich nach Alter und geistiger Reife des Minderjährigen.

Beispiele:

- Der 15-jährige Klaus fährt auf dem Schulweg eine alte Frau mit dem Fahrrad an, diese stürzt und bricht sich den Arm. Klaus´ Eltern haben ihre Aufsichtspflicht nicht verletzt, weil 15-jährige üblicherweise alleine zur Schule fahren.
- Die 3-jährige Susanne spielt unbeaufsichtigt Ball auf dem Gehweg einer vielbefahrenen Straße. Der Ball kullert auf die Straße, das Kind läuft ihm nach und direkt vor ein Auto. Der Fahrer muss scharf abbremsen, das folgende Auto fährt auf, und ein Blechschaden entsteht. – Susannes Eltern haben ihre Aufsichtspflicht verletzt; ein 3-jähriges Kind muss auf der Straße beaufsichtigt werden.

3. Haftung des Tierhalters (§ 833)

Wird durch ein „**Nutztier**" ein Mensch getötet oder verletzt oder eine Sache beschädigt, haftet der Halter des Tieres für den Schaden nur, wenn er seine *Aufsichtspflicht verletzt hat.* Nutztiere sind Haustiere, die dem Berufe, der Erwerbstätigkeit oder dem Unterhalt dienen.

Beispiele: Blindenhunde, Ackerpferde, Polizeihunde, Milchkühe, Schweine, Hühner.

Andere Tiere sind **Luxustiere.** Für sie haftet der Tierhalter stets, ganz gleich, ob er das Tier ordnungsgemäß beaufsichtigt hat oder nicht.

Beispiel: Während einer Aufführung der Ballettschule „Wagner", die unmittelbar an der Isar steht, warf der Papagei Flora die Handschuhe sämtlicher Gäste in den Fluss. – Die Ballettschule hat die Handschuhe zu ersetzen.

III. Haftung für den eigenen gefährlichen Betrieb

Gewisse Unternehmer haften für die besondere Gefährlichkeit ihres Betriebes für Personen- und Sachschäden, die beim Betrieb entstehen. Diesen Betriebshaftungen ist gemeinsam, dass es auf ein Verschulden des Haftenden nicht ankommt.

Im Gegensatz zur Verschuldenshaftung handelt es sich hier um **Gefährdungshaftung,** d. h. Haftung für ein Verhalten, das mit besonderen Gefahren für andere verbunden ist.

Es haften z.B.
- Bahnunternehmer nach dem Haftpflichtgesetz,
- Luftfahrzeughalter nach dem Luftverkehrsgesetz,
- Kraftfahrzeughalter nach dem Straßenverkehrsgesetz,
- Hersteller eines Produkts nach dem Produkthaftungsgesetz,
- Betreiber von Kraftwerken nach dem Umwelthaftungsgesetz.

G. Der Schadensersatz

Die Pflicht zum Schadensersatz kann auf verschiedenen Rechtsgründen beruhen:
- **auf Verletzung von Vertragspflichten,**
   Beispiele: wegen Nichterfüllung, wegen Verzugs, bei Mängelrügen;
- **auf einer unerlaubten Handlung,**
- **auf sonstigen Eingriffen in die Rechtssphäre eines anderen,**
   Beispiele: wegen irrtümlicher Selbsthilfe (§ 231), wegen Notstands (§§ 228, 904).

Zwei Haftungsarten werden unterschieden:
- Haftung aus Verschulden,
   Beispiele: wegen Vertragsverletzungen, wegen Verletzung eines absoluten Rechts (Eigentum, Urheberrecht),
- Haftung ohne Verschulden = Gefährdungshaftung,
   Beispiele: des Bahnunternehmers, des Kraftfahrzeughalters, des Tierhalters für Luxustiere.

Ein Verschulden liegt dann vor, wenn eine deliktsfähige[1]) (zurechnungsfähige) Person vorsätzlich oder fahrlässig einen rechtswidrigen Erfolg herbeiführt. Sie haftet für den daraus entstehenden Schaden (§ 276).

Vorsatz[2]) bedeutet ein bewusst rechtswidriges Verhalten,

Fahrlässigkeit[3]) ein Verhalten, das die im Verkehr erforderliche Sorgfalt außer Acht lässt.

---

[1]) Näheres siehe S. 26.
[2]) Siehe auch S. 81.
[3]) Siehe auch S. 81.

Auch wenn bei einem *bestehenden Schuldverhältnis* (z. B. Vertrag) der Schuldner nicht selbst schuldhaft handelt, kann er dennoch haftbar sein, nämlich dann, wenn er sich zur Erfüllung einer ihm obliegenden Verbindlichkeit eines anderen, eines **Erfüllungsgehilfen,** bedient und diesen ein Verschulden trifft (§ 278).

Beispiel: Von einem Kunden erhält Klempnermeister Müller den Auftrag, in dessen Keller Heizungsrohre zu verlegen. Durch unsachgemäße Arbeit seines Gehilfen Albrecht, den Müller mit der Ausführung der Arbeiten betraut hat, entsteht ein Schaden am Rohrleitungssystem. Darüber hinaus werden durch ausfließendes Wasser im Keller liegende Lebensmittel vernichtet.

Müller muss für den gesamten Schaden eintreten, obwohl ihn selbst kein Verschulden trifft. Er kann sich auch nicht – wie bei § 831[1]) – mit dem Einwand entlasten, er habe bei der Auswahl seines Gehilfen die im Verkehr erforderliche Sorgfalt beachtet oder Albrecht habe bisher immer einwandfreie Arbeit geleistet.

Schaden ist jeder Nachteil, den jemand erleidet:

- *Personenschaden* oder *Sachschaden,*

- *Vermögensschaden* oder *ideeller, immaterieller Schaden.* Der Vermögensschaden besteht aus Vermögenseinbuße und entgangenem Gewinn.

Beispiel: Lohrer liefert das bestellte Leder nicht rechtzeitig (Lieferungsverzug). Er hat Mohr nicht nur den höheren Beschaffungspreis, sondern auch den Gewinn zu ersetzen, den Mohr durch Anfertigung der von Noll bestellten, wegen der Verspätung wieder abbestellten Stiefel erzielt hätte.

Unter **ideellem Schaden** versteht man Schaden, der weder den Körpern noch das Vermögen betrifft, z. B. seelische Erschütterung, Schmerz, Ehrenkränkung.

Schadensersatz bedeutet Ausgleichung des erlittenen Nachteils. Grundsätzlich ist der Zustand herzustellen, der bestünde, wenn der zum Ersatz verpflichtende Umstand nicht eingetreten wäre **(Naturalherstellung;** § 249),

Beispiel: Ausbesserung der beschädigten Sache, Heilung des Verletzten, Wiederbeschaffung der zerstörten Sache, Widerruf der Ehrenkränkung.

Statt der Herstellung kann der Gläubiger den dazu erforderlichen Geldbetrag verlangen (§ 249 S. 2), besonders dann, wenn die Herstellung nicht möglich oder zur Entschädigung des Gläubigers nicht genügend ist (§ 251 Abs. 1).

Der Schuldner kann gegen den Willen des Gläubigers Ersatz in Geld leisten, wenn die Herstellung mit unverhältnismäßig hohen Kosten verbunden wäre (§ 251 Abs. 2).

Beispiel: Die Reparaturkosten übersteigen weit den Verkehrswert des beschädigten Autos.

Bei ideellem Schaden *kann grundsätzlich Naturalherstellung verlangt werden, z.B. Widerruf der Verleumdung. Ersatz in Geld kann nur in den durch Gesetz bestimmten Fällen beansprucht werden (§ 253 Abs. 1).*

Beispiel: Schmerzensgeld (§ 253 Abs. 2).

Trifft den Geschädigten oder die zur Aufsicht Verpflichteten ein **Mitverschulden,** verringert sich die Ersatzpflicht des Schuldners; unter Umständen entfällt sie ganz (§ 254).

Beispiel: Haben die Eltern ihre Aufsichtspflicht verletzt, sind sie mitschuldig. Die Ersatzpflicht des Schädigers verringert sich dadurch.

[1]) Siehe S. 82.

H. Schuldverhältnisse aus ungerechtfertigter Bereicherung (§§ 812 ff.)

Die Bestimmungen über die ungerechtfertigte Bereicherung verfolgen den Zweck, überall dort einen gerechten Ausgleich durch Herausgabe des Erlangten zu schaffen, wo ein Rechtserwerb mit den Anforderungen der Gerechtigkeit nicht in Einklang steht.

Ungerechtfertigt bereichert ist, wer
- **durch die Leistung eines anderen oder**
- **auf sonstige Weise**
- **auf Kosten (zum Nachteil) des anderen**
- **etwas (einen Vermögensvorteil) ohne rechtlichen Grund erlangt hat.**

Ein Erwerb ohne rechtlichen Grund liegt z. B. vor:
- **wenn keine Leistungspflicht bestand (§ 812 Abs. 1 S. 1)**
  Beispiele: Kohler zahlt versehentlich eine Rechnung zweimal; Luib leistet an den falschen Gläubiger.
- **wenn der Rechtsgrund später wegfällt (§ 812 Abs. 1 S. 2)**
  Beispiele:
  – Widerruf einer Schenkung wegen groben Undanks (§ 531);
  – Anfechtung eines Vertrags wegen arglistiger Täuschung (§ 123)
- **wenn der bezweckte Erfolg nicht eintritt (§ 812 Abs. 1 S. 2)**
  Beispiel: Die Tante schenkt ihrer Nichte zur bevorstehenden Hochzeit eine Wäscheausstattung. Die Hochzeit unterbleibt.
- **wenn ein Nichtberechtigter über einen Gegenstand wirksam verfügt hat (§ 816 Abs. 1)**
  Beispiel: Laber hat die ihm von Stoll in Verwahrung gegebene Schreibmaschine an den gutgläubigen Tauber veräußert. – Laber ist um den Erlös ungerechtfertigt bereichert.
- **wenn an einen Nichtberechtigten eine Leistung erbracht wird, die dem Berechtigten gegenüber wirksam ist (§ 816 Abs. 2)**
  Beispiel: Albert zahlt an Bertram eine Geldschuld zurück, ohne zu wissen, dass Bertram seine Forderung gegen ihn an Mohl abgetreten hat.
  Bertram hat auf Kosten von Mohl durch Leistung von Albert das Geld ohne rechtlichen Grund erlangt, da er nicht mehr Gläubiger war.

Auf „sonstige Weise" kann jemand ungerechtfertigt bereichert sein.
Beispiele:
– Durch Verbindung, Vermischung oder Verarbeitung (Einbau von fremdem Material in ein Haus) oder
– bei fehlerhafter Zwangsvollstreckung, etwa Pfändung und Versteigerung von Sachen, die dem Schuldner nicht gehören.

Der ungerechtfertigt Bereicherte hat das Erlangte an den Berechtigten herauszugeben. Der Anspruch auf Herausgabe umfasst:
- **den erlangten Gegenstand oder**
- **ein etwaiges Ersatzstück**
- **außerdem etwa gezogene Nutzungen (§ 818)**

Beispiele:
- Kroll hat mit dem Geld, das er zurückzahlen sollte, ein Buch gekauft. Er hat an Stelle des Geldes das Buch herauszugeben.
- Moll hat an Paul ein festverzinsliches Wertpapier herauszugeben, dazu die inzwischen angefallenen Zinsen.

Ist die Herausgabe in Natur nicht möglich, ist Wertersatz zu leisten (§ 818 Abs. 2).

Beispiel: Dauber hat an Eger Schuhe geliefert, den Preis aber versehentlich zu niedrig angesetzt. Er ficht den Vertrag wegen Irrtums an. – Eger, der die Schuhe inzwischen veräußert hat, kann anstelle der Schuhe nur den Wert erstatten. Hat er sie unter dem Wert verkauft, braucht er nur den Erlös herauszugeben.

Die Rückforderung des Geleisteten ist ausgeschlossen,

◆ wenn trotz Kenntnis der Nichtschuld oder zur Erfüllung einer sittlichen oder Anstandspflicht geleistet wurde (§ 814 Abs. 1).

Beispiele:
– Ferge schickt an den Nachhilfelehrer seines Sohnes kurz vor Weihnachten einen Hunderteuroschein, obwohl er weiß, dass er nur 80,00 EUR schuldet. Der Rest soll ein Geschenk sein. – Später reut ihn seine Großzügigkeit. Er kann die zu viel bezahlten 20,00 EUR nicht mehr zurückfordern.
– Raspe schickt seiner in bedrängten Verhältnissen lebenden Schwiegertochter monatlich 50,00 EUR in der irrtümlichen Annahme, ihr nach dem Gesetz unterhaltspflichtig zu sein. – Die Rückforderung ist ausgeschlossen.

◆ wenn der zur Herausgabe Verpflichtete nicht mehr bereichert ist (§ 818 Abs. 3). Eine Bereicherung besteht nur dann nicht mehr, wenn der Bereicherte das Erlangte für außergewöhnliche Dinge verwendet hat.

Beispiel: Kirchner hat die ohne rechtlichen Grund erlangten 2 000,00 EUR für eine Mittelmeerkreuzfahrt ausgegeben, die er sich sonst nie geleistet hätte.

Hat jedoch Kirchner das Geld zur Abdeckung von Schulden verwendet, hat er also Ausgaben erspart, die er sonst notwendigerweise gehabt hätte, kann er sich nicht auf den Wegfall der Bereicherung berufen.

Auch Lohn- und Gehaltsempfängern ist bei Überzahlungen die Einrede des Wegfalls der Bereicherung verwehrt, weil diese in der Regel durch Vereinbarung zwischen den Parteien ausgeschlossen ist.

Für Bereicherungsansprüche gilt die regelmäßige Verjährungsfrist von 3 Jahren (§ 195).

Wiederholungsaufgaben

1 Der 17-jährige Peter Krause hat an Sylvester mit einem „Kanonenschlag" den 5-jährigen Sohn seines Nachbarn schwer verletzt. Der Nachbar verlangt Schadensersatz nach § 823 BGB.
   a) Welche rechtlichen Voraussetzungen müssen gegeben sein, damit das Gericht die Ersatzpflicht bejaht?
   b) Worin kann der Schaden, der zu ersetzen ist, bestehen?
   c) Unter welcher Voraussetzung verringert sich des Nachbarn Ersatzanspruch bzw. fällt unter Umständen ganz weg?
   d) Wodurch unterscheidet sich die Haftung im vorliegenden Beispiel von der „Gefährdungshaftung"?

2 Gruber ist im Stuttgarter Hauptbahnhof auf einer Bananenschale ausgerutscht und hat das Bein gebrochen. Haftet die Deutsche Bahn AG?

3 Im Hause Gartenstraße 20 ist ein Gast beim Nachhausegehen auf der unbeleuchteten Gartentreppe gestürzt und hat eine schwere Gehirnerschütterung erlitten. Der Gast macht Schadensersatzansprüche geltend. Wie ist die Rechtslage?

4 Schwarz schießt in seinem Garten mit dem Luftgewehr auf Spatzen. Ein Schuss hat beinahe den vorübergehenden Streng getroffen. Dieser erleidet vor Schreck einen Herzanfall. Streng verlangt Schmerzensgeld. Wie ist die Rechtslage?

5 Kiene hat einen prächtigen Schäferhund. Dieser hat den Spaziergänger Brändle ins Bein gebissen. Brändle verlangt Schadensersatz. Wie ist die Rechtslage?

6 Der 14-jährige Erich macht im Keller seines Elternhauses Versuche mit Schießpulver. Sein Kamerad Peter verliert dabei ein Auge. Peters Vater erkundigt sich, ob Erichs Eltern haften.

7 Auf welche Rechtsgründe kann ein Anspruch auf Herausgabe einer ungerechtfertigten Bereicherung gestützt werden?

8 a) Barth hat versehentlich an Raiser eine Rechnung zweimal bezahlt. Er verlangt die zweite Zahlung zurück.

b) Frank hat von Frey einen angeblich unfallfreien Pkw erworben und bar bezahlt. Kurz darauf stellt sich heraus, dass Frey gelogen hat. Frank ficht den Kaufvertrag wegen arglistiger Täuschung an und verlangt den Kaufpreis zurück.

Wie begünden Barth und Frank ihren Rückgabeanspruch?

Drittes Buch: Sachenrecht

Das dritte Buch des BGB umfasst, seinem Namen entsprechend, Rechte an Sachen (Dingen). Während sich beim Schuldverhältnis zwei Personen gegenüberstehen, Gläubiger und Schuldner, kommt beim Sachenrecht (dingliches Recht) nur eine Person infrage, der die Herrschaft und Verfügungsbefugnis über eine Sache zusteht.

Das Sachenrecht ordnet demnach einen ganz bestimmten Kreis von Herrschaftsrechten (absolute Rechte) an Sachen.

Beispiele: das Eigentum an beweglichen Sachen, den Besitz, das Pfandrecht, das Eigentum an Grundstücken, die Grundpfandrechte, eigentumsähnliche Rechte wie das Erbbaurecht, Nutzungsrechte wie den Nießbrauch.

Das Wesen der dinglichen Rechte besteht darin, dass der Berechtigte jeden anderen vom Zugriff auf die Sache, der einen Eingriff in seine Rechtsmacht darstellt, ausschließen kann. Nimmt z. B. ein Dritter einem Berechtigten, etwa dem Eigentümer, Besitzer, Nießbraucher, die Sache weg, ohne dazu berechtigt zu sein, so kann der Berechtigte sie herausverlangen, ganz gleich, bei wem er sie antrifft. Bei Störungen kann er Beseitigung der Störung, bei Wiederholungsgefahr Unterlassung der Störung in Zukunft verlangen.

Im Sachenrecht herrscht nicht wie im Schuldrecht Vertragsfreiheit hinsichtlich der Inhaltsgestaltung und der Form eines Rechtsgeschäfts, sondern *Inhalts- und Formzwang*. So kann jemand eine Hypothek oder das Eigentum an einem Grundstück nur auf die im Gesetz vorgeschriebene Weise erwerben.

A. Rechte an beweglichen Sachen (Fahrnisrecht)

I. Der Besitz

Der Besitz ist vom Eigentum zu unterscheiden:

Der Besitzer hat die tatsächliche Herrschaft (Gewalt) über eine Sache und dadurch die Möglichkeit, sie z. B. zu beschädigen, zu zerreißen, zu verbrennen. Er darf es aber nicht, es sei denn, der Eigentümer ist damit einverstanden oder der Besitzer ist zugleich der Eigentümer der Sache.

Der Eigentümer hat die rechtliche Herrschaft über eine Sache, er darf deshalb mit der Sache nach Belieben verfahren (soweit nicht das Gesetz oder Rechte Dritter entgegenstehen), auch darf er Einwirkungen anderer auf sein Eigentum grundsätzlich verhindern (§ 903), z. B. das unbefugte Betreten seines Gartens.

Zugunsten des Besitzers einer beweglichen Sache wird vermutet, dass er Eigentümer der Sache ist (§ 1006).

Beispiel: Müller fährt täglich mit dem Motorrad zur Arbeit. Nach § 1006 besteht die Vermutung, dass er der Eigentümer des Motorrads ist. Bestreitet ein anderer Müllers Eigentum, ist der andere beweispflichtig.

1. Arten des Besitzes

Unmittelbarer Besitz (§ 854)	Der unmittelbare Besitzer hat die tatsächliche (unmittelbare) Gewalt über die Sache; **Beispiele:** ◆ Der Finder ist unmittelbarer Besitzer der von ihm gefundenen Sache; ◆ Der Mieter ist unmittelbarer Besitzer der gemieteten Wohnung.
Mittelbarer Besitz (§ 868)	Mittelbarer Besitzer ist derjenige, der aufgrund eines so genannten Besitzmittlungsverhältnisses, z. B. Miete, Pacht, Leihe, Verwahrung, Verpfändung, Kauf unter Eigentumsvorbehalt, den unmittelbaren Besitz einem anderen überlassen hat. **Beispiele:** ◆ Der Mieter ist unmittelbarer, der Vermieter mittelbarer Besitzer der Mietsache; ◆ Der Pfandgläubiger ist unmittelbarer, der Eigentümer mittelbarer Besitzer der verpfändeten Sache.
Eigenbesitz (§ 872) und Fremdbesitz	Wer eine Sache als ihm gehörend besitzt, ist Eigenbesitzer. Nicht nötig ist, dass ihm die Sache tatsächlich gehört. Deshalb kann auch der Dieb Eigenbesitzer sein. Der Fremdbesitzer dagegen erkennt das Recht des Eigentümers an. **Beispiele:** ◆ Der Eigentümer vermietet sein Haus. Er ist (mittelbarer) Eigenbesitzer, der Mieter ist (unmittelbarer) Fremdbesitzer. ◆ Der Dieb verleiht das gestohlene Fahrrad. Er ist Eigenbesitzer, der Entleiher ist Fremdbesitzer.
Teilbesitz (§ 865) und Mitbesitz (§ 866)	Teilbesitzer ist, wer nur einen Teil der Sache besitzt. **Beispiel:** Alfred und Bernd bewohnen jeder ein Zimmer in einer Wohngemeinschaft. Jeder hat Teilbesitz an seinem Zimmer. Hinsichtlich des gemeinsam benutzten Badezimmers sind beide Mitbesitzer.

Keinen Besitz hat der **„Besitzdiener"** (§ 855). Er übt nur für den Besitzer in dessen Haushalt oder Geschäftsbetrieb die tatsächliche Gewalt über Sachen aus. **Er steht in einem sozialen Abhängigkeitsverhältnis zum Besitzherren und ist seinen Weisungen unterworfen.**
Beispiele:
◆ Die Verkäuferin hinsichtlich der Ware,
◆ Die Hausgehilfin hinsichtlich der Haushaltgeräte,
◆ Der Rechtsanwaltsfachangestellte hinsichtlich der Büroarbeitsmittel.

Der Unterschied zwischen Besitzer und Besitzdiener ist auch im Strafrecht von Bedeutung:
Beispiele:
◆ Eignet sich der Entleiher eines Buches das Buch an, indem er seinen Namen hineinschreibt und es in seinem Bücherschrank versteckt, begeht er Unterschlagung (§ 246 StGB).
◆ Lässt die Hausgehilfin eine Blumenvase „mitlaufen", begeht sie einen Diebstahl (§ 242 StGB).

2. Erwerb und Verlust des Besitzes – Besitzschutz

Der unmittelbare Besitz wird durch **Erlangen der tatsächlichen Gewalt,** ganz gleich auf welche Weise, erworben,
Beispiele:
◆ durch Wegnahme eines liegen gebliebenen Schirms,
◆ durch versehentliche Mitnahme eines Schals,
◆ durch Vertauschen des Mantels oder Huts.

Verlust des Besitzes bedeutet **Verlust der tatsächlichen Gewalt** über eine Sache.

Der Besitz kann *freiwillig* aufgegeben werden oder *unfreiwillig* verloren gehen,
Beispiele: durch Wegwerfen, Verlieren, durch Diebstahl.

Verliert der unmittelbare Besitzer den Besitz *ohne seinen Willen*, so ist die Sache **abhanden gekommen** (§ 858).
Beispiele:
- wenn die Sache bei einem Einbruch gestohlen wird,
- wenn der Besitzer die Sache verliert und keine Hoffnung auf Wiederfinden besteht,
- wenn die Katze wegläuft und sich anderswo eingewöhnt.

An einer abhanden gekommenen Sache kann ein Dritter nicht gutgläubig Eigentum erwerben (§ 935 Abs. 1). Dies gilt nicht für Geld, Inhaberpapiere und in öffentlicher Versteigerung erworbene Sachen (§ 935 Abs. 2).
Beispiel: Balz hat seinen Fotoapparat verloren. Kuhn findet ihn und veräußert ihn an Ernst. Ernst ist nicht Eigentümer geworden, auch wenn er nicht gewusst hat, dass der Apparat abhanden gekommen war.

Wer dem Besitzer ohne dessen Willen den Besitz entzieht oder ihn im Besitz stört, übt **verbotene Eigenmacht** (§ 858).
Beispiele:
- Der Vermieter betritt ohne Erlaubnis des Mieters die Mietwohnung und benutzt das Telefon des Mieters.
- Der Nachbar benutzt unerlaubt die Gartentreppe des angrenzenden Grundstücks.

Der Besitzer hat das Recht, sich gegen verbotene Eigenmacht zu wehren (**Selbsthilferecht des Besitzers**, §§ 861, 862).
- Er kann dem auf frischer Tat betroffenen oder verfolgten Täter die Sache mit Gewalt wieder abnehmen;
- er kann vom Störer die Beseitigung der Störung verlangen; sind weitere Störungen zu erwarten, kann er auf Unterlassung klagen.

Das Selbsthilferecht steht auch dem Besitzdiener zu.
Beispiele:
- Karg kommt gerade dazu, wie ein Mann mit einem Korb Äpfel aus seinem Obstgarten verschwinden will. Er kann die Äpfel mit Gewalt abnehmen;
- Der Nachbar wirft seine Gartenabfälle in Weises Garten. Weise kann Beseitigung der Abfälle verlangen und, sollte der Nachbar mit dem Unfug nicht aufhören, auf Unterlassung klagen.
- Die Verkäuferin im Selbstbedienungsladen entdeckt eine elegant gekleidete Dame, die ein Fläschchen teures Parfüm in ihrer Handtasche verschwinden lässt. Die Verkäuferin kann, falls notwendig, das Fläschchen mit Gewalt herausholen.

II. Das Eigentum

1. Umfang des Eigentums

Das Eigentum ist das umfassendste dingliche Recht an einer beweglichen oder unbeweglichen Sache. Dennoch hat der Eigentümer gewisse *Einschränkungen im Interesse der Allgemeinheit* zu dulden (Art. 14 Abs. 2 GG):
- Duldung von Landvermessungen, von Telefon- und Telegrafenmasten;
- das Abholen von Sachen, die auf sein Grundstück gelangt sind (§ 867), z. B. eines Balls, eines Papierdrachens;

- er ist den Bebauungsverboten, dem Denkmals- und Landschaftsschutz unterworfen;
- er hat Beeinträchtigungen auf Grund des *Nachbarrechts* zu dulden.
  Beispiele:
  - unwesentliche Beeinträchtigungen durch Gase, Dämpfe Gerüche, Rauch, Geräusche usw., die von einem anderen Grundstück ausgehen (§ 906);
  - vom Nachbargrundstück eingedrungene Wurzeln und Zweige, wenn sie die Benutzung seines Grundstückes nicht beeinträchtigen (§ 910);
  - das versehentliche Überbauen der Grenze, wenn er nicht sofort beim ersten Anzeichen widersprochen hat. (§ 912 Abs. 1);
  - Der Nachbar hat jedoch als Entschädigung eine Überbaurente in Geld zu entrichten (§§ 912 Abs. 2, 913).
  - Eine Geldrente erhält auch der Grundstückseigentümer, der einen Notweg zu dulden hat (§ 917).

Der härteste Eingriff in das Eigentum ist die **Enteignung.** Sie ist nur bei überwiegendem öffentlichen Interesse zulässig und grundsätzlich nur gegen Entschädigung möglich (vgl. Art. 14 Abs. 3 GG; Art. 109, 52, 53 EGBGB; §§ 1, 2, 20 ff. Bundesleistungsgesetz).

2. Erwerb des Eigentums an beweglichen Sachen

Eigentum an beweglichen Sachen kann erworben werden durch Rechtsgeschäfte oder kraft Gesetzes.

◆ Erwerb durch Rechtsgeschäft

Erwerb vom Eigentümer: Grund des Eigentumserwerbs ist meist ein schuldrechtliches Geschäft (Verpflichtungsgeschäft), z. B. ein Kaufvertrag oder ein Schenkungsversprechen, das die eine Partei verpflichtet, das Eigentum auf die andere zu übertragen.

Die Übereignung (§ 929) erfolgt dadurch, dass der bisherige Eigentümer die Sache dem Erwerber übergibt *(Übergabe)* und beide darüber einig sind, dass das Eigentum auf den Erwerber übergehen soll *(Einigung).*

Die Einigung ist ein im Sachenrecht geregelter Vertrag *(dinglicher Vertrag)*, für den die Vorschriften des allgemeinen Teils des BGB über Willenserklärung und Rechtsgeschäfte genauso gelten wie für schuldrechtliche Geschäfte, z. B. Geschäftsfähigkeit, Stellvertretung, Nichtigkeit, Anfechtbarkeit. Die Einigung ist unabhängig vom schuldrechtlichen Geschäft, sie ist ein „abstrakter" Vertrag: Ist z. B. das Verpflichtungsgeschäft nichtig, kann die Einigung trotzdem gültig bleiben. Die grundlos erfolgte Übereignung kann aber im Wege der ungerechtfertigten Bereicherung rückgängig gemacht werden.

Die *Übergabe entfällt*, wenn der Erwerber bereits im Besitz der Sache ist, z. B. als Mieter, Entleiher.
Beispiel: Albers hat Baumann ein Buch geliehen, das er ihm nach einiger Zeit schenken möchte. In diesem Fall genügt zum Eigentumserwerb allein die Einigung (§ 929 S. 2).

Die für die Übereignung notwendige *Übergabe kann nach § 930 ersetzt werden durch ein Besitzmittlungsverhältnis* (Besitzkonstitut). Hierunter ist eine Vereinbarung zwischen Eigentümer und Erwerber zu verstehen, aufgrund deren der Eigentümer den unmittelbaren Besitz behält und der Erwerber mittelbarer Besitzer wird. Zu diesen Besitzmittlungsverhältnissen gehören nach § 868 Miete, Pacht, Verwahrung, Nießbrauch oder ähnliche Verhältnisse wie z. B. Hinterlegung oder Leihe.

Beispiel: Musikinstrumentenhändler Reuter (R) und Pianist (P) schließen einen Kaufvertrag über den Erwerb eines Bechsteinflügels. Beide sind darüber einig, dass das Eigentum am Flügel sofort auf P übergehen soll. Da dieser das Instrument erst in etwa drei Monaten nach Einzug in sein neues Haus stellen kann, kommen beide überein, dass der Flügel bis dahin bei R stehen bleibt.

Hierbei handelt es sich um die Übergabe ersetzende Vereinbarung des Besitzmittlungsverhältnisses der Verwahrung mit der Folge, dass R bis zum Einzug des P unmittelbarer Besitzer bleibt und P mittelbarer Besitzer wird. P ist schon zum Zeitpunkt des Abschlusses der Vereinbarung Eigentümer des Flügels geworden.

Ein Hauptanwendungsfall des § 930 ist in der Praxis **die Sicherungsübereignung** (Näheres hierzu s. S. 96).

Die Übergabe kann, wenn ein Dritter im Besitz der Sache ist, durch – formlose – Abtretung des Herausgabeanspruchs ersetzt werden (§ 931).

Beispiel: Straub verkauft sein Klavier, das er an Kargel vermietet hat, an Ullrich. Straub und Ullrich sind sich über den Eigentumsübergang einig. Die Übergabe wird durch die Abtretung des Herausgabeanspruchs, der Straub gegen Kargel zusteht, ersetzt.

Erwerb vom Nichteigentümer: In Abweichung von dem Grundsatz, dass niemand mehr Rechte übertragen kann, als ihm selbst zustehen, hat der Gesetzgeber in den §§ 932 bis 935 den Eigentumserwerb auch dann zugelassen, wenn der Veräußerer Nichtberechtigter, also Nichteigentümer ist. Voraussetzung ist jedoch, dass der Erwerber gutgläubig ist, d.h. dass ihm weder bekannt noch infolge grober Fahrlässigkeit unbekannt war, dass die veräußerte Sache nicht dem Veräußerer gehört. Grob fahrlässig in diesem Sinne handelt derjenige, der die im Verkehr erforderliche Sorgfalt in ungewöhnlich hohem Maße verletzt (§ 932 Abs. 2). Dieser Tatbestand ist gegeben, wenn für den Erwerber ohne besondere Aufmerksamkeit und ohne besonders gründliche Überlegungen erkennbar gewesen wäre, dass der Veräußerer nicht der Berechtigte ist.

Beispiele:

- Stein (S) veräußert an Anders (A) einen Fernsehapparat, den er von Balzer (B) geliehen hatte. Wenn A von dem Leihgeschäft keine Ahnung hatte, ist er Eigentümer des Gerätes geworden und B hat das Nachsehen (§ 932).
Anders wäre der Sachverhalt dann zu beurteilen, wenn A das Gerät weit unter Wert zu einem „Schleuderpreis" erworben hätte. In diesem Fall bestünden begründete Zweifel an seiner Gutgläubigkeit, die einen Erwerb des Eigentums ausschließen könnten.

- Haben im obigen Beispiel S und A vereinbart, dass S den geliehenen Fernseher nach der Veräußerung an A noch eine Weile behält (Leihe oder Verwahrung), so wird A nur dann Eigentümer, wenn der Fernseher ihm von S übergeben und A in diesem Zeitpunkt noch gutgläubig ist (§ 933).

- Hat S den geliehenen Fernseher an einen Freund (D) weiterverliehen und tritt er nun den ihm gegen D zustehenden Anspruch auf Herausgabe an A ab, so wird dieser nur dann Eigentümer, wenn er zur Zeit der Abtretung oder des Besitzerwerbes von D in gutem Glauben ist (§ 934).

In diesen Beispielen würde A, auch wenn er gutgläubig gehandelt hätte, nicht Eigentümer des Fernsehers werden, wenn das Gerät, von wem auch immer, gestohlen gewesen wäre; denn nach § 935 Abs. 1 ist der Erwerb des Eigentums ausgeschlossen, wenn die Sache gestohlen worden, verloren gegangen oder sonst abhanden gekommen war.

Eine Ausnahme hiervon bilden Geld, Inhaberpapiere und die im Wege öffentlicher Versteigerungen veräußerten Sachen (§ 935 Abs. 2).

◆ Erwerb kraft Gesetzes

Kraft Gesetztes kann Eigentum erworben werden durch:
- Ersitzung
- Verbindung, Vermischung, Verarbeitung
- Fund
- Aneignung
- Erbfolge
- Zwangsversteigerung

Ersitzung (§§ 937 ff.): Nach § 937 erwirbt derjenige Eigentum an einer beweglichen Sache, der diese zehn Jahre in Eigenbesitz hatte, d. h. der sie als ihm gehörend besaß. Voraussetzung ist jedoch Gutgläubigkeit. Nicht gutgläubig ist, wer bei Besitzerwerb weiß bzw. infolge grober Fahrlässigkeit nicht weiß oder wer nachträglich erkennt, dass er nicht Eigentümer werden kann.

Beispiel: Brand lässt in einem Fotogeschäft in einem unbewachten Augenblick eine „Leica" mitgehen und veräußert sie später an Ranft, der weder beim Erwerb wusste noch später erfuhr, dass die Leica gestohlen war.

Brand wird nach zehn Jahren Eigentümer. Die Vorschrift des § 935, die einen Eigentumserwerb an gestohlenen Sachen ausschließt, findet beim Eigentumserwerb durch Ersitzung keine Anwendung.

Verbindung, Vermischung, Verarbeitung (§§ 946 ff.):
- **Verbindung:** Nach § 946 erlangt der Grundstückseigentümer Eigentum an einer beweglichen Sache, wenn diese in der Weise mit dem Grundstück verbunden wird, dass sie wesentlicher Bestandteil des Grundstücks wird.

   Beispiel: Grundstückseigentümer Blümel erwirbt zu einem außerordentlich günstigen Preis einen Posten Edelrosen von Rast, die dieser aus einer Zuchtanlage gestohlen hat.

   Mit dem Einpflanzen der Rosen in seinen Garten erwirbt Blümel des Eigentum daran, denn in diesem Augenblick (nicht erst mit ihrem Anwurzeln) sind die Rosen wesentlicher Bestandteil des Grundstücks geworden (§ 94 Abs. 1), auf die sich das Eigentum am Grundstück erstreckt. Ob Blümel bei dem Erwerb der Rosen oder später gutgläubig war, ist hier unerheblich.

   Werden **bewegliche Sachen** in der Weise miteinander verbunden, dass sie *wesentlicher Bestandteil einer einheitlichen Sache* werden, so werden die bisherigen Eigentümer Miteigentümer der neuen Sache im Verhältnis des Wertes, den die Sache zur Zeit der Verbindung haben (§ 947).

   Beispiel: Mehrere Stahlfirmen liefern Eisenteile für den Bau einer Brücke.

   Mit dem Zusammenbau der Eisenteile entsteht eine einheitliche Sache, die Brücke. Die Lieferanten werden Miteigentümer im Verhältnis des Wertes, den die von ihnen gelieferten Eisenteile zur Zeit des Zusammenbaus der Brücke hatten.

- **Vermischung (§ 948):** Werden bewegliche Sachen *untrennbar* miteinander vermischt oder vermengt, gilt § 947 entsprechend.

   Beispiel: Balder stiehlt bei einer Großhandlung für Baustoffe einen Posten Ziegel und veräußert sie an Korn, der sie auf seinem Bauhof zusammen mit anderen Ziegeln gleicher Art stapelt, sodass sich die Herkunft nicht mehr feststellen lässt.

   Hier handelt es sich um Vermengung. Die Ziegel verlieren zwar nicht ihre körperliche Beschaffenheit, sie lassen sich aber mangels Unterscheidbarkeit nicht mehr dem bisherigen Eigentümer zuordnen. Es entsteht Bruchteilsmiteigentum der bestohlenen Großhandlung und des Korn im Verhältnis ihrer Anteile an den Ziegeln.

- **Verarbeitung (§ 950):** Voraussetzung für den Erwerb des Eigentums durch Verarbeitung ist die Herstellung einer neuen beweglichen Sache. Der Wert der Verarbeitung oder Umbildung darf jedoch nicht erheblich geringer sein als der Wert des Stoffes.

    Beispiel: Balzer veräußert eine größere Menge Leder, das er bei einem Großhändler entwendet hatte, an einen Lederwarenhändler, der es zu Koffern, Handtaschen usw. verarbeitet. Dieser wird Eigentümer der von ihm hergestellten Gegenstände, denn der Wert der Verarbeitung ist nicht erheblich geringer als das Leder, sondern im Gegenteil höher.

- **Entschädigung für Rechtsverlust (§ 951):** Wer sein Eigentum durch Verbindung, Vermischung oder Verarbeitung verloren hat, kann nicht die Wiederherstellung des früheren Zustandes verlangen. Er kann jedoch für den Rechtsverlust einen Ausgleich in Geld nach den Vorschriften über die ungerechtfertigte Bereicherung (§§ 812 ff., s. S. 85 f.) fordern.

Fund (§§ 965 ff.): Eigentum kraft Gesetzes erwirbt auch der Finder einer verlorenen, d. h. *besitzlosen* Sache nach Ablauf von sechs Monaten seit Anzeige des Fundes bei der zuständigen Behörde (z. B. Gemeinde). Ist die Sache nicht mehr wert als 10,00 EUR, beginnt die Frist mit dem Fund (§ 973). Voraussetzung ist, dass dem Finder der Verlierer nicht bekannt ist und dieser sein Recht nicht bei der zuständigen Behörde angemeldet hat.

Beispiel: Glück findet auf der Straße einen Brillantring und liefert ihn beim Fundbüro ab.

Ist dem Glück der Verlierer nicht bekannt und meldet sich dieser nicht innerhalb von sechs Monaten seit Ablieferung, erwirbt Glück Eigentum an dem Ring.

Kein Eigentum hätte Glück erworben, wenn er den Ring in den Geschäftsräumen oder den Beförderungsmitteln einer öffentlichen Behörde (z. B. Eisenbahn) oder in einer dem öffentlichen Verkehr dienenden Einrichtung (z. B. Bahnhofsgaststätte) gefunden hätte. In diesem Fall muss er den Ring an die Behörde abliefern und hat nur einen Anspruch auf Finderlohn (§ 978).

Aneignung (§ 958 f.): Eigentum erwirbt, wer eine *herrenlose Sache* in Eigenbesitz nimmt, wenn nicht die Aneignung gesetzlich verboten ist oder das Aneignungsrecht eines anderen verletzt wird.

Herrenlos wird eine bewegliche Sache, wenn der Eigentümer in der Absicht, auf das Eigentum zu verzichten, den unmittelbaren Besitz der Sache aufgibt (§ 959).

Beispiel: Schreiber stellt seine ausgediente Schreibmaschine zum Sperrmüll. Der vorübergehende Schumm nimmt die Maschine an sich in der Hoffnung, sie reparieren und für sich verwenden zu können.

Schreiber hat hier eindeutig zu erkennen gegeben, dass er mit der Maschine nichts mehr zu tun haben will; er wollte sein Eigentum aufgeben und es war ihm gleichgültig, ob ein Dritter die Maschine an sich nimmt oder ob sie verschrottet wird. Schumm hat also Eigentum an der Maschine durch Aneignung erworben.

Anders wäre der Fall zu beurteilen, wenn Schreiber anlässlich der von einer caritativen Vereinigung veranstalteten Kleidersammlung einen Sack mit Kleidern zur Abholung bereitgestellt hätte. Hier würde Schumm, wenn er den Sack an sich nähme, kein Eigentum erwerben, denn Schreiber ist es nicht gleichgültig, wer Eigentum an den Kleidern erwirbt. Sein Wille ist es, dass die sammelnde Vereinigung die Kleider erhält.

Erbfolge (§§ 1922 ff.): Mit dem Tode des Erblassers (Erbfall) geht sein Vermögen *kraft Gesetzes als Ganzes* auf einen oder mehrere Erben über, ohne dass es eines rechtsgeschäftlichen Übertragungsaktes bezüglich der einzelnen Nachlassgegenstände (bewegliche Sachen, Grundstücke, Rechte) bedarf. Der Vorgang wird als *Gesamtrechtsnachfolge* (Universalsukzession) bezeichnet (Näheres s. S. 143).

Erwerb in der Zwangsversteigerung (§ 817 ZPO): Eigentum kraft Gesetzes bzw. kraft staatlichen Hoheitsakts kann auch erworben werden durch öffentliche Versteigerungen einer gepfändeten Sache. Mit dem Zuschlag erwirbt der Ersteher Eigentum, und zwar auch dann, wenn er wusste, dass der Schuldner nicht Eigentümer war.

3. Erwerb des Eigentums an Grundstücken

◆ **Erwerb durch Rechtsgeschäft**

Auch der Eigentumserwerb an einem Grundstück erfolgt meist aufgrund eines schuldrechtlichen Geschäfts (Verpflichtungsgeschäft, Grundgeschäft), z. B. durch einen Kaufvertrag oder ein Schenkungsversprechen. Der Grundstückskaufvertrag und das Schenkungsversprechen bedürfen der notariellen Beurkundung (§§ 313, 518).

Zur Übertragung des Eigentums (Erfüllungsgeschäft) an Grundstücken ist die Einigung zwischen den Parteien über den Eigentumsübergang und die Eintragung der Rechtsänderung in das Grundbuch erforderlich (§ 873). Siehe hierzu die ausführliche Abhandlung mit Skizze auf S. 99 f.

◆ **Erwerb kraft Gesetzes**

Kraft Gesetzes kann Eigentum an Grundstücken erworben werden:
- ◆ **durch Ersitzung** (§ 927)
- ◆ **durch Zuschlag in der Zwangsversteigerung** (§ 90 ZVG)
- ◆ **durch Erbfolge** (§ 1922)
- ◆ **durch Eintritt der ehelichen Gütergemeinschaft** hinsichtlich des Gesamtgutes (§ 1416).

III. Das Pfandrecht an beweglichen Sachen (§§ 1204 ff.)

Das Pfandrecht ist ein dingliches Recht an fremden beweglichen Sachen oder Rechten. Es dient der Sicherung einer Forderung des Gläubigers, der sich nach Eintritt der Pfandreife (Fälligkeit der Forderung) durch Verwertung der Sache befriedigen kann.

Nach der Art ihrer Entstehung sind zu unterscheiden:

- ◆ **Gesetzliches Pfandrecht,** entsteht kraft Gesetzes:
  Beispiele:
  – des Vermieters (§ 559), Verpächters (§ 592), Gastwirts (§ 704) an den eingebrachten Sachen des Mieters, Pächters, Gastes;
  – des Pächters (§ 583) am vorhandenen Inventar;
  – des Werkunternehmers (§ 647) an den ihm zur Bearbeitung übergebenen Sachen;
- ◆ **Pfändungspfandrecht,** entsteht durch Pfändung im Wege der Zwangsvollstreckung (§ 804 ZPO, s. S. 300)
- ◆ **Vertragliches Pfandrecht, Voraussetzung:**
  – Bestehen einer Forderung des Gläubigers gegen den Schuldner,
  – Einigung zwischen Gläubiger und Schuldner über die Bestellung eines Pfandrechts,
  – Übergabe der Pfandsache an den Gläubiger (§ 1205),
  – Pfandrecht kann nur an einer einzelnen Sache, nicht an einer Sachgesamtheit, z. B. an einer Wohnungseinrichtung, bestellt werden,
  – gehört die verpfändete Sache nicht dem Verpfänder, kann der Pfandgläubiger nach den Vorschriften über den gutgläubigen Erwerb des Eigentums (§§ 932 ff.) ein Pfandrecht erwerben (§ 1207),
  – bei mehrfacher Verpfändung hat die zeitlich frühere Pfändung Vorrang

Verwertung der Pfandsache, Voraussetzung:
- Pfandreife, d. h. Forderung des Gläubigers muss ganz oder zum Teil fällig sein (§ 1228 Abs. 2),
- Verwertung des Pfandes durch Verkauf in einer öffentlichen Versteigerung (§§ 1235, 383 Abs. 3),
- Pfandgläubiger muss den Verkauf vorher androhen (§ 1234 Abs. 1),
- Versteigerung darf nicht vor Ablauf eines Monats nach Androhung stattfinden (§ 1234 Abs. 2),
- Ort der Versteigerung ist unter Bezeichnung des Pfandes öffentlich bekannt zu machen (§ 1237).

Folgen der Verwertung:
- durch die rechtmäßige Versteigerung des Pfandes, d. h. wenn die o. a. Voraussetzungen beachtet worden sind, erlangt der Erwerber Eigentum an der Pfandsache (§ 1242);
- der Erlös aus dem Pfandverkauf steht dem Pfandgläubiger in Höhe seiner Forderung zu, die damit, soweit der Erlös ausreicht, als getilgt gilt (§ 1247).

IV. Die Sicherungsübereignung

Das Faustpfand ist in der Praxis durch ein anderes Sicherungsmittel, das sich gewohnheitsrechtlich entwickelt hat, weitgehend verdrängt worden: durch die Sicherungsübereignung.

Die Sicherungsübereignung ist eine Art „besitzloses Pfandrecht". Ihr Vorteil besteht darin, dass der Sicherungsgeber unmittelbarer Besitzer der übereigneten Sache bleibt.

Beispiele:
◆ Der Fabrikant kann mit den sicherungsübereigneten Maschinen weiterarbeiten,
◆ der Omnibusunternehmer weiterhin Fahrgäste mit dem übereigneten Bus befördern.

Die **Sicherungsübereignung erfolgt durch Vertrag.** Er enthält
◆ die **Einigung** zwischen dem bisherigen Eigentümer (Sicherungsgeber) und dem neuen Eigentümer (Sicherungsnehmer) darüber, dass das Eigentum auf den Sicherungsnehmer übergehen soll,
◆ anstelle der Übergabe die **Vereinbarung eines Besitzmittlungsverhältnisses** (Besitzkonstitut) in Form eines Miet-, Leih- oder Verwahrungsvertrages,
◆ die **Verpflichtung** des Sicherungsnehmers, das Eigentum *zurückzuübertragen,* wenn der Schuldner seine Schuld begleicht.

Der Vertrag kann formfrei geschlossen werden, aus Beweisgründen wird jedoch regelmäßig die Schriftform gewählt.

Beispiel: Fabrikant Zoller übereignet der Kreissparkasse für einen Kredit von 200 000,00 EUR sicherungshalber die Maschinen seiner Fabrik. Als Besitzkonstitut wird von den Parteien Leihe vereinbart. – Zoller kann mit den Maschinen weiterarbeiten, da sie der Kreissparkasse nicht, wie beim Pfandrecht, übergeben zu werden brauchen. – Die Kreissparkasse wird darauf dringen, dass die übereigneten Maschinen deutlich gekennzeichnet und dass sie im Vertrag einzeln aufgeführt werden, damit ein anderer nicht gutgläubig Eigentum daran erwerben kann.

Zahlt Zoller den Kredit zurück, ist die Kreissparkasse verpflichtet, das Eigentum zurückzuübertragen.

Das Bürgerliche Gesetzbuch (BGB)

Wiederholungsaufgaben

1 a) Wodurch unterscheiden sich die Begriffe Besitz und Eigentum?
b) Wer ist Fremdbesitzer, wer Eigenbesitzer?
c) Wann ist eine Sache abhanden gekommen?
d) Wer ist Besitzdiener?

2 Ott entdeckt sein gestohlenes Auto auf einem Parkplatz, wo es von Altinger eingestellt worden ist.
Ott verlangt den Wagen heraus. Altinger verweigert die Herausgabe mit der Begündung, er habe das Fahrzeug von einem Altwagenhändler für 2 800,00 EUR gekauft und ordnungsgemäß bezahlt. Wie ist die Rechtslage?

3 a) Wie erfolgt der rechtsgeschäftliche Eigentumserwerb an einer beweglichen Sache?
b) Wie wird Sicherungseigentum erworben?

4 Der Koch des Hotels kommt hinzu, wie ein Küchenmädchen ein Butterpaket unter ihrer Schürze verschwinden lässt. Er nimmt dem Mädchen die Butter weg. Weshalb ist er hierzu berechtigt?

5 In welchem der folgenden Beispiele ist der gutgläubige Erwerber Eigentümer geworden:
a) Strobel kauft von Arndt ein Buch, das dieser von einem Freund zum Lesen bekommen hat;
b) Bausinger zahlt an Mahler eine Rechnung mit gestohlenem Geld;
c) Amberger erwirbt in einer öffentlichen Versteigerung einen Kassettenrekorder, der, wie sich später herausstellte, im Elektrogeschäft Bühler gestohlen worden war;
d) Stahl erwirbt von Tausch einen Wäschetrockner, den dieser unter Eigentumsvorbehalt der Firma Kreiß auf Abzahlung gekauft hat. Zwei Raten stehen noch aus.

6 Welche Pfandrechtsarten werden unterschieden?
Wodurch entsteht das jeweilige Pfandrecht?

7 Fabrikant Weiser hat der Genossenschaftsbank zur Sicherung eines Kredits die Maschinen seiner Fabrik übereignet.
a) Auf welche Weise erfolgt die Sicherungsübereignung?
b) Muss eine Form beachtet werden?
c) Welchen Vorteil hat die Sicherungsübereignung im Vergleich mit dem Pfandrecht?

8 Fabrikant Weiser braucht einen weiteren Kredit. Der Baron von Z. gewährt ihn gegen Sicherstellung. Weiser übereignet die bereits der Genossenschaftsbank übereigneten Maschinen auch an den Baron. Wer ist Sicherungseigentümer geworden?

B. Rechte an Grundstücken (Liegenschaftsrechte)

Das Grundstück im Rechtssinne ist ein abgegrenzter Teil der Erdoberfläche, der im Kataster (Flurbuch) vermessen und im Grundbuch als Grundstück eingetragen ist.

◆ Das bei der Gemeinde geführte **Kataster** gibt Auskunft insbesondere über Lage, Größe, Nutzungsart des Grundstücks und liefert die Grundlage für seine Bewertung die z. B. von Bedeutung ist bei der Erhebung der Grundsteuer und der Beleihung des Grundstücks durch ein Kreditinstitut.

◆ Das von den Grundbuchämtern geführte **Grundbuch** gibt darüber hinaus insbesondere Auskunft über die Eigentumsverhältnisse am Grundstück und darüber, welche Rechte Dritter daran bestehen.

Das **materielle Liegenschaftsrecht,** das die Grundlagen für Rechtsänderungen an Grundstücken enthält, ist im BGB geregelt.

Das **formelle Liegenschaftsrecht** bestimmt, auf welche Weise eine Rechtsänderung im Grundbuch vorzunehmen ist; es ist in der Grundbuchordnung (GBO) und in Ergänzungsvorschriften, insbesondere in der Grundbuchverfügung (GBV) geregelt.

I. Das Grundbuchamt

Grundbuchamt ist das Amtsgericht[1]), es ist örtlich zuständig für sämtliche in seinem Bezirk liegende Grundstücke (§ 1 GBO). Aus Gründen der besseren Übersicht sind die Grundstücke in Grundbuchbezirke zusammengefasst, die den Gemeindebezirken entsprechen (§ 1 Grundbuchverfügung). **Grundbuchbeamter** ist vor allem der Rechtspfleger[1]). Ihm sind grundsätzlich alle Grundbuchsachen übertragen (§ 3 Ziff. 1 h RpflG).

Gegen Anordnungen des Rechtspflegers kann mit der *Erinnerung* die Entscheidung des Landgerichts angerufen werden (§ 11 RpflG mit §§ 71, 72 GBO).

II. Das Grundbuch

Das Grundbuch ist ein **öffentliches Register.**

Die Landesregierungen können durch Rechtsverordnung die Führung des Grundbuchs in maschineller Form als automatisierte Datei (§§ 126 ff. GBO, 61 ff. GBV) anordnen. Ist eine solche Bestimmung nicht getroffen, so wird für jedes Grundstück ein besonderes „Grundbuch" in Form eines **Grundbuchblattes** angelegt. Die einzelnen Grundbuchblätter sind bezirksweise in Bände zusammengefasst, aus denen sie bei Eintragungen einzeln entnommen werden können **(Loseblattgrundbuch).**

Das Grundbuchblatt besteht aus

- der **Aufschrift:** Angegeben sind das Amtsgericht, der Grundbuchbezirk, die Bandnummer, die Grundbuchblattnummer;
- dem **Bestandsverzeichnis:** Angaben über Gemarkung, Parzelle, Größe, Wirtschaftsart und Rechte, die mit dem Grundstück verbunden sind, z. B. Grunddienstbarkeiten;
- den **drei Abteilungen:**
  - *Abteilung I* bezeichnet den Eigentümer und den Grund des Erwerbs, z. B. Auflassung, Erbschein, Testament.
  - *Abteilung II* die Lasten und Beschränkungen, die auf dem Grundstück ruhen (außer den Grundpfandrechten), z. B. Dienstbarkeiten, Vorkaufsrecht, Zwangsversteigerungsvermerk.
  - *Abteilung III* die Grundpfandrechte: Hypotheken, Grundschulden und Rentenschulden.

---

[1]) In Baden-Württemberg besteht in jeder Gemeinde ein staatliches Grundbuchamt. Grundbuchbeamter ist der Notar (Notar im Landesdienst). Jede Gemeinde bestellt einen Ratschreiber, der bestimmte Aufgaben anstelle des Notars wahrnehmen kann.

Die Eintragungen im Grundbuch sind der Übersichtlichkeit wegen auf das Notwendigste beschränkt.

Beispiel: Als Angabe des Erwerbsgrundes genügt „Auflassung am 4. Mai .. und eingetragen am 20. Juni .."; bei der Eintragung von Belastungen, z.B. Dienstbarkeiten oder Grundpfandrechten wird unter Benennung des Namens des Notars und seiner Urkundennummer auf die Eintragungsbewilligung Bezug genommen (§ 44 GBO).

Zu jedem Grundbuchblatt wird eine **Grundakte** geführt. Sie enthält *sämtliche Vorgänge, die Grundlage von Eintragungen sind,* z.B. Kaufverträge, Schuldurkunden, Bewilligungen, Erbscheine. Außerdem sind besondere Grundstücks- und Eigentümerregister angelegt, die die Buchungsstelle jedes Grundstücks angeben.

Das Grundbuch und die dazugehörende Grundakte **können von jedem kostenlos eingesehen werden** (§ 74 KostO), **der ein berechtigtes Interesse hat** (§ 12 Abs. 1 GBO). Auch Abschriften können gefordert werden (§ 12 Abs. 2 GBO, § 43ff. Grundbuchverfügung).

Beispiel: Fauser möchte das neben seinem Garten gelegene Baumgrundstück des Groß erwerben. Groß ist zur Veräußerung bereit. Bevor Fauser in Kaufverhandlungen eintritt, sieht er das Grundbuchblatt des Groß ein. Sein berechtigtes Interesse weist er durch Vorlage des Groß'schen Verkaufsangebotes nach.

III. Eintragungsvoraussetzungen

Soll im Grundbuch eine Eintragung vorgenommen werden, müssen in der Regel folgende Voraussetzungen gegeben sein: **Antrag und Bewilligung müssen vorliegen, der Betroffene muss voreingetragen sein.**

1. Der Antrag[1]) (§ 13 GBO)

Der Antrag kann von jeder Partei schriftlich oder zu Protokoll eines Beamten des Grundbuchamtes gestellt werden,

Beispiele:
◆ vom Eigentümer des Grundstücks und vom Erwerber,
◆ vom Hypothekengläubiger und vom Eigentümer des zu belastenden Grundstücks,
◆ vom alten und vom neuen Hypothekengläubiger bei Übertragung der Hypothek.

Auch der *Notar*, der eine für die Eintragung erforderliche Erklärung beurkundet oder beglaubigt hat, z.B. die Einigung, kann im Namen eines Antragsberechtigten den Antrag stellen (§ 15 GBO).

Der Zeitpunkt des Eingangs eines Antrags beim Grundbuchamt ist für den Rang eines Rechts von ausschlaggebender Bedeutung. Der Eingangsstempel des Grundbuchamtes zeigt deshalb außer dem Tag die Stunde und die Minute des Eingangs an.

---

[1]) Ausnahmsweise wird das Grundbuchamt von Amts wegen tätig, z.B. bei Umschreibung eines unübersichtlich gewordenen Grundbuchblattes (§§ 28 ff.: Grundbuchverfügung), bei Löschung einer unzulässigen Eintragung (§ 53 GBO).

2. Die Bewilligung (Eintragungs- oder Löschungsbewilligung) des Betroffenen (§ 19 GBO)

Die Bewilligung ist in öffentlicher oder öffentlich beglaubigter Urkunde (§ 29 GBO) nachzuweisen.

Betroffener ist, wessen Recht durch die Eintragung betroffen, d. h. beeinträchtigt wird.

Beispiele:
- bei der Eigentumsübertragung ist Betroffener der bisherige Eigentümer des Grundstücks;
- bei der Hypothekenbestellung der Eigentümer, dessen Grundstück belastet wird;
- bei der Löschung einer Hypothek der Hypothekengläubiger;
- bei der Übertragung der Hypothek auf einen anderen der bisherige Hypothekengläubiger.

Enthält der *Antrag zugleich die Bewilligung*, muss er in der Form des § 29 GBO gestellt werden.

3. Die Voreintragung des Betroffenen (§§ 39, 40 GBO)

Der durch eine Eintragung Betroffene soll im Grundbuch eingetragen sein (§ 39 GBO),

Beispiele:
- der Eigentümer, der das Grundstück einem anderen übereignet;
- der Hypothekengläubiger, der die Hypothek auf einen anderen überträgt.

Eine *Ausnahme* gilt für den Erben. Er braucht im Grundbuch nicht voreingetragen zu sein, wenn er das geerbte Grundstück *veräußern* will oder wenn die *Aufhebung eines für den Erblasser eingetragenen Rechts*, z. B. einer Grundschuld, eingetragen werden soll (§ 40 GBO).

Will der Erbe das Grundstück jedoch *belasten*, z. B. mit einer Hypothek, muss er sich als Eigentümer eintragen lassen (Grundbuchberichtigung). Zum Beweis seines Eigentums dient der Erbschein oder ein öffentliches Testament (§ 35 GBO).

Weitere Ausnahmen von der erforderlichen Voreintragung des Betroffenen gelten in den neuen Bundesländern für Anwendungsfälle der §§ 34 Vermögensgesetz, 2 und 8 Vermögenszuordnungsgesetz (§ 11 Grundbuchbereinigungsgesetz).

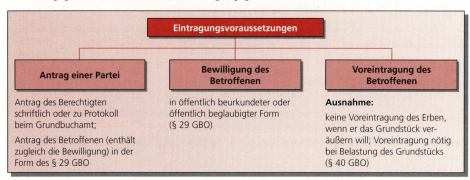

IV. Eintragungsverfahren und Rangordnung

Das Grundbuchamt hat nur darüber zu entscheiden, ob die beantragte Eintragung zulässig ist und die nötigen Unterlagen in der vorgeschriebenen Form eingereicht sind, jedoch nicht darüber, ob das zugrunde liegende Rechtsgeschäft gültig ist.

Der Rechtspfleger[1]) hat *drei Entscheidungsmöglichkeiten* (§ 18 Abs. 1 GBO):

- Er erlässt die **Eintragungsverfügung,** wenn alle Voraussetzungen vorliegen. Die Eintragung wird vom Grundbuchführer vorgenommen. Soll ein Recht gelöscht werden, wird ein *Löschungsvermerk* in der hierfür vorgesehenen Spalte eingetragen und die gelöschte Eintragung **rot unterstrichen** oder mit rotem Schrägstrich durchgekreuzt;.
- **er weist den Antrag sofort zurück,** wenn die Eintragungvoraussetzungen nicht vorliegen;
- er erlässt eine **Zwischenverfügung,** wenn der Mangel geringfügig ist und in absehbarer Zeit beseitigt werden kann.

Ist ein Grundstück *mehrfach belastet,* z. B. mit mehreren Hypotheken, so ist *der Rang der eingetragenen Rechte* von entscheidender Bedeutung für die Befriedigung der Gläubiger in der Zwangsversteigerung.

Beispiel: In Abteilung III des Grundbuchs sind drei Hypotheken eingetragen. Der Zwangsversteigerungserlös reicht zur Befriedigung der drei Hypothekengläubiger nicht aus. Die Gläubiger werden in der Reihenfolge der Eintragungen befriedigt.

Die Rangstelle eines Rechts richtet sich *nach dem Datum der Eintragung.* Dieses wiederum hängt davon ab, *zu welchem Zeitpunkt der Eintragungsantrag* beim Grundbuchamt *eingegangen* ist; denn nach § 17 GBO darf die später beantragte Eintragung nicht vor der früher beantragten erfolgen.

In welchem Rangverhältnis die eingetragenen Rechte zueinander stehen, bestimmt § 879 BGB.

In welcher Reihenfolge die Rechte einzutragen sind, damit sie den ihnen nach § 879 zustehenden Rang erhalten, bestimmt die Grundbuchordnung (§§ 17, 45 GBO):

- Sind in **derselben Abteilung** des Grundbuchs mehrere Belastungen eingetragen, bestimmt sich der Rang der Belastungen **nach der Reihenfolge der Eintragungen** (§ 879 Abs. 1, S. 1).
  Die Eintragungen sind in der Reihenfolge der eingegangenen Anträge vorzunehmen (§ 45 Abs. 1 GBO). Wollen die Beteiligten, dass die Rechte *gleichen Rang* haben, so ist dies im Grundbuch zu vermerken (§ 879 Abs. 3).
- Sind die Rechte **in verschiedenen Abteilungen** eingetragen, so hat das **mit früherem Datum eingetragene Recht den Vorrang** (§ 879 Abs. 1, S. 2, 1. Halbsatz).
- Sind die Rechte **in verschiedenen Abteilungen unter demselben Datum** eingetragen, so haben sie *gleichen Rang* (§ 879 Abs. 1, S. 2, 2. Halbsatz).
  Sind die *Anträge aber zu verschiedenen Zeiten eingegangen,* so ist im Grundbuch zu vermerken, dass die früher beantragte Eintragung Vorrang vor der später beantragten hat (§ 45 Abs. 2 GBO).

Beispiel: Beim Grundbuchamt ist die Eintragung folgender Rechte in Band 3, Blatt 69 beantragt worden:

Eingang des Antrags	Uhrzeit	Art des Rechts
am 18.09.2000	10:30	Grunddienstbarkeit
am 12.03.2001	10:30	Hypothek
am 21.04.2001	09:30	Hypothek
am 21.04.2001	11:00	Reallast
am 04.07.2001	10:00	Hypothek
am 05.02.2002	14:00	Nießbrauch

[1]) In Baden-Württemberg ist grundsätzlich der Notar im Landesdienst (Amtsnotar) zuständig.

Das Grundbuchamt trägt in Abteilung II und III wie folgt ein:

Abteilung II		Abteilung III	
Lfd. Nr. 1	Grunddienstbarkeit	Lfd. Nr. 1.	Hypothek
2	Reallast	2.	Hypothek
3	Nießbrauch	3.	Hypothek

Die Rangfolge ist nach § 879:
1. Grunddienstbarkeit vom 18.09.2000
2. erste Hypothek vom 12.03.2001
3. zweite Hypothek vom 21.04.2001 (hat Vorrang vor Reallast)
4. Reallast vom 21.04.2001 (zweite Hypothek hat Vorrang)
5. dritte Hypothek vom 04.07.2001
6. Nießbrauch vom 05.02.2002

Da die zweite Hypothek und die Reallast zwar in verschiedenen Abteilungen eingetragen, aber unter demselben Datum eingegangen sind und somit nach § 879 Abs. 1, S. 2, Halbsatz 2 im gleichen Rang stünden, ist der Vorrang der zweiten Hypothek (der Eintragungsantrag ist 1 ½ Stunden früher eingegangen) im Grundbuch bei dem jeweiligen Recht zu vermerken (§ 45 Abs. 2 GBO).

Der Grundstückseigentümer kann sich bei der Belastung eines Grundstücks vorbehalten, ein anderes Recht mit Vorrang eintragen zu lassen (**Rangvorbehalt** – § 881).

Beispiel: Grundstückseigentümer Zeiher bestellt seinem Vater für ein Baudarlehen von 20 000,00 EUR eine Grundschuld. Mit Einwilligung seines Vaters lässt er bei der Grundschuld einen Rangvorbehalt für eine spätere Hypothek von 10 000,00 EUR eintragen. – Benötigt Zeiher ein weiteres Darlehen, kann er eine Hypothek mit Vorrang anbieten.

V. Erwerb und Übertragung von Rechten an Grundstücken

1. Wichtige Grundsätze

Jede auf Rechtsgeschäft beruhende Rechtsänderung an einem Grundstück setzt voraus (§ 873):

◆ die **Einigung** der Parteien über die Rechtsänderung und

◆ die **Eintragung** der Rechtsänderung im Grundbuch.

Es handelt sich hier um **rechtsbegründende Eintragungen:** Ohne Eintragung kein Recht!

Von der rechtsbegründenden Eintragung ist die **Grundbuchberichtigung** zu unterscheiden:

Stimmt das Grundbuch mit der wirklichen Rechtslage nicht überein, ist es also unrichtig, muss es mit der wahren Rechtlage in Übereinstimmung gebracht, berichtigt werden. Dies ist regelmäßig der Fall bei Rechtsänderungen, die kraft Gesetzes eintreten.

Beispiel: Der Erbe wird im Augenblick des Erbfalls (Tod des Erblassers) Eigentümer eines Grundstücks, obwohl im Grundbuch der Erblasser als Eigentümer eingetragen ist.

Wenn der Inhalt des Grundbuchs mit der wirklichen Rechtslage übereinstimmen soll, muß der Erbe als Eigentümer eingetragen werden (Grundbuchberichtigung). Als Grundlage der Eintragung genügt ein Erbschein oder ein öffentliches Testament des Erblassers (§ 35 GBO).

Das Grundbuch genießt **öffentlichen Glauben** (§ 892 BGB), d. h. die im Grundbuch eingetragenen Rechte gelten für einen *gutgläubigen Erwerber* als bestehend, selbst wenn die Eintragung unrichtig ist. Ebenso gelten Lasten und Beschränkungen, die nicht eingetragen sind, als nicht bestehend. **Der gutgläubige Erwerber erwirbt das Recht so, wie es im Grundbuch eingetragen ist.**

Beispiel: Steppes hat sein Grundstück an Zeller verkauft. Bevor die Übereignung stattfindet, verkauft er es an Strobel, der ihm einen weit höheren Preis bietet. – Strobel geht zum Grundbuchamt: Steppes ist im Grundbuchamt als Eigentümer vermerkt, Beschränkungen irgendwelcher Art sind nicht eingetragen.

Strobel, der vom Verkauf an Zeller nichts weiß, wird durch Auflassung und Eintragung Eigentümer des Grundstücks. Zeller hat nur einen Schadensersatzanspruch gegen Steppes wegen Nichterfüllung des Kaufvertrages.

Der gute Glaube wird nicht geschützt bei Eigentumserwerb kraft Gesetzes.
Beispiel: Krone ist Alleinerbe seines Onkels, der fälschlicherweise im Grundbuch als Eigentümer eines Bauplatzes eingetragen ist. – Krone wird durch den Erbfall nicht Eigentümer des Grundstücks.

2. Das Grundstückseigentum

Die häufigste Grundlage für den Erwerb eines Grundstücks ist der Kaufvertrag (Grundgeschäft, Verpflichtungsgeschäft). Zum Schutz der Parteien muss der Grundstückskaufvertrag von einem Notar beurkundet werden (§ 313 BGB). Die Einschaltung des Notars schützt die Partner vor einem übereilten Abschluss, ein Fachmann berät sie, sie haben ein sicheres Beweismittel in der Hand.

Der Form des § 313 BGB bedürfen alle Verträge, die die Verpflichtung betreffen, das Eigentum an einem Grundstück zu übertragen oder zu erwerben, so z. B. auch Schenkungsversprechen und Nachlassauseinandersetzungen.

Zur Übereignung sind Einigung und Eintragung erforderlich (§ 873).

◆ Die Einigung

Die Parteien müssen sich über den Eigentumsübergang einig sein (dinglicher Vertrag). Anstelle des Wortes „Einigung" wird bei der Übereignung eines Grundstücks (aber nur hier!) das aus dem Mittelalter stammende Wort **„Auflassung"** verwandt. Während bei anderen Grundstücksrechten die Einigung im Allgemeinen formlos erklärt werden kann, ist die **Auflassung streng formgebunden.**

Die Auflassung ist bei gleichzeitiger Anwesenheit beider Teile vor einer zuständigen Stelle zu erklären (§ 925). Zuständig ist in erster Linie jeder deutsche *Notar* (§ 20 Abs. 2 BNotO), auch wenn das Grundstück nicht in seinem Bezirk liegt. Da nur gleichzeitige und **nicht persönliche Anwesenheit verlangt** wird, können sich die Parteien vertreten lassen.

Die Auflassung kann auch in einem *gerichtlichen Vergleich* erklärt werden (§§ 925, 127 a).

Die Auflassung soll nur entgegengenommen werden, wenn die nach § 313 erstellte Urkunde (Grundstücksverkauf usw.) vorgelegt wird oder Grundgeschäft und Auflassung gleichzeitig erklärt werden (§ 925 a).

◆ Die Eintragung

Der Eigentümerwechsel ist im Grundbuch einzutragen. **Die Eintragung darf nur erfolgen, wenn die Auflassung vorliegt (§ 20 GBO).** Grundstückskaufvertrag und Auflassung bedürfen in vielen Fällen einer staatlichen Genehmigung.

Beispiele:
- bei Veräußerung von Baugrundstücken der Genehmigung der Gemeinde nach dem Baugesetzbuch,
- bei Veräußerung landwirtschaftlicher Grundstücke der Genehmigung der Landwirtschaftsbehörde nach dem Grundstücksverkehrsgesetz,
- der Unbedenklichkeitsbescheinigung des Finanzamtes, dass der Eintragung keine steuerlichen Bedenken entgegenstehen.

Erst wenn die nötigen Genehmigungen dem Grundbuchamt vorliegen, darf der neue Eigentümer im Grundbuch eingetragen werden.

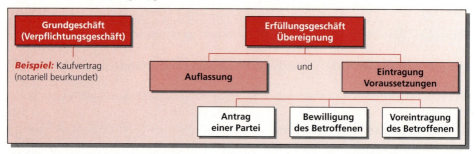

3. Das Wohnungseigentum

Wohnungseigentum ist das Sondereigentum an einer Wohnung in Verbindung mit dem Miteigentumsanteil an dem gemeinschaftlichen Eigentum, zu dem es gehört (§ 1 Abs. 2 WEG).

Zum **Sondereigentum** gehören die zur Wohneinheit gehörenden Räume, Innenwände, Innentüren, Fußbodenbelag, Terrassen, Balkone, auch die zur Wohnung gehörenden abgeteilten Nebenräume wie Keller und Abstellräume.

Zum **Miteigentum** gehören vor allem das Grundstück, die Außenwände, das Treppenhaus, die gemeinschaftlich genutzten Räume wie Waschküche, Trockenraum, Heizungskeller, die Zentralheizung, die Wasserleitung.

Wohnungseigentum ist echtes Eigentum nach § 903 BGB. *Der Wohnungseigentümer ist gegen Beeinträchtigung seines Eigentums durch andere geschützt. Für die Wohnungseigentümer untereinander gelten die §§ 14, 15 WEG.*

Wohnungseigentum ist belastbar, z. B. mit Hypotheken, mit einem Nießbrauch; es ist *vererbbar,* kann *veräußert, vermietet, verpachtet* werden und *unterliegt der Zwangsvollstreckung.*

Wohnungseigentum entsteht auf zweierlei Weise:

◆ durch **Vertrag** zwischen den Miteigentümern eines Grundstücks über die Einräumung von Sondereigentum, welcher der **Einigung** in Form der Auflassung (§ 925) bedarf. Erforderlich ist außerdem die **Eintragung im Wohnungsgrundbuch** (§§ 3, 4, 7 WEG).

◆ durch **Teilungserklärung** eines Grundstückseigentümers (§ 8 WEG) und Eintragung im Wohnungsgrundbuch.

Streitigkeiten der Wohnungseigentümer untereinander werden im Verfahren der freiwilligen Gerichtsbarkeit entschieden (§§ 43 ff. WEG). Die Entziehung des Wohnungseigentums nach §§ 18, 19 WEG erfolgt nach den Vorschriften der ZPO im Verfahren der streitigen Gerichtsbarkeit.

4. Das Erbbaurecht

Das Erbbaurecht ist in der Erbbaurechtsverordnung (ErbbRVO) geregelt. Es begründet das **Recht, auf oder unter der Oberfläche eines fremden Grundstücks ein Bauwerk zu haben** (§ 1 ErbbRVO).

Der Grundstückseigentümer, z.B. eine Gemeinde, überlässt dem Erbbauberechtigten ein Grundstück für einen längeren Zeitraum (häufig für 99 Jahre), in der Regel gegen die Zahlung eines Erbbauzinses in Geld (§ 9 ErbbRVO). Der Berechtigte spart dadurch den Kaufpreis für das Grundstück.

Voraussetzung für die Bestellung des Erbbaurechts ist ein notariell beurkundeter Erbbaurechtsvertrag zwischen dem Grundstückseigentümer und dem Berechtigten (Verpflichtungsgeschäft, § 11 Abs. 2 ErbbRVO, § 313 BGB).

Zur Bestellung sind erforderlich:
- die **Einigung** zwischen Eigentümer und Berechigten und
- die **Eintragung** des Erbbaurechts in ein besonderes Grundbuchblatt, **das Erbbaugrundbuch** (§ 14 ErbbRVO). Das Erbbaurecht selbst steht im Bestandsverzeichnis, der Erbbauberechtigte in Abteilung I. Im Grundbuch (des Grundstückes) wird das Erbbaurecht als Belastung in Abteilung II eingetragen, und zwar grundsätzlich zur ausschließlich ersten Rangstelle (§ 10 ErbbRVO).

Das Erbbaurecht ist ein **dem Eigentum ähnliches Recht** (§ 11 Abs. 1 ErbbRVO):
- Es kann veräußert und belastet werden, z.B. mit einer Hypothek (Erbbauhypothek); es ist wie ein Grundstück der Zwangsvollstreckung unterworfen (§§ 8, 24 ErbbRVO);
- es kann vererbt werden;
- es ist wie das Eigentum vor Beeinträchtigung geschützt;
- **ein aufgrund des Erbbaurechts errichtetes Bauwerk gilt als wesentlicher Bestandteil des Erbbaurechts** (§ 12 ErbbRVO).

Nach Ablauf der vereinbarten Zeit *erlischt* das Erbbaurecht, falls es nicht erneuert wird (§§ 2 Ziff. 6, 31 ErbbRVO). Der Grundstückseigentümer wird nun *kraft Gesetzes* auch Eigentümer des auf dem Grundstück errichteten Bauwerks (§ 946), er hat dem Erbbauberechtigten eine Entschädigung zu leisten (§ 27 ErbbRVO).

Der Erbbauberechtigte kann sich im Erbbaurechtsvertrag verpflichten, das Erbbaurecht unter bestimmten Voraussetzungen auf den Grundstückseigentümer zu übertragen, z.B. bei Tod des Berechtigten, bei nicht fristgemäßer Bebauung. Dem Eigentümer steht dann der so genannte **Heimfallanspruch** gegen eine angemessene Vergütung zu (§§ 2 Ziff. 4, 32 ErbbRVO).

5. Die Grundpfandrechte

Begehrte Sicherheiten für Forderungen sind die **Pfandrechte an Grundstücken; Hypotheken, Grundschulden und Rentenschulden** (Grundpfandrechte). Da die Grundpfandrechte die häufigsten Kreditsicherungsmittel sind, ist für ihre Eintragung im Grundbuch eine *besondere Abteilung* (Abteilung III) bestimmt.

Allen drei Pfandrechtsarten ist gemeinsam, dass an den Gläubiger *„eine bestimmte Geldsumme aus dem Grundstück zu zahlen ist"*, d.h., dass das Grundstück im Wege der Zwangsvollstreckung „zu Geld gemacht" werden kann. Hierzu ist ein *Vollstreckungstitel* nötig, entweder in Form eines Urteils, eines Vollstreckungsbescheids oder einer vollstreckbaren Urkunde.

◆ Die Hypothek

Die Hypothek ist ein Pfandrecht an einem Grundstück zur Sicherung einer Geldforderung (§ 1113). **Sie ist von der zu sichernden Forderung abhängig (akzessorisch): Ohne Forderung entsteht keine Hypothek. Forderung und Hypothek können nicht getrennt übertragen werden** (§ 1153).

Der Hypothekengläubiger hat zweierlei Ansprüche:

◆ *einen* **schuldrechtlichen Anspruch** *aus der Forderung auf Zahlung gegen den persönlichen Schuldner,*

◆ *einen* **dinglichen Anspruch** *aus der Hypothek auf Duldung der Befriedigung aus dem Grundstück gegen den Grundstückseigentümer, den dinglichen Schuldner.*

In der Regel sind der persönliche und der dingliche Schuldner dieselbe Person; dies muss aber nicht sein.

Beispiel: Die Deutsche Bank gewährt Astor ein Darlehen von 50 000,00 EUR. Astors Schwiegervater Volz bestellt der Deutschen Bank zur Sicherung ihrer Darlehensforderung auf seinem Grundstück eine Hypothek. – Astor ist persönlicher Schuldner der Deutschen Bank, Volz ihr dinglicher Schuldner.

Zahlt der persönliche Schuldner trotz Aufforderung nicht freiwillig, kann der Gläubiger aus der Hypothek gegen den dinglichen Schuldner (Grundstückseigentümer) klagen, und zwar „auf Duldung der Zwangsvollstreckung in das Grundstück" (**Hypothekenklage**).

Sind **dinglicher und persönlicher Schuldner dieselbe Person** (der persönliche Schuldner ist auch Eigentümer des Grundstücks), so kann der Gläubiger den Zahlungs- und Duldungsanspruch **in einer Klage** gegen ihn geltend machen.

Dem Gläubiger bleibt die persönliche und die Hypothekenklage erspart, wenn sich der Schuldner in einer vor dem Notar errichteten *Schuldurkunde* zur Hypothekenbestellung verpflichtet und sich in der Urkunde der sofortigen Zwangsvollstreckung in das Grundstück und in sein übriges Vermögen unterwirft (**vollstreckbare Urkunde: §§ 794 Abs. 1 Nr. 5 ZPO**). Zur Zwangsvollstreckung ist eine mit der Vollstreckungsklausel versehene Ausfertigung der Urkunde (vollstreckbare Ausfertigung) erforderlich, die der beurkundende Notar erteilt (§ 797 Abs. 2 ZPO; § 52 Beurk G; § 25 Abs. 1 BNotO).

Das belastete Grundstück *haftet* für die *Hauptforderung,* die *Zinsen* und die *Kosten der Beitreibung* der Hypothek, z. B. für Kündigungs- und Prozesskosten (§ 1118).

Außer dem Grundstück und seinen wesentlichen Bestandteilen haftet auch das Grundstückszubehör, z. B. die Maschinen einer Fabrik, eines landwirtschaftlichen Gutes, die Erzeugnisse, z. B. das geerntete Obst, die Miet- und Pachtforderungen (§§ 1120 ff.).

Zwei Arten von Hypotheken werden insbesondere unterschieden: die Verkehrshypotheken und die Sicherungshypotheken[1]).

◆ Briefhypothek und Buchhypothek

Die Hypothek kann als **Briefhypothek oder** als **Buchhypothek** bestellt werden. Das BGB geht von der Briefhypothek aus. Haben sich die Parteien auf eine Buchhypothek geeinigt, ist der Ausschluss des Briefes im Grundbuch einzutragen, z. B. durch den Vermerk „Hypothek ohne Brief" (§ 1116 Abs. 2).

Briefhypothek und Buchhypothek entstehen durch Einigung und Eintragung im Grundbuch (§ 873). Bei der **Briefhypothek** ist darüber hinaus vom Grundbuchamt ein Hypothekenbrief herzustellen, den der Grundstückseigentümer dem Gläubiger übergibt. **Der Gläubiger erwirbt die Hypothek erst mit der Übergabe des Briefes an ihn (§ 1117 Abs. 1)**[2]). Damit soll

---

[1]) Die durch Rechtsgeschäft bestellte Sicherungshypothek, die nicht der Befriedigung, sondern nur der Sicherung einer Forderung dient, ist in der Praxis selten. Sie hat vor allem Bedeutung in der Zwangsvollstreckung (siehe S. 309).

[2]) Bis zum Zeitpunkt der Übergabe ist die eingetragene Hypothek Eigentümergrundschuld (§§ 1163 Abs. 2, 1177 Abs. 1 S. 1), vgl. auch S. 109.

sichergestellt werden, dass der Gläubiger über die Hypothek erst verfügen kann (z. B. durch Abtretung), wenn er Zug um Zug gegen Auszahlung des Darlehens vom Eigentümer den Brief erhalten hat, nicht etwa schon mit Eintragung der Hypothek im Grundbuch. Die Übergabe des Briefes durch den Eigentümer wird häufig durch die Vereinbarung der Parteien ersetzt, das Grundbuchamt habe den Brief unmittelbar dem Gläubiger auszuhändigen (§ 1117 Abs. 2).

Der Hypothekenbrief enthält die wesentlichen Angaben über die Hypothek, insbesondere den Geldbetrag und das belastete Grundstück (§§ 56–58 GBO). Der Brief muss mit der Unterschrift des Grundbuchbeamten und dem Siegel versehen sein. (§ 56 GBO).

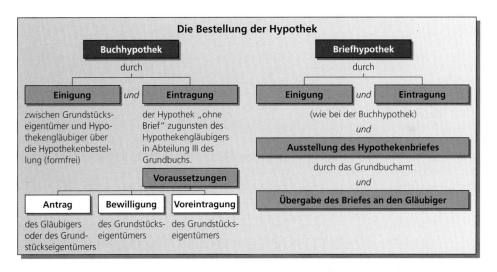

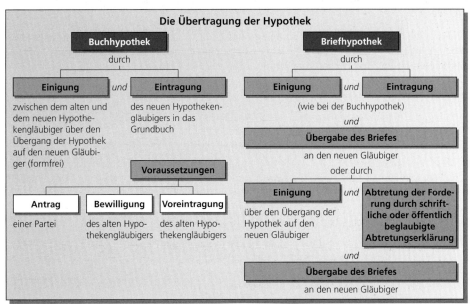

Die Briefhypothek hat im Vergleich zur Buchhypothek den Vorteil, dass sie leichter übertragen werden kann. Während bei der Buchhypothek jede Abtretung in das Grundbuch eingetragen werden muss (daher die Bezeichung Buchhypothek), genügen bei der Briefhypothek die schriftliche Abtretung der Forderung und die Übergabe des Briefes an den neuen Gläubiger. Die Hypothek wird deshalb vorwiegend als Briefhypothek bestellt.

Die schriftliche Abtretungserklärung macht die Eintragung der Abtretung überflüssig und dadurch die Hypothek „verkehrsfähiger". Den späteren Hypothekengläubigern fehlt aber der Gutglaubensschutz des Grundbuchs. Besitzt jedoch der Hypothekengläubiger den Brief auf Grund einer **zusammenhängenden Reihe öffentlich beglaubigter Abtretungen,** die auf einen im Grundbuch eingetragenen Gläubiger zurückführt, so kann ein Dritter die Hypothek gutgläubig erwerben, selbst wenn eine der Abtretungen nichtig sein sollte (§ 1155).

Beispiel: A hat die Briefhypothek an B, B an C und C an D in öffentlich beglaubigter Form abgetreten. – Stellt sich heraus, dass die Abtretung des B an C nichtig ist, C somit die Hypothek nicht erworben hat, ist D trotzdem aufgrund seines guten Glaubens an die Gültigkeit der öffentlich beglaubigten Abtretungserklärungen und damit an das Recht des C Gläubiger der Hypothek geworden.

◆ **Die Grundschuld**

Während die Hypothek von der Forderung abhängig ist und ohne sie nicht entsteht, ist die **Grundschuld von der Forderung,** die sie sichern soll, **losgelöst.** Ein Vergleich der Gesetzeswortlaute zeigt dies deutlich:

◆ Nach § 1113 ist an den Hypothekengläubiger „eine bestimmte Geldsumme zur Befriedigung **wegen einer ihm zustehenden Forderung** aus dem Grundstück zu zahlen".

◆ Nach § 1191 ist an den Grundschuldgläubiger lediglich **„eine bestimmte Geldsumme aus dem Grundstück zu zahlen";** der Zusatz **„wegen einer ihm zustehenden Forderung"** fehlt.

Deshalb entsteht die Grundschuld auch dann, wenn die Forderung nicht oder noch nicht entstanden ist; sie bleibt auch bestehen, wenn die Forderung erlischt. Die Grundschuld wird in einem solchen Fall nicht zur Eigentümergrundschuld[1]. Dem Grundstückseigentümer steht gegen den Grundschuldgläubiger nur ein Anspruch auf Rückübertragung der Grundschuld zu, weil dieser um die Grundschuld ungerechtfertigt bereichert ist.

Beispiel: Die Volksbank hat ihrem Kunden Mauser einen Kredit von 40 000,00 EUR eingeräumt und durch eine Briefgrundschuld sichern lassen.

– Die Grundschuld entsteht zugunsten der Volksbank, wenn sie vorschriftsmäßig bestellt worden ist, ganz gleich, ob an Mauser der Kredit ausgezahlt ist oder nicht.

– Mauser hat den Kredit erhalten und fristgemäß zurückgezahlt. Die Grundschuld erlischt dadurch nicht, sie steht auch nicht, wie es bei einer Hypothek der Fall wäre, dem Grundstückseigentümer Mauser, sondern nach wie vor der Volksbank zu. – Mauser hat gegen die Volksbank einen Anspruch auf Rückübertragung der Grundschuld.

Die Grundschuld kann als **Buch-** oder als **Briefgrundschuld** bestellt werden. Die Bestellung erfolgt wie bei der Hypothek durch *formlose Einigung* und *Eintragung in das Grundbuch*. Die Eintragungsbewilligung muss jedoch in öffentlich beglaubigter oder beurkundeter Form abgegeben werden. Bei der Briefgrundschuld kommt die Übergabe des Briefes hinzu (§§ 1192, 873, 1117).

[1] Näheres zur Eigentümergrundschuld siehe S. 109 f.

Das Bürgerliche Gesetzbuch (BGB)

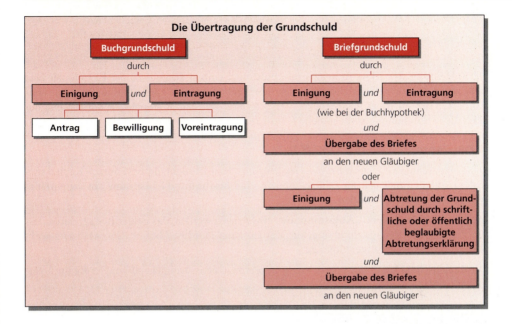

Die Grundschuld wird auf dieselbe Weise übertragen wie die Hypothek. Da jedoch die Grundschuld keine Forderung voraussetzt, **wird anstelle der Forderung die Grundschuld abgetreten.**

♦ Die Eigentümergrundschuld

Die Eigentümergrundschuld ist ein Grundpfandrecht, das dem Eigentümer an seinem eigenen Grundstück zusteht.

Will der Eigentümer eine Grundschuld für sich bestellen, sind seine Erklärung, dass die Grundschuld für ihn in das Grundbuch eingetragen werden soll, und die Eintragung erforderlich (§ 1196). **In diesem Fall ist die Eigentümergrundschuld aus dem Grundbuch zu ersehen.**

Kraft Gesetzes, also ohne Erklärung des Eigentümers und Eintragung im Grundbuch, entsteht eine Eigentümergrundschuld.

- **wenn die Forderung,** zu deren Sicherung eine Hypothek bestellt wurde, **nicht entstanden ist,** weil z. B. das Darlehen nicht gegeben wird. In diesem Fall **wandelt sich die Hypothek in eine Eigentümergrundschuld um** (§§ 1163 Abs. 1, S. 1, 1177 Abs. 1);
- **soweit die Hypothekenforderung durch Zahlung oder auf sonstige Weise erlischt.**

    Beispiel: Der Grundstückseigentümer zahlt das Darlehen an den Hypothekengläubiger zurück. Dadurch erlischt die durch die Hypothek gesicherte Forderung. Kraft Gesetzes wandelt sich die Hypothek in eine Grundschuld zugunsten des Eigentümers um (§§ 1163 Abs. 1 S. 2, 1177 Abs. 1).

    Soll in einem solchen Fall die Eigentümergrundschuld aus dem Grundbuch ersichtlich sein, muss eine *Grundbuchberichtigung* erfolgen (§ 894);

- **solange bei der Briefhypothek der Brief dem Gläubiger nicht übergeben ist.**

Beispiel: Mayer hat eine Briefhypothek zur Sicherung einer Darlehensforderung des Pinter in Höhe von 10 000,00 EUR bestellt. Den Brief an Pinter hat er noch nicht übergeben, weil dieser erst die Hälfte des Betrages gezahlt hat. – Solange Mayer den Brief nicht übergeben hat, besteht eine Eigentümergrundschuld zu seinen Gunsten (§§ 1163 Abs. 2, 1177 Abs. 1).

Die **Bedeutung der Eigentümergrundschuld** liegt einmal darin, dass der Eigentümer eine freie, meist günstige Rangstelle einem Darlehensgeber anbieten kann, zum anderen wird das Aufrücken der im Rang nachstehenden Hypotheken verhindert, jedoch nur dann, wenn der gesetzliche Löschungsanspruch (siehe § 1179 a) ausgeschlossen wurde.

◆ Die Rentenschuld (§§ 1199 ff.)

Die Rentenschuld ist eine *Abart der Grundschuld*. Hier ist nicht ein bestimmtes Kapital einmal aus dem Grundstück zu zahlen, sondern **eine bestimmte Geldsumme in regelmäßig wiederkehrenden Abständen.**

Im Grundbuch muss eine **„Ablösesumme"** eingetragen werden, das ist der Betrag, durch dessen Zahlung die Rentenschuld abgelöst werden kann (§ 1199 Abs. 2). Das Ablösungsrecht steht dem Grundstückseigentümer zu.

Die Rentenschuld hat in der Praxis wenig Bedeutung; sie ist weitgehend von der Reallast verdrängt worden.

6. Die Reallast (§ 1105 ff.)

Die Reallast gehört nicht zu den Grundpfandrechten. Sie ist eine **selbstständige Grundstücksbelastung** wie die Dienstbarkeiten (siehe S. 111) und wie diese ein Nutzungsrecht an einem Grundstück. Sie wird **bestellt durch Einigung und Eintragung in Abteilung II des Grundbuchs** (§ 10 Grundbuchverfügung).

Die Reallast hat Bedeutung im bäuerlichen Altenteilsrecht und als Industriereallast.

Die Reallast hat der Rentenschuld gegenüber den Vorteil, dass **nicht nur das Grundstück haftet, sondern auch der jeweilige Eigentümer persönlich (§ 1108).**

Die *wesentlichen Unterschiede* zwischen Rentenschuld und Reallast sind:

Rentenschuld	Reallast
◆ Die Rentenschuld wird als Grundpfandrecht in Abteilung III des Grundbuchs eingetragen.	◆ Die Reallast wird als selbstständige Grundstücksbelastung in Abteilung II des Grundbuchs eingetragen.
◆ An den Berechtigten ist in regelmäßigen Zeitabständen eine bestimmte Geldsumme zu zahlen.	◆ An den Berechtigten sind wiederkehrende Leistungen aller Art zu entrichten, die Zeitabstände brauchen nicht regelmäßig zu sein.
◆ Für die Rentenschuld haftet nur das Grundstück.	◆ Für die Reallast haftet – das Grundstück, – der jeweilige Eigentümer des Grundstücks persönlich.

7. Die Dienstbarkeiten

Dienstbarkeiten sind Nutzungsrechte an Grundstücken. Sie werden bestellt durch Einigung und Eintragung in Abteilung II des Grundbuchs (§ 873 BGB, § 10 Grundbuchverfügung). Hierzu gehören:

Nießbrauch (§§ 1030 ff.)	**Dingliches Recht auf Nutzung einer Sache,** eines Rechts oder eines ganzen Vermögens. Kann **an beweglichen Sachen** (durch Einigung und Übergabe (§ 929) und **an Grundstücken** (durch Einigung und Eintragung im Grundbuch (§ 873) bestellt werden. Ist **nicht übertragbar[1])**, nur seine Ausübung kann einem anderen überlassen werden. Ist **nicht vererbbar,** erlischt spätestens mit dem Tode des Nießbrauchers (§§ 1059, 1061).
Grunddienst- barkeiten (§§ 1018 ff.)	Belastung eines Grundstücks in der Weise, dass der jeweilige Eigentümer des Grundstücks verpflichtet ist: ♦ **eine bestimmte Benutzung seines Grundstücks durch den jeweiligen Eigentümer eines anderen Grundstücks zu dulden,** z. B. einen Notweg, die Mitbenutzung einer Abwasserleitung oder ♦ **eine bestimmte Benutzung zu unterlassen,** z. B. die Bebauung des Grundstücks mit einem mehrstöckigen Haus, die Einrichtung eines bestimmten Gewerbebetriebes. **Wesentlich** ist, **dass die Grunddienstbarkeit in erster Linie dem Grundstück des Berechtigten nützt** (§ 1019). Sie erlischt, wenn sie durch Rechtsgeschäft aufgehoben wird oder der Vorteil für das herrschende Grundstück dauernd wegfällt.
Beschränkte persönliche Dienstbarkeiten (§§ 1090 ff.)	Im Unterschied zur Grunddienstbarkeit besteht die Belastung **nicht zugunsten des jeweiligen Eigentümers eines Grundstücks, sondern zugunsten einer bestimmten Person** oder mehrerer bestimmter Personen, z. B. einer Erbengemeinschaft. Sie ist **auf Lebenszeit des Berechtigten begrenzt** und **weder vererblich noch übertragbar** (§§ 1090 ff.). Sie kann dieselben Verpflichtungen zum Inhalt haben wie eine Grunddienstbarkeit, z. B. Überfahrtsrecht, Mitbenutzung von Wasserleitungen. In Betracht kommen auch Vorteile, die ausschließlich die Person des Berechtigten betreffen. Im Gesetz ist das – oft auf Lebenszeit des Berechtigten bestellte – **Wohnungsrecht** besonders erwähnt (§ 1093).

VI. Die vorläufige Sicherung von Rechten an Grundstücken

1. Die Vormerkung (§ 883)

Die Vormerkung sichert den schuldrechtlichen Anspruch auf Einräumung oder Aufhebung, auf Inhalts- oder Rangänderung eines Rechts an einem Grundstück. In der Praxis kommt der **„Auflassungsvormerkung"** erhebliche Bedeutung zu.

♦ *Auflassungsvormerkung*

Die Auflassungsvormerkung **sichert den Anspruch auf Einräumung (Übertragung) des Eigentums an einem Grundstück.**

Wie zu jeder **Eintragung in das Grundbuch** ist ein Antrag erforderlich. Derjenige, dessen Recht durch die Vormerkung „betroffen" wird (Grundstückseigentümer), hat die Eintragung zu bewilligen; weigert er sich, kann die Bewilligung durch eine einstweilige Verfügung ersetzt werden (§ 885). Der Betroffene muss voreingetragen sein.

[1]) Ausgenommen der Nießbrauch, der einer juristischen Person zusteht (§ 1059 a).

Die Auflassungsvormerkung wird in Abteilung II des Grundbuchs eingetragen. Sie **„sperrt"** **das Grundbuch nicht, jedoch ist eine Verfügung über das gesicherte Recht dem Vormerkungsberechtigten gegenüber unwirksam** (§ 883 Abs. 2).

Beispiel: Kast hat sein Grundstück durch notariell beurkundeten Vertrag an Link verkauft, dessen Recht auf Übereignung durch eine **Auflassungsvormerkung** gesichert ist. Hat Kast vor Eintragung des Link als Eigentümer das Grundstück noch einmal an Moser verkauft, so ist das Grundbuchamt nicht gehindert, Moser als Eigentümer in das Grundbuch einzutragen. Die Übereignung an Moser ist jedoch Link gegenüber unwirksam.

2. Der Widerspruch (§ 894)

Ist eine Eintragung im Grundbuch *unrichtig,* d. h. *stimmt sie mit der wirklichen Rechtslage nicht überein,* so kann derjenige, dessen Recht nicht oder nicht richtig eingetragen ist, **einen Widerspruch** eintragen lassen, so z. B. wenn statt des wirklichen Eigentümers ein anderer als Eigentümer eingetragen ist oder wenn in Abteilung III eine Hypothek, die an zweiter Stelle stehen müsste, im dritten Rang eingetragen ist.

Die Eintragung des Widerspruchs erfolgt unter denselben Voraussetzungen und in derselben Weise wie bei der Vormerkung.

Beispiel: Xanten ist als gesetzlicher Erbe seiner Tante Eigentümer eines Grundstücks geworden. Er lässt sich als Eigentümer eintragen (Grundbuchberichtigung).

Aufgrund eines später aufgefundenen Testaments ist das Rote Kreuz wirklicher Erbe und damit Eigentümer des Grundstücks. Xanten ficht das Testament an, es kommt zum Rechtsstreit.

In der Zwischenzeit lässt das Rote Kreuz aufgrund einer einstweiligen Verfügung einen Widerspruch in das Grundbuch eintragen.

Der Widerspruch hat den Zweck, den guten Glauben Dritter an die Richtigkeit einer Eintragung zu zerstören. Ebenso wie die Vormerkung sperrt er das Grundbuch nicht.

Beispiel: Belastet Xanten trotz des Widerspruchs das Grundstück mit einer Hypothek, kann das Rote Kreuz, falls es den Prozess gewinnt, vom Hypothekengläubiger die Aufhebung der Hypothek verlangen.

Wiederholungsaufgaben

1 a) Wo werden die Grundbücher geführt?
   b) Wer ist Grundbuchbeamter?
   c) Wie ist das Grundbuchblatt aufgeteilt?
   d) Welche formellen Voraussetzungen müssen in der Regel gegeben sein, damit der Grundbuchbeamte ein Recht in das Grundbuch einträgt oder ein eingetragenes Recht löscht?

2 Beim Grundbuchamt gehen Anträge auf Eintragung folgender Belastungen in Band 6, Blatt 198 ein:
   am 17.02.2002 um 09:00 Uhr Hypothek ohne Brief
   am 17.02.2002 um 11:00 Uhr Grunddienstbarkeit
   am 20.03.2002 um 09:00 Uhr Briefhypothek
   am 03.04.2002 um 10:00 Uhr Grundschuld
   a) In welcher Abteilung und in welcher Folge werden die Belastungen eingetragen?
   b) Wie ist die Rangfolge?

3 Xanten hat sein Grundstück an Jakobi rechtswirksam verkauft. Jakobi soll als Eigentümer ins Grundbuch eingetragen werden. Welche Voraussetzungen hat der Grundbuchbeamte zu prüfen, ehe die Eintragung ausgeführt wird?

4 Im Grundbuch von Esslingen sind auf dem Grundstück des Ernst Bader drei Hypotheken eingetragen:
eine erste Hypothek zugunsten des Mario mit 50 000,00 EUR,
eine zweite Hypothek zugunsten des Stähle mit 24 000,00 EUR,
eine dritte Hypothek zugunsten des Frobeis mit 15 000,00 EUR.
Am 1. März zahlt Bader an Mario die 50 000,00 EUR zurück.
Wie ist die Rechtslage?

5 Florian wurde aufgrund eines eigenhändigen Testaments Alleinerbe seiner Tante Berta. Zum Nachlass gehört ein Grundstück. Wie wird Florian Eigentümer des Grundstücks?

6 Wie wird eine Briefhypothek bestellt? Wie wird sie übertragen?

7 a) Berthold hat von seinem Großvater Ebel ein Grundstück geerbt. Im Grundbuch ist noch Ebel als Eigentümer eingetragen. Berthold hat das Grundstück an Deter veräußert, dieser soll als Eigentümer ins Grundbuch eingetragen werden. Welche Voraussetzungen müssen für die Eintragung gegeben sein?
b) Angenommen, Berthold hat das Grundstück nicht veräußert, sondern will es mit einer Hypothek zugunsten der Kreissparkasse belasten, von der er Kredit zum Bau eines Hauses erhält. Welche Voraussetzungen müssen für die Eintragung der Hypothek gegeben sein?

8 Das Grundstück des Mehrmann ist mit zwei Hypotheken belastet: die erste Hypothek zugunsten des Altmann, die zweite Hypothek zugunsten des Behring.
a) Welcher Anspruch steht Behring zu, wenn Mehrmann die zugunsten des Altmann bestehende Hypothek zurückzahlt und sich dadurch Eigentum und Hypothek in der Person des Mehrmann vereinigen?
b) In welchen Fällen kommt eine Löschungsvormerkung in Betracht?

9 Zierer hat einen Bauplatz an Rapp verkauft. Die Auflassung soll erst nach Anzahlung der Hälfte des Kaufpreises erfolgen. Als Rapp die vereinbarte Anzahlung leisten will, verweigert Zierer die Annahme des Geldes und die Eigentumsübertragung.
Rapp beauftragt Rechtsanwältin Strohm, gegen Zierer zu klagen.
a) Welche Klage wird Rechtsanwältin Strohm gegen Zierer erheben?
b) Wie kann Rapp sein Recht bis zur Entscheidung des Rechtsstreites sichern lassen?
c) Angenommen, Zierer übereignet das Grundstück nach Eintragung der von Rapp erwirkten Sicherung an den gutgläubigen Cramer, der das Grundbuch nicht eingesehen hat. Wie ist die Rechtslage, wenn Rapp den oben erwähnten Rechtsstreit gewinnt?

10 Zahn finanziert seinen Neubau mit Darlehen, für die eine Hypothek zugunsten der Kreissparkasse an erster Stelle und eine Hypothek zugunsten der Bausparkasse an zweiter Stelle im Grundbuch eingetragen wird.
a) Welcher Anspruch steht der Bausparkasse für den Fall der Rückzahlung der ersten Hypothek zu?
b) Welche Wirkung hat die Löschung der ersten Hypothek?
c) Wie ist die Rechtslage, wenn die erste Hypothek nach Rückzahlung des Darlehens nicht gelöscht wird? Welcher Vorteil ergäbe sich dadurch für den Grundstückseigentümer?

11 Wodurch unterscheiden sich im Wesentlichen Hypothek und Grundschuld?

12 Frank hat einem Kreditgeber eine Grundschuld bestellt, das Geld aber nicht erhalten.
a) Welche Gefahr droht Frank?
b) Wodurch kann sich Frank vor unseriösem Verhalten des Grundschuldgläubigers schützen?

13 Wohnungseigentum ist echtes Eigentum. Worin zeigt sich das?

14 Wie entsteht Wohnungseigentum?

15 a) In welchem Verfahren werden Streitigkeiten zwischen den Wohnungseigentümern entschieden?
b) Welche Verfahrensordnung ist anzuwenden, wenn einem Eigentümer das Wohnungseigentum entzogen werden soll?

16 a) In welchem Gesetz ist das Erbbaurecht geregelt?
b) Welchen Vorteil bietet das Erbbaurecht?
c) Wie wird das Erbbaurecht bestellt?
d) Inwieweit ist das Erbbaurecht ein eigentumsähnliches Recht?
e) Wann erlischt das Erbbaurecht?
f) Was versteht man unter dem „Heimfallanspruch" des Grundstückseigentümers?

17 Ein Gebäude ist nach § 946 BGB wesentlicher Bestandteil des Grundstücks. Welche Regelung gilt für ein Gebäude, das aufgrund eines Erbbaurechts errichtet wurde?

18 Wodurch unterscheiden sich im Wesentlichen
a) Grundschuld und Rentenschuld?
b) Rentenschuld und Reallast?

Viertes Buch: Familienrecht

Das Familienrecht des BGB umfasst das Eherecht, das Recht der Verwandtschaft und der Schwägerschaft und das Vormundschaftsrecht.

Familienrechtliche Verhältnisse sind im Gesetz *zwingend* festgelegt. **Die Rechte sind höchstpersönlich und nicht übertragbar. Da sie meist mit Pflichten verbunden sind, kann auf sie auch nicht verzichtet werden.**

A. Verwandtschaft und Schwägerschaft
I. Die Verwandtschaft (§ 1589)

Verwandtschaft beruht auf der blutmäßigen Abstammung.

- Verwandte **in gerader Linie** sind Personen, „deren eine von der anderen abstammt".
  Beispiele: Vater – Sohn; Großvater – Enkel.
- Verwandte **in der Seitenlinie** sind Personen mit gemeinsamen Vorfahren.
  Beispiel: Vollbürtige Geschwister: Sie haben Vater und Mutter gemeinsam; halbbürtige Geschwister haben nur einen Elternteil gemeinsam.

Der Verwandtschaftsgrad ergibt sich aus der Zahl der Geburten, die die Verwandtschaft vermitteln.

Beispiel:

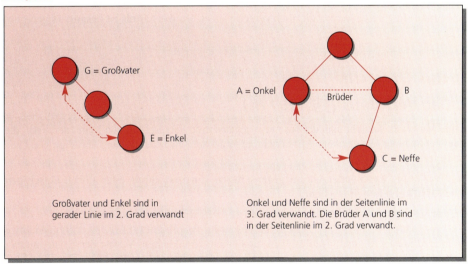

Großvater und Enkel sind in gerader Linie im 2. Grad verwandt.

Onkel und Neffe sind in der Seitenlinie im 3. Grad verwandt. Die Brüder A und B sind in der Seitenlinie im 2. Grad verwandt.

Die Rechtsfolgen der Verwandtschaft sind:
- Ehehindernis bei Verwandten in gerader Linie und bei Geschwistern (§ 1307)
- Unterhaltspflicht der Verwandten in gerader Linie (§§ 1601 ff.)
- gesetzliches Erbrecht entsprechend der Erbordnung (§§ 1924 ff.)
- Zeugnisverweigerungsrecht im Prozess naher Verwandter (§ 52 StPO, § 383 ZPO).

II. Die Schwägerschaft (§ 1590)

Man ist verschwägert mit den Verwandten seines Ehegatten und mit den Ehegatten seiner Verwandten.

Unterschieden werden Schwägerschaft in *gerader* und in der *Seitenlinie*. Linie und Grad bestimmen sich nach der die Schwägerschaft vermittelnden Verwandtschaft.

Beispiel:

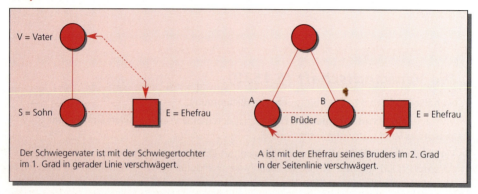

Die Rechtsfolgen der Schwägerschaft sind:

◆ Zeugnisverweigerungsrecht im Prozess nahe Verschwägerter (§ 52 StPO, § 383 ZPO)
   aber kein Erbrecht, keine Unterhaltsansprüche!

Ehegatten sind weder verwandt noch verschwägert. Ihr Verhältnis ist besonders geregelt.

B. Das Eherecht

I. Das Verlöbnis (§§ 1297 ff.)

Unter Verlöbnis versteht man das formlose gegenseitige Versprechen von Mann und Frau, die Ehe miteinander einzugehen. Minderjährige brauchen die Zustimmung ihres gesetzlichen Vertreters.

Das Verlöbnis kann jederzeit im gegenseitigen Einverständnis oder durch einseitigen Rücktritt aufgehoben werden.

Wer ohne wichtigen Grund zurücktritt oder wer den Rücktritt des anderen Verlobten durch ein Verschulden veranlasst, ist **zum Schadensersatz verpflichtet** (§§ 1298, 1299). Wichtige Gründe können z. B. sein: Treulosigkeit, unheilbare Krankheiten, Verlust der Existenz (aber nicht Verlust des Vermögens!).

Die Schadensersatzpflicht umfasst Aufwendungen des Verlobten und dessen Eltern, die sie im Hinblick auf die bevorstehende Eheschließung gemacht haben und die nun überflüssig sind.

Gegenseitige Geschenke können nach den Grundsätzen der ungerechtfertigten Bereicherung zurückgefordert werden (§ 1301).

Aus einem Verlöbnis kann nicht auf Eingehung der Ehe geklagt werden (§ 1297).

II. Die Ehe

Die Ehe kommt durch Vertrag zwischen den Verlobten zustande und wird in der vom Gesetz vorgeschriebenen Form geschlossen. Wesensgemäß ist die Ehe eine Gemeinschaft auf Lebensdauer (§ 1353), es gibt keine „Ehe auf Zeit".

Die Ehe wird aufgelöst durch Tod eines Ehegatten, durch Scheidung, Aufhebung, Nichtigerklärung und durch Wiederverheiratung des überlebenden Ehegatten, wenn der andere für tot erklärt wurde.

1. Die Ehefähigkeit

Eine Ehe soll nicht vor Eintritt der Volljährigkeit eingegangen werden (§ 1303 Abs. 1).

Das Familiengericht kann auf Antrag – nach Anhörung des Jugendamts (§ 49 Abs. 1 Nr. 1 FGG) – Befreiung von dieser Vorschrift erteilen, wenn der Antragsteller mindestens 16 Jahre alt und sein zukünftiger Ehegatte volljährig ist (§ 1303 Abs. 2).

Ein Widerspruch des gesetzlichen Vertreters des Antragstellers wird vom Familiengericht nur beachtet, wenn er auf triftigen Gründen beruht (§ 1303 Abs. 3)

Erteilt das Familiengericht die Befreiung, bedarf es zur Eingehung der Ehe nicht mehr der Einwilligung des gesetzlichen Vertreters (§ 1303 Abs. 4).

Wer geschäftsunfähig ist, kann eine Ehe nicht eingehen (§ 1304).

2. Die Eheschließung

Eine Ehe kann nur dadurch geschlossen werden, dass die Eheschließenden, **vor dem Standesbeamten** erklären, die Ehe miteinander eingehen zu wollen (§ 1310 Abs. 1).

Die Eheschließenden müssen die **Erklärungen persönlich und bei gleichzeitiger Anwesenheit** abgeben (§ 1311).

Der Standesbeamte soll die Eheschließenden einzeln befragen, ob sie die Ehe miteinander eingehen wollen und nach Bejahung dieser Frage aussprechen, dass sie nunmehr rechtmäßig verbundene Eheleute sind (§ 1312). Die Tätigkeit des Standesbamten ist rein formeller Natur. **Maßgebend ist allein das „Ja" der Eheschließenden.**

3. Eheverbote

Es gibt eine Anzahl Gründe, bei deren Vorliegen die Eheschließung verboten ist. Die wichtigsten sind:

- **Verwandtschaft in gerader Linie und zwischen voll- und halbbürtigen[1]) Geschwistern** (§ 1307),
- **Doppelehe (Bigamie,** § 1306), nach § 172 StGB strafbar.

Eine **Ehe** kann **auf Antrag** (§ 1316) – des Ehegatten, der zuständigen Verwaltungsbehörde und im Fall des § 1306 (Bigamie) auch der dritten Person – **aufgehoben werden** (§ 1313),

---

[1]) Halbbürtige Geschwister haben nur einen gemeinsamen Elternteil.

- wenn sie entgegen zwingenden gesetzlichen Vorschriften geschlossen worden ist (§ 1314 Abs. 1) oder wenn z. B.
- ein Ehegatte zur Eheschließung durch Irrtum, arglistige Täuschung oder Drohung bestimmt worden ist (§ 1314 Abs. 2).

Unter bestimmten Voraussetzungen kann ein solcher bei der Eheschließung vorliegender Mangel geheilt werden (§ 1315).

Die Folgen der Aufhebung einer Ehe bestimmen sich in den in § 1318 genannten Fällen nach den Vorschriften über die Scheidung.

4. Die rechtlichen Wirkungen der Ehe

♦ Staatsangehörigkeit

Die Eheschließung hat **keinen Einfluss auf die Staatsangehörigkeit.** Jedoch kann ein Ehegatte, der Ausländer ist, die deutsche Staatsangehörigkeit durch Einbürgerung erwerben. Eine Deutsche verliert durch die Eheschließung mit einem Ausländer die deutsche Staatsangehörigkeit nicht.

♦ Eheliche Lebensgemeinschaft

Die Ehegatten sind einander zur **ehelichen Lebensgemeinschaft verpflichtet** (§ 1353). Aus dem Wesen der Ehe ergibt sich, dass Ehegatten denselben Wohnsitz haben. Jedoch ist jeder Ehegatte berechtigt, einen eigenen Wohnsitz zu begründen, wenn besondere Umstände dies rechtfertigen.

♦ Unterhaltspflicht

Die Ehegatten sind einander verpflichtet, durch ihre Arbeit und mit ihrem Vermögen **die Familie angemessen zu unterhalten** (§ 1360). Sie haben die erforderlichen Mittel für einen angemessenen Zeitraum im Voraus zur Verfügung zu stellen.

Der angemessene Unterhalt umfasst die **Kosten des Haushalts,** die persönlichen Bedürfnisse der Ehegatten – jeder Ehegatte hat **Anspruch auf ein angemessenes Taschengeld** – und den **Lebensbedarf der gemeinsamen unterhaltsberechtigten Kinder.**

Kann ein Ehegatte die Prozesskosten in einer persönlichen Angelegenheit, z. B. die Kosten eines Scheidungsprozesses, nicht selbst tragen, ist der andere verpflichtet, ihm die Kosten vorzuschießen (§ 1360 a).

♦ Haushaltsführung

Die Ehegatten regeln die Haushaltsführung in gegenseitigem Einvernehmen. Der mit der **Haushaltsführung** betraute Ehegatte (ggf. der Mann) leitet den Haushalt in eigener Verantwortung (§ 1356 Abs. 1).

♦ Schlüsselgewalt

Geschäfte, die ein Ehegatte zur angemessenen Deckung des Lebensbedarfs der Familie abschließt, verpflichten auch den anderen Ehegatten (**„Schlüsselgewalt"**, § 1357 Abs. 1). Dies gilt nicht, wenn die Ehegatten getrennt leben (§ 1357 Abs. 3).

♦ Geschäftsbesorgung

Jeder Ehegatte kann das Recht des anderen, Geschäfte mit Wirkung für ihn zu besorgen, **beschränken oder ausschließen**. Das Vormundschaftsgericht hat jedoch auf Antrag die Beschränkung oder Ausschließung aufzuheben, wenn kein ausreichender Grund vorliegt. **Dritten** gegenüber wirkt die Beschränkung oder Ausschließung **nur, wenn** sie **in das Güterrechtsregister eingetragen** oder dem Dritten bekannt ist (§ 1357 Abs. 2).

♦ Erwerbstätigkeit

Jeder Ehegatte ist berechtigt, *erwerbstätig* zu sein, soweit dies mit seinen Pflichten in Ehe und Familie vereinbar ist (§ 1356 Abs. 2).

♦ Familienname

Die Ehegatten sollen einen gemeinsamen Familiennamen (Ehenamen) führen (§ 1355 Abs. 1). Zum Ehenamen können sie bei der Eheschließung gegenüber dem Standesbeamten den **Geburtsnamen des Mannes oder den Geburtsnamen der Frau** bestimmen (§ 1355 Abs. 2).

Geburtsname ist der Name, der vom Standesbeamten in die Geburtsurkunde der Ehegatten zur Zeit der Eheschließung einzutragen ist (§ 1355 Abs. 6). Der Geburtsname muss also nicht immer der Name sein, den man bei der Geburt empfangen hat. Zum Ehenamen kann auch ein durch Einbenennung (§ 1618), Adoption (§ 1757 Abs. 1) oder aufgrund des Namensänderungsgesetzes geänderter Name angenommen werden, **jedoch nicht ein früherer Ehename.**

Beispiel: Der Geburtsname der nichtehelich geborenen Verlobten ist Kandel. Der spätere Ehemann ihrer Mutter, Fritz Mohr, hat im Einvernehmen mit der Mutter dem Kinde seinen Familiennamen erteilt (Einbenennung). Eine weitere Veränderung des Familiennamens ist nicht erfolgt; die Verlobte heißt somit zur Zeit der Eheschließung Mohr. Sie heiratet Erich Schumann.

Die Ehegatten können zum Ehenamen Mohr oder Schumann, nicht aber den Doppelnamen Mohr – Schumann oder Schumann – Mohr bestimmen.

♦ Begleitname

Der **Ehegatte, dessen Name nicht Ehename geworden ist,** kann ein Interesse daran haben, dass sein Name erhalten bleibt (z. B. Arzt, Kaufmann, Künstler, Politiker, Wissenschaftler, Adliger). Diesem Bedürfnis trägt § 1355 Abs. 4 Rechnung, der diesem Ehegatten die **Befugnis** einräumt, durch Erklärung gegenüber **dem Standesbeamten dem Ehenamen seinen Geburtsnamen voranzustellen oder anzufügen.** Die Erklärung muss öffentlich beglaubigt werden. Auch der Standesbeamte kann die Beglaubigung vornehmen (§ 15 c PStG). Ein solcher **Begleitname** kann auch der Name aus einer früheren Ehe sein. besteht der Name eines Ehegatten aus mehreren Namen, kann nur einer dieser Namen hinzugefügt werden.

Der Begleitname ist nicht Bestandteil des Ehenamens, sondern persönlichkeitsgebundener Namenszusatz, dessen sich der Ehegatte in Verbindung mit dem Ehenamen im Rechtsverkehr bedient.

Beispiel: Die Verlobten haben im oben angeführten Beispiel den Ehenamen Schumann gewählt. Die Frau, die unter dem Namen Mohr eine bekannte Boutique führt, erklärt einige Monate nach Eheschließung gegenüber dem Standesbeamten, sie wolle ihren Namen Mohr dem Ehenamen voranstellen.

Die Frau heißt von nun an Mohr-Schumann; ihr Mann heißt Schumann.

Die Erklärung über die Führung eines Begleitnamens ist an keine Frist gebunden. Sie kann auch noch lange nach der Heirat nachgeholt werden. Der **Begleitname** des Ehegatten erlischt jedoch mit seinem Tode und **geht nicht auf die Kinder über.**

Der Ehename ist in das **Heiratsregister** einzutragen (§ 11 Abs. 1 Nr. 4 PStG). Die von beiden Eheleuten getroffene Wahl des Ehenamens ist unwiderruflich. Eine spätere Änderung ist nur nach den Bestimmungen des Namensänderungsgesetzes möglich.

Bestimmen die Eheleute keinen Ehenamen, weil sie dies nicht wollen oder sich nicht einigen können, **so führen sie ihren zur Zeit der Eheschließung geführten Namen auch nach der Eheschließung weiter** (§ 1355 Abs. 1).

5. Das eheliche Güterrecht

Das eheliche Güterrecht regelt die Auswirkungen der Eheschließung auf das Vermögen der Ehegatten. *Drei Güterstände* stehen zur Wahl:

- der gesetzliche Güterstand der Zugewinngemeinschaft,
- der vertragliche Güterstand der Gütergemeinschaft,
- die Gütertrennung

◆ Die Zugewinngemeinschaft (§§ 1363 ff.)

Die Zugewinngemeinschaft tritt **kraft Gesetzes** ein. In diesem Güterstand leben alle Ehegatten, die sich nicht für einen der anderen Güterstände entschieden haben.

Die Eigenart der Zugewinngemeinschaft zeigt sich erst **nach Auflösung der Ehe.** *Während der Ehe* gilt Gütertrennung, d. h. jeder Ehegatte verwaltet grundsätzlich sein Vermögen selbst und verfügt darüber selbstständig (§ 1364). Er braucht die Zustimmung des anderen Ehegatten nur, wenn er über sein Vermögen als Ganzes oder über ihm gehörende Haushaltsgegenstände verfügen will (§§ 1365, 1369).

Wird die Ehe **durch Gerichtsurteil** (Scheidungs- oder Aufhebungsurteil) aufgelöst und damit der Güterstand beendet, wird das während der Ehe erworbene Vermögen unter den Ehegatten ausgeglichen. Hat ein Ehegatte mehr erworben als der andere, steht diesem die Hälfte des Mehrerwerbs als **Ausgleichsforderung** zu.

Für **Ausgleich des Zugewinns** gilt Folgendes:

- **Zugewinn** ist der Betrag, um den das Endvermögen das Anfangsvermögen übersteigt (§ 1373).
- **Anfangsvermögen** ist das Vermögen, das einem Ehegatten nach Abzug der Verbindlichkeiten beim Eintritt des Güterstandes gehört. Hinzugezählt wird, was der Ehegatte von Todes wegen, durch Schenkung, als Ausstattung oder durch vorweggenommene Erbschaft erwirbt (§ 1374).

  Übersteigen die Schulden das Aktivvermögen, ist das Anfangsvermögen Null.

- **Endvermögen** ist das Vermögen, das einem Ehegatten nach Abzug der Verbindlichkeiten bei Beendigung des Güterstandes gehört (§ 1375). Für die Berechung des Endvermögens ist maßgebend der Zeitpunkt, in welchem das Verfahren, das zur Scheidung der Ehe geführt hat, rechtshängig geworden ist, d. h. im Zeitpunkt der Zustellung des Scheidungsantrags an den Antragsgegner (§ 1384).

Dem Endvermögen wird **hinzugerechnet,** was der Ehegatte verschenkt (außer Pflicht- und Anstandsschenkungen), verschwendet oder in der Absicht verbraucht hat, den anderen Ehegatten zu schädigen.

◆ **Übersteigt der Zugewinn des einen Ehegatten den Zugewinn des anderen, so steht die Hälfte des Überschusses dem anderen Ehegatten als Ausgleichsforderung zu (§ 1378).**

Beispiel:

	Mann	Frau
Anfangsvermögen	4 000,00 EUR – 5 000,00 EUR (Schulden) –,00 EUR	+ 10 000,00 EUR + 20 000,00 EUR (Erbschaft) 30 000,00 EUR
Endvermögen	24 000,00 EUR + 4 000,00 DM (verschwendet) 28 000,00 EUR	40 000,00 EUR –,00 EUR 40 000,00 EUR
Zugewinn	28 000,00 EUR	10 000,00 EUR
Der Zugewinn des Mannes übersteigt den der Frau um 18 000,00 EUR. Die Frau hat somit gegen den Mann eine Ausgleichsforderung von 9 000,00 EUR.		

Die Ausgleichsforderung ist eine reine **Geldforderung.** Ausgleich in Sachwerten kann nur ausnahmsweise verlangt werden (§ 1383).

Wird die Ehe **durch Tod** eines Ehegatten aufgelöst, wird der Zugewinn auf andere Weise ausgeglichen (§ 1371): Damit Streitigkeiten zwischen den Erben und dem überlebenden Ehegatten vermieden werden, wird der gesetzliche Erbteil des Ehegatten (siehe §§ 1931 ff.) um ein Viertel erhöht ohne Rücksicht darauf, ob die Ehegatten einen Zugewinn erzielt haben. Der überlebende Ehegatte bekommt z. B. neben Erben der ersten Ordnung (Abkömmling) *die Hälfte* statt nur ein Viertel des Nachlasses (siehe S. 146), selbst wenn er in der Ehe das größere Vermögen erworben hat.

Bei testamentarischer Erbfolge gilt eine etwas andere Regelung: Hier kann der überlebende Ehegatte Ausgleich des Zugewinns verlangen, falls er die Erbschaft ausschlägt oder enterbt worden ist.

◆ **Die Gütergemeinschaft (§§ 1415 ff.)**

Die Gütergemeinschaft wird durch **Ehevertrag** begründet, der von einem Notar bei gleichzeitiger Anwesenheit beider Teile – Stellvertretung ist möglich – beurkundet werden muss (§ 1410; §§ 8 ff. BeurkG).

Auch Verlobte können einen Ehevertrag schließen (§ 1408).

Bei der Gütergemeinschaft werden drei Gütermassen unterschieden:

◆ **das Vorbehaltsgut von Mann und Frau (§ 1418):** Das Vorbehaltsgut umfasst die Gegenstände, die durch den Ehevertrag oder durch Verfügungen Dritter, z. B. durch Testament oder Schenkung, zum Vorbehaltsgut eines Ehegatten erklärt sind.

Beispiel: Im Ehevertrag wird bestimmt, dass der Flügel der Frau, die Musiklehrerin ist, zu ihrem Vorbehaltsgut gehört.

◆ **das Sondergut (§ 1417):** Sondergut sind Gegenstände, die nicht durch Rechtsgeschäft übertragen werden können.

Beispiel: der Nießbrauch an einem Grundstück, unpfändbare Gehaltsforderungen, Schmerzensgeldansprüche.

Sondergut und Vorbehaltsgut verwaltet jeder Ehegatte selbst.

◆ **das Gesamtgut (§ 1416):** Zum Gesamtgut gehört – mit Ausnahme von Vorbehalts- und Sondergut – das ganze übrige Vermögen, das beide Ehegatten in die Ehe einbringen und während der Ehe erwerben.

Die Ehegatten verwalten das Gesamtgut gemeinsam, wenn sie im Ehevertrag nichts anderes vereinbart haben. Sie können nur gemeinsam über das Gesamtgut als Ganzes und über einzelne Gegenstände verfügen (§ 1419).

Verwaltet *ein Ehegatte* laut Vereinbarung das Gesamtgut *allein,* braucht er die **Zustimmung des anderen Ehegatten,**

◆ wenn er über das Gesamtgut im Ganzen verfügen will (§ 1423),
◆ wenn er über ein zum Gesamtgut gehörendes Grundstück verfügen will (§ 1424),
◆ wenn er Gegenstände aus dem Gesamtgut verschenken will, wobei Pflicht- und Anstandsgeschenke ausgenommen sind (§ 1425).

In das Gesamtgut können grundsätzlich die Gläubiger von Mann und Frau vollstrecken (§§ 1437–1440). Verwalten die Ehegatten das Gesamtgut gemeinsam, ist zur Zwangsvollstreckung ein Leistungstitel gegen beide erforderlich. Verwaltet ein Ehegatte das Gesamtgut allein, genügt ein Vollstreckungstitel gegen ihn (§ 740 ZPO).

◆ *Die Gütertrennung (§ 1414)*

Gütertrennung tritt ein,

◆ wenn sie durch Ehevertrag ausdrücklich vereinbart wurde;
◆ wenn die Ehegatten durch Ehevertrag
  – die Zugewinngemeinschaft vor der Heirat ausgeschlossen haben oder
  – die mit Eheschließung eingetretene Zugewinngemeinschaft oder die durch Ehevertrag vereinbarte Gütergemeinschaft aufheben oder den Versorgungsausgleich ausschließen.

Das Vermögen der Ehegatten bleibt getrennt. Jeder verwaltet sein Gut selbst und verfügt frei darüber. Das Vermögen des einen Ehegatten haftet nicht für die Schulden des anderen, es unterliegt auch nicht dem Zugriff der Konkursgläubiger des anderen Ehegatten.

Zugunsten der Gläubiger eines Ehegatten wird jedoch vermutet, dass bewegliche Sachen, die sich im Besitz beider Ehegatten befinden, z. B. gemeinsamer Hausrat, **dem jeweiligen Schuldner gehören** (§ 1362).

Beispiel: Der Gerichtsvollzieher pfändet in der Ehewohnung im Auftrag eines Gläubigers des Mannes einen wertvollen Teppich. Der Gerichtsvollzieher braucht nicht zu prüfen, ob der Teppich tatsächlich dem Mann gehört (§ 739 ZPO).

6. Die Ehescheidung

Ehescheidung ist die auf Antrag eines oder beider Ehegatten erfolgte Auflösung der Ehe durch gerichtliches Urteil. Mit Rechtskraft des Urteils ist die Ehe aufgelöst (§ 1564).

Einziger Scheidungsgrund ist die **Zerrüttung, das Scheitern der Ehe.**

Die Ehe ist gescheitert, wenn die Lebensgemeinschaft der Ehegatten nicht mehr besteht (die Ehegatten leben getrennt, § 1567) und nicht mehr erwartet werden kann, dass die Ehegatten sie wiederherstellen (§ 1565 Abs. 1).

Das Scheitern der Ehe wird **unwiderlegbar vermutet,**

◆ wenn die Ehegatten **seit einem Jahr getrennt leben und beide die Scheidung begehren** (§ 1566 Abs. 1). In diesem Fall braucht das Scheitern der Ehe nicht besonders nachgewiesen zu werden.

Widerspricht jedoch **ein Ehegatte der Scheidung, so muss der andere das Scheitern der Ehe beweisen,** d. h. dass die Lebensgemeinschaft nicht mehr besteht und keine Aussicht auf Wiederherstellung gegeben ist. **Die Schuldfrage ist für das Gericht unbeachtlich.**

Leben die Ehegatten **noch nicht ein Jahr getrennt,** kann die Ehe nur geschieden werden, wenn ihre Fortsetzung aus Gründen, die in der Person des anderen Ehegatten liegen, für den Antragsteller **unzumutbar** wäre (§ 1565 Abs. 2).

Beispiel: Das 20-jährige Fotomodell Schönfeld hat den bekannten Industriellen Reichmann geheiratet. Nachdem sie Gefallen an einem jüngeren Schauspieler gefunden hat, treibt sie sich mit ihrem Liebhaber in der Welt herum. Acht Monate, nachdem der Ehemann sie wiederholt vergeblich zur Rückkehr in die eheliche Wohnung aufgefordert hat, beantragt er die Scheidung der Ehe.

Mit dem Scheidungsantrag wird er durchdringen, weil ihm die Fortsetzung der Ehe infolge des grob ehewidrigen Verhaltens seiner Ehefrau nicht länger zugemutet werden kann.

◆ wenn die Ehegatten **seit drei Jahren getrennt leben, selbst wenn ein Ehegatte der Scheidung widerspricht** (§ 1566 Abs. 2). Die **Vermutung,** dass die Ehe nach dieser Zeit gescheitert ist, **kann nicht widerlegt werden.**

Wird die Trennung durch ein Zusammenleben der Ehegatten, das der Versöhnung dienen soll, kürzere Zeit unterbrochen, so werden dadurch die Trennungsfristen nicht berührt (§ 1567 Abs. 2).

◆ Härteklausel (§ 1568 Abs. 1)

Die Scheidung kann eine begrenzte Zeit hinausgeschoben werden, obwohl die Ehe gescheitert ist:

◆ wenn die Aufrechterhaltung der Ehe im Interesse minderjähriger Kinder aus besonderen Gründen ausnahmsweise notwendig ist oder

◆ wenn die Scheidung für den sie ablehnenden Ehegatten wegen außergewöhnlicher Umstände eine so schwere Härte bedeutet, dass die Aufrechterhaltung der Ehe geboten erscheint, z. B. während einer schweren Krankheit oder wegen des Todes eines Kindes.

Das Gericht soll **das Verfahren von Amts wegen aussetzen,** wenn nach seiner Überzeugung Aussicht auf Fortsetzung der Ehe besteht (§ 614 Abs. 2 S. 1 ZPO). Es soll den Ehegatten zugleich nahe legen, sich an eine Eheberatungsstelle zu wenden (§ 614 Abs. 5 ZPO).

Leben die Ehegatten länger als ein Jahr getrennt, darf das Verfahren nur mit ihrem Einverständnis ausgesetzt werden (§ 614 Abs. 2 ZPO).

Die Aussetzung darf nur einmal wiederholt werden. Sie darf insgesamt nicht länger als ein Jahr dauern. Falls die Ehegatten länger als drei Jahre getrennt leben, darf sie nur sechs Monate dauern (§ 614 Abs. 4 ZPO).

7. Die Folgen der Scheidung für die Ehegatten

◆ **Allgemeine Folgen**

- Die Scheidung hat keinen Einfluss auf die **Staatsangehörigkeit** der Ehegatten.
- Die durch die Ehe begründeten **Schwägerschaften** bleiben bestehen.
- Die Ehegatten und die Verschwägerten behalten das **Zeugnisverweigerungsrecht.**
- Der geschiedene Ehegatte behält den **Ehenamen** (§ 1355 Abs. 5 S. 1). Er kann jedoch durch öffentlich beglaubigte Erklärung gegenüber dem Standesbeamten seinen Geburtsnamen oder den Namen wieder annehmen, den er zur Zeit der Eheschließung geführt hat (§ 1355 Abs. 5 S. 2).

◆ **Die gegenseitige Unterhaltspflicht der Ehegatten**

Grundsätzlich hat der Ehegatte, der nach der Scheidung nicht selbst für seinen Unterhalt sorgen kann, gegen den anderen Ehegatten Anspruch auf Unterhalt selbst dann, wenn er für das Scheitern der Ehe verantwortlich ist (§ 1569). Er kann jedoch keinen Unterhalt verlangen, wenn ihm zugemutet werden kann, seinen Unterhalt durch eigene Erwerbstätigkeit, aus seinen Einkünften oder seinem Vermögen selbst zu bestreiten (§ 1577 Abs. 1).

Im Gesetz sind zahlreiche Fälle aufgeführt, in denen dem geschiedenen Ehepartner eine **Erwerbstätigkeit nicht zuzumuten** *ist,* so zum Beispiel,

- solange er ein gemeinschaftliches Kind versorgt und erzieht (§ 1570);
- soweit er im Zeitpunkt der Scheidung oder Beendigung der Versorgung eines gemeinschaftlichen Kindes zu alt, zu krank oder sonstwie gebrechlich ist (§§ 1571, 1572);
- solange und soweit er **keine angemessene Erwerbstätigkeit findet,** falls er nach den §§ 1570–1572 nicht unterhaltsberechtigt sein sollte. Dies gilt auch dann, wenn er die gefundene Arbeit trotz seiner Bemühungen wieder verloren hat (§ 1573).

Angemessen ist eine Erwerbstätigkeit, wenn sie der Ausbildung, den Fähigkeiten, dem Lebensalter und dem Gesundheitszustand des geschiedenen Ehegatten entspricht; unter Umständen muss er sich ausbilden, fortbilden oder umschulen lassen. Zu beachten sind dabei unter anderem die ehelichen Lebensverhältnisse und die Dauer der Ehe (§§ 1574–1576).

Der Unterhaltsanspruch entfällt, wird herabgesetzt oder zeitlich begrenzt, soweit die Inanspruchnahme des Verpflichteten grob unbillig wäre (§ 1579), so z. B.

- wenn die Ehe von kurzer Dauer war,
- wenn sich der Unterhaltsberechtigte einer schweren Strafe gegen den Verpflichteten oder einen nahen Angehörigen desselben schuldig gemacht hat,
- wenn der Unterhaltsberechtigte seine Bedürftigkeit mutwillig herbeigeführt hat,
- wenn dem Unterhaltsberechtigten ein offensichtlich schwerwiegendes, eindeutig bei ihm liegendes Fehlverhalten gegen den Verpflichteten zur Last fällt.

Umfang, Begrenzung und Gestaltung des Unterhalts werden durch die §§ 1578, 1581, 1585 ff. bestimmt. Hervorzuheben ist Folgendes:

- Der Umfang des Unterhalts bestimmt sich nach den ehelichen Lebensverhältnissen. Unter bestimmten Voraussetzungen kann die Bemessung des Unterhalts zeitlich begrenzt und danach auf den angemessenen Lebensbedarf abgestellt werden. Hierzu gehören u.a. auch die Kosten einer angemessenen Versicherung für den Fall der Krankheit, ebenso für den Fall des Alters, der Berufs- oder Erwerbsunfähigkeit (**Vorsorgeunterhalt**);

- der Anspruch des geschiedenen Ehegatten geht dem Anspruch des Ehegatten einer neuen Ehe vor (§ 1582);
- die Ehegatten können für die Zeit nach der Scheidung Unterhaltsvereinbarungen treffen (§ 1585 c);
- der Unterhaltsanspruch erlischt mit der Wiederheirat oder dem Tod des Berechtigten (§ 1586 Abs. 1);
- die Unterhaltpflicht geht mit dem Tode des Verpflichteten auf die Erben als Nachlassverbindlichkeit[1]) über (§ 1586 b).

◆ Der Versorgungsausgleich

Zweck des Versorgungsausgleichs ist es, demjenigen Ehegatten, der während der Ehe keine oder nur unzureichende Vorsorge für das Alter treffen konnte – meist die den Haushalt führende Ehefrau –, im Fall der Scheidung einen Anspruch auf Alterssicherung zu verschaffen.

Die hierzu ergangenen Vorschriften der §§ 1587 ff. sind ziemlich kompliziert. Im Wesentlichen gilt Folgendes:

- Unter den Ehegatten findet im Fall der Scheidung ähnlich wie beim Ausgleich des Zugewinns ein Versorgungsausgleich in der Weise statt, dass *die während der Ehezeit von ihnen erworbenen Anwartschaften auf Invaliditäts- und Alterssicherung zwischen ihnen geteilt und ausgeglichen werden.* Hat ein Ehegatte während der Ehezeit eine Anwartschaft mit höherem Wert erworben als der andere Ehegatte, ist er diesem zum Ausgleich verpflichtet.

  Beispiel: Der Mann hat während der Ehe einen monatlichen Rentenanspruch von 1600,00 EUR erworben, die Frau dagegen nur einen solchen von 600,00 EUR. Zugunsten der Frau findet ein Ausgleich in Höhe von 500,00 EUR statt.

- Zu den auszugleichenden Anwartschaften gehören u. a. solche auf *Renten aus der Sozialversicherung, Beamtenpensionen, betriebliche Altersversorgung* und *Renten aus privaten Versicherungen.*

- Sind die Voraussetzungen für einen **öffentlich-rechtlichen,** also von Amts wegen durchzuführenden Versorgungsausgleich der oben geschilderten Art nicht gegeben, so erfolgt auf Antrag eines Ehegatten in den in § 1587 f. aufgeführten Fällen ein **„schuldrechtlicher Versorgungsausgleich"** in Gestalt einer vom Verpflichteten zu zahlende Geldrente (Ausgleichsrente). Im Unterschied zum öffentlich-rechtlichen Versorgungsausgleich, bei dem der Ausgleichsanspruch nicht mit dem Tode des Verpflichteten erlischt, sondern gegen dessen Erben geltend gemacht werden kann (§ 1587 e Abs. 4), gewährt der schuldrechtliche Versorgungsausgleich keine Leistungen über den Tod des Verpflichteten hinaus (§ 1587 k Abs. 2).

- Die Ehegatten können im Zusammenhang mit der Scheidung *Vereinbarungen über den Versorgungsausgleich* treffen, die im Interesse des sozial schwächeren Partners *notariell beurkundet* und *vom Familiengericht genehmigt* werden müssen. Die Genehmigung wird nicht erteilt, wenn die Vereinbarung offensichtlich zur Sicherung des Berechtigten für den Fall der Erwerbsunfähigkeit und des Alters nicht geeignet ist oder zu keinem angemessenen Ausgleich unter den Ehegatten führt.

  Die Ehegatten können auch während der Ehezeit oder schon bei der Heirat *durch notariell beurkundeten Ehevertrag den Versorgungsausgleich ausschließen.* Eine solche Verein-

---

[1]) Näheres über den Begriff Nachlassverbindlichkeiten siehe S. 153 f.

barung bedeutet für den schwächeren Ehepartner ein großes Risiko. Hierauf muss ihn der Notar im Rahmen der ihm obliegenden Aufklärungspflicht hinweisen.

- Der Versorgungsausgleich findet im Zeitpunkt der Scheidung statt. Die Versorgungsleistungen werden aber erst dann fällig, wenn die Voraussetzungen hierfür, z. B. das Erreichen der Altersgrenze, eingetreten sind.

◆ Die Erziehungsrente

In Zusammenhang mit dem Versorgungsausgleich ist durch Einführung des § 42 a Angestelltenversicherungsgesetz die Erziehungsrente eingeführt worden. Sie kommt dem Ehegatten zugute, der nach der Scheidung die Kinder erzieht und deshalb nicht oder nicht in ausreichendem Maße erwerbstätig sein kann. Die Rente wird nach dem Tode des früheren Ehegatten gewährt und soll den bis dahin in der Regel bestehenden Unterhaltsanspruch ersetzen.

Die Erziehungsrente wird unter folgenden Voraussetzungen gewährt:

- der die Kinder erziehende Ehegatte darf nach der Scheidung nicht wieder geheiratet haben und muss mindestens ein waisenrentenberechtigtes Kind erziehen. In diesem Falle wird eine *Berufsunfähigkeitsrente* gewährt;
- sind drei waisenrentenberechtigte Kinder oder zwei Kinder unter sechs Jahren zu erziehen, wird eine *Erwerbsunfähigkeitsrente* gewährt;
- die für die Berufs- und Erwerbsunfähigkeitsrente erforderliche Wartezeit von fünf Jahren muss vor dem Tode des früheren Ehegatten erfüllt sein.

8. Die Folgen der Scheidung für minderjährige Kinder

Das Familiengericht ist nicht nur für das Scheidungsverfahren zuständig, sondern für alle Angelegenheiten, die infolge der Scheidung oder Aufhebung einer Ehe zu regeln sind. Hierher gehören insbesondere

- die Regelung der elterlichen Sorge für ein gemeinschaftliches eheliches Kind,
- die gesetzliche Unterhaltspflicht gegenüber dem Kinde,
- das Recht zum persönlichen Umgang mit dem Kinde[1]).

◆ Die elterliche Sorge (§ 1671)[2])

Grundsätzlich steht den Eltern auch nach der Scheidung die elterliche Sorge gemeinsam zu, jedoch kann jeder Elternteil beantragen, dass ihm das Familiengericht die elterliche Sorge oder einen Teil davon (z. B. Ausbildung des Kindes, Heilbehandlung, Aufenthaltsbestimmung) allein überträgt (§ 1671 Abs. 1).

Dem Antrag ist stattzugeben, wenn

- der andere Elternteil zustimmt es sei denn, dass das Kind das 14. Lebensjahr vollendet hat und der Übertragung widerspricht (§ 1671 Abs. 2 Nr. 1) oder
- zu erwarten ist, dass die Übertragung dem Wohl des Kindes am besten entspricht (§ 1671 Abs. 2 Nr. 2). In diesem Fall ist die Zustimmung des anderen Elternteils und der Widerspruch des Kindes ohne Bedeutung.

---

[1]) Näheres siehe S. 127.
[2]) Näheres siehe S. 132 f.

Dem Antrag wird nicht entsprochen, wenn die elterliche Sorge aufgrung anderer Vorschriften geregelt werden muss (§ 1671 Abs. 3). Ergibt sich im Laufe des Verfahrens über den Antrag, dass z. B. den Eltern gemäß § 1666 die elterliche Sorge entzogen und ein Vormund bestellt werden muss, so hat dies Vorrang vor einer Übertragung.

◆ Die Unterhaltspflicht

Die geschiedenen Eltern sind weiterhin zum Unterhalt für ihre minderjährigen unverheirateten Kinder verpflichtet, soweit diese sich nicht selbst unterhalten können.

Ein Kind unter 18 Jahren, das in den Haushalt eines geschiedenen Elternteils aufgenommen ist, kann vom anderen Elternteil als Unterhalt mindestens den Regelbetrag[1]) verlangen, der für ein Kind der entsprechenden Altersstufe festgesetzt ist (§ 1612 a). Der andere Elternteil, in dessen Haushalt das Kind lebt, leistet in der Regel einen Beitrag zum Unterhalt durch die Pflege und Erziehung des Kindes.

Im übrigen sind die allgemeinen Unterhaltsvorschriften für Verwandte anzuwenden (siehe S. 135 f.).

◆ Das Recht zum persönlichen Umgang mit dem Kinde (§ 1684)

Jeder Elternteil hat das Recht, mit dem Kinde persönlichen Umgang zu pflegen. Beide Elternteile haben alles zu unterlassen, was das Verhältnis des Kindes zum anderen Elterteil beeinträchtigt oder die Erziehung erschwert, so z. B. die Herabsetzung des anderen Elternteils oder das Aufhetzen des Kindes gegen ihn.

Das Familiengericht greift nur ein, wenn dies zum Wohle des Kindes nötig ist. Es kann den Umgang einschränken oder ausschließen. Der Wille des Kindes ist zu berücksichtigen. Das Kind ist grundsätzlich persönlich anzuhören (§ 50 b FGG). Vor seiner Entscheidung hat das Familiengericht das Jugendamt zu hören (§ 49 a Abs. 1 Nr. 4 FGG).

C. Das Rechtsverhältnis zwischen Eltern und Kindern

I. Abstammung

1. Mutterschaft

Mutter eines Kindes ist die Frau, die es geboren hat (§ 1591). Diese durch das Kindschaftsreformgesetz vom 16. Dezember 1997 eingeführte Bestimmung soll der Entwicklung der modernen Fortpflanzungsmedizin Rechnung tragen, die es ermöglicht, dass eine Frau eine befruchtete Eizelle austrägt, die nicht von ihr, sondern von einer anderen Frau stammt (Ei- oder Embryonenspende). Mutter im familienrechtlichen Sinn soll nach dem Willen des Gesetzgebers nur die gebärende Frau sein, weil nur sie zu dem Kind während der Schwangerschaft sowie während und unmittelbar nach der Geburt eine körperliche und psychosoziale Beziehung hat.

Die Mutterschaft dieser Frau soll deshalb auch keine bloße Scheinmutterschaft sein, die durch Anfechtung beseitigt werden könnte. Diese klare Regelung dient auch der Verhinderung von sog. Leihmutterschaften.

---

[1]) Näheres über den Regelbetrag siehe S. 136.

2. Vaterschaft – Anerkennung und Anfechtung – Gerichtliche Feststellung

Vater eines Kindes ist der Mann,

a) der zum Zeitpunkt der Geburt mit der Mutter verheiratet ist,

b) der die Vaterschaft anerkannt hat oder

c) dessen Vaterschaft nach § 1600 d gerichtlich festgestellt ist (§ 1592).

zu a) Ein während der Ehe geborenes Kind wird dem Ehemann der Mutter zugeordnet. Dies gilt auch für während der Ehe geborene, aber vor der Eheschließung gezeugte Kinder.

Im Unterschied zur früheren Regelung ist der Ehemann nicht gesetzlicher Vater, wenn das Kind erst nach der Scheidung oder Aufhebung der Ehe geboren wird.

zu b) Von dieser Bestimmung werden erfasst:

Die Fälle, in denen die Eltern des Kindes nicht miteinander verheiratet sind, also die bisherigen nichtehelichen Kinder;

darüber hinaus auch die – bisher ehelichen – Kinder, die nach der Scheidung oder Aufhebung der Ehe geboren werden und die deshalb nach a) nicht dem früheren Ehemann der Mutter zugeordnet werden. Ist dieser doch der Vater des Kindes, so kann er die Vaterschaft durch die Anerkennung herbeiführen.

Aus dem bloßen Bestehen einer nichtehelichen Gemeinschaft kann eine Vaterschaft nicht hergeleitet werden.

zu c) Kann die Vaterschaft weder aus der Ehe des Mannes mit der Mutter des Kindes noch aus einer Anerkennung hergeleitet werden, muss sie – wie bisher – gerichtlich festgestellt werden.

Eine Sonderregelung gilt dann, wenn die Ehe durch den Tod des Ehemannes aufgelöst und danach ein Kind geboren wurde. In diesem Fall wird der frühere Ehemann als Vater des Kindes angesehen, wenn das Kind innerhalb von 300 Tagen nach der Auflösung der Ehe geboren wird (§ 1593 Abs. 1 S. 1).

Wird von einer Frau, die eine weitere Ehe geschlossen hat, ein Kind geboren, das sowohl nach § 1593 Abs. 1 S. 1 Kind des früheren Ehemannes als auch nach § 1592 Nr. 1 Kind des neuen Ehemannes wäre, so ist es nur als Kind des neuen Ehemannes anzusehen (§ 1593 Abs. 1 S. 3), es sei denn, die Vaterschaft wird angefochten und es wird rechtskräftig festgestellt, dass der neue Ehemann nicht Vater des Kindes ist. In diesem Fall wird das Kind dem früheren Ehemann zugerechnet. (§ 1593 Abs. 1 S. 4).

Beispiel: Eva und Karl Albrecht sind miteinander verheiratet. Karl Albrecht kommt bei einem Verkehrsunfall am 1. Mai ums Leben. Am 18. Oktober geht Eva Albrecht eine neue Ehe mit Kurt Voß ein. Am 20. November bringt Eva Voß verwitwete Albrecht ihre Tochter Ute zur Welt.

Als Vater von Ute wird Kurt Voß angesehen, da er zur Zeit der Geburt von Ute mit der Mutter verheiratet ist (§ 1592 Nr. 1). Will er Ute nicht als sein eigenes Kind gelten lassen, muss er die Vaterschaft anfechten.

♦ Anerkennung der Vaterschaft

Die Anerkennung ist schon vor der Geburt des Kindes zulässig (§ 1594 Abs. 4).

Voraussetzungen	♦ Anerkennungserklärung des Mannes. ♦ Zustimmung der Mutter, des Kindes nur dann, wenn der Mutter insoweit die elterliche Sorge nicht zusteht (§ 1595). Wer beschränkt geschäftsfähig ist, kann nur selbst anerkennen. Hierzu ist die Zustimmung des gesetzlichen Vertreters erforderlich (§ 1596).
Form	♦ Anerkennung und Zustimmung müssen öffentlich beurkundet werden (§ 1597).
Widerruf	Der Mann kann die Anerkennung widerrufen, wenn sie ein Jahr nach der Beurkundung noch nicht wirksam geworden ist, z. B. weil bis dahin die erforderlichen Zustimmungserklärungen noch nicht vorliegen (§ 1597 Abs. 3).

♦ Anfechtung der Vaterschaft (§§ 1600 ff.)

Anfechtungs-berechtigte	Die Vaterschaft können anfechten ♦ der Mann, dem die Vaterschaft nach § 1592 Nr. 1 u. 2, § 1593 zugerechnet wird, ♦ die Mutter, ♦ das Kind.
Höchstpersönliche Anfechtung	Der Mann und die Mutter können die Vaterschaft nur selbst anfechten, auch wenn sie beschränkt geschäftsfähig sind. Sind sie geschäftsunfähig, kann nur ihr gesetzlicher Vertreter anfechten. Für ein nicht vollgeschäftsfähiges Kind kann nur der gesetzliche Vertreter anfechten.
Anfechtungs-frist	Die Vaterschaft kann binnen zwei Jahren seit dem Zeitpunkt, in dem der Berechtigte von den Umständen erfährt, die gegen die Vaterschaft sprechen, gerichtlich angefochten werden. Im Anfechtungsverfahren wird vermutet, dass das Kind von dem Mann abstammt, dessen Vaterschaft nach § 1592 Nr. 1 u. 2. besteht (§ 1600 c).

♦ Gerichtliche Feststellung der Vaterschaft

Wenn keine Vaterschaft nach § 1592 Nr. 1 u. 2 besteht, wird die Vaterschaft gerichtlich festgestellt. Als Vater wird vermutet, wer der Mutter während der Empfängniszeit beigewohnt hat. Als Empfängniszeit gilt die Zeit vom 300. bis zum 180. Tag vor der Geburt des Kindes.

Die Vermutung gilt nicht, wenn schwerwiegende Zweifel an der Vaterschaft bestehen, z. B. Mehrverkehr der Mutter während der Empfängniszeit. Über die Feststellung oder Anfechtung der Vaterschaft entscheidet das Familiengericht (§ 1600 e).

II. Die Annahme als Kind – Adoption (§§ 1741 ff.)

Die Adoptionsvorschriften verfolgen in erster Linie den Zweck, elternlosen und verlassenen Kindern ein gesundes Zuhause in einer harmonischen Familie zu geben, in deren Schutz sie wie ein eigenes Kind aufwachsen können.

Das angenommene Kind erlangt die uneingeschränkte rechtliche Stellung eines Kindes mit sämtlichen Rechten und Pflichten, z. B. Erbrecht, Unterhaltsanspruch, Unterhaltsverpflichtung. Das Verwandtschaftsverhältnis des angenommenen Kindes und seiner Abkömmlinge zu seiner bisherigen Verwandtschaft erlischt (§ 1755 Abs. 1).

Die Annahme als Kind ist die einzige Möglichkeit, ein Verwandtschaftsverhältnis ohne Zeugung und Geburt zu begründen.

Minderjährige und Volljährige können als Kind angenommen werden (§ 1741).

◆ Wer nicht verheiratet ist, kann ein Kind nur allein annehmen;

◆ ein Ehepaar kann ein Kind nur gemeinschaftlich annehmen;

◆ ein Ehegatte kann auch das Kind seines Ehegatten allein annehmen.

Im Folgenden werden die wichtigsten Bestimmungen für die **Adoption Minderjähriger** behandelt.

Die Annahme als Kind ist zulässig,

◆ wenn sie dem Wohl des Kindes dient und

◆ zu erwarten ist, dass zwischen dem Annehmenden und dem Kind ein Eltern – Kind – Verhältnis entsteht.

Voraussetzungen:

◆ Der Annehmende muß mindestens 25 Jahre alt und unbeschränkt geschäftsfähig sein (§ 1743 S. 1).
Nimmt ein Ehepaar ein Kind gemeinschaftlich an, muss der eine Ehegatte mindestens 25 Jahre, der andere mindestens 21 Jahre alt sein (§ 1743 S. 2).
Wer ein Kind seines Ehegatten annehmen will, muss mindestens 21 Jahre alt sein (§ 1743 S. 1).
Ist das Kind bereits 14 Jahre alt, ist die Adoption ohne seine Einwilligung – mit Zustimmung des gesetzlichen Vertreters – nicht möglich. Bei unterschiedlicher Staatsangehörigkeit des Annehmenden und des Kindes bedarf die Einwilligung der Genehmigung des Vormundschaftsgerichts (§ 1746).

◆ Die Annahme eines Kindes ist nur mit Einwilligung der Eltern möglich. Die Einwilligung kann unter Umständen durch das Vormundschaftsgericht ersetzt werden (siehe §§ 1747–1751).

◆ Bereits mit Einwilligung eines Elternteils in die Adoption ruht dessen elterliche Sorge. Er darf mit dem Kind keinen persönlichen Umgang pflegen. Das Jugendamt wird Vormund, es sei denn, der andere Elternteil übt die elterliche Sorge allein aus (§ 1751 Abs. 1).

◆ Die Annahme als Kind wird auf Antrag des Annehmenden *vom Vormundschaftsgericht durch Beschluss ausgesprochen* (§ 1752). In der Regel soll der Annehmende das Kind zuvor eine angemessene Zeit in Pflege gehabt haben (§ 1744).
Die *Adoptionsvermittlungsstelle* (Jugendamt, Diakonisches Werk, Caritasverband, Arbeiterwohlfahrt) gibt das Kind nur dann in Pflege, wenn feststeht, dass der Annehmende für die Annahme des Kindes geeignet ist (§ 8 AdVermiG).

◆ Bevor das Gericht die Adoption ausspricht, hat es ein Gutachten der betreffenden Vermittlungsstelle darüber einzuholen, ob das Kind und die Familie des Annehmenden für die Annahme geeignet sind (§ 56 d FGG).

- Das Kind erhält die Staatsangehörigkeit des Annehmenden und als Geburtsnamen (siehe S. 119) dessen Familiennamen (§ 1757 Abs. 1). In der Geburtsurkunde werden als Eltern nur die Annehmenden angegeben (§ 62 Abs. 2 PStG).
- Das Annahmeverhältnis kann *wieder aufgehoben werden,* jedoch nur unter strengen Voraussetzungen (§§ 1759 ff.).

Mit der Aufhebung erlischt das Verwandtschaftsverhältnis des Kindes und seiner Abkömmlinge zu den Adoptivverwandten (Adoptiveltern, -geschwistern, -großeltern). Gleichzeitig lebt das Verwandtschaftsverhältnis zu den leiblichen Verwandten wieder auf mit den sich daraus ergebenden Rechten und Pflichten, ausgenommen die elterliche Sorge (§ 1764 Abs. 2 und 3). Diese ist jedoch in der Regel vom Vormundschaftsgericht den leiblichen Eltern zurückzuübertragen, sofern die Übertragung dem Wohle des Kindes nicht widerspricht. Andernfalls wird ein Vormund oder Pfleger bestellt (§ 1764 Abs. 4).

III. Die Rechtsstellung minderjähriger Kinder

Das Kind erhält die **deutsche Staatsangehörigkeit**, wenn ein Elternteil Deutscher ist; es teilt den **Wohnsitz der Eltern** (§ 11). Leben die Eltern nicht nur vorübergehend getrennt oder ist die Ehe geschieden, teilt es den Wohnsitz des Elternteils, dem die elterliche Sorge zusteht.

Das Kind erhält den **Ehenamen seiner Eltern** als Geburtsnamen (§ 1616). Dies gilt nicht notwendig nur für in der Ehe geborene Kinder. Die Eltern müssen im Zeitpunkt der Geburt nicht mehr miteinander verheiratet sein. Es genügt, dass sie vor der Geburt miteinander verheiratet waren und im Zeitpunkt der Geburt noch den Ehenamen aus ihrer Ehe fortführen. Heiraten die Eltern erst nach der Geburt, gelten §§ 1617b Abs. 1, 1617c Abs. 1.

Führen die Eltern keinen Ehenamen und steht ihnen die elterliche Sorge gemeinsam zu, so bestimmen sie durch Erklärung gegenüber dem Standesbeamten den Namen, den der Vater oder den die Mutter zur Zeit der Erklärung führt, zum Geburtsnamen des Kindes. Die Bestimmung der Eltern gilt auch für ihre weiteren Kinder (§ 1617 Abs. 1). Treffen die Eltern binnen eines Monats nach der Geburt des Kindes keine Bestimmung, überträgt das Familiengericht einem Elternteil das Bestimmungsrecht, für dessen Ausübung es eine Frist setzen kann. Ist das Bestimmungsrecht nach Ablauf der Frist nicht ausgeübt worden, erhält das Kind den Namen des Elternteils, dem das Bestimmungsrecht übertragen wurde (§ 1617 Abs. 2).

Führen die Eltern keinen Ehenamen und steht die elterliche Sorge nur einem Elternteil zu, erhält das Kind den Namen, den dieser Elternteil im Zeitpunkt der Geburt des Kindes führt (§ 1617a Abs. 1).

Der Elternteil, dem die elterliche Sorge allein zusteht, hat jedoch die Möglichkeit, im Einvernehmen mit dem anderen Elternteil auch dessen Namen zum Geburtsnamen des gemeinsamen Kindes zu bestimmen (§ 1617a Abs. 2).

Nach bis zum Juni 1998 geltenden Recht bestand die Möglichkeit, durch sog. **Einbenennung** einem unverheirateten nicht ehelichen Kind einen Namen zu erteilen, den der Elternteil, dem die elterliche Sorge allein zusteht – im Regelfall also die Mutter – und der Ehegatte dieses Elternteils führen. Nach der Neuregelung des § 1618 gilt diese Möglichkeit auch für eheliche Kinder. Diese können, wenn die Ehe ihrer Eltern aufgelöst und der Elternteil, dem nach Auflösung der Ehe das alleinige Sorgerecht zusteht, wieder verheiratet ist, mit Zustimmung des anderen Elternteils den Ehenamen aus der neuen Ehe erhalten. Damit soll die Einbenennung von „Stiefkindern" ermöglicht und dadurch die Integration solcher Kinder in die neue „Stieffamilie" gefördert werden.

Alle Kinder haben gegen die Eltern **Anspruch auf Unterhalt** und sind später auch den Eltern gegenüber, falls diese bedürftig sind, **zum Unterhalt verpflichtet** (§ 1601).

Wenn die Kinder im elterlichen Haushalt leben und von den Eltern erzogen oder unterhalten werden, haben sie den **Eltern im Hauswesen und im Geschäft zu helfen** (§ 1619).

IV. Die elterliche Sorge für minderjährige Kinder (§§ 1626 ff.)

Diese beinhaltet:

- **Personensorge,**
- **Vermögenssorge,**
- **Gesetzliche Vertretung auf beiden Gebieten,**
- **Umgang mit dem Kind**

Die Personensorge umfasst insbesondere die Pflicht und das Recht,

- das Kind zu pflegen, zu erziehen, zu beaufsichtigen, seinen Aufenthalt zu bestimmen (§ 1631 Abs. 1),
- das Kind von jedermann herauszuverlangen, der es den Eltern widerrechtlich vorenthält (§ 1632 Abs. 1),
- die religiöse Erziehung des Kindes zu bestimmen[1]),
- bei Ausbildung und Berufswahl die Eignung und Neigung des Kindes zu berücksichtigen (§ 1631 a),
- entwürdigende Erziehungsmaßnahmen, z. B. unangemessene Körperstrafen, Einsperren im Dunkeln, zu unterlassen (§ 1631 Abs. 2).

Grundsätzlich haben die Eltern „die elterliche Sorge in eigener Verantwortung und in gegenseitigem Einvernehmen zum Wohle des Kindes auszuüben. Bei Meinungsverschiedenheiten müssen sie versuchen, sich zu einigen" (§ 1627). Kommt in Angelegenheiten, die für das Wohl des Kindes von besonderer Bedeutung sind, eine Einigung der Eltern nicht zustande, kann das *Familiengericht auf Antrag die Entscheidung einem Elternteil übertragen* (§ 1628).

In einigen Fällen kann *das Familiengericht selbst entscheiden,* so z. B.,

- wenn die Eltern bei der *Berufswahl* offensichtlich keine Rücksicht auf Eignung und Neigung des Kindes nehmen und dadurch die Besorgnis einer schweren Beeinträchtigung der Entwicklung des Kindes besteht (§ 1666).
- wenn Streitigkeiten wegen des Umgangs des Kindes mit Dritten oder wegen der Herausgabe[2]) des Kindes von einem Dritten entstehen (§ 1632 Abs. 3).

---

[1]) Näher geregelt im Gesetz über die religiöse Kindererziehung vom 15. Juli 1921. Die religiöse Erziehung bestimmen die Eltern gemeinsam. Kein Elternteil kann während bestehender Ehe ohne Zustimmung des anderen bestimmen, dass das Kind in einem anderen Bekenntnis als bisher erzogen werden soll. Wird die Zustimmung verweigert, kann die Vermittlung oder Entscheidung des Vormundschaftsgerichts beantragt werden. Das Vormundschaftsgericht hat das Kind zu hören, wenn es zehn Jahre alt ist. Ab Vollendung des 12. Lebensjahres kann ein Kind nicht gegen seinen Willen in einem anderen Bekenntnis als bisher erzogen werden. Ab Vollendung des 14. Lebensjahres entscheidet das Kind selbst, welchem Bekenntnis es angehören will.

[2]) Verlangt ein Elternteil die Herausgabe des Kindes vom anderen Elternteil, entscheidet hierüber das Familiengericht (§ 1632 Abs. 3).

Die **Genehmigung des Familiengerichts** ist erforderlich, wenn ein Kind in einem Heim untergebracht werden soll und die Unterbringung mit Freiheitsentziehung verbunden ist (§ 1631 b), z. B. in der geschlossenen Abteilung einer Heil- und Pflegeanstalt. Das Jugendamt ist zu hören (§ 49a Abs. 1 Nr. 5 FGG).

Zum **Schutz von Pflegekindern,** die seit längerer Zeit in Familienpflege leben, kann das Familiengericht verhindern, dass die Eltern das Kind von der Pflegeperson wegnehmen, wenn das körperliche, geistige oder seelische Wohl des Kindes dadurch gefährdet wird. Das Familiengericht kann von Amts wegen oder auf Antrag der Pflegeperson anordnen, dass das Kind bei der Pflegeperson bleibt (§ 1632 Abs. 4).

Die **Vermögenssorge umfasst die Pflicht und das Recht**

- das Kindesvermögen in Besitz zu nehmen und zu verwalten,
- das der Verwaltung unterliegende Vermögen, welches das Kind durch Erbfall oder Schenkung erwirbt, soweit es den Wert von 15 000,00 EUR übersteigt, in ein Verzeichnis aufzunehmen und dieses mit der Versicherung der Richtigkeit und Vollständigkeit dem Familiengericht einzureichen (§ 1640),
- Geld des Kindes nach den Grundsätzen einer wirtschaftlichen Vermögensverwaltung anzulegen (§ 1642)

    Beispiel: Das Kind hat seinen Patenonkel beerbt. Zum Nachlass gehört ein Grundstück und ein Sparguthaben über 5 000,00 EUR.
    Für das Spargeld kaufen die Eltern festverzinsliche Wertpapiere. Wirft das Grundstück Miet- oder Pachtzins ab, ist das Geld zunächst für die Verwaltung des Grundstücks und für den Unterhalt des Kindes zu verwenden. Was übrig bleibt, können die Eltern für ihren Unterhalt und den Unterhalt der minderjährigen Geschwister des Kindes verwenden (§ 1649).

Die **Vertretung des Kindes** steht beiden Eltern gemeinsam zu. Möglich ist, dass ein Elternteil den anderen zur Alleinvertretung für einen Kreis von Geschäften (z. B. ärztliche Behandlung des Kindes) ermächtigt. Leben die Eltern getrennt oder ist die Ehe geschieden, wird das Kind durch den Elternteil vertreten, dem die elterliche Sorge zusteht (§§ 1671, 1672).

Die Vertretung umfasst die gerichtliche und außergerichtliche Vertretung des Kindes in allen Angelegenheiten mit Rechtswirkungen für das Kind (§ 1629 Abs. 1). Die Vertretung ist insoweit ausgeschlossen, als ein Vormund den Mündel nicht vertreten kann (§§ 1629 Abs. 2, 1795).

Zu bestimmten Rechtsgeschäften für das Kind bedürfen die Eltern der *Genehmigung des Familiengerichts* (§ 1643), so z. B.

- für die in § 1821 aufgeführten Grundstücksgeschäfte,
- zur Ausschlagung einer Erbschaft (§ 1822 Nr. 2),
- zur Aufnahme eines Kredits (§ 1822 Nr. 8),
- zur Eingehung einer Bürgschaft (§ 1822 Nr. 10).

Jeder Elternteil ist zum **Umgang mit dem Kind** verpflichtet und berechtigt (§ 1684 Abs. 1). Er hat alles zu unterlassen, was das Verhältnis des Kindes zum jeweils anderen Elternteil beeinträchtigen oder erschweren könnte (§ 1684 Abs. 2).

Das Familiengericht kann über den Umfang des Umgangsrechts entscheiden und seine Ausübung näher regeln (§ 1684 Abs. 3)

Ein Recht auf Umgang mit dem Kind haben auch die Großeltern, Geschwister und der frühere Ehegatte eines Elternteils (§ 1685).

Die elterliche Sorge erstreckt sich nicht auf Angelegenheiten des Kindes, für die ein Pfleger bestellt ist (§§ 1630, 1909).

Die elterliche Sorge endet für beide Eltern

- mit der Volljährigkeit (§ 2) oder der Adoption (§ 1755) des Kindes für einen Elternteil
- mit seinem Tod oder der Todeserklärung (§§ 1681 Abs. 1, 1677, 1681 Abs. 2),
- mit Entziehung der elterlichen Sorge durch das Familiengericht (§§ 1666, 1666a, 1667 Abs. 3).

Ist ein Elternteil gestorben oder für tot erklärt, steht die elterliche Sorge dem anderen Teil allein zu (§ 1680).

V. Die Beistandschaft (§§ 1712 ff.)

Nach bis zum 30. Juni 1998 geltenden Recht wurde mit der Geburt eines nichtehelichen Kindes das Jugendamt kraft Gesetzes Pfleger. An die Stelle dieser sog. Amtspflegschaft ist die durch das „Beistandschaftsgesetz" in das BGB eingeführte, für eheliche und nichteheliche Kinder mögliche, Beistandschaft getreten. Sie ist, im Gegensatz zu früher nicht mit einem Eingriff in das elterliche Sorgerecht verbunden. Sie ist ein freiwilliges Hilfsangebot, das nur in dem Umfang eintritt, in dem es gewünscht wird.

Nur auf Antrag eines Elternteils wird das Jugendamt Beistand des Kindes für folgende Aufgaben:

- Feststellung der Vaterschaft und/oder
- Geltendmachung von Unterhaltsansprüchen (§ 1712).

Antragsberechtigt ist nur ein Elternteil, dem für den Aufgabenkreis der beantragten Beistandschaft die alleinige elterliche Sorge zusteht (§ 1713).

Nicht antragsberechtigt ist der Elternteil, dem die elterliche Sorge nicht zusteht. Auch für Kinder, die unter gemeinsamer elterlicher Sorge stehen, ist eine Beistandschaft nicht möglich.

Die **Beistandschaft endet**, wenn der Antragsteller dies schriftlich verlangt. Sie endet auch, wenn der Antragsteller die elterliche Sorge (etwa durch Entziehung des Sorgerechts) verliert (§ 1715).

D. Die Unterhaltspflicht

Voraussetzungen des Unterhaltsanspruchs sind:
- **Verwandtschaft,**
- **Bedürftigkeit und**
- **Leistungsfähigkeit.**

Nur Verwandte in gerader Linie sind verpflichtet, einander Unterhalt zu gewähren, § 1601), nicht dagegen Verwandte in der Seitenlinie, z. B. Geschwister oder Verschwägerte.

Auch Ehegatten[1]) sind gegenseitig zum Unterhalt verpflichtet.

---

[1]) Näheres über die gegenseitige Unterhaltspflicht der Ehegatten während bestehender Ehe siehe S. 118 f.

Unterhaltsberechtigt ist nur, wer außerstande ist, sich selbst zu unterhalten (§ 1602 Abs. 1).

Unterhaltspflichtig ist nur, wer durch die Unterhaltsleistung unter Berücksichtigung seiner sonstigen Verpflichtungen seinen *angemessenen Unterhalt* nicht gefährdet (§ 1603 Abs. 1).

Eine Ausnahme gilt für Eltern *minderjähriger Kinder:* Sie haben alle verfügbaren Mittel zu ihrem und der Kinder Unterhalt aufzuwenden – es sei denn, das Kind hat eigene Einkünfte oder eigenes Vermögen[1].

Der Sicherung des Unterhalts von Kindern allein stehender Mütter und Väter dient das „Unterhaltsvorschussgesetz" Das Gesetz regelt nicht materiellrechtliche Unterhaltsansprüche, gehört also nicht zum Unterhaltsrecht, sondern ist ausschließlich Sozialhilferecht und deshalb dem besonderen Teil des Sozialgesetzbuches zugeordnet (s. Art. II, § 1 Nr. 19 SGB).

Nach diesem Gesetz haben Kinder, die keinen Unterhalt oder nicht regelmäßig mindestens den Regelbetrag[2] von dem Elternteil, bei dem sie nicht leben, erhalten, einen Anspruch auf Unterhaltsvorschuss gegen das Land, in dem sie ihren Wohnsitz haben. Der Antrag ist vom Elternteil, bei dem das Kind lebt, oder von seinem gesetzlichen Vertreter beim zuständigen Jugendamt schriftlich zu stellen (§ 9 Unterhaltsvorschussgesetz).

Voraussetzung für die Gewährung von Unterhaltsvorschuss ist,
- dass das Kind das 12. Lebensjahr noch nicht vollendet hat **und**
- dass der Elternteil, bei dem das Kind lebt, ledig, verwitwet, geschieden ist oder vom anderen Elternteil dauernd getrennt lebt.

Der **Anspruch auf Unterhaltsvorschuss** ist in den in § 1 genannten Fällen **ausgeschlossen,** so z. B. wenn
- der/die Alleinerziehende sich weigert, über den leistungspflichtigen Elternteil Auskunft zu geben oder bei der Feststellung der Vaterschaft oder des Aufenthalts des anderen Elternteils mitzuwirken,
- beide Eltern – ob verheiratet oder nicht – zusammenleben,
- der andere Elternteil seine Unterhaltspflicht durch Vorauszahlung mindestens in Höhe des Regelbetrags erfüllt hat.

Zweck des Gesetzes ist, dem Kinde sofort Unterhalt in Höhe des Regelbedarfssatzes aus öffentlichen Mitteln zu gewähren. Die Unterhaltsleistung dient somit der Überbrückung in Notfällen. Sie wird **längstens sechs Jahre** gewährt.

I. Reihenfolge der Unterhaltsverpflichteten (§§ 1606 ff.).

Für *einen* Unterhaltsbedürftigen haftet
- *an erster Stelle* sein Ehegatte (falls dieser seinen angemessenen Unterhalt nicht gefährdet),
- *an zweiter Stelle* seine Abkömmlinge (Verwandte in „absteigender Linie"),
- *als Nächste* die Eltern, Großeltern usw. (Verwandte in aufsteigender Linie).

Von den Verwandten haften die dem Grade nach näher Verwandten vor den entfernteren; gleich nahe Verwandte haften zu gleichen Teilen.

---
[1]) Wer sich seiner gesetzlichen Unterhaltspflicht entzieht, wird nach § 170 StGB bestraft.
[2]) Die Regelbeträge nach der Regelbetrag-VO vom 6. April 1998 gelten nicht als bedarfsdeckend, sind jedoch eine Bemessungsgröße für den individuellen Unterhaltsanspruch (siehe auch Fußnote zu S. 136).

Beispiel: Die infolge eines Unfalls gelähmte Erika Model beantragt Sozialhilfe. Das Sozialamt prüft, wer zur Unterhaltsleistung herangezogen werden kann:
- Frau Models Mann verdient als freischaffender Künstler kaum das Existenzminimum für sich;
- ihr Sohn ist noch in der Ausbildung;
- ihre Mutter ist vor einem Jahr gestorben;
- ihr Vater, ein gut verdienender Chemiker, weigert sich, seine Tochter, zu der er jede Beziehung seit ihrer Heirat mit einem „Hungerleider" abgebrochen hat, zu unterhalten.
- Der Vater ist trotz seines Sträubens unterhaltspflichtig.

II. Reihenfolge bei mehreren Unterhaltsbedürftigen (§ 1609)

Wenn der Verpflichtete außerstande ist, *allen* Bedürftigen Unterhalt zu gewähren, stehen
- *an erster Stelle* die minderjährigen Kinder und der Ehegatte;
- *an zweiter Stelle* die volljährigen Kinder und deren Kinder (ein früherer Ehegatte hat Vorrang);
- *dann folgen* die Verwandten der aufsteigenden Linie (Eltern, Großeltern usw.), wobei die näheren den entfernteren vorgehen.

Beispiel: Wißmann ist seiner Tochter, seinem Enkel und seinen Eltern unterhaltsverpflichtet. Wißmanns Einkommen ist aber nicht so hoch, dass er allen Unterhalt gewähren kann.
Erstberechtigt ist demnach seine Tochter, dann folgt sein Enkel und an letzter Stelle seine Eltern.

◆ *Art und Umfang der Unterhaltsleistung*

- Der **Umfang der Unterhaltsleistung** richtet sich nach der Lebensstellung des Bedürftigen *(angemessener Unterhalt)*. Er umfasst den gesamten Lebensbedarf einschließlich Kosten für Unterkunft, Nahrung, Gesundheitsfürsorge, Erziehung, Schul- und Berufsausbildung (§ 1610).
- Unter Umständen ist nur der **notdürftige Unterhalt** zu gewähren, auch kann die Verpflichtung ganz wegfallen (§ 1611).
- Der Unterhalt ist grundsätzlich als **Geldrente** zu gewähren, die monatlich im Voraus zu zahlen ist. Haben die Eltern einem unverheirateten Kind Unterhalt zu gewähren, können sie bestimmen, in welcher Art und für welche Zeit im Voraus dies geschehen soll. Dabei ist auf die Belange des Kindes Rücksicht zu nehmen (§ 1612).
- Ein minderjähriges Kind kann von einem Elternteil, mit dem es nicht in einem Haushalt lebt, den Unterhalt – anstelle eines Festbetrags – als Vomhundertsatz eines oder des jeweiligen **Regelbetrags nach der Regelbetrag-Verordnung**[1]) verlangen (§ 1612a). Der Unterhalt kann unter den Voraussetzungen der §§ 645ff. ZPO im **Vereinfachten Verfahren** geltend gemacht werden (siehe Seite 256).
- **Für die Zukunft kann auf Unterhalt nicht verzichtet werden** (§ 1614). Dies gilt nicht für geschiedene Ehegatten (siehe § 1585 c).
- Ansprüche auf Rückstände von Unterhaltsbeiträgen verjähren in vier Jahren seit Entstehung des Anspruchs (§§ 197, 198).
- Der Unterhaltsanspruch erlischt grundsätzlich mit dem Tode des Berechtigten oder Verpflichteten (§ 1615).

---

[1]) In der Regelbetrag-Verordnung werden die Regelbeträge nach verschieden Altersstufen festgesetzt und zum 1. Juli jeden zweiten Jahres, durch Rechtsverordnung der allgemeinen Einkommensentwicklung angepasst.

III. Besondere Vorschriften für das Kind und seine nicht miteinander verheirateten Eltern

- **Vater und Kind** sind miteinander in gerader Linie verwandt und damit **gegenseitig unterhaltspflichtig und -berechtigt** (§ 1601).
  Unterhaltspflichtig und -berechtigt sind auch die Verwandten des Vaters in gerader Linie (Eltern, Großeltern). Die Ansprüche können aber erst vom *Zeitpunkt der Feststellung der Vaterschaft* (durch Anerkennung oder gerichtliches Urteil) an geltend gemacht werden (§ 1600 d).
- Unterhaltsansprüche, die **vor der Feststellung der Vaterschaft fällig** geworden sind, kann das Kind **rückwirkend** geltend machen (§ 1615 a i. V. m. § 1613 Abs. 2 Nr. 2a).
- Auch der Mutter stehen gegen den Vater ihres Kindes Ansprüche zu: der Vater hat der Mutter außer den **Kosten der Entbindung** auch sonstige Aufwendungen, die infolge Schwangerschaft und Geburt entstehen, zu erstatten. Der Anspruch der Mutter emäßigt sich jedoch um Leistungen ihres Arbeitgebers und um Versicherungsleistungen. Außerdem hat sie Anspruch auf **Unterhalt** für die Dauer von sechs Wochen vor und acht Wochen nach der Geburt (§ 1615 l). Ist ihr insbesondere wegen der Pflege oder Erziehung des Kindes eine Erwerbstätigkeit nicht zuzumuten, muss ihr der Vater auch über die angegebene Zeit hinaus Unterhalt zahlen.

E. Die nichteheliche Lebensgemeinschaft

Die nichteheliche Lebensgemeinschaft ist das auf Dauer angelegte, über eine bloße Haushaltsgemeinschaft hinausgehende Zusammenleben eines Mannes mit einer Frau. Im Unterschied zur Ehe sind die sich hieraus ergebenden Beziehungen grundsätzlich unverbindlich. In der Praxis ergeben sich daraus zwischen den Beteiligten Probleme und Konflikte, mit denen sich die Gerichte zu befassen haben.

- Hauptstreitpunkt ist in der Regel das **Sorgerecht** für aus der nichtehelichen Verbindung hervorgegangene Kinder, das bisher der Mutter allein zustand. Der Gesetzgeber hat nunmehr diesem allgemein als unbefriedigend empfundenen Zustand ein Ende gesetzt und in § 1626a, der durch das Kindschaftsreformgesetz eingefügt wurde, die Möglichkeit geschaffen, dass beide Eltern das Sorgerecht gemeinsam ausüben können, wenn sie – in öffentlich beurkundeter Form (§ 1626d) – erklären, dass sie die **elterliche Sorge gemeinsam** übernehmen wollen. Wird eine solche Erklärung nicht abgegeben, hat die Mutter die alleinige elterliche Sorge. Die Stellung der Mutter ist somit nach wie vor sehr stark. Wenn sie es nicht will, wird der Vater an der elterlichen Sorge nicht beteiligt. Gegen den Willen der Mutter kann er nur dann die elterliche Sorge erlangen, wenn ihr diese entzogen worden ist (§§ 1666, 1680).
- Für den **Namen des Kindes** gelten die Vorschriften der §§ 1617, 1617a (siehe Seite 131).
- Hinsichtlich des **Unterhalts des Kindes** wird auf die Ausführungen unter III verwiesen.

  Im Übrigen gilt für die Partner der nichtehelichen Lebensgemeinschaft Folgendes:
- Jeder **Partner behält seinen Namen.**
- Jeder muss für seinen **Unterhalt selbst sorgen.**
- Es gibt **keine gemeinsame Veranlagung** zur Einkommensteuer, kein Splittingverfahren.
- **Erbschaftsteuerliche Begünstigungen** (Freibeträge) sind **ausgeschlossen**.

Das Bürgerliche Recht

- Bei Anschaffung von Haushaltsgegenständen entsteht grundsätzlich kein **Miteigentum**, die Gegenstände gehören dem, der sie mitgebracht oder selbst erworben hat. Anders ist es nur, wenn eine gemeinsame Finanzierung vorliegt, dann können die Gegenstände gemeinschaftliches Eigentum beider Partner werden.

Trennen sich die Partner der nichtehelichen Lebensgemeinschaft, ergeben sich häufig Schwierigkeiten bei der Auseinandersetzung, wenn der eine Partner für sich und im eigenen Namen Gegenstände erworben und der andere Partner sich nur im Stillen daran finanziell beteiligt hat.

- **Grundsätzlich gilt, dass jeder Partner das erhält oder mitnimmt, was ihm gehört.** Beiträge, die der andere erbracht hat, werden nicht gegeneinander angerechnet. Ein **Ausgleich** wie bei Beendigung der Zugewinngemeinschaft entsprechend den Vorschriften des Eherechts **findet nicht statt.** *Anders* ist es nur dann, wenn nachzuweisen ist, dass die Partner *Gegenstände gemeinsam erworben* haben und sich *einen gemeinschaftlichen Wert schaffen wollten*. Werden zu diesem Zweck, wie es häufig geschieht, gemeinsam Beträge auf ein Sparkonto geleistet, so wird von entscheidender Bedeutung, auf wessen Namen das Konto geführt wird. Lautet das Konto auf den Namen nur eines der Partner, folgert die Rechtsprechung hieraus, dass das Guthaben nur dem Kontoinhaber zustehen soll. Im Fall des Todes des Kontoinhabers steht das Guthaben dessen Erben zu. Seinem Partner, der möglicherweise wesentliche Beiträge geleistet hat, steht **kein Ausgleichsanspruch gegen die Erben zu.**

- Die Partner einer nichtehelichen Lebensgemeinschaft müssen deshalb, wenn sie Gegenstände oder Rechte gemeinschaftlich erwerben wollen, diese Absicht unmissverständlich zum Ausdruck bringen. Dies kann in der Weise geschehen, dass Rechnungen über den Kauf von Gegenständen auf den Namen beider ausgestellt werden oder ein Konto auf beider Namen errichtet wird. In jedem Fall sollten die **Eigentumsverhältnisse durch schriftliche Vereinbarung geklärt** werden.

- Hat jemand seinem geschiedenen Ehegatten Unterhalt zu gewähren, kann sich dessen Unterhaltsanspruch nach § 1577 mindern, wenn er in einer nichtehelichen Lebensgemeinschaft lebt und sein Partner ihn durch finanzielle Mittel oder dadurch unterstützt, dass er für ihn die Wohnungsmiete bezahlt.

- **Beim Tod eines Partners** der nichtehelichen Lebensgemeinschaft geht sein gesamter Nachlass – falls er kein anders lautendes Testament hinterlassen hat – auf seine gesetzlichen Erben über, auch wenn darin bedeutende Werte des anderen Partners enthalten sind. Diesem steht also **kein Erbrecht** zu, wohl aber den Kindern, die zu den gesetzlichen Erben des verstorbenen Partners gehören (§ 1924 BGB).

F. Die Eingetragene Lebenspartnerschaft

Das Gesetz über die Eingetragene Lebenspartnerschaft (LPartG) vom 16. Februar 2001 gibt gleichgeschlechtlichen Partnern (Schwulen und Lesben) die Möglichkeit, durch Erklärung vor einer „zuständigen Behörde" eine Lebenspartnerschaft einzugehen. Nach dem erklärten Willen des Gesetzgebers soll dadurch die Diskriminierung gleichgeschlechtlicher Paare abgebaut werden. Einige Bundesländer sind der Auffassung, dass die Eingetragene Lebenspartnerschaft ein verfassungswidriger Verstoß gegen den im Grundgesetz verankerten besonderen Schutz der Ehe sei. Sie haben deshalb Klagen beim Bundesverfassungsgericht erhoben, über die z.Zt. noch nicht entschieden ist. Im folgenden wird ein kurzer Überblick über die neuen Bestimmungen gegeben:

- **Gründung der Lebenspartnerschaft (§ 1)**
  Zwei Menschen gleichen Geschlechts können eine Erklärung vor der zuständigen Behörde unterzeichnen und damit eine Lebenspartnerschaft eingehen. Welche Behörde „zuständig" ist, wird von den Bundesländern unterschiedlich geregelt. In Betracht kommen das Standesamt, eine andere kommunale Behörde oder ein Notar.
- **Partnerschaftliche Lebensgemeinschaft (§ 2)**
  Die Lebenspartner sind einander zur Fürsorge und Unterstützung sowie zur gemeinsamen Lebensgestaltung verpflichtet.
- **Partnerschaftsname**
  Die Lebenspartner können einen gemeinsamen Namen bestimmen. Es kann der Geburtsname eines Partners sein.
- **Unterhalt (§ 5)**
  Die Lebenspartner sind einander zum angemessenen Unterhalt verpflichtet. Der Umfang richtet sich nach den Vorschriften, die für den Unterhalt von Familien gelten.
- **Kleines Sorgerecht (§ 9)**
  Führt ein alleinsorgeberechtigter Elternteil mit einem Kind eine Lebenspartnerschaft, erhält der Partner im Einvernehmen mit dem Alleinsorgeberechtigten ein „kleines Sorgerecht", d.h., er darf in den Angelegenheiten des täglichen Lebens mitentscheiden. Nach einer Trennung kann ihm das Umgangsrecht eingeräumt werden.
- **Erbrecht (§ 10)**
  Der überlebende Lebenspartner ist neben Verwandten der ersten Ordnung zu einem Viertel, neben Verwandten der zweiten Ordnung oder neben Großeltern zur Hälfte der Erbschaft gesetzlicher Erbe.
- **Zeugnisverweigerungsrecht**
  In Straf- und Zivilprozessen haben Lebenspartner ein Zeugnisverweigerungsrecht (§§ 52 StPO, 383 ZPO).
- **Aufhebung der Lebenspartnerschaft (§ 15ff.)**
  Auf Antrag eines oder der beiden Lebenspartner wird die Lebenspartnerschaft durch ein gerichtliches Urteil aufgehoben. Auch nach Aufhebung kann ein Lebenspartner, der nicht selbst für seinen Unterhalt sorgen kann, vom anderen Lebenspartner Unterhalt verlangen (§ 16). Können sich die Lebenspartner nicht darüber einigen, wer von ihnen künftig bewohnen oder wer den Hausrat erhalten soll, trifft auf Antrag das Familiengericht eine Entscheidung (§ 17).

G. Vormundschaft über Minderjährige, Betreuung Volljähriger und Pflegschaft

I. Die Vormundschaft über Minderjährige

Ein Minderjähriger braucht einen Vormund, wenn er nicht unter elterlicher Sorge steht, weil z.B. die Eltern gestorben sind oder den Eltern die elterliche Sorge entzogen worden ist (§ 1666). Das Vormundschaftsgericht hat die **Vormundschaft von Amts wegen anzuordnen** (§ 1774).

- **Zum Vormund** ist zunächst **berufen,** wer von den Eltern des Mündels im Testament als Vormund benannt ist. Ist von den Eltern niemand benannt worden, wählt das Vormundschaftsgericht den Vormund aus, wobei es in erster Linie Verwandte und Verschwägerte des Mündels zu berücksichtigen hat.
- **Für Geschwister** soll ein **gemeinsamer Vormund** bestellt werden.
- Wer vom Vormundschaftsgericht ausgewählt wird, **muss die Vormundschaft übernehmen** (Ausnahmen § 1786).
- **Der Vormund hat das Recht und die Pflicht, für die Person und das Vermögen des Mündels zu sorgen, insbesondere den Mündel zu vertreten. Seine Stellung entspricht der des elterlichen Sorgeberechtigten.**
- **Das Vormundschaftsgericht hat die Tätigkeit des Vormunds zu überwachen** und gegen Pflichtwidrigkeiten einzuschreiten; es kann den Vormund notfalls entlassen.

II. Die Betreuung Volljähriger

Das am 1. Januar 1992 in Kraft getretene Betreuungsgesetz hat die bis dahin geltenden – als diskriminierend empfundenen – Vorschriften über die Entmündigung Volljähriger ersetzt mit dem Ziel, den Betroffenen ein Leben in Würde und weitgehender Selbstbestimmung zu erhalten. Dies soll im Wesentlichen durch folgende Bestimmungen erreicht werden:

- Für einen Volljährigen, der wegen einer psychischen Krankheit oder einer körperlichen, geistigen oder seelischen Behinderung seine Angelegenheiten ganz oder teilweise nicht zu besorgen vermag, bestellt auf **seinen Antrag oder von Amts wegen** das Vormundschaftsgericht **einen Betreuer.** Ist der Volljährige lediglich körperlich behindert, kann nur auf seinen Antrag ein Betreuer bestellt werden (§ 1896 Abs. 1).
- Bei der Bestellung des Betreuers muss sich das Gericht an dem **Grundsatz der Erforderlichkeit** orientieren, d. h. es darf einen Betreuer nur für solche Aufgabenkreise bestellen, in denen eine Betreuung erforderlich ist (§ 1896 Abs. 2). Könnten die Angelegenheiten des Volljährigen z. B. durch einen Bevollmächtigten besorgt werden, darf ein Betreuer nicht bestellt werden. Bei der Auswahl des Betreuers hat das Gericht auf Wünsche des Volljährigen hinsichtlich der Person des Betreuers Rücksicht zu nehmen und ihnen zu entsprechen, wenn es dem Wohle des Volljährigen nicht zuwiderläuft (§ 1897 Abs. 4).
- Zum **Betreuer** bestellt das Gericht **eine Person, die geeignet ist, in dem gerichtlich bestimmten Aufgabenkreis die Angelegenheiten des Betreuten zu besorgen und ihn zu betreuen** (§ 1897 Abs. 1). Zum Betreuer können auch mehrere Personen oder ein Betreuungsverein bestellt werden, wenn hierdurch die Angelegenheiten des Betreuers besser besorgt werden können (§§ 1899, 1900).
- Die Aufgaben des Betreuers ergeben sich aus §§ 1901 ff. Bei deren Erfüllung hat er sich stets am **Wohl des Betreuten** zu orientieren. In seinem Aufgabenkreis vertritt der Betreuer den Betreuten gerichtlich und außergerichtlich (§ 1902).
- Entscheidungen über den Telefon- und Briefverkehr unterliegen dem Aufgabenkreis des Betreuers nur dann, wenn das Gericht dies ausdrücklich angeordnet hat (§ 1896 Abs. 4).
- Hat das Gericht einen Betreuer bestellt, so ordnet es an, dass der Betreute zu einer Willenserklärung, die den Aufgabenkreis des Betreuers betrifft, dessen Einwilligung bedarf **(Einwilligungsvorbehalt).** Dies gilt jedoch **nur, soweit dies zur Abwendung einer erheblichen Gefahr für die Person oder das Vermögen des Betreuten erforderlich** ist (§ 1903 Abs. 1).

Der Einwilligungsvorbehalt erstreckt sich **nicht auf Willenserklärungen, welche die Eheschließung betreffen,** sowie auf **Verfügungen von Todes wegen.** In diesen Bereichen kann also der Betreuer die Entscheidungen des Betreuten nicht beeinflussen (§ 1903 Abs. 2). Dies gilt auch für solche Willenserklärungen, die dem Betreuten **lediglich einen rechtlichen Vorteil bringen** (§ 1903 Abs. 3, z. B. Abtretung einer Forderung an ihn, Einräumung eines Nießbrauchs).

- Eine mit Freiheitsentziehung verbundene **Unterbringung des Betreuten in einem Heim** aufgrund einer psychischen Krankheit oder zur Untersuchung seines Gesundheitszustandes oder zwecks eines ärztlichen Eingriffs ist **nur mit Genehmigung des Vormundschaftsgerichts zulässig** (§ 1906).
- Der Genehmigung des Vormundschaftsgerichts bedarf der Betreuer auch, wenn er das Mietverhältnis über vom Betreuten gemieteten Wohnraum kündigen will (§ 1907).

Das Verfahren in Betreuungssachen ist in §§ 65 ff. FGG geregelt (s. S. 281 f.).

III. Die Pflegschaft (§§ 1909 ff.).

Die Pflegschaft betrifft **nur einzelne Angelegenheiten,** zu deren Besorgung eine Person nicht in der Lage ist.

- Die **Ergänzungspflegschaft** ist für Angelegenheiten Minderjähriger bestimmt, an deren Besorgung die Eltern oder der Vormund verhindert sind.
  Beispiel: Der Großvater hat in seinem Testament bestimmt, dass die Eltern des minderjährigen Erben das ererbte Vermögen nicht verwalten sollen.
- Die **Abwesenheitspflegschaft** betrifft Volljährige, deren Aufenthalt unbekannt ist und die für ihre Vermögensangelegenheiten einen Pfleger brauchen.
  Beispiel: Der Vater des vermissten Hans Mohr ist gestorben. Für Hans, der mit seinen beiden Brüdern gesetzlicher Erbe des Vaters ist, wird ein Abwesenheitspfleger bestellt.
- **Pflegschaft für eine Leibesfrucht,** d. h. für ein gezeugtes, aber noch nicht geborenes Kind, zur Wahrung seiner zukünftigen Rechte.
  Beispiel: Erben des Vaters sind nicht nur die bereits geborenen Kinder, sondern auch das noch nicht geborene, wenn es lebend zur Welt kommt.

Wiederholungsaufgaben

1 Die 16 Jahre alte Gerda möchte sich mit dem 17 Jahre alten Peter verloben.
  a) Auf welche Weise wird ein Verlöbnis begründet?
  b) Inwieweit ist das Alter der beiden von Bedeutung?
  c) Angenommen, das Verlöbnis kam rechtswirksam zustande. Wenige Monate später löst Peter das Verlöbnis.
   1. Unter welchen Voraussetzungen kann Gerda Ansprüche gegen Peter geltend machen? Welche kommen in Betracht?
   2. Welche anderen Personen sind gegebenenfalls noch anspruchsberechtigt?
   3. Die Verlobten haben sich während der Verlobungszeit reich beschenkt. Sie wollen ihre Geschenke zurückfordern. In welchem Ausmaß ist dies möglich?

2 a) In welcher Linie und in welchem Grad sind Geschwister, Vetter und Cousine, Onkel und Nichte, Großmutter und Enkelin verwandt?
  b) Was versteht man unter „halbbürtigen Geschwistern"?
  c) Mit wem ist man verschwägert?

3 Der 17-jährige Franz will die 18-jährige Elvira heimlich heiraten. Wie ist die Rechtslage?

Das Bürgerliche Recht

4 a) Frau Klapper, die mit ihrem Mann in bescheidenen Verhältnissen lebt, treibt einen verschwenderischen Aufwand. So hat sie einen Pelzmantel für 5 000,00 EUR und einen teuren Perserteppich gekauft. Wodurch kann sich ihr Mann schützen?

b) Strobel untersagt seiner Frau, berufstätig zu sein, obwohl die Ehe kinderlos und Frau Strobel von der Tätigkeit im Haushalt nicht ausgefüllt ist. Wie ist die Rechtslage?

5 Die Eheleute Rall wollen nicht mehr im gesetzlichen Güterstand leben, sondern in Gütergemeinschaft.

a) Was haben die Eheleute zu veranlassen?

b) Welche Änderung tritt durch den neuen Güterstand in den Vermögensverhältnissen der Ehegatten ein?

6 Für welche Personen besteht ein absolutes Eheverbot?

7 Frau Kellermann spielt mit dem Gedanken, sich scheiden zu lassen. Sie erkundigt sich,

a) unter welchen Voraussetzungen die Scheidung möglich sei;

b) unter welchen Voraussetzungen sie nach der Scheidung Unterhaltsansprüche gegen ihren Mann geltend machen könne;

c) wem nach der Scheidung die elterliche Sorge für die drei gemeinschaftlichen Kinder zustehe;

d) wie sich die Scheidung auf ihr Vermögen auswirke. Sie lebe mit ihrem Manne in Zugewinngemeinschaft, habe 10 000,00 EUR in die Ehe eingebracht und während der Ehe von ihrem Arbeitsverdienst 8 000,00 EUR gespart. Letztes Jahr habe sie eine Tante beerbt, die ein landwirtschaftliches Grundstück im Wert von 20 000,00 EUR hinterlassen habe. Ihr Mann habe kein Vermögen in die Ehe eingebracht, habe aber gut verdient und wegen seiner Spielleidenschaft viel Geld verschwendet. Sie sei sicher, dass er nichts erspart habe.

e) was unter „Versorgungsausgleich" zu verstehen sei, wovon sie gehört habe.

8 Kürner verlangt von seiner geschiedenen Frau, mit der er im Güterstand der Zugewinngemeinschaft gelebt hat, Ausgleich des Zugewinns. Er habe zur Zeit der Eheschließung 3 000,00 EUR, zur Zeit der Scheidung 9 000,00 EUR besessen. Seine Frau dagegen habe nur 2 000,00 EUR in die Ehe eingebracht und am Ende 15 000,00 EUR Vermögen gehabt.

Frau Kürner behauptet, nicht ihrem geschiedenen Mann, sondern ihr stehe eine Ausgleichsforderung zu. Es treffe zu, dass ihr Anfangsvermögen 2 000,00 EUR, ihr Endvermögen 15 000,00 EUR betragen habe. Sie habe jedoch (das im Folgenden Gesagte stellt sich als richtig heraus!) während der Ehe von ihrer Mutter 8 000,00 EUR geerbt. Ihr geschiedener Mann habe während der Ehe 14 000,00 EUR teils in Spielkasinos, teils mit Freundinnen durchgebracht.

Wem steht ein Ausgleichsanspruch zu? Wie hoch ist dieser?

9 a) Wann erlischt bzw. entfällt der Unterhaltsanspruch des geschiedenen Ehegatten?

b) Kann auf seinen Unterhaltsanspruch verzichten

1. ein unterhaltsbedürftiger Verwandter,
2. der geschiedene Ehegatte?

10 Die Eheleute Heftig sind geschieden worden. Aus der Ehe gingen zwei Kinder hervor, die jetzt 7-jährige Eva und der 3-jährige Hans.

a) Wer hat die elterliche Sorge?

b) Welche Gesichtspunkte sind hierfür maßgebend?

11 Wie erfolgt die Annahme als Kind und welche Rechtswirkungen ergeben sich hieraus?

12 a) Welche Rechte und Pflichten umfasst die elterliche Sorge?

b) Wodurch endet die elterliche Sorge?

13 Der unterhaltsbedürftige Knoll wendet sich um Unterstützung an das Sozialamt. Dort wird festgestellt, dass folgende Verwandte des Knoll leben: der Vater, eine Schwester, der Sohn und der Großvater mütterlicherseits; außerdem lebt noch eine Schwester seiner verstorbenen Frau.
 a) Wer ist an erster Stelle zum Unterhalt für Knoll verpflichtet?
 b) Unter welchen Voraussetzungen kann der Verpflichtete nur in Anspruch genommen werden?
 c) In welcher Reihenfolge haften die anderen Personen?

14 Welche Ansprüche kann die Mutter gegen den Vater ihres Kindes geltend machen?

15 Die Eltern des zwei Jahre alten Manfred sind geschieden, das Kind lebt bei seiner Mutter. Da der Vater, der zur Unterhaltsleistung von monatlich 400,00 EUR an das Kind verurteilt worden ist, nicht zahlt, ist die Mutter auf Zahlungen nach dem Unterhaltsvorschussgesetz angewiesen.
 a) Was ist der Zweck dieses Gesetzes?
 b) In welcher Höhe kann Unterhalt verlangt werden?
 c) Wo ist der Antrag auf Unterhaltsvorschuss zu stellen?
 d) Welche Voraussetzungen müssen gegeben sein?
 e) Wie wäre die Rechtslage, wenn Manfred schon dreizehn Jahre alt wäre?

16 Rechtsanwaltsfachangestellte Anke und Jurastudent Klaus wohnen zusammen in einer nichtehelichen Lebensgemeinschaft. Beide haben den Plan, dass Klaus nach Abschluss seiner Studien eine Rechtsanwaltspraxis eröffnet, in der ihm Anke zur Seite stehen will. Zu diesem Zweck schaffen die beiden Möbel und sonstige Einrichtungsgegenstände an, wobei immer Klaus als Käufer auftritt, während Anke sich im Hintergrund hält und damit begnügt, die finanziellen Mittel zur Verfügung zu stellen. Auf den Namen von Klaus wurde auch ein Sparkonto angelegt, worauf fast ausschließlich Anke Einzahlungen geleistet hat. Kurz nach Abschluss seines Examens bricht Klaus die Beziehung zu Anke ab.
 Anke macht finanzielle Ansprüche gegen Klaus geltend. Wie steht es mit den Erfolgsaussichten?

17 a) Welche Personen erhalten einen Vormund?
 b) Welche Rechte und Pflichten hat der Vormund?
 c) Wer ordnet die Vormundschaft an und bestellt den Vormund?

18 Wodurch unterscheiden sich im Wesentlichen Vormundschaft und Pflegschaft?

Fünftes Buch: Erbrecht

Das Erbrecht regelt die Rechtsnachfolge in das Vermögen eines Verstorbenen.

A. Allgemeines

Den Tod einer Person bezeichnet man als „Erbfall", den Verstorbenen als „Erblasser", sein Vermögen als „Nachlass" (in Beziehung zu den Erben als „Erbschaft"), die Rechtsnachfolger des Verstorbenen als „Erben". Sind mehrere Personen als Erben berufen, so sind sie „Miterben", ihr Anteil am Nachlass ist ihr „Erbteil".

Nur ein Verstorbener, also nur eine *natürliche Person*, kann beerbt werden. Eine juristische Person wird aufgelöst, ihr Vermögen wird unter ihre Mitglieder oder Gesellschafter verteilt.

Erbe kann nur sein, wer zur Zeit des Erbfalls lebt (§ 1923 Abs. 1)[1]. Auch die juristische Person kann Erbe sein.

---

[1] Das bereits gezeugte, aber noch nicht geborene Kind gilt als vor dem Erbfall geboren (§ 1923 Abs. 2).

Das Vermögen des Erblassers geht im Augenblick des Erbfalls auf den Erben als Ganzes über (**Gesamtrechtsnachfolge**). Der Erbe wird Eigentümer der beweglichen Sachen und Grundstücke, Gläubiger aller Forderungen, Schuldner aller Verbindlichkeiten *im Augenblick des Todes des Erblassers.*

Unvererblich sind alle **höchstpersönlichen Rechte,** wie z. B. das Namensrecht, der Nießbrauch, Unterhaltsansprüche.

Der Erblasser kann über sein Vermögen durch Verfügung von Todes wegen *frei verfügen.* Hat er keine Verfügung getroffen, tritt die **gesetzliche Erbfolge** ein (s. u.).

Verfügungen von Todes wegen sind

◆ das Testament (S. 147 ff.)
◆ der Erbvertrag (S. 151 f.).

B. Die gesetzliche Erbfolge

Nach dem BGB steht **ein gesetzliches Erbrecht** den **Verwandten,** dem **Ehegatten** und dem **Fiskus** zu.

I. Das Erbrecht der Verwandten

Die erbberechtigten Verwandten werden nach der Nähe ihrer Verwandtschaft in Ordnungen eingeteilt. Hierbei gelten folgende Grundsätze:

◆ Die Verwandten der näheren Ordnung schließen die Verwandten der ferneren Ordnungen aus (§ 1930).
◆ **In den ersten drei Ordnungen** erfolgt die Berufung der Erben **nach „Stämmen".** In der ersten Ordnung entsprechen die Stämme der Zahl der Kinder des Erblasses, in den weiteren Ordnungen der Zahl der in die Ordnung fallenden Vorfahren. **Innerhalb der einzelnen Stämme treten die Abkömmlinge an die Stelle ihrer Vorfahren, wenn diese weggefallen, z. B. gestorben sind.**
◆ In der *vierten Ordnung und den folgenden Ordnungen* erfolgt die Berufung der Erben nach dem Grade der Verwandtschaft. **Die dem Grade nach näheren Verwandten schließen die entfernteren aus.**

◆ **Die erste Ordnung (§ 1924)**

Erben der ersten Ordnung sind die **Abkömmlinge** des Erblassers und deren Abkömmlinge.

Beispiel: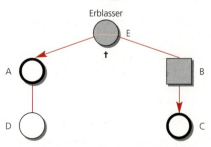

Erben des E sind der Sohn A und die Enkelin C, die an Stelle ihrer verstorbenen Mutter B getreten ist (Eintrittsrecht nach Stämmen). Da A noch lebt, schließt er D aus.

◆ Die zweite Ordnung (§ 1925)

Erben der zweiten Ordnung sind die **Eltern** des Erblassers und deren Abkömmlinge.

Beispiel:

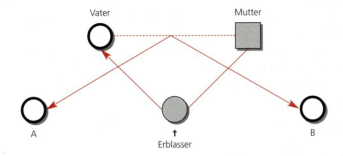

Der Erblasser hat keine Abkömmlinge. Als Erben sind deshalb die Eltern je zur Hälfte berufen. Da die Mutter zur Zeit des Erbfalls nicht mehr lebt, treten an ihre Stelle ihre beiden Söhne A und B.

Der Vater erhält die Hälfte des Nachlasses, A und B je ein Viertel.

◆ Die dritte Ordnung (§ 1926)

Erben der dritten Ordnung sind die **Großeltern** des Erblassers und deren Abkömmlinge.

Beispiel:

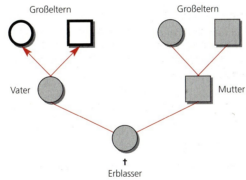

Die Eltern des ledigen Erblassers sind gestorben; er hat keine Geschwister. Als Erben sind die Großeltern und deren Abkömmlinge berufen.

Da die Großeltern mütterlicherseits gestorben sind, auch Abkömmlinge von ihnen fehlen, fällt der ganze Nachlass den Großeltern väterlicherseits zu.

◆ Die vierte Ordnung (§ 1928)

Erben der vierten Ordnung sind die **Urgroßeltern** des Erblassers und deren Abkömmlinge.

Leben Urgroßeltern zur Zeit des Erbfalls, so erben sie alles. Sie schließen sowohl ihre eigenen Abkömmlinge als auch die der weggefallenen Urgroßeltern aus; *denn von der vierten Ordnung ab erbt, wer dem Grade nach am nächsten mit dem Erblasser verwandt ist* (je näher dem Blute, desto näher dem Gute).

Das Bürgerliche Recht

Beispiel:

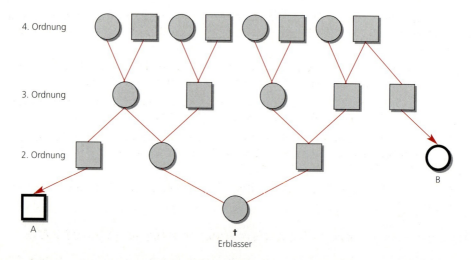

Von den Verwandten des Erblassers leben noch A und B.
A ist mit ihm in der Seitenlinie im 4. Grad verwandt, B in der Seitenlinie im 5. Grad.
A ist Alleinerbe, weil er mit dem Erblasser am nächsten verwandt ist.

II. Das Erbrecht des Ehegatten (§§ 1931 ff.).

Neben Verwandten der ersten Ordnung erhält der Ehegatte **ein Viertel des Nachlasses. Lebten die Ehegatten in Zugewinngemeinschaft**[1]**), erhält er die Hälfte.**

Lebten die Ehegatten **in Gütertrennung** und sind neben dem Ehegatten **ein oder zwei Kinder** des Erblassers als gesetzliche Erben berufen, so erben Ehegatte und Kinder zu gleichen Teilen.

Neben Erben der zweiten Ordnung erhält der Ehegatte die Hälfte, im Falle der Zugewinngemeinschaft ³/₄ des Nachlasses.

Neben Erben der dritten Ordnung erhält er ebenfalls die Hälfte des Nachlasses, wenn Großeltern vorhanden sind, im Falle der Zugewinngemeinschaft drei Viertel.

Das Erbteil jedes Großelternteils, der nicht mehr lebt, fällt dem Ehegatten zu. **Der Ehegatte schließt** somit **die Abkömmlinge der Großeltern aus.**

Wenn keine Großeltern und keine Verwandten der ersten und zweiten Ordnung vorhanden sind, erhält der Ehegatte die ganze Erbschaft.

Außer seinem Erbteil erhält der Ehegatte, wenn Verwandte der zweiten und dritten Ordnung gesetzliche Erben sind, den **ehelichen Hausrat und die Hochzeitsgeschenke als „Voraus".** Erbt er neben Erben der ersten Ordnung, erhält er diese Gegenstände nur, soweit er sie zur eigenen Haushaltsführung benötigt (§ 1932).

Das Erbrecht des überlebenden Ehegatten entfällt, wenn der Erblasser zur Zeit seines Todes berechtigt war, sich scheiden oder die Ehe aufheben zu lassen und die Scheidung beantragt oder ihr zugestimmt bzw. den Antrag auf Aufhebung gestellt hatte (§ 1933).

[1]) Siehe Seite 120.

III. Das Erbrecht des Fiskus

Wenn zur Zeit des Erbfalls kein Verwandter oder Ehegatte des Erblassers vorhanden ist, auch niemand durch Verfügung von Todes wegen zum Erben berufen ist, wird der Fiskus gesetzlicher Erbe (§ 1936).

Wenn kein Erbe ermittelt werden kann, hat das Nachlassgericht zur Anmeldung der Erbrechte, innerhalb einer bestimmten Frist, im **Aufgebotsverfahren** aufzufordern.

Nach fruchtlosem Ablauf der Frist hat das Nachlassgericht durch Beschluss *festzustellen, dass ein anderer Erbe als der Fiskus nicht vorhanden ist* (§ 1964).

Es handelt sich dabei um ein Verfahren der freiwilligen Gerichtsbarkeit. Die Bekanntmachung (Veröffentlichung in der Tageszeitung, Aushang an der Gerichtstafel) und die Fristdauer sind durch die §§ 948–950 ZPO geregelt.

Zum Erben berufen ist der Fiskus des Landes, dem der Erblasser zur Zeit seines Todes angehört hat.

IV. Die Ausgleichspflicht der Abkömmlinge (§§ 2050 ff.)

Abkömmlinge, die als *Erben erster Ordnung* berufen sind, haben gewisse zu Lebzeiten des Erblassers erhaltene **„Vorempfänge"**, z. B. eine der Tochter neben der Berufsausbildung gewährte Aussteuer, **unter sich auszugleichen.**

Ausgleichspflichtige Personen sind:

◆ Abkömmlinge, die als *gesetzliche Erben* zur Erbfolge gelangen (§ 2050).
◆ Abkömmlinge, die durch Verfügung von Todes wegen auf das eingesetzt wurden, was sie als gesetzliche Erben erhalten würden (§ 2052).
   Beispiel: Elmer hinterlässt 60 000,00 EUR. Er hat seine drei Söhne durch Testament zu je 1/3 des Nachlasses als Erben eingesetzt. Hätte er kein Testament hinterlassen, so wären die Söhne ohnehin kraft Gesetzes zu je 1/3 berufen gewesen.

C. Die Verfügungen von Todes wegen

Letztwillige Verfügungen können durch Testament oder Erbvertrag erfolgen.

I. Das Testament

Im Testament, das erst mit dem Tode des Verfügenden wirksam wird, bestimmt der Erblasser das Schicksal seines Vermögens nach seinem Tode. Das Testament kann enthalten:

◆ Erbeinsetzung und Enterbung,
◆ Vermächtnisse und Auflagen,
◆ Anordnungen über die Teilung des Nachlasses unter den Miterben oder über den Aufschub der Nachlassauseinandersetzung,
◆ Beschränkung oder Entziehung des Pflichtteils,
◆ Ernennung eines Testamentsvollstreckers.

Der Erblasser kann Erben auch in der Weise einsetzen, dass der eine **„Vorerbe"**, der andere **„Nacherbe"** ist (§ 2100).

Vorerbe und Nacherbe sind beide wahre Erben, aber nicht gleichzeitig, sondern nacheinander.

Beispiel: Der Erblasser setzt seinen geschiedenen Sohn als Erben ein. Mit der Wiederheirat des Sohnes soll die Erbschaft seinen Kindern anfallen. Der Sohn ist Vorerbe, die Kinder sind Nacherben. Mit der Eheschließung ihres Vaters erwerben die Kinder die Erbschaft (§ 2103).

Der Vorerbe unterliegt gewissen Verfügungsbeschränkungen (z. B. hinsichtlich zur Erbschaft gehörender Grundstücke), die verhindern sollen, dass der Nacherbe in seinen Rechten beeinträchtigt wird (§§ 2113 ff.). Vom Nacherben ist der **„Ersatzerbe"** zu unterscheiden. Dieser **erbt** nicht nach einem anderen Erben, sondern **anstelle eines anderen,** der nicht Erbe sein kann, (er hat den Erbfall nicht erlebt) oder nicht Erbe sein will (er hat die Erbschaft ausgeschlagen).

♦ Testierfähigkeit (§ 2229)

Testierfähigkeit ist die Fähigkeit, ein Testament zu errichten, zu ändern oder aufzuheben. Zu unterscheiden sind:

Unbeschränkte Testierfähigkeit	Der **Volljährige,** der sprechen, lesen und schreiben kann. Bei ihm wird unterstellt, dass er eine Vorstellung hat, wie ein Testament zu errichten ist und welchen Inhalt es hat.
Beschränkte Testierfähigkeit	♦ **Minderjährige über 16 Jahren.** Sie können kein eigenhändiges Testament errichten (§ 2233 Abs. 1), ein öffentliches Testament nur durch mündliche Erklärung oder Übergabe einer offenen Schrift an den Notar (§ 2247 Abs. 4). ♦ **Lesensunkundige** können ein Testament nur durch mündliche Erklärung vor dem Notar (§ 2233 Abs. 2) errichten. ♦ **Stumme und Taubstumme** (soweit sie nicht die Lautsprache beherrschen) können ein Testament nur durch Übergabe einer Schrift errichten (§ 2233 Abs. 3)[1].
Testierunfähigkeit	♦ **Minderjährige unter 16 Jahren** (§ 2229 Abs. 1). ♦ **Geistig Gestörte, Geistesschwache** und **im Bewusstsein Gestörte** (§ 2229 Abs. 4). ♦ **Taube Analphabeten,** mit denen eine Verständigung nicht möglich ist.

Der Erblasser kann das Testament nur persönlich errichten. Stellvertretung ist ausgeschlossen (§ 2064).

[1]) Nach einer Entscheidung des Bundesverfassungsgerichtes vom 19. Januar 1999 können Personen, die weder schreiben noch sprechen können, aber testierfähig sind, ein notarielles Testament nach § 2231 Nr.1 BGB errichten. Eine gesetzliche Regelung steht noch aus.

1. Das Privattestament (eigenhändiges Testament) (§ 2247)

Es muss vom Erblasser **eigenhändig und leserlich** geschrieben und unterschrieben werden. Die Unterschrift *soll* den Vor- und Familiennamen enthalten. Der Vorname alleine oder „der Obige", „Euer Vater" usw. genügt dann, wenn der Urheber erkennbar ist. Es kann auch in einer fremden Sprache geschrieben sein.

Nicht nötig, aber zu raten ist, Ort und Zeit anzugeben; denn sind zwei Testamente vorhanden, so ist, soweit sie sich widersprechen, das zuletzt geschriebene gültig (Testament = letztwillige Verfügung).

Ein Minderjähriger kann ein eigenhändiges Testament nicht errichten (§ 2247 Abs. 4).

Das eigenhändige Testament ist auf Verlangen des Erblassers in besondere amtliche Verwahrung zu nehmen (§ 2248). Zuständig ist jedes Amtsgericht (§ 2258 a Abs. 2 Nr. 3; in Baden-Württemberg die staatlichen Notariate).

Der Besitzer eines Testaments, das sich nicht in amtlicher Verwahrung befindet, hat unverzüglich nach Kenntnis vom Tode des Erblassers das Testament an das Nachlassgericht abzuliefern (§ 2259).

Sobald das Nachlassgericht (über das Standesamt) vom Tode des Erblassers erfahren hat, bestimmt es einen Termin zur Eröffnung des Testaments, zu dem die gesetzlichen Erben und sonstigen Beteiligten (z. B. Testamentserben, Testamentsvollstrecker, Vermächtnisnehmer) geladen werden (§ 2260). Beteiligte, die zum Eröffnungstermin nicht zugegen waren, werden von dem sie betreffenden Inhalt des Testaments in Kenntnis gesetzt (§ 2262).

2. Das öffentliche Testament (§ 2232)

Das öffentliche Testament wird in der Weise errichtet, dass der Erblasser dem Notar seinen letzten Willen **mündlich** erklärt **oder eine Schrift überreicht** mit der mündlichen Erklärung, dass die Schrift seinen letzten Willen enthalte. Die Schrift (auch Maschinen- oder Druckschrift möglich) kann auch von einem Dritten stammen. Sie kann offen oder geschlossen übergeben werden. Der Notar soll auf Verlangen des Erblassers einen oder zwei Zeugen hinzuziehen (§ 29 BeurkG). Ist der Erblasser taub oder stumm, kann sich aber schriftlich verständigen, soll der Notar einen Zeugen oder einen zweiten Notar hinzuziehen, es sei denn, der Erblasser verzichtet darauf (§ 22 BeurkG).

Über die Errichtung des Testaments muss eine Niederschrift aufgenommen werden, worin die Person des Erblassers festgehalten und seine Testierfähigkeit festgestellt wird (§§ 8, 9, 28 BeurkG).

3. Das gemeinschaftliche Testament (§§ 2265 ff.)

Ehegatten (nicht Verlobte) **können ihr Testament in einer Urkunde errichten (gemeinschaftliches Testament).** Es kann in der Form des Privattestaments oder des öffentlichen Testaments errichtet werden.

Beim **Privattestament** genügt es, wenn der eine Ehegatte das Testament **eigenhändig schreibt und unterschreibt und der andere Ehegatte die gemeinschaftliche Erklärung eigenhändig mitunterzeichnet** (§ 2267).

Bei der Errichtung des öffentlichen Testaments müssen beide Erblasser vor dem Notar anwesend sein, ihren Willen mündlich erklären oder ein Schriftstück überreichen, das sie für ihr gemeinschaftliches Testament erklären.

Die letztwilligen Verfügungen, die die Ehegatten darin treffen, können verschiedener Art sein:

- Verfügungen, die in keinem inneren Zusammenhang stehen,
  Beispiel: Der Ehemann setzt seine Nichte Alwine, die Ehefrau ihren Neffen Albert als Erben ein.
- Verfügungen, die voneinander abhängig sind (**wechselseitiges Testament,** § 2270).
  Beispiel: Die Ehegatten setzen sich gegenseitig als Alleinerben ein.

Ist beim wechselseitigen Testament die Verfügung des einen Ehegatten unwirksam, so ist es auch die andere.

Ein wechselseitiges Testament enthält häufig die Bestimmung, der beiderseitige Nachlass solle nach dem Tode des überlebenden Ehegatten einem Dritten, z. B. den Kindern, zufallen.

Die Bestimmung ist in der **Regel** so auszulegen, dass der noch vorhandene Nachlass beider Ehegatten nach dem Tode des Letztversterbenden dem Dritten als dessen Erben zufallen soll (**Berliner Testament,** § 2269); sie kann auch bedeuten, dass der überlebende Ehegatte Vorerbe, der Dritte Nacherbe sein soll.

4. Der Widerruf des Testaments (§§ 2253 ff.)

Ein Testament kann dadurch widerrufen werden,

- dass in einem neuen Testament das alte ausdrücklich aufgehoben wird;
- dass der Inhalt eines neuen Testaments dem Inhalt des alten widerspricht;
- dass der Erblasser die Testamentsurkunde zerreißt, durchstreicht, verbrennt in der Absicht, das Testament aufzuheben.

Die Rücknahme eines in amtliche Verwahrung gegebenen eigenhändigen Testaments bedeutet keinen Widerruf.

Das **öffentliche Testament gilt als widerrufen,** wenn es dem Erblasser auf sein Verlangen aus der amtlichen Verwahrung zurückgegeben wird (§ 2256); das gemeinschaftliche Testament muss von beiden Ehegatten zurückgenommen werden (§ 2272).

Ein *gemeinschaftliches Testament,* das wechselseitige Verfügungen enthält, kann von einem Ehegatten zu Lebzeiten des anderen nur durch eine notariell beurkundete Erklärung dem anderen Ehegatten gegenüber widerrufen werden (§ 2271). Ein neues widersprechendes Testament genügt nicht.

Nach dem Tode des einen Ehegatten ist beim wechselseitigen Testament der Widerruf ausgeschlossen. Will der überlebende Ehegatte anders über seinen Nachlass verfügen, so muß er die **Erbschaft ausschlagen.**

Beispiel: Die Eheleute Stäbler haben sich in einem gemeinschaftlichen Testament gegenseitig zu Alleinerben eingesetzt und als Erben des zuletzt Sterbenden den Sohn der Frau aus erster Ehe.

Herr Stäbler, der das weitaus größere Vermögen besitzt, überwirft sich mit dem Stiefsohn nach dem Tode seiner Frau. Er möchte deshalb über sein Vermögen anderweit letztwillig verfügen. Dies kann er nur, wenn er die ihm zugefallene Erbschaft ausschlägt.

Ein Testament, in welchem ein Ehegatte den anderen bedacht hat, ist **unwirksam,** wenn die Ehe

- vor dem Tode des Erblassers aufgelöst wurde oder
- der Erblasser zur Zeit des Todes zur Scheidung oder Aufhebung der Ehe berechtigt war und sie beantragt hatte.

Hat sich der Erblasser bei der Errichtung eines Testaments über gewisse im Gesetz näher bezeichnete Umstände geirrt oder wurde er durch Drohung oder arglistige Täuschung zu der Verfügung bestimmt, so kann das Testament **angefochten** werden. Anfechtungsberechtigt ist derjenige, dem die Aufhebung des Testaments unmittelbar zustattenkommen würde (§§ 2078–2083).

Beispiel: Der Erblasser wollte seinen Lieblingsneffen Fritz, bei dem er häufig zu Gast war, in seinem Testament als Erben einsetzen, hat aber versehentlich Felix, den Namen von Fritzens Bruder, zu dem er in keinem guten Verhältnis stand, geschrieben. Fritz kann das Testament anfechten.

II. Der Erbvertrag (§§ 2274 ff.)

Der Erbvertrag ist eine in der Form eines Vertrages errichtete letztwillige Verfügung.

Erbverträge werden häufig zwischen Verlobten und Ehegatten geschlossen, um dem Überlebenden eine gesicherte Rechtsstellung zu verschaffen. Sie verfolgen oft auch den Zweck, den Vertragspartner durch die Zusicherung der Erbschaft zu veranlassen, den Erblasser bis zu seinem Lebensende zu unterhalten. Die Vertragschließenden brauchen jedoch nicht miteinander verheiratet, verwandt oder verschwägert zu sein. Auch können auf jeder Seite mehrere Personen beteiligt sein.

◆ *Inhalt*

Im Erbvertrag können dieselben Verfügungen getroffen werden wie in einem Testament; *vertragsmäßig gebunden ist der Erblasser jedoch nur hinsichtlich Erbeinsetzungen, Vermächtnissen*[1] *und Auflagen*[1] (§ 2278), nicht aber hinsichtlich einseitiger Verfügungen, wie z.B. Teilungsanordnungen oder Einsetzung eines Testamentsvollstreckers, die der Erblasser jederzeit widerrufen kann.

◆ *Arten*

Es gibt zwei Arten von Erbverträgen:

- der **einseitige Erbvertrag** (§ 2299), in welchem nur ein Partner Erblasser, der andere gewöhnlicher Vertragspartner ist,
  Beispiel: Der Erblasser setzt seinen Neffen Max zum Alleinerben ein, Max verpflichtet sich, seinen Onkel bis an dessen Lebensende zu unterhalten.
- der **zweiseitige Erbvertrag** (§ 2298), in dem beide Partner als Erblasser verfügen.
  Beispiel: Ehegatten setzen sich gegenseitig als Alleinerben ein.

Ist eine Verfügung nichtig oder angefochten, so ist der ganze Vertrag unwirksam, es sei denn, ein anderer Wille der Vertragsschließenden ist anzunehmen (§ 2298 Abs. 1 und 3).

◆ *Voraussetzungen*

Als Erblasser kann einen Erbvertrag nur schließen, wer unbeschränkt geschäftsfähig ist (§ 2275 Abs. 1). Ausnahme: § 2275 Abs. 2.

◆ *Form*

- Der Erbvertrag muss bei **gleichzeitiger Anwesenheit beider Teile** zur Niederschrift eines Notars geschlossen werden (§ 2276 Abs. 1);

---

[1] Näheres über Vermächtnis und Auflage S. 156 f.

- der **Erblasser** kann den Vertrag **nur persönlich** schließen (§ 2274), der Vertragspartner kann sich vertreten lassen;
- im Übrigen gelten die Vorschriften für das öffentliche Testament (§§ 2276, 2232);
- der Erbvertrag wird in der Regel in **besondere amtliche Verwahrung** genommen (§ 2300, § 34 Abs. 2 BeurkG). Zuständig ist das Amtsgericht (§ 2258 Abs. 2 Nr. 3), in Baden-Württemberg das staatliche Notariat. Haben die Vertragspartner im Erbvertrag die besondere amtliche Verwahrung ausgeschlossen, bleibt der Erbvertrag in der Verwahrung des beurkundenden Notars (§ 25 Abs. 2 BeurkG).

- ◆ *Wirkungen*

- Der Erblasser verliert das Recht, anderweitig über sein Vermögen *von Todes wegen* zu verfügen (§ 2289).
- Frühere durch Testament getroffene Verfügungen werden durch den Erbvertrag aufgehoben, soweit sie das Recht des Vertragserben beeinträchtigen würden.
- *Rechtsgeschäfte unter Lebenden* kann der Erblasser unbeschränkt abschließen (§ 2286).
- Gegen böswillige Schenkungen des Erblassers an Dritte ist der Vertragserbe geschützt: Der Dritte muss das Geschenk nach den Vorschriften über die Herausgabe einer ungerechtfertigten Bereicherung herausgeben (§ 2287).
  Beispiel: Durch Erbvertrag hat der Onkel seinen Neffen zum Alleinerben eingesetzt. Der Neffe hat sich verpflichtet, für den Onkel bis zu dessen Tode zu sorgen. Das Verhältnis der beiden verschlechtert sich. Um den Neffen zu schädigen, schenkt der Onkel sein wertvollstes Vermögensstück, eine Münzsammlung, einem Freund.
  Der Neffe kann nach dem Tode des Onkels die Münzsammlung herausverlangen.

Der Erbvertrag kann in der Regel **nur aufgehoben** werden, **wenn beide Partner darüber einig sind** (§ 2290). Der Aufhebungsvertrag bedarf derselben Form wie der Erbvertrag (§§ 2290 Abs. 4, 2276).

Ein **einseitiger Rücktritt des Erblassers oder eine Anfechtung des Vertrags** ist nur unter bestimmten strengen Voraussetzungen möglich (§§ 2281 ff., 2293 ff.).

Rücktritts- und Anfechtungserklärungen bedürfen der notariellen Beurkundung.

D. Die rechtliche Stellung des Erben

I. Anfall und Ausschlagung der Erbschaft

Die Erbschaft fällt dem Erben unmittelbar mit dem Tode des Erblassers zu. Er ist aber nicht gezwungen, sie anzunehmen, sondern **kann** sie auch **ausschlagen.** Nur der **Fiskus ist** als *gesetzlicher Erbe* „Zwangserbe". Ist der Fiskus jedoch durch Testament oder Erbvertrag eingesetzt, kann er die Erbschaft ausschlagen (§ 1942).

Die Ausschlagung ist nicht mehr möglich, wenn der Erbe die Erbschaft stillschweigend oder ausdrücklich angenommen hat oder die **Ausschlagungsfrist** nach § 1944 abgelaufen ist.

Die *Ausschlagung* ist zur Niederschrift des Nachlassgerichts oder in öffentlich beglaubigter Form zu erklären (§ 1945). Zuständig ist das Amtsgericht (in Baden-Württemberg das staatliche Notariat), in dessen Bezirk der Erblasser seinen letzten Wohnsitz hatte.

Mit der Ausschlagung wird derjenige Erbe, der Erbe geworden wäre, wenn der Ausschlagende zur Zeit des Erbfalls nicht gelebt hätte (§ 1953).

Beispiel: Der ledige Erblasser hat durch Testament seinen Freund zum Erben eingesetzt. Dieser schlägt die Erbschaft wegen Überschuldung des Nachlasses aus. Maßgebend ist nun die gesetzliche Erbfolge.

II. Die Haftung des Erben

Der Erbe haftet für die **Nachlassverbindlichkeiten** (§ 1967).

Dazu gehören

- die Schulden des Erblassers **(Erblasserschulden),**
  Beispiel: Steuerschulden, Kaufpreis- und Darlehensschulden;
- die Schulden, die durch den Erbfall entstehen **(Erbfallschulden).**
  Beispiel: Verbindlichkeiten aus Pflichtteilen, Vermächtnissen und Auflagen; der Voraus des Ehegatten; die standesgemäßen Beerdigungskosten.

Grundsätzlich haftet der Erbe für die Nachlassverbindlichkeiten nicht nur mit dem Nachlass, sondern auch mit seinem eigenen Vermögen, also **unbeschränkt.** Er kann jedoch seine Haftung in folgender Weise **auf den Nachlass beschränken:**

- **Während der ersten drei Monate** nach Annahme der Erbschaft hat der Erbe das Recht, die Erfüllung von Nachlassverbindlichkeiten zu verweigern (§ 2014). Er kann nun, um sich einen Überblick über den Bestand des Nachlasses zu verschaffen, ein **Inventar** errichten und dieses beim Nachlassgericht einreichen. Auf Antrag eines Nachlassgläubigers ist er sogar dazu verpflichtet.
- Gelingt es dem Erben nicht, sich über den Bestand des Nachlasses klar zu werden, kann er das **gerichtliche Aufgebotsverfahren** beantragen, in welchem die Nachlassgläubiger zur Anmeldung ihrer Forderungen aufgefordert werden (§§ 1970 ff.). Solange das Aufgebotsverfahren läuft, ist der Erbe über die Drei-Monats-Frist hinaus berechtigt, die Erfüllung der Nachlassverbindlichkeiten zu verweigern (§ 2015).

Seine Haftung ist insoweit beschränkt, als er Nachlassgläubiger, die sich nicht gemeldet haben, **nur noch aus dem Überschuss zu befriedigen** hat, der nach Befriedigung der angemeldeten Gläubiger bleibt (§ 1973).

Außerdem kann der Erbe seine Haftung auf folgende Weise *beschränken:*

- Er beantragt beim Nachlassgericht die **Nachlassverwaltung** (§ 1975); falls der Nachlass überschuldet ist, beantragt er das **Nachlassinsolvenzverfahren** (§§ 1975, 1980).
- Wenn der Nachlass so *gering* ist, dass sich die Kosten einer Nachlassverwaltung oder eines Nachlassinsolvenzverfahrens nicht lohnen, kann er die Nachlassgläubiger **auf den Nachlass verweisen.** Er ist dann verpflichtet, den Nachlass zur Befriedigung der Gläubiger herauszugeben, notfalls die Zwangsvollstreckung in den Nachlass zu dulden (§ 1990). Die Haftungsbeschränkung muss dem Erben im Urteil vorbehalten werden (§ 780 ZPO).

Sind mehrere Erben vorhanden **(Miterben),** so können auch diese ihre Haftung beschränken.

Die Miterben bilden die Erbengemeinschaft; die Verwaltung des Nachlasses steht ihnen gemeinschaftlich[1]) zu (§ 2038). Sie können über einzelne Nachlassgegenstände nur *gemeinschaftlich verfügen.* Soll z. B. das Klavier des Erblassers verkauft werden, müssen sämtliche Miterben damit einverstanden sein. **Über seinen Anteil am Nachlass kann jeder Miterbe**

---

[1]) Siehe S. 53 f.: Gesamthandsschuldner und Gesamthandsgläubiger.

selbstständig verfügen (§ 2033). Den übrigen Miterben steht ein **gesetzliches Vorkaufsrecht** zu (§ 2034 Abs. 1).

Beispiel: Albert, Berta und Cäcilie sind je zu einem Drittel als Erben eingesetzt. Albert kann sein Drittel an Müller verkaufen, ohne dass er hierzu der Zustimmung der beiden Miterben bedarf. Er muss jedoch seinen Anteil den anderen Miterben zum Vorkauf anbieten.

Jeder Miterbe kann grundsätzlich die **Auseinandersetzung des Nachlasses** verlangen (§ 2042). Unter bestimmten Voraussetzungen ist die Auseinandersetzung aufgeschoben oder für eine gewisse Zeit ausgeschlossen (§§ 2043–2045).

Können sich die Miterben über die Teilung nicht einigen, so führt auf Antrag das Nachlassgericht die Auseinandersetzung durch (§§ 86 ff. FGG). Widerspricht ein Erbe, ist Klage nötig *(Erbteilungsklage)*.

III. Der Testamentsvollstrecker (§§ 2197 ff.)

Die Erbauseinandersetzung wird häufig von einem Testamentsvollstrecker vorgenommen (§ 2204). Er kann vom Erblasser testamentarisch oder auf Ersuchen des Erblassers von einem Dritten oder vom Nachlassgericht bestimmt werden (§§ 2197, 2198, 2200). Er kann aber nicht gezwungen werden, das Amt anzunehmen.

Der Testamentsvollstrecker hat den letzten Willen des Erblassers auszuführen, den Nachlass zu verwalten und die Auseinandersetzung vorzunehmen (§§ 2203–2205).

Ein zum Nachlass gehörendes Recht kann nur vom Testamentsvollstrecker geltend gemacht werden, er ist **als Kläger „Partei kraft Amtes"**.

Ansprüche der Nachlassgläubiger können sowohl gegen die Erben als auch gegen den Testamentsvollstrecker eingeklagt werden.

IV. Der Erbschein (§§ 2353 ff.)

Zum Nachweis seines Erbrechts wird dem Erben auf Antrag vom Nachlassgericht ein Erbschein[1] ausgestellt (§ 2353), bei gesetzlicher Erbfolge vom Rechtspfleger, bei Erbfolge aufgrund einer Verfügung von Todes wegen (Testament, Erbvertrag) vom Richter[2]. Das Nachlassgericht hat aufgrund der vom Erben beizubringenden Unterlagen (§§ 2354, 2355) zu prüfen, ob der Antragsteller der wahre Erbe ist (§ 2358).

Sind mehrere Erben vorhanden, so ist auf Antrag ein **gemeinschaftlicher Erbschein** auszustellen oder auf Antrag eines Miterben ein **Teilerbschein.**

Der Erbschein enthält

◆ die genaue Bezeichnung der Erben,

◆ den Umfang des Erbrechts (ob Alleinerbe, ob Miterbe und zu welchem Bruchteil),

◆ die vom Erblasser angeordneten Beschränkungen des Erben, z. B. Bestimmung eines Testamentsvollstreckers; Ausschluss der Auseinandersetzung.

---

[1] Ein öffentliches Testament kann oft den Erbschein ersetzen.
[2] In Baden-Württemberg sind die staatlichen Notariate für die Erteilung aller Erbscheine zuständig.

Beispiel:

> Nachlassgericht*) Nürtingen, Notariat II
> Beschluss vom 11. Dezember ..
>
> Erbschein
>
> Erben des am 30. Oktober .. in Nürtingen verstorbenen Maximilian Maier, Konditor und Witwer, Hauptstraße 12, 72622 Nürtingen, sind geworden:
> 1. die Tochter Maria Beate Müller, geb. Maier, Witwe des Anton Müller, Wilhelmstraße 24, 72622 Nürtingen,
> 2. die Tochter Marga Helene Maier, Verkäuferin, Hauptstraße 12, 72622 Nürtingen
>
> zu gleichen Teilen
>
> Notar (gez.) Fritz

*) Anmerkung: Außerhalb von Baden-Württemberg sind die Amtsgerichte als Nachlassgerichte zuständig.

Der Erbschein begründet die – widerlegbare – Vermutung, dass dem im Erbschein bezeichneten Erben das Erbrecht zusteht (§ 2365):

Wer gutgläubig von einem im Erbschein ausgewiesenen Erben durch Rechtsgeschäft einen Erbschaftsgegenstand erwirbt, wird Eigentümer desselben, auch wenn sich danach herausstellt, dass der im Erbschein Bezeichnete gar nicht der wahre Erbe ist (§ 2366).

Beispiel: Gesetzliche Erbin der am 7. August 1994 gestorbenen Maria Moll ist ihre Nichte Erna, die Tochter ihrer verstorbenen Schwester. Zum Nachlass gehörte ein neuer Farbfernseher, den Erna an Frau Kilian am 3. Februar 1995 verkaufte.
Am 4. März 1995 kommt der für tot erklärte Sohn Kurt der Erblasserin mit einem Umsiedlertransport aus Russland zurück. Als Abkömmling der Erblasserin ist er der wirkliche gesetzliche Erbe.
Kurt kann von Erna verlangen, dass sie den Erbschein an das Nachlassgericht herausgibt und ihm Auskunft über den Bestand des Nachlasses und den Verbleib der Erbschaftsgegenstände erteilt (§ 2362).
Frau Kilian ist Eigentümerin des Fernsehers geworden, wenn sie von Kurts Überleben nichts gewusst hat.
Kurt kann von Erna den Kaufpreis nach den Grundsätzen der ungerechtfertigten Bereicherung[1]) herausverlangen.

Ist jemand im Besitz der Erbschaft oder von Erbschaftsgegenständen aufgrund eines Erbrechts, das ihm in Wirklichkeit nicht zusteht (**Erbschaftsbesitzer**), so kann der wahre Erbe von ihm das Erlangte samt den inzwischen gezogenen Nutzungen herausverlangen (§§ 2018 ff.); wenn nötig, im Wege der Klage (**Erbschaftsklage**).

E. Pflichtteil – Vermächtnis – Auflage

I. Der Pflichtteil (§§ 2303 ff.)

Wenn ein gesetzlicher Erbe durch Testament oder Erbvertrag enterbt wurde, so steht ihm ein **schuldrechtlicher Anspruch gegen den Erben in Höhe der Hälfte seines gesetzlichen Erbteils zu** (**Pflichtteil**, § 2303).

---

[1]) Näheres über die ungerechtfertigte Bereicherung siehe S. 85 f.

Pflichtteilsberechtigt sind

◆ die Abkömmlinge,

◆ die Eltern,

◆ der Ehegatte des Erblassers.

Diese nahen Angehörigen können somit nicht vollständig enterbt werden. Voraussetzung ist allerdings, dass sie einen gesetzlichen Erbanspruch haben. Die Eltern haben z. B. keinen Erbanspruch, wenn Abkömmlinge des Erblassers leben.

Der **Pflichtteil kann als Strafe entzogen werden,** wenn der Berechtigte schwere Verfehlungen gegen den Erblasser oder dessen Ehegatten begangen hat, z. B. Lebensnachstellung, vorsätzliche Misshandlung, böswillige Verletzung der Unterhaltspflicht (§§ 2333, 2335).

In **guter Absicht kann das Pflichtteilsrecht beschränkt werden,** wenn der Abkömmling überschuldet ist oder sich der Verschwendung hingibt (§ 2338).

II. Das Vermächtnis (§ 1939)

Durch das Vermächtnis wendet der Erblasser in einem Testament oder Erbvertrag einem anderen etwas zu, **ohne ihn als Erben einzusetzen. Bedachter** ist der Vermächtnisnehmer. **Beschwerter** der Erbe.

Gegenstand des Vermächtnisses kann jeder Vermögensvorteil sein, z. B. Eigentum oder Nutzungen an einer Sache, Erlass einer Schuld oder Stundung derselben.

Der Bedachte wird nicht wie der Erbe im Augenblick des Todes des Erblassers Eigentümer des vermachten Gegenstandes oder Gläubiger der vermachten Forderung. **Er hat nur einen schuldrechtlichen Anspruch gegen den Erben** (§ 2174), den er im Klageweg durchsetzen kann.

Beispiel: Onkel Fritz bestimmt in seinem Testament: „Zu Erben setze ich meine Nichten Amalia und Eulalia Müller je zur Hälfte ein. Meinem Neffen Eusebius Müller vermache ich mein Hausgrundstück Tübinger Straße 37, dessen Nutzungen meiner Haushälterin Albertina Schulz zufallen sollen."

Eusebius hat einen Anspruch gegen die Erbinnen auf Übertragung des Eigentums an dem Hausgrundstück, Albertina Schulz hat einen solchen gegen Eusebius auf Überlassung der Nutzungen. **Beschwert** sind im ersten Fall die Erben, im zweiten Fall der Vermächtnisnehmer selbst. Albertina ist **Bedachte eines Untervermächtnisses.**

Das Vermächtnis fällt dem Bedachten grundsätzlich im Zeitpunkt des Erbfalls (§ 2176) an, d. h. er kann nun vom Beschwerten die Leistungen verlangen (§ 2174), wenn der Erblasser nichts anderes bestimmt hat.

Nicht selten bedenkt der Erblasser **einen Miterben** mit einem Vorausvermächtnis (§ 2150). Der Miterbe ist dann Bedachter und Mitbeschwerter zugleich.

Beispiel: Albrecht hinterlässt eine Erbmasse von 100 000,00 EUR. Von den drei zu gleichen Teilen eingesetzten Miterben Bertram, Carlo und David ist Bertram mit einem Vorausvermächtnis von 10 000,00 EUR bedacht. Dann erhält Bertram das Vorausvermächtnis ungekürzt vor Teilung der um das Vorausvermächtnis verminderten Erbmasse. Sein Erbteil und das der beiden Miterben beträgt noch je 30 000,00 EUR.

III. Die Auflage (§§ 1940, 2278)

Die Auflage ist die in einem Testament oder Erbvertrag dem Erben auferlegte Verpflichtung zu einer Leistung, ohne dass der Begünstigte einen Rechtsanspruch auf die Leistung hat.

Gegenstand der Auflage kann alles sein, wozu sich jemand durch Rechtsgeschäft verpflichten kann.

Beispiele: Geldzuwendungen an karitative Einrichtungen, Versorgung von Lieblingstieren des Erblassers, Pflege des Grabes des Erblassers.

Die Vollziehung der Leistung kann vor allem **verlangt werden** (§ 2194)
- *vom Erben,* wenn ein Vermächtnisnehmer mit der Auflage belastet ist;
- *von einem Miterben,* wenn ein anderer Miterbe oder ein Vermächtnisnehmer belastet ist;
- *von der zuständigen Behörde,* wenn die Vollziehung der Auflage im öffentlichen Interesse liegt.

Beispiel: Ein Park oder eine private Gemäldegalerie soll der Öffentlichkeit zugänglich gemacht werden.

F. Erbverzicht – Erbunwürdigkeit

I. Der Erbverzicht (§§ 2346–2352)

Verwandte und der Ehegatte des Erblassers können durch Vertrag mit dem Erblasser auf ihr gesetzliches Erbrecht verzichten. Der Erbverzicht erstreckt sich auch auf die Abkömmlinge des Verzichtenden, wenn nichts anderes bestimmt ist.

Durch den Verzicht ist der Verzichtende von der gesetzlichen Erbfolge ausgeschlossen, er hat auch kein Pflichtteilsrecht.

Der Erbverzichtsvertrag bedarf der **notariellen Beurkundung.** Der Erblasser kann den Vertrag nur persönlich schließen. Steht der Verzichtende unter Vormundschaft, ist die Genehmigung des Vormundschaftsgerichts erforderlich. Gleiches gilt für den Verzicht durch den Betreuer eines Volljährigen.

II. Die Erbunwürdigkeit (§§ 2339–2345)

Erbunwürdig sind Personen, die sich **schwerer Verfehlungen gegen den Erblasser** schuldig gemacht haben, ihn z. B. getötet oder zu töten versucht oder ihn widerrechtlich gehindert haben, eine Verfügung von Todes wegen zu errichten. Weitere Erbunwürdigkeitsgründe enthält § 2339.

Die Erbunwürdigkeit wird nach Eintritt des Erbfalls durch **Anfechtungsklage** geltend gemacht. Klageberechtigt ist jeder, dem der Wegfall des Erbunwürdigen zustatten kommt.

Ist ein Erbe durch rechtskräftiges Urteil für erbunwürdig erklärt, so gilt der Anfall der Erbschaft an ihn als nicht erfolgt.

Beispiel: Der Erblasser hat kein Testament errichtet. Gesetzliche Erben sind seine Söhne Ernst und Karl. Karl erhebt gegen Ernst die Anfechtungsklage wegen Erbunwürdigkeit. Erklärt das Gericht Ernst für erbunwürdig, erhöht sich Karls Erbteil um den des Ernst, er erhält den ganzen Nachlass. Hat Ernst jedoch Kinder, erben sie an seiner Stelle.

Das Bürgerliche Recht

Wiederholungsaufgaben

1 Wer ist in den folgenden Beispielen gesetzlicher Erbe und zu welchem Teil, wenn der Erblasser hinterlässt
   a) seine Frau und seine Eltern,
   b) ein Kind und seinen Vater,

2 a) Wer kann ein eigenhändiges, wer ein öffentliches Testament errichten?
   b) Welche Form ist für das öffentliche Testament vorgeschrieben?
   c) Welches der folgenden Privattestamente ist ungültig, wenn der Erblasser
      1. mit „Euer Vater" unterschrieben hat;
      2. trunksüchtig war;
      3. kein Datum angegeben hat?

3 a) Wie hoch ist der gesetzliche Erbteil des Ehegatten neben Verwandten der zweiten und dritten Erbordnung?
   b) Hinterbliebene des Erblassers sind seine Frau, seine Großmutter väterlicherseits und deren Tochter (eine Tante des Erblassers). Wer erbt nach der gesetzlichen Erbfolge und zu welchem Teil?

4 Die 20-jährige Petra ist aufgrund eines Testaments Erbin ihres minderjährigen Freundes geworden.
   a) Wie alt muss der Freund zur Zeit der Testamentserrichtung mindestens gewesen sein?
   b) In welcher Form konnte der Freund das Testament errichten?
   c) In welchem Zeitpunkt fällt Petra die Erbschaft an?
   d) Petra stellt fest, dass der Nachlass überschuldet ist. Welche Möglichkeiten hat sie, ihre Haftung auf den Nachlass zu beschränken?
   e) Petra, die sich nun für erbrechtliche Fragen interessiert, möchte wissen, was unter „Pflichtteil" und unter „Vermächtnis" zu verstehen ist.

5 Am 21. Januar ist der ledige Rentner Robert Degenfeld gestorben. Durch letztwillige Verfügung hat er seine ledige Schwester Agathe zur Alleinerbin eingesetzt.
   a) Was versteht man unter „letztwilliger Verfügung", was unter „Verfügung von Todes wegen"?
   b) Der Nachlassrichter stellt fest, dass Agathe auch Alleinerbin wäre, wenn der Erblasser keine letztwillige Verfügung getroffen hätte oder wenn dieselbe nichtig gewesen wäre. Wie ist dies zu erklären?
   c) Wer käme als Erbe in Betracht, wenn zur Zeit des Erbfalls keine Verwandten des Erblassers mehr gelebt hätten? Wie hätte in einem solchen Fall das Nachlassgericht zu verfahren?

6 Der Erblasser hat mehr Schulden als aktives Vermögen hinterlassen. Die Erbin, seine Tochter, erkundigt sich, ob sie die Schulden bezahlen müsse oder sich dagegen wehren könne. Wie ist die Rechtslage?

7 Aribert hat an Stephan aus dem Nachlass seines Onkels ein Tonbandgerät verkauft. Zum Beweis seines Erbrechts hat er den Erbschein vorgelegt. – Bertold, der Sohn des Erblassers, behauptet, er sei der wahre Erbe, weil das Testament, aus dem Aribert sein Erbrecht herleitet, nichtig sei. Bertold verlangt von Stephan das Tonbandgerät heraus. – Wie ist die Rechtslage?

8 Das Ehepaar Hahn lebte in unglücklicher Ehe. Nach dem Tode seiner Frau findet Hahn bei der Sichtung des Nachlasses ein handgeschriebenes Testament, in welchem Frau Hahn ihren Mann enterbt und ihre Schwester Aloisia Müller zur Alleinerbin einsetzt. Datum und Unterschrift fehlen. Die Ehegatten lebten im gesetzlichen Güterstand der Zugewinngemeinschaft.

    a) Wie steht es mit der Erbfolge?

    b) Was kann wegen des überschuldeten Nachlasses unternommen werden?

9 a) Welche Testamentsformen werden unterschieden?

    b) Was versteht man unter „Erbteilungsklage", was unter der „Erbschaftsklage"?

    c) Wodurch unterscheiden sich im Wesentlichen „Vermächtnis" und „Auflage"?

10 Die kinderlosen Ehegatten Oskar und Brigitte Krause leben im Güterstand der Zugewinngemeinschaft. Sie errichten ein privatschriftliches Testament, in welchem sie sich zu Alleinerben einsetzen. Nach dem Tode des Letztversterbenden soll der beiderseitige Nachlass an den Neffen des Ehemannes, Peter Mühlich, fallen. Wie kann das Testament ausgelegt werden?

11 Die Eheleute Schwörer haben 1965 ein gemeinschaftliches öffentliches Testament errichtet und sich gegenseitig zu Alleinerben eingesetzt. Frau Schwörer möchte ihre Willenserklärung widerrufen und ihren Sohn aus erster Ehe als Erben einsetzen.

    a) Wie muss der Widerruf erfolgen?

    b) Bevor Frau Schwörer ihre Verfügung widerrufen kann, stirbt ihr Mann. Wie kann Frau Schwörer die freie Verfügungsbefugnis zurückerhalten?

12 a) Wer kann einen Erbvertrag schließen?

    b) Welche Arten des Erbvertrages werden unterschieden?

    c) Inwieweit schränkt der Erbvertrag die Verfügungsbefugnis des Erblassers ein? Welche Verfügungen kann er weiterhin treffen?

13 Die Eheleute Stübler haben einen Erbvertrag geschlossen. Zehn Jahre danach wollen sie den Vertrag aufheben.

    Auf welche Weise und in welcher Form erfolgt die Aufhebung?

14 a) Welche Bedeutung hat der Erbschein?

    b) Wer stellt den Erbschein aus?

    c) Welchen Inhalt hat der Erbschein?

15 Wodurch unterscheidet sich die Rechtsstellung des Pflichtteilsberechtigten von der des Erben?

16 Karl, der Sohn des Erblassers, will zugunsten seiner Schwester auf sein Erbrecht verzichten.

    a) Auf welche Weise erfolgt der Erbverzicht?

    b) Wodurch unterscheiden sich Erbverzicht und Ausschlagung der Erbschaft?

17 a) Von wem kann der Testamentsvollstrecker bestimmt werden?

    b) Welche Aufgaben hat der Testamentsvollstrecker?

18 a) Wie wird die Erbunwürdigkeit eines Erben geltend gemacht?

    b) Wer ist hierzu berechtigt?

DAS VERFAHRENSRECHT

Inhalt

Der Zivilprozess 164

A. Die Besetzung der ordentlichen Zivilgerichte und der Instanzenzug 164
    I. Die Besetzung der ordentlichen Zivilgerichte 164
    II. Der Instanzenzug 165

B. Die Zuständigkeit 166
    I. Die sachliche Zuständigkeit 166
        1. Die sachliche Zuständigkeit des Amtsgerichts 166
        2. Die sachliche Zuständigkeit des Landgerichts 167
        3. Die Berechnung des Streitwertes 167
    II. Die örtliche Zuständigkeit 168
        1. Der allgemeine Gerichtsstand 168
        2. Die besonderen Gerichtsstände 168
    III. Die Vereinbarung über die Zuständigkeit – Prorogation 169
    IV. Die Folgen der Unzuständigkeit 171

C. Die Prozessparteien 171
    I. Die Parteifähigkeit 171
    II. Die Prozessfähigkeit 172
    III. Die Prozessvollmacht 173

Wiederholungsaufgaben 174

D. Die Prozesskostenhilfe 176
    I. Der Antrag auf Bewilligung der Prozesskostenhilfe 176
    II. Das Bewilligungsverfahren 177
    III. Die Bewilligung und ihre Wirkung 177

E. Die Beratungshilfe für Bürger mit geringem Einkommen 178
    I. Organe der Beratungshilfe 179
    II. Voraussetzungen für die Gewährung von Beratungshilfe 179
    III. Durchführung der Beratungshilfe 179
    IV. Die Vergütung des Rechtsanwalts 179
    V. Erstattungspflicht des Gegners 180

F. Zustellungen 180
    I. Gemeinsame Vorschriften 181
    II. Die Zustellung von Amts wegen 181
    III. Die Zustellung auf Betreiben der Parteien 182
        1. Zustellungsorgan 182
        2. Ausführung der Zustellung 182
    IV. Weitere Zustellungsarten 182
        1. Die Zustellung von Anwalt zu Anwalt 182
        2. Die Zustellung im Ausland 182
        3. Die öffentliche Zustellung 183

Der Zivilprozess

G. Termine – Fristen – Wiedereinsetzung in den vorigen Stand 183
    I. Termine 183
    II. Fristen 184
        1. Arten der Fristen 184
        2. Beginn und Berechnung der Fristen 185
    III. Die Wiedereinsetzung in den vorigen Stand 186

Wiederholungsaufgaben 190

Das gerichtliche Mahnverfahren 192

A. Überblick und Voraussetzungen 192
B. Mahnbescheid und Widerspruch 193
C. Vollstreckungsbescheid und Einspruch 196

Wiederholungsaufgaben 198

D. Die maschinelle Bearbeitung der Mahnsachen 199
    I. Allgemeines 199
        1. Einführung 199
        2. Zuständiges Mahngericht 199
        3. Vordrucke 199
    II. Der Verfahrensablauf 199
        1. Antrag auf Erlass eines Mahnbescheids 199
        2. Monierung 200
        3. Kostenrechnung 200
        4. Nichtzustellung und Neuzustellung des Mahnbescheids 200
        5. Zustellung des Mahnbescheids 201
        6. Antrag auf Erlass des Vollstreckungsbescheides 201
        7. Nichtzustellung und Neuzustellung des Vollstreckungsbescheids 201
        8. Vollstreckungsbescheid 201
        9. Widerspruchsnachricht 201
        10. Abgabe des Rechtsstreits nach Widerspruch/Einspruch 202
        11. Nicht-EDV-Fälle 202
    III. Kennziffer und Einzugsermächtigung 202
    IV. Datenträgeraustausch 203

Das ordentliche Verfahren (Klageverfahren) 204

A. Die Klagearten 204
    I. Die Leistungsklage 204
    II. Die Feststellungsklage 204
    III. Die Gestaltungsklage 205
B. Die Erhebung der Klage 205
    I. Klageschrift – Rechtshängigkeit 205
    II. Wirkungen der Rechtshängigkeit 206
        1. Wirkungen, die das Verfahren betreffen 206
        2. Wirkungen, die den Anspruch betreffen 207
    III. Klageänderung – Klagenhäufung – Widerklage 207
        1. Klageänderung 207
        2. Klagenhäufung 207
        3. Widerklage 208
C. Die Prozessvoraussetzungen 208

Wiederholungsaufgaben 209

D. Das Verfahren in erster Instanz	210
I. Wichtige Grundsätze des Verfahrens	210
1. Grundsatz der Mündlichkeit	211
2. Grundsatz der Öffentlichkeit	211
3. Verhandlungs- oder Beibringungsgrundsatz	212
4. Der Grundsatz, beide Parteien zu hören	212
II. Der Verlauf des Verfahrens in erster Instanz	213
1. Früher erster Termin	214
2. Das schriftliche Vorverfahren	214
3. Die Güteverhandlung	215
4. Die mündliche Verhandlung	216
III. Der Beweis	217
1. Das Beweisverfahren	217
2. Die einzelnen Beweismittel	219
3. Das selbstständige Beweisverfahren	223
IV. Das Sitzungsprotokoll	224
V. Der Stillstand des Verfahrens	224
VI. Die Beendigung des Verfahrens	225
1. Die Beendigung des Verfahrens durch eine Prozesshandlung der Partei	225
2. Die Beendigung des Verfahrens durch Urteil	226
Wiederholungsaufgaben	230
Abweichungen vom normalen Verfahren	233
A. Das Versäumnisverfahren	233
I. Das Versäumnisurteil	233
II. Der Einspruch gegen das Versäumnisurteil	234
B. Die Entscheidung nach Lage der Akten	235
C. Das schriftliche Verfahren	236
Wiederholungsaufgaben	237
Besondere Verfahrensarten	238
A. Der Urkunden- und Wechselprozess	238
I. Der Urkundenprozess	238
II. Der Wechsel- und Scheckprozess	239
III. Das Wechselmahnverfahren	240
B. Das Verfahren in Familiensachen, in Kindschaftssachen und das Verfahren über den Unterhalt Minderjähriger	240
I. Überblick	240
II. Das Verfahren in Ehesachen	242
1. Allgemeine Vorschriften	242
2. Besondere Vorschriften für Scheidungs- und Folgesachen	243
3. Einstweilige Anordnungen	245
III. Das Verfahren in Kindschaftssachen	246
IV. Das vereinfachte Verfahren über den Unterhalt Minderjähriger (§§ 645 ff.)	247
Wiederholungsaufgaben	248
Die Rechtsmittel	250
A. Berufung und Anschlussberufung	251
I. Die Berufung	251
II. Die Anschlussberufung	253

B. Revision und Sprungrevision 253
    I.   Die Revision 253
    II. Die Sprungrevision 254

C. Die Beschwerde 255

D. Zusammenfassender Überblick über Rechtsmittel und Rechtsbehelfe im Zivilprozess ... 256
    I.   Rechtsmittel gegen Urteile 256
    II. Rechtsmittel gegen Beschlüsse und Verfügungen 257
    III. Rechtsbehelfe 257

Die Wiederaufnahme des Verfahrens 258

Wiederholungsaufgaben 259

Überblick über das Aufgebots- und das schiedsrichterliche Verfahren ... 261

A. Das Aufgebotsverfahren 261

B. Das schiedsrichterliche Verfahren 262

Der Zivilprozess

Der Zivilprozess ist ein in der Zivilprozessordnung (ZPO)[1] geregeltes Gerichtsverfahren, das dazu dient, *privatrechtliche Ansprüche festzustellen und durchzusetzen.*

Im **Erkenntnisverfahren,** das mit Einreichung der Klage beginnt und in der Regel mit Urteil (Erkenntnis) endet, prüft das Gericht, ob der klagenden Partei der eingeklagte Anspruch zusteht; je nachdem gibt es der Klage statt oder weist sie ab.

Das **Zwangsvollstreckungsverfahren** (siehe S. 278), das ebenfalls in der ZPO geregelt ist, wird erforderlich, wenn das Urteil nicht freiwillig erfüllt wird.

Das **Zivilprozessverfahren** ist durch das „Gesetz zur Reform des Zivilprozesses" vom 27. Juli 2001, in Kraft getreten am 1. Januar 2002, von Grund auf neugestaltet worden. Die Neuregelung betrifft insbesondere die Zuständigkeit der Gerichte und das Rechtsmittelverfahren. Die Reform bezweckt eine Beschleunigung der Verfahren durch Entlastung der unteren Gerichte mittels Straffung des Instanzenweges. Dieses Ziel soll durch eine bis zum Jahre 2006 geltende sog. Experimentierklausel (§ 119 Abs. 3 GVG) erreicht werden. Dadurch werden die Länder ermächtigt, durch Landesgesetz zu bestimmen, dass die Oberlandesgerichte für alle Berufungen und Beschwerden gegen amtsgerichtliche Entscheidungen zuständig sind. Der Gesetzgeber will auf diese Weise erkunden, welche bundeseinheitliche Gerichtsstruktur den Bedürfnissen des Rechtsverkehrs am besten entspricht. Die durch die Reform bedingten Änderungen sind in den folgenden Ausführungen berücksichtigt worden.

A. Die Besetzung der ordentlichen Zivilgerichte und der Instanzenzug

Die folgende Übersicht zeigt, wie die Zivilgerichte besetzt sind, welche Gerichte in erster Instanz und welche als Berufungs- oder Revisionsgericht entscheiden.

[1]) Paragraphen ohne Gesetzesangabe sind die der ZPO.

I. Die Besetzung der ordentlichen Zivilgerichte

Amtsgericht	Landgericht	Oberlandesgericht	Bundesgerichtshof[1]
◆ **Abteilungen** **1 Richter** als Einzelrichter (§ 22 GVG) *Beispiele:* Abteilungen für – Familiensachen *(Familiengericht)* (§ 23b GVG) – Vollstreckungssachen *(Vollstreckungsgericht)* (§ 764 ZPO)	◆ **Zivilkammern** **3 Richter** Vorsitzender Richter, 2 Richter als Beisitzer (§ 75 GVG) **Einzelrichter** (§ 348 ZPO) ◆ **Kammern für Handelssachen** (§ 95 GVG) **3 Richter** Vorsitzender Richter, 2 ehrenamtliche Richter als Beisitzer (§ 105 GVG)	◆ **Zivilsenate** **3 Richter** Vorsitzender Richter, 2 Richter als Beisitzer (§ 122 GVG)	◆ **Zivilsenate** **5 Richter** Vorsitzender Richter, 4 Richter als Beisitzer (§ 139 GVG) ◆ **Der Große Zivilsenat** **9 Richter** Präsident des BGH als Vorsitzender und 8 Richter (§ 132 GVG) ◆ **Die Vereinigten Großen Senate** **17 Richter** Präsident des BGH als Vorsitzender und sämtliche Mitglieder der Großen Senate (Großer Zivil- und Großer Strafsenat)

II. Der Instanzenzug

Amtsgericht	Landgericht	Oberlandesgericht	Bundesgerichtshof
◆ Gericht erster Instanz (§ 23 GVG) – auch in Familiensachen (Familiengericht) und in Kindschaftssachen – (§§ 23a, 23b GVG)	◆ Gericht erster Instanz für alle bürgerlichen Rechtsstreitigkeiten, die nicht den Amtsgerichten zugewiesen sind (§ 71 GVG) ◆ Berufungs- und Beschwerdegericht gegen Entscheidungen der Amtsgerichte, sofern nicht das Oberlandesgericht zuständig ist (§§ 72, 119 GVG)	◆ Berufungs- und Beschwerdegericht ◆ gegen Entscheidungen der Familiengerichte ◆ gegen Entscheidungen der Landgerichte (§ 119 Abs. 1 Ziff 1a und 2)	◆ Revisionsgericht gegen die in der Berufungsinstanz erlassenen Endurteile (§§ 133 GVG, 542 ZPO) ◆ Sprungrevision (§§ 133 GVG, 566 ZPO) ◆ Rechtsbeschwerde (§§ 133 GVG, 574 ZPO)

[1] In Bayern entscheidet das „Bayerische Oberste Landesgericht" an Stelle des Bundesgerichtshofes, wenn Landesrecht anzuwenden ist.

B. Die Zuständigkeit

Soll ein Anspruch gerichtlich geltend gemacht werden, muss zunächst geklärt werden, welches Gericht hierfür zuständig ist. Dabei sind die sachliche und die örtliche Zuständigkeit zu unterscheiden.

I. Die sachliche Zuständigkeit

Sie ist im Gerichtsverfassungsgesetz (GVG) geregelt und beantwortet die Frage: „Vor welches Gericht gehört die Sache in erster Instanz, vor ein Amtsgericht oder ein Landgericht?" (Oberlandesgericht und Bundesgerichtshof kommen nicht in Betracht, weil sie ausschließlich Rechtsmittelgerichte sind).

1. Die sachliche Zuständigkeit des Amtsgerichts (§§ 23ff. GVG)[1]

In bürgerlichen Rechtsstreitigkeiten ist das Amtsgericht **zuständig bis zu einem Streitwert von 5 000,00 EUR.**

Für eine Anzahl von Streitigkeiten ist es **ohne Rücksicht auf den Streitwert zuständig,** also auch dann, wenn der Streitwert 5 000,00 EUR übersteigt, z. B. für

- Streitigkeiten über Ansprüche aus einem Mietverhältnis über Wohnraum (ausschließliche Zuständigkeit),
- Streitigkeiten zwischen Reisenden und Wirten,
- Streitigkeiten wegen Wildschaden,
- über Ansprüche aus der Überlassung eines Grundstücks i.V.m. Altenteilsverträgen etc.,
- Aufgebotsverfahren.

Außerdem ist das Amtsgericht für folgende Verfahren **zuständig:**

- für das Mahnverfahren (§§ 688 ff.),
- für Unterhaltssachen, die auf Gesetz beruhen und durch Ehe oder Verwandtschaft begründet sind (§ 23 a Nr. 2 GVG),
- für Abnahme der eidesstattlichen Versicherung (Gerichtsvollzieher §§ 899 ff.),
- als Vollstreckungsgericht in der Zwangsvollstreckung (§ 764).

---

[1] Durch das **„Gesetz zur Förderung der außergerichtlichen Streitbeilegung"** vom 15. Dezember 1999 sind die Länder ermächtigt worden, durch Landesgesetze zu bestimmen, dass die Erhebung einer Klage erst zulässig ist, nachdem von einer durch die Landesjustizverwaltung eingerichteten oder anerkannten **Gütestelle** versucht wurde, die Streitigkeiten einvernehmlich beizulegen. Betroffen sind vor allem
- vermögensrechtliche Streite bis 750,00 EUR,
- Nachbarschaftsstreitigkeiten,
- Verletzungen der persönlichen Ehre, die nicht in Presse und Rundfunk begangen wurden.

Normzweck ist die Entlastung der Gerichte.
Entsprechende Landesgesetze in unterschiedlichen Varianten wurden bisher in den Ländern Baden-Württemberg, Bayern, Hessen und Nordrhein-Westfalen erlassen.

Bei den Amtsgerichten sind **Abteilungen für Familiensachen (Familiengerichte)** gebildet. Sie sind **ausschließlich zuständig** insbesondere für:

- Ehesachen (§ 23 a Nr. 4 GVG, 606 ff.) und Lebenspartnerschaftssachen (§ 23a Nr. 6 GVG),
- Regelung der elterlichen Sorge, des persönlichen Umgangs mit dem Kinde und der Herausgabe des Kindes an den anderen Elternteil (§ 621 Abs. 1 Nr. 1–3),
- Versorgungsausgleich (§§ 1587 ff. BGB, 621 Abs. 1 Nr. 6),
- Hausratssachen (§ 621 Abs. 1 Nr. 7, § 23 b Nr. 8 GVG),
- Ansprüche aus dem ehelichen Güterrecht (§ 621, Abs. 1 Nr. 8, § 23 a Nr. 5 GVG),
- Kindschaftssachen[1]) (§§ 23 b Nr. 12 GVG, 621 Abs. 1 Nr. 10),
- Verfahren nach dem Gewaltschutzgesetz[2]).

2. Die sachliche Zuständigkeit des Landgerichts (§ 71 GVG)

Die Zivilkammern des Landgerichts sind zuständig für:

- Streitigkeiten über Ansprüche, deren **Streitwert 5 000,00 EUR übersteigt,**
- alle Streitigkeiten, die ohne Rücksicht auf den Streitwert den Landgerichten zugewiesen sind.

Besteht bei einem Landgericht eine **Kammer für Handelssachen**[3]), so tritt an Stelle der Zivilkammer die Kammer für Handelssachen, wenn

- der Kläger dies in der Klageschrift beantragt hat (§ 96 GVG) **und**
- es sich um eine Handelssache nach § 95 GVG handelt.

3. Die Berechnung des Streitwertes

Für die Berechnung des Streitwertes sind die §§ 3–9 anzuwenden. Die §§ 4 und 5 enthalten folgende **allgemeine Grundsätze:**

- Maßgebend für die Wertberechnung ist der *Zeitpunkt der Klageeinreichung,* in der Rechtsmittelinstanz der Zeitpunkt der Einlegung des Rechtsmittels (§ 4 Abs. 1).
- *Nebenforderungen,* vor allem Zinsen und Kosten, *bleiben unberücksichtigt* (§ 4 Abs. 1).
- Mehrere in einer Klage geltend gemachte *Ansprüche werden zusammengerechnet* (§ 5).
- Soll eine Sache herausgegeben werden, ist der Verkaufswert (Verkehrswert) und nicht etwa ein Liebhaberwert maßgebend.

---

[1]) Kindschaftssachen beziehen sich auf das Verhältnis zwischen Eltern und Kindern, z. B. Feststellung des Bestehens oder Nichtbestehens eines Eltern-Kind-Verhältnisses, Anfechtung der Vaterschaft.
[2]) Gesetz zum zivilrechtlichen Schutz vor Gewalttaten und Nachstellungen (GewSchG) vom 11. 12. 2001 (BGBl I S. 3513).
[3]) Handelssachen im Sinne von § 95 GVG sind bürgerliche Rechtsstreitigkeiten zwischen Kaufleuten, z. B. wegen Ansprüchen aus gegenseitigen Handelsgeschäften, Rechtsstreitigkeiten aus Wechseln oder Schecks.

II. Die örtliche Zuständigkeit

Ist geklärt, ob ein Amtsgericht oder ein Landgericht anzurufen ist, muss überlegt werden, vor welches der vielen Amtsgerichte oder Landgerichte der Rechtstreit gehört. Dies ist die Frage nach der örtlichen Zuständigkeit, nach dem *Gerichtsstand,* der in den §§ 12–34 ZPO geregelt ist.

1. Der allgemeine Gerichtsstand

Im Allgemeinen richtet sich der Gerichtsstand nach dem *Wohnsitz*[1]) der beklagten Partei, man nennt ihn „allgemeiner Gerichtsstand" (§ 13). Hat die beklagte Partei im Inland keinen Wohnsitz begründet, wird der allgemeine Gerichtsstand durch ihren Aufenthaltsort[2]) im Inland bestimmt. Ist der Aufenthaltsort unbekannt, ist der frühere Wohnsitz maßgebend (§ 16).

Beispiel: Der amerikanische Staatsangehörige Goodwill, der sich einige Monate bei Verwandten in Köln aufhält, soll auf Abnahme und Bezahlung eines Pkw verklagt werden. Allgemeiner Gerichtsstand ist Köln.

Allgemeiner Gerichtstand der beklagten **juristischen Person,** z. B. einer Aktiengesellschaft, eines eingetragenen Vereins, einer Gemeinde, einer Industrie- und Handelskammer, ist der **Sitz ihrer Verwaltung** (§ 17).

Allgemeiner Gerichtsstand des *Fiskus* (Staatskasse) ist der *Sitz der Behörde,* die im Prozess zu seiner Vertretung berufen ist (§ 18).

2. Besondere Gerichtsstände

Neben dem allgemeinen Gerichtsstand sieht das Gesetz besondere Gerichtsstände vor, z. B.:

- **Gerichtsstand des Beschäftigungs- und Aufenthaltsortes (§ 20):** Hier können wegen vermögensrechtlicher Ansprüche Hausgehilfinnen, Gewerbegehilfen, Studierende oder Auszubildende, Strafgefangene verklagt werden.
- **Gerichtsstand des Erfüllungsortes (§ 29):** Er ist dort, wo die streitige Verpflichtung zu erfüllen ist. Es handelt sich ganz allgemein um Streitigkeiten aus Vertragsverhältnissen und deren Bestehen.
- **Gerichtsstand der unerlaubten Handlung (§ 32):** Für Klagen wegen einer unerlaubten Handlung ist das Gericht zuständig, in dessen Bezirk die Handlung begangen wurde. Welches Verhalten als unerlaubte Handlung gewertet wird, ergibt sich aus §§ 823 ff. BGB.
- **Gerichtsstand für Gebührenklagen (§ 34):** Für Klagen des Prozessbevollmächtigten wegen Gebühren und Auslagen ist das Gericht des Hauptprozesses zuständig. Dasselbe gilt für Kosten der Beistände, Zustellungsbevollmächtigten und Gerichtsvollzieher.
- **Gerichtsstand in Erbschaftssachen (§ 27):** Für Klagen wegen Feststellung des Erbrechts, Pflichtteilsansprüchen und Vermächtnissen ist das Gericht zuständig, in dessen Bezirk der Erblasser seinen letzten Wohnsitz hatte.

Sind mehrere Gerichte örtlich zuständig, hat der Kläger die Wahl (§ 35). Dies ist der Fall, wenn sowohl der allgemeine als auch ein besonderer oder mehrere besondere Gerichtsstände infrage kommen.

---

[1]) Wohnsitz ist der Ort, an dem sich jemand ständig niederlässt (§ 7 BGB). Ein minderjähriges Kind teilt den Wohnsitz seiner Eltern, ein Soldat hat seinen Wohnsitz am Standort (§ 9 BGB).

[2]) Dort, wo sich jemand nur vorübergehend, wenn auch für längere Zeit aufhält, ist sein Aufenthaltsort.

Beispiel: Müller in Hamburg klagt gegen Fauser in Stuttgart wegen einer in Köln begangenen vorsätzlichen Sachbeschädigung auf Schadensersatz von 5 200,00 EUR.

Zuständig ist entweder das Landgericht Stuttgart als allgemeiner Gerichtsstand des Beklagten oder das Landgericht Köln als besonderer Gerichtsstand der unerlaubten Handlung. Der Kläger hat die Wahl. Er wird das für ihn günstiger gelegene Gericht wählen.

Die Wahlmöglichkeit fällt jedoch weg, wenn eines der Gerichte ausschließlich örtlich zuständig ist, d. h. wenn der Rechtsstreit nur bei diesem einen Gericht anhängig gemacht werden kann.

Ausschließliche Gerichtsstände sind z. B.:

- **Dinglicher Gerichtsstand (§§ 24–26):** Er ist gegeben für alle Klagen, die das Eigentum, den Besitz oder dingliche Belastungen von Grundstücken betreffen, z. B. Hypotheken, Grund- und Rentenschulden.
- **Gerichtsstand in Mietsachen (§ 29 a):** Für Streitigkeiten aus Miet- oder Pachtverhältnissen über Räume oder über das Bestehen eines solchen Verhältnisses ist das Amtsgericht ausschließlich zuständig, in dessen Bezirk sich die Räume befinden.
- **Gerichtsstand in Ehesachen (§ 606):** In Verfahren auf Scheidung oder Aufhebung einer Ehe ist das Familiengericht ausschließlich zuständig, in dessen Bezirk die Ehegatten ihren letzten gemeinsamen, gewöhnlichen Aufenthalt hatten oder haben.
- **Gerichtsstand im Rahmen der Zwangsvollstreckung (§ 802):** Alle im 8. Buch der ZPO angeordneten Gerichtsstände sind ausschließlich.

III. Die Vereinbarung über die Zuständigkeit – Prorogation – §§ 38–40

Der Kläger braucht nicht in allen Fällen das laut Gesetz zuständige Gericht anzurufen. Unter bestimmten Voraussetzungen können die Parteien für den ersten Rechtszug ein an sich unständiges Gericht als zuständig vereinbaren, jedoch nur unter folgenden Voraussetzungen:

- Es muss sich um eine vermögensrechtliche Streitigkeit handeln – in Ehesachen ist z. B. eine Zuständigkeitsvereinbarung nicht möglich;
- die Vereinbarung muss sich auf ein bestimmtes Rechtsverhältnis und die daraus entspringenden Streitigkeiten beziehen, z. B. ist eine Vereinbarung des Inhalts: „Für alle Rechtsstreitigkeiten zwischen unseren beiden Firmen ist das Landgericht Düsseldorf zuständig" ohne Wirkung;
- es darf kein ausschließlicher Gerichtsstand für die Klage begründet sein.
  Der Gesetzgeber hat die Möglichkeit, eine Zuständigkeitsvereinbarung zu treffen, stark eingeschränkt;
- vor Entstehung einer Streitigkeit können Zuständigkeitsvereinbarungen nur getroffen werden, wenn die Vertragsparteien Kaufleute, juristische Personen des öffentlichen Rechts, z. B. Gemeinden oder öffentliche Sondervermögen sind.

Für alle anderen Teilnehmer am Rechtsverkehr (z. B. Privatpersonen) gilt Folgendes:

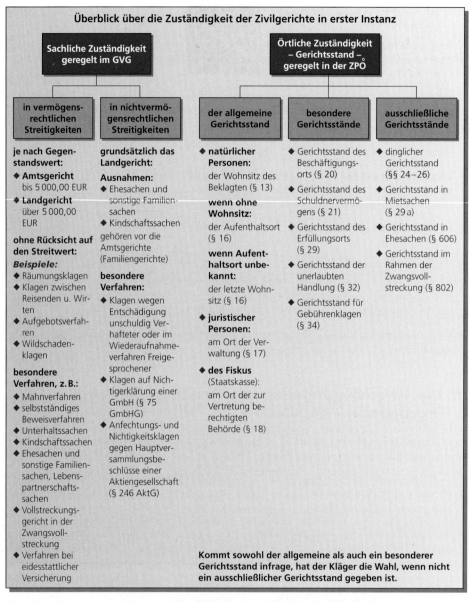

Eine Gerichtsstandsvereinbarung ist zulässig:
- wenn sie ausdrücklich und schriftlich nach Entstehung der Streitigkeiten getroffen wird (§ 38 Abs. 3 Nr. 1); die Streitigkeit ist nicht erst mit der Einleitung des Gerichtsverfahrens entstanden, sondern sobald die Vertragsparteien unterschiedlicher Meinungen zu den Auswirkungen des zwischen ihnen bestehenden Rechtsverhältnisses äußern;
- wenn die beklagte Partei nach Vertragsabschluss in das Ausland verzieht oder ihr Wohnsitz oder gewöhnlicher Aufenthaltsort im Zeitpunkt der Klageerhebung unbekannt ist (§ 38 Abs. 3 Nr. 2);

- die Zuständigkeit eines an sich unzuständigen Gerichts gilt als stillschweigend vereinbart, wenn der Beklagte vor Gericht mündlich verhandelt, ohne die Unzuständigkeit des Gerichts geltend zu machen (§ 39)[1].

Im Verfahren vor einem Amtsgericht ist jedoch Voraussetzung, dass der Beklagte vom Gericht auf die sachliche oder örtliche Unzuständigkeit und auf die Folgen einer rügelosen Einlassung zur Hauptsache hingewiesen worden ist (§ 504).

Ist ein Gericht ausschließlich zuständig oder handelt es sich um eine nichtvermögensrechtliche Streitigkeit (z. B. Ehesachen, Kindschaftssachen), wird weder durch Vereinbarung noch durch rügelose Einlassung die Zuständigkeit begründet.

IV. Die Folgen der Unzuständigkeit (§§ 281, 506)

Erhebt der Kläger Klage bei einem sachlich oder örtlich unzuständigen Gericht und macht der Beklagte die Unzuständigkeit zu Recht geltend, kann *der Kläger den Antrag auf Verweisung des Rechtsstreits* an das zuständige Gericht stellen (§ 281).

Das angegangene Gericht erklärt sich durch Beschluss für unzuständig und verweist den Rechtsstreit an das zuständige Gericht. *Der Beschluss ist unanfechtbar.* Mit Verkündung des Beschlusses gilt der Rechtsstreit als beim zuständigen Gericht anhängig.

Stellt der Kläger keinen Verweisungsantrag, wird die Klage *als unzulässig* abgewiesen. Sie müsste dann beim zuständigen Gericht erneut erhoben werden.

Die Kosten, die beim unzuständigen Gericht entstanden sind, hat der Kläger zu tragen, ganz gleich ob er den Prozess gewinnt oder verliert.

C. Die Prozessparteien

Im Prozess stehen sich zwei Parteien gegenüber. Die „angreifende" Partei heißt **Kläger,** die angegriffene Partei **Beklagter.** Jede Partei kann aus mehreren Personen bestehen, die gemeinschaftlich klagen oder verklagt werden. Stehen sie auf der Klägerseite, werden sie **„aktive Streitgenossen"** genannt, stehen sie auf der Beklagtenseite **„passive Streitgenossen".**

Hat ein Dritter ein rechtliches, d. h. auf Rechtsbeziehung beruhendes Interesse am Obsiegen einer Partei, kann er diese Partei als **Streitgehilfe** im Prozess unterstützen. Diese Möglichkeit erhält der Dritte dadurch, dass ihm die Partei **den Streit verkündet,** d. h. ihn auffordert, dem Rechtsstreit auf ihrer Seite beizutreten (**Streitverkündung** §§ 72 ff.).

Beispiel: Cramer schuldet Abel 20 000,00 EUR; Bauer hat sich für die Schuld verbürgt. – Klagt nun Abel gegen Cramer auf Zahlung der 20 000,00 EUR, so kann Bauer dem Cramer als Streitgehilfe beitreten, weil er ein rechtliches Interesse am Obsiegen des Cramer hat; denn verlöre Cramer den Prozess, würde Bauer als Bürge von Abel in Anspruch genommen werden. Cramer wird Bauer den Streit verkünden.

Eine Pflicht zur Streitverkündung besteht bei der Drittschuldnerklage (§ 841; siehe S. 299).

I. Die Parteifähigkeit

Partei kann nur sein, wer parteifähig ist. Dies bedeutet aber nicht, dass der Parteifähige seinen Prozess auch selber führen kann; er muss hierzu noch prozessfähig sein.

---

[1] Mündlich verhandelt hat der Beklagte schon dann, wenn er den Antrag stellt, die Klage abzuweisen.

Parteifähig ist, wer rechtsfähig ist (§ 50 Abs. 1):

- die natürliche Person und
- die juristische Person,

außerdem, ohne rechtsfähig zu sein:

- die offene Handelsgesellschaft (OHG) und
- die Kommanditgesellschaft (KG).

Der *nichtrechtsfähige Verein* – er ist nicht in das Vereinsregister eingetragen – ist nicht aktiv parteifähig, wohl aber passiv (§ 50 Abs. 2), d.h. *er kann als Verein verklagt werden,* kann aber nicht Kläger sein. Soll in einer Vereinsangelegenheit geklagt werden, sind Kläger *sämtliche Mitglieder.* Die Rechtsentwicklung geht dahin, dem nichtrechtsfähigen Verein auch die aktive Parteifähigkeit zuzuerkennen.

II. Die Prozessfähigkeit

Nur wer prozessfähig ist, kann einen Prozess für sich selbst oder für einen anderen führen oder einen anderen mit der Führung eines Prozesses beauftragen.

Wer prozessfähig ist, bestimmt § 52: **„Eine Person ist insoweit prozessfähig, als sie sich durch Verträge verpflichten kann".**

Prozessfähig ist demnach, wer nach bürgerlichem Recht unbeschränkt geschäftsfähig[1] ist: der Volljährige.

Teilweise prozessfähig sind:

- *Minderjährige,* die von ihrem gesetzlichen Vertreter mit Genehmigung des Vormundschaftsgerichts ermächtigt worden sind, *ein Erwerbsgeschäft selbstständig zu führen oder selbstständig in Arbeit oder Dienst zu treten,* und zwar im Rahmen dieser Ermächtigung (§§ 112, 113 BGB);
- der *beschränkt geschäftsfähige Ehegatte in Ehesachen* (§ 607 Abs. 1);
- die beschränkt geschäftsfähigen Parteien in Verfahren, die die Anfechtung der Vaterschaft betreffen (§ 640 b).

Prozessunfähig sind demnach alle Personen, die nicht voll geschäftsfähig sind – mit Ausnahme der oben angeführten teilweise Prozessfähigen.

Prozessunfähig sind außerdem die juristischen Personen.

Die nicht prozessfähige Partei wird im Prozess durch ihre gesetzlichen Vertreter vertreten.

Beispiele:

- das *minderjährige Kind* durch den Sorgeberechtigten. Je nachdem durch die Eltern, den Vater, die Mutter, den Vormund, ggf. durch einen Pfleger.
- die *juristischen Personen des Privatrechts,* wie z. B. Aktiengesellschaften, eingetragene Vereine, Gesellschaften mit beschränkter Haftung durch den Vorstand beziehungsweise durch den Geschäftsführer.

[1]) Näheres über Geschäftsfähigkeit siehe S. 25.

Der gesetzliche Vertreter ist in der Klageschrift zu nennen.
Beispiel:
„Klage
des minderjährigen Ernst Maier,
vertreten durch seine Eltern Fritz und Erna Maier, Albuchweg 11, 70188 Stuttgart
– Kläger –
– Prozessbevollmächtigter: Rechtsanwalt Wehrum in Stuttgart
gegen ..."

III. Die Prozessvollmacht

Die prozessfähige Partei kann **nur vor dem Amtsgericht** ihre Sache selbst vertreten, d. h. Anträge stellen, Schriftsätze einreichen und entgegennehmen (Parteiprozess, § 79).

Eine Ausnahme gilt für die Vertretung vor dem Familiengericht:
- in Ehesachen (§§ 606 ff.).
- in Folgesachen von Scheidungssachen (§ 623 Abs. 1 in Verbindung mit § 621 Abs. 1),
- in selbstständigen Güterrechtssachen (§ 621 Abs. 1 Nr. 8).

In diesen Angelegenheiten müssen sich die Parteien wie auch vor den Kollegialgerichten (Landgericht, Oberlandesgericht, Bundesgerichtshof) durch einen bei dem Familiengericht zugelassenen Rechtsanwalt vertreten lassen (§ 78 Abs. 2)[1]. Ein Verschulden des Rechtsanwalts bei der Prozessführung muss sich die Partei wie eigenes Verschulden anrechnen lassen (§ 85 Abs. 2).

Der Prozessbevollmächtigte benötigt zum Nachweis seines Auftrags (Mandats) grundsätzlich eine **schriftliche Vollmacht,** die er zu den Gerichtsakten abzugeben hat (§ 80). In der Praxis werden Formblätter verwendet. **Im Parteiprozess hat das Gericht den Mangel der Vollmacht von Amts wegen zu berücksichtigen, wenn die Partei nicht durch einen Rechtsanwalt vertreten wird; im Anwaltsprozess nur dann, wenn der Gegner den Mangel rügt** (§ 88).

Die Prozessvollmacht ermächtigt kraft Gesetzes zu allen den Rechtsstreit betreffenden Prozesshandlungen (§ 81).
Beispiele:
- zur Einreichung und Zurücknahme der Klage,
- zur Vereinbarung über die Zuständigkeit des Gerichts,
- zur Erteilung der Untervollmacht,
- zur Rechtsmitteleinlegung und zum Rechtsmittelverzicht,
- zur Beseitigung des Rechtsstreites durch Anerkenntnis, Verzicht oder Vergleich.

Sie ermächtigt darüber hinaus zu Prozesshandlungen im Rahmen einer Widerklage, einer Wiederaufnahme des Verfahrens, zu Tätigkeiten im Rahmen der Zwangsvollstreckung, einschließlich der Vollstreckungsgegenklage und Drittwiderspruchsklage, sowie im Rahmen der Kostenfestsetzung.

Sie ermächtigt ferner zur Empfangnahme der vom Gegner zu erstattenden Kosten.

---

[1] Vertretungsberechtigt ist auch der beim übergeordneten Landgericht zugelassene Rechtsanwalt. Das Jugendamt und die Träger der gesetzlichen Rentenversicherungen brauchen sich in bestimmten Ehe- und Familiensachen (siehe § 78 Abs. 2 S. 1 Nr. 1 und 3) nicht durch einen Rechtsanwalt vertreten zu lassen.

Das Verfahrensrecht

Zur *Empfangnahme des Streitgegenstandes* ist der Prozessbevollmächtigte nur berechtigt, wenn ihn die Prozessvollmacht *ausdrücklich dazu ermächtigt* (**Inkassovollmacht**). Die Vollmacht enthält etwa folgenden Zusatz:

„... Herr Rechtsanwalt Stoll ist befugt, den Streitgegenstand in Empfang zu nehmen."

Die Prozessvollmacht braucht den Klageanspruch nicht anzugeben. Nur in *Ehe- und Kindschaftssachen* muss der Rechtsanwalt eine Vollmacht vorlegen, aus der die Art *des Rechtsstreits* zu erkennen ist, z. B. „wegen Ehescheidung", „wegen Feststellung der Vaterschaft" (§§ 609, 640).

Eine **Beschränkung der Vollmacht** mit Wirkung für den Gegner ist nur insoweit zulässig, als sie die Beendigung des Prozesses durch *Vergleich, Verzicht oder Anerkenntnis* verbietet (§ 83). Der Zusatz lautet etwa:

„Diese Vollmacht ermächtigt nicht zur Erledigung des Prozesses durch Anerkenntnis, Verzicht oder Vergleich."

Dem Gegner muss die Beschränkung mitgeteilt werden, sonst ist sie unwirksam.

Die Prozessvollmacht **endet** mit der rechtskräftigen Erledigung des Rechtsstreits.

Sie **erlischt** mit dem Tode des Bevollmächtigten, aber nicht mit dem Tode des Vollmachtgebers (§ 86).

Die **Kündigung** der Vollmacht im Parteiprozess wirkt dem Gegner und dem Gericht gegenüber erst mit der Anzeige des Erlöschens, im Anwaltsprozess erst mit der Anzeige der Bestellung eines anderen Rechtsanwalts (§ 87).

Wiederholungsaufgaben

1 a) In welchem Gesetz ist die sachliche Zuständigkeit der Gerichte, in welchem die örtliche geregelt?

b) Welche Frage ist zunächst zu klären, wenn die sachliche Zuständigkeit des Gerichts bestimmt werden soll?

2 a) Für welche Verfahren ist das Amtsgericht sachlich zuständig?

b) Welche Streitigkeiten gehören ohne Rücksicht auf den Streitwert vor die Amtsgerichte?

3 Wie hoch ist der Streitwert und welches Gericht ist sachlich zuständig, wenn geklagt wird

a) auf Herausgabe einer gebrauchten elektrischen Schreibmaschine (Neuwert 640,00 EUR),

b) auf Zahlung von 750,00 EUR nebst 10 % Zinsen seit 1. August .. und außergerichtlichen Auslagen des Klägers von 2,25 EUR,

c) auf Zahlung von 4 810,00 EUR nebst 4 % Zinsen seit 4. November .. und 455,50 EUR Schadensersatz,

d) auf Rückzahlung eines Darlehens von 4 975,00 EUR verzinslich zu 8 %, rückständige Zinsen von 120,00 EUR.

4 Vermieter Klesse reichte Räumungsklage gegen seinen Mieter Bohlen ein. Beide wohnen in Karlsruhe. Der monatliche Mietzins beträgt 225,00 EUR.
Welches Gericht ist zuständig?

5 Vermieter Baches aus Regensburg klagt gegen seinen früheren Mieter Bernbach aus Donaustauf auf Zahlung rückständigen Mietzinses von drei Monaten (Monatsmietzins 225,00 EUR).
Welches Gericht ist zuständig?

Der Zivilprozess

6 Student Siegbert Braun fordert von seinem Vater 400,00 EUR Unterhalt im Monat für sein Studium, das erst nach zwei Jahren abgeschlossen werden kann. Siegbert studiert in Freiburg, sein Vater wohnt in Mannheim.
Bei welchem Gericht ist Klage einzureichen?

7 Der Kunde Otto Fröhlich klagt gegen den Kaufmann Ferdinand Metzger, beide wohnhaft in Landau, wegen Qualitätsmangel. Er begehrt Rückzahlung des Kaufpreises von 5 200,00 EUR.
Welches Gericht ist zuständig (Kammer)?

8 Landwirt Kloße reicht Klage ein wegen Wildschadens in Höhe von 5 200,00 EUR.
Welches Gericht ist zuständig?

9 Fritz Kiefers Grundstück in Ulm ist mit einer Hypothek zur Sicherung eines Darlehens von 10 000,00 EUR belastet. Hypothekengläubiger ist Felix Bohn in Heidenheim. Kiefer, der in Schwäb. Gmünd wohnt, ist seit sechs Monaten mit Tilgung und Zinsen im Rückstand. Bohn will die Hypothekenklage einreichen. Welches Gericht ist zuständig?

10 Rechtsanwalt Hinrichsen hat Thomson aus Ahrensburg in einem Rechtsstreit vor dem Amtsgericht Oldesloe vertreten. Trotz wiederholter Zahlungsaufforderungen begleicht Thomson die Kostenrechnung nicht. Bei welchem Gericht ist die Gebührenklage einzureichen?

11 Frau Kroll aus Bad Homburg v. d. Höhe hat bei Traub & Schlumm, Elektrohandlung in Frankfurt, eine Stehlampe für 390,00 EUR gekauft und nicht bezahlt. Firma Traub & Schlumm erhebt Zahlungsklage beim Amtsgericht Frankfurt. Sie trägt vor, Frankfurt sei als Erfüllungsort und Gerichtsstand vereinbart worden (Beweis: Kaufvertrag vom 14. Juni 1998 und Lieferschein vom 18. Juni 1998).
a) Wo ist im vorliegenden Fall die streitige Verpflichtung zu erfüllen – Erfüllungsort?
b) Weshalb begründet die Vereinbarung des Erfüllungsortes nicht zugleich den Gerichtsstand?
c) Ab welchem Zeitpunkt wäre die Vereinbarung des Gerichtsstandes zulässig gewesen?

12 Die Eheleute Ganter wollen sich scheiden lassen. Sie vereinbaren, an Stelle des Amtsgerichts (Familiengerichts) Köln, in dessen Bezirk sie wohnen, das Amtsgericht (Familiengericht) Stuttgart anzurufen, weil beide in Stuttgart geboren seien. Weshalb ist eine solche Vereinbarung unzulässig?

13 Der nicht ins Vereinsregister eingetragene Fußballverein „Hintermwald" will wegen schwerer Mängel in der Planung seines neu gebauten Sportheims gegen den Architekten Mossmeier klagen.
a) Wer ist im Prozess Kläger?
b) Die Klageschrift ist hinsichtlich Parteibezeichnung und Vertretung zu entwerfen.

14 Was bedeutet „prozessfähig sein"?

15 Von wem werden folgende prozessunfähige Personen vertreten:
a) ein minderjähriges Kind,
b) die juristischen Personen
  Maxmann Kaffeerösterei AG;
  Faber und Mohr GmbH?

16 Firma Hans Müller erteilt Rechtsanwalt Kohler Prozessvollmacht.
a) Zu welchen Prozesshandlungen ermächtigt ihn die Prozessvollmacht kraft Gesetzes?
b) Wie steht es mit der Inkassovollmacht?

Das Verfahrensrecht

17 Rechtsanwalt Pink wurde in einem Rechtsstreit vor dem Landgericht Düsseldorf zum Prozessbevollmächtigten bestellt. Der Mandant entzieht ihm im Laufe des Prozesses das Mandat und bestellt Rechtsanwältin Klimsch zu seinem Vertreter. – Wann erlischt die Prozessvollmacht Rechtsanwalt Pinks?

18 Die Firma Ferdinand Kuntze OHG aus Saarbrücken beabsichtigt, den Kaufmann Gerhard Brötler aus Hannover zu verklagen, weil dieser seine Schulden in Höhe von 750,00 EUR trotz wiederholter Mahnungen noch nicht beglichen hat.
a) Wer ist parteifähig?
b) Wer vertritt die Offene Handelsgesellschaft im Prozess?

D. Die Prozesskostenhilfe

Wer prozessiert, geht ein Kostenrisiko ein. Verliert er den Prozess, hat er in der Regel nicht nur die Gerichtskosten zu tragen, sondern auch seine eigenen Rechtsanwaltskosten und die des Gegners. Außerdem wird die Klage dem Beklagten erst zugestellt, wenn der Kläger eine volle Prozessgebühr und die Gebühr für die förmliche Zustellung der Klage an die Gerichtskasse bezahlt hat. Auch der Rechtsanwalt verlangt regelmäßig einen Kostenvorschuss.

Eine Partei kann um Bewilligung von Prozesskostenhilfe nachsuchen,

◆ wenn sie nach ihren persönlichen und wirtschaftlichen Verhältnissen die Prozesskosten *nicht* oder *nur teilweise* oder *nur in Raten* aufbringen kann und

◆ wenn ihr Prozessbegehren *„hinreichende Aussicht auf Erfolg bietet und nicht mutwillig erscheint"* (§ 114).

Als mutwillig ist z. B. eine von vornherein aussichtslose Klage anzusehen oder die Klage gegen eine Partei, die zur Klageerhebung keinen Anlass gegeben hat (§ 93). Dasselbe gilt, wenn für die Partei auch im Falle ihres Obsiegens keine Aussicht auf Befriedigung besteht.

Ausländern und Staatenlosen wird Prozesskostenhilfe unter denselben Voraussetzungen wie deutschen Staatsbürgern gewährt.

I. Der Antrag auf Bewilligung der Prozesskostenhilfe

Der Antrag ist bei dem Gericht zu stellen, das für den Rechtsstreit zuständig ist, er kann auch zu Protokoll der Geschäftsstelle erklärt werden (§ 117 Abs. 1).

Dem Antrag ist eine *Erklärung der Partei* auf amtlichem Vordruck beizufügen:

◆ über ihre persönlichen Verhältnisse (Familie, Beruf) und

◆ über ihre wirtschaftlichen Verhältnisse (Einkommen, Vermögen, Schulden).

Die entsprechenden Belege sind ebenfalls beizufügen (§ 117 Abs. 2).

Nach § 116 kann unter den dort genannten Voraussetzungen auch einer *Partei kraft Amtes* (z. B. Testamentsvollstrecker, Konkursverwalter) und *juristischen Personen* sowie den nicht rechts-, jedoch parteifähigen Personenvereinigungen (OHG, KG, Gewerkschaften, politischen Parteien) Prozesskostenhilfe gewährt werden.

Der Antrag auf Prozesskostenhilfe kann mit der Klage verbunden werden, weil dieselben Behauptungen und Beweismittel zur Begründung der Klage und des Antrags auf Prozesskostenhilfe vorgebracht werden müssen.

II. Das Bewilligungsverfahren

Zur Prüfung der Frage, ob dem Antragsteller Prozesskostenhilfe zu gewähren ist, verfährt das Gericht wie folgt (§ 118):

- Es hat dem *Antragsgegner* grundsätzlich *Gelegenheit zur Stellungnahme* zu geben, die dieser auch zu Protokoll der Geschäftsstelle erklären kann;
- es kann verlangen, dass der *Antragsteller seine tatsächlichen Angaben glaubhaft macht*[1]);
- es kann *eigene Erhebungen* anstellen, insbesondere die Vorlegung von Urkunden anordnen und Auskünfte einholen (z. B. beim Arbeitgeber, beim Finanzamt);
- es kann *Zeugen und Sachverständige vernehmen,* aber nur, wenn auf andere Weise nicht geklärt werden kann, ob der Rechtsstreit für den Antragsteller aussichtsreich ist und nicht mutwillig erscheint. **Eine Beeidigung findet jedoch nicht statt.**

Entscheidungen im Verfahren über die Prozesskostenhilfe ergehen *ohne mündliche Verhandlung durch Beschluss* (§ 127 Abs. 1).

Die Bewilligung der Prozesskostenhilfe erfolgt für jede Instanz besonders. In einer höheren Instanz wird, wenn *der Gegner* das Rechtsmittel eingelegt hat, nicht geprüft, ob das Begehren des Antragstellers aussichtsreich und nicht mutwillig ist (§ 119).

Gegen Entscheidungen, die die Prozesskostenhilfe ablehnen, ist die sofortige Beschwerde gegeben, wenn der Streitwert der Hauptsache 600,00 EUR übersteigt (§ 127 Abs. 2, S. 2 i.V.m. § 511).

Die die Prozesskostenhilfe **bewilligende Entscheidung** kann zwar nicht vom Prozessgegner, wohl aber von der Staatskasse mit sofortiger Beschwerde angefochten werden, wenn weder Monatsraten noch aus dem Vermögen zu zahlende Beträge vom Gericht festgesetzt worden sind, solche aber nach Ansicht der Staatskasse dem Antragsteller hätten auferlegt werden müssen (§ 127 Abs. 2 und 3).

III. Die Bewilligung und ihre Wirkung

Dem Antragsteller wird Prozesskostenhilfe bewilligt, wenn sein Nettoeinkommen die in § 115 bestimmten Grenzen nicht übersteigt und er auch kein nennenswertes Vermögen besitzt. Die Bewilligung hat folgende Wirkungen:

- Der Antragsteller wird ganz oder teilweise von den Gerichtskosten (Gebühren, Auslagen und Vorschüsse für Zeugen, Sachverständige und Gerichtsvollzieher) befreit. Nicht dazu gehören eigene Aufwendungen der Partei zur Vorbereitung der Prozessführung, wie z. B. Kosten für Reisen und Auskünfte. Das Gericht kann auch die Zahlung von monatlichen Raten anordnen (§ 120 Abs. 1). Betragen die Kosten der Partei voraussichtlich nicht mehr als vier Monatsraten, wird Prozesskostenhilfe nicht bewilligt (§ 115 Abs. 3).
- **Im Anwaltsprozess** wird der Partei von Amts wegen ein von ihr ausgewählter und zur Vertretung bereiter Rechtsanwalt beigeordnet. **Im Amtsgerichtsprozess** geschieht dies nur auf Antrag und nur dann, wenn eine Vertretung durch einen Rechtsanwalt erforderlich erscheint oder der Gegner durch einen Rechtsanwalt vertreten ist (§ 121 Abs. 1, 2). Findet die Partei keinen zu ihrer Vertretung bereiten Rechtsanwalt, ordnet das Gericht ihr auf Antrag einen Rechtsanwalt bei (§ 121 Abs. 5).

---

[1]) Näheres über Glaubhaftmachen siehe S. 217.

- **Der angegriffene Gegner erhält einstweilige Befreiung** von den rückständigen und den entstehenden Gerichts- und Gerichtsvollzieherkosten, aber nur dann, wenn die Partei, der Prozesskostenhilfe bewilligt wurde, keine Zahlungen (z. B. Ratenzahlungen) an die Staatskasse zu leisten braucht (§ 122 Abs. 2).
- **Der beigeordnete Rechtsanwalt** kann Ansprüche auf Vergütung nicht gegen die von ihm vertretene Partei geltend machen, er kann sich **nur an die Staatskasse halten** (§ 122 Abs. 1 Ziff. 3).
- Gerichts- und Gerichtsvollzieherkosten können vom Gegner erst eingezogen werden, wenn er rechtskräftig in die Prozesskosten verurteilt worden ist (§ 125 Abs. 1).
- Der dem Antragsteller *beigeordnete Rechtsanwalt* kann, wenn seine Partei obsiegt, einen **Kostenfestsetzungsbeschluss** für seine Gebühren und Auslagen **auf seinen Namen** erwirken und die Kosten vom Gegner beitreiben (§ 126 Abs. 1). Hat er die Gebühren von der Staatskasse erhalten, geht sein Anspruch insoweit auf diese über.

Die Bewilligung der Prozesskostenhilfe kann wieder aufgehoben werden (§ 124), wenn

- die Partei den Sachverhalt bewusst falsch dargestellt hat;
- die Partei absichtlich oder grob nachlässig falsche Angaben über ihre persönlichen oder wirtschaftlichen Verhältnisse gemacht oder eine Erklärung über die Änderung der Verhältnisse nicht abgegeben hat;
- die persönlichen oder wirtschaftlichen Voraussetzungen für die Prozesskostenhilfe nicht vorgelegen haben oder nicht mehr vorliegen;
- die Partei länger als drei Monate mit der Zahlung einer Monatsrate oder eines sonstigen Betrages im Rückstand ist.

E. Die Beratungshilfe für Bürger mit geringem Einkommen

Oft neigen Bürger dazu, im Hinblick auf das mit einem Prozess verbundene *Kostenrisiko* auf eine Rechtsverfolgung auch dann zu verzichten, wenn sie sich im Recht fühlen. Dies gilt besonders für wirtschaftlich schwächer gestellte Bevölkerungsschichten. Um diesen jedoch die Möglichkeit zu verschaffen, zunächst die *Rechtslage* prüfen zu lassen, bevor ein Prozess begonnen oder auf ihn verzichtet wird, ist das **Gesetz über Rechtsberatung und Vertretung für Bürger mit geringem Einkommen (Beratungshilfegesetz)** erlassen worden. Auch schon vor diesem Zeitpunkt gab es in den meisten Bundesländern kostenlose oder stark ermäßigte Rechtsberatung durch Rechtsanwälte oder andere rechtskundige Personen. Das Beratungshilfegesetz vereinheitlicht und ergänzt diese bisherigen Möglichkeiten, wobei schon bestehende landesgesetzliche Regelungen in einzelnen Bundesländern beibehalten werden können.

Das Beratungshilfegesetz hilft dem Bürger also **außerhalb eines gerichtlichen Verfahrens,** während die Prozesskostenhilfe als Ersatz für das frühere Armenrecht erst im Laufe eines anhängigen Prozesses wirksam wird.

Auf den folgenden Rechtsgebieten wird Beratungshilfe **(Beratung und außergerichtliche Vertretung)** gewährt:

- Zivilrecht einschließlich Arbeits- und Sozialrecht
- Verwaltungsrecht
- Verfassungsrecht

In Angelegenheiten des **Strafrechts** und des **Ordnungswidrigkeitenrechts** wird **nur Beratung** erteilt; die *Vertretung* wird nicht übernommen.

Auch Ausländer und Staatenlose haben unter denselben Voraussetzungen wie Inländer Anspruch auf Beratungshilfe.

I. Organe der Beratungshilfe

Beratungshilfe wird grundsätzlich durch Rechtsanwälte erteilt. Der Rechtsuchende hat im Regelfall zunächst bei dem Amtsgericht, in dessen Bezirk das Bedürfnis für die Rechtsberatung auftritt, einen mündlichen oder schriftlichen *Antrag* auf Gewährung der Beratungshilfe zu stellen. Für den schriftlichen Antrag ist der eingeführte Vordruck zu benutzen.

II. Voraussetzungen für die Gewährung von Beratungshilfe (§ 1 BerHG)

Der zuständige Rechtspfleger prüft, ob die von dem Antragsteller glaubhaft zu machenden *persönlichen und wirtschaftlichen Verhältnisse* seinen Anspruch auf Beratungshilfe rechtfertigen. Hierzu sind Nachweise über sein Einkommen, den Familienstand, die Anzahl der Unterhaltsberechtigten und die sonstigen Belastungen vorzulegen.

Die Beurteilung der wirtschaftlichen Verhältnisse, insbesondere die Frage der Anrechenbarkeit von Belastungen auf das Einkommen des Antragstellers, richtet sich, wie bei der Gewährung von Prozesskostenhilfe, nach §§ 76, 88 des *Bundessozialhilfegesetzes*.

Sind die wirtschaftlichen Voraussetzungen für die Gewährung der Beratungshilfe gegeben, hat der Rechtspfleger den darzulegenden Sachverhalt daraufhin zu prüfen, ob die Rechtsverfolgung **nicht mutwillig** erscheint. Liegt Mutwilligkeit vor, ist die Beratungshilfe abzulehnen. Ferner wird sie für den selben Sachverhalt nur einmal erteilt.

III. Durchführung der Beratungshilfe

Kann der Rechtspfleger dem Antragsteller durch eine *sofortige Auskunft, durch einen Hinweis auf andere Möglichkeiten einer Hilfe (z. B. spezielle Beratungsstellen) oder durch Aufnahme eines Antrags oder einer Erklärung* behilflich sein, so tut er dies. Die Sache ist damit für ihn erledigt.

Erscheint jedoch eine *weitergehende Beratung* oder gar eine *außergerichtliche Vertretung* des Antragstellers notwendig, so stellt der Rechtspfleger einen **Berechtigungsschein** aus, mit dem der Rechtsuchende einen Rechtsanwalt seiner Wahl aufsuchen kann. Dieser erteilt sodann die Beratung und übernimmt, wenn nötig, die Vertretung.

Der Rechtsanwalt ist verpflichtet, die Beratungshilfe zu übernehmen. Er kann sie im Einzelfall nur aus wichtigem Grund ablehnen (§ 49 a BRAO).

IV. Die Vergütung des Rechtsanwalts

Dem Rechtsanwalt steht gegen den Rechtsuchenden eine Gebühr von 10,00 EUR (Selbstbehalt) zu, die bei besonders schlechten wirtschaftlichen Verhältnissen erlassen werden kann (§ 8 BerHG).

Aus der *Staatskasse* erhält der Rechtsanwalt darüber hinaus folgende Gebühren (§§ 131–133 BRAGO):

- 23,00 EUR für einen mündlichen oder schriftlichen Rat oder für eine Auskunft,
- 56,00 EUR für die außergerichtliche Vertretung gegenüber einer anderen Partei oder einer Behörde,
- 102,00 EUR bei Abschluss eines außergerichtlichen Vergleichs und 69,00 EUR für eine sonstige Erledigung der Rechtssache.

Diese Gebühren werden auf Antrag des Rechtsanwalts nach Vorlage des Berechtigungsscheins durch das Amtsgericht *festgesetzt* und aus der Staatskasse gezahlt.

V. Erstattungspflicht des Gegners

Ist der Gegner des Rechtsuchenden verpflichtet, die Kosten der Beratung oder Vertretung zu tragen, weil er sich z. B. im Verzug befand, so schuldet er die *gesetzlichen Gebühren* nach der BRAGO. Zahlungen, welche insoweit erfolgen, werden auf die Beträge angerechnet, die der Rechtsanwalt aus der Staatskasse erhält (§ 9 BerHG).

F. Zustellungen (§§ 166 ff.)[1]

Unter Zustellung versteht man die Bekanntgabe eines Schriftstückes in der vom Gesetz vorgeschriebenen Form. Ab dem 1. Juli 2002 sind zusätzliche Formen der Zustellung zulässig, die die Möglichkeiten moderner Kommunikationstechniken einbeziehen.

§ 174 Abs. 2 lässt eine Zustellung durch Telefax gegen Empfangsbekenntnis zu.

§ 174 Abs. 3 ermöglicht die Zustellung eines elektronischen Dokuments mit elektronischer Signatur in verschlüsselter Form.

Neben der förmlichen Zustellung durch

- Unternehmen, denen nach § 33 Abs. 1 Postgesetz (BGBl. I S. 3294) eine entsprechende Genehmigung erteilt wurde,
- Justizwachtmeister und
- Gerichtsvollzieher,

ist gem. § 175 auch die Zustellung durch Einschreiben mit Rückschein (nicht Einwurf-Einschreiben) möglich.

Die Zustellung bezweckt, den Nachweis zu sichern, zu welchem Zeitpunkt und an welchem Ort wichtige Schriftsätze, besonders solche, die eine Frist in Lauf setzen, den Parteien zugegangen sind. Die Form der Zustellung ist im Gesetz genau vorgeschrieben (§§ 166 ff.). Zugestellt wird eine Ausfertigung[2] oder eine beglaubigte Abschrift des Schriftstücks[3].

---

[1] Zum 1. Juli 2002 tritt das Gesetz zur Reform des Verfahrens bei gerichtlichen Zustellungen (Zustellungsreformgesetz – ZustRG) vom 25. Juni 2001 (BGBl. 2001 S. 1206) in Kraft. Die technischen Einzelheiten regelt die Zustellungsvordruckverordnung – ZustVV vom 12. Februar 2002 (BGBl. 2002, S. 671). Damit gilt für die Ordentlichen Gerichte und die Verwaltungs-, Sozial- und Finanzgerichte ab 1. Juli 2002 ein einheitliches Zustellungsrecht.

[2] Ausfertigungen ersetzen die Urschrift. Sie werden von derselben Behörde oder demselben Beamten ausgestellt, von dem die Urschrift stammt.

[3] Auf der beglaubigten Abschrift versichert zum Beispiel der Rechtsanwalt oder der Gerichtsvollzieher, dass die Abschrift mit der Urschrift übereinstimmt.

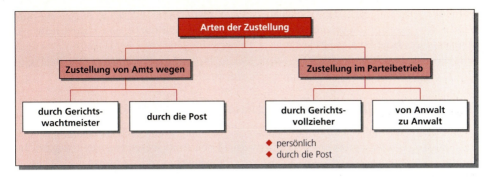

I. Gemeinsame Vorschriften

- **Zustellungsempfänger** ist grundsätzlich die Partei; ist sie prozessunfähig, ihr gesetzlicher Vertreter (§ 170). Hat die Partei einen Prozessbevollmächtigten bestellt, muss an diesen zugestellt werden (§ 172).
- **Ort der Zustellung** ist überall dort, wo der Zustellungsempfänger angetroffen wird (§ 177), auch wenn es auf der Straße ist. Wird er in seiner Wohnung nicht angetroffen, kann die Zustellung
  – in der Wohnung an einen erwachsenen Familienangehörigen oder an eine in der Familie beschäftigte Person oder an einen erwachsenen ständigen Mitbewohner,
  – in Geschäftsräumen an eine dort beschäftigte Person (§ 178)
  erfolgen.
  Ist die Zustellung in dieser Form nicht ausführbar, kann sie durch Einlegen des Schriftstücks in einen Briefkasten oder eine ähnliche, verschlossene Vorrichtung erfolgen (**Ersatzzustellung** § 180).
  Ist kein geeigneter Briefkasten vorhanden, erfolgt die Zustellung durch Niederlegung des Schriftstücks bei der Niederlegungsstelle des Postzustellers und entsprechende Benachrichtigung des Empfängers durch eine schriftliche Mitteilung, die z.B. an der Wohnungstüre angebracht wird (§ 181).
- Wird die **Annahme** *ohne gesetzlichen Grund* **verweigert,** ist das zu übergebende Schriftstück am Ort der Zustellung zurückzulassen (§179).
- **Die Zustellung ist unwirksam,** wenn die vorgeschriebene Form oder sonstige zwingende Vorschriften verletzt worden sind. Das Gericht kann jedoch die Mängel als geheilt ansehen, wenn das Schriftstück dem Adressaten *tatsächlich zugegangen ist,* ganz gleich wodurch oder durch wen (§ 189).
  Zur Vereinfachung und Vereinheitlichung der Zustellung sind Vordrucke vorgesehen (§ 190).

II. Die Zustellung von Amts wegen (§§ 166 ff.)

- Schriftstücke, deren Zustellungen vorgeschrieben oder vom Gericht angeordnet ist, sind grundsätzlich von Amts wegen zuzustellen (§ 166 Abs. 2).
- Die Zustellung wird *von der Geschäftsstelle* veranlasst und entweder von einem *Gerichtswachtmeister* oder von der *Post* ausgeführt.
- Von Amts wegen zugestellt werden vor allem Urteile und *Schriftsätze, die zugleich* eine *gerichtliche Anordnung enthalten,* z.B. die Klageschrift, mit der Ladung zum Termin; Schriftsätze, die Sachanträge oder die Klagezurücknahme enthalten; Rechtsmittelschriften.
- Der Zeitpunkt der Zustellung ist auf dem Schriftstück zu vermerken.

- Bei der Zustellung an einen *Rechtsanwalt, Notar* oder *Gerichtsvollzieher,* an eine *Behörde* oder *Körperschaft des öffentlichen Rechts* genügt das schriftliche, mit Unterschrift und Datum versehene Empfangsbekenntnis (§ 174 Abs. 1).
- Rechtsmittelschriftsätze sind grundsätzlich dem Prozessbevollmächtigten des Rechtszuges, dessen Entscheidung angefochten wird, zuzustellen (Näheres siehe § 172 Abs. 2).

III. Die Zustellung auf Betreiben der Parteien (§§ 191 ff.)

Für die Zustellung auf Betreiben der Parteien bleibt wenig Raum, weil die Entscheidungen des Gerichts (Urteile und Beschlüsse) überwiegend von Amts wegen zugestellt werden. Im Auftrag der Parteien werden vor allem noch Pfändungs- und Überweisungsbeschlüsse, Arrest- und Einstweilige-Verfügung-Beschlüsse zugestellt.

1. Zustellungsorgan

Zustellungsorgan ist der Gerichtsvollzieher.

Der Zustellungsauftrag kann von der Partei unmittelbar dem Gerichtsvollzieher erteilt werden. In Verfahren vor dem Amtsgericht kann die Partei jedoch die Geschäftsstelle des Prozessgerichts ersuchen, den Gerichtsvollzieher mit der Zustellung zu beauftragen (§ 192 Abs. 3).

Die Partei hat dem Gerichtsvollzieher oder der Geschäftsstelle außer der Urschrift Ausfertigungen oder beglaubigte Abschriften entsprechend der Zahl der Zustellungsempfänger zu übergeben.

2. Ausführung der Zustellung

Gibt die Partei keinen entsprechenden Auftrag, kann der Gerichtsvollzieher wählen, ob er *persönlich* oder *durch die Post* zustellen will.

In der Regel stellt der Gerichtsvollzieher **durch die Post zu** (§ 193). Er übergibt das zuzustellende Schriftstück verschlossen der Post mit dem Ersuchen, die Zustellung einem Postbediensteten am Bestimmungsort aufzutragen (§ 194).

Persönlich stellt der Gerichtsvollzieher nur dann zu, wenn er die Zustellung mit einer sonstigen Amtshandlung verbindet.

Beispiel: Der Gerichtsvollzieher will sofort nach Zustellung des Vollstreckungstitels mit der Pfändung in der Wohnung des Schuldners beginnen.

Über die Zustellung ist eine Urkunde aufzunehmen (**Zustellungsurkunde** – §§ 193 ff.). Sie ist der Partei, die die Zustellung veranlasst hat, zu übermitteln. Auf dem zugestellten Schriftstück vermerkt der Gerichtsvollzieher den Zeitpunkt der Zustellung.

IV. Weitere Zustellungsarten

- **Die Zustellung von Anwalt zu Anwalt (§ 195)**

Sind *beide Parteien* durch Rechtsanwälte vertreten, so kann ein Schriftstück von dem zustellenden Rechtsanwalt unmittelbar an den anderen Rechtsanwalt übermittelt werden. Ein mit Datum und Unterschrift versehenes Empfangsbekenntnis genügt als Nachweis der Zustellung.

- **Die Zustellung im Ausland (§§ 183, 184)**

Hält sich der Zustellungsempfänger im Ausland auf, erfolgt die Zustellung

– durch Einschreiben mit Rückschein, soweit dies auf Grund völkerrechtlicher Vereinbarung möglich ist; auf Ersuchen des Vorsitzenden des Prozessgerichts

- durch die Behörden des Staates, in dem sich der Zustellungsempfänger aufhält oder durch die dortige diplomatische oder konsularische Vertretung des Bundes oder
- durch das Auswärtige Amt, wenn es sich bei dem Zustellungsempfänger um einen zu einer Vertretung der Bundesrepublik gehörenden Deutschen handelt, der das Recht der Immunität genießt.

Außerdem sind die Vorschriften der EG über die Zustellung gerichtlicher und außergerichtlicher Schriftstücke in Zivil- oder Handelssachen in den Mitgliedstaaten zu beachten.

◆ Die öffentliche Zustellung (§§ 185 ff.)

Die Zustellung kann durch öffentliche Bekanntmachung erfolgen, wenn
- der Aufenthaltsort einer Person unbekannt ist oder
- eine Zustellung im Ausland nicht möglich ist oder keinen Erfolg verspricht oder
- die Zustellung nicht erfolgen kann, weil der Zustellungsempfänger sog. Exterritorialer ist (§§ 18–20 GVG).

Bei der Zustellung einer Ladung zu einem Termin muss die Benachrichtigung außerdem den Hinweis enthalten, dass die Versäumung Rechtsnachteile zur Folge haben kann (§ 186).

Zusätzlich kann das Prozessgericht eine einmalige oder mehrfache Veröffentlichung im Bundesanzeiger oder anderen Blättern anordnen (§ 187).

Das Schriftstück gilt als zugestellt, wenn seit dem Aushang der Benachrichtigung an der Gerichtstafel ein Monat vergangen ist. Das Gericht kann jedoch eine längere Frist bestimmen (§ 188).

Beispiel für eine öffentliche Ladung zum Termin:

---

1. Öffentliche Zustellung

Landgericht Aachen   (68 367)

2 R 157/...: Frau Anna Moheysen geb. Langen verw. Buchholz, Heidweg, 41749 Viersen (Dülken)

Prozessbevollmächtigter: Rechtsanwalt Kuhnert in Düren, klagt gegen den Ingenieur Johannes Moheysen, jetzt unbekannten Aufenthaltes, früher Heidweg, 41749 Viersen (Dülken), wegen Kaufpreisforderung. Der Termin zur mündlichen Verhandlung des Rechtsstreits vor der 2. Zivilkammer des Landgerichts Aachen, Kongressstraße 11, 2. Stockwerk, Zimmer 59, ist auf den 4. Oktober .., 9 Uhr, bestimmt. Zu diesem Termin wird der Beklagte hiermit geladen mit der Aufforderung, sich durch einen bei diesem Gericht zugelassenen Rechtsanwalt als Prozessbevollmächtigten vertreten zu lassen. Das persönliche Erscheinen des Beklagten ist angeordnet. Die Versäumung des Termins kann rechtliche Nachteile zur Folge haben.

Aachen, den 23. Juni ..

Die Geschäftsstelle des Landgerichts

G. Termine – Fristen – Wiedereinsetzung in den vorigen Stand

I. Termine

Termine werden in der Regel *von Amts wegen* nach Tag und Stunde (§ 216) bestimmt, im Anwaltsprozess vom Vorsitzenden. Sie finden grundsätzlich an der Gerichtsstelle statt (§ 219). Nur in Ausnahmefällen wird ein so genannter *Lokaltermin* abgehalten, z. B. wenn wegen einer Unfallsache im Rahmen der Beweisaufnahme der Unfallort besichtigt wird.

Termine können *aufgehoben oder verlegt,* Verhandlungen können *vertagt* werden, wenn ein erheblicher Grund vorliegt (§ 227).

Die Parteien sind zu den Terminen grundsätzlich *von Amts wegen zu laden.*

II. Fristen

Fristen sind Zeiträume, in denen Prozesshandlungen vorzunehmen sind.

1. Arten der Fristen

Richterliche Fristen	Gesetzliche Fristen
Fristdauer wird vom Richter bestimmt, z. B. Frist zur ♦ schriftlichen Klageerwiderung, ♦ Erklärung über streitige Punkte, ♦ Beibringung der Prozessvollmacht, ♦ Stellungnahme auf die Klageerwiderung. Richterliche Fristen können auf Antrag verlängert oder verkürzt werden.	Fristdauer ist im Gesetz bestimmt, gesetzliche Fristen können in den im Gesetz bestimmten Fällen ♦ **verkürzt werden,** z. B. – Ladungsfrist, – Einlassungsfrist, ♦ **verlängert werden,** z. B. Berufungs- und Revisionsbegründungsfrist. **Notfristen** können weder verlängert noch verkürzt werden, z. B. ♦ Berufungs-, Revisions-, Einspruchsfrist, ♦ sofortige Beschwerdefrist

♦ Die Einlassungsfrist

Sie umfasst den **Zeitraum zwischen Zustellung der Klage und dem ersten Verhandlungstermin** (§ 274 Abs. 3), im Berufungs- und im Revisionsverfahren zwischen Bekanntmachung des Termins und der mündlichen Verhandlung (§§ 523 Abs. 2, 553 Abs. 2).

Sie beträgt mindestens zwei Wochen. Ist die Klage im Ausland zuzustellen, bestimmt der Richter die Einlassungsfrist (§ 274 Abs. 3).

♦ Die Ladungsfrist

Die Frist umfasst den **Zeitraum, der während des Prozesses zwischen der Zustellung der Ladung und dem Tag des Termins** liegen soll (§ 217)[1]. Sie beträgt im Parteiprozess mindestens drei Tage, in Anwaltsprozessen mindestens eine Woche.

♦ Die Notfristen

Gesetzliche Fristen von besonderer Bedeutung sind die **Notfristen.**

Notfristen sind nur diejenigen Fristen, die im Gesetz ausdrücklich als Notfristen bezeichnet sind (§ 224 Abs. 1 S. 2). Da sie nicht verlängert werden können, kommt die Partei, die die Frist versäumt, in „Not".

---

[1] In Wechsel- und Schecksachen gelten besondere Ladungsfristen, siehe S. 239.

Der Zivilprozess

Notfristen sind:

- die Berufungsfrist (§ 517),
- die Revisionsfrist (§ 548),
- die Einspruchsfrist (§§ 339, 700),
- die sofortige Beschwerdefrist (§ 569),
- die Monatsfrist bei Wiederaufnahme des Verfahrens (§ 586 Abs. 1).

Für die Notfristen gelten folgende **Besonderheiten:**

- Sie können weder verlängert noch verkürzt werden (§ 224);
- bei Versäumung kann Wiedereinsetzung in den vorigen Stand gewährt werden (§ 233); (Näheres siehe S. 186 f.);
- Notfristen laufen weiter, auch wenn das Ruhen des Verfahrens angeordnet wurde (§ 251);
- für Zustellungen, durch die eine Notfrist gewahrt werden soll, kann auch in Anwaltsprozessen die Vermittlung der Geschäftsstelle des Prozessgerichts in Anspruch genommen werden (§ 166 Abs. 2);
- keine Heilung von Zustellungsmängeln (§ 187 Satz 2).

2. Beginn und Berechnung der Fristen

Gesetzliche und richterliche Fristen **beginnen** in der Regel *mit Zustellung des Schriftstücks,* in dem die Frist bestimmt ist (§ 221), z. B.

- die Berufungs- und Revisionsfrist mit Zustellung des Urteils (§§ 517, 548; ein Monat);
- die Einspruchsfrist mit Zustellung des Versäumnisurteils bzw. des Vollstreckungsbescheids (§§ 339, 700; zwei Wochen);
- die sofortige Beschwerdefrist mit Zustellung des Beschlusses bzw. mit Verkündung der Entscheidung (§ 569 Abs. 1; zwei Wochen);
- die Wiederspruchsfrist mit Zustellung des Mahnbescheids (§ 692 Abs. 1, Nr. 3; zwei Wochen).

Berufungs- und Revisionsbegründungsfrist beginnen mit Einlegung des Rechtsmittels (§§ 520 Abs. 2, 551 Abs. 2; zwei Monate).

Zur Berechnung der Fristen sind die Vorschriften des Bürgerlichen Gesetzbuches heranzuziehen (§§ 222 Abs. 1, 186 ff. BGB).

- Nach § 187 Abs. 1 BGB wird **der Tag der Zustellung nicht mitgerechnet.**
- **Wochenfristen** enden nach § 188 Abs. 2 BGB **mit dem gleichbenannten Tag der folgenden Wochen.**

  Beispiel: Der Mahnbescheid wurde dem Schuldner am Montag, dem 23. Oktober, zugestellt. Die Widerspruchsfrist (zwei Wochen) läuft am Montag, dem 6. November 24 Uhr ab.

- **Monatsfristen** enden mit dem gleichen Datum des folgenden Monats bzw. der nachfolgenden Monate (§§ 187 Abs. 1, 188 Abs. 2 BGB).
  Beispiel: Das Urteil wurde dem Beklagten am 10. November zugestellt. Die Berufungsfrist endet am 10. Dezember.

  Fehlt bei einer Monatsfrist im letzten Monat der entsprechende Tag, endet die Frist *am letzten Tag des Monats*.
  Beispiel: Das Berufungsurteil wurde dem Berufungsbeklagten am 31. Januar zugestellt. Die revisionsfrist läuft am 28. Februar ab (in einem Schaltjahr am 29. Februar).

- *Eine nach* **Tagen** *bestimmte Frist* endet **mit Ablauf des letzten Tages der Frist** (§ 188 Abs. 1 BGB).
  Beispiel: „In der beim Amtsgericht anhängigen Rechtssache wurde dem im Gerichtsbezirk wohnenden Beklagten die Ladung zum Termin am 7. Oktober zugestellt. Die Ladungsfrist beträgt mindestens drei Tage; sie läuft am 10. Oktober 24 Uhr ab. Der Termin kann frühestens am 11. Oktober stattfinden."

- Fällt das *Ende einer Frist* auf einen *Samstag, Sonntag* oder *allgemeinen Feiertag*, so endet die Frist mit Ablauf des nächsten Werktages (§ 222 Abs. 2)[1].
  Beispiel: Das Urteil wurde am 17. Mai zugestellt. Die Berufungsfrist endet nicht am Samstag, dem 17. Juni, sondern am Montag, dem 19. Juni.

- Ist eine Frist *nach* **Stunden** bestimmt, ist sie nach vollen Stunden zu berechnen. Samstage, Sonntage und allgemeine Feiertage werden nicht mitgerechnet (§ 222 Abs. 3).

- Soll der Beginn eines Tages für den Anfang der Frist maßgebend sein, wird der Tag bei der Berechnung der Frist mitgerechnet (§ 187 Abs. 2 BGB).

Beispiele:
- Angenommen, die Berufungsbegründungsfrist läuft ab 16. September. – Sie endet am 15. Oktober, weil der 16. September mitgerechnet wird.
- Die Vorpfändung nach § 845 ZPO wird am 23. Mai dem Drittschuldner zugestellt. Der Pfändungs- und Überweisungsbeschluss (Hauptpfändung) muss spätestens am 22. Juni dem Drittschuldner zugestellt werden, um die Arrestwirkung des § 845 Abs. 2 Satz 1 aufrechtzuerhalten (s. § 845 Abs. 2 Satz 2).

III. Die Wiedereinsetzung in den vorigen Stand (§§ 233–238)

Versäumt die Partei die für eine Prozesshandlung gesetzte Frist oder versäumt sie einen Termin, wird sie in der Regel mit der Prozesshandlung ausgeschlossen (§ 230).

Beispiele:
- Der Kläger hat versäumt, rechtzeitig Berufung einzulegen – das Urteil ist nicht mehr anfechtbar.
- Der Beklagte ist im Termin unentschuldigt nicht erschienen – auf Antrag des Klägers ergeht Versäumnisurteil.

Nur in wenigen Fällen lässt das Gesetz die Beseitigung der Versäumnisfolgen zu:
- Gegen ein Versäumnisurteil kann Einspruch eingelegt werden.
- Bei Versäumung bestimmter Fristen kann Wiedereinsetzung in den vorigen Stand gewährt werden.

---

[1] Dies gilt nicht für den Anfang einer Frist.

Wiedereinsetzung in den vorigen Stand bedeutet, dass der Partei erlaubt wird, die ohne ihr Verschulden versäumte Prozesshandlung nachzuholen. Folgende Voraussetzungen müssen gegeben sein:

- Die versäumte Frist muss entweder eine *Notfrist* sein oder die Frist zur *Begründung der Berufung* (§ 520), *der Revision* (§ 551), der Nichtzulassungsbeschwerde (§ 544), der Rechtsbeschwerde (§ 575), *der Beschwerde* in bestimmten Familiensachen (§ 621e) oder die Frist *für den Wiedereinsetzungsantrag* (§ 234 Abs. 1); eine Wiedereinsetzung wegen der Versäumung eines Termins ist nicht möglich.
- die Fristversäumnis darf weder von der Partei noch von ihren Bevollmächtigten verschuldet sein (§§ 233, 85 Abs. 2). Unter einem Verschulden ist hier das Außerachtlassen derjenigen Sorgfalt zu verstehen, die von dem Betreffenden vernünftigerweise erwartet werden kann. Von einer rechtskundigen Person wird ein höheres Maß an Sorgfalt verlangt als von einer unerfahrenen. Grundsätzlich wird es auch nicht als erforderlich angesehen, während eines Urlaubs wegen einer möglichen Zustellung „besondere" Vorkehrungen zu treffen (BVerfG 41, 335). Allerdings muss nach Rückkehr aus dem Urlaub sofort reagiert werden.

Beispiele:
- Die Berufungsschrift trifft bei Gericht verspätet ein, weil wegen schwerer Schneestürme die Postverbindung abgeschnitten war.
- Der Beklagte wird bei einem Verkehrsunfall schwer verletzt. Er kann deshalb nicht rechtzeitig einen Rechtsanwalt beauftragen, Berufung einzulegen.
- In einem Mehrfamilienhaus wird die Zustellungsnachricht aus dem Briefkasten des Empfängers entwendet (BHG VersR 76, 929)
- Ein Ausländer als Empfänger beherrscht die deutsche Sprache nicht angemessen und unterlässt daher eine gebotene Rechtshandlung (BVerwG MDR 78, 786)

Ein Verschulden des Rechtsanwalts liegt dann nicht vor, wenn zur Einhaltung der Frist die erforderliche Sorgfalt beachtet worden ist. Für schuldhaftes Verhalten von Angestellten ist der Rechtsanwalt nicht verantwortlich, wenn er durch allgemeine Anordnungen, z. B. durch Merkblatt, und durch Überwachung der Angestellten dafür gesorgt hat, dass Versehen möglichst vermieden werden.

Beispiele:
- wenn er seine Angestellte, eine ausgebildete Rechtsanwaltsfachangestellte, angewiesen hat, den Ablauf der Berufungsfrist im Fristenkalender unter einem bestimmten Datum einzutragen, diese aber versehentlich die Eintragung unterlässt,
- wenn ein Brief bei der Post verloren geht,
- wenn Prozesskostenhilfe erst nach Ablauf der Rechtsmittelfrist bewilligt wird, obwohl das Gesuch noch vor Ablauf der Frist beim Gericht eingegangen ist.

Ein Verschulden des Rechtsanwalts ist aber z. B. anzunehmen,
- wenn er selbst eine Frist falsch berechnet hat,
- wenn wegen unzureichender Organisation des Büros die Frist versäumt wurde.

◆ *Antragsfrist*

Die Wiedereinsetzung muss **innerhalb zwei Wochen** beantragt werden (§ 234). Die Frist beginnt mit dem Tage, an dem der Fehler entdeckt wird oder das Hindernis behoben ist. Wird die Zwei-Wochen-Frist schuldlos versäumt, ist auf Antrag ebenfalls Wiedereinsetzung zu gewähren (§ 233).

Nach Ablauf eines Jahres, vom Ende der für die versäumte Prozesshandlung bestimmten Frist an gerechnet, kann die Wiedereinsetzung nicht mehr beantragt werden (**Ausschlussfrist**).

Die **Form des Antrags** richtet sich nach der Form der versäumten Prozesshandlung.

Der Antrag hindert weder den Eintritt der Rechtskraft noch die Möglichkeit, aus der angegriffenen Entscheidung die Zwangsvollstreckung zu betreiben.

◆ *Inhalt des Antrags*

Der Antrag muss enthalten (§ 236):

- Die Angaben der Tatsachen, welche die Wiedereinsetzung begründen sollen, z. B. des Unfalls, des Unwetters, des Versehens der Gehilfin;
- die Angabe der Mittel für ihre Glaubhaftmachung, z. B. die eidesstattliche Versicherung des Rechtsanwalts, der Rechtsanwaltsfachangestellten;

Die versäumte Prozesshandlung ist innerhalb der Antragsfrist nachzuholen. Ist sie bereits nachgeholt, kann Wiedereinsetzung auch ohne Antrag gewährt werden, z. B. wenn die Berufungsfrist unverschuldet einen Tag zu spät bei Gericht eingeht.

Über den Antrag entscheidet das Gericht, das für die Entscheidung über die nachgeholte Prozesshandlung zuständig ist (§ 237).

Beispiel: Die Berufungsfrist wurde versäumt, Berufungsgericht ist das Landgericht Ulm. Hier ist der Wiedereinsetzungsantrag einzureichen.

Das Verfahren über den Antrag auf Wiedereinsetzung ist *mit dem Verfahren zur Hauptsache zu verbinden,* wenn die im Wiedereinsetzungsantrag geschilderte Sachlage einfach ist. Das Gericht kann jedoch das Verfahren zunächst auf die Verhandlung und Entscheidung über den Wiedereinsetzungsantrag beschränken (§ 238 Abs. 1).

Die Wiedereinsetzung ist unanfechtbar (§ 238 Abs. 3).

Die danach ordnungsgemäß nachgeholte Prozesshandlung ist wirksam wie eine ursprünglich ordnungsgemäß vorgenommene.

Beispiel: Das Ehescheidungsurteil wurde rechtskräftig. Danach gewährt das Gericht einer Partei, die inzwischen wieder geheiratet hat, Wiedereinsetzung in den vorigen Stand. Hierdurch wird die Rechtskraft nachträglich aufgehoben (s.u.), die zwischenzeitliche Eheschließung wird bigamisch (BGH 8,284).

Die Kosten der Wiedereinsetzung fallen dem Antragsteller zur Last, soweit sie nicht durch einen unbegründeten Widerspruch des Gegners entstanden sind (§ 238 Abs. 4).

Beispiel: Wegen Versäumung der Einspruchsfrist hat Rechtsanwalt Mohl beim Amtsgericht Wiedereinsetzungsantrag gestellt. Er hat den Antrag einleuchtend begründet und die behaupteten Tatsachen ausreichend glaubhaft gemacht. Der Gegner legt trotzdem Widerspruch gegen die Wiedereinsetzung ein, weil er Zeit gewinnen will. Das Amtsgericht gibt dem Wiedereinsetzungsantrag statt und belastet den Gegner mit den Kosten des Verfahrens.

Die vom Gericht gewährte Wiedereinsetzung beseitigt eine etwa zwischenzeitlich eingetretene Rechtskraft rückwirkend.

Beispiel: Der verurteilte Beklagte hat die Berufungsfrist schuldlos versäumt. Das Urteil wurde rechtskräftig. Wenn das Berufungsgericht die Wiedereinsetzung gewährt, entfällt die Rechtskraft rückwirkend.

Rechtsanwalt Dr. Peter Hausmann Kiel, 3. Dezember 20 . .
Winninger Straße 30
56072 Kiel

Landgericht Kiel

56070 Kiel

Berufung

und Antrag auf Wiedereinsetzung in den vorigen Stand

In Sachen

Klaus Meier, Architekt, Tannenweg 12, 56075 Kiel,

– Kläger und Berufungskläger –

vertreten durch Rechtsanwalt Dr. Peter Hausmann, Kiel,

gegen

Adam Hubschmidt, Postamtmann, Nauweg 50, 56070 Kiel,

– Beklagter und Berufungsbeklagter –

lege ich gegen das am 20. Mai 20 . . verkündete und am
5. Juni 20 . . zugestellte Urteil des Amtsgerichtes Kiel,
Aktenzeichen 12 C 300/ . . , namens des Klägers und Berufungsklägers

Berufung

ein.

Zugleich beantrage ich, dem Kläger und Berufungskläger wegen
Versäumnis der Berufungsfrist

Wiedereinsetzung in den vorigen Stand

zu gewähren.

Die Wiedereinsetzung wird wie folgt begründet: . . . .
die Berufungsbegründung wird nachgereicht.

Dr. Hausmann

Rechtsanwalt   Anlagen

Das Verfahrensrecht

Wiederholungsaufgaben

1 Die Rentnerin Susanne Marx erscheint im Anwaltsbüro Dr. Ursula Färber wegen einer Erbschaftssache mit einer Ladung des Landgerichts Ellwangen und fragt, ob sie Prozesskostenhilfe beim Landgericht beantragen könne.
  a) Kann Frau Marx den Antrag selbst einreichen?
  b) Bei welchem Gericht ist der Antrag auf Prozesskostenhilfe einzureichen?
  c) Welche Voraussetzungen müssen gegeben sein, damit Prozesskostenhilfe gewährt werden kann?

2 Fröbel hat seinen Schuldner Zerzawy beim Amtsgericht Trier auf Zahlung von 600,00 EUR verklagt. Dem Schuldner Zerzawy ist Prozesskostenhilfe bewilligt worden.
  a) In welchem Umfang kann Prozesskostenhilfe gewährt werden?
  b) Wie wirkt sich die Bewilligung auf die Kostentragungspflicht aus?

3 Der Antrag auf Gewährung von Prozesskostenhilfe ist vom Gericht ablehnend beschieden worden.
  a) Der Antragsteller erkundigt sich, ob gegen den Beschluss ein Rechtsmittel gegeben ist.
  b) Angenommen, Prozesskostenhilfe ist gewährt worden. Der Gegner möchte den Beschluss anfechten.
  Wie muss die Auskunft jeweils lauten?

4 Aus welchen Gründen kann das Gericht die Bewilligung der Prozesskostenhilfe wieder aufheben?

5 Der Grieche Aristoteles Theodorakis reicht gegen seine Vermieterin Klage wegen Instandsetzung der Wohnung ein und beantragt, ihm Prozesskostenhilfe zu gewähren.
  Unter welchen Voraussetzungen kann ihm Prozesskostenhilfe gewährt werden?

6 In einer Ehesache ist das persönliche Erscheinen der Parteien angeordnet. Rechtsanwältin Xanten vertritt die Antragstellerin, Rechtsanwalt Franke den Antragsgegner.
  Wem hat das Gericht die Terminladung zuzustellen?

7 Schuldner Krone soll zur Abgabe der eidesstattlichen Versicherung geladen werden. Er wird zu Hause nicht angetroffen.
  a) Wer hat die Zustellung auszuführen?
  b) An wen kann die Zustellung ersatzweise erfolgen?

8 Dem Beklagten Hübner ist die Klageschrift samt Ladung zum Termin zuzustellen.
  Weil Hübners Aufenthaltsort unbekannt ist, beantragt der Kläger Zustellung durch öffentliche Bekanntmachung.
  a) Wie hat das Gericht zu verfahren?
  b) Wann gelten Klageschrift und Ladung als zugestellt?

9 Erika Moser, neu eingetretene Angestellte im Anwaltsbüro Dr. Kraut und Rüber, ist im Begriff, an die Gegner die Zustellung einiger Urteile zu veranlassen. – Die Bürovorsteherin greift ein. Weshalb?

10 a) Welcher Unterschied besteht zwischen der Aufhebung, der Verlegung und der Vertagung eines Termins?
  b) Was versteht man unter einem Lokaltermin?

11 a) Welche Fristen können weder verlängert noch verkürzt werden (Beispiele)?
  b) Wodurch werden die Einlassungsfrist und die Ladungsfrist begrenzt?
  c) Wie lange dauert mindestens die Einlassungsfrist und die Ladungsfrist
   1. im Parteiprozess,
   2. im Anwaltsprozess?

12 Wann beginnen folgende Fristen:
 a) die Einspruchsfrist beim Versäumnisurteil,
 b) die Berufungs- und die Revisionsfrist,
 c) die Berufungs- und die Revisionsbegründungsfrist?

13 In Sachen Bohr gegen Vollmer vor dem Amtsgericht Kaiserslautern wurde Vollmer zur Zahlung von 1 250,00 EUR verurteilt. Das Urteil wurde ihm am 10. Dezember zugestellt. Am 20. Dezember legt Vollmer Berufung ein. Die Berufungsbegründungsfrist versäumt er jedoch, weil er infolge Hochwassers erst fünf Wochen später seinen Anwalt wieder aufsuchen kann. Was kann der Rechtsanwalt unternehmen?

14 In Sachen Klein gegen Groß wurde versehentlich die Berufungsfrist versäumt, Rechtsanwalt Zander beantragt die Wiedereinsetzung in den vorigen Stand.
 a) Bei welchem Gericht muss der Antrag eingereicht werden?
 b) Unter welchen Voraussetzungen gibt das Gericht dem Gesuch statt?
 c) Welche wichtigen Angaben muss das Gesuch enthalten?

15 Am 17. Mai hat Rechtsanwältin Stoll die Versäumung der Einspruchsfrist gegen das Versäumnisurteil des Landgerichts Celle festgestellt.
 a) Bei welchem Gericht und an welchem Tag muss der Wiedereinsetzungsantrag spätestens eingegangen sein?
 b) An welchem Tag läuft die Ausschlussfrist (ein Jahr) ab?
 c) Weshalb ist bei Versäumung der Wiedereinsetzungsfrist die Wiedereinsetzung in den vorigen Stand möglich?

Das gerichtliche Mahnverfahren (§§ 688 ff.)

A. Überblick und Voraussetzungen

Der Gläubiger einer Geldforderung hat häufig die Wahl, seinen Anspruch im ordentlichen Verfahren (Klageverfahren) oder im Mahnverfahren geltend zu machen. Wählt der **Gläubiger (Antragsteller)** das Mahnverfahren, so beantragt er beim zuständigen Gericht einen **Mahnbescheid**[1]). Dieser wird dem **Schuldner (Antragsgegner)** von Amts wegen zugestellt. Gegen den Mahnbescheid kann der Antragsgegner **Widerspruch** erheben. Durch den rechtzeitig erhobenen Widerspruch geht das Mahnverfahren auf Antrag in das streitige Verfahren über, das in der Regel nach mündlicher Verhandlung und Beweisaufnahme mit einem Urteil endet. Erhebt der Antragsgegner keinen Widerspruch, erlässt das Gericht auf Antrag des Antragstellers einen **Vollstreckungsbescheid.** Gegen den Vollstreckungsbescheid kann der Antragsgegner Einspruch einlegen. Der zulässige Einspruch bewirkt, wie der Widerspruch gegen den Mahnbescheid, den Übergang des Mahnverfahrens in das streitige Verfahren. *Der Rechtsanwalt braucht im gesamten Mahnverfahren seine Vollmacht nicht nachzuweisen; es genügt, dass er versichert, bevollmächtigt zu sein* (§ 703).

Das Mahnverfahren hat im Vergleich zum Klageverfahren den **Vorteil,** dass weder mündliche Verhandlung noch Beweisaufnahme stattfinden. Es ist somit ein abgekürztes Verfahren, das dem Antragsteller rasch, einfach und billig einen Vollstreckungstitel verschafft.

Zur Vereinfachung und Beschleunigung der Mahnverfahren sind bundeseinheitliche Formulare vorgeschrieben, deren sich die Parteien bedienen müssen (§ 703 c). Außerdem können die Konzentration der Verfahren bei zentralen Mahngerichten und das automatisierte Mahnverfahren im Wege des Datenträgeraustauschs angeordnet werden (§ 689 Abs. 3).

Das Mahnverfahren **findet nicht statt** (§ 688 Abs. 2):

◆ für Ansprüche des Kreditgebers, wenn der Jahreszins den bei Vertragsabschluss geltenden Basiszinssatz zuzüglich 12 von Hundert übersteigt;

◆ wenn die geforderte Geldleistung von einer noch nicht erbrachten Gegenleistung abhängig ist;

◆ wenn die Zustellung des Mahnbescheids durch öffentliche Bekanntmachung (§§ 185ff.) erfolgen müsste.

Grundsätzlich kann nur wegen einer Geldsumme in Euro ein Mahnbescheid beantragt werden. Müsste der Mahnbescheid im Ausland zugestellt werden, findet das Mahnverfahren nur statt, wenn das „Anerkennungs- und Vollstreckungsgesetz vom 19. Februar 2001 dies vorsieht (§ 688 Abs. 3).

---

[1]) Wird der Antrag auf Erlass eines Mahnbescheids so spät gestellt, dass bei ordnungsgemäßem Geschäftsgang das Gericht die Zustellung des Mahnbescheids nicht vor Eintritt der Verjährung des Anspruchs erfolgen kann, so unterbricht bereits der Eingang des Antrags bei Gericht die Verjährung (§ 693 Abs. 2). Voraussetzung ist allerdings, dass die Zustellung des Mahnbescheids **demnächst** erfolgt, also zwischen Antragseingang bei Gericht und Zustellung des Mahnbescheids beim Antragsgegner ein Zeitraum von nur wenigen Tagen liegt.

Das folgende Schaubild soll deutlich machen, wie rasch der Gläubiger durch das Mahnverfahren – im Gegensatz zum ordentlichen Verfahren – einen **Vollstreckungstitel** erlangt, und dass das gerichtliche Mahnverfahren nur zweckmäßig ist, wenn der Antragsteller annehmen kann, der Antragsgegner werde dem geltend gemachten Anspruch nicht widersprechen.

Widerspricht der Antragsgegner dem Anspruch und war dies von vornherein abzusehen, werden die Kosten des Mahnanwalts regelmäßig als nicht erstattungsfähig angesehen.

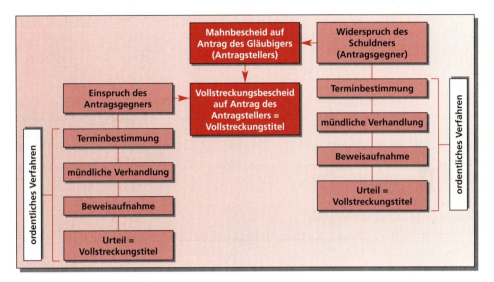

B. Mahnbescheid und Widerspruch

Der Antragsteller beantragt den Mahnbescheid beim zuständigen Gericht mit einem hierfür vorgeschriebenem Vordruck. Die Anträge und Erklärungen können auch vor dem Urkundsbeamten der Geschäftsstelle abgegeben werden (§ 702).

Sachlich zuständig ist – unabhängig von der Höhe des Streitwertes – das Amtsgericht (§ 689 Abs. 1)[1]).

Örtlich ausschließlich zuständig ist das Amtsgericht, bei dem der Antragsteller seinen allgemeinen Gerichtsstand hat (§ 689 Abs. 2).

Diese Regelung ist ohne Bedeutung, wenn die Landesregierungen von der ihnen in § 689 Abs. 3 eingeräumten Ermächtigung Gebrauch machen, bestimmte Amtsgerichte als zentrale Mahngerichte zu bestimmen. Hat der Antragsteller keinen allgemeinen Gerichtsstand im Inland, ist das Amtsgericht Berlin-Schöneberg für den Antrag zuständig. Hat der Antragsgegner keinen allgemeinen Gerichtsstand im Inland, ist jedoch für das Mahnverfahren das Amtsgericht zuständig, bei dem eine Klage gegen den Antragsgegner eingebracht werden müsste, unabhängig von der Höhe des Streitwertes (§ 703 d.).

Der Antrag muss enthalten (§ 690 Abs. 1):

◆ Die Bezeichnung des angerufenen Gerichts (Mahngericht);

---

[1]) Für Ansprüche aus einem Arbeitsverhältnis sind die Arbeitsgerichte zuständig. Die Vorschriften der ZPO für das Mahnverfahren gelten mit einigen Abweichungen entsprechend (§ 46 a ArbGG).

- Die Bezeichnung der Parteien mit Namen und Anschrift, ggf. ihre gesetzlichen Vertreter und ihre Prozessbevollmächtigten.
- Die Bezeichnung des Anspruchs nach Haupt- und Nebenforderungen, z. B. „Zahlung von 1200,00 EUR nebst 4 % Zinsen seit … für geliefertes Heizöl aufgrund Kaufvertrag nach Rechnung vom …". Bei Ansprüchen aus Verträgen, für die das Verbraucherkreditgesetz gilt, müssen das Datum des Vertrags und der effektive Jahreszins angegeben werden.
- Die Erklärung, dass der geltend gemachte Anspruch nicht von einer Gegenleistung abhängt, oder, falls eine solche Abhängigkeit doch gegeben ist, die Gegenleistung bereits erbracht ist (bei erforderlicher, aber noch nicht erbrachter Gegenleistung ist gem. § 688 Abs. 2 Ziff. 2 das Mahnverfahren nicht zulässig).
- Die Bezeichnung des Gerichts, das nach seiner Ansicht für die Durchführung des streitigen Verfahrens zuständig ist[1].

Der Antrag muss **handschriftlich unterzeichnet** sein (§ 690 Abs. 2). Wird der Antrag in einer nur maschinell lesbaren Form eingereicht (Datenträger, Diskette usw.), bedarf es keiner handschriftlichen Unterzeichnung, sofern feststeht, dass der Antrag nicht ohne den Willen des Antragstellers eingereicht worden ist (§ 690 Abs. 3).

Die handelsüblichen Antragsformulare enthalten auf einem Vorblatt ausführliche Hinweise zur Ausfüllung des Antrags.

◆ Erlass des Mahnbescheids

Der Mahnbescheid wird vom Rechtspfleger aufgrund der einseitigen Behauptung des Antragstellers – ohne Anhörung des Antraggegners – erlassen. Der Rechtspfleger prüft nur,

- ob das Mahnverfahren zulässig ist (z.B. Zuständigkeit, gesetzliche Vertretung),
- ob der Antrag die notwendigen Angaben enthält (Anspruch auf Zahlung, ob Gegenleistung erbracht),
- ob die halbe Gerichtsgebühr gezahlt wurde (§ 65 Abs. 3 GKG).

Fehlt eine dieser Voraussetzungen, kann der Rechtspfleger den Antrag zurückweisen. Hiergegen steht dem Antragsteller die Erinnerung nach § 11 RpflG zu. Hilft der Rechtspfleger der Erinnerung nicht ab, entscheidet der Richter, wenn er sie für zulässig und begründet hält, andernfalls legt er sie dem Rechtsmittelgericht zur Entscheidung vor.

◆ Zustellung des Mahnbescheids

Eine Ausfertigung des Mahnbescheids wird dem Antragsgegner von Amts wegen zugestellt (§ 693 Abs. 1). Der Antragsteller erhält vom Gericht eine formlose Mitteilung über den Zeitpunkt der Zustellung (§ 693 Abs. 3).

Der Mahnbescheid enthält außer den für den Antrag notwendigen Angaben (§ 692):

- den Hinweis, dass das Gericht nicht geprüft hat, ob dem Antragsteller der geltend gemachte Anspruch zusteht;
- die Aufforderung, innerhalb von zwei Wochen seit Zustellung des Mahnbescheids die behauptete Schuld nebst Zinsen und Kosten zu begleichen oder dem Gericht mitzuteilen, ob und in welchem Umfang dem Anspruch widersprochen wird;

---

[1] Beantragt eine Partei im Falle des Widerspruchs oder des Einspruchs die Durchführung des streitigen Verfahrens, wird der Rechtsstreit vom Mahngericht an dieses Gericht abgegeben (siehe S. 198).

- den Hinweis, dass auf Antrag ein den Mahnbescheid entsprechender Vollstreckungsbescheid ergeht, aus dem der Antragsteller die Zwangsvollstreckung betreiben kann, falls nicht fristgemäß Widerspruch erhoben wird;
- den Hinweis, dass der Widerspruch mit dem dafür bestimmten Vordruck erhoben werden soll;
- die Ankündigung, an welches Gericht im Falle des Widerspruchs die Sache abgegeben wird.

Der Rechtspfleger hat den Mahnbescheid entweder *handschriftlich zu unterschreiben* oder mit dem *Faksimilestempel* zu versehen.

◆ Widerspruch gegen den Mahnbescheid

Gegen den Mahnbescheid kann der Antragsgegner beim Gericht, das den Bescheid erlassen hat, schriftlich **Widerspruch** erheben. Der Widerspruch bedarf keiner Begründung, ein Vertreter braucht seine Vollmacht nicht nachzuweisen. Der Widerspruch kann auch nur wegen eines Teils des Anspruchs erhoben werden, wegen des restlichen Teils kann der Vollstreckungsbescheid erlassen werden.

Beispiel: Der im Mahnbescheid enthaltene Anspruch beträgt 1 200,00 EUR zuzüglich Zinsen und Kosten.
Der Antragsgegner erhebt nur wegen 800,00 EUR Widerspruch; wegen der restlichen 400,00 EUR ergeht auf Antrag des Antragstellers Vollstreckungsbescheid.

Der Widerspruch ist so lange möglich, wie der Vollstreckungsbescheid nicht verfügt (§ 694 Abs. 1), d. h. vom Rechtspfleger nicht unterschrieben und in den Geschäftsgang gegeben ist. Die im Mahnbescheid bestimmte Frist von zwei Wochen bedeutet demnach nicht, dass der Antragsgegner nur innerhalb dieser Frist Widerspruch erheben kann. Sie bedeutet vielmehr, dass der Antragsteller sofort nach Ablauf der Frist den Vollstreckungsbescheid erwirken und daraus die Zwangsvollstreckung betreiben kann, falls der Antragsgegner innerhalb der Frist weder gezahlt noch Widerspruch erhoben hat.

Ein verspätet erhobener Widerspruch wird als Einspruch gegen den Vollstreckungsbescheid behandelt (§ 694 Abs. 2).

Beispiel: Der Mahnbescheid wurde dem Antragsgegner am 10. Oktober zugestellt. Die zweiwöchige Widerspruchsfrist läuft am 24. Oktober um 24 Uhr ab. Frühestens am 25. Oktober kann der Antragsteller den Vollstreckungsbescheid beantragen.

Trifft der Widerspruch erst am 27. Oktober ein, ist er trotz Ablauf der Frist rechtzeitig eingegangen, wenn der Vollstreckungsbescheid noch nicht verfügt ist. War dies aber bereits der Fall, wird der Widerspruch als Einspruch gegen den Vollstreckungsbescheid behandelt und dies dem Antragsgegner mitgeteilt.

Das Gericht hat den Antragsteller vom erfolgten Widerspruch und dem Zeitpunkt seines Eingangs zu benachrichtigen (§ 695).

◆ Verfahren nach rechtzeitig erhobenem Widerspruch

- Auf Antrag einer Partei wird **das Mahnverfahren in das streitige Verfahren übergeleitet.** Die Streitsache gilt dann mit der Zustellung des Mahnbescheids als rechtshängig geworden (§ 696 Abs. 3). Der Antrag wird in der Regel bereits im Antrag auf Erlass des Mahnbescheids gestellt[1]). Er kann bis zum Beginn der mündlichen Verhandlung des Antragsgegners zur Hauptsache zurückgenommen werden (§ 696 Abs. 4).

- Das Gericht, das den Mahnbescheid erlassen hat, **gibt den Rechtsstreit von Amts wegen an das Gericht ab, das im Mahnbescheid bezeichnet** ist. Haben die Beteiligten übereinstimmend die Abgabe an ein anderes Gericht verlangt, ist das Verfahren an dieses abzugeben (§ 696 Abs. 1). Der Rechtsstreit soll jedoch erst abgegeben werden, wenn die Differenz zu der Gebühr für das Verfahren im Allgemeinen nachentrichtet ist (§ 65 Abs. 1 GKG).

- Die Abgabe wird den Parteien mitgeteilt, sie ist nicht anfechtbar (§ 696 Abs. 1). Dadurch ist aber nicht ausgeschlossen, dass das Gericht, an das die Sache abgegeben wurde, unzuständig ist, z. B. weil im Antrag auf Erlass des Mahnbescheids versehentlich ein falsches Gericht angegeben oder ein anderes Gericht ausschließlich zuständig ist. In solchen Fällen ist auf Antrag an das zuständige Gericht zu verweisen (§ 696 Abs. 5). Unterbleibt der Verweisungsantrag nach Belehrung (§§ 139, 504), so ist die Klage als unzulässig abzuweisen.

- Die Geschäftsstelle des Gerichts, an das die Streitsache abgegeben worden ist, hat den Antragsteller so rasch wie möglich aufzufordern, **seinen Anspruch innerhalb zwei Wochen ab Zugang der Aufforderung zu begründen.** Die Begründung soll in einer der Klageschrift entsprechenden Form erfolgen (§ 697 Abs. 1).

- Bei Eingang der Anspruchsbegründung bestimmt der Richter Termin[1]) zur mündlichen Verhandlung. Zur schriftlichen Klageerwiderung im Vorverfahren[2]) nach § 276 kann dem Beklagten auch eine mit Zustellung der Anspruchsbegründung beginnende Frist gesetzt werden (§ 697 Abs. 2).

- Geht die Anspruchsbegründung nicht rechtzeitig ein, so wird bis zu ihrem Eingang Termin zur mündlichen Verhandlung nur auf Antrag des Antragsgegners bestimmt. Mit der Terminbestimmung setzt der Richter dem Antragsteller eine Frist zu Begründung des Anspruchs (§ 697 Abs. 3).

- Der Antragsgegner kann den Widerspruch zurücknehmen bis zum Beginn seiner mündlichen Verhandlung zur Hauptsache.[3]) Ist jedoch bereits ein Versäumnisurteil ergangen, ist die Rücknahme nicht mehr möglich (§ 697 Abs. 4).
  Beispiel: Nach rechtzeitig erhobenem Widerspruch bestimmt das Gericht auf Antrag des Antragstellers (Klägers) Termin zur mündlichen Verhandlung, zu dem beide Parteien geladen werden. Im Termin ist der Beklagte säumig. Auf Antrag des Klägers ergeht Versäumnisurteil. Tags darauf trifft die schriftliche Zurücknahme des Widerspruchs beim Gericht ein. – Die Zurücknahme ist unwirksam.

- Das weitere Verfahren richtet sich nach den Vorschriften über das Klageverfahren (siehe S. 214 f., 220 f.).

C. Vollstreckungsbescheid und Einspruch

- **Vollstreckungsbescheid**

Erhebt der Antragsgegner gegen den Mahnbescheid keinen Widerspruch, wird dem Antragsteller auf seinen Antrag vom Rechtspfleger der **Vollstreckungsbescheid** erteilt (§ 699). Der Antrag kann nicht vor Ablauf der Widerspruchsfrist gestellt werden. Er muss die Erklärung enthalten, ob und welche Zahlungen auf den Mahnbescheid hin geleistet worden sind.

[1]) „Früher erster Termin" siehe S. 214 f.
[2]) Siehe „schriftliches Vorverfahren" S. 214 f.
[3]) Sind im Zeitpunkt der Zurücknahme des Widerspruchs oder des Antrags auf Durchführung des streitigen Verfahrens die Akten bereits an das zuständige Amtsgericht oder Landgericht abgegeben, so erlässt der Rechtspfleger dieses Gerichts den Vollstreckungsbescheid (§ 699 Abs. 1 S. 3).

Der Vollstreckungsbescheid steht einem für vorläufig vollstreckbar erklärten Versäumnisurteil[1] gleich (§ 700 Abs. 1), aus dem der Antragsteller schon vor Ablauf der Einspruchsfrist die Zwangsvollstreckung betreiben kann, *und zwar*

◆ wegen des Hauptanspruchs,

◆ wegen der Zinsen und der sonstigen Nebenforderungen,

◆ wegen der im Mahnbescheid berechneten Gerichts- und Rechtsanwaltskosten,

◆ wegen der Rechtsanwaltskosten für den Antrag auf Erlass des Vollstreckungsbescheids.

Wenn kein Widerspruch erhoben wird, muss der Antragsteller **binnen einer Frist von sechs Monaten** den Vollstreckungsbescheid beantragt haben, sonst verliert der Mahnbescheid seine Kraft. Die Frist beginnt mit der Zustellung des Mahnbescheids (§ 701).

Der Mahnbescheid verliert seine Wirkung ebenfalls, wenn der Rechtspfleger den Antrag auf Erlass des Vollstreckungsbescheids zurückweist, weil z. B. eine Partei inzwischen prozessunfähig wurde (§ 701 S. 2).

Dem Antragsgegner wird von Amts wegen eine Ausfertigung des Vollstreckungsbescheids zugestellt. Will der Antragsteller jedoch selbst den Gerichtsvollzieher mit der Zustellung beauftragen, vermerkt er dies auf dem Antrag auf Erlass des Vollstreckungsbescheids.

◆ Einspruch gegen Vollstreckungsbescheid

Gegen den Vollstreckungsbescheid kann der Antragsgegner **Einspruch** einlegen, und zwar innerhalb einer **Notfrist von zwei Wochen** seit Zustellung des Vollstreckungsbescheids (§§ 339 Abs. 1, 700 Abs. 1). Der Einspruch braucht wie der Widerspruch nicht begründet zu werden; ein Vertreter braucht seine Vollmacht nicht beizufügen. Der Einspruch kann unter denselben Voraussetzungen wie der Widerspruch zurückgenommen werden (§§ 700 Abs. 3, 697 Abs. 4).

Hat der Antragsgegner Einspruch eingelegt, gibt das Gericht (wie beim Widerspruch gegen den Mahnbescheid) den Rechtsstreit von Amts wegen an das im Mahnbescheid bezeichnete Gericht ab. Wenn die Parteien übereinstimmend die Abgabe an ein anderes Gericht verlangen, an dieses (§ 700 Abs. 3). Die Streitsache gilt als rechtshängig geworden mit Zustellung des Mahnbescheids (§ 700 Abs. 2).

Der Einspruch bewirkt ebenfalls den **Übergang des Mahnverfahrens in das streitige Verfahren.** Für Terminbestimmung und Anspruchsbegründung gelten dieselben Vorschriften wie für das Verfahren nach Widerspruch (siehe S. 195 f.).

Im Termin wird zunächst die Zulässigkeit des Einspruchs geprüft. Wurde er verspätet eingelegt, wird er durch Urteil als unzulässig verworfen. Die Entscheidung kann auch ohne mündliche Verhandlung ergehen (§§ 341, 700 Abs. 1).

Legt der Antragsgegner keinen Einspruch ein, wird der Vollstreckungsbescheid nach Ablauf Einspruchsfrist **rechtskräftig.** Da aber bereits vor der Rechtskraft vollstreckt werden kann (siehe S. 280 f.), empfiehlt es sich, falls die Zwangsvollstreckung droht oder bereits begonnen hat, mit dem Einspruch den Antrag auf einweilige Einstellung der Zwangsvollstreckung zu verbinden.

---

[1]) Siehe Näheres über das Versäumnisverfahren S. 233 f.

Wiederholungsaufgaben

1 Zahn in Hannover beantragt, gegen Zainer in Bonn wegen 2 100,00 EUR einen Mahnbescheid zu erlassen.

a) Welches Gericht ist sachlich und örtlich zuständig?

b) Bis zu welchem Höchstbetrag kann ein Mahnbescheid ergehen?

c) Wie viele Ausfertigungen des Mahnbescheids sind erforderlich? Wozu werden sie jeweils benötigt?

2 a) Welcher Rechtsbehelf ist gegen den Mahnbescheid, welcher gegen den Vollstreckungsbescheid gegeben?

b) Welche Frist ist jeweils zu beachten?

3 a) Der Vollstreckungsbescheid wurde dem Antragsgegner am 8. Juni zugestellt. Wann muss der Einspruch spätestens beim Gericht eingegangen sein?

b) Der Mahnbescheid ist dem Antragsgegner am 4. Mai zugestellt worden. Widerspruch wurde nicht erhoben; ein Antrag auf Vollstreckungsbescheid ist beim Gericht nicht eingegangen. – Wann wird der Mahnbescheid wirkungslos?

4 a) Wie wirken sich Widerspruch und Einspruch auf das Mahnverfahren aus?

b) Der Antragsteller hat den Mahnbescheid beim zentralen Mahngericht in Stuttgart beantragt. Der Antragsgegner wohnt in Rastatt. Gegen den Mahnbescheid erhebt der Antragsgegner Widerspruch. Wie hat das Mahngericht zu verfahren?

c) Angenommen, der Antragsgegner hat die Widerspruchsfrist versäumt, sein Widerspruch ist beim Mahngericht erst eingegangen, als der Vollstreckungsbescheid verfügt war. – Kann der Antragsgegner Wiedereinsetzung in den vorigen Stand beantragen? Oder gibt es einen anderen Weg, ihm zu helfen?

5 Hopf wurde ein Mahnbescheid über 780,00 EUR auf Antrag des Gommel zugestellt. Hopf schreibt in einem Brief an das Gericht unter anderem Folgendes:

„Mir ist unverständlich, dass Sie mir, ohne mich anzuhören, wozu Sie ja verpflichtet sind, mit der Zwangsvollstreckung drohen, falls ich die 780,00 EUR nicht innerhalb zwei Wochen an Gommel, dem ich gar nichts schulde, bezahlt habe."

a) Worin irrt sich Hopf?

b) Als was wird das Gericht das Schreiben umdeuten?

6 Der Antrag auf Erlass des Mahnbescheids wird vom Rechtspfleger zurückgewiesen, weil der Antrag nicht den gesetzlichen Erfordernissen entspreche.

a) Welcher Rechtsbehelf steht dem Gläubiger zu?

b) Wer entscheidet?

7 Der Antragsgegner nimmt den am 24. Februar erhobenen Widerspruch tags darauf zurück. Wie verhält sich der Antragsteller?

D. Die maschinelle Bearbeitung der Mahnsachen

I. Allgemeines

1. Einführung

Nach § 703c Abs. 3 bestimmen die Landesregierungen bzw. die Landesjustizverwaltungen den Zeitpunkt, zu dem die maschinelle Bearbeitung der Mahnverfahren eingeführt wird. In Baden-Württemberg wurde bereits im Jahre 1985 mit der Einführung des maschinellen Verfahrens, zunächst für den OGL Bezirk Stuttgart, begonnen. Inzwischen wird es im ganzen Land praktiziert. Es ist anzunehmen, dass auch andere Bundesländer entsprechend verfahren.

2. Zuständiges Mahngericht

Ausschließlich zuständig ist ein hierfür bestimmtes Amtsgericht. Zum Beispiel müssen Antragsteller mit Sitz bzw. Wohnsitz im Bezirk des OGL Stuttgart den Erlass eines Mahnbescheids beim Amtsgericht Stuttgart beantragen. Wird der Antrag bei einem anderen Gericht, z. B. bei dem bisher örtlich zuständigen Amtsgericht gestellt, leitet ihn dieses Gericht an das Amtsgericht Stuttgart weiter. *Erst mit dem Eingang bei diesem Gericht hat der Antrag rechtliche, vor allem fristwahrende Wirkung.*

3. Vordrucke

Der Bundesjustizminister hat von der Ermächtigung durch § 703c ZPO Gebrauch gemacht und durch VO **besondere Vordrucke** für die maschinelle Bearbeitung der Mahnsachen vorgeschrieben. Die Parteien **müssen** sich dieser Vordrucke bedienen, andernfalls werden die gestellten Anträge zurückgewiesen (§§ 691 Abs. 1, 703c Abs. 2 ZPO). Die Vordrucke sind mit **Ausfüllhinweisen** versehen.

Soll ein Mahnbescheid im Ausland oder nach den Vorschriften des Nato-Truppenstatuts an Angehörige der Stationierungsstreitkräfte zugestellt werden, so ist zwar hierfür auch das zentrale Mahngericht zuständig. Die Verfahren werden jedoch auf herkömmliche Art bearbeitet, insbesondere dürfen die für das maschinelle Verfahren geltende Vordrucke nicht verwendet werden.

II. Der Verfahrensablauf

1. Antrag auf Erlass eines Mahnbescheids

Die Bezeichnung der Hauptforderung ist grundsätzlich dem am Ende der Ausfüllhinweise stehenden *Hauptforderungskatalog* zu entnehmen. Reicht der Hauptforderungskatalog nicht aus, ist der Anspruch näher zu beschreiben. Außerdem muss sich der Antragsteller zur Frage der Gegenleistung erklären, sonst wird der Antrag grundsätzlich zurückgewiesen.

Im Antrag brauchen die Gerichts- und Anwaltskosten nicht berechnet zu werden. Das Amtsgericht berechnet die Kosten maschinell und nimmt sie in den Mahnbescheid bzw. Vollstreckungsbescheid auf. *Ein Gerichtskostenvorschuss ist nicht zu leisten* (§ 65 Abs. 3 GKG).

2. Monierung

Das zur Bearbeitung der Mahnsachen eingesetzte EDV-Programm prüft die Angaben im Mahnbescheidsantrag und in den Folgeanträgen auf **Vollständigkeit, Zulässigkeit** und, soweit aufgrund des Antrags möglich, auf **Richtigkeit.** Außerdem sind den Programmen Grenzwerte vorgegeben, durch die vor allem Beträge oder Zinssätze erfasst werden, die den Durchschnittsfall deutlich übersteigen und deshalb durch den Rechtspfleger besonders geprüft werden.

◆ *Monierungsschreiben des Gerichts*

In den genannten Fällen erhält der Antragsteller ein Monierungsschreiben, in dem die Bedenken mitgeteilt werden, die gegen seinen Antrag bestehen, z. B. der Anspruch ist unvollständig bezeichnet.

◆ *Monierungsantwort des Antragstellers*

Das Verfahren wird erst fortgesetzt, wenn der Antragsteller das Monierungsschreiben vollständig beantwortet hat. Hierzu erhält er vom Gericht zusammen mit dem Monierungsschreiben einen vorbereiteten Vordruck für seine Antwort.

3. Kostenrechnung

Zusammen mit dem Erlass des Mahnbescheids wird maschinell eine Kostenrechnung an den Antragsteller angefertigt. Sie enthält, neben den vom Antragsteller zu begleichenden Gebühren und Auslagen des Gerichts für den Erlass des Mahnbescheids, weitere Angaben zur Unterrichtung des Antragstellers: das Geschäftszeichen der Mahnsache, das Datum des erlassenen Mahnbescheids, bei Beteiligung eines Rechtsanwalts oder Rechtsbeistandes dessen Gebühren, Auslagen und Mehrwertsteuer, außerdem **den aufgegliederten Inhalt des Mahnbescheids.**

Der Kostenrechnung sind vorbereitete Zahlungsvordrucke beigefügt. – Keine Zahlungsvordrucke, sondern nur eine Kostenrechnung erhält der Antragsteller, wenn er dem Amtsgericht Einzugsermächtigung[1]) erteilt hat.

4. Nichtzustellung und Neuzustellung des Mahnbescheids

Konnte der Mahnbescheid nicht zugestellt werden, erhält der Antragsteller eine Nichtzustellungsnachricht, die das Datum des Zustellungsversuchs und den Grund der Nichtzustellung enthält. Außerdem erhält er einen **Vordruck für den Antrag auf Neuzustellung eines Mahnbescheids**, dessen Verwendung **zwingend** vorgeschrieben ist. Der Vordruck ist mit Ausfüllhinweisen versehen. Die Kosten der Neuzustellung werden vom Amtsgericht in den Mahnbescheid aufgenommen und sind mit den zugesandten Zahlungsvordrucken erst dann zu bezahlen, wenn der Antrag auf Neuzustellung gestellt wird.

---

[1]) Siehe S. 202.

5. Zustellung des Mahnbescheids

Der Mahnbescheid wird dem Antragsgegner von Amts wegen zugestellt. Gleichzeitig erhält er einen Vordruck zur Erhebung eines etwaigen Widerspruchs (s. u. Ziff. 9). Der Antragsteller erhält vom Mahngericht eine Zustellungsnachricht, die das Datum der Zustellung und etwaige Hinweise des Postzustellers enthält, die Kostenrechnung des Gerichts mit Zahlungsvordrucken (s. o. Ziff. 3) und den Vordruck **Antrag auf Erlass eines Vollstreckungsbescheids** (s. u. Ziff. 6).

6. Antrag auf Erlass des Vollstreckungsbescheids

Der Antragsteller kann den Vollstreckungsbescheid nur auf dem ihm übersandten Antragsformular beantragen. Dabei ist besonders zu beachten, dass die bisherigen Kosten nicht eingetragen werden dürfen. Der Vollstreckungsbescheid wird erst erlassen, wenn der Antragsteller die Kosten des Mahnbescheids bezahlt hat. Er wird dem Antragsgegner *von Amts wegen* zugestellt, wenn der Antragsteller nicht die Zustellung im Parteibetrieb beantragt oder die Auslagen für die Zustellung von Amts wegen nicht *innerhalb von zwei Wochen* bezahlt hat. In diesen Fällen wird der Vollstreckungsbescheid dem Antragsteller zur Zustellung übergeben.

7. Nichtzustellung und Neuzustellung des Vollstreckungsbescheids

Für die Nichtzustellung und Neuzustellung des Vollstreckungsbescheids gelten die Ausführungen über die Nichtzustellung und Neuzustellung des Mahnbescheids entsprechend.

8. Vollstreckungsbescheid

Auf den *Ausfertigungen* des Vollstreckungsbescheids sind der Hinweis „Maschinell erstellte Ausfertigung, ohne Unterschrift gültig (§ 703 b Abs. 1 ZPO)" und das Gerichtssiegel vorgedruckt. Der herkömmliche Ausfertigungsvermerk des Urkundsbeamten der Geschäftsstelle, der die Übereinstimmung der Ausfertigung mit der Urschrift bestätigt, entfällt.

Nach Amtszustellung des Vollstreckungsbescheids an den Antragsgegner erhält der Antragsteller *eine* Ausfertigung für sich, bei der Zustellung im Parteibetrieb erhält er *zwei* Ausfertigungen, eine für sich und eine für den Antragsgegner.

Die Ausfertigungen des Vollstreckungsbescheids werden dem Antragsteller zusammen mit einem Übersendungsschreiben zugesandt.

9. Widerspruchsnachricht

Erhebt der Antragsgegner gegen den Mahnbescheid **Widerspruch**, wird der Antragsteller hiervon durch die *Widerspruchsnachricht* unterrichtet. Diese enthält insbesondere die Anforderung der weiteren Gebühren und Zustellungskosten *(zweite Prozesskostenhälfte)*. Erst wenn diese und die Kosten des Mahnbescheids bezahlt sind, wird der Rechtsstreit an das zuständige Gericht abgegeben.

10. Abgabe des Rechtsstreits nach Widerspruch/Einspruch

◆ Abgabenachricht

Mit der Abgabenachricht werden die Parteien von der *Abgabe des Rechtsstreits an das zuständige Prozessgericht* unterrichtet. Zugleich wird der nach § 696 Abs. 2 ZPO an die Stelle der Akten tretende *Aktenausdruck* für das Prozessgericht erstellt.

Die Abgabenachricht enthält:

- ◆ das Datum der Abgabe,
- ◆ die Mitteilung, ob Widerspruch oder Einspruch erhoben wurde,
- ◆ das Eingangsdatum von Widerspruch bzw. Einspruch,
- ◆ die Bezeichnung des Prozessgerichts, an das der Rechtsstreit abgegeben wurde.

◆ Aktenausdruck

Das maschinelle Mahnverfahren ist ein *aktenloses Verfahren*. Die schriftlichen Eingänge sind **Erfassungsbelege,** die zunächst nach Belegart und Eingangstag abgelegt, aber nicht zu einer Akte zusammengefasst werden. Die in den Erfassungsbelegen enthaltenen Angaben werden **elektronisch gespeichert.**

Der Aktenausdruck, der erstellt wird, wenn der Rechtsstreit an das Prozessgericht abgegeben wird, gibt alle elektronisch gespeicherten Daten dieses Verfahrens wieder. Der erste Teil des Aktenausdrucks stellt die Entscheidung dar (Mahnbescheid oder Vollstreckungsbescheid), gegen die sich der Rechtsbehelf wendet. Im zweiten Teil wird in chronologischer Ordnung der gesamte Verfahrensablauf dokumentiert.

11. Nicht-EDV-Fälle

Aus Gründen der Verfahrenskontrolle durch den Rechtspfleger oder aus technischen Gründen (z.B. der Vordruck reicht für die erforderlichen Angaben nicht aus) sind einzelne Mahnsachen von der maschinellen Bearbeitung ausgenommen. Sie werden auf herkömmliche Weise bearbeitet. Für sie sind aber dieselben Vordrucke wie für maschinelle Bearbeitung vorgeschrieben. Die vom Gericht übersandten Vordrucke für Folgeanträge sind mit einer schwarzen Ecke oben rechts gekennzeichnet. Der Geschäftsnummer wird ein „N" angefügt. Der Ablauf des Verfahrens ist der gleiche wie bei den EDV-Fällen, Akten werden angelegt. Der Kosteneinzug ist aber ausgeschlossen.

III. Kennziffer und Einzugsermächtigung

Antragsteller die häufig im Mahnverfahren auftreten (z.B. Großgläubiger), die jedoch nicht am Datenträgeraustausch teilnehmen, weil sie keine EDV-Anlage besitzen, die Magnetbänder erzeugen kann, können ihre Bezeichnung und Anschrift für Anträge an das Mahngericht durch eine von diesem zu vergebende Kennziffer verschlüsseln lassen. Diese Kennziffer tritt dann bei den zu stellenden Anträgen an Stelle der Bezeichnung des Antragstellers.

Im Antrag auf Zuteilung einer Kennziffer kann der Antragsteller zugleich der Gerichtskasse für die im automatisierten Mahnverfahren anfallenden Gerichtskosten Einzugsermächtigung erteilen. Eingezogen werden alle Gerichtskosten mit Ausnahme der zweiten Prozesskostenhälfte. Die Zuteilung einer Kennziffer ist Voraussetzung des Kosteneinzuges. Der Einzug erfolgt grundsätzlich einmal wöchentlich. Die Gerichtskasse kann von einer Einzugsermächtigung keinen Gebrauch machen, wenn das Verfahren von der maschinellen Bearbeitung ausgenommen wurde.

IV. Datenträgeraustausch

Für Antragsteller, die eine EDV-Anlage besitzen und Magnetbänder mit einer bestimmten Aufzeichnungsdichte erzeugen können, ergibt sich die Möglichkeit, Anträge auf Erlass eines Mahnbescheides und Folgeanträge in einer nur maschinell lesbaren Form einzureichen (§ 690 Abs. 3 ZPO). Mitteilungen des Gerichts können in derselben Form erfolgen. Es entfallen dann die sonst erforderlichen Unterschriften. Der Datenverkehr kann auch mittels Disketten erfolgen. In allen Fällen sollte aber zuvor Verbindung mit dem Mahngericht aufgenommen werden.

Das ordentliche Verfahren (Klageverfahren)

Dem gerichtlichen Mahnverfahren steht das Klageverfahren gegenüber. Die Klage ist das Ersuchen an das zuständige Gericht um Rechtsschutz.

A. Die Klagearten

Je nach Art des verlangten Rechtsschutzes sind zu unterscheiden:
- Leistungsklage,
- Feststellungsklage und
- Gestaltungsklage.

I. Die Leistungsklage

Der Kläger beantragt, den Beklagten zu einer Leistung zu verurteilen. Die Leistung kann in Zahlung von Geld bestehen, aber auch in Handlungen oder Unterlassungen oder in der Abgabe von Willenserklärungen.

Beispiele:
- Abel klagt gegen Übel auf Zahlung von 8 000,00 EUR (Geldleistung).
- Häberl gegen Mägerl auf Lieferung von 20 Paar Schuhen (Sachleistung),
- Pohl gegen Mohl auf Räumung einer Garage (Handlung),
- Vermieter Hahn gegen Mieter Kuhnen auf Unterlassung des Klavierspiels nach 22:00 Uhr,
- Frank gegen Frey auf Bewilligung der Eintragung einer Hypothek ins Grundbuch (Abgabe einer Willenserklärung).

Der eingeklagte Anspruch muss fällig sein, d. h. der Kläger muss bei Klageeinreichung berechtigt sein, die Leistung zu verlangen.

Beispiel: Übel hat die 8 000,00 EUR laut Darlehensvertrag spätestens am 31. März zurückzuzahlen. Mit Ablauf des 31. März ist die Forderung fällig.

Ausnahmen hierzu bringen die §§ 257–259. So kann z. B. der Beklagte wegen Unterhalts- oder Rentenansprüchen auch zur Zahlung der erst nach Erlass des Urteils fällig werdenden Beträge verurteilt werden.

Die Zwangsvollstreckung aus einem Leistungsurteil kann wegen des Anspruchs und der Kosten betrieben werden.

II. Die Feststellungsklage

Der Kläger begehrt nur **die Feststellung, dass zwischen ihm und dem Beklagten ein Rechtsverhältnis besteht oder nicht besteht** – oder **dass eine Urkunde echt oder unecht ist** (§ 256).

Beispiele:
- Der bei einem Verkehrsunfall Verletzte klagt auf Feststellung, dass der Beklagte auch den in Zukunft noch entstehenden Schaden zu ersetzen hat (positive Feststellungsklage).
- Fritz Nohl klagt gegen Annette Klein auf Feststellung, dass ihr keine Schadensersatzansprüche aus dem Verlöbnis zustehen (negative Feststellungsklage).

Voraussetzung für die Zulässigkeit der Feststellungsklage ist, dass der Kläger ein **rechtliches Interesse an der alsbaldigen Feststellung** hat. Kann der Kläger auf Leistung klagen, fehlt dieses Interesse, weil er durch die Leistungsklage mehr erreichen kann als durch die Feststellungsklage. Das Gericht weist in einem solchen Fall die Feststellungsklage als unzulässig ab.

Eine Zwangsvollstreckung aus dem Feststellungsurteil findet nicht statt. Das Urteil bildet lediglich die Grundlage für die Festsetzung der Prozesskosten.

III. Die Gestaltungsklage

Der Kläger begehrt die Änderung einer Rechtslage. Die neue Rechtslage tritt **mit Rechtskraft des Urteils** ein. Eine **Zwangsvollstreckung findet auch hier nicht statt.** Durch das rechtskräftige Urteil allein ist die neue Rechtslage geschaffen.

Zwei Gruppen von Gestaltungsklagen werden unterschieden:

- **Klagen, deren Urteile für die Zukunft wirken,**
  Beispiele: Die Ehescheidungs- und die Eheaufhebungsklage
- **Klagen, deren Urteile rückwirkende Kraft haben,**
  Beispiele: Die Ehenichtigkeitsklage, die Klage auf Anfechtung der Ehelichkeit eines Kindes

B. Die Erhebung der Klage

I. Klageschrift – Rechtshängigkeit

Die Klageschrift wird beim zuständigen Amts- oder Landgericht eingereicht. Beim Amtsgericht kann die Klage auch mündlich zu Protokoll[1]) der Geschäftsstelle angebracht werden (§§ 253, 496).

Die **Klageschrift muss enthalten** (§ 253 Abs. 2–4):

- die **Bezeichnung der Parteien** mit Vor- und Familienname, Beruf oder Gewerbe, Wohnort und Wohnung. Ein Kaufmann kann unter seiner Firma klagen und verklagt werden,
- die **Bezeichnung des Gerichts;**
- die **bestimmte Angabe des Prozessgegenstandes.** Es genügt z. B. „wegen Herausgabe", „wegen Kaufpreisforderung";
- den **genau bestimmten Antrag**, wie z. B.
  „... den Beklagten zu verurteilen, an den Kläger 1 500,00 EUR nebst Zinsen seit 14. Juni zu zahlen."
  Zulässig ist auch ein Eventualantrag, d. h. ein Antrag für den Fall, dass das Hauptvorbringen das Gericht nicht überzeugt.
  Beispiel: Volz beantragt, die Firma zu verurteilen, den Geschirrspüler „Silberglanz" gegen Zahlung von EUR 850,00 zurückzunehmen, hilfsweise einen neuen Motor in das Gerät einzubauen.
- den **Klagegrund:** Der Kläger hat die Tatsachen anzugeben, die nach seiner Ansicht geeignet sind, den Klageanspruch zu rechtfertigen;

---

[1]) Klagen, sonstige Anträge und Erklärungen, deren Abgabe vor dem Urkundsbeamten der Geschäftsstelle zulässig ist, können vor der Geschäftsstelle *eines jeden Amtsgerichts* zu Protokoll gegeben werden. Die Geschäftsstelle hat das Protokoll unverzüglich dem zuständigen Gericht zu übersenden (§ 129 a).

- ◆ Die **eigenhändige Unterschrift der Partei oder ihres Vertreters, im Anwaltsprozess die des Prozessbevollmächtigten.**
- ◆ Der **Streitwert soll angegeben werden,** wenn hiervon die Zuständigkeit des Gerichts abhängt oder der Streitgegenstand nicht in einer bestimmten Summe besteht.

Beispiele:
- ◆ Der Beklagte hat einen Pkw herauszugeben. Der Wert des Pkw (12 000,00 EUR) ist in der Klageschrift anzugeben, weil sich hieraus die Zuständigkeit des Landgerichts ergibt.
- ◆ Der Kläger beantragt, den Beklagten zur Zahlung von 1 250,00 EUR nebst Zinsen zu verurteilen. – Der Streitwert ergibt sich unmittelbar aus dem Klageantrag, er braucht deshalb nicht angegeben zu werden.

Der Kläger hat der Klageschrift einfache und beglaubigte Abschriften zur Zustellung an den oder die Beklagten beizufügen. Die Anzahl der Abschriften richtet sich nach der Anzahl der Beklagten. Für jeden Prozessbevollmächtigten ist eine beglaubigte Abschrift bestimmt.

Der Klageschrift sind außerdem eine volle Gerichtsgebühr und die Zustellungsgebühren in Kostenmarken beizufügen, andernfalls wird die Klage den Beklagten nicht zugestellt (§ 65 Abs. 1 GKG).

Die Klageschrift ist dem Beklagten von Amts wegen unverzüglich zuzustellen (§ 271 Abs. 1). Ist die Klage zu Protokoll der Geschäftsstelle des Amtsgerichts angebracht worden, wird anstelle der Klageschrift das Protokoll zugestellt (§ 498).

Mit der Zustellung der Klageschrift ist die Klage erhoben (§ 253 Abs. 1) und die Streitsache rechtshängig geworden (§ 261 Abs. 1).

II. Wirkungen der Rechtshängigkeit

1. Wirkungen, die das Verfahren betreffen

- ◆ **Der Streitgegenstand darf, solange die Rechtshängigkeit der Klage dauert, nicht noch einmal bei demselben oder einem anderen Gericht anhängig gemacht werden** (§ 261 Abs. 3 Nr. 1).

  Beispiel: Müller aus Stuttgart hat in der Nähe von München Maier aus Heilbronn bei einem Autounfall schwer verletzt. – Maier reicht Klage beim Landgericht Stuttgart ein (allgemeiner Gerichtsstand des Beklagten). Vorsichtshalber erhebt er darauf noch Klage beim Landgericht München (Gerichtsstand der unerlaubten Handlung) mit der Absicht, aus dem für ihn günstigeren Urteil zu vollstrecken. Der Beklagte Müller kann beim Landgericht München die **Einrede der Rechtshängigkeit** erheben und sich damit gegen die zweite Klage zur Wehr setzen.

  Die Einrede der Rechtshängigkeit besteht nicht nur im Interesse des Beklagten; auch widersprechende Entscheidungen sollen verhindert werden, weil das Ansehen der Rechtspfleger sonst schwer geschädigt würde.

- ◆ **Die Zuständigkeit des Gerichts bleibt für die Dauer des Rechtsstreits bestehen, selbst wenn Umstände eintreten, die eine andere Zuständigkeit begründen** (§ 261, Abs. 3, Nr. 2).

  Beispiel: Morbe klagt gegen Mangold beim Amtsgericht Schwäbisch Hall auf Zahlung von 4 400 EUR; beide wohnen in Schwäbisch Hall. Im Laufe des Prozesses zieht Mangold nach Karlsruhe um. – Das Amtsgericht Schwäbisch Hall bleibt zuständig. Berufung müsste Mangold beim übergeordneten Landgericht Heilbronn einlegen, es sei denn, durch landesrechtliche Regelung (§ 119 Abs.3 GVG) ist das Oberlandesgericht als alleinige Berufungsinstanz bestimmt. Dann wäre Berufung beim OLG Stuttgart einzulegen.

2. Wirkungen, die den Anspruch betreffen

◆ Durch die Rechtshängigkeit wird die Verjährung des Anspruchs unterbrochen (§ 262 ZPO; § 209 Abs. 1 BGB).

◆ Ab Rechtshängigkeit hat der Schuldner eine Geldschuld zu verzinsen (§ 262 ZPO; § 291 BGB).

◆ Ab Rechtshängigkeit erhöht sich die Haftung des Schuldners, der dem Gläubiger einen Gegenstand herauszugeben hat (§§ 292, 287 BGB).

Beispiel: Rupp klagt auf Herausgabe eines an Tetzel vermieteten Autos. Ab Rechtshängigkeit haftet Tetzel auch dann, wenn am Auto durch Zufall, also ohne sein Verschulden, ein Schaden entstanden ist.

III. Klageänderung – Klagenhäufung – Widerklage

1. Klageänderung (§ 263)

Eine Änderung der Klage ist nach Eintritt der Rechtshängigkeit nicht ohne weiteres möglich. Entweder muss der Beklagte damit einverstanden sein oder das Gericht die Klageänderung als sachdienlich (zweckmäßig) zulassen. Eine Klageänderung liegt insbesondere vor bei **Änderung des Klagegrundes oder des Klageantrags**.

Beispiel: Ahrens klagt zunächst auf Unterlassung rufschädigender Behauptungen und verlangt dann stattdessen Schadensersatz (Änderung des Klageantrags).
Frau Ruff klagt zunächst auf Aufhebung ihrer Ehe und dann im Wege der Klageänderung auf Ehescheidung (Änderung des Klagegrundes).

Die Erweiterung oder Einschränkung des Klageanspruchs ohne Änderung des Klagegrundes ist jederzeit möglich. Ebenso die Ergänzung tatsächlicher oder rechtlicher Ausführungen. Dasselbe gilt, wenn statt des ursprünglich geforderten Gegenstandes wegen einer später eingetretenen Veränderung ein anderer Gegenstand oder das so genannte Interesse gefordert wird (§ 264 Nr. 1–3).

Beispiel: Ahrens fordert zunächst Herausgabe einer elektrischen Schreibmaschine, verlangt später jedoch statt der Maschine, die inzwischen unbrauchbar geworden ist, Ersatz ihres Wertes in Geld. Hier liegt keine Klageänderung vor (§ 264 Nr.3).

2. Klagenhäufung (§§ 260, 59–63)

Stehen dem Kläger **mehrere Ansprüche gegen denselben Beklagten** zu, so können sie in einer Klage verbunden werden, auch wenn sie auf verschiedenen Gründen beruhen (**objektive Klagenhäufung**). Voraussetzung ist,

◆ dass für sämtliche Ansprüche das angerufene Gericht zuständig ist und
◆ dass dieselbe Prozessart zulässig ist.

Beispiel: Frau Degenhardt, die mit ihrem Ehemann in Stuttgart lebt, will sich scheiden lassen und mit dem Scheidungsantrag die Klage auf Feststellung ihres Eigentums an einem in Ulm gelegenen Grundstück verbinden.
Die beiden Klagen können nicht verbunden werden, weil erstens für das Scheidungsverfahren das Familiengericht in Stuttgart, für die Feststellungsklage das Landgericht Ulm zuständig ist, zweitens weil das Ehescheidungsverfahren nach besonderen Vorschriften, die Feststellungsklage im gewöhnlichen Zivilprozess durchgeführt wird.

Zweck der Klagenhäufung ist die Einsparung von Zeit und Kosten, denn verschiedene Prozesse werden in einem einheitlichen Verfahren verhandelt. Das bedeutet aber nicht, dass die

Entscheidung über die Ansprüche einheitlich lautet. Der eine Anspruch kann abgewiesen, dem anderen kann stattgegeben werden. Auch kann das Gericht die Trennung der Prozesse anordnen.

Während die objektive Klagenhäufung die Verbindung mehrerer Streitobjekte betrifft, spricht man von einer **subjektiven Klagenhäufung, wenn die Partei aus mehreren Personen (Prozesssubjekten) besteht.** Sie treten im Prozess als Streitgenossen auf (§§ 59–63). Streitgenossen können gemeinschaftlich klagen und verklagt werden. Stehen auf der Klägerseite mehrere Personen, sind sie **aktive Streitgenossen.** Mehrere Personen auf der Beklagtenseite sind **passive Streitgenossen.**

3. Widerklage

Der Beklagte ist im Prozess nicht auf die Verteidigung beschränkt. Er kann zum Gegenangriff übergehen und innerhalb des rechtshängigen Verfahrens Widerklage, d. h. Klage gegen den Kläger erheben.

Die Widerklage ist **zulässig:**

- wenn es sich um einen anderen als den in der Klage geltend gemachten Anspruch handelt und dieser mit dem Klageanspruch im Zusammenhang steht.
  Beispiel: Der Kläger klagt auf Zahlung rückständigen Mietzinses, der Beklagte erhebt Widerklage auf Feststellung, dass zwischen den Parteien kein Mietvertrag besteht.
- wenn **dieselbe Prozessart** für Klage und Widerklage gegeben ist.
  Beispiel: Die Eheleute Kiene leben getrennt, beide in München. Frau Kiene klagt beim Landgericht München gegen ihren Ehemann auf Rückzahlung eines Darlehens von 15 000,00 EUR. Herr Kiene will Widerklage auf Scheidung der Ehe erheben.
  Die Widerklage ist unzulässig, weil der Scheidungsprozess in einem besonderen Verfahren durchgeführt wird.

Sinn und Zweck der Widerklage ist es, dass **in einem Verfahren zwei** Prozesse erledigt werden. Die Verhandlung und die Beweisaufnahme über Klage und Widerklage umfassen Tatsachen, die für beide Klagen von Bedeutung sind.

Die Widerklage kann in der mündlichen Verhandlung des Hauptprozesses oder durch Widerklageschrift erhoben werden.

Die **Prozessvoraussetzungen** müssen gegeben sein.

In der **Berufungsinstanz** sind Klageänderung und Widerklage nur zulässig, wenn der Gegner damit einverstanden ist oder das Gericht sie für sachdienlich hält (§ 533 Abs. 1). Die **Widerklage** ist **unzulässig in der Revisionsinstanz**[1]) **und im Urkunden- und Wechselprozess** (§ 595).

C. Die Prozessvoraussetzungen

Die Klage führt nur dann zur Verhandlung und zu einer Entscheidung in der Hauptsache, zu einem *Sachurteil*, wenn die **Prozessvoraussetzungen** vorliegen.

Das Gericht hat, bevor es auf den Klageanspruch eingeht, **von Amts wegen zu prüfen,**
- ob die Klage ordnungsgemäß erhoben ist,

---

[1]) Die Revisionsinstanz ist keine Tatsacheninstanz, es können deshalb keine neuen Ansprüche geltend gemacht werden.

- ob die ordentlichen Gerichte zuständig sind (ob der eingeschlagene „Rechtsweg" zulässig ist),
- ob der Klageanspruch nicht bereits rechtshängig ist,
- ob das angerufene Gericht sachlich und örtlich zuständig ist,
- ob Parteifähigkeit, Prozessfähigkeit und ordnungsgemäße gesetzliche Vertretung gegeben sind.

Beispiel: Der 18-jährige Hilfsarbeiter Peter Hahn reicht Klage gegen seinen Arbeitgeber beim Amtsgericht Elwangen „wegen rückständigen Lohnes" ein.

Folgende Prozessvoraussetzungen fehlen:
- der Rechtsweg (Anrufung eines ordentlichen Gerichts) ist nicht zulässig, da der Rechtsstreit vor das Arbeitsgericht gehört.
- die Klage ist nicht ordnungsgemäß erhoben, da der genaue Antrag fehlt.

Außerdem hat das Gericht zu prüfen, ob die besonderen Voraussetzungen gegeben sind, zum Beispiel
- für eine Feststellungsklage (das rechtliche Interesse des Klägers an der alsbaldigen Feststellung);
- für die Zulässigkeit eines Rechtsmittels (ob die Berufungsfrist oder die Revisionsfrist eingehalten ist);
- für die Zulässigkeit der Widerklage (siehe S. 218);
- für die Zulässigkeit eines Urkunden- und Wechselprozesses (siehe S. 247).

Neben den von Amts wegen zu beachtenden **Prozessvoraussetzungen** gibt es solche, **die das Gericht nur zu berücksichtigen hat, wenn sich der Beklagte darauf beruft,** so zum Beispiel
- auf die Vereinbarung, der Rechtsstreit sei durch Schiedsrichter zu entscheiden (§ 1027), oder
- die Kosten des früheren durch Klagerücknahme erledigten Verfahrens seien noch nicht erstattet (§ 269 Abs. 6).

Fehlt eine Prozessvoraussetzung während des ganzen Verfahrens, wird die Klage durch ein so genanntes **Prozessurteil als unzulässig abgewiesen.** Über die Begründetheit des Klageanspruchs ist damit noch nichts gesagt. **Die Klage kann erneut erhoben werden.**

Wiederholungsaufgaben

1 Um welche der drei Klagearten handelt es sich, wenn der Kläger klagt:
 a) auf Herausgabe eines Pkw,
 b) auf Rückzahlung eines Darlehens,
 c) auf Aufhebung einer OHG,
 d) auf Unterlassung, Schutt auf dem Grundstück des Klägers abzuladen,
 e) auf Bewilligung der Eintragung einer Hypothek im Grundbuch,
 f) auf Aufhebung der Ehe?

2 a) Wann ist die Klage erhoben?
 b) Welche Angaben muss die Klageschrift enthalten?
 c) Welche Voraussetzung hat der Urkundsbeamte der Geschäftsstelle zu prüfen, ehe die Klage zugestellt wird?

3 Maier reicht am 14. Dezember beim Amtsgericht Braunschweig Klage gegen Krause ein auf Zahlung rückständiger Miete von 2 000,00 EUR für ein Klavier, das Maier vor Jahren Krause zum Gebrauch überlassen und von ihm wieder zurückgeholt hat. Der rückständige Betrag verjährt am 31. Dezember.
a) Wann ist die Streitsache rechtshängig geworden?
b) Welche den Anspruch betreffenden Folgen ergeben sich daraus?

4 Hans Müller reicht Klage gegen Anton Häbisch beim Landgericht Gießen ein auf Herausgabe eines Lkw. Im ersten Termin ergibt sich, dass nicht Anton Häbisch den Lkw in Besitz hat, sondern sein Bruder Fritz Häbisch.
Müller fragt seine Rechtsanwältin,
a) ob er die Klage gegen Anton Häbisch zurücknehmen und eine neue Klage gegen Fritz Häbisch, den richtigen Beklagten, erheben müsse,
b) ob ihm dadurch zusätzliche Kosten entstünden.
Wie lautet die Antwort?

5 Was versteht man unter „aktiven Streitgenossen", was unter „passiven Streitgenossen"?

6 Strobel klagt beim Amtsgericht Stuttgart gegen seine Frau, von der er getrennt lebt, auf Herausgabe eines wertvollen Schmuckstückes, das er von seiner Mutter geerbt und seiner Frau zum Gebrauch überlassen hatte. Frau Strobel erhebt Widerklage auf Scheidung der Ehe. Beide Parteien wohnen in Stuttgart.
a) Weshalb ist die Widerklage Frau Strobels unzulässig?
b) Wie müssen die Parteien gerichtlich vorgehen, um ihren Anspruch durchzusetzen?

7 Strauß ist bei einem Verkehrsunfall schwer verletzt worden, sein Auto hat nur noch Schrottwert. Die Versicherung des Schädigers hat den festgestellten Schaden ersetzt, weigert sich jedoch, die Verpflichtung einzugehen, allen in Zukunft noch entstehenden Schaden zu ersetzen. Strauß beauftragt Rechtsanwalt Siebert, Klage gegen den Schädiger einzureichen.
a) Um welche Klageart handelt es sich?
b) Welche Voraussetzung muss für die Zulässigkeit der Klage gegeben sein?
c) Worauf erstreckt sich die Zwangsvollstreckung aus einem solchen Urteil?

D. Das Verfahren in erster Instanz

Für das Verfahren vor den Amtsgerichten gelten grundsätzlich die Vorschriften für das Verfahren vor den Landgerichten mit einigen Besonderheiten (§§ 495 ff.).

So kann zum Beispiel das Amtsgericht bei einem Streitwert bis zu 600,00 EUR sein Verfahren nach billigem Ermessen bestimmen. Auf Antrag muss mündlich verhandelt werden (§ 495a).

I. Wichtige Grundsätze des Verfahrens

◆ Mündlichkeit
◆ Öffentlichkeit
◆ Verhandlungs- und Beibringungsgrundsatz
◆ Rechtliches Gehör

1. Grundsatz der Mündlichkeit

„Die Parteien verhandeln über den Rechtsstreit vor dem erkennenden Gericht mündlich", bestimmt § 128 Abs. 1.

In Anwaltsprozessen **muss** die mündliche Verhandlung durch Schriftsätze vorbereitet werden (§ 129 Abs. 1). In anderen Prozessen, z. B. vor den Amtsgerichten, **kann** den Parteien aufgegeben werden, die mündliche Verhandlung durch Schriftsätze oder durch Erklärungen zu Protokoll der Geschäftsstelle vorzubereiten (§ 129 Abs. 2).

Mündlich verhandeln heißt, dass die Parteien dem Gericht den Sachverhalt in der Verhandlung vortragen, dass das Gericht die Gegenpartei hört und seiner Entscheidung das mündlich Vorgetragene zugrunde legt. **Den Parteien ist jedoch gestattet, auf ihre Schriftsätze Bezug zu nehmen** (§ 137 Abs. 3), **was dem mündlichen Vortrag gleichsteht.**

Beispiel: Bereits bei Antragstellung verweisen die Rechtsanwälte auf ihren Schriftsatz:
- RA Mohr: „Ich stelle den Antrag wie in der Klageschrift vom 14. Juli."
- RA Kohl: „Ich beantrage, die Klage abzuweisen. Im Übrigen verweise ich auf meinen Schriftsatz vom 23. Juli."

Der **Grundsatz der mündlichen Verhandlung** ist jedoch in zahlreichen im Gesetz aufgeführten Fällen **insoweit durchbrochen, als die mündliche Verhandlung in das Ermessen des Gerichts gestellt ist.**

Beispiele:
- Mit Zustimmung beider Parteien kann eine Entscheidung ohne mündliche Verhandlung ergehen (§ 128 Abs. 2).
- Eine Entscheidung lediglich über die Kosten kann ohne mündliche Verhandlung ergehen (§ 128 Abs. 3).
- Entscheidungen des Gerichts, die keine Urteile sind, können grundsätzlich ohne mündliche Verhandlung ergehen (§ 128 Abs. 4).
- Im schriftlichen Vorverfahren kann ein Anerkenntnis- oder Versäumnisurteil auch ohne mündliche Verhandlung ergehen (§§ 276 Abs. 1, 307 Abs. 2, 331 Abs. 3).

2. Grundsatz der Öffentlichkeit

Die **Verhandlung vor dem erkennenden Gericht ist öffentlich.** Auch Urteile und Beschlüsse werden öffentlich verkündet (§§ 169, 173 GVG). Folglich haben auch Unbeteiligte Zutritt zu den Gerichtsverhandlungen. **Nicht öffentlich** sind

- die Beratungen und Abstimmungen des Gerichts,
- das Verfahren vor dem ersuchten[1]) oder beauftragten[2]) Richter
- das Verfahren in Familiensachen[3]),
- das Verfahren in Kindschaftssachen[4]).

---

[1]) Der ersuchte Richter (§ 362) ist nicht Mitglied des Prozessgerichts. Er wird vom Prozessgericht ersucht, eine Prozesshandlung vorzunehmen, z. B. einen Zeugen zu vernehmen.
[2]) Der beauftragte Richter (§ 361) erledigt als Mitglied eines Kollegiums, z. B. einer Zivilkammer, einen ihm vom Kollegium erteilten Auftrag, z. B. Durchführung der Beweisaufnahme.
[3]) Näheres siehe S. 240 f.
[4]) Näheres siehe S. 246 f.

Die **Öffentlichkeit** (alle am Prozess nicht Beteiligten) **kann** durch einen Beschluss des Gerichts **ausgeschlossen werden,** wenn die Verhandlung eine Gefährdung der öffentlichen Ordnung, der Staatssicherheit, der Sittlichkeit oder eines wichtigen Geschäfts- oder Betriebsgeheimnis befürchten lässt (§ 172 GVG).

Der **Beschluss muss öffentlich verkündet werden.**

Ausnahmsweise kann einzelnen Personen der Zutritt zu nicht öffentlichen Verhandlungen gestattet werden, z.B. der Vertreterin des Jugendamts (§175 Abs. 2 GVG). Der Zutritt zu öffentlichen Verhandlungen kann Unerwachsenen und solchen Personen, die in einer der Würde des Gerichts nicht entsprechenden Weise erscheinen oder sich benehmen, versagt werden (§ 175 Abs. 1 GVG).

3. Verhandlungs- oder Beibringungsgrundsatz

Das Gericht darf nur die Tatsachen und Beweismittel für die Entscheidung verwerten, die von den Parteien vorgebracht werden. Es darf nur über die vom Gegner bestrittenen Behauptungen Beweis erheben.

Somit bestimmen die Parteien den Umfang der Verhandlung und der Beweisaufnahme (Verhandlungsgrundsatz).

Das Gericht hat jedoch eine **Aufklärungspflicht,** es muss die Parteien zum Beispiel dazu anhalten, tatsächliche Angaben zu ergänzen und die erforderlichen Beweise anzutreten (§ 139).

Beispiel: Der Beklagte trägt vor, er habe nicht nur zwei Raten bezahlt, wie der Kläger behauptet, sonder vier Raten mit insgesamt 180,00 EUR. Das Gericht fordert den Beklagten auf, die Zahlkartenabschnitte oder die Banküberweisungsbelege vorzulegen.

Das Gericht hat die vorgetragenen Tatsachen den entsprechenden Gesetzesvorschriften zu unterstellen, kann die Tatsachen jedoch **frei würdigen** (§ 286).

In einigen **Verfahren,** die **von öffentlichem Interesse** sind, ist der Verhandlungsgrundsatz zugunsten des **Untersuchungsgrundsatzes** eingeschränkt: In Ehe- und anderen Familiensachen und in Kindschaftssachen kann das Gericht Tatsachen berücksichtigen, die von den Parteien nicht vorgebracht sind, oder kann ohne Antrag eine Beweisaufnahme anordnen.

4. Der Grundsatz, beide Parteien zu hören

Zum Ausgleich dafür, dass die Parteien selbst den Prozessstoff beizubringen haben und damit den Umfang des Prozesses bestimmen, hat der Gesetzgeber den Grundsatz des **rechtlichen Gehörs** in Artikel 103 Abs. 1 GG aufgestellt. Hiernach muss dem Gegner in jedem Fall Gelegenheit gegeben werden, sich zum Vorbringen der anderen Partei zu äußern. Im Anwaltsprozess ist das rechtliche Gehör gewährt, wenn die Rechtsanwälte die Möglichkeit haben, Anträge zu stellen und ihre Ansicht zur Sach- und Rechtslage vorzubringen. Der Partei selbst wird das Wort nur auf Antrag erteilt (§ 137 Abs. 4).

Der Grundsatz des rechtlichen Gehörs galt schon im römischen Recht („ audiatur et altera pars" = Auch der andere Teil ist zu hören) und im alten deutschen Recht („Eines Mannes Rede ist keines Mannes Rede").

II. Der Verlauf des Verfahrens in erster Instanz

Die **Klageschrift, bzw. das Protokoll, ist dem Beklagten unverzüglich zuzustellen** (§§ 271 Abs. 1, 498).

Im Landgerichtsprozess ist der Beklagte zugleich mit der Zustellung der Klageschrift aufzufordern,

- einen beim Prozessgericht zugelassenen Rechtsanwalt zu bestellen, wenn er eine Verteidigung gegen die Klage beabsichtigt (§ 271 Abs. 2) und
- sich durch den bestellten Rechtsanwalt dazu zu äußern, ob einer Entscheidung der Sache durch den Einzelrichter Gründe entgegenstehen (§ 277 Abs. 1 S. 2).

Die Zivilkammer entscheidet in der Regel durch eines ihrer Mitglieder als Einzelrichter (**originärer Einzelrichter, § 348**), wenn nicht einer der in Abs. 1 genannten Ausnahmetatbestände vorliegt. Im Zweifel entscheidet die Kammer (Abs. 2). Der Einzelrichter legt den Rechtsstreit der Zimmerkammer zur Entscheidung über eine Übernahme vor, wenn

- die Sache rechtlich oder tatsächlich schwierig ist,
- die Sache grundsätzliche Bedeutung hat oder
- die Parteien dies übereinstimmend beantragen (Abs. 3).

Liegen die beiden zuerst genannten Tatbestände vor, übernimmt die Kammer den Rechtsstreit.

Ist eine Zuständigkeit des originären Einzelrichters nach Abs. 1 nicht gegeben, überträgt die Zivilkammer die Sache einem ihrer Mitglieder als Einzelrichter (**obligatorischer Einzelrichter, § 348a**), wenn

- die Sache rechtlich oder tatsächlich nicht besonders schwierig ist oder
- die Sache keine grundsätzliche Bedeutung hat.

Der Einzelrichter legt den Rechtsstreit der Zivilkammer zur Entscheidung über eine Übernahme vor, wenn

a) sich aus einer wesentlichen Änderung der Prozesslage besonders tatsächliche oder rechtliche Schwierigkeiten oder die grundsätzliche Bedeutung der Rechtssache ergeben oder

b) die Parteien dies übereinstimmend beantragen.

Die Kammer übernimmt den Rechtsstreit, wenn die unter a) genannten Voraussetzungen vorliegen.

Die **Vereinfachung und Konzentration** und damit die **Beschleunigung** des Verfahrens soll insbesondere durch § 272 erreicht werden:

- Der Rechtsstreit ist in der Regel in einem einzigen umfassend vorbereiteten Termin **(Haupttermin)** zu erledigen.
- Das Gericht kann zwischen **zwei Verfahrensweisen** wählen:
    - Anberaumung eines **frühen ersten Termins** zur mündlichen Verhandlung (§ 275) oder
    - Anordnung des **schriftlichen Vorverfahrens** mit später folgendem Termin (§ 276).

Das Gericht wird die Verfahrensweise wählen, die dem betreffenden Rechtsstreit am besten entspricht und ihn am einfachsten und schnellsten zu Ende führt.

Für beide Verfahrensweisen gilt der Grundsatz des § 272 Abs. 1: Der Prozess ist nach Möglichkeit in einem einzigen Termin (Haupttermin) zu erledigen.

Zur Vorbereitung jedes Termins kann das Gericht insbesondere folgende Anordnungen treffen (§ 273):

- den Parteien die Ergänzung oder Erläuterung ihrer vorbereitenden Schriftsätze[1]) aufgeben;
- Anordnungen nach §§ 142, 144 treffen;
- Behörden um Mitteilung von Urkunden oder um Erteilung amtlicher Auskünfte ersuchen, z. B. das Finanzamt, die Staatsanwaltschaft;
- das persönliche Erscheinen der Parteien anordnen;
- Zeugen, auf die sich eine Partei bezogen hat, und Sachverständige zur mündlichen Verhandlung laden, sofern der Beklagte dem Klageanspruch widersprochen hat, z. B. einen Kfz-Sachverständigen, einen Arzt.

Von jeder Anordnung sind die Parteien zu verständigen.

1. Früher erster Termin (§ 275)

Ein früher erster Termin eignet sich vor allem für einfach gelagerte Sachen, insbesondere für Urkunden-, Wechsel- und Scheckprozesse, in denen eine schnelle Entscheidung zu erwarten ist. Er kann jedoch auch in rechtlich oder tatsächlich schwierigen oder in umfangreichen Angelegenheiten zweckmäßig sein, damit möglichst schnell in einer mündlichen Erörterung Klarheit gewonnen werden kann.

Da die Güterverhandlung (§ 278) und die mündliche Verhandlung so früh wie möglich stattfinden sollen (§ 272 Abs. 3), hat das Gericht den Termin *unverzüglich* zu bestimmen (§ 216 Abs. 2). Danach werden die Parteien durch die Geschäftsstelle geladen (§ 274 Abs. 1). Dem Beklagten ist die Ladung zusammen mit der Klageschrift zuzustellen (§ 274 Abs. 2). Zwischen der Zustellung der Klage und dem Termin muss ein Zeitraum von mindestens zwei Wochen liegen (Einlassungsfrist[2])) (§ 274 Abs. 3).

Zur besonderen Vorbereitung des Termins kann der Beklagte aufgefordert werden (§ 275 Abs. 1),

- innerhalb einer Frist von *(mindestens) zwei Wochen* (§ 277 Abs. 3) auf die Klage schriftlich zu erwidern oder
- etwaige Verteidigungsmittel in einem Schriftsatz *unverzüglich* mitzuteilen, vor dem Landgericht durch seinen Rechtsanwalt.

Zur weiteren Vorbereitung des Termins kann das Gericht Anordnungen nach § 273 (s. o. S. 223) treffen, unter gewissen Voraussetzungen sogar schon vor der mündlichen Verhandlung einen Beweisbeschluss erlassen und ausführen (§ 358 a).

Sämtliche vorbereitende Maßnahmen dienen dem Ziel, den Rechtsstreit schon im früheren ersten Termin als dem Haupttermin zu erledigen.

2. Das schriftliche Vorverfahren (§ 276)

Das schriftliche Vorverfahren ist zweckmäßig, wenn die Streitsache einer umfangreichen Vorbereitung bedarf und die Parteien durch Rechtsanwälte vertreten oder selbst schreibgewandt

---

[1]) Vorbereitende Schriftsätze enthalten tatsächliche und rechtliche Ausführungen. Bestimmende Schriftsätze enthalten Parteierklärungen, die das Verfahren einleiten, seinen Fortgang bestimmen oder es beenden (z. B. die Klageschrift, die Klagerücknahme).
[2]) Näheres über die Einlassungsfrist siehe S. 184.

sind. Es beginnt ebenfalls mit der Zustellung der Klageschrift und den Aufforderungen nach § 271 (siehe S. 222 f.):

Mit der Zustellung der Klageschrift wird **der Beklagte** *aufgefordert,*

- innerhalb einer **Notfrist von zwei Wochen** nach Zustellung der Klageschrift dem Gericht **schriftlich anzuzeigen, wenn er sich gegen die Klage verteidigen wolle,** im Anwaltsprozess mit dem Hinweis, dass dies nur durch einen Rechtsanwalt geschehen könne.

  Zugleich ist der Beklagte über **die Folgen einer Versäumung der Notfrist zu belehren,** dass nämlich auf Antrag des Klägers ein **Versäumnisurteil ohne mündliche Verhandlung** gegen ihn ergehen kann (§ 331 Abs. 3). Im Prozess vor dem Amtsgericht ist er außerdem über die Folgen eines schriftlich abgegebenen Anerkenntnisses zu belehren (§§ 499, 307 Abs. 2);

Beispiele:

- In Sachen Koch gegen Pahle hat die 3. Zivilkammer des Landgerichts im *schriftlichen Vorverfahren* ein Versäumnisurteil ohne mündliche Verhandlung gegen den Beklagten erlassen, weil dieser die Notfrist nach § 276 Abs. 1 versäumt hat.
  Am 31. März, einen Tag zu spät, trifft die entsprechende Anzeige durch den Prozessbevollmächtigten des Beklagten beim Gericht ein – hier jedoch noch rechtzeitig, weil das von den Richtern unterschriebene Versäumnisurteil noch nicht der Geschäftsstelle übergeben worden war (§ 331 Abs. 3, S. 1, 2 HS.).
- In Sachen gegen Seiffert hat der Beklagte *dem Amtsgericht im schriftlichen Vorverfahren* bis spätestens 18. April anzuzeigen, ob er der Klage entgegentreten wolle. Die Belehrung nach § 499 ist erfolgt. Der Beklagte teilt fristgemäß mit, er sei bereit, seine Schuld in Raten abzuzahlen.
  Der Beklagte hat dadurch den Anspruch des Klägers anerkannt, worauf Anerkenntnisurteil ohne mündliche Verhandlung ergeht (§ 307 Abs. 2)
- **sich innerhalb einer weiteren Frist von (mindestens) zwei Wochen seit Ablauf der Notfrist zur Klage zu äußern** – im Prozess vor dem Landgericht wiederum nur durch einen Rechtsanwalt (**Klagewiderung**, § 276 Abs. 1, S. 2).

Kommt der Beklagte den Aufforderungen fristgemäß nach, kann das Gericht **dem Kläger**

– eine Frist zur Stellungnahme auf die Klageerwiderung setzen (§ 276 Abs. 3)

– oder einen möglichst frühen Termin zur mündlichen Verhandlung bestimmen,

je nachdem, was es für zweckmäßiger hält. Termin zur mündlichen Verhandlung wird auch dann bestimmt, wenn der Beklagte die Klageerwiderungsfrist versäumt. Ein Versäumnisurteil ohne mündliche Verhandlung ist hier ausgeschlossen.

3. Die Güteverhandlung (§ 278)

Der mündlichen Verhandlung geht eine Güterverhandlung voraus, die den Zweck verfolgt, eine gütliche Streitbeilegung in einem möglichst frühen Prozessstadium zu erreichen. Der Gesetzgeber ist der Meinung, dass eine gütliche Einigung zwischen den Parteien dem Rechtsfrieden besser dient als eine Streitentscheidung durch Urteil.

Eine Güterverhandlung findet nicht statt, wenn

- bereits ein Einigungsversuch vor einer außergerichtlichen Stelle erfolglos stattgefunden hat oder
- die Güterverhandlung von vornherein aussichtslos erscheint.

Die Güterverhandlung soll in persönlicher Anwesenheit der Parteien stattfinden. Erscheinen beide Parteien in der Güterverhandlung nicht, wird das Ruhen des Verfahrens angeordnet.

4. Die mündliche Verhandlung (§ 279)

Bleibt eine Partei der Güterverhandlung fern, soll sich die mündliche Verhandlung unmittelbar anschließen oder unverzüglich ein Termin zur mündlichen Verhandlung bestimmt werden.

Der Haupttermin kann folgenden Verlauf haben:

- **Aufruf:** Die mündliche Verhandlung wird mit Aufruf der Sache *eröffnet.*
- **streitige Verhandlung:** Gelingt keine gütliche Beilegung, kommt es zur streitigen Verhandlung, sie wird dadurch eingeleitet, dass die Parteien *ihre Anträge stellen* (§ 137 Abs. 1).
- **Sach- und Streitstand:** Das Gericht führt in den „Sach- und Streitstand" ein, d. h., es berichtet über den Stand des Streites, wie er sich aus dem bisherigen Vorbringen der Parteien ergibt.
- **Erörterung der rechtlichen und tatsächlichen Gesichtspunkte:** Die Parteien haben ihre Angriffs- und Verteidigungsmittel frühzeitig und vollständig vorzubringen (§§ 277, 282). Nicht rechtzeitiges Vorbringen kann unter bestimmten Voraussetzungen zurückgewiesen werden (§§ 296, 296 a).
- **Beweisaufnahme:** Bei bestrittenen Behauptungen ist eine Beweisaufnahme erforderlich, die unmittelbar im Anschluss an die Erörterung des Sach- und Streitstandes erfolgen soll (§ 279 Abs. 2). Danach ist der Sach- und Streitstand erneut mit den Parteien zu erörtern und nochmals auf eine gütliche Beilegung des Rechtsstreites hinzuwirken (§ 279 Abs. 3).
- **Urteil:** Misslingt die gültige Einigung, ergeht das Urteil, es ist im Haupttermin oder in einem sofort anzuberaumenden, möglichst nahen Termin zu verkünden (§§ 300, 310).

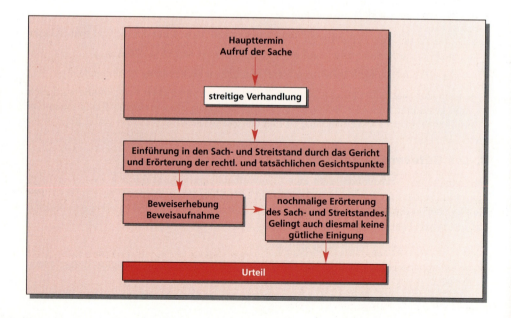

III. Der Beweis

1. Das Beweisverfahren (§§ 355 ff.)

Die mündliche Verhandlung macht es häufig notwendig, einen Beweis zu erbringen, weil einige von den Parteien vorgetragene Tatsachen vom Gegner bestritten werden. **Regelmäßig hat der Kläger die seinen Anspruch begründenden Tatsachen zu beweisen, der Beklagte die Tatsachen, womit er das Nichtentstehen oder den Wegfall des klägerischen Anspruchs behauptet.**

Beispiel: Zobel klagt gegen Thiele auf Herausgabe seines an Thiele verliehenen Fahrrads. Thiele behauptet, Zobel habe ihm das Rad geschenkt.
Thiele hat die Tatsachen, auf die er die Schenkung stützt, zu beweisen.

Keines Beweises bedürfen:
- Tatsachen, die der Gegner zugesteht oder nicht bestreitet (§ 288),
- Tatsachen, die offenkundig, d. h. allgemeinbekannt oder gerichtsbekannt sind (§ 291),
- Tatsachen, für deren Richtigkeit eine gesetzliche Vermutung besteht (§ 292).

Der Beweis soll den Richter von der Wahrheit oder Unwahrheit einer Behauptung *überzeugen*. **Beweismittel** sind:
- **Augenschein**
- **Zeugen**
- **Sachverständige**
- **Urkunden**
- **Parteivernehmungen**

Vom Beweis ist das **Glaubhaftmachen** (§ 294), eine weniger strenge Art der Beweisführung, zu unterscheiden. Glaubhaftmachen heißt, *beim Gericht den Eindruck erwecken, dass eine Behauptung wahr oder unwahr ist.* Glaubhaftmachen genügt nur in denen vom Gesetz genannten Fällen:
- Für die Gebührenansätze im Kostenfestsetzungsverfahren (§ 104 Abs. 2)
- für die tatsächlichen Angaben im Gesuch um Bewilligung der Prozesskostenhilfe (§ 118 Abs. 2))
- für Anspruch und Grund im Verfahren auf Anordnung eines Arrestes oder einer einstweiligen Verfügung (§§ 920 Abs. 2, 936)
- für die den Antrag auf Wiedereinsetzung in den vorherigen Stand begründenden Tatsachen (§ 236 Abs. 1)
- für die das Zeugnisverweigerungsrecht begründenden Tatsachen (§ 386 Abs. 1)

Zum Glaubhaftmachen sind sämtliche Beweismittel der ZPO zugelassen, darüber hinaus alle Mittel, die auf die Ansicht des Gerichts einwirken können, z. B. die Versicherung an Eides statt oder schriftliche Zeugenaussagen.

Die Parteien **treten Beweis an,** indem sie in der Regel bereits in der Klageschrift bzw. in der Klageerwiderung zu den behaupteten Tatsachen die *Beweismittel* nennen.

Das Gericht ordnet entweder
- eine sofortige Beweiserhebung an oder
- erlässt einen formellen Beweisbeschluss, falls ein besonderes Verfahren notwendig ist (§ 358).

Der **Beweisbeschluss** enthält (§ 359):
- die Bezeichnung der streitigen Tatsachen, über die Beweis erhoben werden soll (das Beweisthema)
- die Bezeichnung der Beweismittel, wobei Zeugen, Sachverständige oder die zu vernehmende Partei genau zu bezeichnen sind
- die Bezeichnung der Partei, die sich auf das Beweismittel berufen hat.

Die Beweisaufnahme erfolgt grundsätzlich vor dem Prozessgericht. Ist für die Entscheidung des Rechtsstreit der Einzelrichter zuständig (§§ 348, 348a), so führt er die Beweisaufnahme durch. Auch kann einem Mitglied des Prozessgerichtes zur Vereinfachung der Verhandlung die Zeugenvernehmung übertragen werden (§ 375 Abs. 1a). In Ausnahmefällen kann sie einem anderen Gericht (dem ersuchten Richter) übertragen werden (§§ 355, 375).

Beispiel:

Beweisbeschluss

in Sachen Nolde gegen Wipper

I. Über folgende vom Beklagten bestrittene Behauptungen des Klägers soll Beweis erhoben werden:

1. der Beklagte habe am 10. Januar des Jahres dem Kläger Zahlung des rückständigen Mietzinses zugesagt;

2. der Beklagte habe dem Kläger und seiner Ehefrau am selben Tag versprochen, die im Hause des Klägers gelegene Dreizimmerwohnung spätestens zum 31. März des Jahres zu räumen,

durch Vernehmung
a) der Ehefrau des Beklagten, bei diesem zu laden,
b) des Elektromeisters Eberhard Dunke, Königinallee 14, Ludwigsburg.

II. Die Ladung des Zeugen Dunke wird davon abhängig gemacht, dass der Kläger für den Zeugen einen Auslagenvorschuss von ... EUR bis zum 20. März .. hinterlegt oder eine Verzichtserklärung des Zeugen auf Entschädigung vorlegt.

III. Termin zur Vernehmung der Zeugen und zur Fortsetzung der mündlichen Verhandlung wird auf Dienstag, den 30. März .. vormittags 10 Uhr bestimmt.

Unterschrift

Den Parteien ist gestattet, bei der Beweisaufnahme zugegen zu sein. **An den Beweistermin schließt sich in der Regel die Fortsetzung der mündlichen Verhandlung an** (§ 370).

Das Gericht kann schon vor der mündlichen Verhandlung einen Beweisbeschluss erlassen (§ 358a S. 1) und in bestimmten Fällen (§ 358a S. 2) auch ausführen.

Gemäß dem **Grundsatz der freien Beweiswürdigung** (§ 286) kann das Gericht das Ergebnis der Beweisaufnahme frei bewerten. Es hat die Gründe, die für die Beweiswürdigung maßgebend sind, im Urteil darzulegen. An gesetzliche Beweisregeln ist das Gericht nur in wenigen Fällen gebunden; dies gilt z. B. für den Urkundenbeweis (§§ 415–418) und für die Beweiskraft des Sitzungsprotokolls (§ 165).

2. Die einzelnen Beweismittel

◆ Der Beweis durch Augenschein (§§ 371 ff.)

Der Beweis durch Augenschein wird durch die Bezeichnung des Gegenstandes des Augenscheins und durch die Angabe der zu beweisenden Tatsachen angetreten.

Das Gericht **besichtigt den Streitgegenstand**, z. B. die Wohnung, die geräumt werden soll oder den Ort, an dem der Verkehrsunfall geschah. Auch Sinneseindrücke, die durch Gehör, den Geruchs- und Geschmackssinn oder durch das Gefühl entstehen, fallen darunter.

Beispiele:
- Störung der Hausbewohner durch das lärmende Rundfunkgerät des schwerhörigen Mieters
- Beeinträchtigung der Anwohner durch die stinkenden Abgase einer Fabrik
- Regelmäßiges unflätiges Fluchen und Krakeelen eines Wohnungseigentümers während der sonntäglichen Gottesdienstzeit

Vereitelt eine Partei die ihr zumutbare Einnahme des Augenscheins, so können die Behauptungen des Gegners als bewiesen angesehen werden (§ 371 Abs. 3).

Befindet sich der Gegenstand des Augenscheins im Besitz eines Dritten, so wird der Beweis durch den Antrag angetreten, zur Herbeischaffung des Gegenstandes eine Frist zu setzen oder eine Anordnung nach § 144 zu erlassen.

Die Parteien können grundsätzlich nicht zur Duldung des Augenscheins gezwungen werden. Eine Ausnahme bringt § 372 a: In Prozessen zur **Feststellung der Abstammung eines Kindes** hat jede Person, also auch ein Dritter, Untersuchungen zu dulden, insbesondere die Entnahme von Blutproben zur Blutgruppenuntersuchung, wenn dies zur Aufklärung des Sachverhalts dienlich ist und die Untersuchung zugemutet werden kann. Wird die Untersuchung wiederholt ohne berechtigten Grund verweigert, kann unmittelbarer Zwang angewendet, insbesondere die zwangsweise Vorführung angeordnet werden.

◆ Der Zeugenbeweis (§§ 373 ff.).

Zeugen und Zeugnisverweigerung: Die Parteien treten den Beweis an, indem sie die Zeugen und die Tatsachen, über die die Zeugen vernommen werden sollen, benennen (§ 373).

Die Zeugen werden von der Geschäftsstelle geladen. In der Ladung wird auf den Beweisbeschluss Bezug genommen. Die Ladung muss die Bezeichnung der Parteien enthalten, den Gegenstand der Vernehmung und die Anweisung, bei Vermeidung von Strafe zu erscheinen (§ 377 Abs. 1 und 2). Unter bestimmten Voraussetzungen kann das Gericht die schriftliche Beantwortung der Beweisfrage anordnen (§ 377 Abs. 3).

Die Ladung unterbleibt, wenn die Partei einen vom Gericht verlangten Auslagenvorschuss nicht zahlt (§ 379) oder keine Erklärung des Zeugen vorlegt, in der er auf Ersatz seiner Auslagen verzichtet.

Wer als Zeuge benannt ist, ist verpflichtet,
- zum festgesetzten Termin zu erscheinen,
- wahrheitsgemäß über **eigene Wahrnehmungen** auszusagen.
- wenn nötig den Zeugeneid zu leisten.

Das Alter spielt für die Zeugenfähigkeit keine Rolle, **auch Kinder können Zeugen sein; Kinder unter 16 Jahren können aber nicht vereidigt werden.**

Jeder Zeuge ist *einzeln* und in Abwesenheit der später zu hörenden Zeugen zu vernehmen (§ 394). Vor der Vernehmung ist er *zur Wahrheit zu ermahnen* und auf eine mögliche *Beeidigung* hinzuweisen (§ 395).

Zur **Verweigerung des Zeugnisses** sind berechtigt (§§ 383, 384):

- nahe Angehörige, z. B. Verlobte, Ehegatten, der Lebenspartner einer Partei, Verwandte und Verschwägerte (§ 383);

  In den in § 385 Abs. 1 genannten Fällen dürfen nahe Angehörige das Zeugnis nicht verweigern.

- Angehörige bestimmter Berufe, denen kraft ihres Berufes geheim zu haltende Tatsachen anvertraut sind, so insbesondere Geistliche, Ärzte, Apotheker, Hebammen, Rechtsanwälte, Notare und deren Gehilfen (§ 383 Abs. 1 Nr. 6).

  Das Zeugnisverweigerungsrecht entfällt, wenn sie von ihrer Schweigepflicht entbunden sind.

- jeder Zeuge auf Fragen, deren Beantwortung ihm oder einem der oben genannten Angehörigen die Gefahr
  - einer strafrechtlichen Verfolgung oder
  - eines unmittelbaren Vermögensnachteiles bringen oder
  - ein Berufs- oder Gewerbegeheimnis offenbaren würde (§ 384).

Die Beeidigung: Ob ein Zeuge beeidigt wird hängt hauptsächlich davon ab, ob das Gericht die Beeidigung wegen der Bedeutung der Aussagen für geboten erachtet (§ 391).

Nicht beeidigt werden:

- Personen unter 16 Jahren und
  Personen, die wegen mangelnder Verstandesreife oder wegen Verstandesschwäche die Bedeutung des Eides nicht erfassen können (§ 393);
- Zeugen, auf deren Beeidigung die Parteien verzichtet haben.

Ein Zeuge, der nicht erscheint oder unberechtigt das Zeugnis oder den Eid verweigert, ist in die durch das Ausbleiben oder die Weigerung verursachten Kosten und zu einem **Ordnungsgeld** oder, falls das Geld nicht beigetrieben werden kann, zu einer **Ordnungshaft** zu verurteilen. Weigert sich der Zeuge wiederholt, vor Gericht zu erscheinen, kann er **zwangsweise vorgeführt** werden (§ 380 Abs. 2). Gegen diese Beschlüsse ist die sofortige Beschwerde gegeben. (§ 380 Abs. 3).

Die Zeugen werden nach dem „Gesetz über die Entschädigung von Zeugen und Sachverständigen" (ZSEG) entschädigt, es sei denn, sie haben auf eine Entschädigung verzichtet. Die Entschädigung umfasst den Verdienstausfall und den durch den Termin verursachten Aufwand. Auch die Fahrtkosten werden ersetzt.

- ### Der Beweis durch Sachverständige (§§ 402 ff.)

Der Sachverständige ist **Gehilfe des Richters.** Er erstattet ein **Gutachten,** d. h. er vermittelt dem Gericht aufgrund seiner Sachkenntnis Erfahrungssätze, die das Gericht oder er selbst auf Tatsachen anwendet und Schlussfolgerungen daraus zieht.

Beispiele:

- Der Arzt stellt eine Wirbelsäulenverletzung fest und gibt Auskunft über den voraussichtlichen Verlauf der Krankheit und die zu erwartende Minderung der Erwerbsfähigkeit.

- Der Kunstsachverständige hat ein Gutachten über die Echtheit eines Bildes zu erstatten. Aus den Farbmischungen und der Körperhaltung der dargestellten Personen zieht er den Schluss, dass das Bild nicht von dem vom Beklagten genannten Künstler stammen kann.

Vom Sachverständigen ist der sachkundige Zeuge zu unterscheiden. Er wird nicht als Gutachter gehört, sondern gibt über die von ihm aufgrund seiner Sachkenntnis festgestellten Tatsachen Auskunft.

Beispiel: Der Arzt, der zufällig bei einem Verkehrsunfall zugegen ist, leistet erste Hilfe. Er gibt vor Gericht Auskunft über die Art der Verletzung. Der Arzt ist sachkundiger Zeuge. Derselbe Arzt wird vom Gericht aufgefordert, Auskunft über die voraussichtliche Dauer der Erwerbsminderung zu geben. Jetzt erstellt der Arzt als Sachverständiger ein Gutachten.

Das Prozessgericht kann die Parteien auffordern, Sachverständige zu nennen. Wenn sich die Parteien nicht über die Person des Sachverständigen einigen können, ist er vom Gericht auszuwählen. Das Gericht wendet sich meist an die Standesvertretung, z. B. an die Handwerkskammer, Ärztekammer. Der Sachverständige soll unparteiisch sein. Er kann deshalb aus denselben Gründen wie ein Richter abgelehnt werden.

Eine Gutachterpflicht besteht

- für öffentlich bestellte Sachverständige, z. B. Gerichtsärzte;
- für Personen, die aufgrund wissenschaftlicher, künstlerischer oder gewerblicher Kenntnisse erwerbstätig oder zur Ausübung ihrer Tätigkeit öffentlich bestellt sind, z. B. Ärzte, Rechtsanwälte, Notare, Architekten, Kaufleute.

Dieselben Gründe, aus denen ein Zeuge das Zeugnis verweigern kann, berechtigen einen Sachverständigen, das Gutachten zu verweigern. Das Gutachten kann durch Ordnungsgeld erzwungen werden, nicht aber durch Ordnungshaft. Da jedoch von einem erzwungenen Gutachten wenig zu erwarten ist und der Sachverständige, im Gegensatz zum Zeugen, ersetzbar ist, wird kaum davon Gebrauch gemacht.

◆ Der Beweis durch Urkunden (§§ 415 ff.)

Urkunde im Sinne der ZPO ist **jede schriftliche Gedankenäußerung,** ganz gleich

- auf welchem Material;
  Beispiel: die in ein Scheunentor geritzte Beleidigung,
- in welcher Schriftart;
  Beispiel: handschriftlich, in Druckbuchstaben, in Kurzschrift,
- zu welchem Zweck,
  Beispiel: die Mitteilung in einem Brief;
- ob unterschrieben oder nicht,
  Beispiel: ein Merkzettel;

die Äußerung erfolgt ist. Sie alle können Beweismittel sein.

Zwei Arten von Urkunden werden unterschieden:

- **Öffentliche Urkunden:** Sie müssen von einer *öffentlichen Behörde,* z. B. vom Landratsamt, Jugendamt, Amt für öffentliche Ordnung, oder von einer Urkundsperson, z. B. vom Notar, Urkundsbeamten der Geschäftsstelle, Gerichtsvollzieher, Standesbeamten innerhalb ihrer Zuständigkeit und in der vorgeschriebenen Form errichtet sein.
- **Privaturkunden:** Das sind alle nichtöffentlichen Urkunden, z. B. Wechsel, Schecks, Quittungen, Schuldscheine.

Beweiskräftig sind nur echte Urkunden. Echt ist eine Urkunde, wenn sie von der Person herstammt, von der sie herzustammen scheint.

Die Echtheit inländischer öffentlicher Urkunden wird vermutet. Der Gegenbeweis ist zulässig.

Die Echtheit privater Urkunden ist, falls sie bestritten wird, zu beweisen. Der Beweis kann durch Schriftvergleichung geführt werden. Steht fest, dass eine Unterschrift echt ist, wird auch die Echtheit des darüber stehenden Textes vermutet.

Die Partei, die den Beweis zu führen hat, legt die Urkunde in der mündlichen Verhandlung vor: **die Privaturkunde in Urschrift; bei öffentlichen Urkunden genügt eine beglaubigte Abschrift.**

Behauptet die Partei, der Gegner besitze die Urkunde, beantragt sie, die *Vorlegung der Urkunde* anzuordnen.

Soll ein Dritter im Besitz der Urkunde sein, beantragt die beweisführende Partei, eine Frist zur Herbeischaffung der Urkunde zu bestimmen. Die Frist soll es der Partei ermöglichen, die Urkunde zu beschaffen.

◆ Der Beweis durch Parteivernehmung (§§ 445 ff.)

Die Parteien sind fragwürdige „Zeugen", denn sie sind am Ausgang des Prozesses vor allen anderen interessiert. Die Parteivernehmung kann **auf Antrag einer Partei oder von Amts wegen** angeordnet werden.

Auf Antrag einer Partei kann der Gegner vernommen werden, wenn die Partei den Beweis mit anderen Beweismitteln nicht vollständig geführt oder andere Beweismittel nicht vorgebracht hat.

Beispiel: Krause klagt auf Erfüllung eines Darlehensversprechens. Der Vertrag wurde mündlich geschlossen, nur der Vertragspartner Pauli war zugegen.
Dem beweispflichtigen Krause bleibt als Beweismittel nur die Vernehmung des Pauli als Partei.

Von Amts wegen kann das Gericht eine Partei oder beide Parteien vernehmen, wenn das Ergebnis der mündlichen Verhandlung und eine etwaige Beweisaufnahme nicht ausreichen, das Gericht zu überzeugen.

Die **Beeidigung der vernommenen Partei steht im Ermessen des Gerichts.** Sie unterbleibt, wenn der Gegner darauf verzichtet. Bleibt die zu vernehmende Partei dem Vernehmungstermin fern oder verweigert sie die Aussage, werden **keine Zwangsmittel** angewendet; das Gericht zieht seine Schlüsse aus der Weigerung.

Beispiel: Laut Beweisbeschluss ist der Beklagte als Partei darüber zu vernehmen, ob ihm der Kläger bei Vertragsschluss Stundung des Kaufpreises gewährt hat. Dem Beklagten wird der Beschluss samt Ladung zum Termin zugestellt. Im Termin erscheint der Beklagte nicht, entschuldigt sich auch nicht, weder jetzt noch später.
Das Gericht kann die Aussage als verweigert und die Stundung als nicht bewiesen ansehen.

◆ Die Abnahme von Eiden und Bekräftigungen (§§ 478 ff..)

Der Eid muss in Person geleistet werden. Vor der Leistung des Eides ist der Schwurpflichtige über die Bedeutung des Eides und darüber zu belehren, dass er den Eid mit oder ohne religiöse Beteuerung leisten kann. Dabei ist er darauf hinzuweisen, dass die nicht religiöse Bekräftigung dem Eid gleichsteht.

3. Das Selbstständige Beweisverfahren (§§ 485 ff.)

Während oder außerhalb eines Streitverfahrens kann auf Antrag einer Partei die Einnahme eines Augenscheins, die Vernehmung von Zeugen oder die Begutachtung durch einen Sachverständigen angeordnet werden. Der Antrag muss die in § 487 bestimmten Angaben enthalten.

Das Verfahren ist zulässig, wenn

- der Gegner zustimmt oder
- die Gefahr besteht, dass das Beweismittel verloren geht oder seine Benutzung erschwert wird, z. B. wegen lebensgefährlicher Erkrankung oder bevorstehender Auswanderung des Zeugen.

Ist ein Rechtsstreit noch nicht anhängig, kann eine Partei die schriftliche Begutachtung durch einen Sachverständigen beantragen, wenn der Zustand einer Person oder der Zustand oder der Wert einer Sache festgestellt werden soll und der Antragsteller ein rechtliches Interesse an der Feststellung hat. Ein rechtliches Interesse ist anzunehmen, wenn die Feststellung der Vermeidung eines Rechtsstreits dienen kann (§ 485 Abs. 2).

Zuständig ist das Prozessgericht, wenn der Rechtsstreit bereits anhängig ist (§ 486 Abs. 1). Ist der Rechtsstreit noch nicht anhängig, ist der Antrag bei dem Gericht zu stellen, das nach dem Vortrag des Antragstellers zur Entscheidung in der Hauptsache berufen wäre (§ 486 Abs. 2). In Fällen dringender Gefahr kann der Antrag bei dem Amtsgericht gestellt werden, in dessen Bezirk sich die zu vernehmende Person aufhält oder der sich in Augenschein zu nehmende Gegenstand befindet. Der Antrag kann auch vor der Geschäftsstelle zu Protokoll erklärt werden (§ 486 Abs. 4).

Beispiele:

- Karg will die Ehelichkeit des von seiner Ehefrau am 17. April geborenen Kindes anfechten. Der in Stuttgart wohnende Petri, den er als Vater des Kindes vermutet, will in Kürze nach Australien auswandern. Es besteht somit die *Gefahr*, dass Petri *als Zeuge verloren* geht, zumindest schwer erreichbar ist. Der Antrag ist beim Amtsgericht Stuttgart zu stellen.
- Mieter Laub, der nach Esslingen umgezogen ist, hat die bisherige Wohnung in Pforzheim in verwahrlostem Zustand hinterlassen, obwohl er im Mietvertrag die Schönheitsreparaturen übernommen hat. Der Vermieter muss die Wohnung sofort für den neuen Mieter renovieren lassen. Er hat deshalb ein rechtliches Interesse daran, den jetzigen Zustand der Wohnung vom Gericht feststellen zu lassen (Beweis durch Augenschein). Der Antrag ist beim Amtsgericht Pforzheim einzureichen, da in dessen Bezirk die Wohnung liegt.

Über die Zulässigkeit des selbstständigen Beweisverfahrens entscheidet das Gericht durch unanfechtbaren Beschluss. Die Beweisaufnahme selbst erfolgt nach den sonst für das einzelne Beweismittel geltenden Vorschriften.

Im nachfolgenden Rechtsstreit hat jede Partei das Recht, die Beweisverhandlungen zu benutzen (§ 493).

Ist ein Rechtsstreit nicht anhängig, hat der Antragsteller auf Anordnung des Gerichts innerhalb einer bestimmten Frist Klage zu erheben. Kommt er dem nicht nach, hat er die dem Gegner entstandenen Kosten zu tragen (§ 494 a). Gegen die Entscheidung ist die sofortige Beschwerde gegeben.

IV. Das Sitzungsprotokoll (§§ 159 ff., 510 a)

Über die Verhandlung und jede Beweisaufnahme ist ein Protokoll aufzunehmen, dessen Form und Inhalt in §§ 159 ff. bestimmt sind. Der Gang der Verhandlung ist nur im Allgemeinen anzugeben. Es müssen z. B. Anerkenntnisse, ein Klageverzicht oder ein Vergleich aufgenommen werden; ferner Anträge und wichtige Erklärungen z. B. Klagezurücknahme, die Erledigung der Hauptsache; die Aussagen von Zeugen und Sachverständigen, die Verkündung der Urteile, Beschlüsse und Verfügungen, der Verzicht auf Rechtsmittel, das Ergebnis der Güterverhandlung.

Für das Protokoll in Amtsgerichtssachen gilt § 510 a. Hiernach sind andere Erklärungen als Geständnisse und Anträge auf Parteivernehmung im Protokoll nur festzustellen, soweit das Gericht es für erforderlich hält.

Das Protokoll ist den Beteiligten, soweit es ihre Anträge und Aussagen betrifft, vorzulesen oder zur Durchsicht vorzulegen. Die Genehmigung oder etwaige Einwendungen sind ebenfalls zu vermerken. Tonaufzeichnungen sind auf Verlangen abzuspielen (§ 162).

Das Protokoll ist vom Vorsitzenden und vom Urkundsbeamten zu unterschreiben. Bei Tonaufzeichnungen hat der Urkundsbeamte die Richtigkeit der Übertragung zu prüfen und durch seine Unterschrift zu bestätigen (§ 163).

Das Sitzungsprotokoll ist einziges Beweismittel dafür, dass die für die Verhandlung vorgeschriebenen Förmlichkeiten beachtet oder nicht beachtet worden sind (§ 165). Gegen seinen Inhalt ist nur der Nachweis der Fälschung zulässig.

V. Der Stillstand des Verfahrens (§§ 239 ff.)

Im Verlauf des Prozesses können Ereignisse eintreten, die den Stillstand des Verfahrens herbeiführen.

Das Verfahren wird kraft Gesetzes unterbrochen.

Beispiele:
- Durch die Eröffnung des Insolvenzverfahrens über das Vermögen einer Partei (§ 240),
- durch den Tod des Rechtsanwalts im Anwaltsprozess (§ 244),
- durch den Tod (§ 239) oder den Verlust der Prozessfähigkeit (§ 241) einer Partei.

Ist im letzteren Fall die Partei durch einen Prozessbevollmächtigten vertreten, tritt die Unterbrechung nicht ein. Das Gericht hat jedoch **auf Antrag des Prozessbevollmächtigten das Verfahren auszusetzen** (§ 246).

Das Ruhen des Verfahrens wird vom Gericht angeordnet,
- wenn beide Parteien dies beantragen und anzunehmen ist, dass diese Anordnung wegen Schwebens von Vergleichsverhandlungen oder aus sonstigen wichtigen Gründen zweckmäßig ist (§ 251).

Eine Entscheidung nach Lage der Akten kann ergehen,
- wenn beide Parteien in einem Termin säumig sind oder nicht verhandeln (§ 251a Abs. 1). Statt einer Entscheidung nach Lage der Akten kann das Gericht auch das Ruhen des Verfahrens anordnen (§ 251a Abs. 3).

Die **Unterbrechung und die Aussetzung des Verfahrens bewirken** insbesondere, dass der **Lauf aller Fristen, auch der Notfristen aufhört.** Sie beginnen nach dem Stillstand von neuem zu laufen (§ 249). Dagegen laufen während des *Ruhens des Verfahrens* Notfristen und Rechtsmittelbegründungsfristen weiter (§ 251, S. 2).

Die Unterbrechung oder Aussetzung des Verfahrens beim Tode einer Partei dauert so lange, bis die Erben das Verfahren aufnehmen, beim Tode des Anwalts im Anwaltsprozess, bis der neu bestellte Anwalt seine Bestellung dem Gericht anzeigt.

Das Ruhen des Verfahrens endet mit dem in der Anordnung bestimmten Zeitpunkt. Bei Wegfall des Grundes endet es durch Beschluss des Gerichts.

VI. Die Beendigung des Verfahrens

1. Die Beendigung des Verfahrens durch eine Prozesshandlung der Partei

◆ *Klagezurücknahme – Klageverzicht – Anerkenntnis – Erledigung der Hauptsache – Prozessvergleich*

◆ **Die Klagezurücknahme (§ 269) ist die Erklärung des Klägers, dass er von der Durchführung des Prozesses absieht.** Darin liegt aber nicht etwa die Erklärung, der Kläger halte sein Klagebegehren für unberechtigt.

Hat der Beklagte bereits **zur Hauptsache mündlich verhandelt,** bedarf der Kläger zur Klagezurücknahme der **Einwilligung des Beklagten.** Dieser kann ein Interesse daran haben, dass vom Gericht festgestellt wird, ob der Anspruch des Klägers zu Recht besteht oder nicht. Da der Rechtsstreit durch die Klagezurücknahme als nicht anhängig angesehen wird (§ 269 Abs. 3, S. 1), ist **der Beklagte von einer erneuten Klageerhebung nicht geschützt.**

Die Klagezurücknahme ist bis zum Eintritt der Rechtskraft des Urteils möglich, also **noch in der Rechtsmittelinstanz.**

Der Kläger nimmt die Klage zurück durch *mündliche Erklärung* im Termin oder durch *Einreichen eines Schriftsatzes* bei Gericht. **Er hat kraft Gesetzes grundsätzlich die Kosten zu tragen,** ganz gleich aus welchem Grunde er die Klage zurückgenommen hat.

◆ **Beim Klageverzicht (§ 306)** verzichtet der Kläger auf den Anspruch selbst. Die erneute Klageerhebung ist ausgeschlossen.

Auf Antrag des Beklagten ergeht ein Verzichtsurteil mit dem Tenor „Die Klage wird abgewiesen". Auch beim Verzicht trägt der Kläger die Kosten des Rechtsstreits.

◆ Dem Klageverzicht auf der Klägerseite entspricht auf der Beklagtenseite das **Anerkenntnis.** Während der Kläger beim Klageverzicht erklärt, dass er seinen Anspruch aufgibt, erklärt der Beklagte mit dem Anerkenntnis, dass dem Kläger der eingeklagte Anspruch zusteht.

Anerkennt der Beklagte **in der mündlichen Verhandlung** den Anspruch des Klägers ganz oder teilweise, ergeht **Anerkenntnis- bzw. Teilanerkenntnisurteil** (§ 307 Abs. 1). Anerkennt er den Anspruch **im schriftlichen Vorverfahren** (§ 276), ergeht das **Anerkenntnisurteil ohne mündliche Verhandlung** (§ 307 Abs. 2).

◆ Die Erledigung des Rechtsstreits in der Hauptsache (§ 91 a)

Ist der Klageanspruch im Laufe des Prozesses **gegenstandslos geworden,** weil der Beklagte zum Beispiel das eingeklagte Fahrrad herausgibt, die eingeklagten 1 000,00 EUR zahlt, der Kläger das Grundstück erbt, dessen Übereignung er verlangt, so tut der Kläger gut daran, **die Hauptsache für erledigt zu erklären.** Versäumt er dies, muss das Gericht auf Antrag des Beklagten die Klage abweisen und dem Kläger die Kosten des Rechtsstreits auferlegen, da **der Klageanspruch erloschen** ist.

Stimmt der Beklagte der Erledigterklärung zu, so legt das Gericht durch Beschluss die Kosten der Partei auf, die den Prozess, wenn er durchgeführt worden wäre, verloren hätte. Häufig werden die Kosten jedoch nach Quoten verteilt.

Stimmt der Beklagte der Erledigterklärung nicht zu, muss das Gericht prüfen und entscheiden, ob die Hauptsache tatsächlich erledigt ist, wenn nicht, geht der Prozess weiter.

◆ Der Prozessvergleich (§ 794 Abs. 1 Nr. 1)[1)]

Durch den Prozessvergleich wird ein rechtshängiges Verfahren **ohne Urteil** beendet. Die Parteien vereinbaren vor Gericht, den Rechtsstreit durch **gegenseitiges Entgegenkommen und Nachgeben** beizulegen.

Beispiel: Der Kläger beantragt, den Beklagten zur Abnahme der Ware und sofortigen Zahlung des Kaufpreises zu verurteilen. Der Beklagte beantragt Klageabweisung. Die Parteien vergleichen sich dahingehend, dass sich der Beklagte gegen Ermäßigung des Kaufpreises um 800,00 EUR verpflichtet, die Ware abzunehmen und innerhalb von 30 Tagen zu bezahlen. Beide Parteien geben nach: Der Kläger ermäßigt den Preis und gewährt dem Beklagten 30 Tage Kredit. Der Beklagte erklärt sich zur Abnahme und Bezahlung der Ware bereit.

Der Vergleich kann auf einen Teil des eingeklagten Anspruchs beschränkt werden oder einen anderen rechtshängigen Anspruch miterledigen. Auch kann ein nichtrechtshängiger Anspruch in den Vergleich mit einbezogen werden.

Der Prozessvergleich muss vor Gericht abgeschlossen und vom Gericht protokolliert werden. Er ist **Vollstreckungstitel** und somit Grundlage für die Kostenfestsetzung. Die Parteien können auch einen außergerichtlichen Vergleich zu Protokoll geben, der dadurch zum Prozessvergleich wird.

Auch ein im *Prozesskostenhilfeverfahren* über den streitigen Anspruch protokollierter Vergleich ist Vollstreckungstitel.

Auf Antrag kann das Gericht einer oder beider Parteien ein **Widerrufsrecht** einräumen. Wird der Widerruf fristgemäß erklärt, ist der Vergleich hinfällig.

2. Die Beendigung des Verfahrens durch Urteil (§§ 300 ff.)

◆ Die Arten der gerichtlichen Entscheidung

Im Zivilprozess kann das Gericht drei Arten von Entscheidungen treffen:

- ◆ **eine Verfügung,** z. B. die Terminbestimmung (§ 216), die Abkürzung von Fristen (§ 226), die Anordnung des persönlichen Erscheinens der Parteien (§ 273 Abs. 2);
- ◆ **einen Beschluss,** z. B. den Beweisbeschluss, den Vertagungsbeschluss;
- ◆ **ein Urteil.**

[1)] Siehe S. 426 Gebühren des Rechtsanwalts.

Beschlüsse und Verfügungen sind Anordnungen im Rahmen des Verfahrens. Verfügungen werden von einem einzelnen Mitglied des Gerichts, z. B. vom Vorsitzenden, getroffen.

Urteile sind Entscheidungen, die den Rechtsstreit ganz oder teilweise beenden. Sie ergehen regelmäßig[1]) aufgrund einer mündlichen Verhandlung. Dagegen können Beschlüsse ohne mündliche Verhandlung ergehen.

Der Hauptunterschied zwischen Urteilen und Beschlüssen besteht darin,

◆ dass für Urteile eine bestimmte Form vorgeschrieben ist (§ 313), für Beschlüsse nicht;
◆ dass Urteile mit der Berufung oder Revision (ordentliche Rechtsmittel) angefochten werden, Beschlüsse mit der sofortigen Beschwerde.

◆ Das Urteil: Form, Inhalt und Arten

Erlass des Urteils: Das Urteil wird von den Richtern gefällt, die den letzten Verhandlungstermin durchgeführt haben. **Es ist erlassen mit seiner öffentlichen Verkündung, d. h. mit Vorlesung der Urteilsformel** (§ 311 Abs. 2, S. 1). Dies gilt auch für Urteile, die im schriftlichen Verfahren[2]) ergehen (§ 128 Abs. 2 und 3). Ausgenommen sind nur Versäumnis- und Anerkenntnisurteile, die im schriftlichen Vorverfahren (ohne mündliche Verhandlung) ergehen (§§ 307 Abs. 2, 331 Abs. 3); bei ihnen wird *die Verkündung durch die Zustellung ersetzt* (§ 310 Abs. 3).

Die Verkündung des Urteils erfolgt **in der Regel in dem Termin, in dem die mündliche Verhandlung geschlossen wird,** im Anwaltsprozess durch den Vorsitzenden in Anwesenheit der Beisitzer.

Kann das Urteil nicht im Schlusstermin verkündet werden, ist der Verkündungstermin sofort anzuberaumen. Über drei Wochen hinaus aber nur dann, wenn wichtige Gründe, insbesondere der Umfang oder die Schwierigkeit der Sache, dies erfordern (§ 310 Abs. 1). In diesem Fall gelten *zusätzliche Bestimmungen* (§§ 310 Abs. 2, 311 Abs. 4):

◆ Das Urteil muss bei der Verkündung im vollständiger Form[3]) abgefasst sein, d. h. mit Tatbestand und Entscheidungsgründen.
◆ Im Anwaltsprozess kann die Verkündung in Abwesenheit der Beisitzer erfolgen.
◆ Die Verlesung der Urteilsformel kann durch Bezugnahme auf die Formel ersetzt werden, wenn im Verkündungstermin von den Parteien niemand erschienen ist.
(§ 311, Abs. 2, S. 2)

Ist das Urteil erlassen, kann es nicht mehr abgeändert werden, selbst wenn das Gericht die Unrichtigkeit seiner Entscheidung erkennt. Den Parteien bleibt es überlassen, die Entscheidung durch ein Rechtsmittel anzufechten.

Schreibfehler, Rechnungsfehler und **sonstige offenbare Unrichtigkeiten** können jederzeit berichtigt werden, sowohl auf Antrag einer Partei als auch von Amts wegen (§ 319). Das Gericht, z. B. die Zivilkammer, entscheidet durch Beschluss, der auf der Urschrift und den Ausfertigungen des Urteils vermerkt wird.

---

[1]) Ausnahme: Im schriftlichen Vorverfahren kann auf Antrag des Klägers ein Versäumnisurteil ohne mündliche Verhandlung ergehen; Näheres siehe S. 215.
[2]) Näheres über das schriftliche Verfahren siehe S. 236.
[3]) Urteile, die im Schlusstermin verkündet werden, sind grundsätzlich innerhalb von drei Wochen vollständig abgefasst der Geschäftsstelle zu übergeben (§ 315 Abs. 2).

Beispiel: Das Urteil des Amtsgerichts Ellwangen – Aktz. 3 C 487/... enthält einen Schreibfehler. Statt „... nebst 4 % Zinsen" muss es heißen: „... nebst 8 % Zinsen".
Der Kläger beantragt die Berichtigung des Schreibfehlers.

Unrichtigkeiten im Tatbestand (§ 320), die nicht unter § 319 fallen, z. B. Auslassungen, Widersprüche, unklare Darstellungen, können nur auf *schriftlichen Antrag* einer Partei berichtigt werden. Der Antrag ist innerhalb einer Frist von zwei Wochen zu stellen, beginnend mit der Zustellung des Urteils in vollständiger Form. *Nach drei Monaten seit Verkündung* des Urteils ist der Antrag ausgeschlossen (Ausschlussfrist).

Der Beschluss ergeht ohne Beweisaufnahme, er ist nicht anfechtbar.

Eine **Ergänzung des Urteils** (§ 321) ist möglich, **wenn in der Entscheidung ein Haupt- oder Nebenanspruch oder der Kostenpunkt ganz oder teilweise übergangen ist.**

Die nachträgliche Entscheidung ergeht auf schriftlichen Antrag einer Partei *durch Urteil.* Die Antragsfrist von *zwei Wochen* ab Zustellung des Urteils ist einzuhalten. Gegen das Urteil ist die Berufung zulässig.

Beispiel: Im Urteil des Amtsgerichts Pforzheim ist nicht angegeben, wer die Kosten des Rechtsstreits zu tragen hat. Der Kläger beantragt insoweit die Ergänzung des Urteils.
Gegen das Ergänzungsurteil, das den Beklagten zur Kostentragung verurteilt, legt dieser Berufung ein.

Form und Inhalt des Urteils (§ 313): Für Urteile ist im Gegensatz zu Verfügungen und zu Beschlüssen eine bestimmte Form vorgeschrieben. Das Urteil enthält:

- **die Überschrift:** Urteil
  Im Namen des Volkes!
- **das Rubrum:** die genaue Bezeichnung der Parteien, ihrer gesetzlichen Vertreter und Prozessbevollmächtigten,
  die Bezeichnung des Gerichts und der Richter, die bei der Entscheidung mitgewirkt haben;
- **den Urteilsspruch,** auch Urteilsformel oder Urteilstenor genannt;
- **den Tatbestand:** eine gedrängte Schilderung des Sach- und Streitstandes, der Parteianträge und des Beweisergebnisses;
- **die Entscheidungsgründe:** die tatsächlichen und rechtlichen Gründe, weshalb das Gericht so und nicht anders entschieden hat;
- **die Unterschrift der Richter.**

Eine vereinfachte Form gilt für Versäumnis- und Anerkennungsurteile (§ 313 b).

Des Tatbestandes bedarf es nicht, wenn ein Rechtsmittel gegen das Urteil nicht zulässig ist. In diesem Fall bedarf es auch keiner Entscheidungsgründe, wenn beide Parteien auf sie verzichten oder ihr wesentlicher Inhalt in das Protokoll aufgenommen worden ist (§ 313a, Abs. 1).

Des Tatbestandes und der Entscheidungsgründe bedarf es nicht, wenn beide Parteien auf Rechtsmittel gegen das Urteil verzichten (§ 313a, Abs. 2).

Die vereinfachte Form findet keine Anwendung insbesondere in Ehesachen, in Lebenspartnerschaftssachen nach § 661 Abs. 1 Nr. 2 und 3 und in Kinderschaftssachen (§ 313a, Abs. 4)

Die Arten der Urteile: Die Urteile können wie folgt eingeteilt und unterschieden werden:

- **Sachurteile** entscheiden über den eingeklagten Anspruch;
- **Prozessurteile** enthalten keine Sachentscheidung, sondern weisen die Klage wegen Fehlens einer Prozessvoraussetzung ab.

- **Versäumnis- und Anerkenntnisurteilen** fehlt der widersprechende Antrag, weil im ersten Fall eine Partei säumig ist, im zweiten Fall der Beklagte den Anspruch des Klägers ganz oder teilweise anerkennt.
- **Vollurteile** entscheiden über den ganzen Anspruch, **Teilurteile** nur über einen Teil des Anspruchs.
- **Vorbehaltsurteile** ergehen, wenn der Beklagte mit einer Gegenforderung aufrechnen will, die noch nicht entscheidungsreif ist, außerdem im Urkunden- und Wechselprozess[1]).
  Beispiel: Der Kläger klagt wegen einer Kaufpreisforderung, der Beklagte rechnet mit einer Schadensersatzforderung auf. Das Gericht verurteilt den Beklagten vorbehaltlich der Entscheidung über die Aufrechnung, In einem Nachverfahren wird die Aufrechnungsforderung geprüft.
- **Endurteile** beenden den Rechtsstreit für die Instanz. Hierzu gehören auch Prozessurteile, Versäumnis- und Anerkenntnisurteile, Vorbehaltsurteile, Grund und Teilurteile.
- **Zwischenurteile** entscheiden über eine Zwischenfrage, die für den Fortgang des Verfahrens Bedeutung hat. Zwischenurteile können grundsätzlich nur zusammen mit dem Endurteil durch Rechtsmittel angefochten werden.

  Durch Zwischenurteil kann auch über den Grund eines Anspruchs vorab entschieden werden **(= Grundurteil)**, wenn Grund und Betrag eines Anspruchs streitig sind. Das Grundurteil ist mit Berufung und Revision anfechtbar, die Zwangsvollstreckung kann daraus aber nicht betrieben werden.
  Beispiel: In einer Unfallsache verlangt der Kläger Schadensersatz wegen Minderung der Erwerbsfähigkeit. Der Beklagte bestreitet erstens sein Verschulden, zweitens die Höhe des verlangten Geldbetrages.
  Das Gericht entscheidet zunächst darüber, ob der Beklagte überhaupt schadensersatzpflichtig ist (Grundurteil).
  In einem *Nachverfahren* (Betragsverfahren) wird dann über die Höhe des Anspruchs entschieden, in der Regel erst, wenn das Grundurteil rechtskräftig geworden ist.

◆ Die Rechtskraft des Urteils

Urteile werden **rechtskräftig**, d. h. unanfechtbar,

- **mit ihrer Verkündung:**
  - wenn ein Rechtsmittel oder Rechtsbehelf nicht zulässig ist, z. B. Berufungsurteile der Landgerichte; Berufungsurteile der Oberlandesgerichte, wenn die Revision nicht zulässig ist;
  - wenn die Parteien auf Rechtsmittel verzichtet haben;
- **mit Ablauf der Rechtsmittelfrist, der Einspruchsfrist** oder der Frist für die Rüge nach § 321a (§ 705).
- Die **Zustellung des Urteils kann** vom Gericht auf übereinstimmenden Antrag der Parteien **bis zum Ablauf von fünf Monaten nach der Verkündung hinausgeschoben** und dadurch die Rechtskraft des Urteils verzögert werden[2]) (§ 317 Abs. 1), jedoch nicht in Ehe-, Familien- und Kindschaftssachen (§§ 618, 621c, 640 Abs. 1).
  Beispiel: Die Parteien machen nach Verkündung des Urteils nochmals einen Versuch, sich gütlich zu einigen. Ob der Versuch gelingen wird, ist zweifelhaft. Sie möchten deshalb den Beginn der Rechtsmittelfrist hinausschieben und stellen den entsprechenden Antrag. Das Urteil ist *spätestens sechs Monate nach der Verkündung* rechtskräftig (§ 517).

---

[1]) Näheres über Urkunden- und Wechselprozess siehe S. 238 f.
[2]) Dies gilt nicht für Versäumnisurteile.

Verkündete Versäumnisurteile werden nur der unterliegenden Partei zugestellt (§ 317 Abs. 1, S. 1).

Jede Partei kann beim Gericht erster Instanz ein **Rechtskraftzeugnis** beantragen). In Ehe- oder Kindschaftssachen wird den Parteien von Amts wegen ein Rechtskraftzeugnis erstellt (§ 706). Grundlage des Zeugnisses ist in der Regel das **Notfristzeugnis,** das von der Geschäftsstelle des nächsthöheren Gerichts ausgestellt wird. Es dient dem Nachweis, dass bis zum Ablauf der Notfrist kein Rechtsmittel eingelegt worden ist. Für die Zwangsvollstreckung hat das Rechtskraftzeugnis keine Bedeutung. Es dient meist der Rückforderung einer Sicherheit.

Beispiel: Das Urteil wurde gegen eine Sicherheitsleistung von 12 000,00 EUR für vorläufig vollstreckbar erklärt. Die Rechtsmittelfrist ist abgelaufen, ohne dass der Beklagte Berufung eingelegt hat. Das Urteil ist somit rechtskräftig. Der Kläger möchte die 12 000,00 EUR von der Hinterlegungsstelle zurückfordern. Hierzu benötigt er das Rechtskraftzeugnis.

Eine **Durchbrechung der Rechtskraft** sieht die ZPO in folgenden Fällen vor:

◆ durch eine **Abänderungsklage** (§ 323)

Ist der *Schuldner* **zu künftig fällig werdenden regelmäßig wiederkehrenden Leistungen verurteilt** worden, z. B. zu Unterhaltszahlungen[1] oder Rentenzahlungen, kann er, wenn in seinen **persönlichen oder Vermögensverhältnissen eine wesentliche Änderung** eingetreten ist, im Wege der Klage eine entsprechende Abänderung des Urteils verlangen.

Beispiel: Die Ehe des Schuldners ist geschieden. Er hat für seinen Sohn laut Urteil monatlich 800,00 EUR Unterhalt zu zahlen. Wegen Kurzarbeit beantragt er Herabsetzung des Unterhaltsbetrages.

Unter denselben Voraussetzungen kann der *Gläubiger* die Änderung des Urteils verlangen.

Beispiel: Der Vater des minderjährigen Fritz ist zur Unterhaltszahlung von monatlich 950,00 EUR verurteilt worden. Ein Jahr darauf wird Fritz schwer krank, er bedarf seither dauernder Pflege. Fritz beantragt die Erhöhung des Unterhaltsbetrages.

◆ durch **Wiederaufnahme des Verfahrens** (§§ 578 ff.)[2].

Wiederholungsaufgaben

1 Vor dem Amtsgericht findet in einem Prozess wegen Wildschadens der erste Verhandlungstermin statt. Nachdem die Parteien Platz genommen haben, schließt der Gerichtsdiener die Tür ab, um Neugierige auszusperren. Der Richter ruft die Sache auf. Er lässt aber weder die Anträge stellen noch den Beklagten zu Wort kommen.

Als dieser sich zur Klage äußern will, weist er ihn zurück mit der Bemerkung, es sei nur Zeitverschwendung, er habe ja alles bereits schriftlich vorgebracht. Im Übrigen habe der Kläger Recht. Darauf verkündet er das Urteil.

Gegen welche Verfahrensgrundsätze hat der Richter verstoßen?

2 a) Wodurch unterscheiden sich „beweisen und glaubhaft machen"?
b) Welche Beweismittel lässt das Gesetz zu?
c) Welche Mittel sind geeignet, eine Behauptung glaubhaft zu machen?
d) In welchen Fällen reicht zum Beispiel Glaubhaftmachen aus?

---

[1] Unterhaltstitel, die Minderjährige betreffen, können auf Antrag im **Vereinfachten Verfahren** gemäß §§ 641 ff. abgeändert werden. Näheres siehe S. 247.
[2] Näheres hierzu siehe S. 258 f.

Das ordentliche Verfahren (Klageverfahren)

3 Im Abstammungsprozess weigert sich der Beklagte wiederholt, zur Blutentnahme für eine Blutgruppenuntersuchung zu erscheinen. Wodurch kann der Beklagte gezwungen werden, die Blutabnahme zu dulden?

4 Raimund ist als Zeuge vor das Landgericht Hildesheim geladen worden. Er erkundigt sich bei Rechtsanwältin Brahe,
  a) ob er der Ladung Folge leisten müsse, obwohl er nichts aussagen könne,
  b) wozu er, falls er vor Gericht erscheine, verpflichtet sei,
  c) ob er als Vetter des Beklagten (ihre Mütter seien Schwestern) das Zeugnis verweigern könne,
  d) ob er sich gegen eine Vereidigung wehren könne.
  Welche Auskunft gibt Rechtsanwältin Brahe?

5 Der Beklagte behauptet vor Gericht, die Unterschrift auf dem vom Kläger vorgelegten Schuldschein sei gefälscht.
  a) Wer muss die Echtheit der Unterschrift beweisen?
  b) Auf welche Weise kann der Beweis erbracht werden?
  c) Wie läge der Fall, wenn der Kläger dem Gericht ein notariell beurkundetes Schuldanerkenntnis des Beklagten vorgelegt hätte?

6 Das Gericht hat Beweiserhebung angeordnet über die bestrittene Behauptung des Klägers, der Beklagte habe sich verpflichtet, die Wohnung bis 30. April zu räumen. Durch Vernehmung:
  a) des Beklagten im Wege der Parteivernehmung,
  b) der Haushälterin des Beklagten, wohnhaft beim Beklagten.
  Im Beweisaufnahmetermin erscheint weder der Beklagte noch seine Haushälterin. Wie verhält sich das Gericht?

7 In einer noch nicht rechtshängigen Streitsache kommt als einziger Zeuge der Vater des Klägers in Betracht. Der 84-jährige alte Herr ist geistig noch frisch, aber körperlich sehr geschwächt. Es besteht die Gefahr, dass er, wenn der Prozess beginnt, nicht mehr lebt. Der Beklagte, der den alten Herrn als Zeugen braucht, beantragt das selbstständige Beweisverfahren.
  a) Welches Gericht ist für das Verfahren zuständig?
  b) Welche der fünf Beweismittel können durch das Verfahren gesichert werden?
  c) Muss der Gegner mit der Durchführung des Verfahrens einverstanden sein oder ist seine Zustimmung entbehrlich?
  d) Welche Bedeutung haben die Beweisverhandlungen für den nachfolgenden Prozess?

8 a) Wer muss das Sitzungsprotokoll unterschreiben?
  b) Welche der folgenden Tatsachen und Vorkommnisse sind in das Sitzungsprotokoll aufzunehmen:
    1. der Beklagte erscheint im Termin mit Verspätung
    2. die Parteien sind Geschwister
    3. der Vertagungsantrag des Beklagten
    4. ein Anwaltswechsel
    5. ein Teilanerkenntnis des Beklagten
    6. das Vorbringen des Klägers, der Beklagte sei „übers Dach" verschuldet?

9 Aus welchen Gründen kann
  a) das Verfahren unterbrochen werden?
  b) das Ruhen des Verfahrens angeordnet werden?

10 a) Wodurch unterscheiden sich Klagezurücknahme und Klageverzicht?
  b) Weshalb vermeidet der Kläger möglichst eine Klagezurücknahme?
  c) Im ersten Termin erkennt der Kläger, dass er wenig Aussicht hat, den Prozess zu gewinnen. Er will die Klage zurücknehmen. Der Beklagte widerspricht mit Erfolg. Weshalb mit Erfolg?

Das Verfahrensrecht

11 Die Parteien vergleichen sich im Laufe des Prozesses und erklären übereinstimmend die Hauptsache für erledigt.

a) Wie verfährt das Gericht weiter?

b) Wie verfährt das Gericht, wenn in einer anderen Rechtssache der Kläger die Hauptsache für erledigt erklärt, der Beklagte aber widerspricht?

c) Wer hat jeweils die Kosten des Verfahrens zu tragen?

12 Die Parteien haben einen außergerichtlichen Vergleich geschlossen. Der Beklagte ließ sich ein Widerrufsrecht innerhalb von zwei Wochen einräumen.

a) Wodurch unterscheidet sich der außergerichtliche Vergleich vom Prozessvergleich?

b) Welche Wirkung hat der fristgerechte Widerruf des Vergleichs?

13 Wann ist das Urteil erlassen?

a) nach streitiger Verhandlung,

b) im schriftlichen Verfahren (§ 128 Abs. 2),

c) als Versäumnisurteil?

14 Der Rechtsanwalt des Klägers stellt in der vollstreckbaren Ausfertigung des am 12. April ergangenen Schadensersatzurteils des Amtsgerichts folgende Fehler fest:

a) Der Geldbetrag ist mit 2 500,00 EUR statt mit 2 800,00 EUR beziffert;

b) im Tatbestand sind Tatzeit und Wetterverhältnisse verschieden angegeben: Das eine Mal soll sich der Unfall mittags 12 Uhr bei „strahlendem Sonnenschein", das andere Mal nachts 12 Uhr bei „Nieselregen" zugetragen haben;

c) im Urteilstenor fehlt der Ausspruch über die vorläufige Vollstreckbarkeit des Urteils.

Auf welche Weise kann die Berichtigung des Urteils erreicht werden?

15 a) Welchen Inhalt (Form) hat ein Urteil nach streitiger Verhandlung in der Regel?

b) Unter welchen Voraussetzungen können die Parteien auf gewisse Bestandteile des Urteils verzichten?

c) Welche Urteile ergehen in vereinfachter Form?

16 Die Parteien unternehmen, obwohl das Urteil bereits am 3. Juli verkündet worden ist, einen Vergleichsversuch.

a) Welchen Antrag müssen sie so rasch wie möglich stellen?

b) Welchen Zweck verfolgt der Antrag?

c) Wann wird das Urteil spätestens rechtskräftig?

Abweichungen vom normalen Verfahren

A. Das Versäumnisverfahren (§§ 330 ff.)

Ein Zivilprozess kann auch dann durchgeführt und ein Urteil erlassen werden, *wenn eine Partei säumig ist,* d. h. im Verhandlungstermin nicht erscheint oder zwar erscheint, aber nicht verhandelt. Der Beklagte erscheint beispielsweise ohne Rechtsanwalt vor der Zivilkammer.

I. Das Versäumnisurteil

Ein *Versäumnisurteil* ergeht,

- **wenn eine Partei säumig ist und die erschienene Partei ein Versäumnisurteil beantragt.** Die Partei ist nicht säumig, wenn sie sich entschuldigt hat oder durch höhere Gewalt am Erscheinen verhindert ist. In einem solchen Fall wird die Verhandlung vertagt (§§ 227, 337). Sind beide Parteien säumig, kann das Gericht entweder das Ruhen des Verfahrens anordnen, einen neuen Verhandlungstermin bestimmen oder nach Aktenlage entscheiden (§§ 251, 251 a);
- **wenn beide Parteien ordnungsgemäß zum Termin geladen worden sind.** Die Ladung muss ihnen zugestellt und die Einlassungsfrist gewahrt sein;
- **wenn der nichterschienenen Partei das tatsächliche Vorbringen** oder ein Antrag des Gegners durch Schriftsatz **bekannt** ist, **und** zwar **mindestens eine Woche vor dem Termin** (§ 132 Abs. 1);
  Beispiel: In Sachen Leibinger gegen Siefel erscheint der Beklagte nicht zum Termin. Leibinger trägt mündlich vor, der Beklagte sei seit Einreichung der Klage mit weiteren 800,00 EUR in Verzug gekommen. Er erhöhe insoweit den Klageanspruch und beantrage Versäumnisurteil. Das Gericht weist den Kläger darauf hin, dass kein Versäumnisurteil ergehen könne, weil dem Beklagten die Erhöhung des Anspruchs nicht durch Schriftsatz mitgeteilt worden ist. Der Kläger stellt hierauf Vertagungsantrag.
- **wenn sämtliche Prozessvoraussetzungen vorliegen,** z. B. Zulässigkeit des Rechtswegs, Zuständigkeit des Gerichts, Partei- und Prozessfähigkeit.
  Fehlt eine Prozessvoraussetzung und kann der Mangel nicht beseitigt werden, wird die Klage durch ein **„unechtes Versäumnisurteil"** (Prozessurteil) abgewiesen. Hiergegen sind die ordentlichen Rechtsmittel (Berufung, Revision) gegeben.
  Beispiel: Tölz beantragt im Termin vor dem Amtsgericht Versäumnisurteil. Für den Rechtsstreit ist jedoch das Sozialgericht zuständig. Das Gericht kann die Klage durch Prozessurteil (hier unechtes Versäumnisurteil) abweisen, weil der Mangel der Zulässigkeit des Rechtswegs nicht beseitigt werden kann.
- **wenn die Klage schlüssig ist,** d. h. wenn das Vorbringen des Klägers den Schluss zulässt, dass sein Klageantrag gerechtfertigt ist.
  Ist die Klage nicht schlüssig, wird sie abgewiesen. Das Urteil ist kein Versäumnisurteil, es kann mit den ordentlichen Rechtsmitteln (Berufung, Revision) angefochten werden. (§ 331 Abs. 2).
  Beispiel: Funk beantragt gegen den säumigen Beklagten Versäumnisurteil auf Zahlung von 4 000,00 EUR aus Darlehen.
  Aus dem Klagevorbringen ergibt sich, dass die Darlehensforderung noch nicht fällig, die Klage somit nicht schlüssig ist. Das Gericht weist die Klage ab.

Das Versäumnisurteil ergeht meist auf Antrag des Klägers, selten auf Antrag des Beklagten. Ist der Kläger ausnahmsweise säumig, wird die Klage auf Antrag des Beklagten ohne Prüfung der Sachlage durch Versäumnisurteil abgewiesen (§ 330). **Beantragt der Kläger das Versäumnisurteil und liegen sämtliche Voraussetzungen vor, werden die Tatsachen, die der Kläger vorbringt, als wahr unterstellt; ein Versäumnisurteil ergeht entsprechend dem Klageantrag.**

Das Urteil ist ausdrücklich als Versäumnisurteil zu bezeichnen. Es ergeht häufig in abgekürzter Form (§ 313 b) und wird auf die Klageschrift gesetzt oder mit der Klageschrift verbunden.

Beispiel:

> Versäumnisurteil
>
> Im Namen des Volkes!
>
> Erkannt nach dem Antrag der Klageschrift.
> Das Urteil ist vorläufig vollstreckbar.
>
> Amtsgericht
>
> Richter

Im schriftlichen Vorverfahren kann das Versäumnisurteil ohne mündliche Verhandlung[1] **ergehen** (§§ 276, 331 Abs. 3). Der Antrag ist jedoch zurückzuweisen (§ 335 Abs. 1 Ziff. 4),

- ◆ wenn dem Beklagten die Notfrist zur Anzeige seines Verteidigungswillens (§ 276 Abs. 1) nicht mitgeteilt worden ist oder
- ◆ wenn er über die Folgen der Notfristversäumung (§ 276 Abs. 2) nicht belehrt worden ist.

Versäumnisurteile werden nur der unterlegenen Partei zugestellt (§ 317 Abs. 1, S. 1). Sind sie jedoch **im schriftlichen Vorverfahren** ergangen, werden sie **beiden Parteien** zugestellt, weil hier die Verkündung durch die Zustellung ersetzt wird (§ 310 Abs. 3).

II. Der Einspruch gegen das Versäumnisurteil (§§ 338 ff.)

Gegen das Versäumnisurteil kann die unterlegene Partei beim Prozessgericht schriftlich Einspruch einlegen (§ 340 Abs. 1), und zwar innerhalb einer **Notfrist von zwei Wochen** seit Zustellung des Versäumnisurteils (§ 339 Abs. 1). Der Einspruch kann auf einen Teil des Versäumnisurteils beschränkt werden.

Die Einspruchsschrift hat die Angriffs- und Verteidigungsmittel zu enthalten (§ 340 Abs. 3), vor allem auch die Rügen, die die Zulässigkeit der Klage betreffen.

Auf Antrag, der innerhalb der Einspruchsfrist zu stellen ist, kann das Gericht **die Frist für die Begründung des Einspruchs verlängern.**

Bereits bei der Zustellung des Versäumnisurteils hat das Gericht auf die Folgen einer Fristversäumung hinzuweisen, nämlich auf die Möglichkeit, *Angriffs- und Verteidigungsmittel zurückzuweisen* (§ 296).

Die Einspruchsschrift ist *der Gegenpartei zuzustellen* und ihr gleichzeitig mitzuteilen, wann die Zustellung des Versäumnisurteils erfolgt und Einspruch eingelegt worden ist (§ 340 a).

[1] Siehe hierzu S. 215.

Das Gericht hat die **Zulässigkeit des Einspruchs von Amts wegen** zu prüfen, d.h.
- ob der Einspruch an sich statthaft ist (§ 338),
- ob er fristgemäß eingelegt worden ist (§ 339),
- ob er der vorgeschriebenen Form entspricht (§ 340 Abs. 2).

Ob der Einspruch begründet ist, spielt bei der Zulässigkeitsprüfung keine Rolle.

Fehlt eines der oben genannten Erfordernisse, wird der Einspruch als **unzulässig verworfen** (§ 341, Abs. 1). Das Urteil kann ohne mündliche Verhandlung ergehen (§ 341, Abs. 2).

Wird der Einspruch nicht als unzulässig verworfen, bestimmt das Gericht einen Termin zur mündlichen Verhandlung über den Einspruch und die Hauptsache und macht ihnen den Parteien bekannt (§ 341a).

Ist der Einspruch zulässig, wird zur Hauptsache verhandelt. Der Prozess wird, „soweit der Einspruch reicht, in die Lage zurückversetzt, in der er sich vor Eintritt der Versäumnis befand" (§ 342). Der durch den Einspruch nicht angefochtene Teil des Versäumnisurteils wird rechtskräftig.

Obsiegt der Kläger, wird das Versäumnisurteil aufrechterhalten oder, falls der Klageantrag geändert wurde, der Urteilsspruch neu gefasst.

Beispiel: Laut Versäumnisurteil hat der Beklagte an den Kläger entsprechend dem Klageantrag 800,00 EUR Schadensersatz zu zahlen. Nach Einspruch des Beklagten wird zur Hauptsache verhandelt. Der Kläger erhöht im Laufe des Prozesses den Klageanspruch um 400,00 EUR. Der Klage wird in vollem Umfang stattgegeben. Der Urteilsspruch wird etwa wie folgt neu gefasst:

„1. Das Versäumnisurteil des Amtsgerichts ... vom ... wird aufrechterhalten.
2. Außerdem wird der Beklagte verurteilt, an den Kläger 400,00 EUR nebst 8 % Zinsen zu zahlen.
3. Der Beklagte trägt die Kosten des Rechtsstreites.
4. Das Urteil ist vorläufig vollstreckbar."

Obsiegt der Beklagte, wird das Versäumnisurteil aufgehoben und die Klage abgewiesen.

Ist die Partei, die den Einspruch eingelegt hat, *im Einspruchstermin wiederum säumig,* wird der Einspruch durch Urteil verworfen. Gegen dieses zweite Versäumnisurteil steht der säumigen Partei ein weiterer Einspruch nicht zu (§ 345)[1]. Ist die Partei jedoch erst im darauf folgenden Termin säumig, kann erneut ein Versäumnisurteil ergehen, gegen welches der Einspruch statthaft ist.

B. Die Entscheidung nach Lage der Akten (§§ 331 a, 251 a Abs. 1)

Das Versäumnisverfahren hat praktische Bedeutung, wenn der Beklagte im ersten Termin ausbleibt. In der Regel deshalb, weil er gegen den Kläger nichts vorbringen kann, sich aber auch nicht durch ein Anerkenntnis binden will. Hat der Beklagte aber bereits in einem Termin verhandelt und befindet sich genügend Prozessstoff bei den Akten, ist es für die erschienene Partei günstiger, statt eines Versäumnisurteils eine Entscheidung nach Lage der Akten zu erwirken. Denn das Versäumnisurteil ist nur ein Scheinsieg, weil es durch den Einspruch, ver-

---

[1] Jedoch ist die Berufung möglich, wenn ein Fall der Versäumung nicht vorgelegen hat (§ 513 Abs. 2). Die Berufungssumme braucht hier 600,00 EUR nicht zu übersteigen.

bunden mit dem Antrag auf einstweilige Einstellung der Zwangsvollstreckung „lahm gelegt" werden kann. Jedenfalls kann der Beklagte auf diese Weise den Prozess hinausziehen.

Ein Urteil nach Lage der Akten dagegen beendet den Prozess in der Instanz; es kann nur ergehen, wenn die Sachlage hinreichend geklärt ist, und nur mit den ordentlichen Rechtsmitteln angefochten werden.

Auch andere Entscheidungen als Urteile können nach Lage der Akten ergehen, z. B. ein Beweisbeschluss, ein Verweisungsbeschluss.

Sind beide Parteien säumig, kann eine Entscheidung nach Aktenlage auch von Amts wegen ergehen (§ 251 a).

C. Das schriftliche Verfahren (§ 128 Abs. 2 und 3)

Grundsätzlich verhandeln die Parteien mündlich vor dem erkennenden Gericht (§ 128 Abs. 1). In Ausnahmefällen kann das Gericht mit **Zustimmung der Parteien** eine Entscheidung **ohne mündliche Verhandlung** treffen. Das Gericht bestimmt den Zeitpunkt, bis zu welchem Schriftsätze eingereicht werden können, und zugleich den Termin zur Verkündung der Entscheidung (§ 128, Abs. 2).

Eine Entscheidung ohne mündliche Verhandlung ist ausgeschlossen, wenn seit der Zustimmung der Parteien mehr als drei Monate vergangen sind.

Von Amts wegen kann eine Entscheidung ohne mündliche Verhandlung ergehen, wenn nur noch über die Kosten zu entscheiden ist (§ 128, Abs. 3)

Grundsätzlich können alle Entscheidungen des Gerichts, die nicht Urteile sind (z.B. Beschlüsse, Verfügungen) ohne mündliche Verhandlung ergehen (§ 128, Abs. 4).

Wiederholungsaufgaben

1 Unter welchen Voraussetzungen kann ein Versäumnisurteil ergehen?

2 Zu prüfen ist, weshalb in den folgenden Fällen kein Versäumnisurteil ergehen kann:
   a) Der Beklagte erscheint im Termin nicht. Die Richterin stellt anhand der Akten fest, dass versäumt worden ist, den Beklagten zum Termin zu laden.
   b) Die Klageschrift samt Ladung ist dem Beklagten zugestellt worden. Im Termin bleibt der Beklagte aus. Der Kläger beantragt Versäumnisurteil und erhöht zugleich den Klageanspruch um 500,00 EUR. Auf die Frage des Gerichts erklärt der Kläger, er habe die Erhöhung dem Beklagten telefonisch angekündigt.
   c) Der Kläger trägt vor, der Beklagte schulde ihm rückständige Darlehenszinsen seit 1. Januar .. für drei Jahre. Er legt den Darlehensvertrag vor, der keine Zinsvereinbarung enthält. Der letzte Satz des Vertrages lautet „Mündliche Abmachungen sind unwirksam."
   d) Versäumnisurteil wird gegen den säumigen Beklagten beantragt. Auf Frage des Gerichts gibt der Kläger das Alter des Beklagten mit 17 Jahren an.
   e) Im ersten Termin ist der in Walddorf wohnende Beklagte säumig. Die Richterin hat im Rundfunk vor Dienstbeginn gehört, dass die Straßen um Walddorf wegen Hochwassers überflutet sind.
   f) Siebert hat gegen Lohmann beim Amtsgericht Nienburg Klage auf Zahlung von 1 120,00 EUR eingereicht; im Termin ist Lohmann nicht erschienen. Siebert beantragt Versäumnisurteil. Die Richterin stellt fest, dass Lohmann der frühere Arbeitgeber des Siebert ist und es sich bei dem eingeklagten Betrag um rückständigen Arbeitslohn handelt.

3 Der Beklagte hat gegen das Versäumnisurteil Einspruch eingelegt. Das Amtsgericht bestimmt von Amts wegen Termin. Im Termin ist der Beklagte wiederum säumig. Urteil ergeht. Wie lautet der Tenor der Entscheidung?

4 a) Weshalb ist ein Urteil nach Aktenlage für die obsiegende Partei günstiger als ein Versäumnisurteil?
   b) Unter welcher Voraussetzung kann eine Entscheidung nach Aktenlage von Amts wegen ergehen?

5 Unter welchen Voraussetzungen kann das Gericht von Amts wegen eine Entscheidung ohne mündliche Verhandlung treffen?

6 Ein Urteil ist im schriftlichen Verfahren ergangen und den Parteien von Amts wegen zugestellt worden.
   a) Wann ist das Urteil erlassen?
   b) Wann wird das Urteil rechtskräftig?

Besondere Verfahrensarten

Die ZPO sieht einige Verfahrensarten vor, die im Vergleich zum ordentlichen Verfahren Besonderheiten aufweisen. Hierzu gehören insbesondere

- der Urkunden- und Wechselprozess,
- das Verfahren in Ehe-, Familien- und Kindschaftssachen.

A. Der Urkunden- und Wechselprozess (§§ 592 ff.)

I. Der Urkundenprozess

Der Urkundenprozess ist ein **abgekürztes Verfahren,** das dem Kläger rasch einen Vollstreckungstitel verschaffen soll. Folgende Ansprüche können im Urkundenprozess geltend gemacht werden:

- **Ansprüche auf Zahlung einer bestimmten Geldsumme,**

    Beispiele: eine Kaufpreisforderung von 4 000,00 EUR, dagegen nicht ein Anspruch auf Schadensersatz, dessen Höhe vom Gericht festgesetzt werden muss.

    Ansprüche aus Hypotheken, Grundschulden und Rentenschulden gelten als Zahlungsansprüche.

- **Ansprüche auf Leistung einer bestimmten Menge anderer vertretbarer Sachen oder Wertpapiere.**

    Beispiel: auf Lieferung von 50 Kilopaketen Zucker oder von fünf VW-Aktien.

Der Kläger kann wählen, ob er einen solchen Anspruch im Urkundenprozess oder im ordentlichen Verfahren einklagen will. Wählt er den Urkundenprozess, gelten folgende **Besonderheiten:**

- Die Klage muss **ausdrücklich als „Klage im Urkundenprozess" bezeichnet** werden.
- **Sämtliche zur Begründung des Anspruchs geltend gemachte Tatsachen müssen durch Urkunden bewiesen werden.**

    Beispiel: Mielsch klagt gegen Schober auf Rückzahlung eines Darlehens von 4 000,00 EUR. Zur Begründung seines Anspruchs legt er den Darlehensvertrag vor.

    Zum Beweis der Echtheit oder Unechtheit einer Urkunde oder zum Beweis von Einreden ist außerdem **Parteivernehmung** gestattet.

    Beispiel: Im oben angeführten Beispiel wendet Schober ein, der Kläger habe ihm die Schuld erlassen. Er beantragt, den Kläger als Partei zu vernehmen.

- Die Urkunden **sind der Klage in Urschrift oder beglaubigter Abschrift beizufügen.** Werden sie erst einem vorbereitenden Schriftsatz beigefügt, läuft die *Einlassungsfrist erst ab Zustellung des Schriftsatzes* an den Beklagten (§ 593 Abs. 2).

- Im Urkundenprozess sind **Widerklagen nicht statthaft** (§ 595).

◆ Der Kläger kann **ohne Zustimmung des Beklagten** bis zum Schluss der mündlichen Verhandlung **„vom Urkundenprozess Abstand nehmen"**. Das Verfahren bleibt dann im ordentlichen Verfahren anhängig (§ 596).

Beispiel: Mielsch erkennt, dass er den Beweis nicht allein mit Urkunden führen kann. Er erklärt den Abstand vom Urkundenprozess, damit er im ordentlichen Verfahren andere Beweismittel vorbringen kann.

◆ Ist der **Klageanspruch unbegründet,** wird die **Klage durch Urteil abgewiesen.** Das Urteil kann mit den ordentlichen Rechtsmitteln angefochten werden.

Ist der Klageanspruch begründet, hat der Beklagte der Klage aber widersprochen, ergeht ein so genanntes **Vorbehaltsurteil.** Darin wird dem Beklagten vorbehalten, seine Rechte **mithilfe sämtlicher Beweismittel in einem Nachverfahren** (ordentlichen Verfahren) geltend zu machen.

Im Nachverfahren stellt der Beklagte den Antrag, „das Vorbehaltsurteil aufzuheben und die Klage abzuweisen", der Kläger beantragt, „das Vorbehaltsurteil für vorbehaltlos zu erklären".

II. Der Wechsel- und Scheckprozess (§§ 602 ff.)

Wechsel- und Scheckprozess sind **Unterarten des Urkundenprozesses.** Was über den Urkundenprozess gesagt wurde, gilt grundsätzlich auch für diese beiden Prozessarten. Folgende besondere Vorschriften sind zu beachten:

◆ Die **Klage muss als Wechselklage oder Scheckklage bezeichnet werden.**

Kläger ist der Inhaber des Wechsels (Schecks), Beklagte sind die vom Kläger in Anspruch genommenen Wechselverpflichteten (Scheckverpflichteten).

Beispiele: der Aussteller, der Bezogene, die dem Kläger vorgehenden Indossanten.

Der Klage ist der **Wechsel (Scheck) in beglaubigter Abschrift beizufügen,** zweckmäßig auch die Kostenrückrechnung des Kreditinstituts.

◆ **Die örtliche Zuständigkeit ist besonders geregelt.**

Zuständig ist das **Gericht des Zahlungsortes oder das Gericht, bei dem der Beklagte oder einer der Beklagten seinen allgemeinen Gerichtsstand hat.**

Der Kläger kann das für ihn am günstigsten gelegene Gericht wählen.

◆ Die **sachliche Zuständigkeit** richtet sich nach dem **Streitwert.** Das ist der auf dem Wechsel (Scheck) bezeichnete Betrag **(Nennwert).** Zinsen und Kosten bleiben außer Betracht (§ 4 Abs. 2). **Im Landgerichtsprozess ist die Kammer für Handelssachen zuständig.**

◆ **Besonders** geregelt *sind auch die* **Ladungsfristen** (§§ 604, 217):

Die **Einlassungsfrist** – sie betrifft nur den Beklagten – beträgt stets zwei Wochen (§ 274 Abs. 3).

Beispiel: Ein Wechsel über 5 500,00 EUR soll eingeklagt werden. Der Kläger nimmt den Aussteller und den Bezogenen in Anspruch. Der Kläger und der Aussteller des Wechsels wohnen in Stuttgart, der Bezogene in Heilbronn.

Die Klage kann beim LG Stuttgart oder beim LG Heilbronn eingereicht werden. Der Kläger wählt Stuttgart als das für ihn günstiger gelegene Gericht.

Die Einlassungsfrist für den Aussteller und für den Bezogenen beträgt zwei Wochen. Wurde die Klage beiden Beklagten am 3. November zugestellt, kann der erste Verhandlungstermin frühestens am 18. November stattfinden. Dem Kläger muss die Ladung zum Termin spätestens am 17. November zugestellt sein, d. h. 24 Stunden vor Terminbeginn (§ 604 Abs. 2 S.1).

III. Das Wechselmahnverfahren (§ 703 a)

Der schnellste Weg, zu einem Vollstreckungstitel zu kommen, führt über das Wechselmahnverfahren[1]). Der Inhaber des Wechsels beantragt einen **„Wechselmahnbescheid"**. Dem Antrag braucht der Wechsel nicht beigefügt zu werden, es genügt, wenn er darin bezeichnet wird. Erst wenn es zum Streitverfahren kommt, muss der Wechsel in Urschrift oder in Abschrift samt den erforderlichen Abschriften für die Beklagten der Anspruchsbegründung (§ 703a, Abs. 2) beigefügt werden.

Dasselbe gilt für die Kostenbelege. **Wird kein Widerspruch erhoben, ergeht** auf Antrag des Antragstellers der **Vollstreckungsbescheid.**

Wird jedoch rechtzeitig[2]) **Widerspruch** erhoben, gilt Folgendes:

◆ Wird **uneingeschränkter Widerspruch** erhoben, **geht das Wechselmahnverfahren in den Wechselprozess** über. Hier ergeht, wenn der Beklagte dem Klageanspruch erfolglos widersprochen hat, ein **Vorbehaltsurteil.** Der Beklagte kann seine Rechte in einem Nachverfahren (ordentlichen Verfahren) geltend machen.

◆ **Schränkt der Schuldner den Widerspruch** in der Art **ein,** dass er nur beantragt, **ihm vorzubehalten, seine Rechte in einem Nachverfahren geltend zu machen,** wird auf Antrag des Gläubigers der Vollstreckungsbescheid erlassen. Dieser enthält aber den vom Schuldner beantragten Vorbehalt (**Vorbehaltsvollstreckungsbescheid**).

Das Wechselmahnverfahren geht dann **unmittelbar** in das Nachverfahren über.

B. Das Verfahren in Familiensachen, in Kindschaftssachen und das Verfahren über den Unterhalt Minderjähriger (§§ 606 ff.)

I. Überblick

Welche Angelegenheiten **Familiensachen** sind, bestimmt § 23 b GVG. Hierzu gehören

◆ **Ehesachen** (§§ 606 ff.):
  – das Verfahren auf Scheidung oder Aufhebung einer Ehe,
  – das Verfahren auf Feststellung des Bestehens oder Nichtbestehens einer Ehe,
  – das Verfahren auf Herstellung des ehelichen Lebens.

---

[1]) Das Wechselmahnverfahren entspricht dem allgemeinen „gerichtlichen Mahnverfahren": siehe S. 192 f.
[2]) d. h. solange der Vollstreckungsbescheid nicht verfügt ist (§ 694).

Besondere Verfahrensarten

◆ **Andere Familiensachen** (§§ 621 ff.): Die anderen Familiensachen (Familiensachen außer Ehesachen) werden entweder als **selbstständige Familiensachen oder im Verbund mit der Scheidung** als **Scheidungsfolgesache** verhandelt und entschieden (§ 623).

Das Verfahren richtet sich in den folgenden Fällen des § 621 Abs. 1 nach den **Vorschriften der ZPO**:

◆ Regelung der durch Verwandtschaft begründeten gesetzlichen Unterhaltspflicht (Nr. 4),
◆ Regelung der durch Ehe begründeten gesetzlichen Unterhaltspflicht (Nr. 5),
◆ Verfahren, die Ansprüche aus dem ehelichen Güterrecht betreffen (Nr. 8).

Die Vorschriften des FGG, die zum Teil durch Vorschriften der ZPO ersetzt werden, sind anzuwenden, wenn sie betreffen (§§ 621, Abs. 1, 621a, Abs. 1):

◆ die Regelung der elterlichen Sorge für ein Kind (Nr. 1),
◆ die Regelung des Umgangs mit dem Kinde (Nr. 2),
◆ die Herausgabe des Kindes, für das die elterliche Sorge besteht (Nr. 3),
◆ den Versorgungsausgleich (Nr. 6),
◆ die Rechtsverhältnisse an der Ehewohnung und dem Hausrat (Nr. 7),
◆ die Verfahren nach § 1382 BGB (Stundung der Ausgleichsforderung und § 1383 BGB Übertragung von Vermögensgegenständen) (Nr. 9).
◆ Kindschaftssachen (Nr. 10),

Gegen die im ersten Rechtszug ergangenen Entscheidungen in selbstständigen Familiensachen des § 621 Abs. 1 Nr. 1–3, 6, 7, 9, 10 (Verfahren nach FGG) findet die Beschwerde statt, in den Fällen der Nr. 1–3, 6, 10, 12 auch die Rechtsbeschwerde, wenn das Oberlandesgericht sie im Beschluss zugelassen hat (§ 621 e).

Gegen Entscheidungen nach § 621 Abs. 1 Nr. 4, 5, 8, 10 ist die Berufung statthaft. Gegen Berufungsurteile in diesen Fällen ist die Revision gegeben, wenn das Oberlandesgericht sie im Urteil zugelassen hat (§ 621 d).

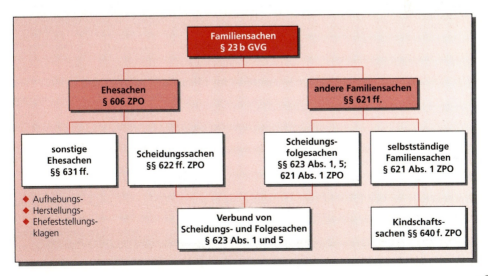

Keine Familiensache ist

◆ das Verfahren über den Unterhalt Minderjähriger (§§ 641 l – 644),

In Familien- und Kindschaftssachen ist das Oberlandesgericht Berufungs- und Beschwerdegericht (§ 119 Abs. 1 Nr. 1 GVG).

II. Das Verfahren in Ehesachen

1. Allgemeine Vorschriften

Für Ehesachen gelten in erster Instanz die Vorschriften für das Verfahren vor den Landgerichten entsprechend (§ 608). Darüber hinaus gelten folgende Besonderheiten:

◆ **Das Verfahren ist nicht öffentlich** (§ 170 GVG).

◆ **Die Zuständigkeit** des Gerichts ist **ausschließlich geregelt:**

Sachlich zuständig sind in 1. Instanz die Abteilungen für Familiensachen bei den Amtsgerichten (Familiengericht, § 23 b Abs. 1 S. 2 Ziff. 1 GVG). Sie sind mit Familienrichtern besetzt (§ 23 b Abs. 3 GVG).

Örtlich zuständig (§ 606) ist grundsätzlich das Familiengericht, in dessen Bezirk die Ehegatten ihren gemeinsamen gewöhnlichen Aufenthalt haben. Falls ein solcher im Inland fehlt, ist das Familiengericht zuständig, in dessen Bezirk *ein Ehegatte mit den gemeinsamen minderjährigen Kindern wohnt.*

Trifft weder das eine noch das andere zu, ist das Familiengericht zuständig, in dessen Bezirk die Ehegatten ihren letzten gemeinsamen gewöhnlichen Aufenthalt hatten, *wenn noch ein Ehegatte dort wohnt;*

wenn nicht, das Familiengericht, in dessen Bezirk die *beklagte Partei* ihren gewöhnlichen Aufenthalt hat;

falls ein solcher im Inland fehlt, das Familiengericht, in dessen Bezirk der gewöhnliche Aufenthaltsort des *Klägers* gelegen ist;

leben beide Parteien im Ausland, ist das Familiengericht beim *Amtsgericht Schöneberg in Berlin* zuständig.

◆ Der **beschränkt geschäftsfähige Ehegatte ist im Eheprozess prozessfähig** (§ 607). Den Eheprozess des geschäftsunfähigen Ehegatten führt sein gesetzlicher Vertreter. Für den Scheidungsantrag und die Aufhebungsklage braucht er die Genehmigung des Vormundschaftsgerichtes; zur Erhebung der Eheherstellungsklage ist er nicht befugt (§ 607 Abs. 2).

◆ Die Prozessbevollmächtigten haben **dem Gericht eine Vollmacht vorzulegen** (§ 609), aus der sich die Art des Verfahrens ergibt, z. B. wegen Ehescheidung, wegen Eheaufhebung.

◆ **Eheurteile wirken für und gegen alle;** d. h. nicht nur die Ehegatten, sondern auch Dritte können sich auf das Urteil berufen.

Beispiel: Die Ehe des Prokuristen Max Fehrle wurde geschieden. Nach seinem Tode bestreiten seine gesetzlichen Erben – Fehrle hat kein Testament hinterlassen – zu Recht ein Erbrecht der geschiedenen Ehefrau.

- In Ehesachen ist der Verhandlungsgrundsatz weitgehend *zugunsten des* **Untersuchungsgrundsatzes** zurückgedrängt (§§ 616, 617):

  Das Gericht kann **von Amts wegen** Tatsachen und Beweismittel berücksichtigen, die von den Parteien nicht vorgebracht wurden; in Verfahren auf Scheidung oder Aufhebung der Ehe oder auf Herstellung des ehelichen Lebens aber nur, soweit sie der Aufrechterhaltung der Ehe dienen (**ehefreundliche Tatsachen**).

  Das Verfahren auf **Aufhebung einer Ehe** wird durch Einreichung einer **Antragsschrift** anhängig (§ 631 Abs. 2). Antragsberechtigt sind, je nachdem gegen welche Vorschrift verstoßen wurde, der Ehegatte, die zuständige Verwaltungsbehörde oder die dritte Person im Fall der Bigamie (§ 1316).

  Das Verfahren auf **Feststellung des Bestehens oder Nichtbestehens einer Ehe** setzt eine **Klage** voraus. Eine **Widerklage** ist nur statthaft, wenn sie eine Feststellungsklage der genannten Art ist (§ 632 Abs. 2).

  Bleibt der Kläger im Termin zur mündlichen Verhandlung aus, ergeht **Versäumnisurteil** dahin, dass die Klage als zurückgenommen gilt (§ 632 Abs. 4).

- Ein **Versäumnisurteil gegen die beklagte Partei ist unzulässig** (§ 612 Abs. 4). Bleibt sie im ersten Termin aus, wird die Verhandlung in der Regel vertagt. Ist die Partei weiterhin säumig, wird *einseitig verhandelt*. Das Vorbringen des Antragstellers wird jedoch sorgfältig geprüft und nicht – wie im gewöhnlichen Verfahren – der Entscheidung als wahr zugrunde gelegt. Beweise werden erhoben und vom Gericht frei gewürdigt. Je nachdem wird die Ehe geschieden oder die Klage abgewiesen.

- Das **schriftliche Vorverfahren** und die Bestimmung der Frist zur Klageerwiderung sind **in Ehesachen ausgeschlossen** (§ 611 Abs. 2), ebenso das Hinausschieben der Urteilszustellung (§ 618).

- **Erst mit Rechtskraft des Urteils ist die Ehe aufgelöst** (§ 1564 BGB).

2. Besondere Vorschriften für Scheidungs- und Folgesachen

Grundsätzlich sind für den Fall der Scheidung auch die **Scheidungsfolgen** zu regeln. **Verbund**[1] **von Scheidungs- und Folgesachen,** §§ 623, 621 Abs. 1.

Dazu gehören:

- die Regelung der elterlichen Sorge für ein Kind,
- die Regelung des Umgangs mit einem Kind,
- die Herausgabe eines Kindes, für das die elterliche Sorge besteht,
- die durch Verwandtschaft begründete gesetzliche Unterhaltspflicht,
- der Versorgungsausgleich,
- die Regelung der Rechtsverhältnisse an der Ehewohnung und am Hausrat,
- die Ansprüche aus dem ehelichen Güterrecht,
- Kindschaftssachen,
- Ansprüche nach §§ 1615l bis 1615m BGB.

---

[1] Der Verbund ist nur in einer Scheidungssache möglich. Neben einer anderen Ehesache (z. B. Eheaufhebungsklage) werden andere Familiensachen (z. B. Regelung der elterlichen Sorge, des Unterhalts) als selbstständige Familiensachen geführt.

Das Verfahrensrecht

Für das Verfahren gelten neben den allgemeinen Vorschriften folgende wichtige **Sonderbestimmungen:**

- Das Verfahren auf Scheidung wird durch Einreichung einer **Antragsschrift** (nicht Klageschrift!) anhängig (§ 622 Abs. 1).

- Der für die Scheidungssache zum Prozessbevollmächtigten bestellte Rechtsanwalt ist zugleich zur Vertretung in den Folgesachen berechtigt (§ 624 Abs. 1).

  Hat in einer Scheidungssache der Antragsgegner keinen Prozessbevollmächtigten bestellt, so ordnet ihm das Gericht *von Amts wegen* einen Rechtsanwalt bei, wenn dies zum Schutz des Antragsgegners erforderlich erscheint (§ 625).

- Die Vorschriften über die Klageschrift gelten entsprechend. Jedoch treten an Stelle von „Kläger" und „Beklagter" die Bezeichnungen **Antragsteller** und **Antragsgegner.**

- Die Antragsschrift (§ 622) muss Angaben darüber enthalten,
  - ob gemeinschaftliche minderjährige Kinder vorhanden sind,
  - ob sonstige Familiensachen[1] anderweitig anhängig sind.

  Haben die Ehegatten kürzere Zeit als drei Jahre, jedoch mindestens ein Jahr getrennt gelebt, so muss die Antragsschrift noch enthalten (§ 630 Abs. 1):
  - die Mitteilung, daß der andere Ehegatte ebenfalls die Scheidung beantragen oder der Scheidung zustimmen wird,
  - die Erklärungen der Ehegatten über die Regelung der elterlichen Sorge und das Recht des Umgangs mit dem Kinde,
  - die Einigung der Ehegatten über die Regelung der gesetzlichen Unterhaltspflichten und die Rechtsverhältnisse an Ehewohnung und Hausrat. Nur wenn hierüber bereits ein vollstreckbarer Schuldtitel vorliegt, soll das Gericht dem Scheidungsantrag stattgeben.

- Ist auf Antrag eines Ehegatten auch über Familiensachen des § 621 Abs. 1 Nr. 5-9, Abs. 2 S. 1 Nr. 4 zu entscheiden (die Ehegatten haben keine diesbezügliche Vereinbarung getroffen), so ist hierüber **gleichzeitig und zusammen mit der Scheidungssache zu verhandeln** und, falls der Scheidung stattgegeben wird, auch durch **einheitliches** Urteil zu entscheiden (§§ 623 Abs. 1, 629 Abs. 1). Die Regelung des Versorgungsausgleichs erfolgt jedoch von Amts wegen.

- **Das Gericht gibt dem Scheidungsantrag grundsätzlich erst statt, wenn die Scheidungsfolgen geregelt sind.**

  Ausnahmsweise kann es dem Scheidungsantrag vor der Entscheidung über Folgesachen stattgeben (§ 628 Abs. 1).

- **Vor Rechtskraft des Scheidungsausspruchs werden die Entscheidungen in Folgesachen nicht wirksam** (§ 629 d).

---

[1] Die in § 621 Abs. 1 aufgeführten Familiensachen (siehe S. 241 f.) können, ohne dass ein Scheidungsantrag gestellt ist, als selbstständige Familiensachen verhandelt und entschieden werden (so z. B. wenn die Ehegatten getrennt leben, sich aber nicht scheiden lassen wollen). Sachlich zuständig ist ausschließlich das Familiengericht. Die örtliche Zuständigkeit richtet sich nach den allgemeinen Vorschriften (siehe S. 242). Wird jedoch eine Ehesache später rechtshängig, so ist eine bereits anhängige Familiensache an das Familiengericht der Ehesache zu verweisen oder abzugeben (§ 621 Abs. 3).

Besondere Verfahrensarten

- **Wird eine Scheidungssache abgewiesen, so werden die Folgesachen gegenstandslos,** soweit sie nicht die Übertragung der elterlichen Sorge oder eines Teils davon wegen Gefährdung des Kindeswohls auf einen Elternteil, einen Pfleger oder einen Vormund betreffen. In diesem Fall wird die Folgesache als selbstständige Familiensache fortgeführt. Im Übrigen ist der Partei auf ihren Antrag **vorzubehalten, eine Folgesache als selbstständige Familiensache[1] fortzusetzen** (§ 629 Abs. 3); dasselbe gilt, wenn der Scheidungsantrag zurückgenommen wird (§ 626 Abs. 2).

- **Die Bewilligung der Prozesskostenhilfe[2] für die Scheidungssache erstreckt sich auch auf Folgesachen** nach § 621 Abs. 1 Nr. 1 und 6, soweit sie nicht ausdrücklich ausgenommen werden (§ 624 Abs. 2).

- **In Ehesachen, in Scheidungsfolgesachen und in selbstständigen Güterrechtsstreitigkeiten mit einem Streitwert über 5 000,00 EUR müssen die Parteien durch Rechtsanwälte vertreten sein** (§ 78).

- Die **Kosten** in Scheidungs- und Folgesachen und in Aufhebungsklagen **sind grundsätzlich gegeneinander aufzuheben** (§ 93a). In Ausnahmefällen kann das Gericht eine andere Verteilung vornehmen.

3. Einstweilige Anordnungen

Während des Eheverfahrens ergeben sich häufig Schwierigkeiten hinsichtlich des weiteren Zusammenlebens der Ehegatten, der finanziellen Versorgung und des Verbleibens der Kinder. Das Gericht kann in solchen Fällen durch eine einstweilige Anordnung Abhilfe schaffen.

Für die Dauer des Verfahrens kann das Gericht **auf Antrag** durch einstweilige Anordnung regeln (§ 620):

- das Getrenntleben der Ehegatten,
- den Unterhalt eines Ehegatten,
- die Verpflichtung zur Zahlung eines Kostenvorschusses für die Ehesache und Folgesachen,
- die elterliche Sorge für ein gemeinschaftliches Kind,
- den Umgang eines Elternteils mit dem Kinde,
- die Herausgabe des Kindes an den anderen Elternteil,
- die Unterhaltspflicht gegenüber einem minderjährigen Kinde.

Außerdem kann durch einstweilige Anordnung bestimmt werden

- die Räumung der Ehewohnung durch einen Ehegatten,
- die Herausgabe oder Wegnahme von Hausrat,
- das Verbot des Betretens der Wohnung oder der Geschäftsräume.

Der Antrag auf Erlass einer einstweiligen Anordnung *ist zulässig,* sobald die Ehesache anhängig oder ein Antrag auf Bewilligung der Prozesskostenhilfe eingereicht ist (§ 620a Abs. 2).

Zuständig ist das **Familiengericht der Ehesache.** Ist die Ehesache in der Berufungsinstanz anhängig, so ist das Berufungsgericht zuständig (§ 620a Abs. 4).

---

[1] Siehe S. 244, Fußnote 1.
[2] Näheres über Prozesskostenhilfe siehe S. 176 f.

Das Gericht entscheidet durch Beschluss (§ 620a Abs. 1). Er kann auf Antrag – wenn er die elterliche Sorge betrifft auch von Amts wegen – aufgehoben oder abgeändert werden (§ 620b).

Vor der Anordnung hinsichtlich der elterlichen Sorge, des Rechts des Umgangs mit dem Kinde oder der Herausgabe des Kindes **soll das Jugendamt gehört werden** (§ 620a Abs. 3).

Einstweilige Anordnungen, die die elterliche Sorge, die Herausgabe des Kindes oder die Zuweisung der Ehewohnung betreffen und aufgrund mündlicher Verhandlung ergangen sind, können mit der **sofortigen Beschwerde** angefochten werden. **Andere Anordnungen sind unanfechtbar** (§ 620c).

Eine einstweilige Anordnung tritt außer Kraft (§ 620f):
- wenn eine anderweitige Regelung wirksam wird (z.B. die Regelung der elterlichen Sorge nach Scheidung der Ehe),
- wenn der Antrag auf Scheidung oder Aufhebung der Ehe zurückgenommen wird oder rechtskräftig abgewiesen ist,
- wenn das Eheverfahren vor Rechtskraft des Urteils durch Tod eines Ehegatten erledigt ist (§ 619).

III. Das Verfahren in Kindschaftssachen *(§§ 640–641i)*

Kindschaftssachen sind Verfahren, die betreffen:
- die **Feststellung des Bestehens oder Nichtbestehens eines Eltern-Kind-Verhältnisses.** Hierzu gehört auch die Feststellung der Wirksamkeit oder Unwirksamkeit einer Anerkennung der Vaterschaft;
- die **Anfechtung der Vaterschaft,**
  Beispiel: Fritz Kaiser hat die Vaterschaft an dem am 27. April .. von Petra Ehrlich geborenen Kind anerkannt (§ 1600a BGB).
  Durch Klage gegen das Kind ficht er die Anerkennung wegen arglistiger Täuschung (§ 123 BGB) an.
- die **Feststellung des Bestehens oder Nichtbestehens der elterlichen Sorge** der einen Partei für die andere.
  Beispiel: Die 17-jährige Waltraud Schneider beantragt festzustellen, dass ihr Vater Ernst Schneider die elterliche Sorge wegen eines an ihr begangenen Verbrechens verwirkt hat (§ 640 Abs. 2 Nr. 3).

Sachlich zuständig für sämtliche Kindschaftssachen sind die Amtsgerichte (§ 23a GVG). Über die Rechtsmittel der Berufung und der Beschwerde entscheiden die Oberlandesgerichte (§ 119 Abs. 1 GVG).

Örtlich zuständig ist in der Regel das Amtsgericht am Wohnsitz des Beklagten (§ 13).

Einige **Vorschriften,** die für den Eheprozess gelten, finden auch in Kindschaftssachen Anwendung, so z.B. die Vorschriften über Nichtöffentlichkeit der Verhandlung, Versäumnisurteile, Vollmacht. Es besteht jedoch **kein Anwaltszwang.**

Der *Untersuchungsgrundsatz* gilt nahezu uneingeschränkt. Ausgenommen ist die Anfechtung der Anerkennung der Vaterschaft. Hier kann das Gericht Tatsachen, die von den Parteien nicht vorgebracht wurden, nur insoweit berücksichtigen, als sie geeignet sind, der Anfechtung entgegenzuwirken (§ 640d).

Kann ein Gutachten, insbesondere ein **erbbiologisches Gutachten,** wegen des Alters des Kindes erst später eingeholt werden, ist das Verfahren bis dahin auszusetzen (§ 640f).

Sobald eine Klage auf Feststellung der Vaterschaft eingereicht ist, kann das Gericht auf Antrag des Kindes seinen Unterhalt und auf Antrag der Mutter ihren Unterhalt durch **einstweilige Anordnung** regeln (§ 641d).

IV. Das vereinfachte Verfahren über den Unterhalt Minderjähriger (§§ 645 ff.)

Mit dem durch das Kinderunterhaltsgesetz vom 1. April 1998 eingeführten neuen Verfahren wird für alle minderjährigen Kinder – unabhängig von ihrem Abstammungsstatus – die Möglichkeit geschaffen, schnell und kostengünstig einen Vollstreckungstitel zu erlangen. Aus diesem Grunde wurde nicht – wie nach bisherigem Recht – der Richter, sondern der Rechtspfleger mit der Durchführung des Verfahrens betraut (§ 20 Nr. 10 a Rechtspflegergesetz).

◆ **Voraussetzungen für die Durchführung des vereinfachten Verfahrens**

Gegenstand des Verfahrens (§ 645)	Das Verfahren gilt nur für die Festsetzung von Unterhalt minderjähriger Kinder, die mit dem in Anspruch genommenen Elternteil nicht in einem Haushalt leben. Es gilt nicht für andere Arten von Unterhalt wie z. B. Ehegattenunterhalt. Diese können nur im Klageverfahren geltend gemacht werden. Im vereinfachten Verfahren kann Unterhalt nur festgesetzt werden, soweit er das Eineinhalbfache des Regelbetrags nach der Regelbetrag-Verordnung[1]) nicht übersteigt. Das vereinfachte Verfahren kommt nur für die **erstmalige Festsetzung von Unterhalt** in Betracht. Es ist ausgeschlossen, soweit über den Unterhaltsanspruch bereits ein Gericht entschieden hat oder ein gerichtliches Verfahren anhängig ist.
Parteien des Verfahrens	**Antragsteller** können das Kind bzw. sein gesetzlicher Vertreter, aber auch **Dritte** sein, z. B. ein nicht unterhaltspflichtiger Verwandter, der anstelle des Zahlungspflichtigen Unterhalt geleistet hat und auf den der Unterhaltsanspruch insoweit übergegangen ist (§ 1607 Abs. 3 BGB). **Antragsgegner** kann nur ein Elternteil sein.
Antrag auf Festsetzung von Unterhalt (§ 646)	Der Antrag auf Festsetzung von Unterhalt muss den in § 646 aufgeführten Inhalt haben, sonst wird er vom Rechtspfleger zurückgewiesen.
Einwendungen des Antragsgegners (§ 648)	Der Antragsgegner hat die Möglichkeit, gegen den Antrag innerhalb einer bestimmten Frist Einwendungen zu erheben, welche die Zulässigkeit des Verfahrens oder die Begründetheit des Antrags betreffen können.
Festsetzungsbeschluss (§ 649)	Erhebt der Antragsgegner keine Einwendungen oder sind sie unbegründet oder unzulässig, erlässt der Rechtspfleger den **Festsetzungsbeschluss** dahin, dass der Antragsgegner den festgesetzten Unterhalt an den Antragsteller zu zahlen hat. Der Festsetzungsbeschluss ist **Zahlungstitel**.
Rechtsmittel (§ 652)	Der Festsetzungsbeschluss kann von beiden Parteien mit der sofortigen Beschwerde angefochten werden.
Streitiges Verfahren (§ 651)	Auf Antrag einer Partei wird ein streitiges Verfahren durchgeführt. Es gibt den Parteien Gelegenheit, nochmals eine außergerichtliche Einigung zu versuchen. In diesem Verfahren gibt es keine Bindung mehr an die Begrenzung des Unterhalts auf das Eineinhalbfache der Regelbeträge.
Verbund von Vaterschaftsfeststellung und Unterhaltsfestsetzung (§ 653)	Wird auf Klage des Kindes die Vaterschaft festgestellt, verurteilt das Gericht auf Antrag den Beklagten zugleich, dem Kind Unterhalt in Höhe der Regelbeträge – nicht des Eineinhalbfachen – zu zahlen.

[1]) Siehe S. 136.

Abänderungsklage (§ 654)	Gegen eine nach § 649 oder § 653 rechtskräftig gewordene Unterhaltsfestsetzung können beide Parteien im Klagewege eine Erhöhung bzw. Herabsetzung des Unterhalts verlangen, ohne dass sich die Verhältnisse seit der ursprünglichen Festsetzung geändert haben. Beide Parteien können auf diese Weise erreichen, dass der Unterhaltstitel dem entspricht, was dem Kind nach den individuellen Verhältnissen als Unterhalt zusteht.
Das vereinfachte Abänderungsverfahren (§ 655)	Alle Unterhaltstitel, in denen anzurechnende Leistungen im Sinne der §§ 1612 b und 1612 c – insbesondere das Kindergeld – betragsmäßig festgelegt sind, können im vereinfachten Abänderungsverfahren angepasst werden, wenn sich ein für die Berechnung dieses Betrages maßgebender Umstand geändert hat, z. B. wenn seitdem das Kindergeld erhöht oder herabgesetzt wurde. Erforderlich ist ein bestimmter Antrag einer Partei, der vor dem Urkundsbeamten der Geschäftsstelle abgegeben werden kann

Wiederholungsaufgaben

1 Welche der folgenden Ansprüche können im Urkundenprozess geltend gemacht werden, welche nicht:

a) Zahlung von 18 000,00 EUR;

b) Zahlung von Schadensersatz, dessen Höhe vom Gericht festzusetzen ist;

c) Herausgabe von zehn Inhaberschuldverschreibungen;

d) Herausgabe eines dem Kläger gehörenden Pkw;

e) Rückzahlung eines durch eine Hypothek gesicherten Darlehens?

2 Klaiber klagt im Urkundenprozess gegen Schad auf Zahlung von 2 000,00 EUR rückständige Zinsen. Er bringt folgende Beweismittel vor:

a) Zeugnis seines Buchhalters Eugen Mähringer,

b) Schuldschein des Schuldners,

c) Gutachten des Schriftsachverständigen Eismann,

d) Antrag auf Parteivernehmung des Schuldners.

Welche der aufgeführten Beweismittel sind zugelassen?

3 a) Rechtsanwalt Moser reicht gegen Krause am 17. Juni im Auftrag der Firma Blessing Klage im Urkundenprozess beim Amtsgericht ein. Er fügt der Klageschrift die Vollmacht bei. Am 23. Juni reicht er zusammen mit dem Ergänzungsschreiben den Darlehensvertrag nach. Die Zustellung an den Beklagten erfolgt am 25. Juni. Ab wann läuft die Einlassungsfrist? Auf welchen Tag kann das Gericht frühestens den ersten Termin ansetzen?

b) Krause reicht daraufhin Widerklage gegen Firma Blessing auf Zahlung rückständigen Werklohns ein. Rechtsanwalt Moser macht im Termin die Unzulässigkeit der Widerklage geltend. Wer hat Recht?

4 Kläger Siebert erkennt im Laufe des Prozesses, dass er im Urkundenverfahren nicht obsiegen kann; er will den Prozess im ordentlichen Verfahren fortsetzen. Welchen Antrag stellt Siebert?

5 Falbe in Köln ist Inhaber eines protestierten Wechsels, der von Pollak in Düsseldorf ausgestellt und von Binder in Berlin akzeptiert worden ist. Weitere Wechselschuldner sind Tomson in Oldenburg und Faßbender in Hannover.

Besondere Verfahrensarten

Falbe beauftragt Rechtsanwalt Petersen in Köln, gerichtlich vorzugehen.
a) Rechtsanwalt Petersen überlegt sich, ob er die Wechselklage oder das Wechselmahnverfahren wählen soll. Welche Überlegung ist für seine Entscheidung ausschlaggebend?
b) Angenommen, Rechtsanwalt Petersen wählt die Wechselklage. Gegen wen kann die Klage gerichtet und bei welchem Gericht kann sie eingereicht werden?
c) Worauf ist beim Entwurf und bei der Einreichung der Wechselklage zu achten?
d) Wie lautet das Urteil, wenn der Klage stattgegeben wird, obwohl der Beklagte dem Klageanspruch widersprochen hat? Um welche Art von Urteil handelt es sich?
e) Angenommen, Rechtsanwalt Petersen hat das Wechselmahnverfahren gewählt. Gegen den Wechselmahnbescheid erhebt der Beklagte uneingeschränkten Widerspruch. Wie geht das Verfahren weiter?
f) Angenommen, der Beklagte bezweckt mit dem Widerspruch nur die Geltendmachung seines Rechts im ordentlichen Verfahren. Wie läuft in diesem Fall das Verfahren?

6 Herr Raspe will sich scheiden lassen. Er erkundigt sich,
a) bei welchem Gericht ein Scheidungsantrag einzureichen sei;
b) inwieweit eine Widerklage möglich sei – seine Frau habe geäußert, sie werde Widerklage auf Herausgabe sämtlicher Möbel erheben;
c) wodurch er erreichen könne, dass ihm schon während des Prozesses die elterliche Sorge für seine Kinder übertragen werde;
d) welche sonstigen Ansprüche für die Prozessdauer geregelt werden können.

7 In einer Ehescheidungssache vor dem Amtsgericht (Familiengericht) Freiburg erscheint der Antragsgegner ohne Rechtsanwalt und behauptet,
a) nicht das Familiengericht Freiburg, sondern das Familiengericht Ulm sei für den Prozess zuständig, weil nur noch die Antragstellerin in Freiburg wohne, er aber inzwischen aus der Ehewohnung in Freiburg ausgezogen und nach Ulm übergesiedelt sei;
b) das Gericht könne die Scheidung nicht aussprechen, weil er nicht geschieden werden wolle und deshalb keinen Rechtsanwalt beauftrage;
c) seine Ehe könne auch deshalb nicht geschieden werden, weil seine Frau die Klage auf § 1566 Abs. 2 BGB stütze (3-jährige Trennung), er der Scheidung aber widerspreche.
Prüfen Sie, ob die Behauptungen des Antragsgegners zutreffen!

8 a) Welche Klagen gehören zu den Kindschaftssachen?
b) Welches Gericht ist in Kindschaftssachen in erster Instanz sachlich zuständig, welches ist Berufungsgericht?
c) Welchen Anspruch kann das Kind während des Verfahrens auf Feststellung der Vaterschaft durch einstweilige Anordnung regeln lassen?
d) Was ist unter dem Regelbetrag zu verstehen?

Die Rechtsmittel

Auch Richter können sich irren. Der Gesetzgeber hat deshalb den Parteien Möglichkeiten verschafft, Entscheidungen der Gerichte – vor allem Urteile – anzufechten, sie überprüfen und gegebenenfalls ändern zu lassen. Hierzu dienen die **Rechtsmittel.**

Die ZPO kennt drei Rechtsmittel:

- die Berufung ⟶ gegen Urteile nach streitiger Verhandlung
- die Revision ⟶

- die Beschwerde ⟶ gegen Beschlüsse und Verfügungen

Alle übrigen Mittel zur Abwendung prozessualer Nachteile sind **Rechtsbehelfe,** z. B. der Widerspruch gegen den Mahnbescheid, der Einspruch gegen den Vollstreckungsbescheid und das Versäumnisurteil, die Erinnerung gegen den Kostenfestsetzungsbeschluss und gegen Zwangsvollstreckungshandlungen, der Antrag auf Wiedereinsetzung in den vorigen Stand.

Berufung und Revision unterscheiden sich von den Rechtsbehelfen hauptsächlich dadurch, dass *über das Rechtsmittel das nächsthöhere Gericht entscheidet, über den Rechtsbehelf das Gericht derselben Instanz.*.

Voraussetzungen für die Zulässigkeit eines Rechtsmittels ist,

- dass das Rechtsmittel an sich *statthaft* ist, d. h. dass es im Gesetz gegen das angefochtene Urteil vorgesehen ist,

- dass eine „Beschwer" gegeben ist, d. h. dass die das Rechtsmittel einlegende Partei durch das Urteil einen Nachteil erlitten hat oder mit ihrem Klagebegehren nicht oder nur teilweise durchgedrungen ist.

    Beispiel: Der Kläger verlangt 2 000,00 EUR Schadensersatz, der Beklagte beantragt Klageabweisung.

    Der Klage wird in Höhe von 1 600,00 EUR stattgegeben. Die Beschwer des Klägers beträgt 400,00 EUR, die des Beklagten 1 600,00 EUR.

- dass das Rechtsmittel in der *vorgeschriebenen Form und Frist* eingelegt wird.

    Beispiel: Moser will Berufung gegen das Urteil des Amtsgerichts einlegen. Er entwirft und unterschreibt selbst die Berufungsschrift und reicht sie fünf Wochen nach Zustellung des Urteils an ihn beim Berufungsgericht ein.

    Die Berufung ist unzulässig, weil die Berufungsschrift von einem beim angerufenen Berufungsgericht zugelassenen Rechtsanwalt unterschrieben sein muss. Außerdem ist die Berufungsfrist bereits abgelaufen.

A. Berufung und Anschlussberufung

I. Die Berufung (§§ 511 ff.)

Die Berufung ist gegen Endurteil der Amtsgerichte und der Landgerichte in erster Instanz gegeben (§ 511 Abs. 1).

Ausgenommen sind Versäumnisurteile. Sie können grundsätzlich nicht mit der Berufung angefochten werden (§ 514 Abs. 1). Dies gilt jedoch nicht, wenn sie darauf gestützt wird, dass ein Fall der Versäumnis nicht vorgelegen habe (§ 514 Abs. 2).

Beispiel: Der Einspruch des Beklagten gegen das Versäumnisurteil war durch Urteil verworfen worden, weil der Beklagte im Einspruchstermin wiederum säumig war.
Der Beklagte legt gegen das Urteil Berufung ein. Er macht geltend, die Terminladung sei ihm nicht zugegangen, ein Fall der Versäumung liege somit nicht vor.

Die Berufung ist nur zulässig,

◆ wenn der Wert des Beschwerdegegenstandes 600,00 EUR übersteigt oder

◆ wenn – ungeachtet des nicht erreichten Beschwerdewertes – das Gericht die Berufung zugelassen hat (§ 511 Abs. 2). Das Gericht lässt die Berufung zu, wenn die Rechtssache grundsätzliche Bedeutung hat oder die Fortbildung des Rechts oder die Sicherung einer einheitlichen Rechtssprechung dies erfordert.

Das Berufungsgericht ist an die Zulassung gebunden (§ 511 Abs. 4).

Zweck der Regelung der „Zulassungsberufung" ist es, auch in den Fällen, in denen der Beschwerdewert nicht erreicht wird, den Zugang zur Berufungsinstanz und mittelbar zur Revisionsinstanz zu eröffnen.

Die Berufung kann nur darauf gestützt werden, dass die Entscheidung auf einer Rechtsverletzung beruht oder die ihr zugrunde zu legenden Tatsachen eine andere Entscheidung rechtfertigen (§ 513).

Die Berufungsinstanz ist also **nicht mehr – wie früher – eine zweite Tatsacheninstanz, sondern grundsätzlich an die in erster Instanz festgestellten Tatsachen gebunden.**

Die **Berufungsfrist** beträgt einen Monat. Sie ist eine **Notfrist**[1] und beginnt mit der Zustellung des in vollständiger Form abgefassten Urteils (§ 517).

Beispiel: Zustellung des Urteils an den Beklagten am 17. April. Die Berufungsfrist läuft am 17. Mai um 24:00 Uhr ab.

Die Zustellung kann auf Antrag beider Parteien bis zum Ablauf von fünf Monaten nach der Verkündung hinausgeschoben[2] werden (§ 317 Abs. 1, S. 3). Das Urteil wird spätestens sechs Monate nach der Verkündung rechtskräftig (§ 517).

Beispiel: Das am 1. April verkündete Urteil ist spätestens am 1. Oktober 24:00 Uhr rechtskräftig.

Die Berufung wird durch Einreichung der **Berufungsschrift** beim Berufungsgericht innerhalb der Berufungsfrist eingelegt. Sie muss enthalten (§ 519):

◆ die Bezeichnung des angefochtenen Urteils und

◆ die Erklärung, dass Berufung gegen das Urteil eingelegt wird.

---

[1] Näheres über Notfristen siehe S. 184 f.
[2] Siehe S. 229.

Das Verfahrensrecht

Die Parteibezeichnung ändert sich nicht; es wird nur vermerkt, wer Berufungskläger bzw. Berufungsbeklagter ist.

Beispiel:

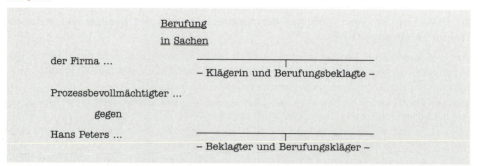

Der Berufungsschrift soll eine Ausfertigung oder beglaubigte Abschrift des angefochtenen Urteils und der Zustellungsnachweis beigefügt werden (§ 519 Abs. 3). Der Berufungskläger muss die Berufung begründen (§ 520 Abs. 1).

Die Frist für die **Berufungsbegründung** beträgt zwei Monate und beginnt mit der Zustellung des in vollständiger Form abgefassten Urteils. Sie muss, sofern sie nicht schon in der Berufungsschrift enthalten ist, in einem Schriftsatz bei dem Berufungsgericht eingereicht werden. Die Frist kann auf Antrag verlängert werden. Wird die Frist versäumt, ist die Wiedereinsetzung in den vorigen Stand möglich[1]).

Beispiel: Berufung wurde am 17. Mai eingelegt. Die Begründungsschrift traf beim Gericht erst am 19. Juni ein, die Frist war bereits am 17. Juni um 24:00 Uhr abgelaufen.

Trifft die Partei und ihren Rechtsanwalt kein Verschulden an der Fristversäumung, kann das Gericht Wiedereinsetzung in den vorigen Stand gewähren.

Die **Begründungsschrift** muss die Berufungsanträge und die Berufungsgründe enthalten.

Das Gericht prüft zunächst, ob die Berufung zulässig ist. Ist sie unstatthaft oder nicht fristgemäß eingelegt oder begründet, wird sie **als unzulässig verworfen** (§ 522 Abs. 1). Dagegen ist die Rechtsbeschwerde (§ 574) zulässig. Ist die Berufung nach Ansicht des Gerichts aus den in § 522 Abs. 2 genannten Gründen nicht begründet, wird sie durch unanfechtbaren Beschluss **zurückgewiesen**.

Ist die Berufung zulässig, wird ein **Termin zur mündlichen Verhandlung** bestimmt (§ 522).

Das Berufungsgericht ist bei seiner Prüfung und Entscheidung grundsätzlich an die Tatsachenfeststellungen der ersten Instanz gebunden, es sei denn, es ergeben sich aufgrund konkreter Anhaltspunkte ernstliche Zweifel an der Richtigkeit der erstinstanzlichen Feststellungen, die eine erneute Feststellung gebieten (§ 529).

Verspätet vorgebrachte Angriffs- und Verteidigungsmittel werden nur zugelassen, wenn nach Überzeugung des Gerichts ihre Zulassung die Erledigung des Rechtsstreit nicht verzögern würde und die Verspätung nicht auf grober Fahrlässigkeit beruht (§ 530).

In erster Instanz zurückgewiesene Angriffs- und Verteidigungsmittel bleiben grundsätzlich ausgeschlossen (§ 531 Abs. 1).

Neue Angriffs- und Verteidigungsmittel werden nur ausnahmsweise zugelassen (§ 531 Abs. 2).

[1]) Näheres zur Wiedereinsetzung in den vorigen Stand siehe S. 186 f.

Das Berufungsgericht entscheidet in der Regel selbst (§ 538). In einigen Fällen kann es die Sache zur weiteren Verhandlung an das Gericht erster Instanz zurück*verweisen*, z. B. wenn durch das angefochtene Urteil ein Einspruch als unzulässig verworfen wird oder wenn das Verfahren des ersten Rechtszuges an einem wesentlichen Mangel leidet.

Beispiel: Durch Urteil hat das Amtsgericht den Einspruch gegen das im ersten Termin ergangene Versäumnisurteil als unzulässig verworfen. Der Beklagte legt Berufung ein. Das Berufungsgericht erklärt, wiederum durch Urteil, den Einspruch für zulässig und verweist den Rechtsstreit zur weiteren Verhandlung an das Gericht der ersten Instanz zurück.

Das Urteil erster Instanz darf nur *entsprechend dem Antrag des Berufungsklägers abgeändert* werden (§ 528). Eine Abänderung zu seinen Ungunsten ist unzulässig.

Beispiel: Ackermann hat auf Herausgabe eines Pkw, einer Drehbank und einer Bohrmaschine geklagt. Das Gericht gibt der Klage nur teilweise statt; wegen des Pkw wird die Klage abgewiesen. Ackermann legt Berufung gegen das Urteil ein, soweit es den Pkw betrifft.
Das Berufungsgericht kann nur über das Recht am Pkw entscheiden. Eine Änderung des Urteils hinsichtlich der Drehbank oder Bohrmaschine ist ausgeschlossen.

Der Berufungskläger kann die **Berufung** bis zur Verkündung des Berufsurteils durch Erklärung gegenüber dem Gericht **zurücknehmen** (§ 516). Die Zurücknahme hat zur Folge, dass der Berufskläger die durch die Einlegung des Rechtsmittels entstandenen Kosten zu tragen hat.

II. Die Anschlussberufung (§ 524)

Will der Berufungsbeklagte mehr erreichen als die Zurückweisung der Berufung des Gegners, kann er sich der Berufung der anderen Partei anschließen. Dies geschieht durch Einreichung der Berufungsanschlussschrift bei dem Berufungsgericht.

Die Anschlussberufung erlangt Bedeutung in den Fällen, in denen der Berufungsbeklagte zunächst in der Hoffnung darauf, dass auch die Gegenseite kein Rechtsmittel einlegen wird, von der Einlegung der Berufung abgesehen hat. Wird er in dieser Erwartung enttäuscht, so soll ihm die Anschlussberufung die Gelegenheit geben – auch wenn er einen Rechtsmittelverzicht erklärt hat oder die Berufungsfrist abgelaufen ist –, das erstinstanzliche Urteil auch zu seinen Gunsten überprüfen zu lassen.

Die Anschließung ist möglich bis zum Ablauf eines Monats nach der Zustellung der Berufungsbegründungsschrift.

Die **Anschließung verliert** jedoch **ihre Wirkung,** wenn die Berufung zurückgenommen, verworfen oder zurückgewiesen wird.

B. Revision und Sprungrevision
I. Die Revision (§§ 542 ff.)

Die Revision ist das Rechtsmittel gegen die in der Berufungsinstanz erlassenen Endurteile (§ 542 Abs. 1).

Die Revision findet nur statt, wenn sie
- das Berufungsgericht in dem Urteil oder
- das Revisionsgericht auf Beschwerde gegen die Nichtzulassung (Nichtzulassungsbeschwerde, § 544) **zugelassen** hat (§ 543 Abs. 1).

Die Revision ist zuzulassen, wenn
- die Rechtssache grundsätzliche Bedeutung hat oder
- die Fortbildung des Rechts oder die Sicherung einer einheitlichen Rechtssprechung es erfordert (§ 543 Abs. 2).

Das Revisionsgericht ist an die Zulassung durch das Berufungsgericht gebunden.

Die Revision kann nur auf die Verletzung von Bundesrecht oder einer Vorschrift, die über den Bezirk eines Oberlandesgerichts hinaus gilt, gestützt werden (§ 545). Das Recht ist verletzt, wenn es nicht oder nicht richtig angewendet worden ist (§ 546). Eine Aufzählung von Rechtsverletzungen ist in § 547 enthalten.

Die Einlegung der Revision erfolgt wie bei der Berufung durch **Einreichung eines Schriftsatzes** innerhalb einer **Notfrist** von einem Monat seit Zustellung des Berufungsurteils in vollständiger Form (§ 548).

Die **Revisionsschrift** muss enthalten (§ 549):

- die Bezeichnung des angefochtenen Urteils und
- die Erklärung, dass gegen dieses Urteil Revision eingelegt wird.

Die Revisionsbegründung muss, sofern sie nicht schon in der Revisionsschrift enthalten ist, innerhalb von zwei Monaten seit Zustellung des in vollständiger Form abgefassten Urteils erfolgen (§ 551).

Die **Revisionsbegründung** muss enthalten (§ 551 Abs. 3):

- die Revisionsanträge,
- die Bezeichnung der verletzten Rechtsnorm.

Das Revisionsgericht prüft, ob die Revision statthaft, form- und fristgerecht eingelegt und begründet ist. Mangelt es an einem dieser Erfordernisse, wird die Revision **als unzulässig verworfen** (§ 552).

Ist die **Revision zulässig und begründet,** wird das angefochtene Urteil aufgehoben (§ 562) und in der Regel an das Berufungsgericht zur anderweitigen Verhandlung und Entscheidung **zurückverwiesen** (§ 563 Abs. 1). Das Berufungsgericht hat seiner Entscheidung die Rechtsansicht des Revisionsgerichts zugrunde zu legen. Nur ausnahmsweise entscheidet das Revisionsgericht in der Sache selbst (§ 563 Abs. 3).

Wie bei der Berufung die Anschlussberufung, so ist auch bei der Revision eine **Anschlussrevision** möglich (§ 554).

II. Die Sprungrevision (§ 566)

Ist in einer Sache der **Tatbestand unbestritten,** geht es also nur noch um die Entscheidung von Rechtsfragen, kann die **Berufungsinstanz übersprungen** werden und **gegen ein Urteil erster Instanz, das ohne Zulassung der Berufung unterliegt, unmittelbar Revision** eingelegt werden **(Sprungrevision).**

Vorraussetzung hierfür ist, dass

- der Gegner dem Zulassungsantrag schriftlich zustimmt und
- das Revisionsgericht die Sprungrevision zulässt.

Die Sprungrevision wird nur zugelassen, wenn

- die Rechtssache grundsätzliche Bedeutung hat oder
- die Fortbildung des Rechts oder die Sicherung einer einheitlichen Rechtsprechung eine Entscheidung des Revisionsgerichts erfordert.

Wird der Antrag auf Zulassung der Sprungrevision abgelehnt, wird das Urteil erster Instanz rechtskräftig.

Wird die Revision zugelassen, bestimmt sich das weitere Verfahren nach den für die Revision geltenden Bestimmungen. In der Regel erfolgt Zurückweisung an das erstinstanzliche Gericht, gegen dessen Entscheidung Berufung möglich ist.

C. Beschwerde (§§ 567 ff.)

Die Beschwerde ist das Rechtsmittel gegen Beschlüsse und Verfügungen des Gerichts.

Der frühere Unterschied zwischen einfacher und sofortiger Beschwerde ist weggefallen. Es gibt **nur noch die sofortige Beschwerde und die Rechtsbeschwerde.**

I. Sofortige Beschwerde

Die sofortige Beschwerde ist zulässig gegen die in erster Instanz ergangenen Entscheidungen der Amtsgerichte und Landgerichte, wenn

- dies ausdrücklich im Gesetz bestimmt ist,
    Beispiele:
    - gegen Bewilligung, Versagung oder Aufhebung der Prozesskostenhilfe (§ 127);
    - gegen die Entscheidung hinsichtlich einstweiliger Anordnungen in Ehesachen (§§ 620c, 620f) und im Vaterschaftsprozess (§ 641 d Abs. 3);
    - gegen Entscheidungen im Kostenfestsetzungsverfahren (§ 104 Abs. 3);
    - gegen Entscheidungen des Vollstreckungsgerichts in der Zwangsvollstreckung (§ 793);
- oder es sich um Entscheidungen handelt, die ein das Verfahren betreffendes Gesuch zurückweisen und ohne mündliche Verhandlungen ergehen können.

Die Beschwerde gegen Entscheidungen über die Verpflichtung, die Prozesskosten zu tragen, ist nur zulässig, wenn die Beschwerdesumme 100,00 EUR übersteigt. Richtet sich die Beschwerde gegen andere Entscheidungen über die Kosten, z.B. über deren im Verfahren nach § 104 festgesetzte Höhe, muss die Beschwerdesumme 50,00 EUR übersteigen (§ 567 Abs. 2).

Der Beschwerdegegner kann sich der Beschwerde anschließen (§ 567 Abs. 3).

Die sofortige Beschwerde ist innerhalb einer Notfrist von zwei Wochen seit Zustellung der Entscheidung durch Einreichung einer Beschwerdeschrift bei dem Gericht, dessen Entscheidung angefochten wird oder bei dem Beschwerdegericht einzulegen. In bestimmten Fällen (§ 569 Abs. 3) kann sie durch Erklärung zu Protokoll der Geschäftsstelle eingelegt werden.

Hält das Gericht dessen Entscheidung angefochten wird, die Beschwerde für begründet, muss es ihr abhelfen, andernfalls muss es die Beschwerde unverzüglich dem Beschwerdegericht vorlegen (§ 572 Abs. 1).

Ist die Beschwerde nicht statthaft oder nicht form- und fristgerecht eingelegt, wird sie **als unzulässig verworfen** (§ 572 Abs. 2).

Hält das Beschwerdegericht die Beschwerde für begründet, kann es dem Gericht, das die beschwerende Entscheidung erlassen hat, durch Beschluss **erforderliche Anordnung übertragen** (§ 572 Abs. 3, 4).

Das Verfahrensrecht

Gegen Entscheidungen des beauftragten oder ersuchten Richters oder des Urkundenbeamten der Geschäftsstelle ist die schriftlich oder zu Protokoll der Geschäftsstelle binnen einer Notfrist von zwei Wochen einzulegende **Erinnerung** gegeben (§ 573 Abs. 1). Hierüber entscheidet das Gericht. Dagegen ist die sofortige Beschwerde zulässig (§ 573 Abs. 2).

II. Rechtsbeschwerde (§§ 574 ff.)

Gegen einen Beschluss ist die Rechtsbeschwerde gegeben, wenn
- dies ausdrücklich im Gesetz bestimmt ist oder das Beschwerdegericht, das Berufungsgericht oder das Oberlandesgericht in erster Instanz sie zugelassen hat (§ 574 Abs. 1)

Sie ist nur zulässig, wenn
- die Rechtssache grundsätzliche Bedeutung hat oder
- die Fortbildung des Rechts oder die Sicherung einer einheitlichen Rechtssprechung dies erfordert (§ 574 Abs. 2).

Die Rechtsbeschwerde ist nur statthaft, wenn die Entscheidung auf Verletzung des Bundesrechts oder einer Vorschrift beruht, die über den Bezirk eines Oberlandesgerichts hinaus Geltung hat (§ 576).

D. Zusammenfassender Überblick über Rechtsmittel und Rechtsbehelfe im Zivilprozess

I. Rechtsmittel gegen Urteile

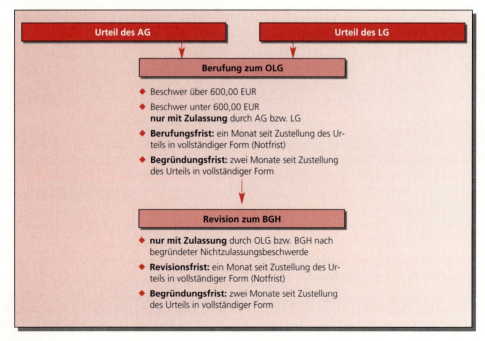

II. Rechtsmittel gegen Beschlüsse und Verfügungen

Sofortige Beschwerde
gegen Entscheidungen der Amtsgerichte und Landgerichte
◆ wenn ausdrücklich im Gesetz bestimmt oder
◆ gegen Entscheidungen, die ein das Verfahren betreffendes Gesuch zurückweisen und ohne mündliche Verhandlung ergehen können.
Einlegung: bei dem Gericht, dessen Entscheidung angefochten wird oder bei dem Beschwerdegericht
Frist: innerhalb zwei Wochen seit Zustellung der Entscheidung (Notfrist)
Entscheidung: durch das Beschwerdegericht, wenn Gericht, dessen Entscheidung angefochten wird, nicht abhilft

III. Rechtsbehelfe

Widerspruch	Einspruch	Erinnerung
◆ Mahnbescheid	◆ Vollstreckungsbescheid ◆ Versäumnisurteil	◆ Zurückweisung des Antrags auf Erlass des Mahnbescheids ◆ Kostenfestsetzungsbeschluss ◆ Art und Weise der Zwangsvollstreckung

Die Wiederaufnahme des Verfahrens (§§ 578 ff.)

Rechtskräftige Urteile können mit keinem ordentlichen Rechtsmittel angefochten werden. Der einzige Weg, ein solches Urteil zu beseitigen, führt über die Wiederaufnahme des Verfahrens mithilfe der *Nichtigkeitsklage* oder der *Restitutionsklage*. Beide Klagen sind gegen Endurteile gerichtet ohne Rücksicht darauf, ob sie in erster Instanz, in der Berufungs- oder Revisionsinstanz ergangen sind. Die Gründe, die die Wiederaufnahme des Verfahrens rechtfertigen, sind in §§ 579 f. *erschöpfend* aufgeführt. Eine Ausweitung durch die Rechtsprechung ist ausgeschlossen.

Die Nichtigkeitsklage ist gegeben, wenn dem Urteil **schwere Verfahrensmängel** zugrunde liegen (§ 579):

Beispiele:
- wenn das erkennende Gericht nicht vorschriftsmäßig besetzt war;
- wenn ein Richter bei der Entscheidung mitgewirkt hat, der kraft Gesetzes von der Mitwirkung ausgeschlossen war (§ 41);
- wenn eine Partei im Verfahren nicht vorschriftsmäßig vertreten war.

Die Restitutionsklage ist gegeben (§ 580):
- ◆ **wenn eine strafbare Handlung das Urteil beeinflusst hat,**
    Beispiele:
    - wenn ein Zeuge oder Sachverständiger sich einer strafbaren Verletzung der Wahrheitspflicht schuldig gemacht hat (§§ 153 ff. StGB);
    - wenn ein Richter mitgewirkt hat, der sich einer Bestechung (§ 334 StGB) oder einer Rechtsbeugung (§ 336 StGB) schuldig gemacht hat;
- ◆ **wenn sich die Urteilsgrundlagen geändert haben.**
    Beispiel: wenn eine Partei eine Urkunde aufgefunden hat und vorlegt, die eine ihr günstigere Entscheidung herbeiführen kann.

Für die Klagen ist **ausschließlich das Gericht zuständig, dessen Urteil angefochten wird** (§ 584 Abs. 1)[1]. Sie sind innerhalb einer **Notfrist** *von einem Monat seit Kenntnis des Wiederaufnahmegrundes* zu erheben, jedoch nicht, bevor das Urteil rechtskräftig geworden ist. Die Klagen sind unstatthaft, wenn seit dem Tage der Rechtskraft des Urteils *fünf Jahre* vergangen sind (§ 586 Abs. 2).

Beispiel: Das klageabweisende Urteil des Landgerichts Stuttgart wurde am 4. März 1999 erlassen und dem Kläger am 21. März 1999 zugestellt. Der Kläger hat kein Rechtsmittel eingelegt. Das Urteil wurde somit am 21. April 1999 rechtskräftig.

Am 14. April 1999 findet der Kläger im Nachlass seines Vaters einen Schuldschein, in welchem der Beklagte bekennt, dem Vater des Klägers, dessen Erbe der Kläger inzwischen geworden ist, 20 000,00 DM zu schulden.

Die Wiederaufnahmeklage muss spätestens am 21. April 1999 beim Landgericht Stuttgart eingehen, da an diesem Tag um 24:00 Uhr die Fünf-Jahres-Frist (Ausschlussfrist) abläuft.

Für die **Klageerhebung** und das **Verfahren** gelten im Wesentlichen die allgemeinen Vorschriften.

---

[1] Ist die Klage gegen einen Vollstreckungsbescheid gerichtet, ist ausschließlich zuständig das Gericht, das für das Streitverfahren zuständig gewesen wäre (§ 584 Abs. 2).

Die Wiederaufnahme des Verfahrens

Das Gericht hat zunächst die *Zulässigkeit* der *Wiederaufnahme* zu prüfen: Die Frist muss gewahrt, die sonstigen Prozessvoraussetzungen müssen gegeben, ein im Gesetz vorgesehener Wiederaufnahmegrund muss behauptet sein.

Wiederholungsaufgaben

1 Gegen das Urteil des Amtsgerichts Karlsruhe will Rechtsanwalt Stammler, der Prozessbevollmächtigte des Beklagten, Berufung einlegen.
   a) Welches Gericht ist für die Berufung zuständig?
   b) Welche Fristen sind zu beachten?
   c) Wie hoch muss die Beschwer mindestens sein?

2 a) Das Urteil wurde dem Beklagten am 15. Oktober zugestellt. Wann läuft die Berufungsfrist ab?
   b) Die Berufungsschrift traf beim Gericht am 20. April ein. Wann muss die Begründungsschrift spätestens beim Gericht eingehen?
   c) Die Zustellung des am 7. Juni verkündeten Urteils unterblieb versehentlich. Was nun?

3 Die Berufungsschrift ist beim Gericht nach Ablauf der Berufungsfrist eingegangen.
   a) Wodurch kann ein Versäumnis geheilt werden?
   b) Welche Voraussetzungen müssen vorliegen?

4 Stoltenbach hat Fligmann beim Landgericht Stuttgart auf Schadensersatz von 5 400 Euro verklagt. Der Klage ist stattgegeben und das Urteil Fligmann am 30. Januar zugestellt worden. Rechtsanwältin Knödler legt im Auftrag des Beklagten Berufung beim Oberlandesgericht Stuttgart ein.
   a) Wann muss die Berufungsschrift spätestens eingegangen sein?
   b) Angenommen, die Berufung wurde am 7. Februar eingelegt. Wann endet spätestens die Begründungsfrist, falls die Begründung nachgereicht wird?
   c) Der Kläger, der nur teilweise obsiegt hat, will sich der Berufung des Beklagten anschließen. Wie lange ist die Anschlussberufung möglich?
   d) Der Beklagte beabsichtigt, falls er auch in der Berufungsinstanz unterliegen sollte, Revision gegen das Urteil des Oberlandesgerichts einzulegen und sich durch Rechtsanwältin Knödler vertreten zu lassen. Was wird Rechtsanwältin Knödler dem Beklagten sagen?

5 Gegen das Urteil des Oberlandesgerichts Hamm soll Revision eingelegt werden.
   a) Welches Gericht ist zuständig?
   b) Unter welchen Voraussetzungen ist die Revision zulässig?
   c) Welche Fristen sind zu beachten?
   d) Wodurch unterscheidet sich das Revisionsverfahren vom Verfahren in erster und zweiter Instanz?
   e) Worauf kann die Revision gestützt werden?

6 Der Beklagte will gegen das Urteil des Landgerichts Celle Sprungrevision beim Bundesgerichtshof einlegen.
   a) Welche Voraussetzungen müssen gegeben sein?
   b) An welches Gericht kann der Bundesgerichtshof die Sache zur anderweitigen Verhandlung und Entscheidung zurückverweisen?

7 Das Gesuch um Prozesskostenhilfe des Beklagten wurde in einer Forderungssache vom Amtsgericht abgelehnt. Der Beklagte legt gegen den Beschluss Beschwerde ein.
   a) Um welche Beschwerde handelt es sich?
   b) Wie verfährt das Amtsgericht, wenn es der Beschwerde nicht abhelfen will?

8 Der Beklagte wurde durch Urteil des Amtsgerichts Hamburg als Vater des Kindes Ursula M. festgestellt und zur Unterhaltszahlung verurteilt. Das Urteil ist am 10. März 1994 rechtskräftig geworden.
   Am 19. Mai 1994 erfuhr der Beklagte, dass der als Mehrverkehrszeuge eidlich vernommene Fritz Kuhn wegen Meineids zu einer Freiheitsstrafe verurteilt worden ist.
   a) Welche Klage muss der Beklagte erheben?
   b) Welches Gericht ist für die Klage zuständig?
   c) Wann muss die Klage spätestens bei Gericht eingegangen sein?
   d) Auf welche Weise entscheidet das Gericht?
   e) Wie läge der Fall, wenn der Beklagte erst im April 1999 von der Verurteilung des Kuhn erfahren hätte?

Überblick über das Aufgebots- und das schiedsrichterliche Verfahren

A. Das Aufgebotsverfahren (§§ 946 ff.)[1]

Das Aufgebot ist „eine öffentliche gerichtliche Aufforderung zur Anmeldung von Ansprüchen oder Rechten mit der Wirkung, dass die Unterlassung der Anmeldung einen Rechtsnachteil zur Folge hat" (§ 946).

Der Zweck des Verfahrens ist, Rechte unbekannter Personen zugunsten des Antragstellers auszuschließen oder verloren gegangene Urkunden für kraftlos zu erklären. Sachlich zuständig ist das Amtsgericht (§ 23 Nr. 2 h GVG). Die örtliche Zuständigkeit bestimmt die ZPO bei den einzelnen Aufgebotsfällen.

In der ZPO ist das **Verfahren** insbesondere für folgende Fälle geregelt:
- Aufgebot zur Ausschließung von Grundpfandrechts- und Schiffshypothekengläubigern (§§ 982–987 a);
- Aufgebot zur Ausschließung von Eigentümern, von Grundstücken, eingetragenen Schiffen und Schiffsbauwerken (§§ 977–981 a);
- Aufgebot zur Ausschließung von Nachlassgläubigern (§§ 989–1000);
- Aufgebot zur Kraftloserklärung von Urkunden (§§ 1003–1023).

Der Antrag kann schriftlich oder zu Protokoll der Geschäftsstelle gestellt werden. Ist der Antrag zulässig, hat das Gericht (der Rechtspfleger) das Aufgebot zu erlassen. Darin sind insbesondere aufzunehmen (§ 947 Abs. 2):
- die Bezeichnung des Antragstellers;
- die Aufforderung, die Ansprüche und Rechte spätestens im Aufgebotstermin anzumelden;
- die Bezeichnung der Rechtsnachteile, die eintreten, wenn die Anmeldung unterbleibt;
- die Bestimmung des Aufgebotstermins.

Das Aufgebot wird öffentlich bekannt gemacht (§ 948), und zwar durch Anheften an die Gerichtstafel und durch Einrücken in den Bundesanzeiger.

Das Gericht kann die Einrückung noch in andere Blätter und zu mehreren Malen anordnen oder eine abweichende Regelung treffen, sofern das Gesetz eine solche für den betreffenden Fall vorsieht.

Zwischen dem Tag der Bekanntmachung des Aufgebots im Bundesanzeiger und dem Aufgebotstermin muss grundsätzlich ein Zeitraum (Aufgebotsfrist) von mindestens sechs Wochen liegen (§ 950).

Nach Ablauf der im Aufgebot bestimmten Anmeldefrist findet der *Aufgebotstermin* statt. Die Sitzung ist öffentlich. Das Gericht erlässt entweder das beantragte *Ausschlussurteil* oder weist den Antrag durch Beschluss zurück (§ 952).

Gegen den Zurückweisungsbeschluss findet die sofortige Beschwerde statt (§ 952 Abs. 4).

Gegen das Ausschlussurteil ist kein Rechtsmittel gegeben (§ 957 Abs. 1). Der mit seinem Recht Ausgeschlossene kann aber mit einer Klage, die gegen den Antragsteller zu richten ist,

---

[1] Das Aufgebotsverfahren zum Zwecke der Todeserklärung oder der Feststellung der Todeszeit ist ein Verfahren der freiwilligen Gerichtsbarkeit nach FGG in Verbindung mit den Vorschriften des Verschollenheitsgesetzes.

das Ausschlussurteil anfechten. Zuständig für die Klage ist das dem Aufgebotsgericht übergeordnete Landgericht (§ 957 Abs. 2).

Die **Anfechtungsklage** ist insbesondere dann zulässig,
- wenn ein Fall nicht vorlag, in dem das Gesetz das Aufgebotsverfahren zulässt;
- wenn die öffentliche Bekanntmachung des Aufgebots oder die vorgeschriebene Art der Bekanntmachung unterblieben ist;
- wenn die Aufgebotsfrist nicht gewahrt ist.

Die Anfechtungsklage muss binnen einer Notfrist eines Monats erhoben werden. Die Frist beginnt mit dem Tage, an dem der Kläger Kenntnis von dem Ausschlussurteil erhalten hat (§ 958 Abs. 1). Nach Ablauf von zehn Jahren seit der Verkündung des Ausschlussurteils ist die Klage unzulässig (§ 958 Abs. 2).

B. Das schiedsrichterliche Verfahren (§§ 1025 ff.)

Die Parteien können durch einen **Schiedsvertrag** vereinbaren, dass über bürgerlich-rechtliche Streitigkeiten zwischen ihnen **anstelle der staatlichen Gerichte private Gerichte entscheiden.**

Schiedsgerichte bieten gewisse Vorteile: Sie sind nicht an alle Vorschriften der ZPO, insbesondere nicht an den Instanzenzug gebunden. Das Verfahren ist deshalb billiger und die Entscheidungen ergehen schneller. Auch können von den Parteien besonders sachkundige Schiedsrichter gewählt werden. Der Hauptnachteil der Schiedsgerichte besteht darin, dass sich die Schiedsrichter meist nicht als neutrale Dritte, sondern als Interessenvertreter der Parteien verstehen. Dagegen ist das staatliche Gericht neutrale Instanz.

Grundlage des Verfahrens ist die **Schiedsvereinbarung.** Sie ist nur wirksam,
- wenn sie einen **vermögensrechtlichen Anspruch** betrifft. Eine Schiedsvereinbarung über nichtvermögensrechtliche Ansprüche hat insoweit rechtliche Wirkung, als die Parteien über den Streitgegenstand einen Vergleich schließen können.
- wenn sie sich auf ein **bestimmtes Rechtsverhältnis** zwischen den Vertragsparteien und die daraus entstandenen oder noch entstehenden Streitigkeiten bezieht (§ 1029).
    Beispiele:
    - auf die Streitigkeiten zweier Firmen aus einem Sukzessivlieferungsvertrag,
    - der Erben aufgrund der Erbauseinandersetzung,
    - der Gesellschafter aufgrund des Gesellschaftsverhältnisses.

Die Schiedsvereinbarung bedarf der **Schriftform** (§ 1031).

Die Parteien bestimmen die Schiedsrichter (§§ 1034 ff.) und mit wenigen Einschränkungen **auch das Verfahren nach freiem Ermessen** (§ 1042 Abs. 3). Zeugen und Sachverständige können vernommen werden, wenn sie *freiwillig erscheinen und aussagen,* sie können aber nicht vereidigt werden.

Das Verfahren endet durch **Schiedsspruch** oder durch **Schiedsvergleich.**

Der Schiedsspruch ist schriftlich abzufassen und, wenn die Parteien nichts anderes vereinbart haben, zu begründen. *Er hat die* **Wirkung eines rechtskräftigen gerichtlichen Urteils** (§§ 1054, 1055).

Die Zwangsvollstreckung kann aus dem Schiedsspruch betrieben werden, wenn er vom zuständigen staatlichen Gericht für vollstreckbar erklärt worden ist. Dasselbe gilt für **den Schiedsvergleich** (§§ 1053, 1060 f.).

Der Schiedsspruch kann unter bestimmten Voraussetzungen *wieder aufgehoben werden* (§ 1059).

Die freiwillige Gerichtsbarkeit

Inhalt

A. Begriff und Angelegenheiten der freiwilligen Gerichtsbarkeit 263
B. Das Verfahren der freiwilligen Gerichtsbarkeit 264
    I. Allgemeine Vorschriften 264
        1. Die Behörden der freiwilligen Gerichtsbarkeit 264
        2. Die Beteiligten 265
        3. Verfahrensgrundsätze 266
        4. Arten und Wirksamwerden der Entscheidungen 266
        5. Die Rechtsmittel 267
    II. Einzelne Verfahrensarten 268
        1. Nachlass- und Teilungssachen 268
        2. Handelssachen 269
        3. Beurkundungssachen 269
        4. Das Betreuungsverfahren 271

Wiederholungsaufgaben 272

A. Begriff und Angelegenheiten der freiwilligen Gerichtsbarkeit

Die freiwillige Gerichtsbarkeit kann von der streitigen Gerichtsbarkeit nicht scharf abgegrenzt werden. Keinesfalls führt die Unterscheidung von freiwillig und nichtfreiwillig zum Ziel. Auch in zahlreichen Zivilprozessen wenden sich die Parteien freiwillig an die Gerichte, so z. B. wenn beide Ehegatten die Scheidung wünschen oder zwei Firmen in einer grundsätzlichen Rechtsfrage die Entscheidung des Gerichts nachsuchen. Umgekehrt stehen sich in einer Reihe von Angelegenheiten der freiwilligen Gerichtsbarkeit die Beteiligten „streitend" gegenüber, z. B. wenn anlässlich der Scheidung die elterliche Sorge für die Kinder übertragen oder der Hausrat verteilt werden soll.

Als Begriff bleibt deshalb nur die Feststellung, dass es sich bei der freiwilligen Gerichtsbarkeit um **ein durch Gesetz geregeltes Verfahren zur Ordnung privater Rechtsangelegenheiten** handelt.

Zu den Angelegenheiten der freiwilligen Gerichtsbarkeit gehören **alle Rechtssachen, die das Gesetz ausdrücklich als solche bestimmt oder die es der freiwilligen Gerichtsbarkeit unterstellt.**

Im Folgenden werden einige der wichtigsten Angelegenheiten aufgeführt, zunächst solche, die zur **vorsorgenden Rechtspflege (Rechtsfürsorge)** gehören:

- **Vormundschafts-, Familien-, Betreuungs- und Unterbringungssachen,**
  Beispiele: Bestellung von Vormund und Pfleger, Sorgerechtsregelungen, Ersetzung von Einwilligungen, Genehmigung von Rechtsgeschäften;
- **Nachlasssachen,**
  Beispiele: die Sicherung des Nachlasses, Klärung der Erbfolge, Nachlassauseinandersetzungen, Ausstellung von Erbscheinen;
- **Grundbuchsachen,**
  Beispiele: Eintragung von Rechten an Grundstücken in das Grundbuch (Eigentum, Grundpfandrechte, sonstige Belastungen);
- **sonstige Registersachen,**
  Beispiele: Eintragungen in das Handelsregister, Genossenschaftsregister, Vereinsregister, Güterrechtsregister;
- **die Beurkundungstätigkeit,**
  Beispiele: Beurkundungen aller Art, öffentliche Beglaubigungen;
- **Personenstandssachen,**
  Beispiele: Führung des Geburts-, Heirats- und Sterbebuchs, des Familienbuchs;
- **das Aufgebotsverfahren zum Zwecke der Todeserklärung.**

Zu den **privatrechtlichen Streitsachen der freiwilligen Gerichtsbarkeit** gehören:

- **die Hausratsverteilung** anlässlich der Auflösung der Ehe durch Urteil (geregelt in der Hausratsverordnung),
- **die Wohnungseigentumssachen** (geregelt im Wohnungseigentumsgesetz),
  Beispiel: Streitigkeiten unter den Wohnungseigentümern über die Benutzung des gemeinschaftlichen Eigentums;
- **die Landwirtschaftssachen** (geregelt im Gesetz über das gerichtliche Verfahren in Landwirtschaftssachen),
- **die Vertragshilfe** (geregelt im Vertragshilfegesetz).

In den privatrechtlichen Streitsachen stehen sich die Beteiligten als „Streitende" wie im Zivilprozess gegenüber. Deshalb sind, falls die Regelung des Verfahrens Lücken aufweist, die Vorschriften der ZPO entsprechend anzuwenden.

B. Das Verfahren der freiwilligen Gerichtsbarkeit

Das Verfahren der freiwilligen Gerichtsbarkeit ist im „Gesetz über die Angelegenheiten der freiwilligen Gerichtsbarkeit" (FGG) geregelt. Das Gesetz wird durch Bestimmungen in zahlreichen anderen Gesetzen ergänzt.

I. Allgemeine Vorschriften

1. Die Behörden der freiwilligen Gerichtsbarkeit

Die Angelegenheiten der freiwilligen Gerichtsbarkeit sind weitgehend den **ordentlichen Gerichten** zugewiesen (AG, LG, OLG), die wie in der streitigen Gerichtsbarkeit mit Einzelrichtern, Kammern oder Senaten besetzt sind. Welches Gericht im einzelnen Fall sachlich zuständig ist, ergibt sich häufig aus dem materiellen Recht.

Die freiwillige Gerichtsbarkeit

◆ Die sachliche Zuständigkeit

In erster Instanz sind in der Regel die Amtsgerichte[1]) sachlich zuständig.

Beispiele:
- als Nachlassgericht für die Bestellung des Nachlasspflegers (§§ 1961, 1962 BGB);
- als Vormundschaftsgericht für die Anordnung einer Vormundschaft (§ 1774 BGB);
- als Familiengericht für die Hausratsverteilung (§ 11 Hausrats VO);
- als Grundbuchamt für die Führung der Grundbücher (§ 1 GBO).

◆ Die örtliche Zuständigkeit

Sie ist teilweise im materiellen Recht, teilweise bei den einzelnen Verfahrensarten geregelt.

Beispiele:
- die Führung des Handelsregisters in § 29 HGB,
- für Vormundschaftssachen in §§ 36 ff. FGG,
- für die Hausratsverteilung in § 11 HausratsVO.

Eine Vielzahl von Verrichtungen ist **dem Rechtspfleger** übertragen (§ 3 RPflG). Die dem **Richter** vorbehaltenen Sachen sind in §§ 14, 16, 17 RPflG aufgeführt.

Ein weiteres wichtiges Organ der freiwilligen Gerichtsbarkeit ist **der Notar**[2]), dem vor allem **Beurkundungen und Beglaubigungen** aller Art obliegen. Zuständig ist jeder deutsche Notar ohne Rücksicht auf den Wohnsitz der Beteiligten und sonstige gesetzliche Zuständigkeitsregelungen.

Der Standesbeamte ist für Personenstandssachen zuständig, **das Jugendamt** unter anderem für die Beurkundung von Vaterschaftsanerkenntnissen, **die Bürgermeister** (Stadtdirektoren) für die Errichtung von Nottestamenten.

2. Die Beteiligten

Im Zivilprozess stehen sich die Parteien als Kläger und Beklagter gegenüber, in der freiwilligen Gerichtsbarkeit spricht man von **Beteiligten.**

Beteiligte sind alle Personen, deren Rechte und Pflichten durch das Verfahren betroffen werden oder die auf das Verfahren Einfluss nehmen können.

Beispiele:
- bei einer Sorgerechtsentziehung das Kind, um dessen Wohl es geht, und die Eltern, deren Sorgerecht eingeschränkt oder entzogen werden soll;
- bei einer Hausratsverteilung die beiden geschiedenen Ehegatten;
- in Urkundssachen derjenige, dessen Erklärung beurkundet werden soll.

Die Beteiligten müssen, wie im Zivilprozess, **partei- und prozessfähig**[3]) sein. Jedoch kann eine minderjährige Ehefrau die *Aufhebung der Beschränkung der „Schlüsselgewalt"*[4]) verlangen, ein Sechzehnjähriger Beschwerde einlegen gegen die Weigerung des Notars, ein öffentliches Testament zu errichten. Die Beteiligten können sich durch **Bevollmächtigte** oder **Beistände** vertreten lassen (§ 13 FGG), **Prozesskostenhilfe** kann ihnen auf Antrag gewährt werden (§ 14 FGG, §§ 114 ff. ZPO).

---

[1]) In Baden-Württemberg sind Behörden der freiwilligen Gerichtsbarkeit an Stelle der Gerichte staatliche Notariate und Grundbuchämter.
  Die Notariate sind zuständig für Nachlass- und Teilungssachen und für die besondere amtliche Verwahrung der Verfügungen von Todes wegen, im württembergischen Rechtsgebiet außerdem für Vormundschaftssachen, soweit die Amtsgerichte hierfür zuständig sind.
[2]) Näheres über das Amt des Notars S. 16.
[3]) Näheres über Partei- und Prozessfähigkeit S. 171 f.
[4]) Näheres über „Schlüsselgewalt" S. 118.

3. Verfahrensgrundsätze

Das Verfahren der freiwilligen Gerichtsbarkeit wird entweder **von Amts wegen oder auf Antrag eingeleitet.**

Beispiele:
- die Sorgerechtsentziehung nach §§ 1666, 1666 a BGB,
- die Anordnung der Vormundschaft oder Pflegschaft (§§ 1774, 1909 BGB),
- die Löschung einer Eintragung im Grundbuch nach § 53 GBO.

Anzeigen oder Anträge von Behörden oder Privatpersonen sind in solchen Fällen nur Anregungen für das Gericht, tätig zu werden.

In **Antragssachen** darf das Gericht nur tätig werden, wenn schriftlich oder zu Protokoll der Geschäftsstelle von dem dazu Berechtigten ein Antrag gestellt wird. Antragssachen sind vor allem die Beurkundungen, die Grundbuchsachen, der Großteil der sonstigen Registersachen und der Handelssachen.

Im Verfahren gilt der **Untersuchungsgrundsatz.** Das Gericht hat von Amts wegen alle Umstände zu klären, die für seine Entscheidung wesentlich sind. Es hat „die zur Feststellung der Tatsachen erforderlichen Ermittlungen zu veranstalten und die geeigneten Beweise aufzunehmen" (§ 12 FGG).

Das Verfahren ist nichtöffentlich. Ob eine mündliche Verhandlung stattfindet oder ob das Verfahren schriftlich durchgeführt wird, ist in das Ermessen des Gerichts gestellt. Eine Ausnahme gilt z.B. für die Hausratsverteilung. Hier soll in der Regel mündlich verhandelt werden (§ 13 Abs. 2 HausratsVO).

Die Beteiligten haben **das Recht, angehört zu werden** (Art. 103 GG). In bestimmten Fällen besteht für den Richter eine **Anhörungspflicht.**

Beispiel: Bei Regelung der elterlichen Sorge sind die Eltern und das Jugendamt zu hören (§§ 50 a FGG, 49 a FGG).

Jedem, der ein berechtigtes Interesse glaubhaft macht, kann die **Einsicht der Akten** gestattet, können Abschriften erteilt und beglaubigt werden (§ 34 FGG).

Für die Berechnung der Fristen[1]) gelten die Vorschriften des BGB (§ 17 FGG). Ein Vergleich ist nur in den privatrechtlichen Streitverfahren (siehe S. 274) möglich.

4. Arten und Wirksamwerden der Entscheidungen

Die Entscheidungen werden teilweise als *Beschluss,* teilweise als *Verfügung* bezeichnet. Das FGG spricht von Verfügungen (§ 19 FGG). Ein sachlicher Unterschied besteht nicht.

Eine Begründung der Entscheidung ist nur in bestimmten Fällen vorgeschrieben.

Beispiele:
- bei Ablehnung einer Eintragung in das Grundbuch (§ 18 Abs. 1 GBO),
- bei Entscheidungen des Beschwerdegerichts (§ 25 FGG).

Eine Entscheidung wird wirksam mit der Bekanntmachung an denjenigen, für den sie ihrem Inhalt nach bestimmt ist (§ 16 Abs. 1 FGG). Beginnt mit der Bekanntmachung der Lauf einer Frist, erfolgt die Bekanntmachung durch Zustellung, sonst durch schriftliche Mitteilung, deren Vornahme und Zeitpunkt in den Akten vermerkt wird (§ 15 Abs. 2 FGG). Ist gegen eine Entscheidung die sofortige Beschwerde gegeben, tritt die Wirkung der Entscheidung erst mit Rechtskraft ein.

[1]) Näheres über Fristenberechnung S. 183.

5. Die Rechtsmittel

Gegen die Verfügungen des Gerichts erster Instanz ist die **einfache Beschwerde** gegeben (§ 19 FGG), die **sofortige Beschwerde** in den im Gesetz ausdrücklich bestimmten Fällen. Die einfache Beschwerde ist an keine Frist gebunden, die sofortige Beschwerde ist innerhalb einer *Frist von zwei Wochen* seit Bekanntmachung der Entscheidung einzulegen (§ 22 Abs. 1 FGG). Bei unverschuldeter Fristversäumung ist **Wiedereinsetzung in den vorigen Stand möglich** (§ 22 Abs. 2 FGG).

Die Beschwerde kann beim Gericht erster Instanz oder beim Beschwerdegericht eingelegt werden, entweder schriftlich oder zu Protokoll der Geschäftsstelle (§ 21 FGG).

Gegen die Entscheidung des Beschwerdegerichts ist die **weitere Beschwerde (sofortige weitere Beschwerde)** an das Oberlandesgericht zulässig, wenn die Entscheidung auf einer Gesetzesverletzung beruht: **Rechtsbeschwerde** (§§ 27 f. FGG). Sie kann beim Gericht erster Instanz, beim Landgericht oder Oberlandesgericht eingereicht werden. Die **Beschwerdeschrift** muss von einem Rechtsanwalt unterschrieben sein, jedoch ist auch Einlegung zu Protokoll der Geschäftsstelle möglich. Wird die Beschwerde von einer Behörde oder einem Notar eingelegt, braucht kein Rechtsanwalt mitzuwirken (§ 29 Abs. 1 FGG).

Der weiteren Beschwerde kann nur das Oberlandesgericht abhelfen (§ 28 Abs. 1 FGG), das unter bestimmten Voraussetzungen die weitere Beschwerde dem *Bundesgerichtshof zur Entscheidung* vorzulegen hat (§ 28 Abs. 2 und 3 FGG).

Einen Überblick über die Rechtsmittel gibt das folgende Schaubild:

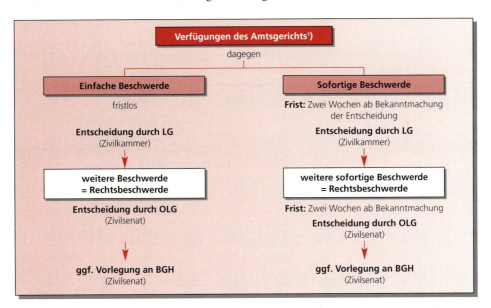

---

[1]) In Baden-Württemberg auch gegen Verfügungen der Notare im Landesdienst.

II. Einzelne Verfahrensarten

1. Nachlass- und Teilungssachen (§§ 72 ff. FGG)

Zu den Nachlasssachen gehören insbesondere
- die Eröffnung von Testamenten und Erbverträgen (§§ 2260 ff., 2273, 2300 BGB),
- die Entgegennahme von Erklärungen, die die Erbschaft betreffen, z. B. die Annahme oder Ausschlagung der Erbschaft,
- die Anfechtung eines Testaments oder Erbvertrags,
- die Sicherung des Nachlasses (§§ 1960 ff. BGB),
- die Erteilung und Einziehung des Erbscheins (§§ 2353 ff. BGB),
- die Vermittlung der Erbauseinandersetzung (§§ 86 ff., 99 FGG).

Sachlich zuständig ist das Amtsgericht[1] als Nachlassgericht (§ 72 FGG). Die Verrichtungen sind hauptsächlich dem Rechtspfleger zugewiesen. Die in § 16 RPflG aufgeführten Angelegenheiten bleiben **dem Richter vorbehalten.**

Beispiele:
- die Ernennung und Entlassung von Testamentsvollstreckern;
- die Erteilung von Erbscheinen aufgrund einer Verfügung von Todes wegen (Testament, Erbvertrag), von Testamentsvollstreckerzeugnissen und Zeugnissen zum Nachweis des Erbrechts.

Örtlich zuständig ist das Amtsgericht, in dessen Bezirk der Erblasser zur Zeit des Erbfalls seinen Wohnsitz, in Ermangelung eines solchen seinen Aufenthaltsort hatte (§ 73 FGG).

Für das Verfahren gelten neben den allgemeinen Vorschriften des FGG folgende **Besonderheiten:**

- Das Recht, **Akten einzusehen und Abschriften zu verlangen** ist in § 78 FGG besonders geregelt. Es steht jedem zu, der ein berechtigtes Interesse glaubhaft macht,

- Testamente und Erbverträge nimmt das Nachlassgericht **in besondere amtliche Verwahrung** (§§ 2258 a, 2258 b, 2300 BGB, § 34 BeurkG).
  Es veranlasst nach Eintritt des Erbfalls die *Ablieferung eines Testaments,* das nicht in amtliche Verwahrung gegeben ist, wenn nötig durch Festsetzung *von Zwangsgeld* (§§ 2259 Abs. 1 BGB, § 83 FGG). Nach dem Tode des Erblassers eröffnet es das Testament *von Amts wegen* (§ 2260 BGB). Zum Termin werden die gesetzlichen Erben und die sonstigen Beteiligten geladen. Dasselbe gilt für gemeinschaftliche Testamente und Erbverträge (§§ 2273, 2300 BGB).

- Das Nachlassgericht stellt dem Erben auf Antrag einen **Erbschein** aus, wenn der Erbe sein Erbrecht glaubhaft macht (§§ 2353 ff. BGB).
  Stellt sich heraus, dass der erteilte **Erbschein unrichtig** ist, zieht ihn das Nachlassgericht ein; mit der Einziehung wird der Erbschein kraftlos (§ 2361 BGB). Falls der Erbschein nicht sofort erlangt werden kann, wird er durch Beschluss für kraftlos erklärt (§ 2361 Abs. 2).

- Die **Erbauseinandersetzung** zwischen mehreren Miterben hat das Nachlassgericht auf Antrag zu vermitteln, wenn kein Testamentsvollstrecker vorhanden ist (§§ 86 ff. FGG). Es kann jedoch keinerlei Zwang ausüben. Einigen sich die Erben nicht freiwillig, ist der Vermittlungsversuch gescheitert. Dem widersprechenden Erben bleibt in einem solchen Fall nur der Klageweg (Erbteilungsklage).

---

[1] In Baden-Württemberg das staatliche Notariat.

- **Beschwerdeverfahren:** Nach den allgemeinen Vorschriften (§§ 19, 20 FGG) ist jeder beschwerdeberechtigt, dessen Recht durch eine Verfügung beeinträchtigt wird.
  - Die einfache Beschwerde kann u. a. einlegen: in Erbscheinssachen der Antragsteller gegen Ablehnung der Erbscheinserteilung; gegen die Erbscheinserteilung der dadurch Beeinträchtigte, z. B. der wahre Erbe.
  - Die **sofortige Beschwerde** ist z. B. **zulässig** gegen die Anordnung der Nachlassverwaltung auf Antrag eines Nachlassgläubigers (§ 76 Abs. 2 FGG); gegen die Ernennung oder Entlassung eines Testamentsvollstreckers (§ 81 FGG);

2. Handelssachen (§§ 125 ff. FGG)

Handelssachen der freiwilligen Gerichtsbarkeit sind insbesondere die **Handelsregistersachen.**

Das **Handelsregister** besteht aus zwei Abteilungen:
- In *Abteilung A* sind die Einzelkaufleute, die offenen Handelsgesellschaften, die Kommanditgesellschaften und seit dem 1. Juli 1989 die europäischen wirtschaftlichen Interessenvereinigungen eingetragen.
- in *Abteilung B* die Kapitalgesellschaften.

Für jede Firma wird ein *besonderes Blatt* geführt, daneben, wie beim Grundbuch, die *Registerakte,* die die Anträge und sonstige Eintragungsvoraussetzungen enthält.

Sachlich zuständig für die Führung des Handelsregisters sind die Amtsgerichte (§ 125 FGG), **örtlich zuständig** ist das Gericht, in dessen Bezirk sich die Niederlassung des Kaufmanns befindet (§ 29 HGB).

Für Genossenschaften wird das **Genossenschaftsregister** beim Amtsgericht geführt (§ 10 GenG).

Auch die Handelssachen sind weitgehend dem Rechtspfleger zugewiesen (§ 3 Nr. 2 d RPflG). Die in § 17 RPflG aufgeführten Angelegenheiten sind dem Richter vorbehalten.

Die **Eintragungen** erfolgen **nur auf Antrag** (Anmeldung). Der Antrag muss öffentlich beglaubigt sein, ebenso die beim Gericht aufzubewahrende Zeichnung der Unterschrift (§ 41 BeurkG).

Das Registergericht kann die Verpflichteten durch **Androhung von Zwangsgeld** (§§ 133 FGG) zu Anmeldungen zum Handelsregister, zur Zeichnung von Unterschriften und Einreichung von Schriftstücken anhalten (§ 14 HGB, § 132 FGG).

Löschungen erfolgen wie im Grundbuch durch rotes Unterstreichen der Eintragung und einen entsprechenden Vermerk in der dafür vorgesehenen Spalte.

Ist eine **Firma** erloschen, ist sie **von Amts wegen im Handelsregister zu löschen,** falls eine Anmeldung des Erlöschens durch die Beteiligten nicht mehr herbeigeführt werden kann (§ 141 FGG, § 31 Abs. 2 HGB). Dies gilt ebenso für alle **unwichtigen oder unzulässigen Eintragungen** (§ 142 FGG).

3. Beurkundungssachen

Das Beurkundungsgesetz (BeurkG) regelt bundeseinheitlich das formelle Beurkundungsrecht, wie Zuständigkeit, Verfahren und die Form der Urkunden. In welchen Fällen eine Beurkundung nötig ist, ergibt sich vor allem aus dem BGB und seinen Nebengesetzen.

Unter Beurkundungssachen ist die **Errichtung öffentlicher Urkunden zu verstehen, die privatrechtliche Erklärungen in der vorgeschriebenen Form festhalten.** Dazu gehört auch die öffentliche Beglaubigung von Urkunden, wie sie z. B. in § 1155 BGB (öffentlich beglaubigte Abtretung einer Hypothekenforderung) oder in § 29 GBO (öffentlich beglaubigte Form der Eintragungs- oder Löschungsbewilligung) verlangt wird.

Sachlich zuständig ist grundsätzlich der Notar (§ 1 Abs. 1 BeurkG). Neben dem Beurkundungsgesetz ist für seine Tätigkeit die Bundesnotarordnung (BNotO) und die Dienstordnung für Notare (DONot) maßgebend.

Örtlich zuständig ist jeder deutsche Notar, und zwar grundsätzlich innerhalb seines Amtsbezirks. Außerhalb vorgenommene Beurkundungen sind trotzdem wirksam (§ 2 BeurkG).

Beteiligte sind „die Erschienenen, deren im eigenen oder fremden Namen abgegebene Erklärungen beurkundet werden sollen" (§ 6 Abs. 2 BeurkG).

Der Notar soll bei der Beurkundung nicht mitwirken, wenn es sich z. B. um seine eigene Angelegenheit oder die seines Ehegatten oder eines nahen Verwandten oder Verschwägerten handelt (§ 3 BeurkG).

Er soll die Beurkundung *ablehnen,* wenn sie mit seinen Amtspflichten nicht vereinbar ist (§ 4 BeurkG).

Der Notar hat weitgehende **Prüfungs- und Belehrungspflichten** (§§ 17–21 BeurkG), da er nicht, wie der Rechtsanwalt, nur eine Partei vertritt, sondern die Interessen der Beteiligten **unparteiisch** wahrzunehmen hat. Er hat vor allem den wahren Willen der Beteiligten zu erforschen und sie über die rechtliche Tragweite des Geschäfts zu belehren. Bestehen die Beteiligten trotz Zweifel an der Wirksamkeit des Rechtsgeschäfts auf der Beurkundung, soll der Notar die Belehrung in der Niederschrift vermerken (§ 17 Abs. 2 BeurkG).

Die Niederschrift (Protokoll) ist der wesentliche Vorgang der Beurkundung, sie gibt den Inhalt der Verhandlung wieder.

Inhalt und Form der Niederschrift bei der **Beurkundung von Willenserklärungen** sind in den §§ 8–13 BeurkG bestimmt.

Die Niederschrift bei der **Beurkundung anderer Erklärungen, Tatsachen und Vorgänge** muss die Bezeichnung des Notars und den Bericht über seine Wahrnehmungen enthalten (§ 37 Abs. 1 BeurkG).

Für **Unterschriftsbeglaubigungen** und für die Beglaubigung der Unterschriftenzeichnung ist eine vereinfachte Form vorgesehen: Anstelle einer Niederschrift genügt eine Urkunde, die den Beglaubigungsvermerk und das Siegel des Notars enthalten muss (§ 39 BeurkG).

Die Behandlung der Urkunden ist in **§§ 44 ff. BeurkG** geregelt:

- mehrere Seiten sollen mit Schnur und Prägesiegel verbunden werden (§ 44 BeurkG),
- die Urschrift bleibt in Verwahrung des Notars (§ 25 Abs. 1 BNotO). Nur ausnahmsweise wird sie ausgehändigt (§ 45 BeurkG); der Notar behält dann eine Ausfertigung zurück;
- die Ausfertigung vertritt die Urschrift im Rechtsverkehr (§ 47 BeurkG). Sie wird von der Stelle erteilt, die die Urschrift verwahrt (§ 48 BeurkG);
- in § 51 BeurkG ist bestimmt, welche Personen berechtigt sind, eine Ausfertigung, eine beglaubigte oder einfache Abschrift zu verlangen und die Urschrift einzusehen;

- eine zerstörte oder abhanden gekommene Urschrift kann durch eine mit einem entsprechenden Vermerk versehene Ausfertigung oder beglaubigte Abschrift ersetzt werden (§ 46 BeurkG);
- hat der Notar Willenserklärungen beurkundet, die beim Grundbuchamt oder Registergericht einzureichen sind, soll er die Einreichung so bald wie möglich veranlassen (§ 53 BeurkG);
- bei vollstreckbaren Urkunden erteilt der Notar die Vollstreckungsklausel (vollstreckbare Ausfertigung § 52 BeurkG).

Für die Beurkundung von **Verfügungen von Todes wegen** gelten neben den allgemeinen Vorschriften solche, die nur auf Testamente und Erbverträge anzuwenden sind[1]).

Für die **amtliche Verwahrung von Testamenten** – entsprechend auch für Erbverträge (§ 2300 BGB) gilt: Die Niederschrift soll der Notar in einen Umschlag nehmen und diesen mit einem Prägesiegel bzw. Lacksiegel verschließen. Auf dem Umschlag soll die Person des Erblassers und die Zeit der Errichtung angegeben werden. Der Notar soll diese Angaben unterschreiben und dafür sorgen, dass das Testament unverzüglich in amtliche Verwahrung des Amtsgerichts gegeben wird (§ 34 BeurkG, § 2258 BGB). Dem Erblasser soll ein **Hinterlegungsschein** erteilt werden. Das Verfahren bei der amtlichen Verwahrung ist in § 2258 b BGB geregelt. Auf Wunsch des Erblassers kann ein Erbvertrag in der Verwahrung des Notars bleiben (§ 25 Abs. 2 BNotO). Die Vorschriften des Beurkundungsgesetzes gelten entsprechend für **Nottestamente**. An die Stelle des Notars tritt der Bürgermeister oder drei Zeugen. Eine Niederschrift ist in jedem Fall aufzunehmen (§§ 2249–2251 BGB).

4. Das Betreuungsverfahren (§§ 65 ff. FGG)

◆ Die Bestellung des Betreuers

Für die Bestellung des Betreuers ist das Vormundschaftsgericht zuständig, in dessen Bezirk der Betroffene seinen Wohnsitz hat (§ 65 FGG).

Vor der Bestellung des Betreuers **hört das Gericht den Betroffenen persönlich an,** um sich selbst einen unmittelbaren Eindruck von ihm zu verschaffen. Hierbei kann das Gericht sich eines Sachverständigen bedienen. Von der persönlichen Anhörung sieht das Gericht ab, wenn nach ärztlichem Gutachten hiervon erhebliche Nachteile für die Gesundheit des Betroffenen zu besorgen wären oder wenn der Betroffene nach Überzeugung des Gerichts nicht in der Lage ist, seinen Willen kundzutun (§ 68 FGG).

Über das Ergebnis der Anhörung findet ein Schlussgespräch mit dem Betroffenen statt.

Außerdem gibt das Gericht vor der Bestellung eines Betreuers in der Regel dem gesetzlichen Vertreter des Betroffenen, seinen Eltern und Kindern Gelegenheit zur Äußerung (§ 68 a FGG). Soweit es zur Wahrnehmung der Interessen des Betroffenen erforderlich ist, bestellt das Gericht in den in § 67 FGG genannten Fällen einen Pfleger für das die Betreuung anordnende Verfahren.

Ein Betreuer darf erst bestellt werden, nachdem der Betroffene durch einen Sachverständigen untersucht worden ist und dieser die Notwendigkeit der Betreuung festgestellt hat. In einzelnen Fällen genügt ein ärztliches Zeugnis (§ 68 b FGG).

---

[1]) Näheres siehe S. 149.

Das Verfahrensrecht

◆ Die eine Betreuung anordnende Entscheidung

Die Entscheidung, durch die ein Betreuer bestellt oder ein Einwilligungsvorbehalt angeordnet wird, muss enthalten:

- die Bezeichnung des Betroffenen,
- die Bezeichnung des Betreuers und seines Aufgabenkreises,
- bei Anordnung eines Einwilligungsvorbehalts die Bezeichnung des Kreises der einwilligungsbedürftigen Willenserklärungen,
- eine Rechtsmittelbelehrung (§ 69 FGG).

Die Entscheidungen des Gerichts sind dem Betroffenen selbst bekannt zu machen. Sie werden wirksam mit der Bekanntmachung an den Betreuer (§ 69 a FGG). Der Betreuer wird vom Gericht mündlich verpflichtet und über seine Aufgaben unterrichtet. Hierüber erhält er eine Urkunde (§ 69 b FGG).

Schon vor der Bestellung eines Betreuers kann das Gericht durch einstweilige Anordnung einen vorläufigen Betreuer bestellen oder einen Einwilligungsvorbehalt anordnen, wenn Gefahr für die Gesundheit des Betroffenen besteht. Die einstweilige Anordnung darf jedoch grundsätzlich die Dauer von sechs Monaten nicht übersteigen (§ 69 f FGG).

◆ Rechtsmittel

Gegen die Bestellung eines Betreuers von Amts wegen, die Anordnung eines Einwilligungsvorbehalts und eine Entscheidung, durch die die Bestellung eines Betreuers oder die Anordnung eines Einwilligungsvorbehalts abgelehnt wird, ist die **Beschwerde** gegeben. Sie steht dem Betroffenen, seinem Ehegatten und den nahen Verwandten (§ 69 g Abs. 1 FGG) zu.

Der Betreuer kann gegen eine seinen Aufgabenkreis betreffende Entscheidung auch im Namen des Betreuten Beschwerde einlegen (§ 69 g Abs. 2 FGG). In einigen Fällen ist die sofortige Beschwerde gegeben (§ 69 g Abs. 4 FGG).

Wiederholungsaufgaben

1 a) Woran ist zu erkennen, ob eine Rechtssache eine Angelegenheit der freiwilligen Gerichtsbarkeit ist?
b) In welche beiden Gruppen können die Angelegenheiten der freiwilligen Gerichtsbarkeit eingeteilt werden?
c) Nennen Sie einige der wichtigsten Angelegenheiten!

2 a) In welchem Gesetz ist das Verfahren der freiwilligen Gerichtsbarkeit allgemein geregelt?
b) Welchen Gerichten ist das Verfahren weitgehend zugewiesen?

3 Für das Verfahren gilt der Untersuchungsgrundsatz. Was ist darunter zu verstehen?

4 Frau Keller, eine neugierige Frau, erfährt, dass in der Sorgerechtssache einer geschiedenen Hausmitbewohnerin Termin um 11:00 Uhr stattfindet. Sie macht sich rechtzeitig auf den Weg, um ja nichts zu versäumen. Was meinen Sie dazu?

5 In einer Sorgerechtssache einigen sich die geschiedenen Eltern dahingehend, dass das Sorgerecht für den 6-jährigen Sohn im Wechsel ein Jahr der Mutter, ein Jahr dem Vater zustehen soll. Wie wird das Familiengericht entscheiden?

6 a) In welcher Form entscheiden die Gerichte der freiwilligen Gerichtsbarkeit?
b) Wann wird eine gerichtliche Entscheidung wirksam?
c) Welche Rechtsmittel kennt das FGG?

7 a) Gegen welche Entscheidungen ist die sofortige Beschwerde zulässig?
b) Welche Frist ist einzuhalten?
c) Wann beginnt der Lauf der Frist?

8 Rechtsanwalt Wolters hat die Frist zur Einlegung der sofortigen Beschwerde versäumt. Unter welcher Voraussetzung kann er das Rechtsmittel nachträglich einlegen?

9 a) Unter welcher Voraussetzung ist die weitere Beschwerde gegeben?
b) Bei welchem Gericht kann die weitere Beschwerde eingelegt werden? Welches Gericht entscheidet über das Rechtsmittel?
c) Weshalb wird die weitere Beschwerde auch Rechtsbeschwerde genannt?

10 Kaufmann Raiblin hat sich entschlossen, weitere Beschwerde in einer Handelsregistersache einzulegen. Er entwirft die Beschwerdeschrift und reicht sie beim Oberlandesgericht ein. Weshalb wird ihm die Beschwerdeschrift von der Geschäftsstelle des Gerichts zurückgegeben?

11 a) Welche Angelegenheiten gehören insbesondere zu den Nachlasssachen?
b) Welches Gericht ist für Nachlasssachen sachlich zuständig?
c) Welche Aufgaben hat das Nachlassgericht vor allem zu erledigen?

12 Mauritz, der Neffe des Erblassers, erklärt vor dem Nachlassgericht, sein Onkel habe ihm durch Testament ein Vermächtnis ausgesetzt. Franz, der Sohn des Onkels, habe das Testament in Verwahrung. Franz, der gesetzlicher Alleinerbe ist, bestreitet wahrheitswidrig, das Testament in Verwahrung zu haben.
Wodurch kann Franz gezwungen werden, das Testament dem Nachlassgericht abzuliefern?

13 In welchem Fall vermittelt das Nachlassgericht die Erbauseinandersetzung?

14 Das Nachlassgericht hat die Vermittlung der Erbauseinandersetzung übernommen und einen Vorschlag ausgearbeitet.
Ein Miterbe widerspricht dem Vorschlag, die übrigen stimmen zu und verlangen, dass entsprechend geteilt wird.
Wie ist die Rechtslage?

15 a) Welche Angaben soll ein Erbschein enthalten?
b) Das Nachlassgericht hat dem gesetzlichen Erben, einem Neffen 6. Grades des Erblassers, auf Antrag den Erbschein erteilt. Einige Zeit später wird ein Testament aufgefunden, das der Erblasser in einem Geheimfach seines Schreibtisches aufbewahrt hat. Darin ist ein Freund des Erblassers als Alleinerbe eingesetzt. Was geschieht mit dem erteilten Erbschein?

16 a) Aus welchen Abteilungen besteht das Handelsregister? Was wird in die einzelnen Abteilungen eingetragen?
b) In welcher Art wird das Handelsregister geführt?
c) Was enthalten die Registerakten?
d) Welches Gericht ist für die Registerführung sachlich und örtlich zuständig?

17 Parker will seine Firma in das Handelsregister eintragen lassen. Wie geht er vor?

Das Verfahrensrecht

18 Die Firma Haug und Sohn ist erloschen. Sie soll von Amts wegen im Handelsregister gelöscht werden.
a) Wer ist von der beabsichtigten Löschung zu benachrichtigen?
b) Wie erfolgt die Löschung?

19 a) Was ist unter Beurkundungssachen zu verstehen?
b) In welchem Gesetz ist das formelle Beurkundungsrecht geregelt?
c) Wer ist Beteiligter, wer Mitwirkender?

20 Wodurch unterscheidet sich die Stellung des Notars den Beteiligten gegenüber von der Stellung des Rechtsanwalts seiner Partei gegenüber?

21 a) Welche Angaben muss die Niederschrift des Notars enthalten
bei der Beurkundung von Willenserklärungen,
bei der Beurkundung von anderen Erklärungen, Tatsachen, Vorgängen?
b) Welche vereinfachte Form gilt für Unterschriftsbeglaubigungen?

22 Ein Grundstückskaufvertrag samt Auflassung wurde beurkundet. Er besteht aus mehreren Seiten. Zwei Ausfertigungen wurden erteilt.
a) Wodurch werden die Seiten verbunden?
b) Wo bleiben Urschrift und Ausfertigungen?
c) Was geschieht, wenn die Urschrift verloren geht?
d) Wer sorgt für die Einreichung des Vertrages beim Grundbuchamt?

23 Welches Gesetz enthält das materielle, welche Gesetze enthalten das formelle Grundbuchrecht?

24 a) Was hat der Notar zu prüfen, wenn ein Testament oder ein Erbvertrag beurkundet werden soll?
b) Wie verfährt der Notar, wenn ein Testament in besondere amtliche Verwahrung genommen werden soll?

VOLLSTRECKUNGSRECHT

Inhalt

Die Zwangsvollstreckung 278
Allgemeines 278
A. Die Arten der Einzelzwangsvollstreckung 278
B. Die Voraussetzungen der Zwangsvollstreckung 279
    I. Der Vollstreckungstitel 279
        1. Arten der Vollstreckungstitel 279
        2. Die vorläufige Vollstreckbarkeit von Urteilen 280
        3. Schutz des Schuldners gegen Vollstreckung vor Rechtskraft des Urteils 281
    II. Die Vollstreckungsklausel 282
        1. Die Erteilung der Vollstreckungsklausel 282
        2. Die Umschreibung der Vollstreckungsklausel 283
    III. Die Zustellung des Vollstreckungstitels 283
C. Die Organe der Zwangsvollstreckung 284
    I. Der Gerichtsvollzieher 284
    II. Das Vollstreckungsgericht 285
    III. Das Prozessgericht 286
    IV. Das Grundbuchamt 286
    V. Andere Behörden 286

Wiederholungsaufgaben 286

Die Zwangsvollstreckung wegen Geldforderungen 288
A. Die Zwangsvollstreckung in das bewegliche Vermögen 288
    I. Die Zwangsvollstreckung in körperliche Sachen 288
        1. Die Durchführung der Pfändung 288
        2. Pfändungsbeschränkungen 290
        3. Der strafrechtliche Schutz der Pfändung 292
        4. Die Verwertung der Pfandsache 292
        5. Besondere Arten der Verwertung 293
        6. Aussetzung der Verwertung 294
        7. Die Verteilung des Versteigerungserlöses 294

Wiederholungsaufgaben 295

    II. Die Zwangsvollstreckung in Forderungen und andere Vermögensrechte ... 297
        1. Die Zwangsvollstreckung in Geldforderungen 298
        2. Die Vorpfändung 299
        3. Pfändungsschutz für Lohn- und Arbeitseinkommen 301
        4. Die Zwangsvollstreckung in Herausgabeansprüche 302
        5. Die Zwangsvollstreckung in Hypotheken und Grundschulden . 303
        6. Die Zwangsvollstreckung in Forderungen aus Wechseln und anderen Orderpapieren .. 303
        7. Die Zwangsvollstreckung in Sparguthaben 304
        8. Die Zwangsvollstreckung in Ansprüche aus Lebensversicherungen 304
        9. Die Zwangsvollstreckung in Anteile an einer Gemeinschaft .. 305
        10. Die Zwangsvollstreckung in Wertpapiere 305
    III. Das Verteilungsverfahren 306

Wiederholungsaufgaben 306

B. **Die Zwangsvollstreckung in das unbewegliche Vermögen (Liegenschaftsvollstreckung)** .. 309
   I. Arten der Vollstreckung – Sicherungshypothek (Zwangshypothek) 309
   II. Die Zwangsversteigerung von Grundstücken 309
      1. Zweck der Zwangsversteigerung 309
      2. Anordnung der Zwangsversteigerung 310
      3. Bestimmung des Versteigerungstermins 310
      4. Das geringste Gebot 311
      5. Der Versteigerungstermin 312
      6. Der Zuschlag 312
      7. Die Verteilung des Erlöses 313
      8. Die Aufhebung und Einstellung des Verfahrens 313
   III. Die Zwangsverwaltung von Grundstücken 313
      1. Zweck der Zwangsverwaltung 313
      2. Die Anordnung der Zwangsverwaltung 314
      3. Der Zwangsverwalter 314
      4. Das Verteilungsverfahren 314
      5. Die Aufhebung des Zwangsverwaltungsverfahrens 314

Die Zwangsvollstreckung wegen anderer Ansprüche 315

A. **Die Zwangsvollstreckung zur Erwirkung der Herausgabe von Sachen** 315
   I. Herausgabe beweglicher Sachen 315
   II. Herausgabe unbeweglicher Sachen 315
   III. Herausgabe von Sachen im Gewahrsam eines Dritten 315

B. **Die Zwangsvollstreckung zur Erwirkung von Handlungen** 315
   I. Die Zwangsvollstreckung wegen Vornahme vertretbarer Handlungen 315
   II. Die Zwangsvollstreckung wegen Vornahme nicht vertretbarer Handlungen ... 316

C. **Die Zwangsvollstreckung zur Erwirkung von Duldungen und Unterlassungen** 317

D. **Die Leistung des Interesses** 317

E. **Die Zwangsvollstreckung wegen Abgabe von Willenserklärungen** 317

Wiederholungsaufgaben 317

Eidesstattliche Versicherung und Haft 319

   I. Voraussetzungen der Pflicht zur Abgabe einer eidesstattlichen Versicherung ... 319
   II. Das Verfahren zur Abgabe einer eidesstattlichen Versicherung 319
      1. Terminbestimmung und Ladung 319
      2. Verlauf des Termins 320
      3. Der Haftbefehl 320
   III. Das Schuldnerverzeichnis (schwarze Liste) 321
   IV. Strafbestimmungen 321

Wiederholungsaufgaben 322

Die Einwendungen gegen die Zwangsvollstreckung 323

A. **Die Erinnerung** 323
B. **Die Vollstreckungsabwehrklage** 323
C. **Die Drittwiderspruchsklage (Interventionsklage)** 324
D. **Die Klage auf vorzugsweise Befriedigung** 325
E. **Die sofortige Beschwerde** 325
F. **Vollstreckungsschutz in Härtefällen** 326
G. **Die Einstellung der Zwangsvollstreckung durch den Gerichtsvollzieher** 327

Wiederholungsaufgaben 328

Arrest und einstweilige Verfügung ... 330
  I. Allgemeines ... 330
  II. Die Anordnung des Arrestes ... 330
  III. Die Vollziehung des Arrestes ... 331
  IV. Die einstweilige Verfügung ... 332
  V. Schadensersatz ... 332

Wiederholungsaufgaben ... 333

Insolvenzverfahren ... 334
  A. Die Unternehmensinsolvenz ... 334
  B. Das Insolvenz-Planverfahren ... 336
  C. Das Verbraucherinsolvenzverfahren ... 336

Die Zwangsvollstreckung

Allgemeines

Die Zwangsvollstreckung ist das Verfahren zur Befriedigung eines Anspruchs mithilfe staatlichen Zwangs. Sie erfasst:

- **einzelne Vermögensstücke des Schuldners** zur Befriedigung *einzelner* Gläubiger. Sie ist in der Zivilprozessordnung (ZPO) und im Gesetz über die Zwangsversteigerung und die Zwangsverwaltung (ZVG) geregelt (Einzelvollstreckung),
- **das gesamte Vermögen des Schuldners** zur Befriedigung *aller Gläubiger. Sie war in der Konkursordnung (KO) geregelt,* die durch die am 1. Januar 1999 in Kraft getretene Insolvenzordnung abgelöst wurde (Gesamtvollstreckung).

Im Folgenden wird die *in der Zivilprozessordnung*[1] geregelte **Einzelzwangsvollstreckung** behandelt. Ihr geht meist ein **Erkenntnisverfahren** (darunter versteht man das Verfahren von Einreichung der Klage bis Urteilserlass) voraus, in dem über einen geltend gemachten Leistungsanspruch entschieden wird. Mit Rechtskraft der Entscheidung wird der obsiegenden Partei **(Gläubiger)** zwar endgültig bescheinigt, dass ihr ein bestimmter Anspruch gegen die andere Partei **(Schuldner)** zusteht. Die Entscheidung allein verschafft dem Gläubiger aber noch keine Befriedigung seines Anspruchs. Wenn der Schuldner nämlich nicht freiwillig leistet, ist es dem Gläubiger verwehrt, seinen Anspruch im Wege der Selbsthilfe durchzusetzen. **Die Durchführung der Zwangsvollstreckung ist unabhängigen staatlichen Vollstreckungsorganen übertragen,** die eine den Interessen des Gläubigers und des Schuldners gerecht werdende Vollstreckung gewährleisten sollen. Welches Vollstreckungsorgan im Einzelfall tätig wird, richtet sich nach der Art der durchzuführenden Vollstreckungsmaßnahme.

Nicht jede Zwangsvollstreckung setzt ein Erkenntnisverfahren voraus. **Ohne Erkenntnisverfahren** findet die Zwangsvollstreckung z. B. auch aus vollstreckbaren[2] Urkunden (§ 794 Abs. 1 Ziff. 5) statt. Umgekehrt hat nicht jedes Erkenntnisverfahren eine Zwangsvollstreckung zur Folge. So sind z. B. Gestaltungs- und Feststellungsurteile, abgesehen von der Kostenentscheidung, nicht vollstreckungsfähig, sie wirken bereits mit Rechtskraft des Urteils.

Beispiele:
- Mit Rechtskraft des Scheidungsurteils ist die Ehe geschieden, mit Rechtskraft des Aufhebungsurteils die OHG aufgelöst **(Gestaltungsurteile).**
- Die Vaterschaft zu einem nichtehelichen Kinde ist mit Rechtskraft des Abstammungsurteils positiv oder negativ festgestellt **(Feststellungsurteil).**

A. Die Arten der Einzelzwangsvollstreckung

Es sind zu unterscheiden:

- **die Zwangsvollstreckung wegen Geldforderungen**
  - **in das bewegliche Vermögen** (körperliche Sachen, Forderungen und andere Vermögensrechte),
    Beispiele: in einen Farbfernseher (körperliche Sache); in die Lohn- und Gehaltsforderung, in ein Patent (Forderungen und andere Vermögensrechte);

---

[1] §§ ohne Gesetzesangabe sind die der ZPO.
[2] Näheres siehe S. 280.

- **in das unbewegliche Vermögen,**
  Beispiele: in ein Grundstück, in Wohnungseigentum.
♦ **die Zwangsvollstreckung wegen anderer Ansprüche,**
  - **zur Erwirkung der Herausgabe von Sachen** (bewegliche Sachen oder Grundstücke),
    Beispiele: Herausgabe eines Sparbuchs;
  - zur Erwirkung von Handlungen, Duldungen und Unterlassungen,
    Beispiele: Räumung einer Wohnung, Duldung der Mitbenutzung einer Hofeinfahrt, Unterlassung des Parkens auf dem Nachbargrundstück.

B. Die Voraussetzungen der Zwangsvollstreckung

Die Zwangsvollstreckung setzt voraus:
♦ einen **Vollstreckungstitel,** d. h. eine Urkunde, die die Zwangsvollstreckung zulässt,
♦ die mit der **Vollstreckungsklausel** versehene Ausfertigung des Vollstreckungstitels (vollstreckbare Ausfertigung),
♦ die **Zustellung** des mit der Vollstreckungsklausel versehenen Vollstreckungstitels an den Schuldner.

Voraussetzungen der Zwangsvollstreckung sind somit:
♦ **Titel, Klausel und Zustellung.**

I. Der Vollstreckungstitel

1. Arten der Vollstreckungstitel

Die wichtigsten Vollstreckungstitel sind:
♦ **Urteile,** wenn sie rechtskräftig (siehe S. 280) oder für vorläufig vollstreckbar (siehe S. 280) erklärt sind (§§ 704, 705) und einen vollstreckungsfähigen Inhalt haben, insbesondere **Leistungsurteile**[1]);
♦ **Prozessvergleiche** (§ 794 Abs. 1 Ziff. 1), d. h. vor einem deutschen Gericht oder vor einer anerkannten Gütestelle zur Beilegung des Rechtsstreits abgeschlossene Vergleiche; hierzu gehört auch der im Prozesskostenhilfeverfahren abgeschlossene Vergleich (§ 118 Abs. 1).
♦ **Vollstreckungsbescheide** (§ 794 Abs. 1, Ziff. 4);

---

[1]) **Feststellungs- und Gestaltungsurteile sind nur hinsichtlich der Kosten vollstreckungsfähig. Ausnahmsweise findet auch aus Leistungsurteilen (mit Ausnahme der Kosten) keine Vollstreckung statt** (§§ 888, Abs. 2, 894):
  ♦ bei Verurteilung zur Eingehung einer Ehe (kommt nur bei ausländischen Urteilen in Betracht, weil unser bürgerliches Recht eine Klage aus dem Verlöbnis nicht zulässt),
  ♦ bei Verurteilung zur Herstellung des ehelichen Lebens,
  ♦ bei Verurteilung zur Leistung von Diensten,
  ♦ bei Verurteilung zur Abgabe einer Willenserklärung.
  Aus dem Urteil eines *ausländischen Gerichts* kann nur vollstreckt werden, wenn die Vollstreckung durch Vollstreckungsurteil eines zuständigen deutschen Gerichts für zulässig erklärt worden ist (§ 722). Die Bundesrepublik hat aber mit einer Reihe von Staaten Vereinbarungen getroffen, wonach Schuldtitel des anderen Staates lediglich einer Vollstreckungsklausel bedürfen, die auf Antrag vom zuständigen Landgericht erteilt wird.

- **Kostenfestsetzungsbeschlüsse** (§ 794 Abs. 1, Ziff. 2);
- **Unterhaltsbeschlüsse im vereinfachten Verfahren** (§ 794 Abs. 1, Ziff. 2 a);
- **beschwerdefähige Entscheidungen** (§ 794 Abs. 1, Ziff. 3);
- **für vollstreckbar erklärte Schiedssprüche und schiedsrichterliche Vergleiche** (§ 794 Abs. 1, Ziff. 4 a);
- **vollstreckbare notarielle Urkunden,** in denen sich der Schuldner wegen einer bestimmten Geldsumme oder Leistung einer bestimmten Menge anderer vertretbarer Sachen oder Wertpapiere der sofortigen Zwangsvollstreckung unterwirft (§ 794 Abs. 1, Ziff. 5).
  Hierzu gehört auch der Anspruch aus einer Hypothek, Grundschuld oder Rentenschuld;
- **Arrestbefehle und einstweilige Verfügungen** (§§ 928, 929, 936).
  Außerdem gibt es noch zahlreiche andere Vollstreckungstitel in Bundes- oder Landesgesetzen.

Beispiel:
Eintragung in die Insolvenztabelle (§ 201 Abs. 2 InsO).

2. Die vorläufige Vollstreckbarkeit von Urteilen

Die vorläufige Vollstreckbarkeit von Urteilen liegt im Interesse des Gläubigers. Sie soll insbesondere verhindern, dass der Schuldner Vermögen, das der Vollstreckung unterliegt, beiseite schafft oder nur deshalb Rechtsmittel einlegt, um die Vollstreckung hinauszuzögern. Sie ist jedoch für den vollstreckenden Gläubiger insofern nicht ganz ungefährlich, als er im Falle der Aufhebung oder Änderung des Urteils einem Schadensersatzanspruch des Schuldners ausgesetzt ist (§ 717 Abs. 2).

Beispiel: Gläubiger Seibold hat sofort nach Zustellung des vorläufig vollstreckbaren Urteils das Möbellager seines Schuldners Molter pfänden lassen. Molter, der gegen das Urteil Berufung eingelegt hat, obsiegt in der 2. Instanz.

Seibold hat Molter allen Schaden zu ersetzen, der diesem durch die Zwangsvollstreckung entstanden ist, unter anderem auch den entgangenen Gewinn. Molter hätte nämlich das Möbellager preisgünstig verkaufen können.

Mit Ausnahme der **Urteile in Ehe- und Kindschaftssachen, die überhaupt nicht für vorläufig vollstreckbar erklärt werden dürfen** (§ 704 Abs. 2), **müssen alle Urteile** – sofern sie nicht rechtskräftig sind – **von Amts wegen** (ohne Antrag) **einen Ausspruch über die vorläufige Vollstreckbarkeit enthalten.**

Grundsätzlich sind alle Urteile gegen Sicherheitsleistung für vorläufig vollstreckbar zu erklären (§ 709).

Urteilsausspruch:

„Das Urteil ist gegen Sicherheitsleistung in Höhe von ... EUR vorläufig vollstreckbar."

Die vom Gericht der Höhe nach zu bestimmende Sicherheit ist durch schriftliche, unwiderrufliche unbedingte und unbefristete Bürgschaft eines im Inland zum Geschäftsbetrieb befugten Kreditinstituts (Bankbürgschaft) oder durch Hinterlegung von Geld oder mündelsicheren Wertpapieren (§ 234 Abs. 1 und 3 BGB) zu leisten (§§ 108 ff.). Die Sicherheitsleistung dient dem Schutz des Schuldners vor Schaden, den er durch die Zwangsvollstreckung erleidet. Sie ist auf Antrag zurückzugeben, wenn ein Zeugnis über die Rechtskraft des für vorläufig vollstreckbar erklärten Urteils vorgelegt wird.

Beispiel: In Sachen Groß gegen Klein ist das Urteil gegen Sicherheitsleistung für vorläufig vollstreckbar erklärt, die Sicherheitsleistung durch Bankbürgschaft gestattet worden.

Betreibt der Gläubiger nun die Zwangsvollstreckung vor Rechtskraft des Urteils, ist der Schuldner gesichert, falls er in der 2. Instanz obsiegt und der Gläubiger nicht in der Lage sein sollte, den durch die Zwangsvollstreckung entstandenen Schaden zu ersetzen. Er kann die Bank als Bürge in Anspruch nehmen.

Ohne Sicherheitsleistung sind die in § 708 genannten Urteile für vorläufig vollstreckbar zu erklären, insbesondere:

- Anerkenntnisurteile und Verzichtsurteile,
- Versäumnisurteile,
- Urteile im Urkunden- und Wechselprozess,
- Unterhalts- und andere Rentenurteile,
- Urteile der Oberlandesgerichte in vermögensrechtlichen Streitigkeiten,
- Urteile, durch die Arreste oder einstweilige Verfügungen aufgehoben werden,
- Urteile in vermögensrechtlichen Streitigkeiten bis 1 250,00 EUR.

Urteilsausspruch:

„Das Urteil ist vorläufig vollstreckbar."

3. Schutz des Schuldners gegen Vollstreckung vor Rechtskraft des Urteils

Der Schutz des Schuldners ist unterschiedlich geregelt, je nachdem ob die Urteile gegen oder ohne Sicherheitsleistung für vorläufig vollstreckbar zu erklären sind,

- **bei Urteilen, die grundsätzlich nur gegen Sicherheitsleistung für vorläufig vollstreckbar zu erklären sind (§ 709):**

    Hier besteht die Möglichkeit, dass *auf Antrag des Gläubigers* ein solches Urteil auch ohne Sicherheitsleistung für vorläufig vollstreckbar erklärt wird, wenn der Gläubiger glaubhaft macht, dass er die Sicherheit nicht oder nur unter erheblichen Schwierigkeiten leisten kann und die Aussetzung der Zwangsvollstreckung ihm einen **schwer zu ersetzenden** oder schwer abzusehenden **Nachteil** bringen würde oder für ihn aus einem sonstigen Grunde unbillig wäre (§§ 710, 714 Abs. 2).

    Macht jedoch der Schuldner seinerseits glaubhaft, dass ihm die Vollstreckung einen **nicht zu ersetzenden Nachteil** bringen würde, so hat ihm das Gericht auf Antrag zu gestatten, die **Vollstreckung** durch Sicherheitsleistung oder Hinterlegung ohne Rücksicht auf eine Sicherheitsleistung des Gläubigers **abzuwenden.**

    Macht der Schuldner glaubhaft, dass er hierzu nicht in der Lage ist, so ist das Urteil nicht oder nur beschränkt für vorläufig vollstreckbar zu erklären (§ 712 Abs. 1).

    Macht jedoch der Gläubiger ein überwiegendes Interesse an der vorläufigen Vollstreckbarkeit geltend, *ist dem Antrag des Schuldners nicht zu entsprechen* (§ 712 Abs. 2).

    Beispiel: Gläubiger Stiefel droht die zwangsweise Beitreibung von Steuern. Er hat Aussicht, einen Großteil seiner Steuerschuld zahlen zu können, wenn er die Zwangsvollstreckung in die Baumaschinen seines Schuldners Plauer betreibt.
    Plauer macht glaubhaft, dass die Vollstreckung die Stilllegung seines Betriebes zur Folge habe und ihm dadurch ein nicht zu ersetzender Nachteil entstehe.
    Auf Antrag gestattet das Gericht Plauer, die Vollstreckung durch Sicherheitsleistung, die in einer selbstschuldnerischen Bankbürgschaft bestehen kann, oder in Geld oder Wertpapieren abzuwenden.

◆ **bei Urteilen, die ohne Sicherheitsleistung für vorläufig vollstreckbar zu erklären sind (§ 708):**

Hier hat das Gericht mit Ausnahme der in § 708 Ziff. 1 bis 3 genannten Urteile[1]) **von Amts wegen auszusprechen,** dass der Schuldner **die Vollstreckung durch Sicherheitsleistung abwenden darf, wenn nicht der Gläubiger vor der Vollstreckung Sicherheit in gleicher Höhe leistet** (§ 711).

Außerdem kann der Schuldner auch in diesen Fällen den Schutzantrag nach § 712 (s. o.) stellen.

Beispiel: Schuldner Klaiber wurde zur Zahlung von 650,00 EUR Schadensersatz verurteilt. Er kann gemäß § 711 die Vollstreckung durch Sicherheitsleistung in Höhe von 950,00 EUR abwenden. Vor der Vollstreckung leistet jedoch der Gläubiger Müller Sicherheit in gleicher Höhe.
Klaiber kann dennoch die Vollstreckung abwenden, wenn die Voraussetzungen des § 712 vorliegen (nicht zu ersetzender Nachteil beim Schuldner, kein überwiegendes Interesse des Gläubigers an der vorläufigen Vollstreckung).

Die in den §§ 711 und 712 vorgesehenen Schuldnerschutzanordnungen sollen nicht ergehen, wenn ohne Zweifel kein Rechtsmittel gegen das Urteil gegeben ist (§ 713). Zweck dieser Vorschrift ist es, den Parteien die Möglichkeit zu nehmen, durch ein unzulässiges Rechtsmittel die endgültige Vollstreckbarkeit hinauszuschieben.

Die vorläufige Vollstreckbarkeit wird durch die Einlegung des Einspruchs oder eines Rechtsmittels nicht beseitigt. Die Zwangsvollstreckung kann jedoch auf Antrag gegen oder ohne Sicherheitsleistung **einstweilen eingestellt** werden (siehe §§ 719, 707).

II. Die Vollstreckungsklausel

1. Die Erteilung der Vollstreckungsklausel

Zur Durchführung der Zwangsvollstreckung bedarf der Gläubiger grundsätzlich einer „vollstreckbaren Ausfertigung", d. h. einer mit der **„Vollstreckungsklausel"** versehenen **Ausfertigung des Schuldtitels** (§ 724).

Die Vollstreckungsklausel wird unter den Schluss der Ausfertigung des Schuldtitels gesetzt. Sie wird vom Urkundsbeamten der Geschäftsstelle des zuständigen Gerichts (§ 724 Abs. 2), bei notariellen Urkunden von dem Notar erteilt, der die Urkunde verwahrt (§ 797 Abs. 2).

Sie lautet (§ 725):

„Vorstehende Ausfertigung wird dem ... (Bezeichnung der Partei) zum Zwecke der Zwangsvollstreckung erteilt."

Die Vollstreckungsklausel dient vor allem dem Zweck, den Vollstreckungsorganen, insbesondere dem Gerichtsvollzieher, die Prüfung der Vollstreckungsfähigkeit des Schuldtitels abzunehmen. Sie ist grundsätzlich für alle Schuldtitel erforderlich.

Ausnahmsweise sind **ohne Vollstreckungsklausel vollstreckbar:**

◆ Vollstreckungsbescheide (§ 796),

◆ Arreste und einstweilige Verfügungen (§§ 929, 936).

---

[1]) Anerkenntnis- und Verzichtsurteile; Versäumnisurteile und Urteile nach Lage der Akten gegen die säumige Partei gemäß § 331a; Urteile, durch die gemäß § 341 der Einspruch als unzulässig verworfen wird (z. B. wegen Fristversäumung).

Sie bedürfen der Vollstreckungsklausel jedoch dann, wenn für oder gegen eine andere als die in dem Vollstreckungstitel genannte Person vollstreckt werden soll.

Beispiele:
- wenn der Gläubiger nach Erlass des Vollstreckungsbescheids die Forderung an einen Dritten abgetreten hat;
- wenn die Firma des Schuldners von einem Dritten übernommen worden ist.

Die Erteilung einer **zweiten oder weiteren vollstreckbaren Ausfertigung** ist wegen der darin für den Schuldner liegenden Gefahr mehrfacher Vollstreckung an folgende Voraussetzungen gebunden (§ 733):

- Für die weitere Ausfertigung muss ein **Rechtsschutzbedürfnis** des Gläubigers bestehen, z. B. wenn die erste Ausfertigung vernichtet worden ist;
- der Schuldner ist von der Erteilung der weiteren Ausfertigung in Kenntnis zu setzen;
- die weitere Ausfertigung ist als solche ausdrücklich zu bezeichnen.

2. Die Umschreibung der Vollstreckungsklausel

Unter bestimmten Voraussetzungen kann die Vollstreckungsklausel für oder gegen andere als in dem Schuldtitel bezeichnete Personen erteilt werden. Diese *Umschreibung der Vollstreckungsklausel* kann z. B. erfolgen:

- **für den Rechtsnachfolger** des im Urteil bezeichneten Gläubigers (§ 727),
- **gegen den Rechtsnachfolger** des in dem Urteil bezeichneten Schuldners (§ 727),
- **für und gegen den Nacherben oder Erben,** wenn das Urteil dem Vorerben oder Testamentsvollstrecker gegenüber ergangen und dem Nacherben oder Erben gegenüber wirksam ist (§§ 728, 326, 327);
- *gegen den,* der das Vermögen eines anderen oder ein Handelsgeschäft mit Firma übernommen hat (§ 729),
- gegen den Nießbraucher an einem Vermögen (§ 738),
- *für oder gegen* den Testamentsvollstrecker (§ 749).

Beispiel: Während eines Prozesses stirbt der Kläger. Seine Erben müssen im Falle eines obsiegenden Urteils ihr Erbrecht durch öffentliche Urkunde (öffentliches Testament, Erbvertrag oder Erbschein) nachweisen, damit die Vollstreckungsklausel auf sie umgeschrieben werden kann.

III. Die Zustellung des Vollstreckungstitels

Die Zwangsvollstreckung darf nur beginnen, wenn die Personen, für und gegen die sie stattfinden soll, in dem Vollstreckungstitel oder in der beigefügten Vollstreckungsklausel namentlich bezeichnet sind und der **Vollstreckungstitel bereits zugestellt ist oder gleichzeitig zugestellt wird** (§ 750).

Ausnahmen: Arrestbefehle und einstweilige Verfügungen können schon vor ihrer Zustellung vollzogen (vollstreckt) werden. Die Zustellung muss jedoch innerhalb einer Woche nach der Vollziehung nachgeholt werden (§§ 929 Abs. 3, 936).

Folgende **Besonderheiten** sind zu beachten:

- Wenn der Vollstreckungstitel für oder gegen eine andere Person als den darin bezeichneten Gläubiger oder Schuldner vollstreckt werden soll und die Vollstreckungsklausel aufgrund öffentlicher oder öffentlich beglaubigter Urkunden erteilt ist, muss auch *eine Abschrift dieser Urkunden* zugestellt werden.

Beispiel: Gläubiger Mahring erteilt als Erbe und Rechtsnachfolger dem Gerichtsvollzieher Vollstreckungsauftrag.

Da die Vollstreckungsklausel aufgrund eines Erbscheines erteilt worden ist, sind dem Schuldner nicht nur Vollstreckungstitel und -klausel, sondern auch der Erbschein zuzustellen.

- Aus nicht auf dem Urteil stehenden Kostenfestsetzungsbeschlüssen (§ 794 Abs. 1, Nr. 2), im vereinfachten Verfahren ergangenen Unterhaltsbeschlüssen (§ 794 Abs. 1, Nr. 2 a) und vollstreckbaren Urkunden (§ 794 Abs. 1, Nr. 5) darf nur vollstreckt werden, wenn der Titel **mindestens zwei Wochen vorher zugestellt worden ist** (§ 798).
Beispiele: Gläubiger Spahn erteilt Gerichtsvollzieher Sommer Vollstreckungsauftrag aufgrund eines Kostenfestsetzungsbeschlusses und aufgrund einer vollstreckbaren Urkunde.

Der Gerichtsvollzieher darf in beiden Fällen mit der Zwangsvollstreckung erst beginnen, wenn seit der Zustellung des Schuldtitels mindestens zwei Wochen vergangen sind.

- Hängt die Zwangsvollstreckung von einer **Sicherheitsleistung** ab, darf die Vollstreckung erst beginnen oder fortgesetzt werden, wenn die Sicherheitsleistung durch eine öffentliche oder öffentlich beglaubigte Urkunde nachgewiesen und *eine Abschrift dieser Urkunde* zugestellt ist oder gleichzeitig zugestellt wird (§ 751 Abs. 2).
Beispiele: Gläubiger Ahlers will aus einem gegen Sicherheitsleistung vorläufig vollstreckbaren Urteil die Zwangsvollstreckung betreiben.

Gerichtsvollzieher Sommer stellt die Urkunde, aus der sich die Sicherheitsleistung ergibt (Hinterlegungsschein, Bürgschaftserklärung), dem Schuldner ebenfalls zu, bevor er mit der Zwangsvollstreckung beginnt.

C. Die Organe der Zwangsvollstreckung

Die Organe der Zwangsvollstreckung sind:
- Gerichtsvollzieher,
- Vollstreckungsgericht,
- Prozessgericht,
- Grundbuchamt und
- andere Behörden.

I. Der Gerichtsvollzieher

Der Gerichtsvollzieher führt die Zwangsvollstreckung durch, soweit sie nicht den Gerichten zugewiesen ist (§ 753). Ihm obliegt insbesondere die Zwangsvollstreckung

- wegen Geldforderungen *in bewegliche, körperliche Sachen* einschließlich der noch nicht vom Boden getrennten Früchte (§ 810),
Beispiele: in das Getreide eines Feldes, die Früchte auf dem Baum;

- von Wertpapieren, die durch Indossament übertragen werden können (§§ 808, 831),
Beispiele: von Wechseln, Namensaktien, Orderschecks;

- *zur Erwirkung der Herausgabe von beweglichen Sachen* (§ 883),
Beispiel: einer vermieteten Rechenmaschine;

- *zur Erwirkung der Herausgabe, Überlassung und Räumung von Grundstücken, eingetragenen Schiffen und Schiffsbauwerken* (§ 885),
Beispiel: zur Räumung einer Wohnung.

- Abnahme der eidesstattlichen Versicherung (§ 899)

Außerdem hat er

- den **Widerstand des Schuldners** gegen Handlungen, die dieser nach §§ 887, 890 dulden muss, **zu beseitigen** (§ 892),
  Beispiel: wenn der Mieter ermächtigt wurde, die Mietwohnung selbst herrichten zu lassen, der Vermieter ihn jedoch daran hindert.

- den Schuldner zur Erzwingung einer eidesstattlichen Versicherung zu verhaften (§ 909),
  Beispiel: wegen erfolgloser Pfändung beim Schuldner.

Der Gerichtsvollzieher handelt aufgrund eines Vollstreckungsauftrages des Gläubigers (§ 753 Abs. 1).

Der Auftrag zur Zwangsvollstreckung in Verbindung mit der Übergabe der vollstreckbaren Ausfertigung des Vollstreckungstitels ermächtigt ihn, für den Gläubiger Zahlungen und sonstige Leistungen in Empfang zu nehmen, Quittungen zu erteilen und dem Schuldner **nach vollständiger Befriedigung des Gläubigers die vollstreckbare Ausfertigung auszuliefern** (§ 754). Über jede Vollstreckungshandlung ist ein Protokoll mit dem gesetzlich vorgeschriebenen Inhalt des § 762 aufzunehmen.

II. Das Vollstreckungsgericht

Vollstreckungsgericht ist das Amtsgericht. Örtlich zuständig ist in der Regel das Amtsgericht, in dessen Bezirk das Vollstreckungsverfahren stattfinden soll oder stattgefunden hat (§ 764 Abs. 2). Für bestimmte Vollstreckungshandlungen ist die örtliche Zuständigkeit anders geregelt, so z. B. für die Zwangsvollstreckung in Forderungen (§ 828 Abs. 2), in Ansprüche auf Herausgabe einer unbeweglichen Sache (§ 848 Abs. 1), für die Abnahme einer eidesstattlichen Versicherung (§ 899).

Das Vollstreckungsgericht ist insbesondere zuständig:

- für die Zwangsvollstreckung in Forderungen und andere Vermögensrechte (§ 828 Abs. 1);

- für die Zwangsvollstreckung (Zwangsversteigerung und Zwangsverwaltung) in das unbewegliche Vermögen(§ 1 ZVG);

- für das Verteilungsverfahren im Falle mehrfacher Pfändung, wenn der hinterlegte Betrag zur Befriedigung der Gläubiger nicht ausreicht (§§ 872 ff.),
  Beispiel: bei Pfändung einer Maschine durch mehrere Gläubiger, wenn aus dem Versteigerungserlös nicht alle Gläubiger befriedigt werden können;

- für die Anordnung der Haft zur Erzwingung der eidesstattlichen Versicherung (§ 901);

- für die Anordnung der Einstellung oder Aufhebung der Zwangsvollstreckung in dringenden Fällen (§§ 765 a Abs. 1, 769 Abs. 2, 771 Abs. 3),
  Beispiel: wenn ein Dritter gegen die Pfändung einer ihm gehörenden Sache Drittwiderspruchsklage erhebt und zugleich die einstweilige Einstellung der Zwangsvollstreckung beantragt;

- für die Aufsicht über das vom Gerichtsvollzieher bei der Zwangsvollstreckung zu beachtende Verfahren,
  Beispiel: für die Erinnerung des Schuldners gegen die Pfändung einer nach § 811 unpfändbaren Sache.

III. Das Prozessgericht

Das Prozessgericht (1. Instanz) ist zuständig:

- für die Zwangsvollstreckung zur Erwirkung von Handlungen (§§ 887, 888), von Duldungen und Unterlassungen (§ 890)[1]
- für die Klage auf Erteilung der Vollstreckungsklausel (§ 731)[2]
- für die Klage wegen Unzulässigkeit der Vollstreckungsklausel (§ 768)[3]
- für die Vollstreckungsabwehrklage (§§ 767, 785, 786)[4]
- für die Anordnung der Einstellung oder Aufhebung der Zwangsvollstreckung (§ 769 Abs. 1).

IV. Das Grundbuchamt

Das Grundbuchamt ist als Vollstreckungsorgan zuständig:

- für die Eintragung einer Zwangshypothek (§§ 866, 867),
- für die Eintragung der Pfändung einer Hypothekenforderung (§ 830), einer Reallast und einer Grund- und Rentenschuld (§ 857 Abs. 6) in das Grundbuch.

V. Andere Behörden

Neben den oben genannten Vollstreckungsorganen, die sich mit der zwangsweisen Durchsetzung privatrechtlicher Ansprüche befassen, gibt es **Vollstreckungsbehörden, denen die Beitreibung öffentlich-rechtlicher Geldforderungen obliegt.** Das Verfahren bestimmt sich nach den Verwaltungsvollstreckungsgesetzen des Bundes und der Länder. Steueransprüche werden nach der Abgabenordnung und Beitreibungsordnung durch die Vollziehungsbeamten der Finanzämter beigetrieben, Gerichtskosten und Geldstrafen (§ 459 StPO) nach der Justizbeitreibungsordnung.

Wiederholungsaufgaben

1 a) Welche Arten der Zwangsvollstreckung werden unterschieden?
b) Welche Voraussetzungen müssen gegeben sein?
c) Was bedeutet der Ausspruch „Das Urteil ist gegen Sicherheitsleistung von 2 500,00 EUR vorläufig vollstreckbar"?
d) Was versteht man unter einer vollstreckbaren Urkunde?
e) Welche Urteile werden nicht vorläufig vollstreckbar erklärt?
f) In welchem Fall bedürfen Vollstreckungsbescheid, Arrestbefehl und einstweilige Verfügung der Vollstreckungsklausel?

2 Welche Bedeutung hat das Rechtskraftzeugnis, welche das Notfristzeugnis?

3 Warum werden Urteile grundsätzlich gegen Sicherheitsleistung für vorläufig vollstreckbar erklärt?

---

[1] Näheres siehe S. 317.
[2] wenn z. B. die Umschreibung der Vollstreckungsklausel auf den Rechtsnachfolger vom Rechtspfleger abgelehnt worden ist.
[3] wenn der Schuldner bestreitet, dass die Voraussetzungen für die Erteilung der Vollstreckungsklausel vorliegen.
[4] Näheres siehe S. 323.

4 Das Urteil wird gegen Sicherheitsleistung von 4 300,00 EUR für vorläufig vollstreckbar erklärt. Der Gläubiger ist zur Sicherheitsleistung in Geld nicht in der Lage.
a) Auf welche andere Weise kann Sicherheit geleistet werden?
b) Was hat der Gläubiger zu veranlassen?

5 In einer Rechtssache hat Rechtsanwalt Franke aus dem gegen Sicherheitsleistung für vorläufig vollstreckbar erklärten Urteil die Zwangsvollstreckung betrieben. Das Urteil, gegen das der Schuldner kein Rechtsmittel eingelegt hat, ist rechtskräftig geworden. Was veranlasst Rechtsanwalt Franke, damit er die Sicherheitsleistung zurückerhält?

6 In dem Rechtsstreit Blum gegen Finger vor dem Amtsgericht Heilbronn erwirkt Rechtsanwalt Dr. Barken ein obsiegendes Urteil für seinen Auftraggeber Blum. Was veranlasst Rechtsanwalt Dr. Barken, wenn im Tenor des Urteils der Ausspruch über die vorläufige Vollstreckbarkeit fehlt?

7 In der Streitsache Wolter gegen Michaeli obsiegt Kläger Wolter. In dem für vorläufig vollstreckbar erklärten Urteil wird dem Beklagten gestattet, die Zwangsvollstreckung gegen Sicherheitsleistung von 1 300,00 EUR abzuwenden. Welche Möglichkeiten ergeben sich für den Beklagten?

8 Unter welchen Voraussetzungen kann aus dem Urteil eines ausländischen Gerichts vollstreckt werden?

9 Der Beklagte, der zur Zahlung von 2 800,00 EUR verurteilt worden ist, ist vor Beginn der Zwangsvollstreckung gestorben.
a) Gegen wen muss der Gläubiger die Zwangsvollstreckung betreiben?
b) Was hat der Gläubiger zu veranlassen?

10 a) Wem obliegt die Zustellung des Urteils?
b) Bei welchen Urteilen ersetzt die Zustellung die Verkündung des Urteils?

11 In Sachen Loeben gegen Marks reicht Rechtsanwalt Kummerson Klage beim Amtsgericht Karlsruhe wegen einer Kaufpreisforderung von 2 600,00 EUR ein. Es ist zu erwarten, dass das Urteil nur gegen Sicherheitsleistung für vorläufig vollstreckbar erklärt wird. Der Kläger wird die Sicherheit aller Wahrscheinlichkeit nach nicht aufbringen können, ist jedoch auf die Beitreibung der Forderung dringend angewiesen. Welchen Antrag kann Rechtsanwalt Kummerson stellen?

12 In der Rechtssache Pfeil gegen Erlander ist der Beklagte Erlander zur Zahlung von 550,00 EUR verurteilt worden. Nach Urteilsverkündung, aber vor Beginn der Zwangsvollstreckung, erfährt Rechtsanwalt Kurz, der Prozessbevollmächtigte des Beklagten, dass Erlander bei einem Verkehrsunfall tödlich verunglückt ist.
a) Gegen wen muss der Gläubiger die Zwangsvollstreckung betreiben?
b) Welche Voraussetzungen sind zu beschaffen?
c) Wann muss Rechtsanwalt Kurz mit der Vollstreckung rechnen?

13 Am 16. September erging der Kostenfestsetzungsbeschluss des Amtsgerichts Koblenz. Der Beschluss wurde dem Schuldner am 17. September zugestellt. Wann kann mit der Vollstreckung begonnen werden?

14 Welches Vollstreckungsorgan ist zuständig
a) für die Pfändung beweglicher Sachen,
b) für die Eintragung einer Zwangshypothek,
c) für den Pfändungs- und Überweisungsbeschluss,
d) für die Zwangsvollstreckung in Grundstücke (Zwangsversteigerung und Zwangsverwaltung),
e) für die Wegnahme von Sachen,
f) für die Räumung einer Wohnung?

Die Zwangsvollstreckung wegen Geldforderungen

Die zwangsweise Durchsetzung von Geldforderungen ist die am häufigsten vorkommende Art der Zwangsvollstreckung.

Die Vollstreckung kann erfolgen:
- in das bewegliche Vermögen oder
- in das unbewegliche Vermögen.

A. Die Zwangsvollstreckung in das bewegliche Vermögen (§§ 803 ff.)

Die Zwangsvollstreckung in das bewegliche Vermögen wird bewirkt durch **Pfändung und Verwertung** des gepfändeten Gegenstandes zugunsten des Gläubigers.

I. Die Zwangsvollstreckung in körperliche Sachen

1. Die Durchführung der Pfändung[1]

Voraussetzung der Pfändung ist stets ein **Pfändungsauftrag** des Gläubigers an den für den Ort der Vollstreckungshandlung zuständigen Gerichtsvollzieher oder ein entsprechendes Ersuchen an die Gerichtsvollzieher-Verteilerstelle beim zuständigen Amtsgericht um Vermittlung des Pfändungsauftrags an den Gerichtsvollzieher. Die Pfändung erfolgt, falls der Schuldner nach Aufforderung nicht bezahlt, dadurch, dass der Gerichtsvollzieher die zu pfändende Sache in Besitz nimmt (§ 808). **Geld, Wertpapiere und Kostbarkeiten hat er dem Schuldner wegzunehmen**[2], andere Gegenstände im Gewahrsam des Schuldners zu belassen, sofern dadurch die Befriedigung des Gläubigers nicht gefährdet wird; in diesem Falle wird die Pfändung wirksam durch die Anbringung eines **Pfandsiegels** oder einer Pfandanzeige (§ 808 Abs. 2).

Der Gerichtsvollzieher ist befugt, jedoch nur **aufgrund richterlicher Anordnung,** Wohnung, Keller und Boden, sämtliche Behältnisse, die Kleider, die der Schuldner trägt, zu **durchsuchen,** wenn dies erforderlich scheint. Verschlossene Türen kann er durch Schlosser öffnen lassen. Bei Widerstand kann er Gewalt anwenden und ggf. um Unterstützung durch die Polizei nachsuchen. Bei Abwesenheit des Schuldners und dessen Familienangehörigen zieht er zwei Zeugen hinzu (§§ 758, 758a, 759). Die Anordnung ist bei der Zwangsvollstreckung vorzuzeigen.

Der Gläubiger kann verlangen, dass er zu Vollstreckungshandlungen zugezogen wird (§ 62 Nr. 5 GVGA). **Der Gerichtsvollzieher hat nicht nur die Interessen des Gläubigers zu vertreten, er hat auch jede unnötige Schädigung des Schuldners zu vermeiden** (§§ 104, 131 GVGA). Er muss den Schuldner von der erfolgten Pfändung in Kenntnis setzen.

---

[1] Das von den Gerichtsvollziehern bei ihren Amtshandlungen zu beobachtende Verfahren ist in der **Geschäftsanweisung für Gerichtsvollzieher** (GVGA) geregelt.
Die **Gerichtsvollzieherordnung** (GVO) regelt die Dienststellung und den Bürobetrieb des Gerichtsvollziehers.

[2] Auch ein Kfz ist dem Schuldner in der Regel wegzunehmen, weil die Befriedigung des Gläubigers sonst gefährdet erscheint (§ 157 GVGA).

Der Gerichtsvollzieher hat über jede Vollstreckungshandlung ein **Protokoll** (§ 762) aufzunehmen, in dem auch der gewöhnliche Verkaufswert und der voraussichtliche Erlös anzugeben sind. Dem Gläubiger ist eine Abschrift des Protokolls nur auf ausdrückliches Verlangen zu erteilen (§ 110 GVGA).

Erhält der Gerichtsvollzieher bei einer erfolglosen Pfändung durch Befragung des Schuldners oder durch Einsicht in Schriftstücke Kenntnis von Geldforderungen des Schuldners gegen Dritte, teilt er dies dem Gläubiger mit (§ 806 a Abs. 1). Trifft der Gerichtsvollzieher den Schuldner nicht an und bleibt die Pfändung erfolglos, kann der Gerichtsvollzieher die zum Hausstand des Schuldners gehörenden erwachsenen Personen nach dessen Arbeitgeber befragen. Die Auskunft ist freiwillig, worauf der Gerichtsvollzieher hinweisen muss. Seine Erkenntnisse teilt der Gerichtsvollzieher dem Gläubiger mit (§ 806 a Abs. 2).

Der Pfändung unterliegen:

- im *Gewahrsam des Schuldners*, d. h. in seinem unmittelbaren Besitz befindliche Sachen (§ 808 Abs. 1),
- *Sachen des Schuldners*, die sich im *Gewahrsam des Gläubigers* oder eines *zur Herausgabe bereiten Dritten* befinden (§ 809). Widerspricht der Dritte der Pfändung, muss sie unterbleiben. Pfändet der Gerichtsvollzieher dennoch, kann der Dritte im Wege der Erinnerung (§ 766) die Aufhebung der Pfändung erreichen. Der Gläubiger kann dann den Anspruch des Schuldners gegen den Dritten auf Herausgabe der Sache pfänden lassen (siehe S. 315).

Beispiel: Schuldner Ebersold hat seinem Nachbarn einen Rasenmäher geliehen. Gerichtsvollzieher Bähr will nun beim Nachbarn den Rasenmäher pfänden. Dieser ist jedoch nicht zur Herausgabe bereit. Die Pfändung ist unzulässig. Der Gläubiger des Schuldners kann jedoch den Herausgabeanspruch des Ebersold gegen den Nachbarn pfänden lassen.

Grundsätzlich darf nur **in das Eigentum des Schuldners** vollstreckt werden. Dies bedeutet aber nicht, dass die Pfändung einer nicht im Eigentum des Schuldners stehenden Sache unwirksam wäre. Die Pfändung ist wirksam. Der Dritte, dem die Sache gehört oder der ein sonstiges Recht an ihr hat, z. B. ein Pfandrecht, kann sein Recht durch Drittwiderspruchsklage[1] (§ 771) oder die Klage auf vorzugsweise Befriedigung[2] (§ 805) geltend machen. Der Gerichtsvollzieher braucht sich deshalb bei Durchführung der Pfändung grundsätzlich nicht darum zu kümmern, ob die zu pfändende Sache etwa einem Dritten gehört. Wenn jedoch das Eigentum des Dritten klar auf der Hand liegt, soll er nicht pfänden (§ 119 GVGA).

Beispiel: in einer Autoreparaturwerkstatt stehende fremde Kraftwagen.

Die Pfändung hat eine **doppelte Wirkung:**

- die **Pfandverstrickung**, d. h. die Verfügungsmacht über den gepfändeten Gegenstand wird dem Schuldner entzogen und geht auf den Staat über (der Gegenstand wird beschlagnahmt);
- zugunsten des Gläubigers entsteht ein **Pfändungspfandrecht** an dem gepfändeten Gegenstand (§ 804 Abs. 1), das dieselben Rechte gewährt wie ein durch Vertrag erworbenes Pfandrecht (§ 804 Abs. 2).

Aufgrund des Pfändungspfandrechts kann sich der Gläubiger aus dem Erlös der Pfandsache in Höhe seiner Forderung befriedigen.

[1] Näheres S. 324.
[2] Näheres S. 325.

Vollstreckungsrecht

Wird dagegen eine Sache verwertet, an der *der Gläubiger kein Pfandrecht erworben* hat, ist er um den Erlös ungerechtfertigt *bereichert;* er muss ihn an den Berechtigten herausgeben.

Beispiele:
- wenn die Sache dem Schuldner nicht gehörte;
- wenn ein wirksamer Titel oder eine sonstige Voraussetzung der Zwangsvollstreckung fehlte.

2. Pfändungsbeschränkungen

◆ Verbot der Überpfändung

Die Pfändung darf nicht weiter ausgedehnt werden, als es zur Befriedigung des Gläubigers und zur Deckung der Kosten der Zwangsvollstreckung erforderlich ist (§ 803 Abs. 1 Satz 2).

Reicht der voraussichtliche Erlös zur Deckung der Kosten und des Hauptanspruchs des Gläubigers aus, darf der Gerichtsvollzieher keine weiteren Gegenstände pfänden.

Der Gerichtsvollzieher ist jedoch zur **Nachpfändung** verpflichtet, wenn die gepfändeten Sachen zur Befriedigung des Gläubigers nicht ausreichen.

◆ Pfändung von Hausrat (§ 812)

Hausrat soll nicht gepfändet werden, wenn ersichtlich ist, dass durch die Verwertung ein angemessener Erlös nicht zu erzielen ist.

◆ Unpfändbare Gegenstände

Der Pfändung grundsätzlich überhaupt nicht unterworfen sind die in § 811 Abs. 1 aufgeführten Gegenstände, insbesondere

- die für den Lebensunterhalt, die Berufs- oder Gewerbeausübung notwendigen Gegenstände,
- die Hilfsmittel zur Behebung körperlicher Gebrechen,

Beispiele:
- unentbehrliche Kleidungsstücke und Haushaltsgeräte;
- das Klavier des Pianisten, das Werkzeug des Handwerkers;
- Fachbücher, Berufsbekleidung, Brillen, Prothesen.

Eine in § 811 Abs. 1 Nr. 1, 4, 5 bis 7 bezeichnete Sache kann gepfändet werden, wenn der Verkäufer wegen einer – nachweislich – durch Eigentumsvorbehalt gesicherten Geldforderung aus ihrem Verkauf vollstreckt.

◆ Die Austauschpfändung

Die **Pfändung von unpfändbaren Gegenständen,** die dem persönlichen Gebrauch, dem Haushalt oder zur Fortsetzung der Erwerbstätigkeit dienen (§ 811 Abs. 1 Nr. 1, 5, 6), kann zugelassen werden, wenn der Gläubiger dem Schuldner vor der Wegnahme der Sache entweder ein **Ersatzstück** überlässt, das dem geschützten Verwendungszweck genügt, **oder** den zur Beschaffung eines solchen Ersatzstücks **erforderlichen Geldbetrag** zur Verfügung stellt (§ 811 a).

Beispiel: Der Schuldner besitzt ein Farbfernsehgerät. Der Gläubiger kann hierauf Zugriff nehmen, wenn er dem Schuldner ein Schwarz-Weißgerät überlässt.

Ist dem Gläubiger die rechtzeitige Beschaffung nicht möglich oder nicht zuzumuten, so kann dem Schuldner der zur Ersatzbeschaffung erforderliche Geldbetrag *aus dem Versteigerungserlös* überlassen werden.

Über die **Zulässigkeit der Austauschpfändung** entscheidet das Vollstreckungsgericht auf Antrag des Gläubigers durch **Beschluss.**

Gegen die Zulassung der Austauschpfändung ist die sofortige Beschwerde (§ 793) gegeben.

◆ Die vorläufige Austauschpfändung (§ 811 b)

Der Gerichtsvollzieher kann eine Austauschpfändung auch ohne Zulassung vornehmen, wenn die Zulassung durch das Gericht zu erwarten ist. Der Gläubiger ist davon zu unterrichten und darauf hinzuweisen, dass er *innerhalb von zwei Wochen* nach Benachrichtigung die Zulassung der Austauschpfändung beim Vollstreckungsgericht zu beantragen habe. Anderenfalls ist die Pfändung aufzuheben, ebenso wenn der Antrag auf Austauschpfändung rechtskräftig zurückgewiesen ist.

◆ Die Vorwegpfändung (§ 811 d)

Ist zu erwarten, dass eine unpfändbare Sache **demnächst pfändbar wird,** so kann sie gepfändet werden, ist aber im Gewahrsam des Schuldners zu belassen. Die Vollstreckung darf erst fortgesetzt werden, wenn die Sache pfändbar geworden ist. Ist die Sache *nicht innerhalb Jahresfrist* pfändbar geworden, so hat der Gerichtsvollzieher die Pfändung *nach Anhörung des Gläubigers* aufzuheben.

Beispiel: Der Gläubiger erfährt, dass der Schuldner, der ein Fuhrgeschäft betreibt, seinen einzigen Lastzug zum Verkauf ausgeschrieben hat. Er schließt hieraus, dass der Schuldner die Absicht hat, sein Geschäft aufzugeben. Er beauftragt den Gerichtsvollzieher, den Lastzug nach § 811 c zu pfänden.

Der Gerichtsvollzieher hat zu prüfen, ob die Voraussetzungen einer Vorwegpfändung gegeben sind (§ 58 GVGA), wenn ja, nimmt er die Pfändung vor, setzt die Vollstreckung aber erst fort, wenn der Schuldner sein Geschäft tatsächlich aufgegeben hat.

◆ Die Anschlusspfändung (§ 826)

Auch Sachen, die bereits durch einen anderen Gläubiger gepfändet wurden, können gepfändet werden. Hierzu genügt die in das Pfändungsprotokoll aufzunehmende Erklärung des Gerichtsvollziehers, dass er die gepfändete Sache für seinen Auftraggeber gleichfalls pfände. Hat ein anderer Gerichtsvollzieher die frühere Pfändung vorgenommen, so ist ihm eine Protokollabschrift zuzustellen. Der Gläubiger der Anschlusspfändung rangiert hinter dem Gläubiger der 1. Pfändung. Fällt das vorgehende Pfandrecht weg – die Erstpfändung wird, z. B. vom Vollstreckungsgericht für unzulässig erklärt oder aufgehoben – so wirkt die Anschlusspfändung wie eine Erstpfändung. Sie ist deshalb auch sinnvoll, wenn kein Überschuss des Erlöses nach Befriedigung des vorhergehenden Gläubigers zu erwarten ist.

Pfändet der Gerichtsvollzieher aufgrund mehrerer Pfändungsaufträge gleichzeitig bei demselben Schuldner, haben sämtliche Pfändungspfandrechte gleichen Rang. Dies gilt für alle vor der Pfändung eingegangenen Pfändungsaufträge ohne Rücksicht auf den Zeitpunkt des Eingangs. Der Erlös wird unter den Pfändungsgläubigern im Verhältnis ihrer Forderungen geteilt.

◆ Pfändung zur Nachtzeit und an Sonn- und Feiertagen (§ 758 a Abs. 4)

Zur Nachtzeit (von 21:00 bis 04:00 Uhr in der Zeit vom 1. April bis 30. September; von 21:00 bis 06:00 Uhr in der Zeit vom 1. Oktober bis 31. März) sowie an *Sonn- und Feiertagen* darf der Gerichtsvollzieher eine Vollstreckungshandlung nicht vornehmen, wenn dies für den Schuldner und die Mitgewahrsamsinhaber eine unbillige Härte darstellt. In Wohnungen darf er nur aufgrund einer besonderen Anordnung des Richters vollstrecken.

3. Der strafrechtliche Schutz der Pfändung

Der Gerichtsvollzieher hat dem Schuldner oder, wenn dieser nicht zugegen ist, den anwesenden Angehörigen bei der Pfändung zu eröffnen, dass der Besitz an den Pfandsachen auf den Gerichtsvollzieher übergegangen und deshalb bei Vermeidung von Strafe jede schädigende Handlung zu unterlassen ist.

Bestraft wird:

- **der Verstrickungsbruch** (§ 136 Abs. 1 StGB): Wer eine Sache, die gepfändet ist, zerstört, beschädigt, unbrauchbar macht oder in anderer Weise ganz oder zum Teil der Verstrickung entzieht, wird mit Freiheitsstrafe bis zu einem Jahr oder mit Geldstrafe bestraft.

- **der Siegelbruch** (§ 136 Abs. 2 StGB): Wer ein Pfandsiegel beschädigt, ablöst oder unkenntlich macht, wird ebenso bestraft.

Beide Straftaten richten sich gegen staatliche Beschlagnahme; sie werden deshalb von Amts wegen verfolgt (Offizialdelikt)[1]).

- **die Vollstreckungsvereitelung** (§ 288 StGB): Wer bei einer ihm drohenden Zwangsvollstreckung in der Absicht, die Befriedigung des Gläubigers zu vereiteln, Bestandteile seines Vermögens veräußert oder beiseite schafft, wird mit Freiheitsstrafe bis zu zwei Jahren oder mit Geldstrafe bestraft.

Die **Straftat** richtet sich, im Gegensatz zu Verstrickungs- und Siegelbruch, **nur gegen die Interessen des Gläubigers;** sie wird deshalb *nur auf Antrag* verfolgt (**Antragsdelikt**)[1]).

4. Die Verwertung der Pfandsache

Ziel der Zwangsvollstreckung ist es, dem Gläubiger Befriedigung, d. h. *Geld zu verschaffen.* Dies geschieht in der Regel auf dem Wege **öffentlicher Versteigerung** der gepfändeten Sachen durch den Gerichtsvollzieher (§ 814). Zwischen dem Tag der Pfändung und dem Versteigerungstermin muss eine **Wartefrist von mindestens einer Woche** liegen, es sei denn, Gläubiger und Schuldner haben sich über eine frühere Versteigerung geeinigt. Eine frühere Versteigerung kann auch erfolgen, wenn sie erforderlich ist, um eine beträchtliche Wertminderung der zu versteigernden Sache, z. B. den Verderb von Lebensmitteln, abzuwenden oder um unverhältnismäßige Kosten einer längeren Aufbewahrung zu vermeiden (§ 816 Abs. 1). Zeit und Ort der Versteigerung sind öffentlich bekannt zu machen (§ 816 Abs. 3). Gläubiger und Schuldner dürfen mitbieten.

Den **Zuschlag** (§ 817), dem ein dreimaliger Aufruf vorausgehen soll, erhält der **Meistbietende.** Das Gebot muss aber mindestens 50 % des gewöhnlichen Verkaufswertes betragen (**Mindestgebot,** § 817 a).

Beispiele:
- Der Neuwert einer gepfändeten Stereoanlage betrug 2 500,00 EUR. Der Verkaufswert zur Zeit der Versteigerung beträgt 1 900,00 EUR und somit das Mindestgebot 950,00 EUR.
- Gold- und Silberwaren dürfen nicht unter ihrem Gold- oder Silberwert zugeschlagen werden.

Die zugeschlagene Sache **darf nur gegen Barzahlung** dem Ersteher ausgehändigt werden. Wenn der *mitbietende Gläubiger* den Zuschlag erhält, wird der Erlös unter Abzug der Kosten der Zwangsvollstreckung auf seine Forderung angerechnet.

---

[1]) Näheres über Offizialdelikte und Antragsdelikte S. 375.

Beispiel: Bei Schuldner Meibach wurde die oben genannte Stereoanlage im Austausch gegen ein einfaches Rundfunkgerät, dessen Wert vom Vollstreckungsgericht auf 80,00 EUR festgesetzt worden ist, gepfändet. Der Gläubiger hat die Anlage für 1 500,00 EUR selbst ersteigert. Die Hauptforderung des Gläubigers beträgt 2 100,00 EUR, Zinsen und festgesetzte Kosten 300,00 EUR. Zu den Kosten der Zwangsvollstreckung von 50,00 EUR werden die 80,00 EUR für das Ersatzgerät hinzugerechnet.

Der Gerichtsvollzieher rechnet wie folgt ab:

Versteigerungserlös		1 500,00 EUR
abzüglich Kosten und Zinsen von insgesamt	430,00 EUR	
Gerichtsvollzieherkosten	52,50 EUR	482,50 EUR
		1 017,50 EUR

Um 1 017,50 EUR vermindert sich die Hauptsumme. Die Schuld beträgt noch 1 082,50 EUR zuzüglich weiterer Zinsen.

Die Versteigerung muss eingestellt werden, sobald der Erlös zur Befriedigung des Gläubigers und zur Deckung der Kosten der Zwangsvollstreckung ausreicht.

Die Empfangnahme des Erlöses durch den Gerichtsvollzieher gilt als Zahlung des Schuldners (§ 819). Das Pfändungspfandrecht erstreckt sich auf den Versteigerungserlös.

Der Erwerber wird erst mit der Übergabe der Sache gegen Barzahlung Eigentümer der ersteigerten Sache, nicht schon mit dem Zuschlag. Gebot und Zuschlag entsprechen den beiden Willenserklärungen des Kaufvertrags. Jedoch handelt es sich nicht um den Abschluss eines privatrechtlichen Kaufvertrages, sondern um einen **staatlichen Hoheitsakt. Das Vertrauen des Erstehers auf diesen Staatsakt wird geschützt; er erwirbt das Eigentum selbst dann, wenn die gepfändete Sache nicht Eigentum des Schuldners war.** Der Dritte verliert dadurch sein Eigentum. Er kann sich nur an den Gläubiger halten, der durch den Erlös ungerechtfertigt bereichert ist, weil er an einer Sache, die dem Schuldner nicht gehört, kein Pfändungspfandrecht erwerben konnte.

Der Erwerber hat wegen Mängeln der ersteigerten Sache keinerlei Gewährleistungsansprüche.

5. Besondere Arten der Verwertung

Gepfändetes Geld ist dem Gläubiger abzuliefern; es ist zu hinterlegen, wenn ein Dritter ein Recht an dem Geld glaubhaft macht (§ 815).

Beispiel: Der Gerichtsvollzieher findet beim Schuldner außer einem größeren Geldbetrag keine pfändbaren Sachen vor. Er nimmt das Geld weg.

Die Ehefrau des Schuldners erklärt, das gepfändete Geld gehöre ihr. Sie habe es ihrem Mann am Vorabend zur Einzahlung auf ihr Sparkonto gegeben.

Der Gerichtsvollzieher bezweifelt das Vorbringen der Frau. Er hinterlegt das Geld, nachdem er die Frau darauf hingewiesen hat, dass sie aufgrund eines Einstellungsbeschlusses, den sie beim Vollstreckungsgericht innerhalb von zwei Wochen zu erwirken habe, das Geld zurückerhalten könne.

Gepfändete Wertpapiere, die einen Börsen- oder Marktpreis haben, sind vom Gerichtsvollzieher aus freier Hand zum Tageskurs zu verkaufen (§ 821).

Auf Antrag des Gläubigers oder des Schuldners kann der Gerichtsvollzieher eine gepfändete Sache in anderer Weise oder an einem anderen Ort verwerten. Über die beabsichtigte Verwertung muss der Gerichtsvollzieher den Antragsgegner unterrichten. Ohne dessen Zustimmung darf er die Sache nicht vor Ablauf von zwei Wochen nach der Zustellung der Unterrichtung verwerten (§ 825 Abs. 1).

Vollstreckungsrecht

Ohne Mitwirkung des Vollstreckungsgerichts und des Gerichtsvollziehers kann eine anderweitige Verwertung zwischen Gläubiger und Schuldner vereinbart werden.

Beispiel: Der Gerichtsvollzieher hat eine wertvolle Münzsammlung gepfändet. Der Gläubiger vereinbart mit dem Schuldner – unter Freigabe der Pfandsache –, die Sammlung durch die Firma Ernst Löhr in Frankfurt verkaufen zu lassen, weil er auf diese Weise einen höheren Erlös erhofft.

Wäre die Vereinbarung nicht zustande gekommen, hätte der Gläubiger oder der Schuldner eine entsprechende Anordnung des Vollstreckungsgerichts nach § 825 Abs. 2 erwirken können.

6. Aussetzung der Verwertung

Das Vollstreckungsgericht kann **auf Antrag des Schuldners, wenn er vertrauenswürdig ist,** die **Verwertung unter Anordnung von Zahlungsfristen zeitweilig aussetzen** (§ 813 b). *Der Antrag muss binnen einer Frist von zwei Wochen* nach der Pfändung gestellt werden. Eine Aussetzung erfolgt nicht, wenn überwiegende Belange des Gläubigers entgegenstehen. Anordnungen dieser Art können mehrmals ergehen. Die Verwertung darf aber insgesamt nicht mehr als ein Jahr nach der Pfändung hinausgeschoben werden. Die Tatsachen, auf die der Antrag gestützt wird, sind glaubhaft zu machen.

Beispiel: In einer Unterhaltssache beantragt der Schuldner die Aussetzung der Verwertung der bei ihm gepfändeten Sachen. Die Gläubigerin, die geschiedene Frau des Schuldners, widerspricht mit der Begründung, der Schuldner gehe nur darauf aus, sich um seine Unterhaltsverpflichtungen weiterhin zu drücken. Er habe überhaupt noch nicht gezahlt und werde auch die vom Vollstreckungsgericht anzuordnenden Zahlungsfristen nicht einhalten. Sie benötige das Geld dringend zur Deckung von Schulden.

Die Aussetzung wird vom Gericht abgelehnt. Der Beschluss (Rechtspfleger) ist mit befristeter Erinnerung anfechtbar. Die darauf ergehende Entscheidung des Richters ist nicht anfechtbar (§ 813 b Abs. 5, Satz 4).

In Wechselsachen findet eine Aussetzung der Verwertung gepfändeter Sachen nicht statt (§ 813 b Abs. 6).

7. Die Verteilung des Versteigerungserlöses

Der Gerichtsvollzieher hat den Versteigerungserlös nach Abzug der Zwangsvollstreckungskosten unverzüglich an den Pfändungsgläubiger abzuführen, sofern nicht Rechte Dritter entgegenstehen.

Beispiel: Der Geschirrspüler stand noch, wie sich nach der Versteigerung herausgestellt hat, im Vorbehaltseigentum der Lieferfirma Paul Faber, die noch acht Raten mit insgesamt 560,00 EUR zu fordern hat.

Der Gerichtsvollzieher ist nach der GVGA verpflichtet, den Erlös für den Geschirrspüler zu hinterlegen. Die Firma Paul Faber kann im Klageweg den Erlös in Höhe ihrer Forderung nach den Vorschriften über eine ungerechtfertigte Bereicherung herausverlangen.

Reicht der Versteigerungserlös im Falle mehrfacher Pfändung nicht aus, um alle Pfandgläubiger zu befriedigen und können sich diese über die Verteilung nicht einigen, **hinterlegt der Gerichtsvollzieher den Versteigerungserlös** (§ 827 Abs. 2), der in dem sich anschließenden **Verteilungsverfahren**[1] nach einem bestimmten Teilungsplan auf die beteiligten Gläubiger verteilt wird.

[1] Näheres siehe S. 306.

Die Zwangsvollstreckung wegen Geldforderungen

Wiederholungsaufgaben

1 Wie verhält sich der Gerichtsvollzieher, wenn der Schuldner
   a) sofort die ganze Schuld begleicht,
   b) sofort einen Teilbetrag zahlt,
   c) sich weigert, den Gerichtsvollzieher einzulassen,
   d) sämtliche Behältnisse abgeschlossen hat und die Schlüssel unauffindbar sind?

2 Der Gerichtsvollzieher beginnt zu pfänden. Er findet folgende Sachen bei der Schuldnerin vor:
   a) 200,00 EUR bar,
   b) einen fast neuen Bechsteinflügel,
   c) eine wertvolle alte Bibel,
   d) einen Wechsel über 1 000,00 EUR,
   e) einen abgeschabten Nerzmantel,
   f) den kunstvoll mit Ornamenten verzierten wertvollen Ehering der verstorbenen Großmutter der Schuldnerin.
   Die Forderung des Gläubigers beträgt insgesamt 4 800,00 EUR. Die Schuldnerin ist Privatmusiklehrerin. Wie wird der Gerichtsvollzieher vorgehen?

3 Wie erfolgt die Pfändung
   a) eines Inhaberschecks,
   b) einer kleinen echt goldenen Buddha-Figur,
   c) eines Roggenfeldes,
   d) eines Pkw?

4 In welcher Vorschrift sind die Sachen aufgeführt, die unpfändbar sind?

5 Der Gerichtsvollzieher findet beim Schuldner folgende Sachen vor:
   a) eine Filmausrüstung,
   b) eine Münzsammlung,
   c) Bargeld in Höhe von 300,00 EUR.
   Wie erfolgen die Pfändung und Verwertung?

6 Der Gerichtsvollzieher hat beim Schuldner einen Fernseher, eine Musiktruhe mit Radio, Plattenspieler und Hausbar, einen Waschautomaten und einen alten Kindersportwagen gepfändet. Der Schuldner behauptet, die Pfändung sämtlicher Gegenstände sei unwirksam, weil
   a) der Fernseher noch im Eigentum der Firma Radio-Kraus stehe, er sei auf Abzahlung gekauft worden,
   b) die Musiktruhe unpfändbar sei,
   c) der Waschautomat seiner Frau gehöre,
   d) der Kindersportwagen veraltet und wertlos sei.
   Wie ist die Rechtslage?

7 Ist die Pfändung folgender Sachen zulässig:
   a) ein gebrauchtes Fahrrad mit voraussichtlichem Versteigerungserlös von 10,00 bis 15,00 EUR,
   b) eine Waschmaschine im Wert von 1 200,00 EUR wegen einer Forderung von 400,00 EUR;
   c) ein Mercedes 280, wenn der Schuldner Handelsvertreter ist?
   Wie ist die Antwort zu begründen?

8 Beim Schuldner ist ein gut erhaltener Perserteppich gepfändet worden. Der Gläubiger möchte ihn selbst erwerben. Was ist zu tun?

9 Schuldner Klein hat seinen Peugeot 403 in der Reparaturwerkstatt. Der Gläubiger beauftragt den Gerichtsvollzieher, das Auto dort zu pfänden. Wie ist die Rechtslage?

10 Schneidermeister Ziegler teilt Rechtsanwalt Bernhard mit, der Gerichtsvollzieher habe bei ihm eine Nähmaschine gepfändet, die er dringend zur Berufsausübung benötige. Ziegler fragt an, ob die Pfändung zulässig sei.

11 Der Gerichtsvollzieher findet beim Schuldner Rosser nur einen Gefrierschrank im Wert von 1 500,00 EUR vor. Er pfändet den Gefrierschrank, obwohl die Forderung des Gläubigers nur 800,00 EUR beträgt. Der Schuldner behauptet, die Pfändung sei unzulässig. Wer hat Recht?

12 Der Gerichtsvollzieher hat beim Schuldner einen Pkw, eine Geschirrschülmaschine, eine wertvolle Bibel aus dem 17. Jahrhundert und einen Staubsauger gepfändet.
Der Schuldner macht die Unpfändbarkeit der Sachen geltend, weil
a) der Pkw bereits für einen anderen Gläubiger gepfändet worden sei,
b) die Geschirrspülmaschine noch im Vorbehaltseigentum der Firma Elektro-Kunze stehe,
c) die Bibel nach § 811 unpfändbar sei,
d) der Staubsauger ein uraltes Modell sei.
Wie ist die Rechtslage?

13 Schuldner Wertkamm hat einen Musikschrank zurzeit seinem Bruder verliehen. Gerichtsvollzieher Sauer will den Schrank im Auftrag von Gläubiger Herb bei Wertkamms Bruder pfänden. Dieser ist jedoch nicht zur Herausgabe bereit. Der Gerichtsvollzieher sieht deshalb von der Pfändung ab. Auf welchem Umweg kann Gläubiger Herb doch noch Befriedigung aus dem Musikschrank erlangen?

14 Der Gerichtsvollzieher pfändet beim Schuldner ein wertvolles Gemälde, das demnächst versteigert werden soll.
a) Wie wird der Wert des Gemäldes festgestellt?
b) Wie berechnet der Gerichtsvollzieher das Mindestgebot?
c) Was wäre zu tun, wenn im Versteigerungstermin kein entsprechendes Gebot zu erreichen wäre?

15 Gerichtsvollzieherin Stammler hat Gläubiger Mohr mitgeteilt, er habe beim Schuldner einen Farbfernseher im Wert von 2 150,00 EUR gepfändet. Der Schuldner besitzt weder einen anderen Fernseher noch ein Rundfunkgerät. Mohr möge deshalb bei Gericht um Zulassung der Austauschpfändung nachsuchen.
a) Wie lange hat Mohr Zeit, die Zulassung zu erwirken?
b) Welches Gericht ist hierfür zuständig?
c) Um welche der beiden Arten der Austauschpfändung handelt es sich?
d) Worin besteht der wesentliche Unterschied der beiden Arten der Austauschpfändung?
e) Unter welchen Voraussetzungen lässt das Gericht die Austauschpfändung zu?
f) Mit welchem Rechtsmittel kann sich der Schuldner gegen die Zulassung der Austauschpfändung wehren?

16 Gerichtsvollzieher Ranft hat im Auftrag von Gläubiger Müller bei verschiedenen Schuldnern gepfändet. Folgende Schwierigkeiten haben sich ergeben:
a) Schuldner Löser hat sich strafbar gemacht, weil er die Pfandsiegelmarke an seinem Fernseher entfernt hat. Um welche Straftat handelt es sich? Wie hoch ist die angedrohte Strafe?
b) Frau Stahl, deren Pelzmantel Gerichtsvollzieher Ranft im Austausch gepfändet hat, behauptet, die Pfändung sei erst zulässig, wenn ihr ein Ersatzstück überlassen worden sei. Welche Ansicht vertreten Sie?
c) Gläubiger Müller hat erfahren, dass Schuldner Luib sein Fuhrgeschäft Ende des Jahres aufgeben wird. Gerichtsvollzieher Ranft hat den Fernlastzug des Luib am 1. Oktober gepfändet. Luib behauptet, die Pfändung sei unzulässig, weil der Lastzug nach § 811 Nr. 5 unpfändbar sei. Wie ist die Rechtslage?

17 Im Versteigerungstermin wurde kein Gebot abgegeben. Der Gläubiger möchte den gepfändeten Barockschrank selbst erwerben. Auf welche Weise ist dies möglich?

18 Der Schuldner möchte erreichen, dass die Versteigerung des bei ihm gepfändeten Pkw ausgesetzt wird. Er bietet Ratenzahlung an.
a) Wohin muss er sich wenden, wenn der Gläubiger mit Ratenzahlungen nicht einverstanden ist?
b) Unter welcher Voraussetzung ist ein wiederholter Aufschub möglich?
c) Wie lange kann die Vollstreckung höchstens ausgesetzt werden?

19 Was hat der Gerichtsvollzieher zu beachten oder zu veranlassen,
a) wenn die öffentliche Versteigerung der gepfändeten Sachen stattfinden soll,
b) wenn Gold-, Silbersachen oder Kostbarkeiten versteigert werden sollen,
c) wenn er dem Meistbietenden die Pfandsache aushändigt?

20 Wie hoch ist das Mindestgebot, wenn folgende Sachen versteigert werden:
a) ein Ölgemälde mit gewöhnlichem Verkaufswert von 2 000,00 EUR,
b) ein Paar Ohrringe (wertvolle Goldschmiedearbeit) mit gewöhnlichem Verkaufswert von 800,00 EUR. In den Ohrringen ist Gold im Wert von 500,00 EUR verarbeitet.

21 Der Gerichtsvollzieher hat im Auftrag des Gläubigers Kuhn am 7. Mai einen Bücherschrank gepfändet, denselben Schrank am 9. Mai im Autrag des Gläubigers Faber. Der Versteigerungserlös reicht nicht aus, beide Gläubiger zu befriedigen. Faber verlangt, zuerst befriedigt zu werden mit der Begründung, die von Kuhn erwirkte Pfändung sei unwirksam. Wie verfährt der Gerichtsvollzieher?

22 Der Schuldner hat trotz drohender Zwangsvollstreckung heimlich Sachen beiseite geschafft.
a) Nach welcher Vorschrift hat er sich strafbar gemacht?
b) Wie hoch ist die angedrohte Strafe?

23 Der Schuldner hat das Pfandsiegel an der elektrischen Schreibmaschine entfernt und die Maschine bei seinem Bruder versteckt.
a) Welche Straftat hat er begangen?
b) Welche Strafe kann verhängt werden?

II. Die Zwangsvollstreckung in Forderungen und andere Vermögensrechte

Zum Vermögen des Schuldners gehören nicht nur bewegliche Sachen und Grundstücke, sondern auch Forderungen und Rechte, die ihm gegen Dritte zustehen.

Beispiele: Lohn- oder Gehaltsansprüche gegen den Arbeitgeber, Ansprüche des Vermächtnisnehmers gegen den Erben.

Man unterscheidet die Zwangsvollstreckung in

◆ *Geldforderungen* (§§ 828 bis 845, 850 bis 853),

◆ *Herausgabeansprüche* (§§ 846 bis 849),

◆ *sonstige Vermögensrechte.*

Organ der Zwangsvollstreckung ist das **Vollstreckungsgericht.** Als Vollstreckungsgericht ist das Amtsgericht zuständig, bei dem der Schuldner seinen allgemeinen Gerichtsstand hat (§ 828). **Die Zwangsvollstreckung erfolgt** wie bei der Zwangsvollstreckung in das bewegliche Vermögen **durch Pfändung und Verwertung.**

1. Die Zwangsvollstreckung in Geldforderungen

Sie erfolgt durch **Pfändungs- und Überweisungsbeschluss.** Voraussetzung ist ein **Antrag** des Gläubigers, der die zu pfändende Forderung genau bezeichnen muss. Dem Antrag sind beizufügen:

- die vollstreckbare Ausfertigung des Titel samt
- Zustellungsurkunde,
- sämtliche Belege über die im Antrag verlangten bisher entstandenen Vollstreckungskosten, z. B. Kosten des Pfändungsauftrags, Gerichtsvollziehernachnahmen.

Aufgrund dieses Antrags erlässt das Vollstreckungsgericht **den Pfändungsbeschluss:**

- Dem Dritten (Drittschuldner) wird **verboten,** an den Schuldner zu zahlen;
- dem Schuldner wird **geboten,** sich jeder Verfügung über die Forderung, insbesondere ihrer Einziehung, zu enthalten.

Der Gläubiger hat *die Zustellung des Pfändungsbeschlusses* durch den Gerichtsvollzieher an Drittschuldner und Schuldner *selbst zu veranlassen.* Er kann sich dabei der Vermittlung der Geschäftsstelle bedienen. **Mit der Zustellung des Beschlusses an den Drittschuldner ist die Pfändung bewirkt, d. h. der Gläubiger erwirbt an der Forderung ein Pfändungspfandrecht.**

Leistet der Drittschuldner entgegen dem Verbot an den Schuldner, wird er zwar diesem gegenüber von der Leistungspflicht frei, nicht aber dem Gläubiger gegenüber. Wurde eine Lohn- oder Gehaltsforderung gepfändet, so erstreckt sich das Pfandrecht auch auf die nach der Pfändung fällig werdenden Beträge.

Die **Verwertung** der gepfändeten Forderung geschieht durch **Überweisungsbeschluss.** Der Antrag hierauf wird in der Regel zugleich mit dem Antrag auf Pfändung der Forderung gestellt. **Formularmäßig wird vom Gericht der Pfändungsbeschluss mit dem Überweisungsbeschluss verbunden**[1]**). Beide Beschlüsse werden Drittschuldner und Schuldner zugleich zugestellt.**

Zwei Arten der Überweisung stehen dem Gläubiger nach seiner Wahl zur Verfügung:

- **die Überweisung zur Einziehung** (die übliche Art) berechtigt den Gläubiger, die Forderung *an Stelle des Schuldners* einzuziehen. Inhaber der Forderung bleibt der Schuldner. Der Gläubiger gilt deshalb nur in Höhe des Betrags als befriedigt, den er vom Drittschuldner erhält.
- Lässt sich der Gläubiger die Forderung **an Zahlungs statt**[2]) überweisen, so **gilt** er **als befriedigt,** *soweit die Forderung* des Schuldners gegen den Drittschuldner *besteht,* **ohne Rücksicht darauf, ob der Gläubiger vom Drittschuldner tatsächlich befriedigt wird oder nicht.** Sie kommt deshalb in der Praxis kaum vor.

[1]) In der Sicherungsvollstreckung (§ 720 a) wird nur der Pfändungsbeschluss, aber kein Überweisungsbeschluss erlassen, da dieser die Verwertung der Pfandsache darstellt.

[2]) Die Überweisung der Forderung an Zahlungs statt wirkt wie eine Abtretung der gepfändeten Forderung.

Der Gläubiger kann *den Drittschuldner auffordern*, binnen zwei Wochen von der Zustellung des Pfändungsbeschlusses an gerechnet, zu erklären, (§ 840),

- ob und inwieweit er die Forderung anerkenne und zahlungsbereit sei,
- ob und welche Ansprüche andere Personen an die Forderung erheben,
- ob und wegen welcher Ansprüche die Forderung bereits für andere Gläubiger gepfändet sei.

Die Aufforderung muss in die Zustellungsurkunde aufgenommen werden. Es empfiehlt sich deshalb, im Zustellungsauftrag darauf hinzuweisen, der Gerichtsvollzieher möge die Zustellung *persönlich* gemäß § 840 ZPO vornehmen.

Der Drittschuldner kann zur Abgabe der Erklärung nicht gezwungen werden. Verweigert er die Auskunft und die Zahlung, so bleibt dem Gläubiger nichts anderes übrig, als gegen ihn auf Leistung zu klagen: **Drittschuldnerklage.** Er ist dabei **verpflichtet, dem Schuldner den Streit zu verkünden** (§ 841)[1]. Unterlässt er die Streitverkündung, so hat er u. U. allen Schaden zu ersetzen, der dem Schuldner durch einen ungünstigen Ausgang des Prozesses entsteht.

Der Drittschuldner macht sich durch die Weigerung jedoch Schadensersatzpflichtig, soweit eine Forderung des Schuldners gegen ihn besteht.

Handelt es sich bei der gepfändeten Forderung um eine Lohnforderung, ist für die Klage das Arbeitsgericht zuständig (§§ 2–5 ArbGG).

2. Die Vorpfändung (§ 845)

Schon vor der Pfändung kann der Gläubiger die vorläufige Beschlagnahme der Forderung bewirken: **Vorpfändung, vorläufiges Zahlungs- oder Herausgabeverbot, Pfändungsankündigung,** § 845. Voraussetzung ist, dass der Gläubiger einen vollstreckbaren Schuldtitel in Händen hat. Der Titel braucht noch nicht mit der Vollstreckungsklausel versehen und zugestellt zu sein. Der Gläubiger lässt Drittschuldner und Schuldner durch den Gerichtsvollzieher die Benachrichtigung zustellen, dass die Pfändung bevorstehe. Er fordert den Drittschuldner auf, nicht an den Schuldner zu zahlen, den Schuldner, sich jeder Verfügung über die Forderung zu enthalten. **Mit Zustellung an den Drittschuldner ist die Vorpfändung bewirkt.** Sie verliert jedoch ihre Wirkung, wenn der Gläubiger die endgültige Pfändung der Forderung nicht **innerhalb eines Monats** *bewirkt.* Die Frist beginnt mit dem Tage, an dem die Benachrichtigung dem Drittschuldner zugestellt worden ist. Der Gerichtsvollzieher hat die Pfändungsankündigung mit den Aufforderungen selbst anzufertigen, wenn ihn der Gläubiger hierzu ausdrücklich beauftragt hat (§ 845 Abs. 1 S. 2).

Mit der Zustellung des Pfändungs- und Überweisungsbeschlusses verwandelt sich das bis dahin bestehende bloße Sicherungspfandrecht in ein endgültiges Pfändungspfandrecht im Rang der Vorpfändung.

Durch eine erneute Vorpfändung innerhalb der Monatsfrist kann die Zeit zur Bewirkung der Pfändung verlängert werden (Vorpfändungskette).

In der folgenden Gegenüberstellung sind die Voraussetzungen und die Wirkung von Vorpfändung und endgültiger Forderungspfändung zusammengefasst:

---

[1] Siehe S. 171.

Vorläufiges Zahlungsverbot (Vorpfändung, Pfändungsankündigung, Pfändungsbenachrichtigung) nach § 845 ZPO	Pfändungs- und Überweisungsbeschluss nach §§ 829 ff. ZPO
Voraussetzungen	

◆ **Der Schuldtitel muss erlassen sein,** vollstreckbare Ausfertigung und Zustellung des Titels sind **nicht erforderlich.**
 	
◆ **Ohne Vollstreckungsgericht!**
Der Gläubiger schreibt das vorl. Zahlungsverbot selbst (häufig Formular); er benachrichtigt darin Drittschuldner und Schuldner von der bevorstehenden gerichtlichen Pfändung.
 	
Die Benachrichtigung enthält:
– die **Aufforderung** an den Drittschuldner, nicht an den Schuldner zu leisten,
  die **Aufforderung** an den Schuldner, sich jeder Verfügung über die Forderung zu enthalten;
– die **Ankündigung,** dass die gerichtliche Pfändung innerhalb eines Monats seit Zustellung der Benachrichtigung erfolgen wird.
– Die Bitte, sich nach § 840 ZPO zu erklären, ist zweckmäßig.
  aber: Keine Erklärungspflicht des Drittschuldners! Deshalb keine Drittschuldnerklage möglich!
 	
◆ **Zustellung durch GVZ**
– an Drittschuldner (mit Zustellung ist die **Vorpfändung bewirkt**),
– an Schuldner (unwesentlich für Wirksamkeit); bei Nichtzustellung keine Ersatzpflicht des Gläubigers.
	◆ **Vollstreckbare Ausfertigung** des Titels und **Zustellungsnachweis sind erforderlich.**
	
	◆ **Antrag des Gläubigers beim VG** auf Erlass eines Pfändungs- und Überweisungsbeschlusses.
	
	Der **Beschluss** enthält:
	– **das Verbot** an den Drittschuldner, an den Schuldner zu leisten,
	  das Gebot an den Schuldner, sich jeder Verfügung über die Forderung zu enthalten;
	– **Aufforderung** an Drittschuldner, sich nach § 840 zu erklären, ist üblich.
	  Bei Weigerung Drittschuldnerklage auf Leistung, Schadensersatzpflicht des Drittschuldners.
	
	◆ **Zustellung** „im Parteibetrieb" (Vermittlung der Geschäftsstelle möglich) **durch GVZ**
	– an Drittschuldner (mit Zustellung ist die **Pfändung bewirkt**),
	– an Schuldner (unwesentlich für Wirksamkeit der Pfändung); bei Nichtzustellung Schadensersatz des Gläubigers möglich.

Wirkung	
Die Vorpfändung hat die Wirkung eines Arrestes nach § 930 ZPO, d. h., die Forderung ist **beschlagnahmt.** Die Wirkung tritt aber nur ein, wenn die gerichtliche Pfändung innerhalb eines Monats seit Zustellung der Benachrichtigung bewirkt wird, d. h. der Pfändungs- und Überweisungsbeschluss dem Drittschuldner zugestellt ist. Die nachfolgende gerichtliche Pfändung hat den **Rand der Vorpfändung.** Wird die Monatsfrist versäumt, ist die Vorpfändung unwirksam.	Mit Zustellung des Pfändungs- und Überweisungsbeschlusses ist die Forderung **beschlagnahmt und verwertet,** d. h. dem Gläubiger zur Einziehung überwiesen (übertragen). Leistet der Drittschuldner nicht an den Gläubiger, kann der Gläubiger gegen den Drittschuldner auf Leistung klagen **(Drittschuldnerklage);** er muss dem Schuldner den Streit verkünden (§ 841 ZPO).

Abkürzungen: GVZ = Gerichtsvollzieher, VG = Vollstreckungsgericht

3. Pfändungsschutz für Lohn- und Arbeitseinkommen (§§ 850 bis 850 i)

Das Arbeitseinkommen, d. h. alles Einkommen, das der Lohn- bzw. Einkommensteuer unterliegt, ist besonders geschützt. Welche Bezüge im Einzelnen hierunter fallen, ist in § 850 bestimmt. Die für die genannten Bezüge bestehenden Pfändungsschutzbestimmungen werden von Zeit zu Zeit durch Verordnung der wirtschaftlichen Entwicklung angepasst.

Im Einzelnen gilt Folgendes:

Gemäß § 850c Abs. 1 ist **unpfändbar**[1]) das Arbeitseinkommen bis 930,00 EUR monatlich (217,50 EUR wöchentlich, 43,50 EUR täglich).

Es ist vom Nettoeinkommen auszugehen. Naturalleistungen sind den Geldleistungen hinzuzurechnen. Mehrere Arbeitseinkommen sind zusammenzurechnen. **Arbeitseinkommen der Ehefrau oder sonstiger Familienangehöriger, die im selben Haushalt leben, werden nicht mitgerechnet.** Gewährt der Schuldner aufgrund einer gesetzlichen Verpflichtung seinem Ehegatten, einem früheren Ehegatten, einem Verwandten oder der Mutter eines nichtehelichen Kindes Unterhalt, so erhöht sich der Grundfreibetrag.

Dem Gesetz ist eine Tabelle beigefügt, aus der sich der jeweils pfändbare Betrag ergibt, wobei das Arbeitseinkommen auf einen durch 10,00 EUR (bei monatlicher Zahlung), 2,50 EUR (bei wöchentlicher Zahlung) oder 0,50 EUR bei täglicher Zahlung) abzurunden ist. **Für den Pfändungsbeschluss ist die Bezugnahme auf die amtliche Tabelle ausreichend.** Dem Drittschuldner bleibt es überlassen, anhand der Lohnsteuerkarte des Schuldners die unterhaltsberechtigten Personen festzustellen und sodann nach der Tabelle den pfändungsfreien Betrag der Lohnforderung des Arbeitnehmers zu errechnen.

Beträgt das Arbeitseinkommen mehr als 2 851,00 EUR monatlich, so sind die diese Summe übersteigenden Beträge voll der Pfändung unterworfen.

Ist der Schuldner kraft Gesetzes jemand zur Leistung von Unterhalt verpflichtet, z. B. dem Ehegatten, und hat der Unterhaltsberechtigte eigene Einkünfte, so kann das Vollstreckungsgericht auf Antrag des Gläubigers bestimmen, dass diese Person bei der Berechnung des unpfändbaren Teils des Arbeitseinkommens ganz oder teilweise unberücksichtigt bleibt (§ 850c Abs. 4).

Weitere Pfändungsbeschränkungen:

Unpfändbar *sind ferner* u. a. Urlaubsvergütungen und Aufwandsentschädigungen, sofern sie den Rahmen des Üblichen nicht übersteigen; weiter Weihnachtsvergütungen bis zum Betrag von 500,00 EUR, Erziehungsgelder, Studienhilfen, Blindenzulagen (§ 850 a).

Bedingt pfändbar sind die in § 850 b aufgeführten Renten und der Fürsorge geltenden Einkünfte. Sie können nur dann gepfändet werden, wenn die Vollstreckung in das sonstige Vermögen des Schuldners nicht zur Befriedigung des Gläubigers geführt hat oder führen wird und wenn die **Pfändung dieser Beträge der Billigkeit entspricht.** Zu berücksichtigen sind die Art des beizutreibenden Anspruchs und die Höhe der Bezüge, die gepfändet werden sollen.

Für die Beitreibung gesetzlicher Unterhaltsansprüche gelten die Pfändungsbeschränkungen des § 850 c nicht. Dem Schuldner ist nur so viel zu belassen, wie er für seinen **not-**

---

[1]) Der unpfändbare Betrag nach § 850c **Abs. 1** wird im folgenden **Grundfreibetrag** genannt, weil er unabhängig von der Höhe des Arbeitseinkommens ist.

wendigen Unterhalt und zur Erfüllung seiner laufenden gesetzlichen Unterhaltspflichten bedarf (§ 850 d Abs. 1). Die zu berücksichtigende Reihenfolge der Unterhaltsberechtigten ist in § 850 d Abs. 2 bestimmt.

In § 850 i wird der Schuldner geschützt, der nicht laufende Bezüge, sondern *einmalige Vergütungen für persönlich geleistete Arbeiten oder Dienste* erhält (freie Berufe: Arzt, Rechtsanwalt, Handwerker, Künstler). Ihm ist so viel zu belassen, wie er während eines angemessenen Zeitraums für seinen und seiner Familienangehörigen notwendigen Unterhalt bedarf.

Dem Schutz des Gläubigers dient § 850 h, der es dem böswilligen Schuldner unmöglich machen soll, sich durch **Lohnschiebungsverträge** der Zwangsvollstreckung zu entziehen.

Hat z. B. der Schuldner mit dem Betriebsinhaber vereinbart, die Vergütung, soweit sie den unpfändbaren Betrag übersteigt, statt an den Schuldner an einen Dritten, z. B. an die Ehefrau des Schuldners zu entrichten, **so kann der Anspruch des Drittberechtigten, z. B. der Ehefrau, gepfändet werden, wie wenn er noch dem Schuldner selbst zustünde.** Der Abtretungsvertrag wird dem Gläubiger gegenüber als nichtig behandelt. Der Pfändungs- und Überweisungsbeschluss wird auch dem Drittberechtigten, z. B. der Ehefrau, zugestellt.

Leistet der Schuldner in einem ständigen Arbeitsverhältnis Arbeiten oder Dienste, die nach Art und Umfang üblicherweise vergütet werden, unentgeltlich oder gegen eine unverhältnismäßig geringe Vergütung, so **gilt** nach Abs. 2 **im Verhältnis des Gläubigers zum Dienstherrn eine angemessene Vergütung als geschuldet.** Der so fingierte Anspruch wird gepfändet. Zahlt der Drittschuldner nicht, so muss der Gläubiger gegen ihn auf Zahlung klagen (**Drittschuldnerklage**). Steht der Schuldner in einem Arbeitsverhältnis i. S. des Arbeitsgerichtsgesetzes, so sind für die Klage die Arbeitsgerichte zuständig (§§ 2–5 ArbGG).

4. Die Zwangsvollstreckung in Herausgabeansprüche

Betrifft der Anspruch die **Herausgabe einer beweglichen Sache,** so erfolgt

- **die Pfändung durch Pfändungsbeschluss,** der die Anordnung des Vollstreckungsgerichts enthalten muss, der Drittschuldner habe die Sache an einen vom Gläubiger zu beauftragenden Gerichtsvollzieher herausgegeben,
- **die Verwertung** nach den Vorschriften über die Verwertung gepfändeter Sachen (§ 847 Abs. 2), in der Regel **durch Versteigerung.**
Der Gläubiger hat aber nur Anspruch auf den Erlös, wenn er sich den gepfändeten Anspruch zur Einziehung überweisen ließ (durch Überweisungsbeschluss).
- *Weigert sich der Drittschuldner* weiterhin, die Sache herauszugeben, muss der Gläubiger, wenn er die Herausgabe erzwingen will, im Wege der **Drittschuldnerklage** einen Vollstreckungstitel erwirken. Erst dann kann der Gerichtsvollzieher die Sache zwangsweise herausholen.

Betrifft der Anspruch die **Herausgabe eines Grundstücks,** erfolgt die Zwangsvollstreckung im Wesentlichen auf dieselbe Weise, nämlich durch Pfändungs- und Überweisungsbeschluss. Sie unterscheidet sich jedoch dadurch,
- dass das Grundstück an einen **Sequester** (Treuhänder) herauszugeben ist (§ 848).
- dass die Verwertung nach den **Vorschriften des Zwangsversteigerungsgesetzes** (ZVG) erfolgt.

5. Die Zwangsvollstreckung in Hypotheken und Grundschulden

◆ Die **Pfändung einer Briefhypothek** erfolgt durch **Pfändung der Forderung und Übergabe des Hypothekenbriefes an den Gläubiger. Erst mit Übergabe des Briefes entsteht das Pfandrecht.** Wird der Pfändungsbeschluss dem Drittschuldner jedoch vor Aushändigung des Briefes zugestellt, so gilt die Pfändung diesem gegenüber mit der Zustellung als bewirkt (§ 830 Abs. 2).

Gibt der Schuldner den Brief *nicht freiwillig* heraus, so kann er durch den Gerichtsvollzieher weggenommen werden, der den Brief an den Gläubiger abliefert. In diesem Falle entsteht das Pfandrecht bereits mit der Wegnahme des Briefes durch den Gerichtsvollzieher. Wird der Brief *nicht vorgefunden,* so ist der Schuldner auf Antrag des Gläubigers verpflichtet, an Eides statt zu versichern, dass er den Brief nicht besitze und auch nicht wisse, wo er sich befinde (§ 883). Befindet sich der Brief *im Besitz eines Dritten,* so ist der Herausgabeanspruch des Schuldners gegen den Dritten zu pfänden.

Die Pfändung **kann,** muss aber nicht ins Grundbuch eingetragen werden. Der Eintragungsantrag ist aber vom Grundbuchbeamten zurückzuweisen, solange der Brief nicht in den Händen des Gläubigers ist.

Die **Verwertung** der gepfändeten Forderung erfolgt **durch Überweisungsbeschluss.** Hier genügt es, dass der Überweisungsbeschluss dem Gläubiger ausgehändigt wird (§ 837 Abs. 1, Satz 1).

◆ Die **Pfändung einer Buchhypothek** erfolgt durch **Pfändungsbeschluss. Die Pfändung muss ins Grundbuch eingetragen werden** (§ 830). Die Eintragung geschieht aufgrund des Pfändungsbeschlusses. Die Verwertung erfolgt wiederum durch Überweisungsbeschluss. Die Überweisung braucht aber nur dann ins Grundbuch eingetragen zu werden, wenn die Forderung an Zahlungs statt überwiesen wurde (§ 837 Abs. 1, Satz 2).

Auf die **Zwangsvollstreckung in Grundschulden** finden die Vorschriften über die Zwangsvollstreckung in Hypotheken entsprechende Anwendung (§ 857 Abs. 6). Handelt es sich um eine **Buchgrundschuld,** so ist die Pfändung ins Grundbuch einzutragen. Handelt es sich um eine **Briefgrundschuld,** so ist die Übergabe bzw. Wegnahme des Briefes durch den Gerichtsvollzieher erforderlich.

Auch in eine **Eigentümergrundschuld** kann die Zwangsvollstreckung betrieben werden. Dies geschieht in gleicher Weise wie bei einer Fremdgrundschuld.

6. Die Zwangsvollstreckung[1]) in Forderungen aus Wechseln und anderen Orderpapieren

Die **Pfändung** von Forderungen aus Wechseln oder anderen Orderpapieren, die durch Indossament übertragen werden können, z. B. Scheck, kaufmännische Anweisung, kaufmännischer Verpflichtungsschein, Konnossement, Lagerschein, wird dadurch bewirkt, dass der Gerichtsvollzieher die Papiere in Besitz nimmt; die Pfändung erfolgt demnach **ohne Gerichtsbeschluss durch Wegnahme** wie bei beweglichen Sachen.

Die **Verwertung** des gepfändeten Papiers erfolgt jedoch nicht wie bei den sonstigen Wertpapieren durch Versteigerung oder freihändigen Verkauf, sondern **durch Überweisungsbeschluss.**

Der Gerichtsvollzieher händigt dem Gläubiger den gepfändeten Wechsel nur aus, wenn ihm der Überweisungsbeschluss vorgelegt wird.

---

[1]) Siehe Darstellung S. 305: „Die Zwangsvollstreckung in Wertpapiere".

7. Die Zwangsvollstreckung in Sparguthaben

Gegenstand der Pfändung ist nicht das Sparbuch, sondern die **gegen das Kreditinstitut gerichtete Forderung**; diese wird **durch Pfändungsbeschluss gepfändet**. Die **Verwertung** erfolgt **durch Überweisungsbeschluss**. Da jedoch nach den Vorschriften des Kreditwesengesetzes die Abhebung des Sparguthabens die Vorlegung des Sparbuchs erfordert, ist der Schuldner (Gläubiger der Spareinlage) verpflichtet, das Sparbuch an den Pfändungsgläubiger herauszugeben (§ 836 Abs. 3, Satz 1).

Gibt der Schuldner das Sparbuch nicht freiwillig heraus, muss der Gläubiger den Gerichtsvollzieher beauftragen, das Sparbuch dem Schuldner wegzunehmen (Hilfspfändung – § 836 Abs. 3, Satz 3). Befindet sich das Sparbuch im Besitz eines Dritten und verweigert dieser die Herausgabe, kann der Pfändungsgläubiger den Dritten auf Herausgabe des Sparbuches verklagen oder den Herausgabeanspruch des Schuldners gegen den Dritten pfänden.

Eine andere Regelung gilt nach dem Gesetz über das Postwesen für **Postsparguthaben**. Sie werden wie die indossablen Orderpapiere, also **durch Wegnahme des Postsparkassenbuchs gepfändet**. Die **Verwertung** erfolgt wie bei den oben genannten Orderpapieren durch **Überweisungsbeschluss**.

8. Die Zwangsvollstreckung in Ansprüche aus Lebensversicherungen

Ansprüche aus Lebensversicherungen können übertragen und verpfändet und deshalb auch *gepfändet* werden (§ 851 Abs. 1). Hat der Versicherungsnehmer eine Lebensversicherung zu seinen eigenen Gunsten abgeschlossen, ist er also selbst Bezugsberechtigter, ergeben sich für die Zwangsvollstreckung keine Probleme. Der Anspruch aus der Versicherung gehört zum Vermögen des Versicherungsnehmers und kann deshalb wie andere Geldforderungen *gepfändet* werden. Die Verwertung erfolgt durch Überweisungsbeschluss.

Hat dagegen der Versicherungsnehmer einen Dritten, z. B. die Ehefrau, als Bezugsberechtigten bezeichnet, ist zu unterscheiden, ob es sich um eine *widerrufliche* oder *unwiderrufliche Bezugsberechtigung* handelt.

Bei der **widerruflichen Bezugsberechtigung** gehört der Versicherungsanspruch bis zum Eintritt des Versicherungsfalls zum Vermögen des Versicherungsnehmers und kann deshalb von dessen Gläubigern *ohne Rücksicht auf den Bezugsberechtigten durch Pfändungsbeschluss gepfändet werden*. Durch die Pfändung allein wird jedoch die Bezugsberechtigung des Dritten nicht beseitigt. Sie muss erst widerrufen werden. Das Widerrufsrecht steht dem Pfändungsgläubiger zu. Er kann es aber erst ausüben, wenn ihm der gepfändete Anspruch *zur Einziehung überwiesen worden ist*. Vorsorglich ist zu empfehlen, auch das Widerrufsrecht des Versicherungsnehmers zu pfänden und sich zur Einziehung überweisen zu lassen. *Nach Eintritt des Versicherungsfalles* ist der Widerruf der Bezugsberechtigung nicht mehr möglich, *weil mit diesem Zeitpunkt der Bezugsberechtigte den Anspruch auf Auszahlung der Versicherungssumme als eigenes Recht erworben hat.*

Bei der **unwiderruflichen Bezugsberechtigung** erwirbt der Begünstigte sofort den Versicherungsanspruch, also nicht erst mit Eintritt des Versicherungsfalls. Der Bezugsberechtigte kann schon vor Eintritt des Versicherungsfalles über den Anspruch verfügen. Die Gläubiger des Bezugsberechtigten können den Anspruch pfänden, nicht aber die Gläubiger des Versicherungsnehmers.

9. Die Zwangsvollstreckung in Anteile an einer Gemeinschaft

Steht eine Sache oder ein Recht *mehreren Personen gemeinschaftlich* zu, so ist eine Pfändung der Sache oder des Rechts aufgrund eines Titels gegen den Schuldner allein nicht möglich. Es bleibt dann nur übrig, *den* **Anteil des Schuldners an der Gemeinschaft zu pfänden,** soweit die Pfändung nicht gesetzlich ausgeschlossen ist, **und auf dem Wege der Auseinandersetzung der Gemeinschaft Befriedigung zu suchen.** Die Pfändung und Verwertung erfolgt durch Pfändungs- und Überweisungsbeschluss.

◆ Zwangsvollstreckung in Anteile an einer Gesellschaft des bürgerlichen Rechts

Der Anteil eines Gesellschafters an dem Gesellschaftsvermögen einer BGB-Gesellschaft ist pfändbar (§ 859). Nicht der Pfändung unterworfen ist jedoch der Anteil an den einzelnen zum Gesellschaftsvermögen gehörenden Gegenständen. Ist der Anteil gepfändet (Drittschuldner sind die übrigen Gesellschafter), so kann der Gläubiger **die Gesellschaft** ohne Einhaltung einer Kündigungsfrist **kündigen** und aufgrund des Überweisungsbeschlusses **Auszahlung des Auseinandersetzungsanteils verlangen.**

◆ Zwangsvollstreckung in den Miterbenanteil

Auch der **Anteil eines Miterben** am Nachlass ist nach den gleichen Grundsätzen pfändbar, jedoch nicht der Anteil an einzelnen Nachlassgegenständen. Der Gläubiger ist berechtigt, die Erbauseinandersetzung zu betreiben. Drittschuldner sind die übrigen Miterben.

Beispiel: Der Gläubiger erfährt, dass sein Schuldner Ebert Miterbe einer Erbengemeinschaft ist und ihm 1/8 des Nachlasses zusteht. Zum Nachlass gehört ein wertvolles Grundstück.

Der Gläubiger kann nicht den Anteil des Ebert an diesem Grundstück pfänden lassen, sondern nur den Anteil am gesamten Nachlass. Aufgrund des Pfändungs- und Überweisungsbeschlusses kann er an Stelle des Ebert die Erbauseinandersetzung verlangen – notfalls im Wege der Erbteilungsklage – und *Befriedigung in Höhe seiner Forderung.*

10. Die Zwangsvollstreckung in Wertpapiere

Rektapapiere §§ 830, 837 ZPO	Orderpapiere §§ 831, 835 ZPO	Inhaberpapiere §§ 808, 821 ZPO
Beispiele: ◆ Hypothekenbrief ◆ protestierter Wechsel ◆ **Pfändung:** Pfändung der im Papier verbrieften Forderung durch *Pfändungsbeschluss* und *Übergabe (Wegnahme) des Papiers* (§ 830 ZPO) ◆ **Verwertung:** *durch Überweisungsbeschluss* (Überweisung der Forderung zur Einziehung, § 837 ZPO)	insbesondere Wechsel ◆ **Pfändung:** *Wegnahme des Papiers* durch den Gerichtsvollzieher wie bei Pfändung beweglicher Sachen (§ 831 ZPO) ◆ **Verwertung:** *durch Überweisungsbeschluss* wie bei der ZwV in Forderungen (§ 835 ZPO) **Dasselbe gilt für Postspareinlagen:** ◆ **Pfändung:** *Wegnahme des Postsparbuchs* durch den Gerichtsvollzieher (§ 17 PostsparkassenO) ◆ **Verwertung:** *durch Überweisungsbeschluss*	*Beispiele:* ◆ Inhaberschuldverschreibungen, ◆ Pfandbriefe ◆ **Pfändung:** *Wegnahme des Papiers* durch den Gerichtsvollzieher wie bei Pfändung beweglicher Sachen (§ 808 ZPO) ◆ **Verwertung:** Wertpapiere mit Börsen- oder Marktpreis *durch freihändigen Verkauf* zum Tageskurs durch den Gerichtsvollzieher, andere Papiere *durch öffentliche Versteigerung* (§ 821 ZPO)

III. Das Verteilungsverfahren (§§ 872 ff.)

Ein gerichtliches Verteilungsverfahren findet statt, wenn bei der Zwangsvollstreckung in das bewegliche Vermögen ein Geldbetrag hinterlegt ist, der zur Befriedigung der beteiligten Gläubiger nicht ausreicht. Folgende Fälle kommen in Betracht:

- Ist für mehrere Gläubiger bei demselben Schuldner eine bewegliche Sache gepfändet und durch Versteigerung verwertet worden, reicht der Erlös zur Deckung sämtlicher Forderungen aber nicht aus und widerspricht ein nachrangiger Gläubiger der Verteilung nach der Reihenfolge der Pfändungen, hinterlegt der Gerichtsvollzieher den Erlös und teilt die Sachlage dem Vollstreckungsgericht mit (§ 827 Abs. 2).

- Das Gleiche gilt, wenn ein Anspruch auf Herausgabe einer beweglichen Sache[1] gepfändet worden ist (durch Pfändungs- und Überweisungsbeschluss), der Drittschuldner die Sache dem Gerichtsvollzieher herausgegeben hat, der Erlös aber nicht zur Befriedigung aller Gläubiger ausreicht (§ 854 Abs. 2).

- Ist eine Geldforderung für mehrere Gläubiger gepfändet worden, ist der Drittschuldner berechtigt, den Schuldbetrag zu hinterlegen, weil ihm nicht zugemutet werden kann zu prüfen, welcher Gläubiger Erstberechtigter ist (§ 853).

Der Gang des Verteilungsverfahrens:

- Nach Eingang der Anzeige über die Hinterlegung durch den Gerichtsvollzieher (§ 827 Abs. 2, § 854 Abs. 2) bzw. durch den Drittschuldner (§ 853) fordert das Verteilungsgericht die beteiligten Gläubiger auf, innerhalb zwei Wochen eine Berechnung ihrer Forderungen an Kapital, Zinsen und Kosten einzureichen (§ 873).

- Nach Ablauf der Frist stellt das Gericht einen Teilungsplan auf (§ 874), wobei die Kosten des Verfahrens vorweg in Abzug gebracht werden.

- Das Gericht bestimmt einen Verteilungstermin, in dem der Teilungsplan erklärt und erläutert wird (§ 875).

- Sind sämtliche Gläubiger mit dem Plan einverstanden, wird danach verfahren. Lässt sich ein von einem Gläubiger eingelegter Widerspruch nicht erledigen, so wird der Plan insoweit ausgeführt, als er durch den Widerspruch nicht betroffen wird (§ 876).

- Der dem Teilungsplan widersprechende Gläubiger muss binnen einer Frist von einem Monat, die mit dem Terminstag beginnt, Widerspruchsklage gegen die beteiligten Gläubiger erheben, mit der er mit entsprechender Begründung die Anordnung einer anderen Verteilung begehrt. Zuständig für die Klage ist das Verteilungsgericht, bei einem Streitwert von über 5 000,00 EUR das Landgericht, in dessen Bezirk das Verteilungsgericht seinen Sitz hat (§ 879). Erklärt das Urteil den Widerspruch für unbegründet, ist der ursprüngliche Verteilungsplan auszuführen. Wird der Widerspruch für begründet erklärt, bestimmt das Gericht entweder, an wen auszuzahlen ist, oder es stellt einen neuen Verteilungsplan auf.

Wiederholungsaufgaben

1 a) Welches Gericht ist für die Zwangsvollstreckung in Forderungen zuständig?
b) Welchen Antrag stellt der Gläubiger, welche Unterlagen hat er seinem Antrag beizufügen?
c) Wann ist die Forderung gepfändet?
d) Wie erfolgt die Verwertung der gepfändeten Forderung?

---

[1] Näheres S. 302.

2 a) Welche Fragen soll der Drittschuldner nach Aufforderung durch den Gläubiger gemäß § 840 beantworten?

b) Innerhalb welcher Frist sollen die Fragen beantwortet werden?

3 Gläubiger Knauß hat Drittschuldner Trost vergeblich zur Auskunftserteilung nach § 840 aufgefordert. Wie geht Knauß weiter vor?

4 Wie ist die Rechtslage, wenn der Drittschuldner ohne Rücksicht auf den Gerichtsbeschluss an den Schuldner leistet?

5 a) Was versteht man unter „Vorpfändung"?

b) Welche anderen Bezeichnungen werden statt Vorpfändung gebraucht?

c) Welche Voraussetzungen müssen bei der Vorpfändung, welche bei der gerichtlichen Forderungspfändung vorliegen?

d) Wie kommt die Vorpfändung zustande?

e) Welche Wirkung hat die Vorpfändung verglichen mit der gerichtlichen Forderungspfändung?

6 Wer ist Drittschuldner, wenn die Zwangsvollstreckung in einen Anteil des Schuldners betrieben wird:

a) am Gesellschaftsvermögen einer OHG,

b) an einem Nachlass,

c) am Gesellschaftsvermögen einer BGB-Gesellschaft?

7 Gläubiger Kuhn betreibt gegen Schuldner Strobel die Zwangsvollstreckung. Wie erfolgt die Pfändung und die Verwertung folgender Gegenstände:

a) des Sparguthabens des Schuldners bei der Kreissparkasse Waiblingen;

b) eines Wechsels über 2 500,00 EUR. Der Schuldner ist Inhaber des Wechsels, Akzeptant ist Ernst Kahle in Worms;

c) des Postbankguthabens des Schuldners auf Konto Nr. 328 467-704 bei der Postbank Niederlassung Stuttgart?

8 Der Gerichtsvollzieher hat dem Gläubiger mitgeteilt, er habe beim Schuldner einen Wechsel und ein Sparkassenbuch vorgefunden und weggenommen. Was hat Rechtsanwalt Müller, der Vertreter des Gläubigers, zu veranlassen?

9 Schuldner Maier hat gegen Drittschuldner Müller eine Forderung von 2 130,00 EUR. Dem Drittschuldner sind Vorpfändungen bzw. Pfändungs- und Überweisungsbeschlüsse im Auftrag folgender Gläubiger zugestellt worden:

Gläubiger A: Vorpfändung am 15. März, Beschluss am 4. April;

Gläubiger B: Vorpfändung am 8. März, Beschluss am 16. März;

Gläubiger C: Beschluss am 16. März;

Gläubiger D: Vorpfändung am 19. März, Beschluss am 1. April.

In welcher Reihenfolge sind die Gläubiger zu befriedigen?

10 Gläubiger Schneider erfährt, dass sein Schuldner Franke, gegen den er einen Vollstreckungstitel erstritten hat, einen Mercedes 300 an Herrn Robert Mahler für zwei Jahre vermietet hat. Der Mercedes ist die einzige pfändbare Habe des Schuldners. Was kann Gläubiger Schneider unternehmen?

11 Wie verfährt der Drittschuldner, wenn die Lohnforderung des Schuldners für mehrere Gläubiger gepfändet ist, der pfändbare Betrag aber nicht ausreicht, alle Gläubiger zu befriedigen?

Vollstreckungsrecht

12 Dem Drittschuldner wurden zwei Pfändungs- und Überweisungsbeschlüsse zugestellt: am 17. April wegen einer Kaufpreisforderung von 800,00 EUR und am 19. April wegen Unterhaltsforderungen der geschiedenen Ehefrau und der Kinder des Schuldners. In welcher Reihenfolge sind die Gläubiger zu befriedigen?

13 Gläubiger Mossmann möchte die Zwangsvollstreckung in eine Darlehensforderung seines Schuldners betreiben, die diesem gegen Lackmann zusteht. Mossman überlegt sich, ob er sich die Forderung zur Einziehung oder an Zahlungs statt überweisen lassen soll. Wozu ist ihm zu raten und weshalb?

14 Was ist bei der Berechnung des pfändbaren Betrages zu beachten, wenn der Schuldner Künstler ist und aus dem Verkauf eines Bildes eine Forderung von 5 000,00 EUR gegen den Käufer hat?

15 Nach Zustellung eines Pfändungs- und Überweisungsbeschlusses erklärt der Drittschuldner, der Schuldner habe keinerlei Ansprüche gegen ihn. Der Gläubiger bezweifelt dies. Was kann der Gläubiger unternehmen?

16 Wie wird die Zwangsvollstreckung betrieben:
  a) in eine Lebensversicherung,
  b) in eine Briefhypothek,
  c) in eine Buchhypothek,
  d) in eine Eigentümergrundschuld?

17 Schuldner Stiefel ist Miterbe einer Erbengemeinschaft zu einem Viertel. Zum Nachlass gehört unter anderem ein neuer Farbfernseher und eine wertvolle Holzplastik. Gläubiger Waibel möchte beide Gegenstände erwerben. Er stellt einen hierauf gerichteten Antrag beim Vollstreckungsgericht. Wie ist die Rechtslage?

18 Wie wird die Zwangsvollstreckung betrieben:
  a) in Inhaberpapiere, z. B. in einen Hypothekenpfandbrief,
  b) in Rektapapiere, z. B. in einen Hypothekenbrief?

19 Fink hat an Kittel eine Schreibmaschine vermietet. Kittel weigert sich, die Maschine an den Gerichtsvollzieher herauszugeben. Gläubiger Dattler lässt den Herausgabeanspruch des Fink pfänden. Welche besondere Anordnung muss der Gerichtsbeschluss enthalten?

20 Gläubiger Altinger hat gegen seinen Schuldner Frohbein einen vollstreckbaren Titel auf Zahlung von 14 300,00 EUR. Altinger erfährt, dass Frohbein einen fälligen Anspruch auf Herausgabe eines ihm gehörenden Einzimmer-Appartements hat. Er lässt den Herausgabeanspruch pfänden und sich zur Einziehung überweisen.
  a) Welches Gericht ist zuständig?
  b) Welche Anordnung muss der Pfändungsbeschluss enthalten?
  c) Weshalb ist das Appartement nicht an den Gläubiger herauszugeben?

21 Der Versteigerungserlös reicht nicht aus, sämtliche Gläubiger zu befriedigen. Gläubiger Klinke widerspricht dem Teilungsplan des Gerichtsvollziehers. Er behauptet, nicht an dritter, sondern an zweiter Stelle berechtigt zu sein. Der Gerichtsvollzieher hinterlegt hierauf den Erlös und benachrichtigt das Gericht.
  a) Welche Unterlagen hat der Gerichtsvollzieher seiner Mitteilung beizulegen?
  b) Welches Verfahren wird hierdurch eingeleitet?
  c) Welches Gericht ist zuständig?

22 Auf welche Arten kann die Zwangsvollstreckung in Grundstücke durchgeführt werden?

B. Die Zwangsvollstreckung in das unbewegliche Vermögen (Liegenschaftsvollstreckung)

Gegenstand der Vollstreckung: Der Liegenschaftsvollstreckung unterliegen
- Grundstücke,
- grundstücksgleiche Rechte, wie z. B. Erbbaurecht, Wohnungseigentum, im Schiffsregister eingetragene Schiffe, Bergwerkseigentum (§ 864),
- alle Gegenstände, auf die sich die Hypothek erstreckt (§ 1120 BGB), insbesondere also das dem Grundstückseigentümer gehörende Zubehör des Grundstücks (§ 865).

I. Arten der Vollstreckung

Die Vollstreckung erfolgt durch:
- **Eintragung einer Sicherungshypothek (Zwangshypothek).** Sie ist in der ZPO geregelt und dient nur der Sicherung des Gläubigers.
- **Zwangsversteigerung eines Grundstücks.** Sie ist im Zwangsversteigerungsgesetz (ZVG) geregelt und hat die Verwertung des Grundstücks zum Ziel.
- **Zwangsverwaltung eines Grundstücks.** Sie ist ebenfalls im ZVG geregelt und darauf gerichtet, den Gläubiger aus den Erträgen des Grundstücks zu befriedigen.

Der Gläubiger kann sich einer dieser Vollstreckungsmaßnahmen allein oder neben den anderen bedienen.

1. Die Sicherungshypothek (Zwangshypothek, §§ 866ff. ZPO)

Die Eintragung einer Sicherungshypothek erfolgt auf Antrag des Gläubigers. Voraussetzung ist, dass seine Forderung mindestens 750,00 EUR beträgt. Die Eintragung wird auf dem vollstreckbaren Titel vermerkt. Mit der Eintragung entsteht die Zwangshypothek. Sie entspricht rechtlich im Wesentlichen einer vertraglich bestellten Sicherungshypothek (§ 1184 BGB). Sie führt nicht zur Befriedigung des Gläubigers, sondern **nur zu seiner Sicherung.**

Dies bedeutet, dass das Grundstück auch im Falle der Veräußerung an einen Dritten weiter für die durch die Zwangshypothek gesicherte Forderung haftet.

Will der Gläubiger später aus der Zwangshypothek die Zwangsversteigerung betreiben, benötigt er hierzu noch einen Titel, aufgrund dessen der Schuldner verpflichtet ist, die Zwangsversteigerung des Grundstücks zu dulden.

Die Zwangshypothek verwandelt sich in eine Eigentümergrundschuld[1]), sobald der Vollstreckungstitel oder seine Vollstreckbarkeit aufgehoben oder die Zwangsvollstreckung eingestellt ist (§ 868).

Vollstreckungsorgan ist das Grundbuchamt.

II. Die Zwangsversteigerung von Grundstücken

1. Zweck der Zwangsversteigerung

Die Zwangsversteigerung erfasst die Substanz des Grundstücks und verfolgt das Ziel, den oder die die Zwangsversteigerung betreibenden Gläubiger aus dem Erlös zu befriedigen, der sich nach Durchführung des Zwangsversteigerungsverfahrens ergibt.

---

[1]) Näheres über Wesen und Entstehung der Eigentümergrundschuld S. 109.

2. Anordnung der Zwangsversteigerung[1])

Das Zwangsversteigerungsverfahren beginnt mit der **Anordnung der Zwangsversteigerung** durch Beschluss des als Vollstreckungsorgan zuständigen Amtsgerichts (§ 1 ZVG), der den Antrag eines Gläubigers voraussetzt (§ 15 ZVG). Der Antrag soll angeben (§ 16 ZVG):

- das Grundstück,
- den Eigentümer,
- den Anspruch (ob dinglich oder persönlich),
- den vollstreckbaren Titel.

Die entsprechenden Urkunden sind dem Antrag beizufügen (neben dem Vollstreckungstitel sind dies z. B. Zustellungsnachweise, Erbscheine, Wechselurkunden, Hypotheken- und Grundschuldbriefe).

Die Zwangsversteigerung darf nur angeordnet werden, wenn der Schuldner als Eigentümer des Grundstücks eingetragen oder wenn er Erbe des eingetragenen Eigentümers ist (§ 17).

Ordnet das Gericht die Zwangsversteigerung an, so ersucht es zugleich das Grundbuchamt um **Eintragung der Anordnung in das Grundbuch** (§ 19 ZVG).

Der *Anordnungsbeschluss* gilt zugunsten des Gläubigers als **Beschlagnahme des Grundstücks**. Die Beschlagnahme umfasst auch diejenigen Gegenstände, auf die sich die Hypothek erstreckt (§ 20 ZVG, 1120 BGB; also z. B. vom Grundstück getrennte Erzeugnisse und Bestandteile sowie das dem Grundstückseigentümer gehörende Zubehör, nicht jedoch Miet- und Pachtzinsforderungen, § 21 Abs. 2 ZVG). Die *Beschlagnahme des Grundstücks wird mit der Zustellung des Anordnungsbeschlusses an den Schuldner oder mit dem Zeitpunkt wirksam, zu dem das Ersuchen um Eintragung im Grundbuch dem Grundbuchamt zugeht* (§ 22 ZVG). Sie hat grundsätzlich die **Wirkung eines Veräußerungsverbotes** (§ 23 ZVG). Dem Schuldner verbleibt die Verwaltung und Benutzung des Grundstücks nur im Rahmen einer ordnungsgemäßen Wirtschaft (§ 24 ZVG).

Wird nach der Anordnung der Zwangsversteigerung ein weiterer Antrag auf Zwangsversteigerung gestellt, so erfolgt statt eines neuen Versteigerungsbeschlusses die Anordnung, dass der *Beitritt* den Antragstellers zu dem Verfahren zugelassen wird (§ 27 ZVG).

3. Die Bestimmung des Versteigerungstermins

Die Versteigerung erfolgt durch das Vollstreckungsgericht (§ 35 ZVG). Termin und Ort der Versteigerung werden nach der Beschlagnahme des Grundstücks und nach dem Eingang der Mitteilungen des Grundbuchamtes (§ 19 Abs. 2 ZVG) bestimmt (§ 36 ZVG). Die Terminbestimmung muss neben der *Bezeichnung des Grundstücks Ort und Zeit der Versteigerung* angeben sowie die *Aufforderung* enthalten (§ 37 ZVG):

- *nicht aus dem Grundbuch ersichtliche Rechte* (hierunter fallen z. B. dingliche Rechte, die erst nach Eintragung des Versteigerungsvermerks eingetragen wurden) spätestens im Versteigerungstermin vor der Aufforderung zur Abgabe von Geboten *anzumelden* und notfalls glaubhaft zu machen,
- aufgrund von der *Zwangsversteigerung entgegenstehenden Rechten,* z. B. Eigentum Dritter, Veräußerungsverbote im Konkursverfahren, vor der Erteilung des Zuschlags die Aufhebung oder *einstweilige Einstellung des Verfahrens herbeizuführen*.

---

[1]) Das Verfahren über die Zwangsversteigerung von Grundstücken gilt grundsätzlich auch für die Zwangsversteigerung von grundstücksgleichen Rechten, wie z. B. das Erbbaurecht und das Wohnungseigentum sowie im Schiffsregister eingetragene Schiffe und Schiffsbauwerke (§ 162 ZVG).

Beispiel: Bestimmung des Versteigerungstermins

```
Amtsgericht                                                    ..., den 15. März ..
Geschäftsnummer:
                    Zwangsversteigerung
                    Im Wege der Zwangsvollstreckung soll am
                    Mittwoch, dem ... Mai .., 15:00 Uhr
                    das im Grundbuch von Kassel Bd. III Bl. Nr. 250 eingetragene
                    Grundstück
                    Markung Kassel-Wilhelmshöhe
                    Flur-Stück 370/3, Tulpenstraße Haus Nr. 64,
                    Hof, Garten und Gebäudefläche, Wohnhaus
                    15 a 84 qm
im Amtsgericht von Kassel, Zimmer Nr. 255, versteigert werden.
Der Versteigerungsvermerk ist in das Grundbuch eingetragen worden am
15. November ..
Zu diesem Zeitpunkt waren als Eigentümer eingetragen:
Manfred Richter, kaufmännischer Angestellter in Kassel
und dessen Ehefrau Elsbeth Richter geb. Schulze
– je zur Hälfte –
Der Verkehrswert des (unbebauten) Grundstücks ist auf 100 000,00 EUR festgesetzt.
Rechte, die zum Zeitpunkt der Eintragung des Versteigerungsvermerks aus dem Grund-
buch nicht ersichtlich waren, sind spätestens im Versteigerungstermin vor der Aufforde-
rung zur Abgabe von Geboten anzumelden und, wenn widersprochen wird, glaubhaft zu
machen, da die Rechte sonst bei der Feststellung des geringsten Gebots nicht berücksich-
tigt und bei der Verteilung des Versteigerungserlöses den übrigen Rechten nachgesetzt
werden.
Wer ein Recht hat, das der Versteigerung des Grundstücks oder des mithaftenden Zu-
behörs entgegensteht, wird aufgefordert, vor der Erteilung des Zuschlags die Aufhebung
oder einstweilige Einstellung des Verfahrens herbeizuführen, andernfalls tritt der Verstei-
gerungserlös an die Stelle des versteigerten Gegenstandes.
Amtsgericht Kassel
Rechtspfleger
```

Die Terminbestimmung muss im amtlichen Mitteilungsblatt öffentlich bekannt gemacht werden (§ 39 ZVG). Hat das Grundstück nur einen geringen Wert, genügt die Anheftung an die Gemeindetafel. Die Terminbestimmung soll außerdem an die Gerichtstafel angeheftet werden (§ 40 ZVG). Sie ist ferner den Beteiligten zuzustellen (§ 41 ZVG).

4. Das geringste Gebot (§ 44 ZVG)

Die Zwangsversteigerung steht unter dem **Deckungsgrundsatz,** d. h. sie darf die dem betreibenden Gläubiger nach der Rangordnung der §§ 10 ff. ZVG vorgehenden Rechte nicht beeinträchtigen. Außerdem müssen die Kosten des Verfahrens gedeckt sein.

Deshalb wird nur ein solches Gebot zugelassen, das die dem Anspruch des betreibenden Gläubigers vorgehenden Rechte und die Kosten des Verfahrens deckt. Dies ist das *geringste Gebot*. Niedrigere Gebote sind unzulässig.

Nach dem **Übernahmegrundsatz** bleiben grundsätzlich alle im geringsten Gebot berücksichtigten dinglichen Rechte bestehen, soweit sie nicht durch Barzahlung, durch das Bargebot, zu decken sind (§ 52 ZVG). Bar zu bezahlen sind u.a. die allgemeinen Verfahrenskosten (§ 109

ZVG), etwaige Zwangsverwaltungskosten sowie Ansprüche auf Ersatz der Kosten der Rechtsverfolgung. Im Versteigerungstermin wird nur das **Bargebot** abgegeben, weil die Übernahme der bestehen bleibenden Rechte durch den Ersteher selbstverständlich ist.

Beispiel: Der Gläubiger Zanger lässt das Grundstück des Schuldners Frech, der eine größere Landwirtschaft betreibt, wegen einer vollstreckbaren Schadensersatzforderung in Höhe von 10 000,00 EUR versteigern. Im Grundbuch sind auf dem Grundstück an erster Stelle eine Briefhypothek über 20 000,00 EUR, an zweiter Stelle eine Buchgrundschuld über 10 000,00 EUR eingetragen. Frech schuldet der Gemeinde außerdem noch 3 500,00 EUR Erschließungskosten. Schließlich hat ein von ihm beschäftigter landwirtschaftlicher Arbeiter seit drei Monaten keinen Lohn, der monatlich 1 000,00 EUR beträgt, bekommen. Mit seiner Schadensersatzforderung rangiert Zanger in § 10 Klasse 5 ZVG.

Das geringste Gebot errechnet sich danach wie folgt:
1. 3 000,00 EUR Arbeitslohn (§ 10 Abs. 1 Nr. 2 ZVG)
2. 3 500,00 EUR Erschließungskosten (§ 10 Abs. 1 Ziff. 3 ZVG)
3. 20 000,00 EUR Briefhypothek (§ 10 Abs. 1 Ziff. 4 ZVG)
4. 10 000,00 EUR Buchgrundschuld (§ 10 Abs. 1 Ziff.4 ZVG)
5. <u>1 000,00 EUR Kosten des Verfahrens (Gebühren und Auslagen des Gerichts)</u>
   37 500,00 EUR

Alle Rechte einschl. der Kosten des Verfahrens gehen dem Gläubiger Zanger vor und dürfen durch die Versteigerung nicht beeinträchtigt werden.

Das geringste Gebot beträgt danach 37 500,00 EUR.

Hiervon muss der Ersteher des Grundstücks bar zahlen (§ 49):

die allgemeinen Kosten des Verfahrens =	1 000,00 EUR
den rückständigen Arbeitslohn =	3 000,00 EUR
die Erschließungskosten =	3 500,00 EUR
Bargebot = geringstes Bargebot =	7 500,00 EUR

Die Hypothek und die Grundschuld bleiben bestehen und sind vom Ersteigerer zu übernehmen.

Alle Rechte, die bei der Aufstellung des geringsten Gebots nicht zu berücksichtigen sind, erlöschen grundsätzlich. Für sie haftet der Versteigerungserlös in gleicher Weise wie vorher das Grundstück.

5. Der Versteigerungstermin (§§ 66 ff. ZVG)

Im Versteigerungstermin, der **öffentlich** ist und vom Rechtspfleger geleitet wird, werden zunächst das Grundstück, die betreibenden Gläubiger und ihre Ansprüche, die Zeit der Beschlagnahme, der vom Gericht festgesetzte Wert des Grundstücks und die erfolgten Anmeldungen bekannt gemacht. Hierauf wird nach Anhörung der anwesenden Beteiligten das *geringste Gebot* festgestellt.

Sodann werden die Interessen zur Abgabe von Geboten aufgefordert. Zwischen der Aufforderung zur Abgabe von Geboten und dem Zeitpunkt der Schließung der Versteigerung muß mindestens eine halbe Stunde liegen (**Bietezeit** § 73 ZVG). Die Versteigerung muß so lange fortgesetzt werden, bis ein Gebot nicht mehr abgegeben wird. Sodann hat das Gericht durch dreimaligen Aufruf das letzte Gebot und den Schluss der Versteigerung zu verkünden.

6. Der Zuschlag (§§ 74 ff. ZVG)

Nach dem Schluss der Versteigerung wird mit den anwesenden Beteiligten über den Zuschlag verhandelt (§ 74 ZVG). **Der Zuschlag wird dem Meistbietenden** im Versteigerungstermin selbst oder in einem besonderen Verkündungstermin **erteilt,** falls nicht Gründe für seine Versagung vorliegen (§ 83 ZVG). Der Zuschlag ist dem Meistbietenden grundsätzlich zu versagen, wenn dieser weniger als 50 % des Grundstückswerts geboten hat (§ 85 a ZVG). Bleibt das Meistgebot unter $7/10$ des vom Vollstreckungsgericht festzusetzenden Grundstückswerts

(**Mindestgebot**), kann ein Berechtigter, dessen Anspruch durch das Meistgebot nicht gedeckt ist, aber durch ein höheres Gebot gedeckt wäre, die Versagung des Zuschlags beantragen (§ 74a Abs. 1 ZVG). Die Vorschriften sollen Grundstücksverschleuderungen verhindern. Wird der Zuschlag aus einem dieser Gründe versagt, ist von Amts wegen ein neuer Termin zu bestimmen, der frühestens nach Ablauf von drei Monaten, spätestens vor Ablauf von sechs Monaten stattfinden soll (§ 74a Abs. 3 ZVG). In diesem Termin darf der Zuschlag aus den oben angeführten Gründen nicht mehr versagt werden.

Der Zuschlagsbeschluss wird mit der Verkündung wirksam (§§ 87, 89 ZVG). **Mit dem Zuschlag erwirbt der Ersteher das Eigentum am Grundstück und den Gegenständen, auf die sich die Versteigerung erstreckt hat** (§ 90 ZVG: z. B. wesentliche Bestandteile und Zubehör des Grundstücks).

7. Die Verteilung des Erlöses

Nach der Erteilung des Zuschlags bestimmt das Gericht einen *Termin zur Verteilung des Versteigerungserlöses* (§ 105 ZVG). Die Terminsbestimmung ist den Beteiligten und dem Ersteher zuzustellen und soll an die Gerichtstafel angehängt werden.

Im Verteilungstermin hat der Ersteher den von ihm bar zu entrichtenden Teil an das Gericht zu bezahlen. Sodann wird nach Anhörung der anwesenden Beteiligten ein Teilungsplan aufgestellt, über den sofort verhandelt und der rechtskräftig wird, wenn nicht Widerspruch erhoben wird.

8. Die Aufhebung und Einstellung des Verfahrens

◆ *Die Aufhebung des Verfahrens*

Das Verfahren wird aufgehoben, wenn der Versteigerungsantrag vom Gläubiger zurückgenommen wird (§ 29 ZVG).

◆ *Einstweilige Einstellung des Verfahrens*

Das Verfahren ist einstweilen einzustellen, wenn der *Gläubiger die Einstellung bewilligt* (§ 30 ZVG). Der Bewilligung steht es gleich, wenn der Gläubiger die Aufhebung des Versteigerungstermins bewilligt.

Ist das Verfahren einstweilen eingestellt worden, so darf es nur auf *Antrag des Gläubigers* fortgesetzt werden (§ 31 ZVG). Stellt er jedoch den Antrag nicht binnen sechs Monaten, so ist das Verfahren aufzuheben.

Der *Schuldner kann die einstweilige Einstellung* des Verfahrens auf die Dauer von höchstens sechs Monaten *beantragen,* wenn Aussicht besteht, dass durch die Einstellung die Versteigerung vermieden wird. Die Einstellung muss nach den persönlichen und wirtschaftlichen Verhältnissen des Schuldners und nach der Art der Schuld der Billigkeit entsprechen (§ 30 ZVG).

III. Die Zwangsverwaltung von Grundstücken (§§ 146 ff. ZVG)

1. Zweck der Zwangsverwaltung

Die Zwangsverwaltung ergreift nicht die Substanz des Grundstücks wie die Zwangsversteigerung, sondern ist darauf gerichtet, den Gläubiger aus den Erträgnissen des Grundstücks zu befriedigen. Sie kommt in den Fällen in Betracht, in denen ein unfähiger oder unwilliger

Schuldner das Grundstück schlecht bewirtschaftet. Durch die Zwangsverwaltung soll das Grundstück in seiner Wirtschaftlichkeit verbessert und in einen Zustand versetzt werden, der es erlaubt, von dem schwerwiegenden Eingriff der Versteigerung abzusehen. Demzufolge **wird dem Schuldner nur die Verwaltung und Benutzung des Grundstücks entzogen** (§ 148 Abs. 2 ZVG).

2. Die Anordnung der Zwangsverwaltung

Die Anordnung der Zwangsverwaltung erfolgt durch *Beschluss des Vollstreckungsgerichts* (§§ 146, 15 ff. ZVG). Die Beschlagnahme des Grundstücks erstreckt sich – anders als bei der Zwangsversteigerung – auch auf land- und forstwirtschaftliche Erzeugnisse, die nicht mehr mit dem Boden verbunden oder nicht Zubehör des Grundstücks sind, sowie auf Miet- und Pachtzinsforderungen (§ 148 Abs. 1 ZVG).

Die *Beschlagnahme* wird *wirksam durch Zustellung des Anordnungsbeschlusses an den Schuldner* (§§ 146, 22 ZVG) *oder dadurch, dass der Zwangsverwalter den Besitz des Grundstücks erlangt* (§ 151 ZVG). Sie wird auch wirksam mit Eingang des Ersuchens auf Eintragung des Zwangsversteigerungsvermerks bei dem Grundbuchamt (§§ 146, 22 ZVG). Auch hier ist der Beitritt weiterer Gläubiger zulässig (§ 151 Abs. 2 ZVG).

3. Der Zwangsverwalter

Das Vollstreckungsgericht bestellt einen *Zwangsverwalter* (§ 150 ZVG). Es verschafft ihm den Besitz am Grundstück (durch einen Gerichtsvollzieher oder sonstigen Beamten) oder erteilt ihm die Ermächtigung, sich selbst den Besitz zu verschaffen. Das Gericht versieht den Zwangsverwalter nach Anhörung des Gläubigers und des Schuldners mit den erforderlichen Anweisungen für die Verwaltung des Grundstücks und beaufsichtigt seine Geschäftsführung (§ 153 ZVG). Der Zwangsverwalter hat das Recht und die Pflicht, alle Handlungen vorzunehmen, die erforderlich sind, um das Grundstück in seinem wirtschaftlichen Bestand zu erhalten und ordnungsgemäß zu benutzen (§ 152 ZVG). Er ist für die Erfüllung der ihm obliegenden Verpflichtungen allen Beteiligten gegenüber verantwortlich. Er hat einmal jährlich Rechnung zu legen (§ 154 ZVG). Für seine Tätigkeit erhält er eine Vergütung.

4. Das Verteilungsverfahren

Aus den Nutzungen des Grundstücks sind die Ausgaben der Verwaltung, z. B. Kosten für Gebäudeinstandhaltung, Viehfutter, Löhne, Vergütung des Zwangsverwalters, sowie die Kosten des Verfahrens vorweg zu befriedigen (§ 155 Abs. 1 ZVG). Im Übrigen findet die Verteilung nach einem im Verteilungstermin aufgestellten *Teilungsplan* statt, der grundsätzlich für die ganze Dauer des Verfahrens gilt (§ 157 ZVG).

5. Die Aufhebung des Zwangsverwaltungsverfahrens

Das Zwangsverwaltungsverfahren wird aufgehoben, wenn der Gläubiger befriedigt ist. Das Gericht kann die Aufhebung anordnen, wenn der Gläubiger für das Verfahren erforderliche besondere Aufwendungen nicht vorschießt. Außerdem findet die Aufhebung in den Fällen der §§ 28 ff. ZVG statt. Der Aufhebungsbeschluss ist den Beteiligten zuzustellen.

Die Zwangsvollstreckung wegen anderer Ansprüche

A. Die Zwangsvollstreckung zur Erwirkung der Herausgabe von Sachen

I. Herausgabe beweglicher Sachen

Hat der Schuldner aufgrund eines Vollstreckungstitels eine oder mehrere bestimmte bewegliche Sachen oder eine bestimmte Menge vertretbarer Sachen oder Wertpapiere herauszugeben,

Beispiele: eine entliehene Schreibmaschine; fünf gelieferte Vogelkäfige; acht Aktien,

so erfolgt die Vollstreckung dadurch, dass der **Gerichtsvollzieher die Sachen dem Schuldner wegnimmt und sie dem Gläubiger übergibt** (§§ 883, 884). Findet der Gerichtsvollzieher die herauszugebenden Sachen nicht vor, hat der Schuldner auf Antrag des Gläubigers an Eides statt zu versichern, dass er die Sachen nicht besitze und auch nicht wisse, wo sie sich befinden.

II. Herausgabe unbeweglicher Sachen

Ist ein Grundstück oder ein Grundstücksteil, z. B. eine Wohnung, ein Schiff oder Schiffsbauwerk, herauszugeben oder zu räumen, so hat der Gerichtsvollzieher **den Schuldner aus dem Besitz zu setzen und den Gläubiger in den Besitz einzuweisen** (§ 885). Dies geschieht in der Weise, dass der Gerichtsvollzieher dem Schuldner die Verfügungsgewalt entzieht.

Beispiele:
- den Schuldner samt Angehörigen und die Wohnungseinrichtung aus der Wohnung entfernt und sie dem Gläubiger zuweist,
- oder durch Übergabe der Hausschlüssel, die dem Schuldner wegzunehmen sind.

Bei Widerstand des Schuldners kann der Gerichtsvollzieher selbst Gewalt anwenden oder sich polizeilicher Hilfe bedienen.

III. Herausgabe von Sachen im Gewahrsam eines Dritten

Befindet sich die herauszugebende bewegliche oder unbewegliche Sache im Gewahrsam eines Dritten, der zur Herausgabe nicht bereit ist, so **muss der Gläubiger den Herausgabeanspruch des Schuldners gegen den Drittschuldner pfänden und sich wie eine Geldforderung zur Einziehung überweisen lassen** (§ 886).

B. Die Zwangsvollstreckung zur Erwirkung von Handlungen

I. Die Zwangsvollstreckung wegen Vornahme vertretbarer Handlungen (§ 887)

Ist der Schuldner verurteilt worden, eine Handlung vorzunehmen, deren Ausführung durch einen Dritten erfolgen kann (vertretbare Handlung), so hat **das Prozessgericht des 1. Rechts-**

zuges auf Antrag den Gläubiger durch Beschluss zu ermächtigen, die Handlung auf Kosten des Schuldners vornehmen zu lassen. Zugleich kann der Gläubiger beantragen, den Schuldner zur Vorauszahlung der Kosten zu verurteilen, die durch die Vornahme der Handlung entstehen werden.

Vertretbare Handlungen sind solche, bei denen es dem Gläubiger gleichgültig sein kann, ob sie der Schuldner oder ein Dritter vornimmt, z. B. handwerksmäßige Leistungen, wie Schönheitsreparaturen, Herstellung von Bauten, Entfernen eines Geräteschuppens.

Beispiel: Vermieter Vaihinger ist verurteilt worden, in der Wohnung seines Mieters Mauser das Bad neu kacheln zu lassen. Vaihinger führt die Reparatur nicht freiwillig aus. Mauser holt deshalb bei Plattenlegermeister Wild einen Kostenvoranschlag ein und stellt dann beim Prozessgericht 1. Instanz folgenden Antrag:

> „In Sachen Mauser gegen Vaihinger überreiche ich als Anlage das rechtskräftige Urteil des AG Stuttgart vom ...
>
> Der Beklagte hat das zur Wohnung des Klägers gehörende Bad bis heute nicht kacheln lassen. Ich beantrage deshalb, den Kläger zu ermächtigen, die angegebene Handlung auf Kosten des Schuldners vornehmen zu lassen. Laut Kostenvoranschlag des Plattenlegers Wild beträgt der Kostenaufwand für die Ausführungen der Arbeit voraussichtlich 2 880,00 EUR. Ich beantrage deshalb ferner, den Schuldner zur Vorauszahlung der Kosten in Höhe von 2 880,00 EUR zu verurteilen unter Vorbehalt des Rechts auf Nachforderung."

Der vom Gericht erlassene **Beschluss auf Vorauszahlung der Kosten ist Vollstreckungstitel.** Die Vollstreckung erfolgt nach den Vorschriften für die Zwangsvollstreckung wegen Geldforderungen.

Leistet der Schuldner Widerstand gegen die Ausführung der Arbeiten, so kann der Gläubiger einen Gerichtsvollzieher zuziehen, der auch polizeiliche Hilfe in Anspruch nehmen kann.

II. Die Zwangsvollstreckung wegen Vornahme nichtvertretbarer Handlungen (§ 888)

Diese Handlungen können von keinem Dritten, sondern nur vom Schuldner selbst vorgenommen werden, z. B. Rechnungslegung oder Auskunftserteilung, geistige oder künstlerische Leistungen, Ausstellung eines Zeugnisses, Abgabe einer eidesstattlichen Versicherung nach bürgerlichem Recht[1]).

Nimmt der Schuldner trotz Verurteilung eine solche Handlung nicht vor, so hat das **Prozessgericht des 1. Rechtszuges** auf Antrag des Gläubigers zu erkennen, dass der Schuldner zur **Vornahme der Handlung durch Zwangsgeld oder Zwangshaft** anzuhalten sei. Dies gilt nicht, wenn der Schuldner zur Leistung von Diensten aus einem Dienstvertrag oder zur Herstellung des ehelichen Lebens verurteilt worden ist.

Der Höchstbetrag des Zwangsgeldes ist 25 000,00 EUR, die Dauer der Zwangshaft darf sechs Monate nicht übersteigen.

> Der Antrag lautet: „In Sachen ... überreiche ich ... und beantrage, den Beklagten zur Rechnungslegung durch Festsetzung eines Zwangsgeldes oder einer Zwangshaft anzuhalten."

Die Vollstreckung aus dem Beschluss erfolgt *auf Antrag des Gläubigers durch den Gerichtsvollzieher,* beigetriebenes Geld fällt der Staatskasse zu.

---

[1]) Siehe S. 319, Fußnote 1.

C. Die Zwangsvollstreckung zur Erwirkung von Duldungen und Unterlassungen (§ 890)

Ist der Schuldner verurteilt, eine Handlung zu unterlassen oder die Vornahme einer Handlung zu dulden, und handelt er der Verpflichtung zuwider, so ist er auf Antrag des Gläubigers vom **Prozessgericht 1. Instanz** durch Beschluss für jede Zuwiderhandlung zu einem **Ordnungsgeld** und, falls dieses nicht beigetrieben werden kann, zu **Ordnungshaft** zu verurteilen.

Das einzelne Ordnungsgeld darf 250 000,00 EUR, die Ordnungshaft insgesamt zwei Jahre nicht übersteigen.

Der Verurteilung muss eine entsprechende *Androhung vorausgehen,* die schon im Haupturteil enthalten sein oder nachträglich auf Antrag des Gläubigers ergehen kann. Vor der Verurteilung ist der Schuldner zu hören. Die Vollstreckung erfolgt *von Amts wegen.*

D. Die Leistung des Interesses (§ 893)

Ist die Handlung, zu deren Vornahme oder Unterlassung der Schuldner verurteilt wurde, **nicht mehr durchführbar** oder kann der Schuldner die Sache, zu deren Herausgabe er verurteilt worden ist, **nicht mehr herausgeben,** so kann der Gläubiger die Leistung des Interesses, d. h. Ersatz in Geld verlangen. Für die Klage ist das **Prozessgericht 1. Instanz** zuständig. Handelt es sich um die Verurteilung zur Vornahme einer Handlung, so kann der Gläubiger allerdings bereits im Hauptprozess den Antrag auf Leistung des Interesses stellen für den Fall, dass die Handlung nicht binnen einer bestimmten Frist vorgenommen ist (§ 510 b).

E. Die Zwangsvollstreckung wegen Abgabe von Willenserklärungen (§ 894)

Wurde der Schuldner zur Abgabe einer Willenserklärung verurteilt,

Beispiele: die Auflassungserklärung, Eintragungs- oder Löschungsbewilligung abzugeben,

so gilt die Erklärung als abgegeben, sobald das Urteil die Rechtskraft erlangt hat. Die Zwangsvollstreckung ist somit nur hinsichtlich der Kosten möglich.

Wiederholungsaufgaben

1 Der Schuldner ist verurteilt worden, einen Fotoapparat an den Gläubiger herauszugeben.
   a) Wer führt die Zwangsvollstreckung durch?
   b) Wie erfolgt die Vollstreckung?

2 Die Schuldnerin hat ihrer Tochter wertvolles Berliner Porzellan in Verwahrung gegeben. Gläubiger Meermann beauftragt den Gerichtsvollzieher, das Porzellan zu pfänden. Die Tochter verweigert jedoch die Herausgabe.
   a) Wie verhält sich der Gerichtsvollzieher?
   b) Welchen Weg kann der Gläubiger einschlagen, um doch noch Befriedigung aus dem Porzellan zu erreichen?

Vollstreckungsrecht

3 Der Schuldner, Vermieter Möhrlein, ist verurteilt worden, einen 80-Liter-Boiler im Badezimmer seines Mieters Kahle anbringen zu lassen. Möhrlein macht keinerlei Anstalten, den wiederholten Aufforderungen Kahles nachzukommen. Wie wird die Zwangsvollstreckung durchgeführt?

4 Auf welche Weise wird die Zwangsvollstreckung betrieben, wenn der Schuldner verurteilt wurde,
a) den Fahrstuhl im Gebäude Schlossstraße 104 instand setzen zu lassen;
b) das Verheizen von Sägemehl im Kachelofen zu unterlassen;
c) die Benützung des hinteren Eingangs im Hause Talstraße 1 zu dulden?

5 Wie erfolgt die Zwangsvollstreckung, wenn der Schuldner verurteilt wurde, ein Verzeichnis über den Bestand eines Warenlagers aufzustellen?

6 Der Schuldner wurde verurteilt, die Benutzung der Waschküche in seinem Hause durch die Mieter zu dulden. Der Schuldner schließt die Waschküchentür weiterhin ab. Wie müssen die Mieter die Zwangsvollstreckung betreiben?

7 Becher weigert sich, das durch notariell beurkundeten Kaufvertrag an Dassel verkaufte und bezahlte Grundstück an diesen aufzulassen und die Eintragung des Dassel als Eigentümer zu bewilligen. Auf welchem Weg kann Dassel versuchen, zu seinem Recht zu kommen?

8 Vermieter Hillgart, Eigentümer des Appartement-Hauses Gartenstraße 7 in Griesheim, hat laut Urteil des Landgerichts Darmstadt die vorgeschriebenen Sicherheitsvorrichtungen am Fahrstuhl des Hauses anbringen zu lassen. Als trotz wiederholten Aufforderungen nichts geschieht, betreiben die Mieter die Zwangsvollstreckung.
a) Wo muss der entsprechende Antrag gestellt werden?
b) Welches Ziel verfolgt der Antrag?
c) Welche Unterlagen sind dem Antrag beizufügen?

9 Die Deutsche Bank in Wuppertal hat laut Urteil des Landgerichts Wuppertal die Löschung der auf dem Grundstück des Max Stolz in Essen bestellten Grundschuld zu bewilligen. Stolz erkundigt sich, wie die Zwangsvollstreckung aus dem Urteil betrieben werden muss.

Eidesstattliche Versicherung und Haft (§§ 899 ff.)

Die eidesstattliche Versicherung nach der ZPO (früher Offenbarungseid)[1]) ist ein Hilfsmittel der Zwangsvollstreckung, aufgrund dessen sich der Gläubiger einen Überblick über das Vermögen des Schuldners verschaffen kann. Sie verfolgt außerdem den Zweck, böswillige Schuldner davon abzuhalten, der Zwangsvollstreckung unterliegende Gegenstände beiseite zu schaffen oder sonstwie der Vollstreckung zu entziehen.

I. Voraussetzungen der Pflicht zur Abgabe einer eidesstattlichen Versicherung

◆ Der Gläubiger muss einen vollstreckbaren Titel haben, der dem Schuldner zugestellt sein muss.

◆ Die Zwangsvollstreckung wegen einer Geldforderung in das bewegliche Vermögen war erfolglos oder hat nicht zur vollen Befriedigung des Gläubigers geführt[2]) (§ 807) oder eine bewegliche Sache, die der Schuldner herauszugeben hat, wird bei ihm nicht vorgefunden (§ 883).

◆ Der Schuldner darf innerhalb der letzten drei Jahre die eidesstattliche Versicherung nicht bereits abgegeben haben, es sei denn, er ist in der Zwischenzeit zu Vermögen gekommen (§ 903), z. B. durch Erbschaft oder er hat eine Arbeitsstelle gefunden.

II. Das Verfahren zur Abgabe einer eidesstattlichen Versicherung (§§ 899 ff.)

1. Terminbestimmung und Ladung

Das Verfahren beginnt mit dem Antrag des Gläubigers auf Bestimmung eines Termins zur Abgabe einer eidesstattlichen Versicherung. Dem Antrag sind neben einer Aufstellung der Forderung des Gläubigers die Unterlagen beizufügen, aus denen sich die Verpflichtung des Schuldners zur Abgabe der eidesstattlichen Versicherung ergibt:

◆ die vollstreckbare Ausfertigung des Vollstreckungstitels mit Zustellungsurkunde,

◆ die Bescheinigung eines Gerichtsvollziehers über die Fruchtlosigkeit einer vorausgegangenen Zwangsvollstreckung oder der Antrag, zunächst eine Zwangsvollstreckung vorzunehmen. Der Antrag ist bei der Gerichtsvollzieherverteilerstelle oder bei dem zuständigen Gerichtsvollzieher unmittelbar einzureichen.

---

[1]) Die eidesstattliche Versicherung nach bürgerlichem Recht ist ein Zwangsmittel im Falle der Pflicht zur Rechnungslegung, z. B. §§ 259, 260 BGB. Die Abgabe der eidesstattlichen Versicherung ist hier privatrechtlicher Natur; sie erfolgt entweder freiwillig oder wird nach Klage und Verurteilung zur Abgabe der Versicherung durch Zwangsvollstreckung wegen einer nichtvertretbaren Handlung nach § 889 erzwungen.

[2]) Es genügt auch, wenn der Gläubiger glaubhaft macht, dass die Zwangsvollstreckung nicht zu seiner Befriedigung führen wird, z. B. erfolglose Pfändung durch mehrere Gläubiger kurz zuvor.

Die Ladung zum Termin ist dem Schuldner persönlich zuzustellen, auch wenn er einen Prozessbevollmächtigten bestellt hat. Die Zustellung an diesen genügt nicht. Dem Gläubiger ist die Terminbestimmung mitzuteilen, seine Anwesenheit im Termin ist aber nicht erforderlich.

2. Verlauf des Termins

Für die Abnahme der eidesstattlichen Versicherung ist der Gerichtsvollzieher des Amtsgerichts zuständig, in dessen Bezirk der Schuldner im Zeitpunkt der Auftragserteilung seinen Wohnsitz bzw. seinen Aufenthaltsort hat (§ 899).

◆ **Erscheint der Schuldner** und macht er glaubhaft, dass er die Forderung des Gläubigers innerhalb sechs Monaten bezahlen werde, kann der Gerichtsvollzieher den Termin bis zu sechs Monaten vertagen. Weist der Schuldner im neuen Termin nach, dass er die Schuld mindestens zu ³/₄ bezahlt hat, kann der Gerichtsvollzieher den Termin nochmals bis zu zwei Monate vertagen.

◆ **Erscheint der Schuldner** und ist er zur eidesstattlichen Versicherung bereit, so hat er im Falle des § 807 unter Vorlage eines Vermögensverzeichnisses[1]) zu Protokoll an Eides statt zu versichern, **„dass er die von ihm verlangten Angaben nach bestem Wissen und Gewissen richtig und vollständig gemacht habe."**

Im Falle des § 883 hat er an Eides statt zu versichern,
„dass er die Sache nicht besitze, auch nicht wisse, wo sie sich befinde."

◆ **Erscheint der Schuldner** und bestreitet er seine Verpflichtung zur Abgabe der eidesstattlichen Versicherung unter Angabe von Gründen,

Beispiel: macht er Stundung der Forderung geltend oder bestreitet er das Vorliegen von Prozessvoraussetzungen,

so entscheidet das Gericht (Rechtspfleger) über den **Widerspruch** durch Beschluss.

Wird dem Widerspruch *stattgegeben,* kann der Gläubiger die Abgabe der eidesstattlichen Versicherung nur aufgrund neuer Tatsachen verlangen.

Wird der Widerspruch *verworfen,* steht mit Rechtskraft des Beschlusses die Verpflichtung des Schuldners zur Abgabe der eidesstattlichen Versicherung fest.

◆ **Erscheint der Schuldner nicht** oder erscheint er zwar, verweigert aber die Abgabe der eidesstattlichen Versicherung ohne Angabe von Gründen, ordnet das Gericht auf Antrag des Gläubigers die **Haft zur Erzwingung der Abgabe der eidesstattlichen Versicherung** an (§ 901). Der Antrag kann zugleich mit dem Antrag auf Ladung des Schuldners zur Abgabe der eidesstattlichen Versicherung gestellt werden.

3. Der Haftbefehl

Die *Anordnung der Verhaftung* des Schuldners erfolgt durch Haftbefehl, in welchem der Gläubiger, der Schuldner und der Grund der Verhaftung zu bezeichnen sind (§ 901).

---

[1]) In das Vermögensverzeichnis sind alle Vermögensgegenstände, die dem Schuldner gehören, aufzunehmen: bewegliche Sachen, Grundstücke, Forderungen und sonstige Rechte. Nicht anzugeben sind die nach § 811 Nr. 1 und 2 offensichtlich unpfändbaren Sachen, die dem Schuldner und seiner Familie zur Lebens- und Haushaltsführung dienen, es sei denn, sie sind so wertvoll, dass eine Austauschpfändung in Betracht kommt (§ 807 Abs. 1 S. 3).

Gegen den Haftbefehl ist die sofortige Beschwerde gegeben.

Die Verhaftung des Schuldners erfolgt auf Antrag des Gläubigers durch den Gerichtsvollzieher bei dem Amtsgericht, in dessen Bezirk der Schuldner seinen Wohnsitz hat. **Bei der Verhaftung ist dem Schuldner der Haftbefehl vorzuzeigen** und in beglaubigter Abschrift auszuhändigen (§ 909). Der Gerichtsvollzieher muss auch die vollstreckbare Ausfertigung des Titels in den Händen haben. Dem Haftauftrag hat deshalb der Gläubiger den *Haftbefehl und den vollstreckbaren Schuldtitel* beizufügen.

Gegen den Schuldner, dessen Gesundheit durch die Vollstreckung der Haft erheblich gefährdet würde, darf die Haft nicht vollstreckt werden (§ 906).

Die Haft darf die Dauer von sechs Monaten nicht übersteigen. Nach deren Ablauf ist der Schuldner aus der Haft zu entlassen (§ 913). Eine nochmalige Verhaftung innerhalb von drei Jahren seit der Entlassung ist nur möglich, wenn glaubhaft gemacht wird, dass der Schuldner später Vermögen erworben hat, z. B. durch Erbschaft, oder dass ein mit dem Schuldner bisher bestehendes Arbeitsverhältnis aufgelöst ist (§ 914). Die Haft ist **keine Strafhaft, sondern eine Zwangs- und Beugehaft.** Deshalb darf die Vollstreckung der Haft nicht in einem Raum erfolgen, in dem sich Untersuchungs- oder Strafgefangene befinden.

Der verhaftete Schuldner kann jederzeit beim zuständigen Gerichtsvollzieher des Amtsgerichts des Haftortes beantragen, ihm die eidesstattliche Versicherung abzunehmen. Nach deren Abgabe wird er aus der Haft entlassen (§ 902). Für das Verfahren zur Abnahme der eidesstattlichen Versicherung erhebt der Gerichtsvollzieher gemäß Nr. 260 KV zur GVKostO 30,00 EUR.

III. Das Schuldnerverzeichnis (schwarze Liste)

Jedes Vollstreckungsgericht hat ein Verzeichnis der Personen zu führen, die die eidesstattliche Versicherung **wegen fruchtloser Zwangsvollstreckung in ihr bewegliches Vermögen** abgegeben haben (§ 807) oder gegen die die Haft angeordnet ist (§ 915). Die Vollstreckung der Haft ist im Verzeichnis zu vermerken, wenn sie sechs Monate gedauert hat.

Die Eintragung ist durch Vernichtung des Hefts oder Unkenntlichmachung des Namens zu löschen, wenn *seit Schluss des Eintragungsjahrs drei Jahre verstrichen sind* oder wenn der Schuldner den Gläubiger befriedigt hat. **Einsicht in das Schuldnerverzeichnis und Auskünfte sind jedermann ohne Nachweis eines rechtlichen Interesses zu gewähren.** Abschriften und Auszüge werden selten erteilt, da hierdurch die Löschung der Eintragung zwecklos werden kann.

IV. Strafbestimmungen

Wer eine eidesstattliche Versicherung falsch abgibt, wird mit Freiheitsstrafe bis zu drei Jahren oder mit Geldstrafe bestraft (§ 156 StGB). Hat er fahrlässig gehandelt, wird Freiheitsstrafe bis zu einem Jahr oder Geldstrafe verhängt (§ 163 StGB).

Vollstreckungsrecht

Wiederholungsaufgaben

1 Welche Arten der Versicherung an Eides statt regelt die ZPO? Worin besteht der *Hauptunterschied*?

2 Unter welchen Voraussetzungen kann der Gläubiger vom Schuldner eine eidesstattliche Versicherung nach § 807 verlangen?

3 In Sachen Abel gegen Maurer ist die Zwangsvollstreckung in das bewegliche Vermögen des Schuldners Maurer ergebnislos verlaufen. Abel will Maurer zur Abgabe einer eidesstattlichen Versicherung laden lassen.
   a) Um welche eidesstattliche Versicherung handelt es sich?
   b) Welcher Gerichtsvollzieher ist zuständig?
   c) Welche Unterlagen hat der Schuldner im Termin vorzulegen?
   d) Was hat der Schuldner an Eides statt zu versichern?
   e) Was kann der Gläubiger veranlassen, wenn sich Maurer weigert, die Versicherung abzugeben oder wenn er im Termin nicht erscheint?
   f) Unter welchen Voraussetzungen kann von einem Schuldner verlangt werden, die Versicherung ein zweites Mal abzugeben?

4 In Sachen Kübler gegen die Eheleute Ludwig und Lore Raiser in Ulm ist laut Mitteilung des Gerichtsvollziehers die Zwangsvollstreckung ergebnislos verlaufen. Die Schuldner haben den an sie verliehenen Pkw der Gläubigerin herauszugeben, behaupten jedoch, der Wagen sei ihnen am Vorabend der versuchten Pfändung gestohlen worden. Rechtsanwalt Zundel stellt im Auftrag der Gläubigerin den Antrag, die Schuldner zur Abgabe der eidesstattlichen Versicherung zu laden.
   a) Um welche eidesstattliche Versicherung handelt es sich?
   b) Wie lautet die abzugebende Versicherung?
   c) Die Schuldner sind im Termin nicht erschienen. Was veranlasst Rechtsanwalt Zundel weiter?
   d) Lore Raiser erkundigt sich, ob nach Abgabe einer solchen Versicherung eine Eintragung im Schuldnerverzeichnis erfolge.

5 Schuldner Reusch in Kassel hat in Sachen Oberle gegen ihn die eidesstattliche Versicherung nach § 807 abzugeben.
   a) Welcher Gerichtsvollzieher ist zuständig?
   b) Welche Anlagen hat der Gläubiger seinem Antrag auf Bestimmung eines Termins zur Abgabe der eidesstattlichen Versicherung beizufügen?
   c) Wie geht das Verfahren weiter, wenn der Schuldner zwar im Termin erscheint, jedoch bestreitet, zur Abgabe der Versicherung verpflichtet zu sein?
   d) Unter welchen Voraussetzungen kann vom Schuldner die wiederholte Abgabe der Versicherung verlangt werden? Welche Frist ist hier von Bedeutung?
   e) Wodurch unterscheidet sich die eidesstattliche Versicherung nach bürgerlichem Recht von den eidesstattlichen Versicherungen im Zwangsvollstreckungsverfahren?

6 In Sachen Luitgeb gegen Stadelmaier hat der Gerichtsvollzieher auf Antrag des Gläubigers Termin zur Abgabe der eidesstattlichen Versicherung nach § 807 bestimmt. Prozessbevollmächtigte des Schuldners ist Rechtsanwältin Köhler.
   a) Wem ist die Terminladung zuzustellen?
   b) Welchen Antrag stellt der Gläubiger, wenn der Schuldner im Termin nicht erscheint?
   c) Wann kann der betreffende Antrag schon vorsorglich gestellt werden?

7 Der Schuldner erscheint im Termin und gibt die eidesstattliche Versicherung nach § 807 ab. Welche Folgen ergeben sich hieraus für Gläubiger und Schuldner?

Die Einwendungen gegen die Zwangsvollstreckung

Die ZPO sieht folgende Einwendungen vor, die gegen die Zwangsvollstreckung geltend gemacht werden können:
- die Erinnerung gegen die Art und Weise der Zwangsvollstreckung (§ 766),
- die Vollstreckungsabwehrklage (§ 767),
- die Drittwiderspruchsklage (§ 771),
- die Klage auf vorzugsweise Befriedigung aus dem Versteigerungserlös (§ 805).

A. Die Erinnerung (§ 766)

Die Erinnerung richtet sich **gegen das Verfahren der Zwangsvollstreckung,** insbesondere gegen die Maßnahmen des Gerichtsvollziehers und des Vollstreckungsgerichts. Sie kann eingelegt werden

- **vom Schuldner,** wenn z. B. der Gerichtsvollzieher eine unpfändbare Sache gepfändet oder das Vollstreckungsgericht die Beschränkungen bei einer Forderungspfändung nicht beachtet hat,
- **vom Gläubiger,** wenn der Gerichtsvollzieher sich weigert, zu vollstrecken oder eine einzelne Vollstreckungshandlung nach Anweisung auszuführen, oder wenn das Vollstreckungsgericht dem Antrag auf Forderungspfändung nicht voll entsprochen hat,
- **von einem Dritten,** wenn eine Sache, die sich in seinem Gewahrsam befindet, gegen seinen Willen gepfändet wurde; vom Drittschuldner bei Unpfändbarkeit der Forderung.

Die Erinnerung ist an **keine Frist** gebunden. Die Zwangsvollstreckung muss begonnen haben, darf aber noch nicht beendet sein. Erinnerung ist bereits gegen ein vorläufiges Zahlungsverbot (Vorpfändung) zulässig.

Zuständig ist das Amtsgericht, in dessen Bezirk die Vollstreckung stattfindet. Die die Erinnerung begründenden **Tatsachen sind zu beweisen,** glaubhaft machen genügt nicht.

Die Entscheidung erfolgt *durch Beschluss,* eine mündliche Verhandlung braucht nicht vorauszugehen. Der Beschluss kann mit der sofortigen Beschwerde angefochten werden (§ 793).

Zugleich mit der Erinnerung kann die einstweilige Einstellung der Zwangsvollstreckung beantragt werden.

B. Die Vollstreckungsabwehrklage (§ 767)

Die Vollstreckungsabwehrklage betrifft nicht das Verfahren der Zwangsvollstreckung, sondern **den Anspruch selbst.** Die Klage ist vom Schuldner gegen den Gläubiger zu richten. Zuständig ist das Prozessgericht erster Instanz.

Beispiele: Der Schuldner macht geltend: Er habe bereits erfüllt; der Gläubiger habe ihm die Schuld erlassen; habe ihm Stundung gewährt; er habe mit einer Gegenforderung aufgerechnet.

Die Gründe, auf welche die Klage gestützt wird, dürfen aber erst nach Schluss der letzten Tatsachenverhandlung entstanden sein, sodass es dem Schuldner nicht mehr möglich war, sie im Prozess oder gegen ein Versäumnisurteil durch Einspruch, z. B. wegen Fristablaufs, geltend zu machen.

Für *vollstreckbare Urkunden, gerichtliche Vergleiche und Vollstreckungsbescheide* gilt diese Einschränkung *nicht*. Bei einem Vollstreckungsbescheid dürfen die Gründe aber erst nach Zustellung des Bescheids entstanden sein (§ 796 Abs. 2).

Mit der Klage kann zugleich der Antrag gestellt werden, *die Zwangsvollstreckung einstweilen einzustellen*. Die tatsächlichen Behauptungen, die den Antrag begründen, sind *glaubhaft* zu machen.

Beispiele: durch Vorlage des Pfändungsprotokolls, der Verträge, Rechnungen, eidesstattlichen Versicherung.

C. Die Drittwiderspruchsklage (Interventionsklage) (§ 771)

Die Drittwiderspruchsklage richtet sich gegen die Zwangsvollstreckung in einen Gegenstand, an dem ein Dritter behauptet, **„ein die Veräußerung hinderndes Recht"** zu haben, insbesondere das Eigentum daran.

Beispiele:
- Abel behauptet, Eigentümer der gepfändeten Maschine zu sein. Er habe sie an den Schuldner unter Eigentumsvorbehalt verkauft, der Kaufpreis sei noch nicht vollständig bezahlt.
- Balser macht geltend, der Schuldner habe die Forderung, bevor sie gepfändet worden sei, an ihn abgetreten.
- Dobler wendet ein, den gepfändeten altdeutschen Schmuck habe ihm der Schuldner als Sicherheit für ein Darlehen verpfändet. Er habe den Schmuck dem Schuldner in Verwahrung gegeben, weil dieser einen einbruchsicheren Safe besitze.

Erhält der Dritte Kenntnis von der Zwangsvollstreckung, kann er den Gerichtsvollzieher nicht veranlassen, die Pfändung aufzuheben, selbst wenn sein Recht offen liegt. Er muss den Gläubiger unter Nachweis seines Rechts auffordern, die Sache freizugeben. Nur auf dessen Anweisung hin hebt der Gerichtsvollzieher die Pfändung auf.

Gibt der Gläubiger die Sache nicht frei, bleibt dem Dritten keine andere Möglichkeit, als **durch Klage der Pfändung zu widersprechen** (Drittwiderspruchsklage).

Zuständig ist je nach Streitwert das Amts- oder Landgericht, in dessen Bezirk die Zwangsvollstreckung stattfindet. Streitwert ist nach § 6 ZPO der *geringere Wert:* entweder der Wert der Forderung des Gläubigers oder der Wert des Gegenstandes, den der Dritte beansprucht.

Beispiel: Der Vollstreckungstitel des Gläubigers lautet auf Zahlung von 16 500,00 EUR. Der Wert des Gegenstandes, wegen dessen der Dritte die Drittwiderspruchsklage erhebt, beträgt 4 800,00 EUR.

Für die Zuständigkeit ist der geringere Wert maßgebend: Zuständig ist das Amtsgericht, in dessen Bezirk die Zwangsvollstreckung stattfindet.

Die Klage ist gegen den Gläubiger oder gegen Gläubiger und Schuldner zu richten. Der **Klageantrag** lautet, **„die Zwangsvollstreckung in den von Gerichtsvollzieher X (beim Vollstreckungsgericht Y) am … gepfändeten Gegenstand (bewegliche Sache, Forderung) für unzulässig zu erklären".**

Mit der Klage kann der Antrag auf *einstweilige Einstellung der Zwangsvollstreckung* verbunden werden (§ 771 Abs. 3). Die Antragsgründe sind *glaubhaft* zu machen (§ 769).

Dem Dritten ist dringend zu raten, zunächst den Gläubiger zur Freigabe des gepfändeten Gegenstandes aufzufordern. Unterlässt er dies und gibt der Gläubiger im Termin den Gegenstand ohne weiteres frei, so hat der Dritte die Kosten des Rechtsstreits zu tragen, weil der Gläubiger „nicht zur Erhebung der Klage Veranlassung gegeben hat" (§ 93).

Erfährt der Dritte von der Pfändung erst, wenn die gepfändete Sache bereits versteigert ist oder die Forderung aufgrund des Überweisungsbeschlusses eingezogen worden ist, so hat er nur Anspruch auf den Erlös bzw. das eingezogene Geld in Höhe seiner Forderung nach den Vorschriften über die Herausgabe einer ungerechtfertigten Bereicherung. Der Gerichtsvollzieher ist nach § 196 GVGA verpflichtet, den Versteigerungserlös bis zur Entscheidung eines etwa notwendig werdenden Rechtsstreits zu hinterlegen.

D. Die Klage auf vorzugsweise Befriedigung (§ 805)

Wer ein gesetzliches (besitzloses) Pfandrecht an einer Sache hat,

Beispiele:
- der Vermieter, Verpächter an den eingebrachten Sachen des Mieters, Pächters;
- der Gastwirt (Hotelier) an den eingebrachten Sachen des Gastes;
- der Werkunternehmer an den ihm zur Bearbeitung übergebenen Sachen;

kann der Pfändung und Verwertung der Sache durch einen Dritten nicht widersprechen. **Er hat aber Anspruch darauf, aus dem Versteigerungserlös zuerst befriedigt zu werden.**

Beispiel: Gläubiger Gläser (G) hat einen vollstreckbaren Titel gegen seinen Schuldner Maier (M), woraus er die Zwangsvollstreckung in das bewegliche Vermögen des M betreibt.

Vermieter Vaihinger (V) macht nun sein gesetzliches Pfandrecht an den in die Mietwohnung eingebrachten Sachen seines Mieters M geltend. Dieser ist mit sechs Monatsmieten im Rückstand.

V kann die Pfändung und Versteigerung der in der Mietwohnung befindlichen Sachen nicht verhindern. Er kann aber verlangen, dass er aus dem Versteigerungserlös zuerst befriedigt wird. Ist G damit nicht einverstanden, muss V gegen ihn Klage auf vorzugsweise Befriedigung aus dem Versteigerungserlös gemäß § 805 erheben.

V tut auf jeden Fall gut daran, bevor er die Klage einreicht, G aufzufordern, in die Zuerstbefriedigung einzuwilligen. Andernfalls hat er, wenn G den Anspruch im Termin sofort anerkennt, die Kosten des Rechtsstreits selbst zu tragen (§ 93).

Zuständig für die Klage ist das Vollstreckungsgericht. Übersteigt der Streitgegenstand 5 000,00 EUR, ist das Landgericht zuständig, in dessen Bezirk das Vollstreckungsgericht seinen Sitz hat.

Macht der Kläger seinen Anspruch glaubhaft, muss das Gericht **von Amts wegen die Hinterlegung des Versteigerungserlöses anordnen.**

E. Die sofortige Beschwerde (§ 793)

Die sofortige Beschwerde nach § 793 ist **gegen Entscheidungen** gegeben, die im Zwangsvollstreckungsverfahren **ohne mündliche Verhandlung** ergehen können. Es handelt sich in der Regel um Beschlüsse des Vollstreckungsgerichts.

Die sofortige Beschwerde ist innerhalb einer **Notfrist von zwei Wochen seit Zustellung des Beschlusses** einzulegen (§ 569): entweder beim Vollstreckungsgericht oder unmittelbar beim übergeordneten Landgericht, das für die Entscheidung zuständig ist.

Eine weitere sofortige Beschwerde gegen die Entscheidung des Landgerichts ist nur gegeben, wenn ein neuer selbstständiger Beschwerdegrund geltend gemacht wird.

Die sofortige Beschwerde ist gegen Entscheidungen und Anordnungen des **Vollstreckungsgerichts** gegeben, die ohne mündliche Verhandlung ergehen können:

Beispiele:
- gegen den Erinnerungsbeschluss nach § 766,
- gegen die einstweilige Einstellung der Zwangsvollstreckung nach §§ 769, 771 Abs. 3,
- gegen den im Verteilungsverfahren aufgestellten Teilungsplan.

Die sofortige Beschwerde ist auch **gegen Entscheidungen des Prozessgerichts erster Instanz** zulässig, die im Rahmen der Zwangsvollstreckung ohne mündliche Verhandlung ergehen können.

Beispiele:
- wenn der Schuldner zur Zahlung eines Kostenvorschusses durch Beschluss verurteilt worden ist (§ 887 Abs. 2);
- wenn gegen den Schuldner zur Erzwingung einer nicht vertretbaren Handlung ein Zwangsgeld festgesetzt worden ist (§ 888).

F. Vollstreckungsschutz in Härtefällen (§ 765 a)

Vollstreckungsschutz wird dem Schuldner nur in *Ausnahmefällen* gewährt; denn grundsätzlich ist davon auszugehen, dass in erster Linie die Interessen des Gläubigers, der einen vollstreckbaren Titel erkämpft hat, zu schützen sind.

Die ZPO enthält in § 765a die einzige „Härteklausel":

Das Vollstreckungsgericht kann auf Antrag des Schuldners eine Maßnahme der Zwangsvollstreckung *ganz oder teilweise aufheben, untersagen oder einstellen*, wenn

- die Maßnahme *wegen ganz besonderer Umstände* für den Schuldner eine Härte bedeutet und
- diese Härte mit den guten Sitten nicht vereinbar ist.

Diese Vorschrift gilt für alle Arten der Zwangsvollstreckung, insbesondere neben den §§ 721 und 794 a für die Räumung von Wohnraum.

Beispiel: Schuldner Kirn stellt nach Ablauf der vom Prozessgericht gewährten Räumungsfrist den Antrag beim Vollstreckungsgericht, die Zwangsräumung durch den Gerichtsvollzieher zu untersagen, weil seine Frau schwer erkrankt und nicht transportfähig sei.

Ist eine Sache herauszugeben, so kann der *Gerichtsvollzieher* bis zur Entscheidung des Vollstreckungsgerichts, jedoch nicht länger als eine Woche, die Maßnahme aufschieben, wenn der Schuldner glaubhaft macht, dass die Voraussetzungen des § 765 a vorliegen und es ihm nicht möglich war, das Vollstreckungsgericht rechtzeitig anzurufen.

Beispiel: Der Gerichtsvollzieher schiebt die Wegnahme des dem Gläubiger gehörenden Motorrades auf, das der gehbehinderte Schuldner für die Fahrt zu seiner Arbeitsstelle braucht.

Der Schuldner hat glaubhaft gemacht, dass er in einem Monat ein anderes Motorrad geliehen bekommt und dass es ihm wegen Krankheit nicht möglich war, das Vollstreckungsgericht rechtzeitig anzurufen.

G. Die Einstellung der Zwangsvollstreckung durch den Gerichtsvollzieher (§§ 775, 776)

Die Zwangsvollstreckung ist unter folgenden Voraussetzungen einzustellen oder zu beschränken:

◆ Der Schuldner legt eine vollstreckbare **Entscheidung** vor, **die das Urteil,** aus dem der Gläubiger die Zwangsvollstreckung betreibt, **aufhebt.**

   Beispiel: Das für vorläufig vollstreckbar erklärte Urteil, aus dem die Zwangsvollstreckung betrieben wird, wird in 2. Instanz rechtskräftig aufgehoben.

◆ Der Schuldner oder der Dritte legt eine vollstreckbare Entscheidung vor, die die **Zwangsvollstreckung für unzulässig erklärt.**

   Beispiel: Der Schuldner hat Vollstreckungsgegenklage erhoben. Das Gericht erklärt durch Urteil: „Die Zwangsvollstreckung aus dem Urteil des Landgerichts ... vom ... ist unzulässig".

◆ Der Schuldner legt eine Bürgschaftserklärung oder einen Hinterlegungsschein vor, aus dem sich ergibt, dass er die zur Abwendung der Zwangsvollstreckung notwendige **Sicherheitsleistung erbracht** hat.

In allen drei Fällen stellt der Gerichtsvollzieher die Zwangsvollstreckung ein und **hebt die bereits getroffenen Vollstreckungsmaßnahmen auf.**

◆ Der Schuldner oder ein Dritter legt eine **Entscheidung** vor, **in der die einstweilige Einstellung der Zwangsvollstreckung angeordnet** ist.

   Beispiel: Der Eigentümer des gepfändeten Pkw hat gegen die Pfändung Drittwiderspruchsklage nach § 771 erhoben und zugleich die einstweilige Einstellung der Zwangsvollstreckung beantragt. Dem Einstellungsantrag wurde stattgegeben. Der Dritte legt dem Gerichtsvollzieher den Beschluss vor.

   Der Gerichtsvollzieher stellt die Zwangsvollstreckung ein. Die bereits getroffenen Vollstreckungsmaßnahmen hebt er nur auf, wenn das Gericht die Aufhebung angeordnet hat.

◆ Der Schuldner legt eine Urkunde vor, z. B. Einzahlungsquittung einer Bank, Bescheinigung des Gläubigers, aus der sich ergibt, dass der Schuldner nach Erlass des Urteils **den Gläubiger befriedigt** oder dass ihm der Gläubiger **Stundung gewährt** hat.

   Beispiel: Der Schuldner legt dem Gerichtsvollzieher die Empfangsbestätigung (Einzahlungsquittung) der Kreissparkasse X vor, aus der sich ergibt, dass der Schuldner zugunsten des Gläubigers 4 200,00 EUR eingezahlt hat.

   Der Gerichtsvollzieher stellt die Zwangsvollstreckung ein, hebt die getroffenen Vollstreckungsmaßnahmen aber erst auf, wenn ihn der Gläubiger beauftragt.

Wiederholungsaufgaben

1 Wogegen richtet sich:

a) die Erinnerung nach § 766 ZPO,

b) die Vollstreckungsgegenklage nach § 767 ZPO,

c) die Drittwiderspruchsklage (Interventionsklage) nach § 771 ZPO?

2 Welches Gericht ist zuständig:

a) für die Vollstreckungsgegenklage,

b) für die Drittwiderspruchsklage,

c) für die Klage auf vorzugsweise Befriedigung nach § 805,

d) für die Erinnerung (§ 766)?

3 Der Gerichtsvollzieher hat den einzigen Mantel der Schuldnerin gepfändet. Diese behauptet, der Mantel sei unpfändbar.

Welcher Rechtsbehelf kommt infrage?

4 In Sachen Kern gegen Vollmer hat der Gläubiger dem Gerichtsvollzieher Pfändungsauftrag erteilt. Dieser pfändet beim Schuldner einen Pkw, von dem der Schuldner behauptet, er gehöre seinem Bruder, und ein neues Fotokopiergerät, das der Schuldner angeblich für berufliche Zwecke benötigt.

a) Wie ist das Vorgehen des Gerichtsvollziehers zu beurteilen?

b) Was könnte der Schuldner gegen die Pfändungen unternehmen?

5 Was kann der Schuldner unternehmen, wenn der Gläubiger die Zwangsvollstreckung fortsetzt, obwohl der Schuldner mit einer Gegenforderung aufgerechnet hat?

6 Der Gerichtsvollzieher hat eine Filmausrüstung beim Schuldner gepfändet, die dieser unter Eigentumsvorbehalt der Firma Kaiser und Mahl gekauft und erst zum Teil bezahlt hat. Firma Kaiser übergibt die Sache Rechtsanwalt Kohn. Was wird dieser unternehmen?

7 Schuldner König hat gegen die Vollstreckbarkeit eines gegen ihn ergangenen Urteils zur Zahlung von 3 000,00 EUR Vollstreckungsabwehrklage erhoben und beim Prozessgericht den Antrag gestellt, die Zwangsvollstreckung einstweilen einzustellen. Das Gericht gibt diesem Antrag durch Beschluss ohne mündliche Verhandlung statt.

Was kann Gläubiger Kaiser hiergegen unternehmen?

8 Schuldner Kreß beklagt sich, dass der Gerichtsvollzieher bei ihm gegen seinen Willen folgende Sachen gepfändet habe:

a) einen Pkw, den er dringend für seinen Geschäftsbetrieb brauche,

b) in seiner Wohnung eine Briefmarkensammlung, die nicht ihm, sondern seinem Sohn gehöre,

c) bei seinem Freund Xaver eine wertvolle Skulptur (St. Georg aus der Syrlin-Schule), die er diesem zum Aufstellen in seinem Haus leihweise überlassen habe,

hinzu komme, dass der Gläubiger wegen der gesamten Forderung vollstrecken lasse, obwohl er, Kreß, mit einer Schadensersatzforderung von 1 300,00 EUR gegen die titulierte Forderung aufgerechnet habe.

Kreß erkundigt sich, wie er sich gegen die Pfändung wehren könne.

9 Kann eine Einwendung gegen die Zwangsvollstreckung erhoben werden und gegebenenfalls welche, wenn der Gerichtsvollzieher pfändet:

a) die Waschmaschine einer kinderreichen Familie,

b) die Schreibmaschine eines Handelsvertreters,

c) früh um 5 Uhr im Mai den Pkw des Schuldners,

d) das Auto des Schuldners in der Reparaturwerkstätte,

e) den Wohnwagen des Schuldners?

10 Pfister ist verurteilt worden, Rechnung zu legen. Da er dieser Verpflichtung nicht nachkommt, setzt das Gericht auf Antrag des Gläubigers gegen ihn ein Zwangsgeld von 3 000,00 EUR fest (§ 888 Abs. 1 ZPO).

Was kann Pfister hiergegen unternehmen?

11 Der Gerichtsvollzieher pfändet beim Schuldner am 12. Februar ein Klavier. Der Schuldner behauptet, er habe die Schuld bereits am 6. Februar, unmittelbar nach der Verkündung des Urteils, bezahlt.

Welchen Rat gibt der Gerichtsvollzieher dem Schuldner?

12 Schuldner Brömer, wohnhaft in Trier, beauftragt Rechtsanwalt Stickel, gegen die Pfändung eines Pkw vorzugehen. Er habe nämlich mit einem Kostenerstattungsanspruch gegen die Forderung des Gläubigers aufgerechnet.

a) Welche Klage erhebt Rechtsanwalt Stickel?

b) Welches Gericht ist für die Klage sachlich und örtlich zuständig?

c) Wie formuliert Rechtsanwalt Stickel den Klageantrag?

13 Der Gerichtsvollzieher hat im Auftrag des Kaufmanns Böhringer in der Wohnung der Schuldnerin, Frau Seibold, eine Tiefkühltruhe und ein Fernsehgerät gepfändet. Als der Hauseigentümer Maier von der Pfändung erfährt, ersucht er Gläubiger Böhringer, die Pfändung rückgängig zu machen, weil er, Maier, ein gesetzliches Pfandrecht wegen rückständiger Miete an den Sachen habe. Böhringer weigert sich. Wer hat Recht und weshalb?

14 Der Schuldner legt dem Gerichtsvollzieher den Durchschlag einer Banküberweisung vor, aus dem sich ergibt, dass er die Schuld durch Banküberweisung beglichen hat.

a) Wie verhält sich der Gerichtsvollzieher?

b) Wie verhält sich der Gerichtsvollzieher, wenn er bereits einige Sachen gepfändet hat?

15 Ein für vorläufig vollstreckbar erklärtes Urteil wird in zweiter Instanz aufgehoben. Der Gerichtsvollzieher hat beim Schuldner aufgrund des Vollstreckungsauftrags mehrere Sachen gepfändet. Der Schuldner teilt dem Gerichtsvollzieher die Aufhebung des erstinstanzlichen Urteils telefonisch mit. Wie verhält sich der Gerichtsvollzieher?

Arrest und einstweilige Verfügung (§§ 916 ff.)

I. Allgemeines

Der Zweck der Zwangsvollstreckung ist Befriedigung des Gläubigers. Daneben besteht jedoch auch ein Bedürfnis nach bloßer *Sicherung* des Gläubigers, denn es dauert oft lange Zeit, bis ein Vollstreckungstitel erstritten ist. Bis dahin kann ein böswilliger Schuldner sein Vermögen verschoben oder sonstwie die Durchsetzung des Anspruchs seines Gläubigers vereitelt haben. Der Abwendung dieser Gefahr dienen der Arrest und die einstweilige Verfügung.

Der Arrest sichert die künftige Zwangsvollstreckung wegen einer Geldforderung; die einstweilige Verfügung sichert sie wegen anderer Ansprüche.

Das Arrest- und Einstweilige-Verfügungs-Verfahren ist ein besonders geregeltes, abgekürztes und **vorläufiges Verfahren. Es ist schon zulässig, bevor der Anspruch eingeklagt ist.** Der Schuldner kann den Gläubiger jedoch zwingen, eine Entscheidung zur Hauptsache herbeizuführen. Denn auf seinen Antrag hat das Arrestgericht anzuordnen, dass der Gläubiger binnen einer bestimmten Frist Klage zu erheben habe.

II. Die Anordnung des Arrestes

Zu unterscheiden sind der **dingliche Arrest** und der **persönliche Sicherheitsarrest**.

Der **dingliche Arrest** (§ 917) findet statt, wenn zu besorgen ist, dass ohne ihn die Vollstreckung des Urteils vereitelt oder wesentlich erschwert würde.

Beispiele: Der Schuldner verschiebt Vermögensstücke, gibt sich der Verschwendung hin, wechselt häufig seinen Aufenthalt.

Der **persönliche Sicherheitsarrest** (§ 918) wird selten verhängt. Er findet nur dann statt, wenn alle anderen Sicherungsmittel, insbesondere der dingliche Arrest, versagen.

Beispiel: Der Schuldner ist im Begriff, sich mit seinem Vermögen ins Ausland abzusetzen.

Die Anordnung des Arrstes erfolgt meist ohne mündliche Verhandlung, damit dem Schuldner keine Gelegenheit gegeben wird, Vermögensgegenstände beiseite zu schaffen. Die Entscheidung ergeht in diesem Fall durch Beschluss, wurde mündlich verhandelt durch Endurteil (§ 922).

Zuständig für die Anordnung ist entweder das Gericht der Hauptsache oder das Amtsgericht, in dessen Bezirk sich der vom Arrest betroffene Gegenstand befindet (§ 919).

Beispiel: Mahler hat gegen Stahl einen fälligen Anspruch auf Rückzahlung eines Darlehens von 20 000,00 EUR. Er erfährt, dass Stahl im Begriff ist, sein Vermögen in Spielkasinos zu verspielen. Er beantragt den dinglichen Arrest.

Zuständig ist entweder das für die Zahlungsklage zuständige Landgericht (Gericht der Hauptsache) oder, falls Stahl außerhalb seines Wohnsitzes Vermögen hat, z. B. eine Ferienwohnung im Allgäu, das Amtsgericht, in dessen Bereich die Ferienwohnung liegt.

◆ **Arrestgesuch**

Das *Arrestgesuch* wird in der *Form der Klageschrift* geschrieben. Die Parteien heißen *Antragsteller* und *Antragsgegner*. Der Anspruch, sein Geldbetrag oder Geldwert sind anzugeben, dazu der Arrestgrund.

Der Anspruch und der Arrestgrund sind glaubhaft zu machen (§ 920), in der Regel durch eidesstattliche Versicherung, Anwaltszwang besteht nicht. Das Gesuch kann zu Protokoll der Geschäftsstelle erklärt werden. Ein Gerichtskostenvorschuss wird nicht erhoben.

Das Gericht kann durch Beschluss (ohne mündliche Verhandlung) oder durch Urteil (nach mündlicher Verhandlung) entscheiden.

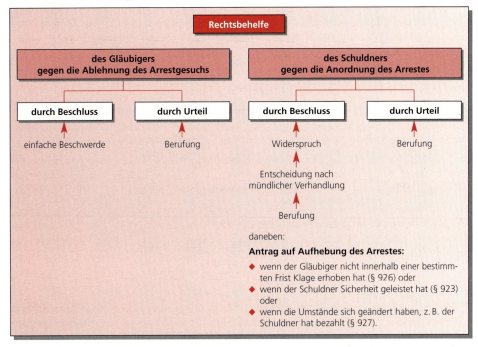

III. Die Vollziehung des Arrestes

Der **Arrestbefehl ist Vollstreckungstitel.** Er bedarf einer Vollstreckungsklausel nur, wenn die Vollziehung für einen anderen Gläubiger oder gegen einen anderen Schuldner erfolgen soll (ebenso wie beim Vollstreckungsbescheid, siehe S. 294). Die Partei, die ihn erwirkt hat, muss ihn dem Gegner zustellen lassen. Dem Gläubiger wird er von Amts wegen zugestellt.

Die Vollziehung des dinglichen Arrestes in beweglichen Sachen und in Forderungen wird durch Pfändung bewirkt (§ 930). Die Verwertung unterbleibt, da der Arrestbefehl nur der Sicherung eines Anspruchs dient. **In ein Grundstück wird der Arrest durch Eintragung einer Sicherungshypothek vollzogen** (§ 932).

Die Vollziehung ist nur *innerhalb eines Monats* seit Verkündung des Ureils oder Zustellung des Beschlusses an den Antragsteller statthaft. Sie ist schon vor Zustellung des Arrestbefehls an den Schuldner zulässig, jedoch muss die Zustellung innerhalb einer Woche nach der Vollziehung erfolgen. Die Monatsfrist darf aber noch nicht verstrichen sein (§ 929).

Beispiel: Der Arrestbefehl wurde dem Gläubiger am 19. August zugestellt. Die Vollziehung ist bis einschließlich 19. September möglich (die Gerichtsferien sind ohne Einfluss).

Am Montag, dem 22. August, pfändet der Gerichtsvollzieher im Auftrag des Gläubigers beim Schuldner, dem der Arrestbefehl noch nicht zugestellt ist. Die Zustellung muss spätestens am Montag, dem 29. August, stattfinden.

Die **Vollziehung des persönlichen Sicherheitsarrestes erfolgt durch Freiheitsbeschränkung,** (Hausarrest, Überwachung, Wegnahme von Ausweispapieren, Haft nach § 933). Vollzugsorgan ist der Gerichtsvollzieher.

Im Arrestbefehl muss stets ein Geldbetrag angegeben werden, durch dessen Hinterlegung die Vollziehung des Arrestes gehemmt wird **(Lösungssumme)** (§ 923). Hinterlegt der Schuldner erst nach Vollziehung des Arrestes, so wird die Pfändung vom Vollstreckungsgericht aufgehoben (aber nicht der Arrestbefehl). Gegen die Arrestanordnung muss sich der Schuldner besonders wenden (Widerspruch, Klage zur Hauptsache, Antrag auf Aufhebung wegen veränderter Umstände).

IV. Die einstweilige Verfügung

Die einstweilige Verfügung sichert Ansprüche, die nicht Geldansprüche sind.

Beispiele: eine Leistung oder Herausgabe einer bestimmten Sache, Unterlassung einer Wettbewerbshandlung, Herausgabe eines Hypothekenbriefes, Vormerkung oder Widerspruch im Grundbuch.

Sie verbietet die Verbreitung ehrenrühriger Behauptungen, sichert Rentenansprüche als Abschlagszahlung, Unterlassung von Namensmissbrauch. Sie kann auch in dem Verbot der Veräußerung oder Belastung eines Grundstücks bestehen (§ 938).

Die einstweilige Verfügung setzt die Besorgnis voraus, dass das Recht einer Person vereitelt oder erschwert wird, ihr wesentliche Nachteile oder Gewalt drohen (§§ 935, 940). Soll eine Vormerkung oder ein Widerspruch eingetragen werden, so braucht eine Gefährdung des Gläubigers nicht glaubhaft gemacht zu werden.

Das Verfahren entspricht dem Arrestprozess. Anspruch und Grund sind glaubhaft zu machen. Einige Abweichungen bestehen:

◆ Zuständig ist das Gericht der Hauptsache, nur in dringenden Fällen das Amtsgericht, in dessen Bezirk sich der Streitgegenstand befindet (§ 942 Abs. 1); die einstweilige Verfügung, aufgrund deren eine Vormerkung oder ein Widerspruch eingetragen werden soll, kann vom Amtsgericht erlassen werden, in dessen Bezirk das Grundstück liegt (§ 942 Abs. 2).

◆ Die Entscheidung ergeht grundsätzlich nach mündlicher Verhandlung (§ 937), nur in dringenden Fällen und wenn der Antrag auf Erlass einer einstweiligen Verfügung zurückzuweisen ist, kann sie ohne mündliche Verhandlung ergehen.

◆ Eine „Lösungssumme" ist nur unter besonderen Umständen vorgesehen (§ 939).

Die Vollziehung erfolgt durch Maßnahmen, die das Gericht *nach freiem Ermessen* anordnet, insbesondere durch Verbote oder Gebote an den Schuldner. Die Maßnahmen dürfen aber nicht zur Befriedigung des Gläubigers führen (reiner Sicherungszweck).

Beispiel: Die Firma Kloose führt ein Warenzeichen, das dem der Firma Flach täuschend ähnlich ist. Auf Antrag der Firma Flach, deren Warenzeichen das ältere ist, untersagt das Gericht der Firma Kloose den Gebrauch ihres Warenzeichens unter Androhung einer Geldstrafe bei Zuwiderhandlung.

V. Schadensersatz

Erweist sich die Anordnung eines Arrestes oder einer einstweiligen Verfügung als von Anfang an ungerechtfertigt oder wird sie später aufgehoben, weil der Gläubiger die Klagefrist nicht eingehalten hat, so kann der Schuldner den Schaden ersetzt verlangen, der ihm aus der Vollziehung oder dadurch entstanden ist, dass er Sicherheit geleistet hat (§ 945).

Wiederholungsaufgaben

1 Welchen Zweck verfolgt der Arrest, welchen die einstweilige Verfügung?

2 Welche beiden Arten des Arrestes sind in der ZPO geregelt?

3 a) Welches Gericht ist sachlich für die Anordnung des Arrestes zuständig?
b) Wann entscheidet das Gericht über den Antrag durch Beschluss, wann durch Urteil?

4 Welche Besonderheiten gelten für Arrest und einstweilige Verfügung hinsichtlich
a) des Gerichtskostenvorschusses,
b) der Bezeichnung der Parteien,
c) des geltend gemachten Grundes,
d) des Anwaltszwanges beim Landgericht?

5 Gegen Schuldner Martin hat das Amtsgericht den Arrest durch Beschluss angeordnet. Martin erhebt Widerspruch.
a) Bei welchem Gericht ist der Widerspruch zu erheben?
b) In welcher Form entscheidet das Gericht über den Widerspruch?
c) Der Gläubiger betreibt trotz Widerspruch des Schuldners die Vollziehung des Arrestes. Wie kann der Schuldner die Vollziehung verhindern?

6 Schuldner Perrot ist nach Zustellung des Arrestbefehls an ihn in der Lage, mit einer Gegenforderung aufzurechnen. Auf welche Weise kann er die Aufrechnung geltend machen und die Vollziehung des Arrestes verhindern?

7 Welche Bedeutung hat die „Lösungssumme", die das Gericht im Arrestbefehl anzugeben hat?

8 Unter welchen Voraussetzungen bedürfen Arrestbefehl und einstweilige Verfügung der Vollstreckungsklausel?

9 Wie wird der Arrest vollzogen
a) in Sachen,
b) in Forderungen und Rechte,
c) in ein Grundstück?

10 a) Innerhalb welcher Frist ist die Vollziehung des Arrestes statthaft?
b) Wann beginnt die Frist zu laufen, wenn das Gericht über das Arrestgesuch entschieden hat:
  1. durch Beschluss,
  2. durch Urteil?

11 Gläubiger Mangold hat vor Zustellung des Arrestbefehls mit der Vollstreckung begonnen.
a) Innerhalb welcher Frist muss die Zustellung erfolgen?
b) Welche Frist ist außerdem zu beachten?

12 a) Bei welchem Gericht ist der Antrag auf Erlass einer einstweiligen Verfügung in der Regel einzureichen, bei welchem Gericht kann er in dringenden Fällen eingereicht werden?
b) Welches Gericht kann stets angerufen werden, wenn aufgrund einer einstweiligen Verfügung eine Vormerkung oder ein Widerspruch in das Grundbuch eingetragen werden soll?

13 Wie wird eine einstweilige Verfügung vollzogen?

Insolvenzverfahren

Am 1.1.1999 sind die Insolvenzordnung (InsO) und das Einführungsgesetz zur InsO (EGInsO) in Kraft getreten. Zugleich sind die bisherige Konkursordnung, die Vergleichsordnung und – in den neuen Bundesländern – die Gesamtvollstrckungsordnung außer Kraft getreten[1]. Die einzelnen Bundesländer haben Ausführungsgesetze zur Insolvenzordnung erlassen, die viele wichtige Einzelheiten für die Arbeit in diesem Rechtsgebiet, insbesondere im Rahmen der **Verbraucherinsolvenz** regeln. In Deutschland gilt nun mehr ein einheitliches Insolvenzrecht.

Ziele der Reformbestrebungen waren u. a.

- die Abschaffung der als nicht zeitgerecht geltenden Konkursvorrechte,
- die Einbeziehung solcher Gläubiger in das Verfahren, die bisher große Teile des Betriebsvermögens durch Geltendmachung ihrer Absonderungsrechte dem Verfahren entziehen konnten,
- der Erhalt des Unternehmens, wo dies möglich ist,
- Erlass der Restschulden für Schuldner, die sich redlich über einen längeren Zeitraum bemüht haben.

Nach der Insolvenzordnung gibt es die folgenden fünf Verfahrensarten:

- die **Unternehmensinsolvenz** (§§ 11 – 216 InsO)
- das **Insolvenzplan-Verfahren** (§§ 217 – 269 InsO)
- das **Verbraucherinsolvenzverfahren** (§§ 304 – 314 InsO)
- das **Nachlassinsolvenzverfahren** (§§ 315 – 331 InsO)
- das **Insolvenzverfahren über das Gesamtgut einer Gütergemeinschaft** (§§ 332–334 InsO)

Die Unternehmensinsolvenz ist an die Stelle des bisherigen üblichen Konkursverfahrens getreten. Auch die Nachlassinsolvenz und Gesamtgutinsolvenz gab es schon im bisherigen Recht. Neu ist dagegen das Insolvenzplan-Verfahren und das Verbraucherinsolvenzverfahren. Vor allem die Verbraucherinsolvenz hat in der Öffentlichkeit Interesse erregt, weil sie für Privatpersonen die Möglichkeit zu einem **Schuldenerlass** und damit zu einem wirtschaftlichen und sozialen Neubeginn nach einer geordneten Wohlverhaltensphase von sieben Jahren bietet. Dieser Schuldenerlass = **Restschuldbefreiung** ist aber auch oft bei der Unternehmensinsolvenz und vor allem im Insolvenzplanverfahren möglich.

A. Die Unternehmensinsolvenz (§§ 11 – 216 InsO)

Insolvenzverfahren können durchgeführt werden über das Vermögen natürlicher Personen, juristischer Personen und derjenigen Personenvereinigungen, die in § 11 der InsO genannt sind. Erforderlich ist zunächst ein **Eröffnungsantrag,** der von einem Gläubiger oder dem Schuldner bzw. seinem gesetzlichen Vertreter gestellt werden kann. Gläubiger haben u. a. ihre **Forderung** und den **Eröffnungsgrund** glaubhaft zu machen. Ein Schuldtitel ist nicht erforderlich, unbezahlte Rechnung genügt. Eröffnungsgrund sind die **Zahlungsunfähigkeit** (§ 17

---

[1] Am 31. 12. 1998 bereits anhängige Verfahren werden nach den bisherigen Vorschriften weiter behandelt (Art. 103 EGInsO), so dass im Hinblick auf die oft mehrere Jahre dauernden Konkursverfahren auch die Konkursordnung noch längere Zeit angewendet werden muss.

InsO), bei juristischen Personen auch die **Überschuldung** (§ 19 InsO). Bei den Gesellschaften ohne Rechtspersönlichkeit (z. B. der OHG, KG, GbR) ist die Überschuldung nur dann ein Eröffnungsgrund, wenn sich unter den persönlich haftenden Gesellschaftern keine natürliche Person befindet. Stellt der **Schuldner** den Eröffnungantrag, ist auch die **drohende Zahlungsunfähigkeit** (§ 18 InsO) ein Eröffnungsgrund.

Zuständig ist das Amtsgericht als Insolvenzgericht, in dessen Bezirk der Schuldner seinen allgemeinen Gerichtsstand oder den Mittelpunkt einer selbstständigen wirtschaftlichen Tätigkeit hat (§§ 2, 3 InsO). Insolvenzgericht sind nur solche Amtsgerichte, in deren Bezirk ein Landgericht seinen Sitz hat. Weitere Amtsgerichte können von der jeweiligen Landesregierung ausdrücklich zu Insolvenzgerichten bestellt werden.

Nach Eingang des Antrags kann das Gericht **Sicherungsmaßnahmen** zur Gewährleistung und Förderung des Verfahrens anordnen (§ 21 InsO), insbesondere einen **vorläufigen Insolvenzverwalter** bestellen, dem Schuldner **Verfügungsverbote** auferlegen und **Zwangsvollstreckungsmaßnahmen** in das bewegliche Vermögen des Schuldner **untersagen** oder **einstellen**.

Stellt sich heraus, dass das Vermögen des Schuldners die Kosten des Verfahrens voraussichtlich nicht decken wird und leistet auch kein Gläubiger einen ausreichenden Vorschuss auf die Verfahrenskosten, wird der Antrag auf Eröffnung des Insolvenzverfahrens **mangels Masse abgewiesen**. Der Schuldner wird in das **Schuldnerverzeichnis** eingetragen und bleibt dort für fünf Jahre ersichtlich (§ 26 InsO). Natürlichen Personen können die Verfahrenskosten bis zur Erteilung der Restschuldbefreiung gem. § 4a InsO gestundet werden, wenn keine Versagensgründe gem. § 290 Abs. 1 Nrn. 1 und 3 vorliegen. Reicht das Vermögen des Schuldners zur Deckung der Verfahrenskosten aus, erlässt das Gericht den **Eröffnungsbeschluss** (§ 27 InsO), ernennt den **Insolvenzverwalter** und fordert u. a. die Gläubiger auf, ihre Forderung **beim Insolvenzverwalter** anzumelden. Dieser führt u. a. die **Insolvenztabelle** (§ 175 InsO). Etwaige Schuldner des Insolvenzschuldners werden aufgefordert, nicht mehr an diesen, sondern an den Insolvenzverwalter zu leisten. Das Gericht bestimmt Termine, an denen der Insolvenzverwalter den Gläubigern berichtet (§ 156 InsO), bestrittene Forderungen erörtert werden (§ 176 InsO) und Einwendungen gegen die Schlussrechnung und das Schlussverzeichnis behandelt werden (§ 197 InsO). Die Eröffnung des Verfahrens wird auf Grundstücken und grundstücksgleichen Rechten des Schuldners im Grundbuch eingetragen und das Handelsregister und das Vereinsregister benachrichtigt, sofern der Schuldner dort eingetragen ist. Die Durchführung des Verfahrens liegt sodann in den Händen des Insolvenzverwalters, der schließlich mit Zustimmung des Insolvenzgerichts (§ 196 InsO) die **Schlussverteilung** vornimmt. Nach Durchführung der Schlussverteilung beschließt das Gericht die Aufhebung des Insolvenzverfahrens (§ 200 InsO). Soweit Gläubiger im Verfahren nicht berücksichtigt werden konnten, deren Forderungen jedoch festgestellt und nicht bestritten wurden, können sie nach dessen Aufhebung weiter gegen den Schuldner vollstrecken (§ 201 InsO) und sich dazu einen **vollstreckbaren Auszug aus der Insolvenztabelle** vom Gericht erteilen lassen (§ 201 InsO).

Ist der Insolvenzschuldner eine natürliche Person, z. B. ein einzelkaufmännischer Unternehmer, kann er schon mit dem Antrag auf Eröffnung des Insolvenzverfahrens den Antrag auf **Restschuldbefreiung nach der Beendigung des Verfahrens** stellen. Hierzu muss er allerdings folgende Verpflichtungen einhalten (§§ 287, 303 InsO):

- die pfändbaren Teile seines Arbeitseinkommens sind an einen Treuhänder abzutreten;
- er muss sich um eine angemessene Erwerbstätigkeit bemühen;
- fällt ihm ein Erbe zu, hat er die Hälfte davon an den Treuhänder abzutreten;
- jeder Wohnsitzwechsel ist anzuzeigen;
- Zahlungen zur Befriedigung von Gläubigern darf er nur an den Treuhänder leisten und keinen Insolvenzgläubiger bevorzugen.

Die vorgenannte Abtretung hat sich auf einen Zeitraum von sieben Jahren nach Beendigung des Insolvenzverfahrens zu erstrecken. Während dieses Zeitraums sind die übrigen genannten Pflichten einzuhalten. Kommt der Schuldner diesen Pflichten schuldhaft nicht nach, wird die Restschuldbefreiung versagt (§ 296 InsO).

B. Das Insolvenzplan-Verfahren (§§ 217–269 InsO)

Die Gläubiger, der Insolvenzverwalter und der Schuldner haben es in der Hand, anstelle des oben dargestellten regulären Insolvenzverfahrens durch die Aufstellung eines **Insolvenzplans** die **Befriedigung**, die **Verwertung der Insolvenzmasse** und die **Haftung des Schuldners nach durchgeführtem Insolvenzverfahren** abweichend zu regeln. Dadurch können die Besonderheiten jedes einzelnen Insolvenzverfahrens oft besser berücksichtigt und kann die Sanierung des Betriebs erleichtert werden.

Der Plan ist dem Gericht vorzulegen und zwar

- vom **Insolvenzverwalter** aus eigenem Antrieb oder im Auftrag der Gläubiger oder
- vom **Schuldner,** der damit den Antrag auf Insolvenzeröffnung verbinden kann (§ 218 InsO).

Der Plan erhält in einem **darstellenden** und einem **gestaltenden** Teil die Maßnahmen und Absichten, mit denen das Unternehmen saniert werden soll (§§ 220–230 InsO). Durch die planmäßige Befriedigung der Insolvenzgläubiger wird der Schuldner regelmäßig von seinen restlichen Verbindlichkeiten gegenüber diesen Gläubigern befreit (§ 227 InsO), was sich demnach wie die oben im Insolvenzverfahren geschilderte Restschuldbefreiung auswirkt. Der Plan bedarf der **Bestätigung durch das Insolvenzgericht** (Rechtspfleger, § 248 InsO). Er wirkt auch gegenüber denjenigen Insolvenzgläubigern, die sich bisher am **Verfahren nicht beteiligt** haben (§ 254 InsO). Gerät der Schuldner mit der Planerfüllung **erheblich in Rückstand,** leben die ihm teilweise erlassenen Forderungen wieder auf (§ 255 InsO). Sodann können die Gläubiger aus dem rechtskräftig bestätigten Plan in Verbindung mit dem Eintrag in die Insolvenztabelle gegen den Schuldner die Zwangsvollstreckung betreiben.

C. Das Verbraucherinsolvenzverfahren (§§ 304–314 InsO)

Schon nach bisherigem Recht war ein Konkursverfahren über das Vermögen von Privatpersonen möglich, wurde aber nicht praktiziert, weil es weder aus der Sicht der Gläubiger noch des Schuldners sinnvoll erschien. Auch nach der InsO wird es für Gläubiger künftig nicht attraktiv erscheinen, wohl aber für den Schuldner vorteilhaft sein. Es bietet nämlich den Weg zu einer Restschuldbefreiung, sofern er die Pflichten aus §§ 287, 295 InsO, wie oben im Insolvenzverfahren dargelegt erfüllt, nämlich:

- Abtretung der pfändbaren Teile seines Arbeitseinkommens an einen Treuhänder;
- Bemühen um eine angemessene Erwerbstätigkeit;
- Ablieferung der Hälfte solchen Vermögens an den Treuhänder, dass er als Erbe erwirbt;
- Anzeige jedes Wohnsitzwechsels;
- Zahlungen nur an den Treuhänder leisten und keinen Insolvenzgläubiger bevorzugen.

Kommt er diesen Pflichten schuldhaft nicht nach, wird die Restschuldbefreiung versagt (§ 296 InsO).

Das Verfahren verläuft in drei Stufen:

1. Innerhalb der letzten sechs Monate vor Stellung des Antrags hat der Schuldner unter Mitwirkung einer geeigneten Person oder Stelle[1]) vergeblich versucht, sich mit den Gläubigern außergerichtlich über seine Schulden zu einigen. Er stellt daher den Antrag, das Insolvenzverfahren zu eröffnen.
2. Das Insolvenzgericht versucht ein Schuldbereinigungsverfahren, in dem die Zustimmung einzelner Gläubiger durch das Gericht ersetzt werden kann.
3. Bleibt auch dieses Verfahren erfolglos, folgt das Verbraucherinsolvenzverfahren, ggf. mit der anschließenden Restschuldbefreiung.

Dem Antrag hat der Schuldner folgende Unterlagen beizufügen:
- Die Bescheinigung einer geeigneten Person oder Stelle über den vergeblichen außergerichtlichen Einigungsversuch;
- den Antrag auf Erteilung der Restschuldbefreiung, ggf. einen ausdrücklichen Verzicht hierauf;
- ein Verzeichnis seines Vermögens, seines Einkommens, der Gläubiger und der gegen ihn gerichteten Forderungen mit einer Erklärung, dass diese Angaben richtig und vollständig sind;
- einen Schuldenbereinigungsplan, der seine Vorschläge an die Gläubiger enthält. Zum Zweck der Aufstellung dieses Plans kann der Schuldner, der die Übersicht über die gegen ihn gerichteten Forderungen verloren hat, von den Gläubigern **auf deren Kosten** Forderungsaufstellungen verlangen (§ 305 Abs. 2 InsO).

Das Gericht stellt den Antrag nebst allen Anlagen den Gläubigern förmlich zu und fordert sie zur Stellungnahme auf. Äußern sich die Gläubiger nicht innerhalb der mit Zustellung beginnenden **Notfrist von einem Monat** (§ 307), gilt ihr Schweigen als Zustimmung zu dem Plan. Einwendungen von Gläubigern können unter den Voraussetzungen des § 309 InsO durch **eine gerichtliche Zustimmung** (zuständig ist der Richter) ersetzt werden. Ist der Plan, ggf. nach Ersetzung von Zustimmungen angenommen, stellt das Gericht dies durch einen entsprechenden Beschluss ausdrücklich fest (§ 308 InsO). Der Plan hat dann die Wirkung eines Vergleichs im Sinne von § 794 Abs. 1 Nr. 1 ZPO, die Anträge auf Eröffnung des Insolvenzverfahrens und auf Restschuldenbefreiung gelten als aufgehoben.

Scheitert das gerichtliche Schuldbereinigungsverfahren, wird das Insolvenzverfahren, ggf. in vereinfachter Form nach §§ 311 – 314 InsO, wieder aufgenommen. Nach dessen Abwicklung schließt sich das Verfahren zur Restschuldbefreiung mit den Verpflichtungen aus §§ 287, 295 InsO, wie oben dargelegt, an.

Keine Lösung gibt es bisher zu der Frage, ob auch dann ein Schuldbereinigungsverfahren, ggf. mit anschließendem Insolvenzverfahren und Restschuldbefreiung durchgeführt werden kann, wenn der Schuldner seinen Gläubigern keinen „angemessenen" Schuldbereinigungsvorschlag anbieten kann. Es wird sich zeigen, ob derartige „Nullpläne" durchgeführt werden, um auch solchen Schuldnern die politisch und gesellschaftlich herausgestellte Wohltat der Restschuldbefreiung, die ja den erfolglosen Schuldenbereinigungsplan und das anschließende Insolvenzverfahren vorraussetzt, zukommen zu lassen.

Die Möglichkeit zur Stundung der Verfahrenskosten des Insolvenzverfahrens ermöglicht nahezu allen Schuldnern die Durchführung des Verfahrens (§ 4 a InsO). Die Stundung muss für jeden Verfahrensabschnitt, also auch für den Schuldenbereinigungsplan, besonders genehmigt werden.

[1]) Welche Personen oder Stellen „geeignet" im Sinne von § 305 der InsO sind (z. B. die kommunalen Schuldnerberatungsstellen), haben die einzelnen Bundesländer in Ausführungsgesetzen zur InsO festgelegt.

BESONDERE GERICHTSVERFAHREN

Inhalt

Arbeitsrecht und Arbeitsgerichtsverfahren
    I. Grundzüge des Arbeitsrechts 339
        1. Allgemeines 339
        2. Tarifverträge 339
        3. Die Mitbestimmung der Arbeitnehmer im Betrieb 340
        4. Kündigungsschutz 340
        5. Der Arbeitskampf 341
    II. Das Arbeitsgerichtsverfahren 341
        1. Die Gerichte für Arbeitssachen 341
        2. Allgemeine Verfahrensvorschriften 343
        3. Das Urteilsverfahren 343
        4. Rechtsmittel gegen Urteile 344

Wiederholungsaufgaben 345

Verwaltungsrecht und Verwaltungsstreitverfahren 346
    I. Grundzüge des Verwaltungsrechts 346
    II. Das Verwaltungsstreitverfahren 347
A. Die Verwaltungsgerichtsbarkeit 347
        1. Das Widerspruchsverfahren 347
        2. Das Klageverfahren 348
B. Die Sozialgerichtsbarkeit 350
C. Die Finanzgerichtsbarkeit 351

Arbeitsrecht und Arbeitsgerichtsverfahren

I. Grundzüge des Arbeitsrechts

1. Allgemeines

Das Arbeitsrecht hat sich aus dem Dienstvertragsrecht des BGB entwickelt. Es ist das Sonderrecht für Nichtselbstständige[1], die in einem Abhängigkeitsverhältnis für den Arbeitgeber tätig sind (Arbeitnehmer).

Das Arbeitsrecht nimmt eine Mittelstellung zwischen Privatrecht und öffentlichem Recht ein. Für Abschluss und Inhalt eines Arbeitsvertrages gilt wie im gesamten Privatrecht Vertragsfreiheit; jedoch ist diese aufgrund zwingender gesetzlicher Regelungen wesentlich eingeschränkt vor allem durch

- **die Arbeitsschutzgesetze,**
  Beispiele:
  - Kündigungsschutz- und Mutterschutzgesetz, Jugendarbeitsschutz-, Schwerbeschädigten-, Bundesurlaubs-, Lohnfortzahlungsgesetz;
  - Vorschriften über den Gefahrenschutz in der Gewerbeordnung, in Verfügungen der Gewerbeaufsichtsämter; Arbeitszeitordnungen, Ladenschlussgesetz;
- *das Tarifvertragsgesetz*

2. Tarifverträge

In Art. 9 Abs. 3 GG ist das Recht der Arbeitgeber und Arbeitnehmer garantiert, Berufsverbände (Koalitionen) zu bilden. Die Arbeitnehmer haben sich in den **Gewerkschaften,** die Arbeitgeber in den **Arbeitgeberverbänden** organisiert.

Wichtigste Aufgabe der Berufsverbände ist die Regelung der Arbeitsbedingungen durch Tarifverträge, die seit der Tarifvertragsordnung vom 23. Dezember 1918 rechtlich anerkannt sind. Der Staat greift in die Vertragsgestaltung nicht ein **(Tarifautonomie).**

Die Tarifverträge regeln zum einen die gegenseitigen Rechte und Pflichten der Tarifpartner, z. B. Frieden zu halten während der Laufzeit eines Tarifvertrages, zum anderen wirken sie unmittelbar auf die einzelnen Arbeitsverhältnisse ein. Die Bestimmungen des Tarifvertrages haben insoweit gesetzgebende Wirkung (normative Wirkung des Tarifvertrages).

Der Tarifvertrag muss schriftlich geschlossen werden, die Partner müssen „tariffähig" sein (die Gewerkschaften, die Arbeitgeberverbände).

Die Bestimmungen des Tarifvertrages erfassen grundsätzlich nur die Mitglieder der Tarifvertragsparteien, jedoch kann die Wirkung durch eine *Allgemeinverbindlichkeitserklärung* des Bundesministers für Arbeit und Sozialordnung auf nichtorganisierte Arbeitnehmer und Arbeitgeber ausgedehnt werden.

Die Tarifverträge enthalten **Mindestarbeitsbedingungen** zugunsten der Arbeitnehmer, insbesondere über Lohn und Urlaubsansprüche, über die Beendigung des Arbeitsverhältnisses. Die Vereinbarung günstigerer Bedingungen ist unbeschränkt zulässig.

---

[1] „Selbstständig ist, wer im Wesentlichen frei seine Tätigkeit gestalten und seine Arbeitszeit bestimmen kann" (§ 84 Abs. 1, Satz 2 HGB).

3. Die Mitbestimmung der Arbeitnehmer im Betrieb

Die Mitbestimmung ist im **Betriebsverfassungsgesetz** vom 15. Januar 1972 geregelt. Hiernach wählen die Arbeitnehmer eines Betriebes mit mindestens fünf wahlberechtigten Arbeitnehmern (**Betriebsversammlung**) als ihren Interessenvertreter gegenüber der Unternehmensführung den **Betriebsrat**. Die Zahl der Betriebsratsmitglieder richtet sich nach der Zahl der wahlberechtigten Arbeitnehmer. Wahlberechtigt sind Arbeitnehmer ab 18 Jahren. Sie sind wählbar, wenn sie dem Unternehmen sechs Monate angehören.

Zwischen Betriebsrat und Arbeitgeber werden **Betriebsvereinbarungen** getroffen, z. B. über Arbeitsbeginn, Arbeitspausen, Schutzanordnungen, die für die Beteiligten zwingend sind. Betriebsvereinbarungen über Angelegenheiten, die durch Tarifvertrag geregelt sind, z. B. über Arbeitslöhne, sind nichtig, es sei denn, sie treffen eine günstigere Regelung.

4. Kündigungsschutz

Grundsätzlich endet ein **Dauerarbeitsverhältnis** mit der wirksamen Kündigung, d. h. entweder mit Ablauf der Kündigungsfrist (ordentliche Kündigung, § 622 BGB) oder durch fristlose Kündigung, wenn die Fortsetzung des Arbeitsverhältnisses zum Ende der Kündigungsfrist unzumutbar ist (außerordentliche Kündigung, § 626 BGB). Die ordentliche Kündigung gegen Auszubildende ist ausgeschlossen (§ 15 Berufsbildungsgesetz).

Befristete Arbeitsverhältnisse enden mit Zeitablauf oder mit Erreichung des vereinbarten Zwecks.

Die *Kündigungsfristen* sind meist in Tarifverträgen oder Einzelarbeitsverträgen festgesetzt; wenn nicht, sind die §§ 621 ff. BGB maßgebend.

Zum Schutze der Arbeitnehmer gegen willkürliche Kündigungen schränkt das **Kündigungsschutzgesetz**[1] vom 15. April 1969 (KSchG) die Kündigungsmöglichkeiten des Arbeitgebers ein:

- ◆ Eine Kündigung ist **unwirksam, wenn sie sozial ungerechtfertigt** ist.

    Voraussetzungen sind,
    - dass der Arbeitnehmer ohne Unterbrechung länger als sechs Monate im Betrieb gearbeitet hat (§ 1 Abs. 1 KSchG),
    - dass im Betrieb in der Regel mehr als fünf Arbeitnehmer (ohne die Auszubildenden) beschäftigt werden (§ 23 Abs. 1 KSchG).

- ◆ Eine Kündigung ist nur **sozial gerechtfertigt,** wenn sie durch Gründe, die in der Person oder in dem Verhalten des *Arbeitnehmers* liegen, oder durch dringende betriebliche Erfordernisse bedingt ist (§ 1 Abs. 2 KSchG).
    Beispiele:
    - wegen Arbeitsverweigerung, sonstiger schwerer Pflichtverletzung, mangelnder Eignung des Arbeitnehmers;
    - wegen unvermeidlicher Einschränkung des Betriebs infolge Absatzschwierigkeiten.

Hält der Arbeitnehmer die Kündigung für sozial ungerechtfertigt, kann er binnen einer Woche nach der Kündigung Einspruch beim Betriebsrat einlegen, der gegebenenfalls eine Verständigung mit dem Arbeitgeber versucht (§ 3 KSchG). Scheitert der Versuch, **kann innerhalb drei**

---

[1] Kündigungsschutz wird außerdem durch das Mutterschutzgesetz, das Schwerbeschädigtengesetz und das Berufsbildungsgesetz gewährt. Siehe auch noch die Vorschriften über anzeigepflichtige Entlassungen, Zulässigkeit von Kurzarbeit (§§ 17–22 KSchG).

Wochen nach Zugang der Kündigung die **Kündigungsschutzklage beim Arbeitsgericht erhoben werden**, andernfalls wird die Kündigung nach Ablauf der Frist wirksam. Bei unverschuldeter Versäumnis der Frist hat das Gericht auf Antrag des Arbeitnehmers die Klage nachträglich zuzulassen (§ 5 KSchG).

Stellt das *Arbeitsgericht* fest, dass die Kündigung sozial ungerechtfertigt ist, ist jedoch dem Arbeitnehmer die Fortsetzung des Arbeitsverhältnisses nicht zuzumuten, löst das Gericht auf Antrag des Arbeitnehmers das Arbeitsverhältnis auf und verurteilt den Arbeitgeber zur Zahlung einer angemessenen **Abfindung** (§ 9 KSchG). Die Höhe der Abfindung ergibt sich aus § 10 KSchG, eine etwaige Anrechnung von Zwischenverdiensten aus §§ 11 und 12 KSchG.

Das Kündigungsschutzgesetz findet, mit Ausnahme einiger Verfahrensvorschriften, auf **fristlose** *(außerordentliche)* **Kündigungen** grundsätzlich *keine Anwendung* (§ 13 Abs. 1 Satz 1 KSchG). Hier ist § 626 BGB maßgebend, bei Auszubildenden § 15 Berufsbildungsgesetz. Wesentlich ist, ob ein *wichtiger Grund* vorliegt. Wirtschaftliche betriebsbedingte Erfordernisse reichen für den Arbeitgeber nicht aus, ebenso wenig für den Arbeitnehmer die Aussicht, einen besser bezahlten Arbeitsplatz zu bekommen. Auch hier hat der Arbeitnehmer die Klagefrist von drei Wochen einzuhalten (§ 4 KSchG).

Die Kündigung von Betriebsrats- und Personalratsmitgliedern ist innerhalb ihrer Amtszeit und bis ein Jahr danach unzulässig; es sei denn, die Kündigung erfolgt aus wichtigem Grund (§ 15 KSchG).

Die Kündigungsschutzvorschriften gelten nicht für Angestellte in leitender Stellung (§ 14 KSchG).

5. Der Arbeitskampf

Der Arbeitskampf ist das rechtmäßige Mittel der Arbeitnehmer, Verbesserungen ihrer Lage durchzusetzen. Ihr Kampfmittel ist der **Streik.** Gegenkampfmittel der Arbeitgeber ist die **Aussperrung.** Der *Boykott* kann von beiden Seiten angewandt werden.

Streik und Aussperrung bewirken keine Lösung des Arbeitsverhältnisses, sondern nur eine Unterbrechung. Nach Beendigung des Arbeitskampfes wird das Arbeitsverhältnis fortgesetzt. Der Boykott eines Arbeitgebers soll Stellenbewerbungen bei ihm verhindern. Der Boykott der Arbeitnehmer besteht in der Weigerung des Arbeitgebers, bestimmte Arbeiter einzustellen.

Die Parteien können im Tarifvertrag ein **Schlichtungsverfahren** zur Verhinderung oder raschen Beilegung von Arbeitskämpfen vereinbaren.

II. Das Arbeitsgerichtsverfahren

Die Arbeitsgerichtsbarkeit ist im Arbeitsgerichtsgesetz (ArbGG) vom 2. Juli 1979 geregelt.

1. Die Gerichte für Arbeitssachen

Die Gerichte für Arbeitssachen sind **ausschließlich zuständig** insbesondere für (siehe § 2, ArbGG):

Besondere Gerichtsverfahren

- Streitigkeiten zwischen Arbeitgebern und Arbeitnehmern aus dem Arbeitsverhältnis
  Beispiele: wegen Lohn- und Gehaltsansprüchen, insbesondere Kündigungen;
- Streitigkeiten zwischen Tarifvertragsparteien über die Gültigkeit von Tarifverträgen und den daraus abgeleiteten Ansprüchen;
- Streitigkeiten, die aus der Tätigkeit der Tarifvertragsparteien (Arbeitgeber-, Arbeitnehmerverbände) in Angelegenheiten entstehen, die mit einem Arbeitskampf (Streik, Aussperrung) zusammenhängen;
- Angelegenheiten aus dem Betriebsverfassungsgesetz;
- Angelegenheiten aus dem Mitbestimmungsgesetz.

Arbeitnehmer im Sinne des ArbGG sind Arbeiter und Angestellte und die zu ihrer Berufsausbildung Beschäftigten. Beamte und Organe juristischer Personen, z. B. die Vorstandsmitglieder einer Aktiengesellschaft, gelten nicht als Arbeitnehmer (§ 5 ArbGG).

Der Instanzenzug und die Besetzung der Gerichte für Arbeitssachen ist aus dem folgenden Schaubild zu ersehen:

Das Arbeitsgerichtsgesetz unterscheidet das **Urteilsverfahren** und das **Beschlussverfahren.** Letzteres findet nur statt in Angelegenheiten aus dem Betriebsverfassungsgesetz, dem Mitbestimmungsgesetz und in Streitigkeiten über die Tariffähigkeit einer Vereinigung (§§ 80 Abs. 1, 2a ArbGG). Alle übrigen Arbeitssachen werden im Urteilsverfahren verhandelt und entschieden.

Für das in § 46a ArbGG geregelte *Mahnverfahren* ist grundsätzlich das Arbeitsgericht zuständig, das für die im Urteilsverfahren erhobene Klage zuständig sein würde (z. B. am Wohnsitz des Arbeitnehmers, am Sitz der Firma des Arbeitgebers). Auf das Verfahren sind die Vorschriften der ZPO über das Mahnverfahren entsprechend anzuwenden. Einige Besonderheiten bringt § 46a ArbGG:

- die Frist zur Zahlung oder Erhebung des Widerspruchs beträgt eine Woche;
- bei rechtzeitigem Widerspruch ist auf Antrag einer Partei Termin zur mündlichen Verhandlung zu bestimmen. Die Abgabe[1]) von Amts wegen an ein anderes Gericht ist ausgeschlossen;
- nach Einspruch gegen den Vollstreckungsbescheid wird Termin zur mündlichen Verhandlung von Amts wegen bestimmt, eine Abgabe (siehe oben) ist ausgeschlossen.

[1]) Siehe S. 195: Abgabe des Rechtsstreits nach Widerspruch im gerichtlichen Mahnverfahren nach ZPO.

2. Allgemeine Verfahrensvorschriften

◆ Das **Verfahren** ist in allen Rechtszügen **zu beschleunigen** (§ 9 Abs. 1 ArbGG).

◆ Die Vorschriften des GVG über Zustellungs- und Vollstreckungsbeamte, über die Aufrechterhaltung der Ordnung im Termin, über Beratung und Abstimmung gelten im Arbeitsgerichtsverfahren entsprechend (§ 9 Abs. 2 ArbGG). Ebenso finden entsprechende Anwendung die Vorschriften über die Zuständigkeit des Rechtspflegers bei den ordentlichen Gerichten (§ 9 Abs. 3 ArbGG).

◆ **Prozessvertretung:** Die Parteien können den Rechtsstreit vor dem Arbeitsgericht selbst führen oder sich durch einen Rechtsanwalt oder eine beliebige prozessfähige Person (§ 79 ZPO) vertreten lassen. Eine Vertretung durch dazu kraft Satzung oder Vollmacht berechtigte Vertreter der Gewerkschaften bzw. der Arbeitgeberverbände ist zulässig, wenn diese oder deren Mitglieder Partei sind (§ 11 Abs. 1 ArbGG).

Vor dem Landesarbeitsgericht und dem Bundesarbeitsgericht herrscht Anwaltszwang (§ 11 Abs. 2 ArbGG). Vertretungsberechtigt ist jeder bei einem deutschen Gericht zugelassene Rechtsanwalt. An ihrer Stelle können vor dem Landesarbeitsgericht die oben genannten Vertreter der Gewerkschaften bzw. der Arbeitgeberverbände auftreten.

Einer Partei, der Prozesskostenhilfe bewilligt wurde, ist in Verfahren vor dem Landesarbeitsgericht und dem Bundesarbeitsgericht ein Rechtsanwalt *von Amts wegen* beizuordnen; in Verfahren vor dem Arbeitsgericht *auf Antrag der Partei* nur dann, wenn die Partei nicht durch einen Vertreter der Gewerkschaft bzw. des Arbeitgeberverbandes vertreten werden kann und die andere Partei auch durch einen Rechtsanwalt vertreten ist (§ 11 a ArbGG). Die Vorschriften der ZPO über die Prozesskostenhilfe[1] gelten entsprechend (§ 11 a Abs. 3 ArbGG).

Die Parteien sind über Zulässigkeit, Form und Frist von Rechtsmitteln durch einen Vermerk auf der für sie bestimmten Ausfertigung der Entscheidung zu belehren. *Die Rechtsmittelfrist beginnt nur zu laufen, wenn die Parteien belehrt worden sind* (§ 9 Abs. 5 ArbGG).

3. Das Urteilsverfahren

Für das Urteilsverfahren gelten die Vorschriften der ZPO über das Verfahren vor den Amtsgerichten entsprechend, soweit das Arbeitsgerichtsgesetz keine Sondervorschriften enthält (§ 46 Abs. 2 ArbGG). So finden z. B. die Vorschriften über den frühen ersten Termin zur mündlichen Verhandlung, über das schriftliche Vorverfahren und über die Entscheidung ohne mündliche Verhandlung keine Anwendung. **Verfahren, die das Bestehen oder die Kündigung eines Arbeitsverhältnisses betreffen, sind vorrangig zu erledigen** (§ 61 a ArbGG).

Der streitigen Verhandlung vor dem Arbeitsgericht geht das **Güteverfahren** voraus, das einen Vergleich zum Ziele hat. Es findet vor dem Vorsitzenden allein statt (§ 54 ArbGG). Mit Zustimmung der Parteien kann der Vorsitzende die Güteverhandlung in einem weiteren Termin fortsetzen. Häufig wird die Angelegenheit hier schon erledigt. Kommt es zu keiner Einigung, schließt sich in der Regel die mündliche Verhandlung unmittelbar an (§ 54 Abs. 4 ArbGG).

Der Vorsitzende hat die streitige Verhandlung so vorzubereiten, dass sie möglichst in *einem* Termin zu Ende geführt werden kann (§ 56 ArbGG). Er soll zu diesem Zweck insbesondere die zu vernehmenden Zeugen und Sachverständigen laden lassen. Beweisaufnahmen am Sitz des Arbeitsgerichts sind vor der Kammer durchzuführen (§ 58 ArbGG).

---

[1]) Näheres über Prozesskostenhilfe siehe S. 176 f.

Besondere Gerichtsverfahren

Im Interesse der Beschleunigung des Verfahrens **entscheidet der Vorsitzende** in den in § 55 ArbGG aufgeführten Fällen **allein**.

Beispiele:
◆ wenn die Entscheidung in der sich an die Güteverhandlung unmittelbar anschließenden Verhandlung erfolgen kann und die Parteien sie übereinstimmend beantragen;
◆ wenn ein Versäumnis- oder Anerkenntnisurteil ergeht;
◆ wenn das Urteil aufgrund einer Klagezurücknahme oder eines Klageverzichts ergeht.

Urteile werden möglichst am Ende des letzten Verhandlungstermins verkündet. Zwischen Verhandlungstermin und Verkündungstermin sollen aber in der Regel nicht mehr als drei Wochen liegen (§ 60 Abs. 1 ArbGG).

Urteile der Arbeitsgerichte, gegen die Einspruch oder Berufung zulässig ist, sind vorläufig vollstreckbar (§ 62 ArbGG).

Gegen ein Versäumnisurteil kann die unterlegene Partei Einspruch binnen einer Notfrist[1]) von einer Woche nach Zustellung einlegen. Hierauf ist die Partei zugleich mit der Zustellung des Urteils schriftlich hinzuweisen (§ 59 ArbGG). Der Einspruch ist schriftlich oder zur Niederschrift der Geschäftsstelle einzulegen.

In Abweichung von § 49 S. 1 GVG ist die klagende Partei nicht verpflichtet, die Prozesskosten zu tragen, wenn der in die Kosten verurteilte Gegner zahlungsunfähig ist (§ 12 Abs. 4 S. 4 ArbGG).

4. Rechtsmittel gegen Urteile (§§ 64 ff. ArbGG)

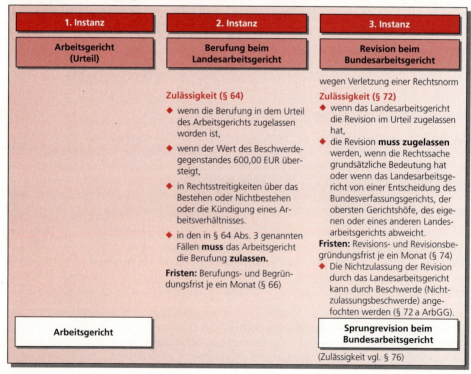

[1]) Näheres über Notfristen siehe S. 184.

Wiederholungsaufgaben

1 a) Für welche Streitigkeiten sind die Gerichte für Arbeitssachen zuständig?
b) Welche Gerichte gehören zur Arbeitsgerichtsbarkeit?
Wie sind sie besetzt?
Wie ist der Instanzenzug geregelt?
c) Wer ist Arbeitnehmer im Sinne des Arbeitsgerichtsgesetzes?

2 Faber wird wegen angeblich beleidigender Äußerungen gegen seinen Arbeitgeber fristlos entlassen. Faber erkundigt sich,
a) ob der Betriebsrat vor der Kündigung gehört werden müsse,
b) mit welcher Klage er gegen die Kündigung vorgehen könne,
c) bei welchem Gericht und innerhalb welcher Frist er die Klage einzureichen habe,
d) ob § 1 KSchG auf seinen Fall anzuwenden sei,
e) durch wen er sich vor Gericht vertreten lassen könne.

3 a) Auf welche Arbeitnehmer eines Betriebes findet das Kündigungsschutzgesetz Anwendung?
b) Unter welchen Voraussetzungen ist die Kündigung eines Arbeitsverhältnisses sozial ungerechtfertigt (§ 1 KSchG)?

4 Das Arbeitsgericht stellt fest, dass die Kündigung des Vorarbeiters Mauser sozial ungerechtfertigt ist. Mauser kann jedoch nicht mehr zugemutet werden, das Arbeitsverhältnis fortzusetzen. Welchen Antrag kann Mauser stellen?

5 Sind folgende Kündigungen zulässig?
a) Dem Betriebsratsmitglied Schlaufer wird während seiner Amtszeit unter Einhaltung der Kündigungsfrist gekündigt;
b) dem Betriebsratsmitglied Petermann kündigt der Arbeitgeber fristlos aus wichtigem Grund (Petermann hat seine Arbeitszeitstempelkarte gefälscht).

6 a) Welche Verfahren werden im Arbeitsgerichtsgesetz unterschieden?
b) In welchen Angelegenheiten finden sie Anwendung?

7 a) Durch wen können sich die Beteiligten vor den Arbeitsgerichten vertreten lassen?
b) Vor welchen Gerichten der Arbeitsgerichtsbarkeit herrscht Anwaltszwang?
c) Wann ist der armen Partei vor dem Arbeitsgericht ein Rechtsanwalt beizuordnen?

8 a) Wie heißt das Verfahren, das der streitigen Verhandlung vor dem Arbeitsgericht vorausgehen muss?
b) Welches Ziel erstrebt dieses Verfahren?
c) Wer ist für das Verfahren zuständig?

9 a) Wann sind Urteile in Arbeitssachen zu verkünden?
b) Innerhalb welcher Frist muss die Berufung eingelegt und begründet werden, innerhalb welcher Frist die Revision?
c) Wie lange kann Einspruch gegen ein Versäumnisurteil eingelegt werden? Ab wann läuft die Einspruchsfrist?

Verwaltungsrecht und Verwaltungsstreitverfahren

I. Grundzüge des Verwaltungsrechts

Die staatliche Gewalt ist aufgeteilt in die drei Teilbereiche: Gesetzgebung (Legislative), vollziehende Gewalt (Exekutive), Rechtsprechung (Judikative). So kann man sagen, dass „Verwaltung" jedes staatliche Handeln ist, das nicht in die Bereiche der Gesetzgebung oder der Rechtsprechung eingeordnet werden kann. **Das Verwaltungsrecht regelt die Tätigkeit der Verwaltungsbehörden, soweit sie dem Bürger im Rahmen ihrer hoheitlichen Befugnisse gegenübertreten.** Tritt eine Behörde als Vertragspartner eines Bürgers auf, finden die Bestimmungen des bürgerlichen Rechts Anwendung, nicht die des Verwaltungsrechts.

Beispiele:
- Hans Willig beantragt eine Baugenehmigung bei der städtischen Baubehörde. Sie wird ihm unter der Auflage erteilt, dass das Dach einen bestimmten Winkel haben müsse. Das Baugenehmigungsverfahren und die möglichen Einwendungen gegen die Genehmigung oder ihre Versagung richten sich nach Bestimmungen des Verwaltungsrechts.
- Sein Nachbar Eckehard Lustig schließt mit der Stadt einen Jagdpachtvertrag. Bei den Verhandlungen und ihrem Ergebnis, dem Vertrag, sind die Bestimmungen des BGB über den Pachtvertrag anzuwenden.

Man unterscheidet zunächst zwischen dem allgemeinen und dem besonderen Verwaltungsrecht. **Im allgemeinen Verwaltungsrecht** sind diejenigen Bestimmungen zu finden, die für sämtliche Gebiete der öffentlichen Verwaltung gelten, z. B. die Organisation der Verwaltungsbehörden, die Regeln des Verwaltungsverfahrens und des Verwaltungsstreitverfahrens, Bestimmungen über den Erlass und die Rücknahme von Verwaltungsakten. Manche dieser Bereiche sind nicht durch Gesetze oder Verordnungen geregelt. Hier hat sich vielmehr in weiten Bereichen **Gewohnheitsrecht**[1]) oder **Richterrecht**[2]) durchgesetzt.

Das besondere Verwaltungsrecht umfasst die einzelnen Fachgebiete, z. B. Polizeirecht, Beamtenrecht, Kommunalrecht, Gewerberecht, Schulrecht usw.

Im Rahmen des Gewohnheitsrechts und auch des Richterrechts haben sich **allgemeine Grundsätze des Verwaltungsrechts** entwickelt.

Beispiele:
- zur Erforderlichkeit und Verhältnismäßigkeit des Verwaltungshandelns,
- zum Bestand oder zur Rücknahme von Verwaltungsakten,
- zur Nichtigkeit von Verwaltungsakten,
- über öffentlich-rechtliche Entschädigungen oder Erstattungsansprüche,
- zum Vertrauensschutz auf das Handeln der Verwaltung,
- zum Verwaltungsverfahren außerhalb des Streitverfahrens (z. B. Gebot des rechtlichen Gehörs, Vermeidung von Interessenkollisionen, Befangenheit und Entscheidung in eigener Sache).

Teilweise sind diese Grundsätze aber auch im besonderen Verwaltungsrecht konkretisiert, z. B. der Grundsatz der Verhältnismäßigkeit in den Polizeirechten der Bundesländer.

---

[1]) Siehe Seite 8.
[2]) Unter Richterrecht versteht man in einer gerichtlichen Entscheidung enthaltene Grundsätze, die über die Regelung des Einzelfalles hinausgehen und Bedeutung für die Regelung künftiger Streitfälle haben.

II. Das Verwaltungsstreitverfahren

Unter Verwaltungsstreitverfahren versteht man das gerichtliche Verfahren, in dem über öffentlich-rechtliche Streitigkeiten zwischen dem Staat und dem durch staatliche Maßnahmen in seinen Rechten betroffenen Bürger entschieden wird. Zuständig für die Entscheidung solcher Streitigkeiten sind die Verwaltungsgerichte, die Sozialgerichte und die Finanzgerichte.

A. Die Verwaltungsgerichtsbarkeit

Rechtsgrundlage für das Verfahren vor den Verwaltungsgerichten ist die Verwaltungsgerichtsordnung (VwGO). Der Verwaltungsrechtsweg ist grundsätzlich in allen öffentlich-rechtlichen Streitigkeiten nichtverfassungsrechtlicher Art gegeben, soweit sie nicht durch Bundes- oder Landesgesetz einem anderen Gericht, z. B. dem Sozialgericht oder Finanzgericht übertragen sind (§ 40 Abs. 1 VwGO).

1. Das Widerspruchsverfahren

Fühlt sich der Bürger durch eine staatliche Anordnung zu Unrecht beeinträchtigt, wird ihm z. B. eine beantragte Baugenehmigung verweigert, oder wird er nach seiner Ansicht mit zu hohen Erschließungskosten für sein Grundstück belastet, kann er sich gegen diese ihn belastenden Verwaltungsakte[1]) wehren. Dies geschieht durch Einlegung des Widerspruchs. Hiermit wird das so genannte **Vorverfahren** eingeleitet (§ 69 VwGO), das der Entlastung der Gerichte dient und in dem der beanstandete Verwaltungsakt nochmals auf seine Rechtmäßigkeit und Zweckmäßigkeit überprüft wird. **Der Widerspruch ist innerhalb eines Monats nach Bekanntgabe des Verwaltungsakts** schriftlich oder zur Niederschrift bei der Behörde einzulegen, die den Verwaltungsakt erlassen oder den beantragten Verwaltungsakt abgelehnt hat. Die Frist wird auch durch Einlegung bei der Behörde gewahrt, die über den Widerspruch zu entscheiden hat (§ 70 VwGO). Die Frist beginnt nur zu laufen, wenn der Verwaltungsakt mit einer **vollständigen Rechtsbehelfsbelehrung** versehen ist. Ist dies nicht der Fall, kann der Widerspruch noch innerhalb eines Jahres eingelegt werden (§ 58 Abs. 2 VwGO).

Die Einlegung des Widerspruchs hat **grundsätzlich aufschiebende Wirkung** (§ 80 Abs. 1 VwGO). Dies bedeutet, dass jede Maßnahme zur Durchsetzung des Verwaltungsakts unzulässig ist. In bestimmten Fällen hat das Gesetz jedoch Ausnahmen von diesem Grundsatz zugelassen, z. B. bei unaufschiebbaren Anordnungen und Maßnahmen von Polizeivollzugsbeamten, etwa im Straßenverkehr; bei Widerspruch gegen den Einberufungsbescheid (§ 33 WPfl.G). Hält die Behörde, die den Verwaltungsakt erlassen bzw. dessen Vornahme sie verweigert hat, den Widerspruch für begründet, so hilft sie ihm ab, d. h. sie ändert den Verwaltungsakt oder hebt ihn auf: **Abhilfeentscheidung;** sie entscheidet auch über die Kosten (§ 72 VwGO).

Hilft die Behörde dem Widerspruch nicht ab, leitet sie den Widerspruch der nächsthöheren Verwaltungsbehörde zur Entscheidung zu. Diese erlässt einen **Widerspruchsbescheid,** der zu begründen und mit einer Rechtsmittelbelehrung zu versehen ist (§ 73 VwGO).

Beispiel: Das Landratsamt lehnt die Erteilung des Führerscheins ab. Es leitet den Widerspruch samt Akten dem Regierungspräsidium zu, das den Widerspruchsbescheid erlässt.

---

[1]) Verwaltungsakt ist jede Verfügung, Entscheidung oder andere hoheitliche Maßnahme, die eine Behörde zur Regelung eines Einzelfalles auf dem Gebiet des öffentlichen Rechts trifft und die auf unmittelbare Rechtswirkung nach außen gerichtet ist. Kein Verwaltungsakt ist demnach die von einer Behörde erteilte Auskunft oder eine dienstliche Anweisung des Vorgesetzten an einen Untergebenen.

2. Das Klageverfahren

Gegen den Widerspruchsbescheid kann der Betroffene im Wege der Klage vorgehen. Folgende Klagearten sind zu unterscheiden:

- Anfechtungsklage,
- Verpflichtungsklage und
- Feststellungsklage.

◆ Die Anfechtungsklage (§ 42 VwGO)

Sie ist die am häufigsten vorkommende Klageart; sie ist darauf gerichtet, die Wirkung des Verwaltungsaktes zu beseitigen. Sie ist das geeignete Mittel, um z. B. gegen die Veranlagung zu einer öffentlichen Abgabe (Steuern) oder gegen eine Verfügung der Ordnungsbehörde, z. B. der Polizeibehörde, vorzugehen.

◆ Die Verpflichtungsklage (§ 42 VwGO)

Mit ihr wendet sich der Kläger nicht gegen einen bereits erlassenen Verwaltungsakt, sondern er begehrt den Erlass einer beantragten, aber von der Behörde bisher verweigerten Verwaltungsmaßnahme, so z. B. die Ausstellung eines Führerscheins.

Ihr Ziel ist es also, ein Tun der Behörde zu erreichen. Es gibt noch zwei weitere Arten der Verpflichtungsklage:

- Lehnt die Behörde es ab, eine Sachentscheidung zu treffen, weil sie sich z. B. für unzuständig erklärt, ist hiergegen die so genannte **Weigerungsklage** zulässig.
- Gibt die Behörde dem Antragsteller überhaupt keinen Bescheid, ist hiergegen die so genannte **Untätigkeitsklage** gegeben.

◆ Die Feststellungsklage (§ 43 VwGO)

Mit der Feststellungsklage kann der Kläger die Feststellung des Bestehens oder Nichtbestehens eines Rechtsverhältnisses oder der Nichtigkeit eines Verwaltungsakts begehren, wenn er ein berechtigtes Interesse an der alsbaldigen Feststellung hat.

Beispiele:
- Andermann klagt auf Feststellung, dass der an der Grenze seines Grundstücks entlang führende Weg kein öffentlicher Weg ist (negative Feststellungsklage).
- Reimer klagt auf Feststellung, dass der Gemeinde Ringen die Streupflicht auf der Rosenaustraße obliegt (positive Feststellungsklage).

Sachlich zuständig für die Entscheidung über die genannten Klagen ist das Verwaltungsgericht (§ 45 VwGO). Die *örtliche Zuständigkeit* ergibt sich aus §§ 52 ff. VwGO.[1]) Über die Zuständigkeit des Oberverwaltungsgerichts bzw. des Verwaltungsgerichtshofs und des Bundesverwaltungsgerichts als Rechtsmittelinstanz siehe die §§ 46, 49 VwGO und die folgenden Tabellen.

---

[1]) Mehrere Länder können die Errichtung eines gemeinsamen Gerichts oder gemeinsamer Spruchkörper (Kammern, Senate) eines Gerichts vereinbaren, außerdem die Ausdehnung von Gerichtsbezirken über die Landesgrenzen hinaus, wobei die Vereinbarung auf einzelne Sachgebiete beschränkt werden kann (§ 3 Abs. 2 VwGO).

Die Verwaltungsgerichtsbarkeit

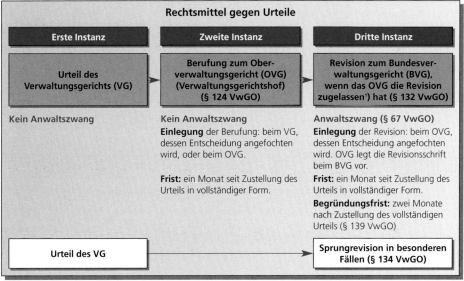

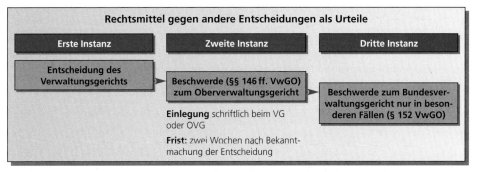

[1]) Lehnt das Oberverwaltungsgericht die Zulassung ab, kann innerhalb von einem Monat Nichtzulassungsbeschwerde erhoben werden (§ 133 VwGO).

B. Die Sozialgerichtsbarkeit

Das Sozialgerichtsverfahren befasst sich mit öffentlichen Streitigkeiten, die sich aus Meinungsverschiedenheiten zwischen Staat und Bürger insbesondere auf dem Gebiet der *Sozialversicherung, der Arbeitslosenversicherung und der übrigen Aufgaben der Bundesanstalt für Arbeit sowie der Kriegsopferversorgung* ergeben. Rechtsgrundlage für das Verfahren ist das Sozialgerichtsgesetz (SGG).

Das Sozialgerichtsverfahren ähnelt im Wesentlichen dem Verwaltungsgerichtsverfahren. Die Sozialgerichtsbarkeit wird von den Sozialgerichten ausgeübt. Ihre Besetzung, der Instanzenzug und die Rechtsmittel ergeben sich aus dem nachfolgenden Schaubild:

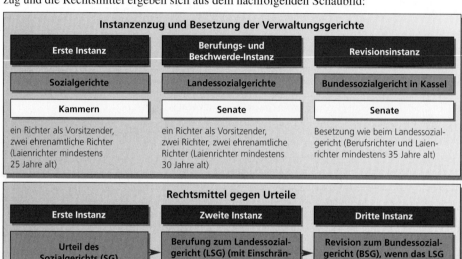

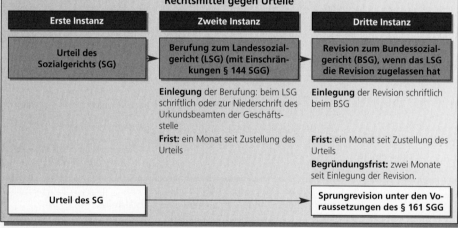

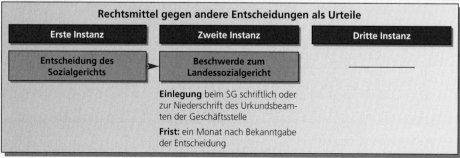

C. Die Finanzgerichtsbarkeit

Die Finanzgerichtsbarkeit befasst sich vor allem mit öffentlich-rechtlichen Streitigkeiten über Abgabeangelegenheiten. Hierzu gehören insbesondere die Steuern. Die Rechtsgrundlage für das Verfahren ist die Finanzgerichtsordnung (FGO). Wie das Sozialgerichtsgesetz ist auch die Finanzgerichtsordnung weitgehend der Verwaltungsgerichtsordnung angepasst. Wie dort findet auch hier grundsätzlich ein Vorverfahren statt, das jedoch nicht in der FGO, sondern in den §§ 228 ff. der Abgabenordnung geregelt ist und den Zweck verfolgt, die Finanzgerichte zu entlasten.

Gerichte der Finanzgerichtsbarkeit sind
- in den Ländern die Finanzgerichte
- im Bund der Bundesfinanzhof.

Durch diesen zweistufigen Gerichtsaufbau sind die Finanzgerichte in den Rang von Oberlandesgerichten, Oberverwaltungsgerichten und Landessozialgerichten erhoben worden.

Die Besetzung der Finanzgerichte, der Instanzenzug und die Rechtsmittel:

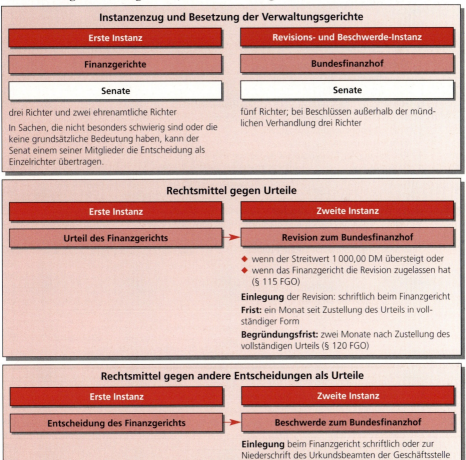

STRAFRECHT UND STRAFVERFAHREN

Inhalt

Das Strafrecht 354

A. Allgemeiner Teil des Strafgesetzbuches 354
    I.   Einführung 354
    II.   Der Zweck der Strafe 354
    III. Wichtige Grundsätze des Strafrechts 355
        1. Keine Strafe ohne Gesetz 355
        2. Keine Strafe ohne Schuld 355
        3. Geltung 355
    IV. Die Straftat 355
    V.   Der Versuch 357
    VI. Täterschaft und Teilnahme 357
    VII. Die Strafen 358
        1. Freiheitsstrafe 358
        2. Geldstrafe 358
        3. Nebenstrafen und Nebenfolgen 359
        4. Gesamtstrafe 359
        5. Absehen von Strafe 359
        6. Aussetzung des Strafrestes bei zeitiger Freiheitsstrafe 360
    VIII. Maßregeln der Besserung und Sicherung 360
        1. Freiheitsentziehende Maßnahmen 360
        2. Führungsaufsicht 360
        3. Entziehung der Fahrerlaubnis 361
        4. Berufsverbot 361

Wiederholungsaufgaben 361

B. Besonderer Teil des Strafgesetzbuches – Einzelne Straftaten – 362
    I.   Straftaten gegen das Leben und die körperliche Unversehrtheit .. 362
    II.   Straftaten gegen das Eigentum 364
    III. Straftaten gegen die persönliche Freiheit 367
    IV. Betrug 368
    V.   Straftaten im Straßenverkehr 368
    VI. Landfriedensbruch und Hausfriedensbruch 370
    VII. Straftaten gegen die Umwelt 371
    VIII. Unterlassene Hilfeleistung 372

Wiederholungsaufgaben 372

Das Strafverfahren 374

    I.   Die Zuständigkeit der Strafgerichte 374
    II.   Das Ermittlungsverfahren der Staatsanwaltschaft 375
    III. Die Erhebung der öffentlichen Klage 377
    IV. Der Verteidiger 378
    V.   Die Hauptverhandlung 378
    VI. Die Rechtsmittel 379
    VII. Die Wiederaufnahme des Verfahrens 380
    VIII. Das Verfahren bei Strafbefehlen 380
    IX. Die Privatklage 381

X.	Strafvollstreckung und Strafvollzug	381
XI.	Die Verjährung	383
XII.	Die Kronzeugenregelung	383
XIII.	Die Kosten des Strafverfahrens	384

Das Jugendstrafverfahren ... 385

Das Bußgeldverfahren ... 389

I.	Allgemeines	389
II.	Der Bußgeldbescheid	389
III.	Die Rechtsmittel	389
IV.	Die Vollstreckung des Bußgeldbescheids	390

Wiederholungsaufgaben ... 390

Das Strafrecht

A. Allgemeiner Teil des Strafgesetzbuches (StGB)

I. Einführung

Das Strafrecht schützt das friedliche Zusammenleben der Menschen durch das Mittel der Strafe und durch andere Maßnahmen.

Aus der mit Beginn des 19. Jahrhunderts einsetzenden Forderung nach Vereinheitlichung des Strafrechts ist das im Jahre 1871 in Kraft getretene Reichsstrafgesetzbuch hervorgegangen. Dieses Gesetz ist trotz zahlreichen Änderungen in seinem Aufbau bis in die neuere Zeit nahezu gleich geblieben. Erst die Reformgesetze der letzten Jahre haben das Strafrecht wesentlich umgestaltet. Sie haben vor allem die Neugestaltung des „Allgemeinen Teils" gebracht.

Das Strafrecht gehört zum **öffentlichen Recht.** Dem Staat allein steht das Recht zu, begangenes Unrecht zu bestrafen. Das Strafgesetzbuch enthält die Vorschriften, nach denen jemand straffällig wird: **materielles Strafrecht.**

Der **„Allgemeine Teil"** enthält grundlegende Bestimmungen, die für alle Straftaten gelten, auch für die in zahlreichen strafrechtlichen Nebengesetzen enthaltenen.
Beispiele: im Wirtschaftsstrafgesetz, Wehrstrafgesetz, Straßenverkehrsgesetz, Tierschutzgesetz.

Der **„Besondere Teil"** bringt die genauen Tatbestände der einzelnen Straftaten.
Beispiele: Totschlag, Mord, Diebstahl, Urkundenfälschung.

Die **„Ordnungswidrigkeiten"** sind nicht mit einer Kriminalstrafe bedroht, sondern mit einer **Geldbuße.** Die einzelnen Ordnungswidrigkeiten sind in den verschiedenen Gesetzen aufgeführt.
Beispiele: §§ 67, 68 PStG; §§ 23–24a StVG; § 58 LuftVG; § 2 WiStG. Auch der dritte Teil des Gesetzes über Ordnungswidrigkeiten enthält einzelne Tatbestände, die sich vor allem gegen die staatliche Ordnung richten.

Die Durchführung des staatlichen Strafanspruchs regelt das **Strafverfahrensrecht,** das in der Strafprozessordnung (StPO) niedergelegt ist: **formelles Strafrecht.**

Für das **Bußgeldverfahren**[1] gelten mit einigen Ausnahmen die Vorschriften der StPO sinngemäß (§ 46 OWiG).

II. Der Zweck der Strafe

Während im früheren Strafrecht die Vergeltung (Sühne) eine wichtige Rolle spielte, sieht das neue Strafrecht neben dem **Schutz der Allgemeinheit** seine Aufgabe darin, durch die Strafe auf den Täter bessernd einzuwirken, damit er wieder in die Gesellschaft eingeordnet werden kann **(Resozialisierung).**

Im **Jugendstrafrecht** ist der **Erziehungsgedanke** ausschlaggebend, daneben das Bestreben, den jungen noch besserungsfähigen Menschen vor den nachteiligen Folgen einer „Strafe" zu schützen. Deshalb werden für jugendliche Täter vor allem Erziehungsmaßregeln angeordnet. Nur wenn **Erziehungsmaßregeln** nicht mehr ausreichen, werden *„Zuchtmittel"* oder

---

[1] Näheres siehe S. 389 f.

„*Jugendstrafe*" verhängt (§ 5 JGG), ebenfalls mit dem Ziel, auf den Täter erziehend einzuwirken. Das Erwachsenenstrafrecht findet auf Straftaten von Jugendlichen[1]) und Heranwachsenden[1]) nur Anwendung, soweit das *Jugendgerichtsgesetz* keine Sondervorschriften enthält (§ 2 JGG).

III. Wichtige Grundsätze des Strafrechts

1. Keine Strafe ohne Gesetz

Eine Tat kann nur mit Strafe belegt werden, wenn die Strafbarkeit gesetzlich bestimmt war, *bevor* die Tat begangen wurde (§ 1)[2]). Der Staat darf somit keine Strafgesetze mit rückwirkender Kraft erlassen. Die Strafbarkeit einer Tat und die Strafe bestimmen sich nach dem Gesetz, das zur Zeit der Tat gilt (§ 2 Abs. 1).

Ausnahme: Wird das Gesetz, das bei Beendigung der Tat gilt, vor der Entscheidung geändert, so ist das mildeste Gesetz anzuwenden (§ 2 Abs. 3).

2. Keine Strafe ohne Schuld

Der Verstoß gegen ein Gebot oder Verbot ist nur dann strafbar, wenn den Täter ein Verschulden trifft. Kinder unter 14 Jahren sind schuldunfähig (§ 19).

Grundsätzlich ist nur vorsätzliches Handeln strafbar; fahrlässiges nur dann, wenn es ausdrücklich mit Strafe bedroht ist (§ 15).
Beispiele: fahrlässige Tötung (§ 222), fahrlässige Körperverletzung (§ 230).

3. Geltung

Das deutsche Strafrecht gilt für alle Deutschen, ganz gleich, ob sie die Tat im In- oder Ausland begehen. Es gilt auch für Ausländer, die eine Tat im Inland begangen haben (§ 3).

IV. Die Straftat

◆ Das StGB teilt die Straftaten in Verbrechen und Vergehen ein.
Verbrechen sind rechtswidrige Taten, die im Mindestmaß mit Freiheitsstrafe von einem Jahr oder darüber bedroht sind (§ 12 Abs. 1).

Vergehen sind rechtswidrige Taten, die im Mindestmaß mit einer geringeren Freiheitsstrafe oder die mit Geldstrafe bedroht sind (§ 12 Abs. 2).

Für die Einteilung bleiben *Milderungs- und Schärfungsgründe* außer Betracht (§ 12 Abs. 3).

◆ Eine strafbare Handlung kann durch ein *Tun* oder ein *Unterlassen* begangen werden.
Ein Unterlassen wird einem Tun nur dann gleichgesetzt, wenn eine Rechtspflicht zum Handeln bestanden hat (§ 13).
Beispiel: Eine Mutter, die ihr Kind verhungern lässt, hat getötet durch Unterlassen.

---

[1]) „Jugendliche" sind Minderjährige zwischen 14 und 18 Jahren (§ 1 Abs. 2 JGG), „Heranwachsende" sind junge Menschen zwischen 18 und 21 Jahren.
[2]) §§ ohne Gesetzesangabe sind die des Strafgesetzbuches (StGB).

◆ Eine Tat kann nur dann bestraft werden,

– **wenn sie tatbestandsmäßig ist,** d. h. wenn sie den gesetzlichen Tatbestand verwirklicht;
  Beispiel: Den Tatbestand des Diebstahls verwirklicht, „wer eine fremde bewegliche Sache einem anderen wegnimmt"; hinzukommen muss „in der Absicht, sie sich rechtswidrig zuzueignen".

– **wenn sie rechtswidrig ist;**
  Wer den Tatbestand einer Straftat erfüllt, handelt in der Regel rechtswidrig, es sei denn, er hat einen Rechtfertigungsgrund.
  Beispiele: Notwehr, Notstand, Einwilligung oder mutmaßliche Einwilligung des Geschädigten.

  Beispiele:
  – Der Hausherr schlägt den ihn angreifenden Einbrecher nieder (Notwehr § 32).
  – Der von einer Dogge Angegriffene tötet den wertvollen Hund (rechtfertigender Notstand § 34).
  – Ein Schwimmer verletzt den Ertrinkenden, um ihn zu retten (mutmaßliche Einwilligung).

– **wenn den Täter eine Schuld trifft.**
  Ist er nicht schuldfähig oder liegen Gründe vor, die seine Schuld ausschließen, kann er nicht bestraft werden.
  Beispiele: Schuldunfähigkeit wegen Strafunmündigkeit (§ 19 StGB, § 1 Abs. 2 JGG), wegen krankhafter seelischer Störungen (§ 20), entschuldigender Notstand (§ 35), Überschreitung der Notwehr (§ 33).

  Beispiele:
  – Ein neunjähriges Kind wirft eine Fensterscheibe ein (Strafunmündigkeit § 19).
  – Ein Geisteskranker verletzt in einem Anfall seinen Pfleger (§ 20).
  – Ein Schiffbrüchiger stößt in seiner Todesangst einen anderen vom Floß, um sich zu retten (entschuldigender Notstand § 35).
  – Ein Jagdpächter erschießt in seinem Schrecken den plötzlich auftauchenden Fallensteller (Überschreitung der Notwehr § 33).

  Bei *verminderter Schuldfähigkeit wegen seelischer Störungen* kann die Strafe nach § 49 Abs. 1 gemildert werden (§ 21).

◆ Zwei Schuldformen werden unterschieden: **Vorsatz und Fahrlässigkeit.**

– **Vorsätzlich handelt,** wer die Tatbestandsmerkmale einer Straftat mit Wissen und Wollen verwirklicht. Vorsätzlich handelt auch, wer die Folgen der Tat zwar nicht will, sie aber in Kauf nimmt **(bedingter Vorsatz).**

  Beispiele:
  – Eine Mutter, die ihr Kind wissentlich falsch ernährt, um seinen Tod herbeizuführen, tötet vorsätzlich.
  – Weiß der Täter, dass das von ihm sexuell missbrauchte Kind noch nicht 14 Jahre alt ist, hat er vorsätzlich gehandelt (§ 176). Kennt der Täter bei Begehung der Tat das Alter des Mädchens nicht, nimmt aber in Kauf, dass sie noch nicht 14 Jahre alt ist, so handelt er bedingt vorsätzlich.

– **Fahrlässig handelt,** wer eine ihm nach seinen Fähigkeiten obliegende Sorgfaltspflicht missachtet und deshalb das schädigende Verhalten und seine Folgen nicht vermieden hat.

  Beispiele:
  – Der mit überhöhter Geschwindigkeit fahrende Kramer wird aus der Kurve getragen und überfährt einen Fußgänger (fahrlässige Tötung § 222).
  – Klaus hantiert mit Benzin nahe bei einem offenen Feuer. Das Benzin entzündet sich, sein Freund wird schwer verletzt (fahrlässige Körperverletzung § 230).

  Fahrlässiges Handeln wird nur dann bestraft, wenn es im Gesetz ausdrücklich mit Strafe bedroht ist (§ 15).

V. Der Versuch

Der **Versuch** einer Straftat liegt vor, wenn der Täter „nach seiner Vorstellung von der Tat zur Verwirklichung des Tatbestandes unmittelbar ansetzt (§ 22)".
Beispiel: Der Mörder, der den geladenen Revolver auf sein Opfer richtet, hat unmittelbar zur Verwirklichung des Tatbestandes (§ 211) angesetzt.
Der Kauf der Waffe ist bloße Vorbereitungshandlung.

Bloße **Vorbereitungshandlungen** sind grundsätzlich straflos. Das Gesetz stellt aber einige Vorbereitungshandlungen als selbstständige Straftaten unter Strafe.
Beispiele:
◆ die Anfertigung von Druckstöcken, Platten, Matrizen usw. zur Fälschung von Geld (§ 149);
◆ die Vorbereitung eines Angriffskrieges (§ 80), eines hochverräterischen Unternehmens (§ 83).

Der Versuch eines Verbrechens ist stets strafbar, der Versuch eines Vergehens nur dann, wenn das Gesetz es ausdrücklich bestimmt (§ 23 Abs. 1).
Beispiele: der versuchte Diebstahl (§ 242 Abs. 2), die versuchte Tötung auf Verlangen (§ 216 Abs. 2).

Die versuchte Straftat kann milder bestraft werden als die vollendete Tat (§ 23 Abs. 2). Das Gericht kann bis zum angedrohten Mindestmaß der Strafe herabgehen oder statt auf Freiheitsstrafe auf Geldstrafe erkennen (§ 49 Abs. 2 in Verbindung mit § 23 Abs. 3).

Tritt der Täter vom Versuch zurück, d. h. gibt er die weitere Ausführung der Tat freiwillig auf oder verhindert er freiwillig ihre Vollendung, so wird er nicht wegen Versuchs bestraft (§ 24).
Beispiele:
◆ Der Täter lässt die zum Schuss erhobene Pistole sinken, weil er Mitleid mit seinem Opfer bekommt.
◆ Der Täter hat das tödliche Gift seinem Opfer beigebracht, gibt aber ein wirksames Gegengift, ehe das Gift wirkt. – Der Täter hat hier wohl den Erfolg (den Tod des Opfers) freiwillig abgewendet, wird jedoch wegen eines vollendeten Verbrechens der Giftbeibringung bestraft (§ 229 Abs. 1).

Nur in einem einzigen Fall bewirkt der Rücktritt von der vollendeten Straftat Straffreiheit: Wenn der Brandstifter den Brand wieder löscht, ohne dass ein weiterer Schaden als der durch die Inbrandsetzung bewirkte entstanden ist (§ 306 e), wird er nicht wegen Brandstiftung bestraft. Die Bestrafung wegen Sachbeschädigung (§ 303) ist jedoch möglich.

VI. Täterschaft und Teilnahme

An einer Straftat können mehrere Personen beteiligt sein, entweder als Täter, Anstifter oder Gehilfen.

◆ **Täter** ist, wer die Straftat selbst begeht oder sie durch einen anderen, den er als Werkzeug benutzt, begeht (§ 25 Abs. 1).
   Beispiel: Franz ermordet seine Erbtante mit vergiftetem Tee. Schüttet er das Gift selbst in den Tee oder lässt er es durch die nichts ahnende Haushälterin der Tante in den Tee schütten, so wird er in beiden Fällen als Täter bestraft. Im zweiten Fall ist er mittelbarer Täter, weil er die Tat mittels der Haushälterin begeht.

   Begehen mehrere eine Straftat gemeinschaftlich **(Mittäter),** so wird jeder als Täter bestraft (§ 25 Abs. 2).
   Beispiel: A, B und C verabreden einen gemeinschaftlichen Einbruch in der Fabrik des Kahl. Die Beute soll geteilt werden. A steht „Schmiere", B steigt ein und reicht das Diebesgut dem C durchs Fenster, der es zum Lastwagen trägt und abtransportiert. Alle drei werden als Täter bestraft, weil jeder die Tat als seine eigene will. Die verschiedenen Aufgaben sind bloße Arbeitsteilung.

- **Anstifter ist,** wer vorsätzlich einen anderen zu einer vorsätzlich begangenen Straftat bestimmt hat. **Der Anstifter wird gleich einem Täter bestraft** (§ 26).
  Beispiel: Merk stiftet eine Gruppe junger Männer an, den Gottesdienst durch Schreien und Lärmen zu stören. Diese wollen zunächst nicht, lassen sich aber von Merk umstimmen. Merk wird gleich wie die jungen Männer bestraft.
- **Der Gehilfe** will die Tat nicht als seine eigene, sondern leistet dem Täter vorsätzlich Hilfe bei der Tat. Die Strafdrohung für den Täter wird auch auf den Gehilfen angewandt, jedoch ist die Strafe nach § 49 Abs. 1 *zu mildern* (§ 27).
  Beispiel: Steffen weiß, dass Treiber einen Bankeinbruch begehen will. Er leiht ihm eine Maske und seine Pistole. Treiber wird beim Verlassen der Bank verhaftet. Steffen wird wegen Beihilfe bestraft.

VII. Die Strafen

Das StGB droht folgende Strafen an:

1. Freiheitsstrafe

Die Reform des Strafrechts hat an Stelle der bis dahin bestehenden Unterscheidung von Zuchthaus, Gefängnis oder Haft die Einheitsstrafe *„Freiheitsstrafe"* gesetzt.

Wenn das Gesetz nicht **„lebenslange Freiheitsstrafe"** androht, ist die Freiheitsstrafe eine **„zeitige"** Freiheitsstrafe, deren Höchstmaß 15 Jahre, deren Mindestmaß ein Monat ist (§ 38). *Kurze Freiheitsstrafen* sollen nur in Ausnahmefällen verhängt werden, unter sechs Monaten nur, wenn eine Freiheitsstrafe zur Einwirkung auf den Täter vor allem wegen seiner Persönlichkeit oder zur Verteidigung der Rechtsordnung *unerlässlich* ist (§ 47).

Regelmäßig ist die Untersuchungshaft auf eine Freiheitsstrafe anzurechnen (§ 51).

Das Gericht setzt eine Freiheitsstrafe von nicht mehr als einem Jahr (in Ausnahmefällen von nicht mehr als zwei Jahren) **zur Bewährung aus,** wenn die Persönlichkeit des Täters und die anderen in § 56 genannten Voraussetzungen dies rechtfertigen. Dem Täter soll dadurch die Möglichkeit gegeben werden zu zeigen, dass er in der Lage ist, ohne den Vollzug der Strafe ein gesetzmäßiges Leben zu führen. Die Bewährungszeit muss mindestens zwei Jahre und darf höchstens fünf Jahre dauern (§ 56 a).

Das Gericht kann dem Verurteilten als Genugtuung für das begangene Unrecht **Auflagen** machen (§ 56 b).

Beispiel: die Wiedergutmachung des verursachten Schadens anordnen;

zur Hilfestellung **Weisungen** erteilen (§ 56 c),

Beispiel: mit Personen einer bestimmten Gruppe nicht mehr zu verkehren;

ihm einen **Bewährungshelfer** beigeben, damit dieser ihn in dem Bemühen unterstütze, keine Straftaten mehr zu begehen (§ 56 d).

Die Aussetzung der Strafe kann widerrufen werden, vor allem dann, wenn der Verurteilte in der Bewährungszeit wieder straffällig wird (§ 56 f). Erfolgt kein Widerruf, wird die *Strafe* nach Ablauf der Bewährungsfrist erlassen (§ 56 g).

2. Geldstrafe

Die Geldstrafe wird in **Tagessätzen** verhängt (§ 40).

Die Mindeststrafe beträgt fünf, die Höchststrafe in der Regel 360 Tagessätze. **Die Höhe des Tagessatzes** bestimmt das Gericht in jedem Einzelfall besonders. Maßstab sind die persönlichen und wirtschaftlichen Verhältnisse des Täters. Ein Tagessatz muss auf mindestens 1,00 EUR und darf auf höchstens 5 000,00 EUR festgesetzt werden.

Hat sich der Täter durch die Tat *bereichert* oder zu bereichern versucht, kann das Gericht die Geldstrafe *neben* einer Freiheitsstrafe anordnen (§ 41).

An die Stelle einer uneinbringlichen Geldstrafe tritt **„Ersatzfreiheitsstrafe"**. Einem Tagessatz entspricht ein Tag Freiheitsstrafe (§ 43). Aufgrund von Rechtsverordnungen können jedoch die Vollstreckungsbehörden dem Verurteilten gestatten, eine uneinbringliche Geldstrafe durch **freie Arbeit** zu tilgen (Art. 293 EGStGB).

Auch bei Geldstrafe ist eine Art Strafaussetzung zur Bewährung möglich: die **„Verwarnung mit Strafvorbehalt"**. Unter bestimmten Voraussetzungen (§ 59) **verwarnt das Gericht den Täter, bestimmt die Strafe,** spricht aber die Verurteilung zu dieser Strafe nicht aus, sondern behält sie vor, d. h. wartet ab, ob der Täter während der vom Gericht bestimmten Bewährungszeit (ein bis drei Jahre) nicht wieder straffällig wird. Entspricht der Täter diesen Erwartungen nicht (§§ 59 b Abs. 1, 56 f.), spricht das Gericht die Verurteilung nachträglich aus.

3. Nebenstrafen und Nebenfolgen

Gegen den wegen einer *Verkehrsstraftat* Verurteilten kann unter bestimmten Voraussetzungen ein befristetes **Fahrverbot** verhängt werden (§ 44).

Der wegen eines Verbrechens zu mindestens einem Jahr Freiheitsstrafe Verurteilte *verliert kraft Gesetz* für die Dauer von fünf Jahren *die Fähigkeit, öffentliche Ämter zu bekleiden* und *Rechte aus öffentlichen Wahlen* zu erlangen (§ 45). Er kann z. B. weder das Amt des Oberbürgermeisters bekleiden noch Landtagsabgeordneter sein.

4. Gesamtstrafe

Hat der Täter *mehrere Straftaten* begangen oder *mehrmals dieselbe Straftat* (Tatmehrheit), so wird zwar für jede Tat eine Strafe bestimmt, insgesamt aber auf eine Gesamtstrafe erkannt (§ 53).

Die *Gesamtstrafe* wird durch Erhöhung der höchsten Einzelstrafe gebildet. Sind Strafen verschiedener Art verwirkt, wird die ihrer Art nach schwerste Strafe erhöht. Die so ermittelte Gesamtstrafe darf aber die Summe der Einzelstrafen nicht erreichen.

Beispiel: Der Täter hat ein Auto gestohlen, eine Anhalterin vergewaltigt und kurz darauf durch einen Verkehrsunfall einen Menschen getötet.

Für den Diebstahl (§ 242), die Vergewaltigung (§ 177) und die fahrlässige Tötung (§ 222) wird je eine Einzelstrafe bestimmt. Die Gesamtstrafe wird nicht durch Zusammenzählen der Einzelstrafen gebildet, sondern durch Erhöhung der höchsten Einzelstrafe.

Hat das Gericht teils Geld-, teils Freiheitsstrafe verhängt, wird die höchste Freiheitsstrafe als schwerste Strafe erhöht. Ein Tagessatz der Geldstrafe entspricht einem Tag Freiheitsstrafe (§ 54 Abs. 3).

Ist eine der Einzelstrafen eine lebenslange Freiheitsstrafe, so wird als Gesamtstrafe auf lebenslange Freiheitsstrafe erkannt (§ 54 Abs. 1 S. 1).

5. Absehen von Strafe (§ 60)

Sind die Folgen der Tat für den Täter selbst so schwer, dass die Verhängung einer Strafe offensichtlich verfehlt wäre, so sieht das Gericht von Strafe ab. Dies gilt nicht, wenn eine Freiheitsstrafe von mehr als einem Jahr verwirkt ist.

Beispiel: Eine Mutter spielt mit ihrem einjährigen Kind im Garten. Sie entfernt sich einen Augenblick, um ein anderes Spielzeug zu holen. Inzwischen fällt das Kind in das nahegelegene Schwimmbecken und ertrinkt.

Tatbestandsmäßig liegt eine fahrlässige Tötung durch Unterlassung der Aufsicht vor. Das Gericht kann jedoch von Strafe absehen, weil der Tod des Kindes die Mutter schwer genug trifft.

6. Aussetzung des Strafrestes bei zeitiger Freiheitsstrafe

Das Gericht setzt die Vollstreckung des Restes einer zeitigen Freiheitsstrafe zur Bewährung aus, wenn

- zwei Drittel der Strafe, mindestens jedoch zwei Monate verbüßt sind,
- dies unter Berücksichtigung des Sicherheitsinteresses der Allgemeinheit zu verantworten ist und
- der Verurteilte einwilligt.

VIII. Maßregeln der Besserung und Sicherung (§§ 61 ff.)

Unser Strafrecht bezweckt vor allem, den straffällig Gewordenen wieder in ein ordnungsgemäßes Leben zurückzuführen, insbesondere durch die Anordnung von Maßregeln der Besserung und Sicherung. Die Maßregeln werden vom Gericht neben der Strafe angeordnet. Bestimmte Maßregeln können auch selbstständig angeordnet werden, wenn das Strafverfahren wegen Schuldunfähigkeit des Täters undurchführbar ist (§ 71). Maßregeln der Besserung und Sicherung sind:

1. Freiheitsentziehende Maßnahmen

- **Unterbringung in einem psychiatrischen Krankenhaus (§ 63)**

Diese Anordnung ergeht gegen Täter, die wegen seelischer Störungen schuldunfähig oder vermindert schuldfähig waren, wenn zu befürchten ist, dass sie erhebliche Straftaten begehen und dadurch für die Allgemeinheit gefährlich sind.

- **Unterbringung in einer Entziehungsanstalt (§ 64)**

Sie wird angeordnet gegen alkohol- oder rauschgiftsüchtige Täter, wenn die Gefahr besteht, dass sie infolge ihres Hanges zu Alkohol oder anderen berauschenden Mitteln erhebliche rechtswidrige Taten begehen. Die Unterbringung darf auf höchstens zwei Jahre ausgesprochen werden.

- **Unterbringung in der Sicherungsverwahrung (§ 66)**

Sie wird gegen Wiederholungstäter angeordnet, wenn zu befürchten ist, dass sie wegen ihres Hanges zu erheblichen Straftaten für die Allgemeinheit gefährlich sind. Die erste Unterbringung in der Sicherungsverwahrung darf zehn Jahre nicht übersteigen (§ 67 d Abs. 1).

2. Führungsaufsicht (§ 68)

Ein Täter, der rückfällig geworden ist (§ 48), kann unter Führungsaufsicht gestellt werden, wenn die Gefahr besteht, dass er weitere Straftaten begehen wird. Der Verurteilte untersteht einer Aufsichtsstelle, die im Einvernehmen mit einem vom Gericht bestellten Bewährungshelfer das Verhalten des Verurteilten überwacht und ihm helfend und betreuend zur Seite steht (§ 68 a). Die Führungsaufsicht dauert mindestens zwei und höchstens fünf Jahre. Das Gericht kann in bestimmten Fällen eine die Höchstdauer überschreitende unbefristete Führungsaufsicht anordnen (§ 68 c).

3. Entziehung der Fahrerlaubnis (§ 69)

Bei Straftaten, die im Zusammenhang mit dem Führen eines Kraftfahrzeuges stehen, entzieht das Gericht dem Täter die Fahrerlaubnis, wenn sich aus der Tat ergibt, dass er zum Führen von Kraftfahrzeugen ungeeignet ist. Dies ist in der Regel der Fall, wenn ein Vergehen der Gefährdung des Straßenverkehrs (§ 315c), der Trunkenheit im Verkehr (§ 316) oder des unerlaubten Entfernens vom Unfallort (Verkehrsunfallflucht, § 142) vorliegt. Zugleich mit der Entziehung der Fahrerlaubnis bestimmt das Gericht, dass für die Dauer von sechs Monaten bis zu fünf Jahren keine neue Fahrerlaubnis erteilt werden darf. In schweren Fällen kann die Sperre für immer angeordnet werden (§ 69a).

4. Berufsverbot (§ 70)

Ist jemand unter Missbrauch seines Berufs oder Gewerbes oder unter grober Verletzung der mit ihm verbundenen Pflichten straffällig geworden, kann ihm das Gericht die Ausübung des Berufs oder Gewerbes für die Dauer von einem Jahr bis zu fünf Jahren verbieten, wenn weitere rechtswidrige Taten zu befürchten sind.

Wiederholungsaufgaben

1 Im Strafrecht gilt der Grundsatz „Keine Strafe ohne Gesetz". Was bedeutet das?

2 a) Ein Deutscher hat in Florenz in einem Juweliergeschäft einen kostbaren Ring gestohlen;
b) ein Italiener hat seinem Arbeitgeber in Stuttgart 100,00 EUR aus der Ladenkasse entwendet;
c) ein in Deutschland arbeitender Türke hat während seines Heimaturlaubes in Ankara gefälschtes Geld in Umlauf gebracht.
Auf welche Straftat ist das deutsche Strafrecht anzuwenden? Weshalb?

3 a) Welchen Zweck verfolgt das heutige Erwachsenenstrafrecht in erster Linie?
b) Welcher Gedanke ist im Jugendstrafrecht ausschlaggebend?

4 Die Straftaten sind entweder Verbrechen oder Vergehen. Wonach richtet sich die Einteilung?

5 a) Der Neffe nimmt seinen hilfebedürftigen Erbonkel in sein Haus auf. Dieser stirbt infolge von Hunger und mangelnder Pflege. Weshalb wird der Neffe bestraft, obwohl er den Onkel weder geschlagen noch sonstwie verletzt hat?
b) Der Gast nimmt die auf dem Waschtisch liegende Uhr seines Gastgebers an sich und steckt sie in seine Rocktasche.
Er vergisst, sie dem Gastgeber auszuhändigen. Der Rock wird kurz darauf bei einer Kleidersammlung mitgegeben, ohne dass der Inhalt der Taschen geprüft wird. Weshalb kann der Gast nicht wegen Diebstahls bestraft werden?
c) Der betrunkene Klausen sticht mit einem Messer auf den nichts ahnenden Flammer ein. Dieser packt einen Stuhl und schlägt Klausen nieder. Hat sich Flammer wegen Körperverletzung strafbar gemacht?

6 a) Wann wird das versuchte Vergehen bestraft?
b) Die versuchte Straftat kann milder bestraft werden.
In welcher Weise kann das Gericht die Strafe mildern?
c) Unter welchen Voraussetzungen bewirkt der Rücktritt vom Versuch Straffreiheit?
d) In welchen Fällen lässt das Gesetz den Rücktritt von der vollendeten Straftat straffrei?

7 Pauli, ein bösartiger, missgünstiger Kerl, redet so lange auf Stockmann ein, bis dieser Paulis Plan ausführt: Er durchschneidet die Reifen am neuen Auto des benachbarten Bauunternehmers, montiert die Nummernschilder ab und schlägt das Glas der Scheinwerfer ein. In welcher Eigenschaft werden die beiden bestraft: als Täter, Anstifter, Gehilfe?

8 a) Was ist unter „zeitiger" Freiheitsstrafe zu verstehen?
Welches Höchstmaß und welches Mindestmaß ist einzuhalten?
b) Welchen Zweck verfolgt die Strafaussetzung zur Bewährung? Wie lange muss die Bewährungszeit mindestens, wie lange darf sie höchstens dauern?

9 Die Geldstrafe wird nach Tagessätzen bemessen.
a) Wonach richtet sich die Höhe des Tagessatzes?
b) Wie hoch muss der Tagessatz mindestens, wie hoch darf er höchstens angesetzt werden?

10 Das Strafgesetzbuch sieht bei Geldstrafen die Möglichkeit einer „Verwarnung mit Strafvorbehalt" vor. Was ist darunter zu verstehen?

11 a) Welche Maßregeln der Besserung und Sicherung kennt unser Strafrecht?
b) Unter welchen Voraussetzungen kann eine solche Maßregel selbstständig angeordnet werden?

B. Besonderer Teil des Strafgesetzbuches – Einzelne Straftaten –

Der Besondere Teil des Strafgesetzbuches bringt die genauen Tatbestände der einzelnen Straftaten. Einige werden im Folgenden anhand von Straffällen behandelt[1]).

I. Straftaten gegen das Leben und die körperliche Unversehrtheit

Beispiel: Die Kriminalpolizei wird in das Haus Berliner Straße 24 gerufen. Nachbarn haben in der Wohnung einer jungen, allein stehenden Frau die Leiche der Frau entdeckt. Würgemale am Hals wurden festgestellt. Der Täter wird kurze Zeit später gefasst, er gesteht die Tat.

◆ Der Täter hat einen **Mord** begangen (§ 211), wenn er entweder
– aus Mordlust, zur Befriedigung seines Geschlechtstriebs, aus Habgier oder sonst aus niedrigen Beweggründen,
– heimtückisch oder grausam oder mit gemeingefährlichen Mitteln (z. B. Gift in einem Getränk) oder um eine andere Straftat zu ermöglichen oder zu verdecken,
die Frau getötet hat.
In diesem Fall würde er mit lebenslanger Freiheitsstrafe bestraft.

◆ Der Täter wird **wegen Totschlags** bestraft (§ 212), wenn keiner der in § 211 genannten Beweggründe vorliegt.
Grundsätzlich wird der Totschläger mit Freiheitsstrafe nicht unter fünf Jahren bestraft, in besonders schweren Fällen wird auf lebenslange Freiheitsstrafe erkannt.
Wurde der Täter jedoch zuvor ohne seine Schuld von der Getöteten durch schwere Beleidigung zum Zorn gereizt und hierdurch sofort zur Tat hingerissen (Tötung im Affekt), ist er zu Freiheitsstrafe von sechs Monaten bis zu fünf Jahren zu verurteilen (§ 213).

[1]) Tatbestandsmäßigkeit, Rechtswidrigkeit und Schuld werden vorausgesetzt (siehe S. 356).

◆ Eine **Tötung auf Verlangen** (§ 216) läge dann vor, wenn die Getötete ernstlich und ausdrücklich die Tötung verlangt hätte. In diesem Fall wäre auf Freiheitsstrafe von sechs Monaten bis zu fünf Jahren zu erkennen.

Von Bedeutung ist in diesem Zusammenhang die **Sterbehilfe für unheilbar Kranke (Euthanasie).**

Beispiel: Dr. med. Hinrich gibt seiner im Sterben liegenden Patientin auf ihre Bitte zur Linderung ihrer unerträglichen Schmerzen ein schmerzstillendes Mittel, obwohl er weiß, dass dadurch das Leben der Patientin verkürzt wird.

Grundsätzlich hat der behandelnde **Arzt die Rechtspflicht, Leben zu erhalten.** So ist die sog. „aktive Euthanasie" (z. B. Aushändigung eines tödlichen Giftes) nach §§ 212 bzw. 216 strafbar. Auch der Versuch ist strafbar. Anders ist es jedoch, wenn der Arzt, wie im oben angeführten Fall, dem Patienten durch schmerzstillende Mittel den qualvollen Todeskampf erspart, auch wenn dadurch der Eintritt des Todes beschleunigt wird **(indirekte Sterbehilfe).** Ein Tötungsdelikt scheidet hier aus.

◆ *Fahrlässige Tötung (§ 222)*

Beispiel: Der 18-jährige Michael, der erst vor kurzem den Führerschein erhalten hat, fährt nach einem Disco-Besuch infolge überhöhter Geschwindigkeit gegen einen Baum. Seine Freundin, die 17-jährige Ute, stirbt wenige Stunden später im Krankenhaus.

Michael hat Utes Tod fahrlässig verursacht. Aufgrund seiner Fahrausbildung, seiner Kenntnis der Geschwindigkeitsbeschränkung auf Bundesstraßen und seiner geringen Fahrpraxis hätte er *voraussehen können*, dass seine Fahrweise tödlich enden konnte. Er hat die **gebotene Sorgfaltspflicht verletzt.** Michael wird wegen fahrlässiger Tötung mit Freiheitsstrafe bis zu fünf Jahren oder mit Geldstrafe bestraft, abgesehen von der Verurteilung nach § 3 StVO (Geschwindigkeitsanpassung) und gegebenenfalls nach § 316 StGB (Trunkenheit im Verkehr).

◆ *Körperverletzung (§§ 223 ff.)*

Eine Körperverletzung begeht, wer einen anderen **körperlich misshandelt oder an der Gesundheit schädigt** (§ 223). Eine körperliche Misshandlung geschieht in der Regel durch Stoß oder Schlag. Eine körperliche Misshandlung liegt aber auch dann vor, wenn das gestörte seelische Wohlbefinden das körperliche Wohlbefinden erheblich beeinträchtigt. Die Strafe ist Freiheitsstrafe bis zu fünf Jahren oder Geldstrafe. Der Versuch ist strafbar.

Beispiel: Dem kaufmännischen Angestellten Alberti ist auf Betreiben seines Vorgesetzten Kohler gekündigt worden. Um sich an Kohler zu rächen, ruft er während einer längeren Geschäftsreise Kohlers dessen Frau eine Woche lang nachts zwischen 24:00 Uhr und 2:00 Uhr an. Wenn Frau Kohler sich meldet, stößt er obszöne Flüche aus. Frau Kohler, die von zarter Gesundheit ist, leidet seither an schweren Schlafstörungen, Angstzuständen und Herzbeschwerden.

Alberti hat durch sein Tun nicht nur das körperliche Wohlbefinden Frau Kohlers erheblich beeinträchtigt, sondern auch ihre „Gesundheit beschädigt". Er ist deshalb eines Vergehens nach § 223 schuldig.

Die „**leichte Körperverletzung**" nach § 223 **wird nur auf Antrag verfolgt (§ 230), ebenso** die „**fahrlässige Körperverletzung**" nach § 229. Beide Vergehen werden mit Freiheitsstrafe bis zu fünf bzw. bis zu drei Jahren oder mit Geldstrafe bestraft.

Eine „gefährliche Körperverletzung" (§ 224) liegt vor, wenn die Tat mittels eines gefährlichen Werkzeugs, z. B. einer Waffe, eines Messers, begangen wurde oder mittels eines anderen Gegenstandes, der geeignet ist, erhebliche körperliche Verletzungen zu verursachen (z. B. mit einem Bierkrug, einem Pflasterstein), oder durch eine das Leben gefährdende Behandlung. Die Strafe ist Freiheitsstrafe von sechs Monaten bis zu zehn Jahren, in minder schweren Fällen von drei Monaten bis zu fünf Jahren. Der Versuch ist strafbar.

Eine **gefährliche Gesundheitsschädigung** im Sinne von § 224 ist auch gegeben, wenn ein Aids-Infizierter (HIV positiv) eine andere Person, die nichts von der Infektion weiß, mit dem HIV-Virus infiziert, wodurch er eine „das Leben gefährdende Behandlung" des Infizierten begangen hat.

Anders ist **der körperliche Eingriff des Operateurs** zu werten, der mit Einwilligung des Patienten oder, falls dieser bewusstlos ist, mit seiner mutmaßlichen Einwilligung eine lebensrettende Operation durchführt, auch wenn der erhoffte Erfolg nicht eintritt. Nach ständiger Rechtsprechung besteht **für den Arzt ein Rechtfertigungsgrund,** der die Anwendung der §§ 223 f. ausschließt.

II. Straftaten gegen das Eigentum

Das Eigentum ist nach Art. 14 des Grundgesetzes geschützt. Wer das Eigentum eines anderen, ohne dazu berechtigt zu sein, verletzt (z. B. durch Diebstahl, Unterschlagung, Sachbeschädigung), wird bestraft.

1. Diebstahl (§ 242), Hehlerei (§ 259)

Einen Diebstahl begeht, wer einem anderen eine fremde bewegliche Sache wegnimmt in der Absicht, sie sich oder einem Dritten rechtswidrig zuzueignen.

Gegenstand der strafbaren Handlung sind Sachen, die beweglich sind oder irgendwie fortbewegt werden können, z. B. das in einem Auto eingebaute Rundfunkgerät. **Flüssigkeiten, Dämpfe, Gase gehören zu den beweglichen Sachen, nicht aber elektrischer Strom.** Für ihn gilt die besondere Bestimmung des § 248 c.

Die Sache muss in *fremdem Eigentum* und *„im Gewahrsam"* eines anderen stehen, d. h. ein anderer muss *die tatsächliche Gewalt* über die Sache haben.

Beispiel: Elsa, die Zugehfrau bei dem reichen Ehepaar Germann, nimmt eine wertvolle Perlenkette an sich, die Frau Germann versehentlich auf ihrer Frisierkommode hat liegen lassen. Unbemerkt schafft Elsa die Kette in ihrer Handtasche nach Hause.

Elsa hat eine fremde bewegliche Sache weggenommen, die Eigentum von Frau Germann ist. Sollte Frau Germann die Kette von einer Freundin ausgeliehen haben, ändert dies nichts. Es genügt, dass Frau Germann die Kette im Gewahrsam hatte. Elsa hat die Kette in der Absicht weggenommen, sie sich, ohne jedes Recht, also rechtswidrig, zuzueignen.

Wie läge der Fall, wenn Frau Germann das Fehlen der Kette entdeckt, bevor Elsa das Haus verlassen hat, sie mit Fragen in die Enge treibt und Elsa die Kette aus Angst zurückgibt?

Elsa wird auch in diesem Fall (falls Frau Germann Anzeige erstattet) wegen vollendeten Diebstahls bestraft, weil sie die Kette in Zueignungsabsicht in ihren Gewahrsam gebracht hat.

Die Strafe ist Freiheitsstrafe bis zu fünf Jahren oder Geldstrafe. Der Versuch ist strafbar.

In besonders schweren Fällen wie z. B. **Einbruchsdiebstahl, Kirchendiebstahl** (§ 243) ist auf Freiheitsstrafe von drei Monaten bis zu zehn Jahren zu erkennen.

Als **Hehler** wird mit Freiheitsstrafe bis zu fünf Jahren oder mit Geldstrafe bestraft, **wer eine gestohlene Sache ankauft, sie absetzt oder absetzen hilft,** um sich oder einen Dritten zu bereichern (§ 259), bei **Haus- und Familiendiebstahl** (§ 247) und bei **Diebstahl geringwertiger Sachen** (§ 248 a) **nur auf Antrag.**

Wer ein *Kraftfahrzeug oder ein Fahrrad unbefugt in Gebrauch nimmt,* wird nach § 248 b mit Freiheitsstrafe bis zu drei Jahren oder mit Geldstrafe bestraft. Der Versuch ist strafbar. Die Tat wird *nur auf Antrag* verfolgt.

Beispiel: Der Abiturient Fritz hat es eilig, er darf nicht zu spät zur Abiturprüfung kommen. In seiner Not benützt er das Fahrrad seines Nachbarn, das in der offenen Garage steht. Er will es nach der Prüfung zurückgeben und hofft, dass das Verschwinden des Rades unbemerkt bleibt. Da der Nachbar keinen Strafantrag stellt, bleibt Fritz straffrei.

2. Unterschlagung (§ 246)

Eine Unterschlagung begeht, wer eine fremde bewegliche Sache sich oder einem Dritten rechtswidrig zueignet. In dieser durch das Sechste Strafrechtsreformgesetz eingeführten Neufassung des § 246 wird bewusst auf das bisherige Erfordernis, wonach der Täter Besitz oder Gewahrsam an der Sache haben musste, verzichtet in der Absicht, auch die rechtswidrigen Zueignungen, bei denen nicht – wie beim Diebstahl – fremder Gewahrsam gebrochen wurde, zu erfassen. In der Regel wird aber der Täter nach wie vor Gewahrsam an der Sache gehabt haben.

Beispiel: Petermann ist Kassenwart des Sportvereins „Körperfit". Als er nicht in der Lage ist, eine eigene Schuld von 950,00 EUR zu bezahlen – sein Überziehungskredit bei der Bank ist ausgeschöpft –, entnimmt er der Vereinskasse den Betrag in der Absicht, ihn so rasch wie möglich zu ersetzen. Bevor ihm dies möglich ist, wird seine Verfehlung entdeckt.

Petermann hat sich eine fremde bewegliche Sache (Geld), die er in Gewahrsam hat, rechtswidrig zugeeignet und folglich eine Unterschlagung nach § 246 begangen.

Straferschwerend ist die Tatsache, dass Petermann die Vereinskasse **„anvertraut"** ist. Anvertraut sind Sachen, die der Täter mit der Verpflichtung erlangt hat, sie zurückzugeben oder nur zu bestimmten Zwecken zu verwenden, wie im vorliegenden Fall die Vereinsgelder.

Petermann wird deshalb wegen **„Veruntreuung"** nach § 246 Abs. 2 mit Freiheitsstrafe bis zu fünf Jahren oder mit Geldstrafe bestraft.

Im Falle einer „einfachen" Unterschlagung nach § 246 Abs. 1 wird der Täter zu Freiheitsstrafe bis zu drei Jahren oder mit Geldstrafe bestraft. Der Versuch ist strafbar.

In beiden Fällen ist der Versuch strafbar.

Besonders geregelt sind *Diebstahl und Unterschlagung,* die innerhalb einer Hausgemeinschaft oder *innerhalb der Familie begangen* werden (§ 247) *oder die Sachen von geringem Wert* betreffen. Sie werden *nur auf Antrag* verfolgt (§ 248 a), es sei denn, dass bei den Letzteren ein öffentliches Interesse an der Strafverfolgung besteht (§ 248 a, 2. HS).

3. Raub (§§ 249 ff.)

Der Räuber nimmt einem anderen **unter Anwendung von Gewalt oder Drohung mit gegenwärtiger Gefahr für Leib oder Leben** eine Sache weg, um sie sich oder einem Dritten rechtswidrig zuzueignen.

Beispiel: Frau Stella macht ihren Abendspaziergang. Als sie die Auslagen eines Modehauses betrachtet, beobachtet sie im Schaufenster einen Mann, der sich ihr, verstohlen um sich blickend, von hinten nähert. Plötzlich greift der Mann nach der Tasche und entreißt sie ihr, obwohl sie sich heftig wehrt, und rennt davon.

Der Täter hat Frau Stella die Handtasche mit Gewalt entrissen in der Absicht, sich das darin vermutete Geld anzueignen. Er wird deshalb wegen Raubs nach § 249 mit Freiheitsstrafe nicht unter einem Jahr bestraft.

Wegen schweren Raubs (§ 250) ist auf Freiheitsstrafe nicht unter drei Jahren zu erkennen, wenn der Täter eine **Waffe** oder ein anderes gefährliches Werkzeug **bei sich führt** oder eine andere Person in die Gefahr einer schweren Gesundheitsschädigung bringt (§ 250 Abs. 1). Wenn straferhöhende Umstände vorliegen, z. B. wenn der Täter eine **Waffe verwendet** oder durch die Tat einen anderen in Todesgefahr bringt oder schwer misshandelt, ist auf Freiheitsstrafe nicht unter fünf Jahren zu erkennen (§ 250 Abs. 2).

Verursacht der Täter durch den Raub *leichtfertig den Tod eines anderen* (§ 251), wird er mit lebenslanger Freiheitsstrafe oder Freiheitsstrafe nicht unter zehn Jahren bestraft.

Um ein *raubähnliches Delikt* handelt es sich beim **räuberischen Diebstahl** (§ 252). Er unterscheidet sich vom Diebstahl dadurch, dass

- der Täter auf frischer Tat betroffen wird,
- der Diebstahl vollendet sein muss,
- der Täter zur Erhaltung des gestohlenen Gutes „Gewalt gegen eine Person" anwendet.

4. Sachbeschädigung (§§ 303 ff.)

Sachbeschädigung begeht, wer rechtswidrig *eine fremde Sache beschädigt oder zerstört*.
Beispiele:
- An einem Auto werden die Reifen zerschnitten.
- Ein Politiker wir mit Eiern oder Tomaten beworfen, seine Kleidung wird dadurch beschmutzt.

Der Täter wird mit Freiheitsstrafe bis zu zwei Jahren oder mit Geldstrafe bestraft. Der Versuch ist strafbar. Die Tat wird *nur auf Antrag* verfolgt (§ 303 c).

Beispiel: Der Kernkraftgegner Kurz besprüht die Wand der neu gebauten Kunstakademie mit Antiatomparolen in schwarzer Farbe, die nur mit großem Arbeitseinsatz und Zeitaufwand entfernt werden können.

Kurz ist auf Antrag wegen Sachbeschädigung nach § 303 zu bestrafen.

Hätte Kurz die Parolen an ein öffentliches Denkmal gesprüht, wäre die Tat nach § 304 **(gemeinschädliche Sachbeschädigung)** mit Freiheitsstrafe bis zu drei Jahren oder mit Geldstrafe zu bestrafen. Der Versuch ist strafbar. Die Tat wird *von Amts wegen verfolgt* (Offizialdelikt).

5. Computerstraftaten (§§ 303 a, 303 b)

Wer rechtswidrig **Daten im Sinne von § 202 a Abs. 1 löscht, unterdrückt, unbrauchbar macht oder verändert,** wird auf Antrag mit Freiheitsstrafe bis zu zwei Jahren oder mit Geldstrafe bestraft (§ 303 a). Der Versuch ist strafbar.

Mit Freiheitsstrafe bis zu fünf Jahren oder Geldstrafe wird bestraft, ebenfalls nur auf Antrag, wer eine *Datenverarbeitung*, die für einen fremden Betrieb, ein fremdes Unternehmen oder eine Behörde von wesentlicher Bedeutung ist, *dadurch stört*, dass er entweder eine Tat nach § 303 a begeht (siehe oben) oder eine Datenverarbeitungsanlage oder einen Datenträger zerstört, beschädigt, unbrauchbar macht, beseitigt oder veändert (**Computersabotage** § 303 b).

Die §§ 303 a bis 303 b sind durch das zweite Gesetz zur Bekämpfung der Wirtschaftskriminalität von 1986 in das Strafgesetzbuch eingefügt worden und gehören zusammen mit anderen Vorschriften (z. B. § 263 a **Computerbetrug,** § 269 Fälschung beweiserheblicher Daten) zum „Computer-Strafrecht".

III. Straftaten gegen die persönliche Freiheit

1. Nötigung (§ 240)

Zum Tatbestand der Nötigung gehört, dass der oder die Täter **einen anderen zu einer Handlung, Duldung oder Unterlassung, und zwar mit Gewalt oder durch Drohung mit einem empfindlichen Übel, nötigen**. Rechtswidrig ist die Tat nach Abs. 2 nur, wenn Gewalt oder Drohung zum angestrebten Zweck als **verwerflich** anzusehen sind.

Geschütztes Rechtsgut des § 240 sind die freie Willensentscheidung und die freie Willensbetätigung.

Beispiel: Betz überholt auf der Autobahn mit etwa 130 km/h eine Kolonne von zehn Lkw, die auf der rechten Fahrbahn mit 100 m Abstand „dahinkriechen". Hinter ihm nähert sich mit rasender Geschwindigkeit ein Sportwagen, dessen Fahrer ständig die Lichthupe betätigt und so dicht auffährt, dass Betz es mit der Angst zu tun bekommt und, obwohl er nur noch drei Lkw zu überholen hat, nach rechts einschert, wobei er um ein Haar auf den vor ihm fahrenden Lkw aufgefahren wäre.

Hierbei handelt es sich um einen typischen Fall der Nötigung.

Blockaden von Grundstückseinfahrten werden nach höchstrichterlicher Rechtsprechung als **Gewalt** im Sinne von § 240 gewertet. **Ob die Tat aber auch als verwerflich anzusehen ist, ist in Lehre und Rechtsprechung umstritten.**

Beispiel: Eine Gruppe „Kriegsgegner" versperrt durch eine Sitzblockade die Ausfahrt eines Militärlagers. Die Blockierer werden nach wiederholter ergebnisloser Aufforderung, die Straße zu räumen, weggetragen.

2. Erpresserischer Menschenraub (§ 239 a) und Geiselnahme (§ 239 b)

Bei beiden Straftaten entführt der Täter einen Menschen oder bemächtigt sich eines Menschen, bei § 239 a aus Bereicherungsabsicht, bei § 239 b, um jemanden zu einer Handlung, Duldung oder Unterlassung zu nötigen.

Beispiel: Steffen, der sich in Geldschwierigkeiten befindet, entführt den dreijährigen Sohn Peter des reichen Fabrikanten Rößner. Er ruft Rößner an und verlangt 1 Million EUR, die dieser am folgenden Tag an einer bestimmten Stelle hinterlegen solle. Falls er sich weigere, müsse Peter sterben. Rößner tut so, als komme er der Forderung nach, verständigt aber die Polizei. Als diese sich am besagten Tag dem Hinterlegungsort nähert, nimmt Steffen reißaus. Es kommt zu einer wilden Verfolgungsjagd, wobei Steffen in das Haus einer allein stehenden Frau eindringt. Als die Polizei das Haus umstellt, droht Steffen, die Frau umzubringen, falls das Haus gestürmt werde. Nach langem Verhandeln gibt Steffen auf.

Steffen hat
- zum einen den *Tatbestand des § 239 a* (erpresserischer Menschenraub) erfüllt: Er hat das Kind entführt, um die Sorge des Vaters um das Wohl des Kindes zu einer Erpressung (§ 253) auszunutzen.
- zum anderen den *Tatbestand des § 239 b* **(Geiselnahme):** Er hat sich der Frau bemächtigt, um die Polizei durch die Drohung, er werde die Frau umbringen, zur Unterlassung ihrer Berufspflicht zu nötigen.

Das Gericht wird für beide Verbrechen je eine Freiheitsstrafe nicht unter fünf Jahren festsetzen, jedoch nach § 53 auf eine *Gesamtstrafe*[1]) erkennen.

[1]) Siehe S. 359.

IV. Betrug (§§ 263 ff.)

Der Betrüger beabsichtigt, durch eine **Täuschungshandlung,** die in einem Tun oder Unterlassen bestehen kann, bei einem anderen einen **Irrtum zu erregen,** infolgedessen dieser eine *Vermögensverfügung* trifft, durch die er einen **Vermögensschaden** erleidet, der Täter aber einen **Vermögensvorteil** erlangt.

Beispiele:
- Frau Hahn, die seit Jahren arbeitslos ist, bestellt bei der Versandfirma Krahl einen Mantel für 600,00 EUR, obwohl sie genau weiß, dass sie außerstande ist, den Mantel zu bezahlen.
  Durch die Bestellung erregt Frau Hahn bei der Versandfirma den Irrtum, sie sei in der Lage, den Mantel zu bezahlen. Durch die Lieferung des Mantels erleidet die Firma einen Vermögensschaden, weil sie keine Gegenleistung erhält, Frau Hahn aber einen Vermögensvorteil, den Besitz des Mantels.
  Sie ist wegen Betrugs zu bestrafen.
- Alber verkauft seinen Gebrauchtwagen für 12 000,00 EUR an Bold. Dabei verschweigt er, dass der Wagen einen schweren Unfall hatte, sodass er höchstens noch 8 000,00 EUR wert war.
  Hier hat Alber den Käufer Bold dadurch getäuscht, dass er unter Verletzung der *ihm obliegenden* **Aufklärungspflicht** unterlassen hat, diesen auf die Unfalltatsache hinzuweisen. Dadurch hat er in Bold den Irrtum erregt, einen unfallfreien Wagen zu kaufen. Bold ist zugunsten von Alber dadurch geschädigt worden, dass er mindestens 4 000,00 EUR zuviel bezahlt hat. Alber ist deshalb wegen Betrugs zu bestrafen.

V. Straftaten im Straßenverkehr

1. Gefährdung des Straßenverkehrs (§ 315 c)

Neben Tatbeständen wie Nichtbeachten der Vorfahrt, falsches Überholen, Wenden auf der Autobahn, gefährdet alkoholbedingtes Verhalten besonders häufig den Straßenverkehr.

Nach der gegenwärtigen Rechtslage ist bei einem **Blutalkohol von 1,1 Promille oder mehr** bei einem Autofahrer **stets Fahruntüchtigkeit** anzunehmen. **Ein Gegenbeweis ist nicht möglich.** Man spricht hier von **absoluter Fahruntüchtigkeit.**

Beispiel: Schlürfer hat in einer Kelterei an einer Weinprobe teilgenommen und dem neuen Jahrgang kräftig zugesprochen. Trotzdem setzt er sich an das Steuer seines Autos, um nach Hause zu fahren. Infolge seines Alkoholkonsums schneidet er eine Kurve und verursacht dadurch einen Beinahe-Zusammenstoß mit einem drei Jahre alten Mercedes. Schließlich überfährt er einen Zebrastreifen, auf dem sich gerade Fußgänger befinden, die sich eben noch durch einen Sprung zur Seite in Sicherheit bringen können. Der von der Polizei vorgenommene Blutalkoholtest ergab 1,2 Promille BAK.

Schlürfer ist eines Vegehens nach § 315 c Abs. 1 Ziff. 1 a schuldig. Er hat ein Kraftfahrzeug geführt, obwohl er infolge des Weingenusses offensichtlich *nicht in der Lage war, das Fahrzeug sicher zu führen.* Dadurch hat er das Leben von Menschen (Fußgänger) und eine fremde Sache von bedeutendem Wert (Mercedes) gefährdet.

Ein Fall von **relativer Fahruntüchtigkei**t, ist gegeben, wenn eine Alkoholisierung unterhalb der Grenze der absoluten Fahruntüchtigkeit (1,1 Promille) vorliegt und zusätzliche alkoholtypische Ausfallerscheinungen beweisen, dass schon bei diesem Blutalkohol ein sicheres Führen des Fahrzeuges nicht mehr möglich war. Als alkoholtypisches Verhalten wird allgemein das Fahren in Schlangenlinien, Abkommen von einer geraden Fahrbahn oder Übersehen einer Kurve angesehen.

Beispiel: Schall hat an einer Geburtstagsfeier teilgenommen und dort auch drei „Gläschen" Wein getrunken. In guter Stimmung setzt er sich in sein Auto und fährt auf dem Weg nach Hause in Schlangenlinien, übersieht eine Kurve und kommt auf dem Gehweg zu stehen, wo sich einige Fußgänger aufhalten. Der Alkoholtest ergab einen Blutalkohol von 0,5 Promille.

Schall ist, obwohl er „nur" 0,5 Promille Blutalkohol hatte, fahruntüchtig gewesen und, da er auch Menschen gefährdet hat, nach § 315 c Abs. 1 Ziff. 1 a zu bestrafen.

2. Trunkenheit im Verkehr (§ 316)

Wer im Verkehr ein Fahrzeug führt, obwohl er infolge des Genusses alkoholischer Getränke oder *anderer berauschender Mittel nicht in der Lage ist, das Fahrzeug sicher zu führen,* wird mit Freiheitsstrafe bis zu einem Jahr oder mit Geldstrafe bestraft.

Beispiel: Schnell hat auf einer Betriebsfeier einen Liter Rotwein getrunken und macht sich gegen Mitternacht mit seinem Auto auf den Heimweg. Da er ziemlich „trinkfest" ist, gelingt es ihm, das Fahrzeug ohne Gefährdung Dritter zu führen. Kurz vor seiner Wohnung gerät er in eine Polizeikontrolle, die Alkoholsündern auf der Spur ist. Bei ihm stellt man einen Blutalkohol von 1,6 Promille fest.

Schnell war mit 1,6 Promille absolut fahruntüchtig. Da hilft ihm auch der Einwand nichts, er vertrage viel. Weil er jedoch weder Personen noch fremdes Eigentum gefährdet hat, wird er nicht nach der strengeren Vorschrift des § 315c Abs. 1 Ziff. 1 a, sondern wegen Trunkenheit im Verkehr nach § 316 bestraft.

3. Unerlaubtes Entfernen vom Unfallort (§ 142)

Nach Abs. 1 der genannten Vorschrift macht sich strafbar, **wer sich als Unfallbeteiligter nach einem Unfall im Straßenverkehr vom Unfallort entfernt,** bevor er

- ♦ zugunsten der anderen Unfallbeteiligten und der Geschädigten die Feststellung seiner Person, seines Fahrzeugs und der Art seiner Beteiligung an dem Unfall ermöglicht hat oder
- ♦ eine nach den Umständen angemessene Zeit gewartet hat, ohne dass jemand bereit war, die Feststellungen zu treffen.

Unfallbeteiligter ist jeder, dessen Verhalten nach den Umständen zur Verursachung des Unfalls beigetragen haben kann.

Geschütztes Rechtsgut ist nicht das öffentliche Interesse an der Strafverfolgung oder an der Ausschließung betriebsunsicherer Fahrzeuge und ungeeigneter Personen vom Straßenverkehr, sondern **das Interesse der anderen Unfallbeteiligten oder Geschädigten an der Feststellung der durch den Unfall entstandenen zivilrechtlichen Ansprüche.**

Tatbestandvoraussetzungen sind folgende:

- ♦ Ein **Unfall im Straßenverkehr.** Ein Unfall ist ein plötzliches, d. h. ungewolltes, Ereignis im Verkehr, das einen nicht ganz unerheblichen Personen- oder Sachschaden verursacht. Nach wohl herrschender Ansicht ist es nicht erforderlich, dass mindestens ein Fahrzeug an dem Unfall beteiligt gewesen ist. Ein Unfall kann auch von Fußgängern verursacht werden.
- ♦ Der Unfall muss sich **im öffentlichen Straßenverkehr** ereignen. Öffentlich ist jede Verkehrsfläche, die von einem nicht näher bestimmten Personenkreis benutzt werden darf. Hierzu gehören auch Parkhäuser oder Parkplätze von Kaufhäusern.
- ♦ *Der Unfallbeteiligte* muss sich der **Feststellungspflicht** (Ziff. 1) oder *seiner* **Wartepflicht** (Ziff. 2) entziehen. Hier entsteht die Frage, wie lange ein Unfallbeteiligter warten muss. Hierüber gibt es zahlreiche Gerichtsentscheidungen, die die Wartepflichtzeiten von zehn Minuten bis zwei Stunden festgesetzt haben. Man wird sagen können, dass die Länge der Wartezeit sich nach der Schwere des Unfalls richtet.

Beispiele:

- ♦ Köhler fährt mit seinem Auto auf eine Straßensperre. Diese bleibt, weil sie ziemlich massiv ist, unbeschädigt, während Köhlers Auto Schäden an der Stoßstange und am Kühler aufweist. Köhler entfernt sich sofort vom Ort des Geschehens.
  Hier liegt zwar ein Unfall vor. Da er aber *nur eine Eigenschädigung* zur Folge hatte, wird Köhler *nicht* nach § 142 bestraft.

- Fußgänger Heider betrachtet voller Begeisterung einen Faschingsumzug. Aus Unachtsamkeit stößt er im Weitergehen mit Frau Kluge zusammen, die stürzt und sich den rechten Arm bricht. Heider kümmert sich nicht darum und geht weiter.
  Obwohl kein Fahrzeug beteiligt war, liegt ein Unfall vor. Heider ist, da er sich der Feststellung seiner Person entzogen und seine Wartepflicht verletzt hat, nach § 142 Abs. 1 zu bestrafen.

- Kunde beschädigt in der Tiefgarage eines Hauses, in dem er wohnt, mit seinem Auto beim Rückwärtsfahren das Auto eines Mitbewohners. Er kümmert sich nicht weiter darum und verschwindet.
  Die Anwendung des § 142 scheidet hier aus, weil es an dem Tatbestandsmerkmal des öffentlichen Straßenverkehrs mangelt, wozu Verkehrsflächen in Tiefgaragen von Privathäusern nicht gehören. Kunde kann aber auf Antrag wegen Sachbeschädigung belangt werden (§§ 303, 303 c).

- Kirchner hat sein Auto auf einem Parkplatz eines Kaufhauses abgestellt. Nach dem Einkauf fährt er so forsch rückwärts, dass er den Wagen eines anderen Kunden am Kotflügel erwischt, wo eine handtellergroße Beule entsteht. Da es Kirchner eilig hat, schiebt er seine Visitenkarte mit einem entsprechenden Vermerk unter den Scheibenwischer des beschädigten Autos und fährt davon.
  Hier handelt es sich um einen Unfall im öffentlichen Straßenverkehr, denn Parkplätze von Kaufhäusern gehören zu öffentlichen Verkehrsflächen. Da der Fahrer des beschädigten Fahrzeugs vermutlich auch einkaufte, mit seinem Erscheinen also in absehbarer Zeit zu rechnen war, hätte Kirchner mindestens 15 bis 20 Minuten warten müssen. Da er dies nicht tat, hat er seine Wartepflicht verletzt. Diese konnte er auch nicht dadurch ersetzen, dass er eine Mitteilung an den Scheibenwischer klemmte. Die herrschende Ansicht hält dies nicht für ausreichend, weil ein solcher Zettel jederzeit von einem Dritten entfernt oder vom Wind weggeweht werden kann. Kirchner ist somit wegen unerlaubten Entfernens vom Unfallort zu bestrafen.

Nach § 142 Abs. 2 i. V. m. Abs. 3 wird auch der bestraft, der *nach Ablauf der Wartefrist* nicht unverzüglich dem Berechtigten (Geschädigten) oder einer Polizeidienststelle mitteilt, dass er an dem Unfall beteiligt ist. Dies betrifft insbesondere die Fälle, in denen der Täter den Unfall gar nicht wahrgenommen hat.

Beispiel: Franz parkt mit seinem stabilen Geländewagen auf einem öffentlichen Abstellplatz. Beim Wenden streift er mit der Stoßstange einen Kleinwagen, ohne dies zu bemerken. Zuhause angekommen, stellt er Lackspuren an der Stoßstange fest, die darauf hinweisen, dass er ein anderes Fahrzeug beschädigt hat.

Franz ist verpflichtet, unverzüglich die nächste Polizeidienststelle zu verständigen, um dieser die nötigen Feststellungen zu ermöglichen. Unterlässt er dies, wird er nach § 142 Abs. 2 bestraft.

Nach § 142 Abs. 4, der durch das Sechste Strafrechtsreformgesetz eingeführt wurde, kann das Gericht die Strafe mildern oder von Strafe absehen, wenn der Unfallbeteiligte innerhalb von 24 Stunden nach einem Unfall außerhalb des fließenden Verkehrs, der nur **unbedeutenden Sachschaden** zur Folge hat, freiwillig die Feststellungen nachträglich ermöglicht.

VI. Landfriedensbruch und Hausfriedensbruch

Beide Straftaten sind Vergehen gegen die öffentliche Ordnung. Landfriedensbruch verletzt die öffentliche Sicherheit. Hausfriedensbruch richtet sich gegen das „Hausrecht", d. h. das Recht, frei zu bestimmen, wer sich in bestimmten Räumen aufhalten darf und wer nicht.

1. Landfriedensbruch (§ 125)

Landfriedensbruch begeht, wer sich

- an Gewalttätigkeiten gegen Menschen oder Sachen oder
- an Bedrohungen von Menschen mit einer Gewalttätigkeit

als Täter oder Teilnehmer beteiligt.

Hinzukommen muss,

- daß die Handlung aus einer Menschenmenge
- in einer die öffentliche Sicherheit gefährdende Weise begangen werden oder

◆ dass auf eine Menschenmenge eingewirkt wird, um deren Bereitschaft zu solchen Handlungen zu fördern.

Beispiel: Eine Gruppe „Skinheads" nimmt an einer Demonstration gegen Erhöhung der Straßenbahngebühren teil, unter ihnen einige vermummte Gestalten. Als die Polizei die Vermummten auffordert, die Demonstration zu verlassen[1]), kommt es zu Ausschreitungen: Autos werden umgekippt und angezündet, Schaufenster eingeschlagen, Läden geplündert. Ein Polizist wird schwer verletzt. Einige Randalierer werden sofort verhaftet, die anderen tauchen in der Menge unter, wobei sie von „Sympathisanten" gegen die Polizei abgeschirmt werden.

Hier handelt es sich um einen besonders schweren Fall des Landfriedensbruchs (§ 125a), weil ein Mensch verletzt worden ist (Ziff. 3) und Geschäfte geplündert wurden (Ziff. 4). Täter und Teilnehmer an den Ausschreitungen, auch die „Sympathisanten" werden nach § 125 Abs. 1 Ziff. 1 i.V.m. § 125a Satz 2 Ziff. 3 und 4 bestraft.

2. Hausfriedensbruch (§ 123)

Hausfriedensbruch ist seiner Stellung im Gesetz nach eine „Straftat gegen die öffentliche Ordnung", tatsächlich ist die Tat jedoch gegen Einzelne, denen ein „Hausrecht" (siehe oben) zusteht, gerichtet.

Geschützt sind die Wohnung, die Geschäftsräume oder das „befriedete" (eingefriedete, eingehegte) Besitztum eines anderen oder abgeschlossene Räume, die zum öffentlichen Dienst oder Verkehr bestimmt sind.

Die Tat besteht in unberechtigtem Eindringen oder Verweilen trotz Aufforderung, sich zu entfernen.

Die angedrohte Strafe ist Freiheitsstrafe bis zu einem Jahr oder Geldstrafe. Die Tat wird nur auf Antrag verfolgt.

Beispiel: Frau Thiele wird wiederholt von zwei Sektenangehörigen belästigt, die sie zum Eintritt in ihre Gemeinschaft bewegen wollen. Als die beiden wieder ungerufen erscheinen (Frau Thiele hatte versehentlich die Haustür offen gelassen), bittet sie Frau Thiele, sofort ihr Haus zu verlassen. Die ungebetenen Gäste machen nicht nur keine Anstalten, der Aufforderung nachzukommen, sondern werden immer aufdringlicher, sodass Frau Thiele keine andere Wahl bleibt, als die Polizei zu rufen.

Hausbesetzungen, auch solche, die zunächst ein Haus instand setzen sollen, sind nach § 123 strafbar. Auch leer stehende Häuser und Wohnungen sind nach herrschender Meinung „befriedetes Besitztum" im Sinne des § 123, selbst dann, wenn Türen und Fenster fehlen.

Schwerer Hausfriedensbruch (§ 124) liegt vor, wenn sich *eine Menschenmenge öffentlich zusammenrottet, um Gewalttätigkeiten gegen Personen oder Sachen mit vereinten Kräften zu begehen* und zu diesem Zweck in „befriedetes Besitztum" (Wohnung, Geschäftsräume, abgeschlossene Räume des öffentlichen Dienstes) eindringt. *Jeder,* der an diesen Handlungen *teilnimmt,* wird mit Freiheitsstrafe bis zu zwei Jahren oder mit Geldstrafe bestraft.

VII. Straftaten gegen die Umwelt

Die Vorschriften der §§ 324 bis 330d zur Bekämpfung der Umweltkriminalität sind am 1. Juli 1980 in Kraft getreten. Die wesentlichen, bisher in Spezialgesetzen des Umweltverwaltungsrechts enthaltenen Vorschriften,

---

[1]) Nach § 17a Versammlungsgesetz (VersammlG) ist es verboten, an einer Demonstration in einer Aufmachung teilzunehmen, die geeignet ist, die Feststellung der Identität zu verhindern (Vermummungsverbot). Personen, die diesem Verbot zuwiderhandeln, können von der Polzei von der Teilnahme ausgeschlossen werden (§ 18 Abs. 3 VersammlG). Außerdem begehen sie eine Ordnungswidrigkeit (§ 29 Abs. 1 Ziff. 1b VersammlG).

Beispiele: Abfallbeseitigungsgesetz, Wasserhaushaltsgesetz, wurden in das StGB eingefügt, teilweise auch verschärft.

Geschützte Rechtsgüter des Umweltstrafrechts sind:
- Wasser,
- Luft,
- Boden,
- Tierwelt,
- Pflanzenwelt,
- Naturschutzgebiete und
- Nationalparks.

Beispiel: Grimm nimmt den Ölwechsel an seinem Auto in seiner Garage selbst vor. Er füllt das Altöl in einen Kanister und stellt ihn bei seiner nächsten Fahrt heimlich in einem Straßengraben ab.

Grimm hat unbefugt Abfall, der geeignet ist, nachhaltig ein Gewässer oder den Boden zu verunreinigen, außerhalb einer dafür zugelassenen Anlage (Altölsammelstelle) „abgelagert". Er hat somit den Tatbestand des § 326 Abs. 1 Ziff. 3 **(umweltgefährdende Abfallbeseitigung)** erfüllt und wird deshalb mit Freiheitsstrafe bis zu fünf Jahren oder mit Geldstrafe bestraft. Wird die Tat fahrlässig begangen, ist Freiheitsstrafe bis zu drei Jahren oder Geldstrafe angedroht.

VIII. Unterlassene Hilfeleistung (§ 323 c)

Zum Tatbestand gehört, dass
- ein Unglücksfall, eine gemeine Gefahr oder Not vorliegt,
- der Beschuldigte nicht Hilfe geleistet hat, obwohl diese erforderlich und ihm den Umständen nach zuzumuten und
- die Hilfe ohne eigene Gefahr und ohne Verletzung anderer wichtiger Pflichten möglich war.

Es handelt sich hier um ein sog. **echtes Unterlassungsdelikt,** im Gegensatz zu den unechten Unterlassungsdelikten, die das Unterlassen einem Tun gleichsetzen, wenn eine Rechtspflicht zum Handeln besteht (§ 13, siehe Seite 362).

Beispiel: Klüber fährt in seinem Pkw nach Hause. Er hat es eilig, weil an diesem Abend eine Versammlung seines Sportvereins stattfindet. Er wird mit rasender Geschwindigkeit von einem Sportwagen überholt, der kurz danach in einer Kurve aus der Bahn getragen wird, sich überschlägt und auf dem Dach liegen bleibt. Klüber tut so, als habe er nichts gesehen, beschleunigt das Tempo und fährt weiter, indem er sich einredet, nachfolgende Autofahrer würden sich schon um evtl. Verletzte kümmern.

Klüber hat sich nach § 323 c strafbar gemacht. Die Vereinsversammlung kann er als andere „wichtige Pflicht" nicht geltend machen, ebenso wenig, dass eine Gefahr für ihn bestanden hätte. Eine schwere körperliche Behinderung könnte gegebenenfalls ein Rechtfertigungsgrund sein. Klüber hätte aber in diesem Fall zumindest bei der nächsten Notrufsäule oder einer anderen Fernsprechmöglichkeit die Polizei benachrichtigen müssen.

Auch eine **Notwehrhandlung** schließt die Hilfepflicht nicht aus. Hat z. B. Raabe in Notwehr Fuchs schwer verletzt und ihn danach hilflos liegen lassen, hat er sich nach § 323 c strafbar gemacht.

Wiederholungsaufgaben

1 Krämer hat Hager die Braut „ausgespannt". Einige Wochen später treffen sich die beiden zufällig im Gasthaus „Zum goldenen Stern". Hager verbirgt seine Rachegefühle und trinkt Krämer zu. Doch als Krämer das Lokal verlässt, schleicht ihm Hager nach, überfällt ihn von hinten und tötet ihn durch einen Stich ins Herz.

Welche Straftat hat Hager begangen?

2 Wodurch unterscheidet sich Mord von Totschlag?

3 Auber missachtet an einer Straßenkreuzung die Vorfahrt des Born und stößt mit dessen Fahrzeug zusammen. Born stirbt am Unfallort.
Wie ist Auber zu bestrafen?

4 Wie wäre in Aufgabe 3 Aubers Verhalten zu werten, wenn Born beim Zusammenstoß der beiden Fahrzeuge nur leicht verletzt worden wäre?

5 Kuhlmann steigt durch ein offenes Fenster in den Lagerraum der Firma Zwettl ein und entwendet ein Videogerät und einen Farbfernseher. Sein Bruder steht „Schmiere". Posser, Inhaber eines Elektrogeschäfts und mit Kuhlmann befreundet, kauft die Geräte an und verkauft sie weiter.
Welche Straftaten wurden begangen?

6 Wodurch unterscheiden sich Diebstahl und Unterschlagung?

7 Kindermann ist bei Kommerzienrat Schwörer zum Abendessen eingeladen. Als er das Speisezimmer betritt, stößt er versehentlich eine kostbare Vase von einem Bord. Die Vase zerbricht.
Hat sich Kindermann strafbar gemacht?

8 Unter welchen Voraussetzungen ist ein Verhalten als Nötigung strafbar?

9 Bauunternehmer Maurer ist in Geldnöten. Er braucht dringend einen Bankkredit, um seinen Betrieb weiterführen zu können. Auf Anforderungen der Bank legt Maurer seine Bilanzen vor, die er jedoch vorher so gefälscht hat, dass die Bank hinsichtlich der Bonität keine Bedenken hat und ihm den gewünschten Kredit zur Verfügung stellt. Maurer wird nach kurzer Zeit zahlungsunfähig und die Bank erleidet hohe Verluste.
Welche Straftat hat Maurer begangen?

10 Was versteht man unter
a) absoluter Fahruntüchtigkeit,
b) relativer Fahruntüchtigkeit,
c) Trunkenheit im Verkehr?

11 Künzel hat mit seinem Auto in einer Tiefgarage eines Kaufhauses das Auto von Bartel beschädigt. Künzel kümmert sich nicht darum und sucht das Weite.
Wie ist Künzels Verhalten strafrechtlich zu beurteilen?

12 Frau Alt interessiert sich für das Angebot eines Schmuckwarenversandhauses und bestellt einen Vertreter in ihre Wohnung, um sich beraten zu lassen. Frau Alt, die etwas von Schmuck versteht, erkennt sehr bald, dass es sich um minderwertige Ware handelt. Sie bekundet deshalb dem Vertreter gegenüber sehr deutlich, dass sie an derartiger Ware nicht interessiert ist, und bittet ihn wiederholt, ihre Wohnung zu verlassen. Der Vertreter lässt sich aber nicht „abwimmeln", er bedrängt vielmehr Frau Alt so hartnäckig, dass sie sich veranlasst sieht, die Polizei zu rufen. Bevor diese eintrifft, sucht der Vertreter das Weite.
Welche Straftat hat der Vertreter begangen?

13 Kalz wird ins Krankenhaus gerufen, wo seine Frau nach einem Sturz mit dem Fahrrad in kritischem Zustand liegt. Auf dem Weg dorthin kommt er an einer Stelle vorbei, an der sich unmittelbar zuvor ein Verkehrsunfall ereignet hat, bei dem es auch Verletzte gegeben hat. Kalz kümmert sich nicht darum und fährt ins Krankenhaus zu seiner Frau.
Wie ist das Verhalten von Kalz strafrechtlich zu beurteilen?

Das Strafverfahren

Das Strafverfahren ist in der aus dem Jahre 1877 stammenden Strafprozessordnung (StPO) geregelt, die im Laufe der Zeit wiederholt geändert worden ist.

Die Strafrechtspflege ist Aufgabe der ordentlichen Gerichte. Diese haben anhand der einzelnen Strafbestimmungen zu prüfen, ob eine strafbare Handlung vorliegt, und gegebenenfalls die Strafe zu verhängen. Die Erforschung des genauen Sachverhalts ist Aufgabe der *Staatsanwaltschaft* (Strafverfolgungsbehörde), ebenso die spätere Strafvollstreckung.

I. Die Zuständigkeit der Strafgerichte

Die **sachliche Zuständigkeit** ist im Gerichtsverfassungsgesetz (GVG) geregelt.

Das folgende Schaubild gibt einen Überblick über die wichtigsten Zuständigkeitsvoraussetzungen.

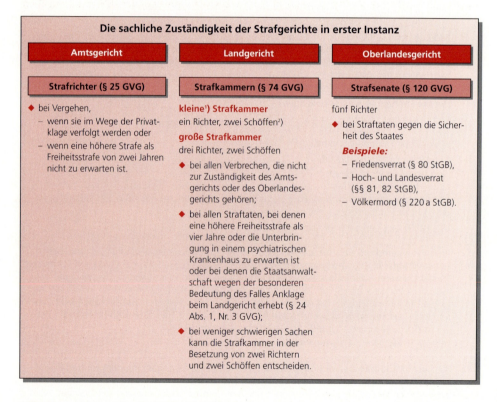

[1]) Berufungsgericht gegen Urteile des Strafrichters.
[2]) Die Schöffen sind ehrenamtliche Richter in der Strafgerichtsbarkeit (Näheres §§ 44 ff. DRiG, §§ 28 ff. GVG).

Das Strafverfahren

Beim Amtsgericht entscheidet in erster Instanz außer dem Einzelrichter das Schöffengericht und das erweiterte Schöffengericht, beim Landgericht entscheiden die Strafkammern. Das Oberlandesgericht entscheidet im ersten Rechtszug nur über Straftaten gegen die Sicherheit und Ordnung des Staates. Der Bundesgerichtshof ist, wie in Zivilsachen, ausschließlich Revisionsgericht.

Die örtliche Zuständigkeit, der Gerichtsstand, ist in der StPO[1]) geregelt. Zuständig ist das Gericht, in dessen Bezirk

◆ die Tat begangen worden ist (§ 7) oder

◆ der Angeschuldigte[2]) zur Zeit der Erhebung der öffentlichen Klage seinen Wohnsitz, notfalls seinen Aufenthaltsort hat (§ 8) oder

◆ der Beschuldigte[2]) ergriffen worden ist (§ 9).

Beispiel: Die Tat wurde in Stuttgart begangen, der Beschuldigte ist in Ulm festgenommen worden. Als die Staatsanwaltschaft sich zur Erhebung der öffentlichen Klage entschließt, hält sich der Beschuldigte bei seiner Schwester in Ludwigsburg auf.

Handelt es sich im vorliegenden Fall z. B. um Totschlag, kann die Staatsanwaltschaft beim Landgericht Stuttgart oder Ulm die öffentliche Klage erheben.

Ein besonderer Gerichtsstand gilt für Straftaten gegen die Umwelt, die im Bereich des Meeres begangen werden (§ 10 a).

II: Das Ermittlungsverfahren der Staatsanwaltschaft

Die meisten Straftaten sind von Amts wegen, also ohne Antrag, zu verfolgen: **Offizialdelikte.** Sie gelangen zur Kenntnis der Strafverfolgungsbehörde (Staatsanwaltschaft) durch eine *Straf-*

---

[1]) §§ **ohne** Gesetzesangabe sind die der StPO.
[2]) Der einer Straftat Verdächtige ist
 Beschuldigter bis zur Erhebung der öffentlichen Klage,
 Angeschuldigter ab erhobener öffentlicher Klage,
 Angeklagter ab Eröffnung des Hauptverfahrens.

anzeige, die bei der Staatsanwaltschaft, bei der Polizei oder bei den Amtsgerichten mündlich oder schriftlich angebracht werden kann, oder *aufgrund eigener Wahrnehmung* der betreffenden Behörde.

Beispiele:
- Ein Polizeibeamter stoppt einen betrunkenen Autofahrer.
- Der Staatsanwalt entdeckt beim Waldspaziergang einen Toten.

Die **Antragsdelikte,** wie z. B. Hausfriedensbruch, Beleidigung, Haus- und Familiendiebstahl, Sachbeschädigung[1]) werden nur auf Antrag, in der Regel auf Antrag des Verletzten, verfolgt. Der Antrag muss innerhalb der Antragsfrist (drei Monate seit Kenntnis von Tat und Täter, § 77 b StGB) schriftlich oder zu Protokoll bei einem Gericht oder bei der Staatsanwaltschaft gestellt werden. Der Antrag kann, im Gegensatz zur Strafanzeige, zurückgenommen werden (§ 77 d StGB).

Die Staatsanwaltschaft führt mithilfe der **Polizei** (Hilfsbeamte der Staatsanwaltschaft, § 152 GVG) das Ermittlungsverfahren durch, wenn genügend Anhaltspunkte für eine strafbare Handlung vorliegen (§ 160). **Bagatellsachen** werden nicht verfolgt (§ 153)[2]).

Nach § 153 a kann die Staatsanwaltschaft bei geringer Schuld des Täters – auch wenn ein öffentliches Interesse an der Verfolgung des Vergehens besteht – mit Zustimmung des Gerichts und des Beschuldigten **vorläufig** von der Erhebung der öffentlichen Klage absehen und dem Beschuldigten **Auflagen erteilen,** zum Beispiel

- die Wiedergutmachung des verursachten Schadens oder
- die Zahlung eines Geldbetrages an eine gemeinnützige Einrichtung (z. B. Rotes Kreuz, Caritas, Diakonisches Werk).

Die Staatsanwaltschaft stellt dem Beschuldigten *eine Frist zur Erfüllung der Auflage.*

Ist wegen eines Vergehens *die Klage bereits erhoben,* kann das Gericht mit Zustimmung der Staatsanwaltschaft und des Angeschuldigten das Verfahren *vorläufig* einstellen und dem Angeschuldigten die oben bezeichneten Auflagen erteilen (§ 153 a Abs. 2).

Die Polizeibeamten haben die Straftat zu erforschen und alle unaufschiebbaren Anordnungen zu treffen, um die Verdunkelung der Sache zu verhüten.

Beispiele: den Beschuldigten und Zeugen zu vernehmen, Spuren zu sichern, den Blutalkohol festzustellen.

Sie übersenden ihre Feststellungen und Verhandlungen unverzüglich der Staatsanwaltschaft.

♦ *Vorläufige Festnahme*

Wird ein Täter **auf frischer Tat betroffen oder verfolgt,** so kann er, wenn Fluchtverdacht besteht oder seine Persönlichkeit nicht sofort festgestellt werden kann, nicht nur von der Polizei, sondern auch von jeder anderen Person *vorläufig festgenommen* werden (§ 127). Der Festgenommene ist jedoch spätestens am Tage nach der Festnahme *dem Richter vorzuführen,* der entweder seine Freilassung anordnet oder einen *Haftbefehl* erlässt (§ 128).

---

[1]) Die Strafverfolgungsbehörde schreitet von Amts wegen ein, wenn ein besonderes öffentliches Interesse an der Strafverfolgung geboten erscheint (§ 376).

[2]) Bagatellsachen sind Vergehen, bei denen die Schuld des Täters oder der verursachte Schaden gering ist; auch besteht kein öffentliches Interesse an der Verfolgung der Tat.

♦ Haftbefehl

Ein Haftbefehl ergeht, wenn der Richter den Beschuldigten der Tat für dringend verdächtig hält und ein Haftgrund, insbesondere Flucht- oder Verdunkelungsgefahr vorliegt (§ 112). Der Beschuldigte wird in Untersuchungshaft genommen (§ 114). Der Verhaftete darf grundsätzlich nicht im selben Raum mit anderen Gefangenen untergebracht werden (§ 119). Die Untersuchungshaft darf nur in Ausnahmefällen sechs Monate übersteigen (§ 121).

Aufgrund eines Haftbefehls oder eines Unterbringungsbefehls (§ 126a) können der Richter oder die Staatsanwaltschaft und bei Gefahr im Verzug ihre Hilfsbeamten (Polizei) die **Ausschreibung zur Festnahme** veranlassen (§ 131 Abs. 1).

Ist eine Gefährdung des Fahndungserfolges zu befürchten, können die Staatsanwaltschaft und ihre Hilfsbeamten auch ohne dass ein Haftbefehl erlassen ist, die Ausschreibung zur Festnahme veranlassen (§ 131 Abs. 2).

Zum Verfahren über die Ausschreibung zur Aufenthaltsermittlung eines Beschuldigten oder eines Zeugen siehe §§ 131a ff.

Die **Durchsuchung der Wohnung** (§ 102) und anderer Räume, die **Überwachung des Fernmeldeverkehrs** (§ 100a), ebenso ein **vorläufiges Fahrverbot** (§ 111a) werden vom Richter verfügt; bei Gefahr in Verzug kann die beiden erstgenannten Maßnahmen auch die Staatsanwaltschaft anordnen.

Zeugen und Sachverständige können von der Staatsanwaltschaft geladen werden. Sie sind verpflichtet zu erscheinen und zur Sache auszusagen bzw. ihr Gutachten zu erstatten (§ 161a).

Auch *der Beschuldigte* ist verpflichtet, auf Ladung vor der Staatsanwaltschaft zu erscheinen (§ 163a), seine Vorführung kann verfügt werden (§ 134).

Das Ermittlungsverfahren **endet** entweder

♦ *mit Einstellung des Verfahrens*[1] (§ 170 Abs. 2) oder

♦ *mit Erhebung der öffentlichen Klage* (§ 170 Abs. 1) oder, wenn die Straftat ein Vergehen ist,

♦ mit dem *Antrag auf Erlass eines schriftlichen Strafbefehls*[2] (§§ 407 ff.).

III. Die Erhebung der öffentlichen Klage

Die Staatsanwaltschaft erhebt die öffentliche Klage durch Einreichung der Anklageschrift bei dem zuständigen Gericht (§ 170 Abs. 1).

Die **Anklageschrift** muss vor allem die zur Last gelegte Tat, Zeit und Ort der Begehung, die gesetzlichen Merkmale der strafbaren Handlung und die anzuwendenden Gesetzesvorschriften enthalten (§ 200 – Anklagesatz). **Sie enthält den Antrag, das Hauptverfahren zu eröffnen** (§ 199 Abs. 2).

---

[1] Der Beschuldigte wird in der Regel von der Einstellung benachrichtigt. Einem Antragsteller ist ein mit Gründen versehener Bescheid zu erteilen (§ 171).
[2] Näheres über das Verfahren bei Strafbefehlen siehe S. 380 f.

In einem *Zwischenverfahren* prüft das Gericht, ob der Angeschuldigte der Straftat hinreichend verdächtig erscheint, wenn nicht, lehnt es die Eröffnung ab und stellt das Verfahren vorläufig ein.

Die Eröffnung des Hauptverfahrens erfolgt durch den **Eröffnungsbeschluss** (§ 207). Dieser enthält die dem Angeklagten zur Last gelegte Tat und die Bezeichnung des Gerichts, vor dem die Hauptverhandlung stattfinden soll. Der Beschluss wird dem Angeklagten zugestellt.

IV. Der Verteidiger

Der Angeklagte kann sich in jeder Lage des Verfahrens, also bereits als Beschuldigter im Ermittlungsverfahren, des Beistandes eines Verteidigers bedienen. Die Zahl der gewählten Verteidiger darf drei nicht übersteigen (§ 137).

Zum Verteidiger kann jeder bei einem deutschen Gericht zugelassene Rechtsanwalt gewählt werden, außerdem die Rechtslehrer an deutschen Hochschulen (§ 138). Unter bestimmten Voraussetzungen ist die Mitwirkung eines Verteidigers notwendig (**notwendige Verteidigung**), so z. B. wenn dem Beschuldigten ein Verbrechen zur Last gelegt wird oder wenn im ersten Rechtszug die Hauptverhandlung vor dem Oberlandesgericht oder Landgericht stattfindet (§ 140). Wählt der Beschuldigte den Verteidiger nicht selbst, wird er vom Gericht bestellt (**Pflichtverteidiger**). Ein Verteidiger kann ausgeschlossen werden, wenn er schwerer Pflichtverletzungen verdächtig ist (§§ 138 a ff.).

V. Die Hauptverhandlung

Der Vorsitzende des Gerichts bestimmt den Termin zur Hauptverhandlung (§ 213) und ordnet die erforderlichen Ladungen an (§ 214). Zu laden sind der Angeklagte, sein Verteidiger, die Zeugen und Sachverständigen. Die *Ladungsfrist* beträgt mindestens eine Woche (§ 217). Der Eröffnungsbeschluss muss dem Angeklagten spätestens mit der Ladung zugestellt werden (§ 215).

Grundsätzlich ist die Hauptverhandlung nur in Anwesenheit des *Angeklagten*[1]) durchzuführen. Ist der Angeklagte ohne Entschuldigung ausgeblieben, ist seine *Vorführung* anzuordnen oder *Haftbefehl* zu erlassen (§ 230).

Staatsanwalt und Gericht sollen in jedem Stadium des Verfahrens prüfen, ob ein Ausgleich zwischen Beschuldigtem und Verletztem erreicht werden kann (§ 155 a, **Täter-Opfer-Ausgleich**).

Über die Hauptverhandlung ist ein *Protokoll* aufzunehmen, das im Gegensatz zum Protokoll in Zivilsachen den ganzen Verlauf und das Ergebnis der Verhandlung wiedergibt (§§ 271 ff.).

Die Verhandlung beginnt mit dem **Aufruf der Sache.** Die Anwesenheit des Angeklagten, seines Verteidigers, der Zeugen und Sachverständigen wird festgestellt. Gegen ausgebliebene Zeugen kann Ordnungsgeld oder Ordnungshaft festgesetzt werden.

Die Zeugen werden auf ihre Wahrheitspflicht hingewiesen, sie verlassen den Sitzungssaal.

Zunächst wird der Angeklagte über seine **persönlichen Verhältnisse** vernommen. Darauf verliest der Staatsanwalt den Anklagesatz.

---

[1]) Ausnahmen: §§ 231 a – 233.

Beispiel: „Der Angeklagte hat am ... eine fremde bewegliche Sache einem anderen in der Absicht weggenommen, sie sich rechtswidrig zuzueignen ... und sich damit eines Diebstahls nach § 242 StGB schuldig gemacht."

Der Angeklagte wird darauf hingewiesen, dass es ihm freisteht, sich zur Anklage zu äußern. Ist er bereit auszusagen, wird er **zur Sache vernommen.**

Danach folgt die **Beweisaufnahme** (§ 244): Das Gericht vernimmt Zeugen und Sachverständige, verliest Schriftstücke, hört die Gerichtshilfe[1]), besichtigt wenn nötig den Tatort.

Die Zeugen werden über ein etwa bestehendes **Zeugnisverweigerungsrecht** (§§ 52 bis 56) belehrt und in Abwesenheit der anderen Zeugen einzeln vernommen und in der Regel vereidigt. Sie dürfen sich nach der Vernehmung nur mit Erlaubnis des Vorsitzenden von der Gerichtsstelle entfernen.

Dem Angeklagten, seinem Verteidiger und dem Staatsanwalt steht das Recht zu, sich zu jeder Vernehmung und jeder Verlesung eines Schriftstücks zu erklären (§ 257).

Nach Schluss der Beweisaufnahme folgen die **Schlussvorträge** (Plädoyers) des Staatsanwalts und des Verteidigers (§ 258).

Der **Staatsanwalt** wägt die Belastungs- und Entlastungsmomente, wie sie sich aus der Verhandlung ergaben, ab und stellt seinen Antrag auf Verurteilung des Angeklagten zu einer bestimmten Strafe oder auf Freispruch.

Der **Verteidiger** plädiert vor allem zugunsten des Angeklagten und beantragt, wenn irgend möglich, Freispruch.

Der Angeklagte hat **„das letzte Wort"** (§ 258 Abs. 2).

Danach berät das Gericht in nichtöffentlicher Sitzung. Die Hauptverhandlung schließt mit der **Verkündung des Urteils** durch Verlesen des *Urteilsspruchs* (Urteilsformel, Urteilstenor) und Eröffnung der *Urteilsgründe* (§§ 260 ff.).

Der Angeklagte wird entweder zu einer bestimmten Strafe verurteilt oder freigesprochen. Die Urteilsgründe müssen u. a. das angewandte Strafgesetz angeben und die Umstände, die für die Art und Höhe der Strafe maßgebend waren (§ 267 Abs. 3).

Der Angeklagte ist über Art, Form und Frist der gegen das Urteil möglichen **Rechtsmittel zu belehren** (§ 35 a).

VI. Die Rechtsmittel

Strafurteile können mit der Berufung (§§ 312 ff.) und der Revision (§§ 333 ff.) angefochten werden. Die Beschwerde ist gegen alle im ersten Rechtszug ergangenen *Beschlüsse* zulässig, außerdem gegen die meisten *Verfügungen* (§ 304).

In den in § 312 genannten Fällen der Verurteilung des Angeklagten zu einer Geldstrafe von nicht mehr als 15 Tagessätzen oder zu einer Geldbuße ist die Berufung nur zulässig, wenn sie vom Gericht angenommen wird.

---

[1]) Der Gerichtshelfer hat die persönlichen und wirtschaftlichen Verhältnisse des Angeklagten zu erforschen und dadurch den Richtern die nötigen Entscheidungsvoraussetzungen für Strafbemessung, Strafaussetzung, Maßregeln der Besserung und Sicherung zu verschaffen. Schon im Ermittlungsverfahren kann sich der Staatsanwalt des Gerichtshelfers bedienen.

Die Berufung wird angenommen, wenn sie nicht offensichtlich unbegründet ist. Andernfalls wird sie als unzulässig verworfen. Über die Annahme der Berufung entscheidet das Gericht durch Beschluss, der unanfechtbar ist und keiner Begründung bedarf (§ 322 a).

Berufung und Revision sind binnen *einer Woche nach Verkündung* des Urteils beim zuständigen Gericht zu Protokoll der Geschäftsstelle oder schriftlich einzulegen. Die Staatsanwaltschaft kann das Rechtsmittel zu ungunsten oder zugunsten des Verurteilten einlegen.

Die *Berufung* ist beim Gericht des ersten Rechtszuges einzulegen (§ 314), die *Revision* beim Gericht, dessen Urteil angefochten wird (§ 341).

Während für die **Berufung keine Begründungspflicht** (§ 317) besteht, muss die **Revision fristgemäß begründet** werden (§ 344), spätestens binnen *eines Monats* seit Ablauf der Revisionsfrist (§ 345).

Ist eine Frist ohne Verschulden versäumt worden, so wird auf Antrag *Wiedereinsetzung in den vorigen Stand* gewährt (§ 44).

Durch die rechtzeitige Einlegung des Rechtsmittels wird die **Rechtskraft des Urteils gehemmt** (§§ 316, 343), d. h. die Strafe kann bis zur Entscheidung über das Rechtsmittel nicht vollstreckt werden (§ 449).

VII. Die Wiederaufnahme des Verfahrens

Ein rechtskräftiges Urteil kann durch die ordentlichen Rechtsmittel nicht mehr angefochten werden. Jedoch ist eine Wiederaufnahme des rechtskräftig abgeschlossenen Verfahrens möglich, wenn einer der in den §§ 359, 362 erschöpfend aufgezählten Gründe vorliegt, insbesondere, wenn **neue Tatsachen oder Beweismittel** vorgebracht werden, die geeignet sind, das Urteil zugunsten oder zu ungunsten des Verurteilten zu ändern. Die Wiederaufnahme ist nicht zulässig, wenn nur die Änderung der Strafbemessung aufgrund desselben Strafgesetzes angestrebt wird oder die Milderung der Strafe wegen verminderter Schuldfähigkeit (§ 363).

Auch im Wiederaufnahmeverfahren hat der mittellose Verurteilte Anspruch auf einen *Pflichtverteidiger* (§§ 364 a, 364 b).

Der *Antrag* auf Wiederaufnahme des Verfahrens muss den gesetzlichen Grund, z. B. Meineid eines Zeugen, und die Beweismittel angeben (§ 366).

Über den Antrag entscheidet ein anderes Gericht als dasjenige, dessen Urteil angefochten wird (§ 367 StPO, § 140 a GVG).

Der Antrag wird *als unbegründet verworfen,* wenn die aufgestellten Behauptungen keine genügende Bestätigung gefunden haben. *Andernfalls* ordnet das Gericht die Wiederaufnahme des Verfahrens und die Erneuerung der Hauptverhandlung *an* (§ 370).

Das Hauptverfahren endet entweder damit, dass das frühere Urteil aufrechterhalten oder dass es aufgehoben und anderweitig in der Sache erkannt wird.

VIII. Das Verfahren bei Strafbefehlen

Bei **leichten Vergehen** kann die Staatsanwaltschaft anstelle der öffentlichen Klage den Erlass eines schriftlichen Strafbefehls beim Amtsgericht (Strafrichter) beantragen. Die Strafe wird **ohne Hauptverhandlung** festgesetzt, jedoch dürfen nur bestimmte Rechtsfolgen angeordnet werden (§ 407 Abs. 2).

Beispiele: Geldstrafe, Verwarnung mit Strafvorbehalt, Fahrverbot, Entziehung der Fahrerlaubnis bis zu zwei Jahren.

Freiheitsstrafe kann grundsätzlich nicht verhängt werden. Hat jedoch der Angeschuldigte einen Verteidiger, so kann auf Freiheitsstrafe bis zu einem Jahr erkannt werden, wenn deren Vollstreckung zur Bewährung ausgesetzt wird.

Der Strafbefehl muss den Hinweis enthalten, dass der Befehl rechtskräftig und vollstreckbar wird, wenn der Beschuldigte nicht *innerhalb zwei Wochen* seit Zustellung beim Amtsgericht schriftlich oder zu Protokoll der Geschäftsstelle **Einspruch** einlegt. Legt der Beschuldigte rechtzeitig Einspruch ein, wird die Hauptverhandlung durchgeführt. Das Gericht ist im Urteil nicht an die im Strafbefehl ausgesprochene Strafe gebunden, es kann die Strafe erhöhen oder ermäßigen.

Der Strafbefehl erlangt die Wirkung eines rechtskräftigen Urteils, wenn nicht rechtzeitig Einspruch erhoben worden ist (§ 410).

IX. Die Privatklage

Die in § 374 aufgeführten Antragsdelikte werden von der Staatsanwaltschaft nur verfolgt, wenn die Verfolgung im öffentlichen Interesse liegt (§ 376). Zu den Antragsdelikten gehören insbesondere (siehe auch S. 383),

- der Hausfriedensbruch (§ 123 StGB),
- die Beleidigung (§ 185 StGB),
- die Verletzung des Briefgeheimnisses (§ 202 StGB),
- die Körperverletzung (§ 223 StGB),
- die Sachbeschädigung (§ 303 StGB).

Der Verletzte kann jedoch die Straftat *im Wege der Privatklage* verfolgen. Der Klage muss in der Regel ein erfolgloser Sühneversuch bei einer Vergleichsbehörde vorausgegangen sein (§ 380).

Nach vorschriftsmäßiger Klageerhebung (vgl. § 381) und Zahlung des *Gebührenvorschusses* (§ 379 a, § 67 Abs. 1 GKG) eröffnet das Gericht das Hauptverfahren oder stellt das Verfahren wegen geringer Schuld des Täters ein (§ 383). Das Verfahren richtet sich im Allgemeinen nach den Vorschriften des öffentlichen Verfahrens.

Hat die Staatsanwaltschaft die Verfolgung übernommen, wozu sie in jeder Lage des Verfahrens berechtigt ist (§ 377), erhält der Privatkläger die Stellung eines **Nebenklägers** (§ 395). Der Nebenkläger ist ein mit allen Rechten ausgestatteter Gehilfe der staatlichen Anklage. Er kann z. B. neben dem Staatsanwalt unabhängig und selbstständig Rechtsmittel einlegen.

X. Strafvollstreckung und Strafvollzug

Strafurteile sind erst vollstreckbar, wenn sie rechtskräftig geworden sind (§ 449). **Strafvollstreckungsbehörde** ist grundsätzlich die **Staatsanwaltschaft.** Die Vollstreckung erfolgt aufgrund einer vom Urkundsbeamten erteilten beglaubigten Abschrift der Urteilsformel, die mit der Bescheinigung der Vollstreckbarkeit versehen ist (§ 451).

Freiheitsstrafen sind grundsätzlich sofort nach Eintritt der Rechtskraft des Urteils zu vollstrecken. Die Vollstreckung **muss aufgeschoben** werden, wenn der Verurteilte geisteskrank wird oder lebensgefährlich erkrankt. Sie **kann aufgeschoben** werden, wenn sich der Verurteilte in einem körperlichen Zustand befindet, bei dem die sofortige Vollstreckung mit der Einrichtung der Strafanstalt unverträglich ist (§ 455 Abs. 1–3).

Beispiele:
- wenn die Verurteilte hochschwanger ist;
- wenn die für den Verurteilten notwendige ärztliche Behandlung in der Strafanstalt nicht möglich ist.

Die Vollstreckung kann **zeitweilig,** höchstens vier Monate, **aufgeschoben** werden, wenn durch die sofortige Vollstreckung dem Verurteilten oder seiner Familie erhebliche Nachteile, die außerhalb des Strafzwecks liegen, erwachsen (§ 456).

Beispiel: wenn der Verurteilte kurz zuvor ein neues Arbeitsverhältnis eingegangen ist, dessen Probezeit noch läuft.

Die Vollstreckung **kann unterbrochen werden** aus denselben Gründen, die den Aufschub der Vollstreckung rechtfertigen (§ 455 Abs. 4).

Für die *Bewilligung des Strafaufschubs* und der Strafunterbrechung ist die Staatsanwaltschaft zuständig.

Der Verurteilte wird zum Strafantritt geladen. Stellt er sich nicht oder ist er der Flucht verdächtig, kann die Staatsanwaltschaft einen **Vorführungs- oder Haftbefehl** erlassen. Ist er flüchtig oder hält er sich verborgen, kann ein **Steckbrief** erlassen werden (§ 457).

Geldstrafen werden nach den Vorschriften der Justizbeitreibungsordnung vollstreckt (§ 459). Über *Zahlungserleichterungen,* die auch die Verfahrenskosten betreffen, entscheidet nach Rechtskraft des Urteils die Vollstreckungsbehörde, vor Rechtskraft das Gericht.

Eine *Ersatzfreiheitsstrafe* darf erst vollstreckt werden, wenn die Geldstrafe „uneinbringlich" ist (§ 43 StGB, § 459e Abs. 2).

Beispiel: Der zu einer Geldstrafe von 10 000,00 EUR verurteilte Laban will sich ein neues Auto kaufen. Er kann nicht, um das Geld zu sparen, die Ersatzfreiheitsstrafe „absitzen".

Die Vollstreckungsbehörde kann aufgrund landesgesetzlicher Regelung dem Verurteilten gestatten, die Vollstreckung einer Ersatzfreiheitsstrafe *durch freie, unentgeltliche Arbeit* abzuwenden (Art. 293 Einführungsgesetz zum StGB).

Bei den Landgerichten werden *Strafvollstreckungskammern* gebildet, wenn in ihrem Bezirk Anstalten errichtet sind, in denen gegen Erwachsene Freiheitsstrafen oder freiheitsentziehende Maßregeln der Besserung und Sicherung vollzogen werden (§ 78a GVG). Über ihre Besetzung vgl. § 78b GVG.

Die Strafvollstreckungskammern sind *zuständig*

Beispiele:
- für nachträgliche Entscheidungen, die eine Strafaussetzung zur Bewährung oder eine Verwarnung mit Strafvorbehalt betreffen (§ 453);
- für die Aussetzung des Strafrestes (§ 454).

Der **Vollzug der Freiheitsstrafe** erfolgt in den Strafvollzugsanstalten. Die Unterscheidung von Zuchthaus, Gefängnis und Haftanstalt ist weggefallen.

XI. Die Verjährung

Die Verfolgung einer Straftat verjährt je nach der Höhe der *im Gesetz angedrohten Strafe* (**Verfolgungsverjährung, § 78 StGB**).

Beispiel: in 30 Jahren, wenn die Straftat mit lebenslanger Freiheitsstrafe bedroht ist. Die Frist beginnt mit Beendigung der Straftat. **Verbrechen nach § 211 StGB (Mord) und nach § 220 a StGB (Völkermord) verjähren nicht (§ 78 Abs. 2 StGB).**

Die Vollstreckung der Strafe darf nach einer bestimmten Frist nicht mehr erfolgen (**Vollstreckungsverjährung, § 79 StGB**). Die Frist beginnt mit Rechtskraft der Entscheidung und richtet sich nach der Höhe der *verhängten Strafe*. Die Vollstreckung von lebenslangen Freiheitsstrafen, der Strafe wegen Völkermordes und die Vollstreckung der Sicherungsverwahrung verjähren nicht.

Strafrichterliche Verurteilungen werden in das vom Generalbundesanwalt geführte **Bundeszentralregister**[1]) eingetragen. Sitz des Bundeszentralregisters ist Bonn.

Entscheidungen und Anordnungen, die Jugendliche betreffen, werden in das **Erziehungsregister,** das vom Bundeszentralregister geführt wird, eingetragen, soweit sie nicht Jugendstrafe oder eine Maßregel der Besserung und Sicherung betreffen, die im Bundeszentralregister eingetragen werden. Die Eintragungen werden nach Ablauf einer bestimmten Frist getilgt (§§ 43 ff. BZRG).

XII. Die Kronzeugenregelung bei terroristischen Straftaten

In dem Bestreben, den Terrorismus wirksamer zu bekämpfen, hat sich der Gesetzgeber entschlossen, die sog. Kronzeugenregelung[2]) einzuführen. Sie bedeutet, dass der Täter einer Straftat nach §§ 129, 129 a (Bildung krimineller oder terroristischer Vereinigungen) oder einer mit dieser Tat zusammenhängenden Straftat sich dadurch **Straffreiheit oder Strafmilderung** verschaffen **oder die Einstellung des Verfahrens** nach § 153 b Abs. 2 StPO erreichen kann, dass er selbst oder durch Vermittlung eines Dritten der Strafverfolgungsbehörde gegenüber sein Wissen über Tatsachen offenbart, die geeignet sind:

◆ die Begehung einer solchen Straftat zu verhindern,

◆ die Aufklärung einer solchen Straftat zu fördern oder

◆ zur Ergreifung eines Täters oder Teilnehmers an einer solchen Straftat zu führen.

Der Generalbundesanwalt kann mit Zustimmung eines Strafsenats des BGH von der Strafverfolgung absehen, **wenn der Täter oder Teilnehmer bedeutende Aussagen, insbesondere im Hinblick auf die Verhinderung künftiger Straftaten,** gemacht hat und dies im Verhältnis zu seiner eigenen Tat gerechtfertigt erscheint.

Das Gericht kann von Strafe absehen oder die Strafe nach seinem Ermessen mildern, wobei es bis zur gesetzlichen Mindeststrafe herabgehen oder statt auf Freiheitsstrafe auf Geldstrafe erkennen kann. Will das Gericht das Verfahren einstellen, muss der Generalbundesanwalt zustimmen. Absehen von Strafverfolgung oder von Strafe, Strafmilderung und Einstellung des

---

[1]) Geregelt im Bundeszentralregistergesetz (BZRG).
[2]) Art. 4 und 5 „Gesetz zur Änderung des Strafgesetzbuches, der Strafprozessordnung und des Versammlungsgesetzes und zur Einführung einer Kronzeugenregelung bei terroristischen Straftaten" (BGBl. 1989 I 1059 ff.).

Verfahrens kommen nicht in Betracht bei einem Verbrechen nach § 220a (Völkermord). Bei Straftaten nach §§ 211, 212 (Mord, Totschlag) ist das Absehen von Strafverfolgung und Strafe ausgeschlossen, Strafmilderung nur bis zu einer Mindeststrafe von drei Jahren zulässig.

Hat der Täter zur Übermittlung seiner „Offenbarung" einen Dritten (z. B. Rechtsanwalt) eingeschaltet, so ist dieser nicht verpflichtet anzuzeigen, was ihm in seiner Eigenschaft als Vermittler anvertraut worden ist.

Die Kronzeugenregelung war bis 31. Dezember 1995 befristet, ist jedoch ständig verlängert worden.

XIII. Die Kosten des Strafverfahrens

Die Kosten des Strafverfahrens sind grundsätzlich vom Verurteilten zu tragen (§ 465). Wird der Angeschuldigte freigesprochen, die Eröffnung des Hauptverfahrens abgelehnt oder das Verfahren eingestellt, so fallen die Kosten der Staatskasse zur Last (§ 467).

Im *Privatklageverfahren* hat der Verurteilte auch die dem Privatkläger entstandenen notwendigen Auslagen, z. B. seine Rechtsanwaltskosten, zu erstatten (§ 471).

Das Jugendstrafverfahren

Das Jugendstrafverfahren, im Jugendgerichtsgesetz (JGG) geregelt, unterscheidet sich wesentlich vom allgemeinen Strafverfahren. Anzeigen und Strafanträge sind zwar ebenfalls bei den Polizeidienststellen, der Staatsanwaltschaft oder den Gerichten anzubringen, anders jedoch laufen die Ermittlungen.

Bei erwachsenen Tätern hat die Staatsanwaltschaft in erster Linie den Sachverhalt zu erforschen, erst in zweiter Linie die Umstände, die für die Strafbemessung oder die Strafaussetzung zur Bewährung von Bedeutung sind (§ 160 StPO). Bei jugendlichen Beschuldigten dagegen sollen so bald wie möglich die Lebens- und Familienverhältnisse, der Werdegang und das bisherige Verhalten des Jugendlichen sowie alle **Umstände ermittelt werden, die zur Beurteilung seiner seelischen, geistigen und charakterlichen Eigenschaften dienen können** (§ 43 JGG).

Das Jugendstrafrecht wird angewandt, wenn

- **Jugendliche** (Minderjährige zwischen 14 und 18 Jahren),
- **Heranwachsende** (junge Menschen zwischen 18 und 21 Jahren), die nach ihrer geistigseelischen Entwicklung einem Jugendlichen gleichstehen,

eine Straftat begehen (§ 1 JGG).

Kinder unter 14 Jahren sind strafunmündig (§ 19 StGB).

Jugendliche und Heranwachsende sind jedoch nur dann strafrechtlich verantwortlich, wenn sie *zur Zeit der Tat* sittlich und geistig reif genug sind, das Unrecht der Tat einzusehen und nach dieser Einsicht zu handeln (§§ 3, 105 JGG).

Ob die rechtswidrige Tat eines Jugendlichen als Verbrechen oder Vergehen anzusehen ist und wann sie verjährt, richtet sich nach den Vorschriften des allgemeinen Strafrechts (§ 4 JGG).

Das Jugendgerichtsgesetz sieht als Maßnahmen vor:

- Erziehungsmaßregeln,
- Zuchtmittel und
- Jugendstrafe.

1. Erziehungsmaßregeln (§ 9 JGG)

- **Weisungen** (§ 10 JGG) sind Gebote und Verbote, welche die Lebensführung des Jugendlichen regeln und seine Erziehung fördern und sichern sollen, z. B. **das Gebot,** Arbeitsleistungen zu erbringen; eine Ausbildungs- oder Arbeitsstelle anzunehmen; sich der Betreuung und Aufsicht einer bestimmten Person (Betreuungshelfer) zu unterstellen.

- **das Verbot,** bestimmte Gast- und Vergnügungsstätten zu besuchen oder mit bestimmten Personen zu verkehren.

  Die Laufzeit der Weisungen darf zwei Jahre nicht übersteigen. Kommt der Jugendliche den Weisungen schuldhaft nicht nach, kann Jugendarrest verhängt werden (§ 11 JGG).

◆ **Verpflichtung zur Inanspruchnahme von Hilfe zur Erziehung:** Der Richter kann den Jugendlichen im Einvernehmen mit dem Jugendamt verpflichten, Hilfe zur Erziehung in Form der **Erziehungsbeistandschaft** oder der **Heimerziehung** in Anspruch zu nehmen.

Der **Erziehungsbeistand** (§ 30 Achtes Buch SGB) soll den Jugendlichen bei der Bewältigung von Entwicklungsproblemen unter Einbeziehung des sozialen Umfelds unterstützen und unter Erhaltung des Lebensbezugs zur Familie seine Verselbstständigung fördern.

Die **Heimerziehung** (§ 34 Achtes Buch SGB) erfolgt in einer Einrichtung über Tag und Nacht oder in einer sonstigen betreuten Wohnform. Sie verfolgt den Zweck, den Jugendlichen durch eine Verbindung von Alltagserleben und pädagogischen sowie therapeutischen Angeboten in seiner Entwicklung zu fördern. Darüber hinaus soll sie durch eine Verbesserung der Erziehungsbedingungen in der Herkunftsfamilie

– die Rückkehr des Jugendlichen in seine Familie erreichen oder
– die Erziehung in einer anderen Familie oder familienähnlichen Lebensform vorbereiten oder
– die Verselbstständigung des Jugendlichen fördern und begleiten.

2. Zuchtmittel (§ 13 JGG)

Mit Zuchtmitteln wird die Tat des Jugendlichen geahndet, wenn Jugendstrafe nicht erforderlich ist, dem Jugendlichen aber eindringlich zum Bewusstsein gebracht werden muss, dass er für das von ihm begangene Unrecht einzustehen hat.

Zuchtmittel sind: Verwarnung, Erteilung von Auflagen, Jugendarrest.

◆ **Verwarnung (§ 14 JGG):** Die Verwarnung ist die mildeste Form der Zuchtmittel. Sie soll dem Jugendlichen das Unrecht der Tat eindringlich vor Augen führen.

◆ **Auflagen (§ 15 JGG):** Der Richter kann dem Jugendlichen z. B. auferlegen, sich persönlich bei dem Verletzten zu entschuldigen oder einen Geldbetrag (innerhalb seiner Verfügungsmöglichkeiten) zugunsten einer gemeinschaftlichen Einrichtung zu zahlen oder den Schaden nach Kräften wieder gutzumachen.

◆ **Jugendarrest (§ 16 JGG):** Der Jugendarrest ist Freizeitarrest, Kurzarrest oder Dauerarrest.

Der **Freizeitarrest** wird für die wöchentliche Freizeit des Jugendlichen angeordnet, er wird auf eine oder zwei Freizeiten bemessen. **Kurzarrest** wird anstelle von Freizeitarrest angeordnet, wenn der zusammenhängende Vollzug aus Gründen der Erziehung zweckmäßig erscheint. Zwei Tage Kurzarrest entsprechen einer Freizeit.

Der **Dauerarrest** *beträgt mindestens eine Woche und höchstens vier Wochen.*

3. Jugendstrafe (§ 17 JGG)

Jugendstrafe wird *nur* verhängt, **wenn** wegen der schädlichen Neigungen des Jugendlichen oder der Schwere der Schuld **Erziehungsmaßregeln und Zuchtmittel nicht ausreichen.**

Das *Mindestmaß* der Jugendstrafe beträgt sechs Monate, das Höchstmaß fünf Jahre. Für Verbrechen, die nach dem allgemeinen Strafrecht mit Freiheitsstrafe über zehn Jahre bedroht sind, ist das Höchstmaß zehn Jahre (§ 18 JGG).

Die Jugendstrafe wird in **Jugendstrafanstalten** *vollzogen.* Der Vollzug soll den Jugendlichen dazu erziehen, künftig einen verantwortungsbewussten Lebenswandel zu führen. Diesem Zweck dienen insbesondere dazu eingerichtete Ausbildungsstätten (§ 91 JGG).

Über Verfehlungen Jugendlicher entscheiden die Jugendgerichte. **Jugendgerichte** sind (§ 33 JGG):

◆ der Strafrichter als **Jugendrichter,**

◆ das **Jugendschöffengericht,** besetzt mit dem Jugendrichter und zwei Jugendschöffen,

◆ die **Jugendkammer**

– **Große Jugendkammer,** zuständig bei schweren Straftaten (§ 41 JGG), besetzt mit drei Richtern und zwei Jugendschöffen; bei weniger schweren Straftaten (§ 33 b Abs. 2 JGG), besetzt mit zwei Richtern und zwei Jugendschöffen.

– **Kleine Jugendkammer,** zuständig bei Berufungen gegen Urteile des Jugendrichters und des Jugendschöffengerichts, besetzt mit einem Richter und zwei Jugendschöffen (§§ 33 b Abs. 1, 41 Abs. 2 JGG).

Die Staatsanwaltschaft wird durch **Jugendstaatsanwälte** vertreten (§ 36 JGG).

Jugendrichter, Jugendschöffen und Jugendstaatsanwälte sollen erzieherisch befähigt und in der Jugenderziehung erfahren sein (§§ 35 Abs. 2, 37 JGG).

Im gesamten Jugendstrafverfahren ist die **Mitarbeit der Jugendgerichtshilfe** von größter Bedeutung (§ 38 JGG). Ihre Vertreter haben vor allem die Persönlichkeit, die Entwicklung und die Umwelt des Beschuldigten zu erforschen, sie sind so früh wie möglich heranzuziehen. Sie haben während des gesamten Verfahrens, während des Strafvollzugs und danach den Jugendlichen betreuend zu überwachen.

Die Möglichkeit, ein Rechtsmittel einzulegen, wird in § 55 JGG erheblich eingeschränkt.

Die *Verhandlung* und die *Verkündung der Entscheidungen* sind **nicht öffentlich** (§ 48 JGG). Der Vorsitzende kann dem Beschuldigten einen **Pflichtverteidiger** oder, wenn kein Fall der notwendigen Verteidigung vorliegt, einen **Beistand** bestellen (§§ 68, 69 JGG). Der gesetzliche Vertreter und der Erziehungsberechtigte haben jedoch das Recht, **einen Verteidiger zu beauftragen** (§ 67 Abs. 3 JGG).

Die Vollstreckung der Jugendstrafe von nicht mehr als einem Jahr – in Ausnahmefällen bis zu zwei Jahren – **kann zur Bewährung ausgesetzt werden,** wenn die Persönlichkeit des Jugendlichen, sein Vorleben, die Umstände der Tat und sein Verhalten nach der Tat erwarten lassen, dass er künftig einen rechtschaffenen Lebenswandel führen wird (§ 21 JGG). **Die Bewährungszeit darf drei Jahre nicht überschreiten und zwei Jahre nicht unterschreiten** (§ 22 JGG).

Der Jugendliche wird für die Dauer der Bewährungszeit der **Aufsicht und Leitung eines Bewährungshelfers** unterstellt, der den Jugendlichen betreut und im Einvernehmen mit dem Jugendrichter darüber wacht, dass er die ihm erteilten Weisungen und Auflagen erfüllt (§§ 23, 24, 60 JGG).

Für den Bezirk eines jeden Jugendrichters ist mindestens ein hauptamtlicher Bewährungshelfer anzustellen (§ 113 JGG).

Der Jugendrichter widerruft die Aussetzung der Jugendstrafe, wenn der Jugendliche in der Bewährungszeit eine neue Straftat begeht oder gegen Weisungen und Auflagen beharrlich verstößt (§ 26 JGG). Erfolgt kein Widerruf der Strafaussetzung, erlässt der Jugendrichter die Jugendstrafe nach Ablauf der Bewährungszeit (§ 26 a JGG).

Die Verhängung der Jugendstrafe kann zur Bewährung ausgesetzt werden, wenn der Jugendrichter nicht mit Sicherheit feststellen kann, ob die schädlichen Neigungen des Jugendlichen so schwerwiegend sind, dass sie eine Jugendstrafe erforderlich machen. In diesem Fall stellt der Jugendrichter **nur die Schuld des Jugendlichen** fest und setzt die Entscheidung über die Verhängung der Jugendstrafe zur Bewährung aus (§ 27 JGG).

Die Bewährungszeit darf zwei Jahre nicht überschreiten und ein Jahr nicht unterschreiten (§ 28 JGG). Auch in diesem Fall wird der Jugendliche einem Bewährungshelfer unterstellt (§ 29 JGG).

Stellt sich insbesondere durch schlechte Führung des Jugendlichen während der Bewährungszeit heraus, dass seine Tat auf schädliche Neigungen zurückzuführen ist, verhängt der Jugendrichter die Jugendstrafe. Gibt das Verhalten des Jugendlichen während der Bewährungszeit keinen Anlass zu Beanstandungen, **wird nach deren Ablauf der Schuldspruch getilgt** (§ 30 Abs. 2 JGG).

Gegen einen Jugendlichen kann **kein Strafbefehl** erlassen und keine Privatklage erhoben werden (§§ 79, 80 JGG), auch die *Nebenklage ist unzulässig,* ebenso das beschleunigte Verfahren nach §§ 212 ff. StPO.

◆ Vereinfachtes Jugendverfahren (§§ 76 f. JGG)

Der Staatsanwalt kann bei dem Jugendrichter beantragen, im vereinfachten Jugendverfahren zu entscheiden, wenn z. B. zu erwarten ist, dass der Jugendrichter

- ausschließlich Weisungen erteilt,
- Zuchtmittel verhängt,
- auf ein Fahrverbot erkennt oder
- die Fahrerlaubnis entzieht.

Der Jugendrichter entscheidet aufgrund einer mündlichen Verhandlung durch Urteil. Die Vorschriften über die Anwesenheit des Angeklagten (§ 50 JGG), die Stellung des Erziehungsberechtigten und des gesetzlichen Vertreters (§ 67 JGG) und die Mitteilung von Entscheidungen (§ 70 JGG) müssen beachtet werden.

Das Bußgeldverfahren

I. Allgemeines

Von dem im Gesetz über Ordnungswidrigkeiten (OWiG) geregelten Bußgeldverfahren werden Verstöße gegen Rechtsvorschriften erfasst, die nicht krimineller Natur sind und deshalb eine Verfolgung und Ahndung nach strafrechtlichen Grundsätzen nicht erfordern, sondern bei denen die Verhängung eines Bußgeldes ausreichend erscheint. Durch dieses Verfahren wird das verhältnismäßig zeitaufwendige ordentliche Strafverfahren vermieden, die Gerichte werden entlastet und eine rasche Bestrafung des „Sünders" durch ein unkompliziertes Verfahren ermöglicht.

Unsere Rechtsordnung enthält in zahlreichen Gesetzen Bestimmungen über Ordnungswidrigkeiten, welche die Ahndung mit einer Geldbuße vorsehen.

Beispiele:
- Zuwiderhandlungen gegen Steuergesetze nach der Abgabenordnung,
- Verletzung von Auskunftspflichten nach dem Kreditwesengesetz,
- Verstöße gegen Straßenverkehrsvorschriften nach dem Straßenverkehrsgesetz[1]).

Auch im OWiG selbst (§ 111 ff. OWiG) sind Tatbestände aufgeführt, die eine Ordnungswidrigkeit begründen.

II. Der Bußgeldbescheid

Die Ordnungswidrigkeit wird in der Regel durch einen Bußgeldbescheid geahndet, der den in § 66 OWiG bestimmten Inhalt haben muss. Die Geldbuße beträgt mindestens 5,00 EUR und höchstens 1 000,00 EUR, wenn das Gesetz nichts anderes bestimmt (§ 17 OWiG). In manchen Gesetzen sind jedoch wesentlich höhere Geldbußen vorgesehen.

Zuständig für den Erlass des Bußgeldbescheides ist die Verwaltungsbehörde, die im Gesetz, das den Ordnungswidrigkeitstatbestand enthält, bestimmt ist, z. B. die Finanzämter, das Bundesaufsichtsamt für das Kreditwesen, die Polizei. Die Verfolgung von Ordnungswidrigkeiten liegt im pflichtgemäßen Ermessen der Verfolgungsbehörde (§ 47 OWiG). Sie muss dem Betroffenen Gelegenheit geben, sich zu der Beschuldigung zu äußern. **Bei geringfügigen Ordnungswidrigkeiten** kann die Verwaltungsbehörde den Betroffenen verwarnen und ein **Verwarnungsgeld** von 5,00 bis 35,00 EUR erheben, wenn der Betroffene hiermit einverstanden ist und er das Verwarnungsgeld entweder sofort oder innerhalb einer Frist von einer Woche bezahlt (§ 56 OWiG). **Zur Erteilung von Verwarnungen sind auch die Beamten des Polizeidienstes befugt.** Liegen Anhaltspunkte dafür vor, dass die Zuwiderhandlung eine Straftat ist, gibt die Verwaltungsbehörde die Sache an die Staatsanwaltschaft ab.

III. Die Rechtsmittel

Gegen den Bußgeldbescheid kann der Betroffene innerhalb von zwei Wochen bei der Verwaltungsbehörde **Einspruch** einlegen (§ 67 OWiG). Will die Verwaltungsbehörde den Bußgeld-

---

[1]) Hier gilt jetzt die Verordnung über Regelsätze für Geldbußen und über die Anordnung eines Fahrverbots wegen Ordnungswidrigkeiten im Straßenverkehr (Bußgeldkatalog-Verordnung – BKatV) vom 4. Juli 1989, BGBl. I., S. 1305.

bescheid nicht zurücknehmen, übersendet sie die Akten der Staatsanwaltschaft. Diese legt sie dem Richter beim Amtsgericht vor, wenn sie das Verfahren nicht einstellen will (§ 69). Findet eine Hauptverhandlung statt, entscheidet das Gericht über den Einspruch durch Urteil. Hält es eine Hauptverhandlung nicht für erforderlich, entscheidet es durch Beschluss, wenn der Betroffene und die Staatsanwaltschaft nicht widersprechen (§ 72).

Gegen das Urteil und den Beschluss ist unter bestimmten Voraussetzungen (§ 79 OWiG) **Rechtsbeschwerde** zulässig, die binnen einer Woche einzulegen ist. Über sie entscheidet das *Oberlandesgericht,* in besonderen Fällen auch der *Bundesgerichtshof* durch Beschluss oder Urteil (§ 79 OWiG).

IV. Die Vollstreckung des Bußgeldbescheids

Der rechtskräftige Bußgeldbescheid wird nach den Vorschriften des Verwaltungsvollstreckungsgesetzes bzw. nach den entsprechenden landesrechtlichen Vorschriften vollstreckt (§ 90 OWiG). Die Geldbußen fließen in die Bundes- oder Landeskasse, je nachdem welche Verwaltungsbehörde den Bußgeldbescheid erlassen hat. **Vollstreckungsbehörde ist grundsätzlich die Verwaltungsbehörde,** die den Bußgeldbescheid erlassen hat. Wird die Geldbuße nach Ablauf von zwei Wochen nicht bezahlt und ist dem Betroffenen auch keine Zahlungserleichterung bewilligt, kann das Gericht auf Antrag der Vollstreckungsbehörde oder, wenn ihm selbst die Vollstreckung obliegt, z. B. wenn es über den Einspruch entschieden hat, von Amts wegen **Erzwingungshaft** bis zu sechs Wochen, bei mehreren Geldbußen bis zu drei Monaten, anordnen (§ 96 OWiG).

Bezahlt ein Jugendlicher oder Heranwachsender die gegen ihn verhängte Geldbuße nicht, kann der Jugendrichter diesen nach § 98 OWiG auferlegen, anstelle der Geldbuße

◆ einer Arbeitsauflage nachzukommen,

◆ nach Kräften den durch die Tat verursachten Schaden wieder gutzumachen,

◆ bei einer Verletzung von Verkehrsvorschriften an einem Verkehrsunterricht teilzunehmen oder

◆ sonst eine bestimmte Leistung zu erbringen.

Wiederholungsaufgaben

1 a) In welchem Gesetz ist die sachliche Zuständigkeit der Strafgerichte geregelt, in welchem die örtliche Zuständigkeit?

   b) Der Beschuldigte hat einen Mord in Frankfurt begangen, festgenommen wurde er in Heidelberg. Vor welchem Landgericht kann die Staatsanwaltschaft Anklage erheben?

2 Was ist unter einem Offizialdelikt, was unter einem Antragsdelikt zu verstehen?

3 Wodurch unterscheiden sich Strafanzeige und Strafantrag?

4 a) Wer führt das Ermittlungsverfahren durch?

   b) Welche Maßnahmen kann das Gericht während des Ermittlungsverfahrens zur Klärung des Sachverhalts anordnen?

   c) Womit kann das Ermittlungsverfahren enden?

5 a) Welche Angaben muss die Anklageschrift enthalten?
b) Welche Aufgabe hat das Gericht, wenn die Anklageschrift bei ihm eingereicht ist?
c) Wie heißt die Entscheidung, durch die das Hauptverfahren eröffnet wird?

6 a) Wer ist befugt, den Beschuldigten im Strafverfahren zu verteidigen?
b) Unter welchen Voraussetzungen bestellt das Gericht einen Pflichtverteidiger?
c) Wie viele Wahlverteidiger werden höchstens für einen Beschuldigten zugelassen?

7 a) Der Angeklagte ist ohne Entschuldigung in der Hauptverwaltung ausgeblieben. Wodurch kann sein Erscheinen erzwungen werden?
b) Zeuge Schulze ist ebenfalls, ohne sich zu entschuldigen, nicht erschienen. Welche Maßnahmen können gegen ihn festgesetzt werden?

8 Inwieweit unterscheidet sich das Protokoll über die Hauptverhandlung vom Protokoll über die mündliche Verhandlung im Zivilprozess?

9 a) Was versteht man unter den „Plädoyers"?
b) Wer hat das „letzte Wort"?
c) Womit schließt die Hauptverhandlung?

10 a) Welche Rechtsmittel sind gegen Strafurteile gegeben?
b) Welche Fristen sind einzuhalten?
c) Für welches Rechtsmittel ist eine Begründung vorgeschrieben? Welche Frist ist zu beachten?
d) Welche Wirkung hat die rechtzeitige Einlegung des Rechtsmittels?
e) Die Rechtsmittelfrist wurde versehentlich versäumt. Welcher Antrag ist zulässig, damit das Rechtsmittel nachträglich eingelegt werden kann?

11 Der Angeklagte wurde wegen Mordes zu lebenslanger Freiheitsstrafe verurteilt. Sein Verteidiger, Rechtsanwalt Dr. Moser, ist beauftragt, ein Rechtsmittel gegen das Urteil einzulegen.
a) Welches Rechtsmittel ist zulässig?
b) Bei welchem Gericht ist das Rechtsmittel einzulegen?
c) Welches Gericht ist für die Entscheidung zuständig?

12 Die Angeklagte wurde wegen Mordes vom Landgericht München zu lebenslanger Freiheitsstrafe verurteilt. Sie behauptet seit Jahren, den Mord nicht begangen zu haben.
a) Welchen Antrag kann ihr Verteidiger stellen, um eventuell die Aufhebung des rechtskräftigen Urteils zu erlangen?
b) Kann er den Antrag auf Gründe stützen, die er bereits in der Hauptverhandlung vorgebracht hat?
c) Welches Gericht entscheidet über den Antrag?
d) Angenommen, der Antrag wird vom Gericht für begründet erachtet. Welche Anordnung trifft das Gericht?

13 Anstelle der öffentlichen Klage beantragt die Staatsanwaltschaft, gegen den Beklagten Siebert einen Strafbefehl zu erlassen.
a) Um was für eine Strafe muss es sich handeln?
b) Findet eine Hauptverhandlung statt?
c) Welche Strafe darf in einem Strafbefehl nicht verhängt werden?
d) Welches Rechtsmittel ist gegen den Strafbefehl zulässig? Innerhalb welcher Frist ist es einzulegen?

Strafrecht und Strafverfahren

14 a) Welche Straftaten gehören zu den typischen Privatklagesachen?
b) Welches „Vorverfahren" muss in der Regel vor Erhebung der Privatklage versucht worden sein?
c) Welche Stellung erhält der Privatkläger, wenn die Staatsanwaltschaft die Verfolgung der Tat im öffentlichen Interesse übernommen hat?

15 Wann sind Strafurteile im Gegensatz zu den meisten Zivilurteilen vollstreckbar?

16 a) Für welche Straftaten gelten Verfolgungsverjährung und Vollstreckungsverjährung nicht?
b) In welches Register werden strafrichterliche Verurteilungen eingetragen? Wo ist der Sitz des Registers?
c) Wer trägt die Kosten des Strafverfahrens?

17 a) Auf welche Altersklassen ist das Jugendgerichtsgesetz anzuwenden?
b) Wer ist strafunmündig?

18 Unter welchen Voraussetzungen sind Jugendliche strafrechtlich verantwortlich?

19 Mit welchen Maßnahmen werden Jugendverfehlungen geahndet?

20 Welche Gerichte entscheiden über Jugendverfehlungen?
Wie sind sie besetzt?

21 Welche Aufgaben haben die Jugendgerichtshilfe und, falls die Jugendstrafe zur Bewährung ausgesetzt wird, der Bewährungshelfer?

22 Welche Verfahren können gegen Jugendliche nicht angewandt werden?

23 a) In welchem Gesetz ist das Bußgeldverfahren geregelt?
b) Wodurch werden Ordnungswidrigkeiten geahndet?
c) Welches Rechtsmittel ist gegen den Bußgeldbescheid zulässig? Welche Frist ist zu beachten?

KOSTENRECHT

Inhalt

Die Gebühren des Rechtsanwalts 398
- **A. Grundzüge** 398
  - I. Allgemeine Vorschriften 398
    1. Wertgebühren 398
    2. Rahmengebühren 399
    3. Gebührenvereinbarung 399
    4. Die Vergütung eines Vertreters des Rechtsanwalts 400
    5. Die Vertretung durch mehrere Rechtsanwälte 400
    6. Mehrere Auftraggeber 400
    7. Haftung des Auftraggebers 402
    8. Erstattungsfähigkeit der erhöhten Gebühr 402
    9. Fälligkeit der Gebühren 402
    10. Vorschuss 402
  - II. Der Gegenstandswert 403
    1. Grundsätzliches 403
    2. Der Gegenstandswert im Zivilprozess vor den ordentlichen Gerichten .. 403
    3. Die gerichtliche Festsetzung des Gegenstandswertes 407

Wiederholungsaufgaben 408

  - III. Gebühren allgemeiner Art und Auslagen 409
    1. Die Gebühr für einen Rat oder eine Auskunft 409
    2. Die Gebühr für ein schriftliches Gutachten 410
    3. Die Hebegebühr 411
    4. Der Auslagenersatz 412
  - IV. Kostentragungspflicht und Kostenfestsetzung 414
    1. Die Kostentragungspflicht 414
    2. Die Kostenfestsetzung 415
    3. Das Kostenausgleichsverfahren 418
    4. Die Festsetzung der Vergütung gegen die eigene Partei 419
- **B. Die Gebühren in bürgerlichen Rechtsstreitigkeiten und ähnlichen Verfahren** ... 420
  - I. Die Gebühren des Prozessbevollmächtigten 420
    1. Die Prozessgebühr 420
    2. Die Verhandlungsgebühr 422
    3. Die Erörterungsgebühr 424
    4. Die Beweisgebühr 425
  - II. Die Vergleichsgebühr 426
  - III. Die Gebühren im Mahnverfahren 428
    1. Die Gebühren des Rechtsanwalts des Antragstellers 428
    2. Die Gebühren des Rechtsanwalts des Antragsgegners 429
  - IV. Die Gebühren in Ehe- und anderen Familiensachen, in Kindschaftssachen und in Unterhaltssachen 430
    1. Der Gegenstandswert 431
    2. Die Vergleichsgebühr und die Aussöhnungsgebühr 432
    3. Die Gebühren im Verfahren über einstweilige Anordnungen 434
    4. Die Gebühren in Unterhaltssachen Minderjähriger, Vereinfachtes Verfahren, Annexverfahren 435
    5. Die Gebühren in den Verfahren zur Abänderung von Unterhaltstiteln ... 436

Wiederholungsaufgaben 437
    V.   Die Gebühren bei besonderem Verfahrensverlauf 438
        1. Die Gebühren bei Verweisung (Abgabe) des Rechtsstreits 438
        2. Die Gebühren bei Zurückverweisung des Rechtsstreits im selben Instanzenzug 439
        3. Die Gebühren bei Zurückverweisung an das Gericht eines niedrigeren Rechtszugs, der nicht zum Instanzenzug gehört 439
        4. Die Gebühren bei Einspruch gegen ein Versäumnisurteil 439
    VI.   Die Gebühren in besonderen Verfahrensarten 441
        1. Die Gebühren im Arrestverfahren und im Verfahren über eine einstweilige Verfügung 441
        2. Die Gebühren im selbstständigen Beweisverfahren 441

Wiederholungsaufgaben 442
        3. Die Gebühren im Verfahren über die Bewilligung der Prozesskostenhilfe – Die Vergütung des beigeordneten Rechtsanwalts 443
        4. Die Vergütung des beigeordneten Rechtsanwalts 445
        5. Die Vergütung des Rechtsanwalts für die Beratungshilfe 447

Wiederholungsaufgaben 448
    VII.   Die Gebühren des Rechtsanwalts, der nicht Prozessbevollmächtigter ist 449
        1. Vertretung in der mündlichen Verhandlung 449
        2. Vertretung in der Beweisaufnahme 451
        3. Die Gebühren des Verkehrsanwalts 451
        4. Gebühren für sonstige Einzeltätigkeiten 452
    VIII.   Die Gebühren im Zwangsvollstreckungsverfahren 453
        1. Allgemeines 453
        2. Der Begriff der „Angelegenheit" in der Zwangsvollstreckung 453
        3. Besondere Angelegenheiten 454

Wiederholungsaufgaben 456
    IX.   Sinngemäße Anwendung der Vorschriften des dritten Abschnitts der BRAGO 458
        1. Die Gebühren im Verfahren vor den Gerichten für Arbeitssachen 458
        2. Die Gebühren in Hausrats- und Wohnungseigentumssachen 459
        3. Die Gebühren im schiedsrichterlichen Verfahren 459

Wiederholungsaufgaben 460

C. Die Gebühren im Verfahren der Zwangsversteigerung und der Zwangsverwaltung 460
    I.   Die Gebühren im Verfahren der Zwangsversteigerung 461
    II.   Die Gebühren im Verfahren der Zwangsverwaltung 462
    III.   Die Gebühren im Rechtsmittelverfahren 462

D. Gebühren im Insolvenzverfahren 463

E. Die Gebühren in Strafsachen 464
    I.   Die Gebühren des Wahlverteidigers 464
        1. Die Gebühren im ersten Rechtszug 464
        2. Die Gebühren im Berufungs-, Revisions- und Wiederaufnahmeverfahren 467
        3. Die Berücksichtigung des Gegenstandswertes bei besonderen Tätigkeiten . 469
        4. Die Gebühren im Adhäsionsverfahren 469
        5. Die Gebühren für Einzeltätigkeiten 470

Wiederholungsaufgaben 470
    II.   Die Gebühren anderer gewählter Vertreter – im Privatklageverfahren, für die Vertretung eines Nebenklägers und anderer Verfahrensbeteiligter – 471
    III.   Die Gebühren des gerichtlich bestellten Verteidigers und des beigeordneten Rechtsanwalts 473
    IV.   Die Gebühren im Bußgeldverfahren 474

Wiederholungsaufgaben 474

F. **Die Gebühren in Verfahren vor Gerichten der Verfassungs-, Verwaltungs-, Finanz- und Sozialgerichtsbarkeit** 475
G. **Die Gebühren in sonstigen Angelegenheiten – Außergerichtliche Schadensregulierung –** . 477

Die Gerichtskosten nach dem Gerichtskostengesetz 480
A. **Einführung** 480
B. **Gebührentatbestände in bürgerlichen Rechtsstreitigkeiten** 480
    I. Wertgebühren – Streitwert 480
    II. Gebühren für das Prozessverfahren 481
    III. Scheidungs- und Folgesachen 481
    IV. Vergleichsgebühr 482
    V. Mahnverfahren 482
    VI. Erledigung der Hauptsache 483
    VII. Arrest und einstweilige Verfügung 483
    VIII. Einstweilige Anordnungen 484
    IX. Besondere Verfahrensarten 484
    X. Schuldner und Gerichtskosten 484
    XI. Vorauszahlungspflicht (Kostenvorschuss) 485
    XII. Auslagen 485
    XIII. Insolvenzverfahren 486

Die Kosten des Notars 487
A. **Allgemeine Vorschriften** 487
    I. Die gesetzlichen Grundlagen 487
    II. Hauptgeschäft, Nebengeschäfte, Geschäftswert 487
    III. Gebührenvereinbarungen, Gebührenbefreiungen 488
    IV. Kostenschuldner, Zurückbehaltungsrecht, Kostenvorschuss, Verjährung 489
    V. Kostenberechnung, Einforderung der Kosten 490
B. **Die Bestimmung des Geschäftswerts** 491
    I. Allgemeines 491
    II. Die Bewertung einzelner Gegenstände 492
        1. Die Bewertung von Sachen 492
        2. Kauf, Vorkauf, Wiederkauf 492
        3. Erbbaurecht, Wohnungseigentum, Wohnungserbbaurecht 493
        4. Grunddienstbarkeiten 493
        5. Hypotheken und Grundschulden (Bestellung und Löschung, Einbeziehung in die Mithaft, Entlassung aus der Mithaft, Rangänderung) 493
        6. Wiederkehrende Nutzungen und Leistungen 494
        7. Anmeldungen zum Handelsregister 495
        8. Anmeldungen zum Partnerschaftsregister 496
        9. Anmeldungen zum Güterrechtsregister 496
        10. Beurkundung von Beschlüssen 497
        11. Angelegenheiten ohne bestimmten Geschäftswert – nichtvermögensrechtliche Angelegenheiten 497
C. **Die Höhe der Gebühren** 498
    I. Gebühren allgemeiner Art, Auslagenersatz 498
        1. Weitere vollstreckbare Ausfertigungen 498
        2. Entwürfe, die nicht beurkundet werden 499
        3. Vollzug des Geschäfts 500
        4. Erhebung, Verwahrung und Ablieferung von Geld, Wertpapieren und Kostbarkeiten (Hebegebühr) 501

	5. Gebühren für Geschäfte außerhalb der Geschäftsräume des Notars, an Sonn- und Feiertagen und zur Nachtzeit	501
	6. Auslagenersatz	502
II.	Gebühren für Beurkundungen	503
	1. Einseitige Erklärungen	503
	2. Verträge	503
	3. Vertragsangebote	503
	4. Besondere Fälle	503
	5. Ergänzung und Änderung beurkundeter Erklärungen	505
	6. Beurkundung mehrerer Erklärungen in einer Urkunde	505
	7. Beurkundung von Verfügungen von Todes wegen	506
	8. Beurkundung der Beschlüsse von Gesellschaftsorganen	507
	9. Beurkundung eidesstattlicher Versicherungen	507
III.	Gebühren für Beglaubigungen	507
	1. Beglaubigung von Unterschriften	507
	2. Beglaubigung von Abschriften	508
IV.	Gebühren für die Aufnahme von Wechsel- und Scheckprotesten	508

Kostenrecht

Das Kostenrecht im weiteren Sinne umfasst sämtliche Rechtsvorschriften, die die Vergütung für die Tätigkeit der Gerichte, Rechtsanwälte, Notare, Gerichtsvollzieher und Rechtsbeistände[1]) regeln; ebenso die Bestimmungen über die Entschädigung der Laienrichter, Zeugen und Sachverständigen für Zeitverlust und Dienstausfall.

Wer von den an einem Verfahren Beteiligten die Kosten zu tragen hat, ergibt sich aus den einzelnen verfahrensrechtlichen Bestimmungen (z. B. §§ 91 ZPO; 464 ff. StPO; 49 ff. GKG; 2 ff. KostO).

Behandelt werden die Kostenrechtsgebiete, die die Rechtsanwalts- und Notarfachangestellten beherrschen sollen. An erster Stelle steht das Gebührenrecht für Rechtsanwälte, geregelt in der Bundesgebührenordnung für Rechtsanwälte (BRAGO). Die Kostenbestimmungen für das Verfahren der streitigen Gerichtsbarkeit sind im Gerichtskostengesetz (GKG), die für die Tätigkeit der Gerichte im Bereich der freiwilligen Gerichtsbarkeit und die der Notare in der Kostenordnung (KostO) geregelt.

Nach dem Einigungsvertrag sind zurzeit sämtliche Gebühren in den neuen Bundesländern und im Ostteil von Berlin um 10 % ermäßigt[2]).

---

[1]) Rechtsbeistände und sonstige Personen, die zur Besorgung fremder Rechtsangelegenheiten zugelassen sind. Sie berechnen ihre Kosten ebenfalls nach der BRAGO – sinngemäß – (Gesetz zur Änderung und Ergänzung kostenrechtlicher Vorschriften vom 26. Juli 1957).

[2]) Einigungsvertrag vom 21. 8. 1990 (BGBl. II S. 889, 935) und § 1 Ermäßigungssatz – AnpassungsVO v. 15. 4. 1996 (BGBl. I S. 604) seit 1. 9. 1996 10%, zuvor 20%.

Die Gebühren des Rechtsanwalts

Als Vergütung für seine Tätigkeit erhält der Rechtsanwalt *Gebühren*. Daneben werden ihm die in der Sache entstandenen *Auslagen* ersetzt. Dies geschieht teilweise in pauschalierter Form (§ 26 S. 2). Soweit ein Rechtsanwalt nicht als solcher tätig ist, sondern z. B. als ehrenamtlich bestellter Vormund oder Betreuer, als Testamentsvollstrecker, Konkursverwalter oder Sequester, wird er für diese Tätigkeit nicht nach der BRAGO vergütet, sondern nach Sonderbestimmungen oder Vereinbarungen. Führt er als Inhaber eines solchen Amtes aber einen Prozess, leistet also Dienste, die zu seiner Berufstätigkeit gehören, erhält er für die Prozessführung zusätzlich die Gebühren und Auslagen nach der BRAGO. Ist der Rechtsanwalt zugleich Notar (Anwaltsnotar oder Notaranwalt), berechnet er die Gebühren für eine Tätigkeit als Rechtsanwalt nach der BRAGO, für eine solche als Notar nach der KostO.

A. Grundzüge

I. Allgemeine Vorschriften

Die BRAGO[1]) sieht *Wertgebühren* und *Rahmengebühren* vor.

1. Wertgebühren

Die Wertgebühren (wertabhängige Gebühren) richten sich in ihrer Höhe nach dem *Gegenstandswert* (§ 7). Wenn dieser ermittelt ist, können sie aus der Tabelle zu § 11 entnommen werden. Es handelt sich dabei um **Pauschgebühren.** Sie vergüten die gesamte Tätigkeit, die der Rechtsanwalt in einem bestimmten Verfahrensabschnitt entfaltet (§ 13 Abs. 1). Er erhält z. B. die **Prozessgebühr** „für das Betreiben des Geschäfts einschließlich der Information" (§ 31 Abs. 1 Ziff. 1). Dazu gehört u.a. die Aufnahme von Informationen, Anfertigung der Klageschrift und ihre Einreichung bei Gericht, alle Besprechungen mit der Mandantschaft sowie die Einsicht in Gerichts- oder Behördenakten.

Beispiel: Der Rechtsanwalt wird mit einer umfangreichen Streitsache beauftragt. Es sind zunächst mehrere Besprechungen mit dem Mandanten erforderlich, Akten bei einer Behörde müssen eingesehen werden, eine ausführliche Klageschrift ist zu entwerfen, die Anschrift des Beklagten muss zeitraubend ermittelt werden, das schließlich erwirkte Urteil wird dem Gegenanwalt zugestellt und anschließend die Kostenfestsetzung bei Gericht beantragt. Für alle diese Tätigkeiten erhält der Rechtsanwalt nur eine volle (10/10) Gebühr.

Mit der **Verhandlungsgebühr** (§ 31 Abs. 1 Ziff. 2) wird ein Auftreten in oft mehreren Verhandlungen in derselben Sache abgegolten. In der Regel kann der Rechtsanwalt erst in der nächsten Instanz erneut eine Verhandlungsgebühr verdienen (§ 13 Abs. 2).

[1]) §§ ohne Angabe des Gesetzes beziehen sich auf die BRAGO.

Bereits mit der ersten konkreten Tätigkeit ist die Pauschgebühr verdient, selbst wenn es bei einer einzigen Tätigkeit dieser Art bleibt oder sich die Angelegenheit vorzeitig erledigt (§ 13 Abs. 4).

Beispiel: In einer einfach gelagerten Sache reicht der Rechtsanwalt eine kurze Klageschrift bei Gericht ein. Unmittelbar danach zahlt die Gegenseite. Die Angelegenheit hat sich damit erledigt. Die Prozessgebühr ist in voller Höhe entstanden.

Hat sich die Angelegenheit schon vor der Klageeinreichung erledigt (z. B. weil die Gegenseite überraschend die Forderung bezahlt, bevor der Rechtsanwalt die Klage eingereicht hat), ist die Prozessgebühr zwar auch entstanden, allerdings nur in Höhe der Hälfte der Gebühr (5/10; § 32 Abs. 1).

2. Rahmengebühren

Bei Rahmengebühren gibt das Gesetz nur den *Mindest- und den Höchstbetrag der Gebühr* (Betragsrahmengebühr) oder den *Mindest- und den Höchstgebührensatz* (Gebührensatzrahmen, z. B. 5/10 – 10/10, § 118) vor. Innerhalb des Rahmens bestimmt der Rechtsanwalt die Gebühr nach billigem Ermessen. Das Ermessen hat sich vor allem zu orientieren an der *Bedeutung der Angelegenheit, dem Umfang und der Schwierigkeit der anwaltlichen Tätigkeit* und den *Vermögens- und Einkommensverhältnissen des Mandanten* (§ 12). In durchschnittlich gelagerten Fällen werden die so genannte *Mittelgebühr* (bei Betragsrahmengebühren) oder der *Mittelsatz* (bei Gebührensatzrahmengebühren) erhoben, die sich wie folgt berechnen:

Mittelgebühr = (oberer Grenzbetrag + unterer Grenzbetrag) : 2.

Beispiele:
- In § 83 Abs. 1 Ziff. 3 ist für erstinstanzliche Strafsachen des Verteidigers ein Höchstbetrag von 660,00 EUR und ein Mindestbetrag von 50,00 EUR bestimmt. Also: (660,00 EUR + 50,00 EUR) : 2 = 355,00 EUR = Mittelgebühr.

Mittelsatz = (oberer Grenzsatz + unterer Grenzsatz) : 2.
- In § 118 Abs. 1 ist für außergerichtliche Tätigkeiten des Rechtsanwalts ein Höchstgebührensatz von 10/10 und ein Mindestgebührensatz von 5/10 bestimmt.
Also: (10/10 + 5/10) : 2 = 7,5/10 = Mittelsatz.

3. Gebührenvereinbarung (§ 3)

Der Rechtsanwalt kann mit seinem Mandanten vereinbaren, ihm anstelle der gesetzlichen Gebühren nach der BRAGO eine andere Entschädigung zu zahlen, die zur Vermeidung unzulässiger Werbung *nicht niedriger als die Gebühren nach der BRAGO* sein darf. Allerdings darf er auf Gebühren verzichten oder sie ermäßigen, wenn besondere Umstände vorliegen, insbesondere Bedürftigkeit des Auftraggebers. Im Übrigen sind bei Gebührenvereinbarungen die „Grundsätze des anwaltlichen Standesrechts" zu beachten, die von der Bundesrechtsanwaltskammer herausgegeben worden sind. Der zur Kostentragung verurteilte Prozessgegner hat jedenfalls nur die gesetzlichen Gebühren nach der BRAGO zu erstatten. Die Differenz zu dem vereinbarten Betrag geht stets zu Lasten des Auftraggebers. Die Vereinbarung, dass ein Honorar nur bei Erfolg gezahlt zu werden braucht (Erfolgshonorar) oder die Vereinbarung einer anteiligen Zahlung aus dem erstrittenen Geldbetrag ist unzulässig (§ 49 b Bundesrechtsanwaltsordnung). Ausnahmsweise kann in „Beitreibungssachen" ein Erfolgshonorar vereinbart werden[1].

---

[1] vgl. „Grundsätze des anwaltlichen Standesrechts" vom 1. Februar 1985.

4. Vergütung eines Vertreters des Rechtsanwalts (§ 4)

Lässt sich der Rechtsanwalt bei Terminsüberschneidungen oder sonstigen Verhinderungen in einer Sache vertreten, kann er die Gebühren nach der BRAGO in folgenden Fällen in Rechnung stellen:

- Vertretung durch einen **anderen Rechtsanwalt** (der bei Anwaltszwang bei dem Gericht zugelassen sein muss)
- Vertretung durch seinen vom Landgerichtspräsidenten bestellten **allgemeinen Stellvertreter**
- Vertretung durch einen ihm *zur Ausbildung zugewiesenen* **Referendar** (Stationsreferendar).

Ob und in welcher Höhe ein Gebührenanspruch entsteht, wenn die Vertretung durch andere Personen erfolgt, etwa durch den Bürovorsteher oder eine andere Büroangestellte, ist umstritten. Hier empfiehlt sich der Abschluss einer *Gebührenvereinbarung*, die auch diesen Punkt regelt.

5. Die Vertretung durch mehrere Rechtsanwälte (§ 5)

Sind *mehrere Rechtsanwälte* mit derselben Sache beauftragt, hat jeder Rechtsanwalt Anspruch auf die volle Vergütung. Bei der Beauftragung einer *Rechtsanwaltsgemeinschaft* (Anwaltssozietät) entsteht der Vergütungsanspruch in der Regel nur einmal.

6. Mehrere Auftraggeber (§ 6)

Wird ein Rechtsanwalt in derselben Sache für mehrere Auftraggeber tätig (z. B. für Eheleute), ist zu beachten:

- Die *Vergütung* (Gebühren und Auslagen) erhält er *insgesamt nur einmal.*
- Die *Prozessgebühr* (§ 31 Abs. 1 Ziff. 1) und die *Geschäftsgebühr* (§ 118 Abs. 1 Ziff. 1) erhöhen sich für den zweiten und für jeden weiteren Auftraggeber um 3/10 der *Ausgangsgebühr*. Die Erhöhung darf insgesamt den Betrag von zwei vollen (Ausgangs-) Gebühren nicht überschreiten (§ 6 Abs. 1 S. 2), die *Gesamtgebühr somit höchstens das Dreifache der Ausgangsgebühr* betragen.

    Beispiel: Der Rechtsanwalt erhält von acht Mietern eines Mehrfamilienhauses Klageauftrag gegen den Vermieter. Die Prozessgebühr (§ 31 Abs. 1 Ziff. 1) ist wie folgt zu berechnen:

    für den ersten Mandanten (Ausgangsgebühr)　　　　　　　　　　　　10/10
    Erhöhung für weitere 7 Mandanten:
    7 x 3/10 (von 10/10) = 21/10, höchstens aber 20/10 (§ 6 Abs. 1 S. 2, 2. HS)　20/10
    insgesamt erhält der Rechtsanwalt　　　　　　　　　　　　　30/10 der Prozessgebühr.

- Angenommen, der Auftrag erledigt sich vorzeitig, weil der Vermieter vor Einreichung der Klage den Wünschen der Mieter nachkommt. In diesem Falle würde bei Vertretung nur einer Person nach § 32 Abs. 1 eine Prozessgebühr von 5/10 (Ausgangsgebühr) entstehen. Diese würde sich bei acht Mandanten erhöhen wie folgt:

    für den ersten Mandanten (Ausgangsgebühr)　　　　　　　　　　　　5/10
    Erhöhung für weitere 7 Mandanten:
    7 x 3/10 (von 5/10) = 7 x 1,5/10 = 10,5/10, höchstens aber 2 x 5/10 =　10/10
    insgesamt erhält der Rechtsanwalt　　　　　　　　　　　　　15/10 der Prozessgebühr.

Die Gebühren des Rechtsanwalts

- Handelt es sich um einen *Auftrag zur Durchführung der Zwangsvollstreckung* für eine achtköpfige Gläubigergemeinschaft, wäre die Ausgangsgebühr (bei Vertretung nur einer Person) nach § 57 Abs. 1 eine 3/10-Gebühr. Bei acht Mandanten ist zu berechnen:

für den ersten Mandanten (Ausgangsgebühr)	3/10
Erhöhung für weitere 7 Mandanten:	
7 x 3/10 (von 3/10) = 7 x 0,9/10 = 6,3/10, höchstens aber 2 x 3/10 =	6/10
insgesamt erhält der Rechtsanwalt	9/10 einer vollen Gebühr.

- Vertritt er in einem **Berufungsverfahren** mehrere Personen als (Berufungs-)Kläger, so beträgt die zu erhöhende (Ausgangs-)Gebühr 13/10 (§ 11 Abs. 1 S. 4). Für jeden weiteren Mandanten ist sie um 39/100 (=3/10 von 13/10) zu erhöhen, höchstens jedoch um 26/10 auf insgesamt 39/10.

- Die Erhöhung wird stets aus dem Wert (ggf. anteiligen Wert) berechnet, an dem die mehreren Auftraggeber *gemeinsam beteiligt* sind.

   Beispiel: Der Rechtsanwalt erhält von zwei Auftraggebern Klageauftrag in einer Schadensersatzsache, von A wegen 2 000,00 EUR, von B wegen 3 000,00 EUR, wovon 1 000,00 EUR in den 2 000,00 EUR enthalten sind, die A verlangt. An 1 000,00 EUR sind also A und B gemeinsam beteiligt. Die Prozessgebühr (§ 31 Abs. 1 Ziff. 1) ist wie folgt zu berechnen:

10/10-Prozessgebühr aus Wertanteil 4 000,00 EUR (§ 6 Abs. 1 S. 1)	245,00 EUR
dazu 3/10 Prozessgebühr (Erhöhungsbetrag) aus Wertanteil 1 000,00 EUR	25,50 EUR
der Rechtsanwalt erhält als Prozessgebühr insgesamt	270,50 EUR.

   Die Erhöhung um 3/10 ist hier nur aus dem Teilwert von 1 000,00 EUR zu berechnen, weil nur an diesem Wertanteil beide Mandanten gemeinsam beteiligt sind.

- **Erhöhung bei Betragsrahmengebühren:** Erhält der Rechtsanwalt die Gebühren nach einem *Betragsrahmen*, werden der Mindest- und der Höchstbetrag *für jeden weiteren Auftraggeber um 3/10 erhöht,* höchstens jedoch um das Doppelte des Ausgangsbetrags.

   Beispiel: Der Rechtsanwalt vertritt **acht Privatkläger**[1] in einem Strafverfahren vor dem Amtsgericht. Nach §§ 94, 83 Abs. 1 Ziff. 3 steht ihm dafür eine Gebühr im Rahmen von 50,00 EUR bis 660,00 EUR, erhöht für weitere 7 Mandanten, zu. Es ist wie folgt zu rechnen:

Unterer Rahmen =	50,00 EUR;
erhöht um 7 x 3/10 = 7 x 15,00 EUR =	105,00 EUR
erhöhter unterer Rahmen	155,00 EUR

   höchstens darf erhöht werden (§ 6 Abs. 1 S. 3) um 100,00 EUR, sodass der untere Rahmen auf 150,00 EUR erhöht wird.

Oberer Rahmen =	660,00 EUR
erhöht um 7 x 3/10 = 7 x 198,00 EUR =	1 386,00 EUR
erhöhter oberer Rahmen	2 046,00 EUR

   höchstens darf erhöht werden (§ 6 Abs. 1 S. 3) um 1 320,00 EUR, sodass der obere Rahmen auf 1 980,00 EUR erhöht wird.

   Der Rahmen beträgt also jetzt 150,00 EUR bis 1 980,00 EUR, die Mittelgebühr 1 065,00 EUR.

- **Erhöhung bei Gebührensatzrahmengebühren:** Sind die Gebühren nach einem *Gebührensatzrahmen* bestimmt, wie dies bei der Geschäftsgebühr nach § 118 der Fall ist, wird zunächst der konkrete Ausgangsgebührensatz festgelegt, z. B. 7,5/10. Dieser wird für jeden weiteren Auftraggeber um 3/10 (von 7,5/10 = 2,25/10) erhöht, höchstens jedoch um 15/10 (doppelter Ausgangsgebührensatz) auf 22,5/10.

---

[1] Die Verteidigung mehrerer Angeklagter durch einen Rechtsanwalt ist wegen der Gefahr von Interessenkollisionen unzulässig (§ 146 StPO).

Beispiel: Der Rechtsanwalt vertritt außergerichtlich eine Interessengemeinschaft von acht Personen. Die Geschäftsgebühr nach § 118 Abs. 1 Ziff. 1 wird wie folgt berechnet:

für den ersten Mandanten (Ausgangsgebühr)	7,5/10 Gebühr
für weitere 7 Mandanten:	
7 x 3/10 (von 7,5/10) = 7 x 2,25/10 = 15,75/10 Gebühr,	
höchstens aber 2 x 7,5/10 =	15 /10 Gebühr,
sodass der Rechtsanwalt insgesamt eine Gebühr von	22,5/10 erhält.

Wäre als konkrete Ausgangsgebühr eine 9/10-Gebühr angenommen worden, hätte diese um 2,7/10 für jeden Auftraggeber auf höchstens 27/10 insgesamt erhöht werden dürfen.

7. Haftung des Auftraggebers

Bei mehreren Auftraggebern haftet jeder nur für die Kosten, die entstanden wären, wenn er allein den Anwalt beauftragt hätte, also bei einem Prozessführungsauftrag nur für eine Prozeßgebühr von 10/10, bei einem Vollstreckungsauftrag nur für eine Gebühr von 3/10 (§ 57).

8. Erstattungsfähigkeit der erhöhten Gebühr

Die in die Kostentragung verurteilte Partei hat die nach § 6 erhöhten Gebühren der Gegenseite zu erstatten.

9. Fälligkeit der Gebühren (§ 16)

Mit Eintritt der Fälligkeit des Vergütungsanspruchs kann der Rechtsanwalt seine Kosten beim Auftraggeber einfordern (§ 18). Außerdem beginnt am darauf folgenden Jahresende – nicht etwa mit der Herausgabe der Kostenrechnung oder mit ihrem Zugang beim Auftraggeber! – *die Verjährungsfrist von drei Jahren* (§§ 195 BGB; § 18 Abs. 1 S. 2 BRAGO). Die Vergütung wird fällig, wenn der Auftrag erledigt ist (z.B. Kündigung des Mandats, Verweisung an ein Gericht, bei dem der Rechtsanwalt nicht zugelassen ist) oder die Angelegenheit durch gerichtliche Entscheidung oder außergerichtliche Einigung erledigt ist. In gerichtlichen Verfahren wird der Vergütungsanspruch auch dann fällig, wenn eine Kostenentscheidung ergangen ist, der Rechtszug beendet ist oder das Verfahren länger als drei Monate ruht.

10. Vorschuss (§ 17)

Der Zeitraum bis zur Fälligkeit der Vergütung wird durch den *Vorschuss* überbrückt, den der Auftraggeber an den Rechtsanwalt auf Verlangen zu zahlen hat. Einen Anspruch auf Vorschuss hat nicht nur der Prozessbevollmächtigte, sondern jeder Rechtsanwalt, der irgendwie tätig wird, so der Verkehrsanwalt (§ 52), der Beweisanwalt (§ 54), der Verhandlungsvertreter (§ 53) und der nur außergerichtlich beauftragte Rechtsanwalt (§ 118). Ausnahmen gelten für den im Wege der Prozesskostenhilfe beigeordneten Rechtsanwalt, für den Pflichtverteidiger und für den in Scheidungssachen nach § 625 ZPO beigeordneten Rechtsanwalt (§ 36 a). Die Höhe des Vorschusses soll angemessen sein. Die obere Grenze richtet sich nach den voraussichtlich entstehenden Gebühren und Auslagen.

II. Der Gegenstandswert

1. Grundsätzliches

Nach § 7 werden die Wertgebühren aus dem Wert berechnet, um den es bei der anwaltlichen Tätigkeit geht. Dieser Wert wird als **„Gegenstandswert"** bezeichnet. Handelt es sich dabei um einen vor Gericht ausgetragenen Rechtsstreit, nennt man den Gegenstandswert **„Streitwert"**. Die Feststellung des Gegenstandswerts kann im Einzelfall schwierig sein und wird auch in der Kostenrechtsprechung nicht immer einheitlich beurteilt. Grundsätzlich gilt: Ist der Rechtsanwalt in einem *gerichtlichen Verfahren* tätig, wird der Gegenstandswert ebenso berechnet **wie der für die Gerichtsgebühren maßgebliche Streitwert** (§ 8 Abs. 1). Es sind also die Bestimmungen der §§ 12 ff. GKG anzuwenden, die wiederum auf die Wertbestimmungen der Zivilprozessordnung zur sachlichen Zuständigkeit verweisen, soweit nicht das GKG Sonderbestimmungen enthält. Erledigt sich die Angelegenheit, ohne dass ein Gericht in Anspruch genommen wurde, sind die Wertbestimmungen *sinngemäß* zugrunde zu legen (§ 8 Abs. 1 S. 2). In einigen Fällen bestimmt die BRAGO selbst den Gegenstandswert, z. B. §§ 64 Abs. 2, 68 Abs. 3, 69 Abs. 2, 71, 77, 81. In anderen Verfahren finden auch Wertvorschriften der Kostenordnung Anwendung (§ 8 Abs. 2). Soweit der Wert aus all diesen Vorschriften nicht ermittelt werden kann, ist er zu schätzen. Vor allem gilt dies für *nichtvermögensrechtliche Angelegenheiten*. Der geschätzte Wert darf 500 000,00 EUR nicht übersteigen. Liegen nicht ausreichend konkrete Anhaltspunkte für eine Schätzung vor, kann der *Regelwert von 4 000,00 EUR* angenommen werden.

2. Der Gegenstandswert im Zivilprozess vor den ordentlichen Gerichten

Von grundsätzlicher Bedeutung für die Berechnung des Gegenstandswertes sind folgende Regeln:

- **Mehrere Ansprüche, die in einer Klage geltend gemacht worden sind, werden zusammengerechnet** (§ 7 Abs. 2).

    Beispiel: Der Kläger verlangt Rückzahlung eines Darlehens von 3 000,00 EUR
    und Schadensersatz aus unerlaubter Handlung in Höhe von 1 500,00 EUR
    Der Gegenstandswert beträgt 4 500,00 EUR

    Diese Regel *gilt für vermögensrechtliche wie für nichtvermögensrechtliche Ansprüche.*

    Beispiel: Die Ehefrau beantragt im Scheidungsverfahren folgende einstweilige Anordnungen:
    Gestatten des Getrenntlebens, Wert vom Gericht festgesetzt auf 2 000,00 EUR
    Übertragung des Sorgerechts für beide Kinder, Wert festgesetzt auf 3 000,00 EUR
    Der Gegenstandswert beträgt insgesamt 5 000,00 EUR

- **Erhöht sich der Klageanspruch im Laufe des Prozesses, sind die Gebühren nach dem höchsten Wert zu berechnen.**

    Beispiel: Klage wird eingereicht wegen 1 200,00 EUR. Im ersten Termin werden die Anträge gestellt, wobei der Kläger den Klageanspruch um 500,00 EUR erhöht.
    Die Prozessgebühr und sämtliche weiter entstehenden Gebühren sind aus 1 700,00 EUR (1 200,00 EUR + 500,00 EUR) zu berechnen.

    Jedoch ist § 21 Abs. 1 GKG zu beachten, wonach der Gegenstandswert für die einzelnen Prozessabschnitte verschieden sein kann.

    Beispiel: Klage wird eingereicht wegen 1 700,00 EUR. Im ersten Termin wird streitig verhandelt, im folgenden Beweis erhoben. Nach der Beweisaufnahme erhöht der Kläger den Klageanspruch um 250,00 EUR, worüber ebenfalls streitig verhandelt wird.

Der Rechtsanwalt erhält seine Gebühren aus folgenden Werten:
Prozess- und Verhandlungsgebühr aus   1 950,00 EUR
Beweisgebühr aus   1 700,00 EUR,
da zur Zeit der Beweisaufnahme der Streitwert noch nicht erhöht war.

◆ **Der Gegenstandswert im Prozess und für vorprozessuale Tätigkeiten ist grundsätzlich der Wert des Hauptanspruchs.** Früchte, Nutzungen, Zinsen und Kosten bleiben *unberücksichtigt*, soweit sie als **Nebenforderung** geltend gemacht werden (§ 4 Abs. 1 ZPO; § 22 Abs. 1 GKG).
   Beispiel: Der Kläger verlangt 2 350,00 EUR aus Kauf und 4 % Verzugszinsen seit der ersten Mahnung. Gegenstandswert ist nur der Betrag von 2 350,00 EUR.

— Werden Nebenforderungen ohne den Hauptanspruch geltend gemacht, ist der Wert der *Nebenforderungen* maßgebend, soweit er den Wert des Hauptanspruchs *nicht übersteigt* (§ 22 Abs. 2 und 3 GKG).
   Beispiel: Eingeklagt waren 500,00 EUR zuzüglich Zinsen. Im ersten Termin ergeht wegen der Hauptforderung von 500,00 EUR Teilanerkenntnisurteil. Wegen der Zinsen, die inzwischen 700,00 EUR betragen, wird der Rechtsstreit fortgesetzt und Beweis erhoben.
   Der Rechtsanwalt erhält die Beweisgebühr aus dem Betrag der streitigen Zinsforderung (700,00 EUR), die aber nur bis zur Höhe der Hauptforderung, hier also mit 500,00 EUR, angenommen werden darf.

— Ist der Hauptanspruch bereits erloschen, werden die Gebühren nur aus der Nebenforderung berechnet.
   Beispiel: Die Hauptforderung von 2 000,00 EUR ist zurückgezahlt. Prozessiert wird wegen rückständiger Zinsen und Kosten von 2 500,00 EUR. Die Gebühren werden aus 2 500,00 EUR berechnet.

◆ **Bei Maßnahmen der Zwangsvollstreckung** setzt sich der Gegenstandswert zusammen aus **Hauptforderung, Zinsen** und **den bisher angelaufenen Kosten** (§ 57 Abs. 2 S. 1).
   Beispiel: Dem Gerichtsvollzieher wird Pfändungsauftrag erteilt wegen
   Hauptforderung von   890,00 EUR
   4 % Zinsen hieraus für 180 Tage   17,80 EUR
   festgesetzte Kosten   208,89 EUR
                                                                            1 116,69 EUR
   Der Rechtsanwalt berechnet die Gebühr für den Vollstreckungsauftrag aus einem Wert von 1 116,69 EUR.

   Soll ein *bestimmter Gegenstand* gepfändet werden, der einen geringeren Wert als die Summe aus Hauptforderung, Zinsen und Kosten hat, ist der **Wert des zu pfändenden Gegenstands** maßgebend (§ 57 Abs. 2 S. 2).
   Beispiel: Der Gerichtsvollzieher hatte vom Gläubiger lediglich den Auftrag, den Pkw des Schuldners zu pfänden, der einen Wert von 2 500,00 EUR hat. Die dem Gläubiger zustehenden Ansprüche betragen aber insgesamt 3 420,53 EUR. Der Rechtsanwalt kann hier die Gebühr für den Vollstreckungsauftrag an den Gerichtsvollzieher nur aus einem Wert von 2 500,00 EUR berechnen.

◆ Sind in derselben Instanz **Gebühren aus verschiedenen Wertteilen** für gleiche Handlungen zu berechnen, darf *nicht mehr* erhoben werden, als wenn die Gebühr aus dem *Gesamtbetrag der Wertteile* zu berechnen wäre (§ 21 Abs. 2 GKG).
   Beispiel: Im ersten Termin wird über einen Teilwert von 1 200,00 EUR Beweis erhoben, im folgenden Termin über einen weiteren Teilwert von 900,00 EUR. An sich wären zu erheben:
   10/10 Beweisgebühr aus 1 200,00 EUR   85,00 EUR
   10/10 Beweisgebühr aus 700,00 EUR   65,00 EUR
   zusammen   150,00 EUR
   Es darf jedoch nur erhoben werden:
   10/10 Beweisgebühr aus 1 900,00 EUR = 133,00 EUR, da dies für den Kostenschuldner günstiger ist.

◆ Sind jedoch für Teile des Streitgegenstands **verschiedene Gebührensätze** anzusetzen, werden die Gebühren für die einzelnen Teile gesondert berechnet, dürfen *insgesamt aber nicht mehr betragen als die Gebühr aus dem Gesamtbetrag der Wertteile nach dem höchsten der angewendeten Gebührensätze* (§ 13 Abs. 3).

Beispiel: Der Rechtsanwalt, der Klageauftrag erhalten hat, fordert namens des Gläubigers den Schuldner auf, 5 000,00 EUR zu zahlen. Der Schuldner bezahlt hierauf 350,00 EUR, wegen des Restbetrags von 4 650,00 EUR erhebt der Rechtsanwalt Klage.

Die Prozessgebühr des Rechtsanwalts (Klägervertreter) beträgt:
5/10 (§ 32) aus Wert 350,00 EUR =	22,50 EUR
10/10 (§ 31 Abs. 1 Ziff.1) aus Wert 4 650,00 EUR	301,00 EUR
zusammen	323,50 EUR

Sie darf aber nicht mehr betragen als 10/10 aus 5 000,00 EUR = 301,00 EUR. Der Rechtsanwalt erhält also nur 301,00 EUR.

◆ Für **nichtvermögensrechtliche** Ansprüche gilt § 12 Abs. 2 GKG. Hauptanwendungsgebiete sind Ehesachen, Scheidungsfolgesachen und Kindschaftssachen sowie die einstweiligen Anordnungen nach § 620 Abs. 1 Nr. 1, 2, 3 und 5 ZPO. Hier ist der **Streitwert nach Ermessen** zu bestimmen. Alle Umstände des Einzelfalles sind dabei zu berücksichtigen, vor allem der Umfang und die Bedeutung der Sache und die Vermögens- und Einkommensverhältnisse der Parteien. Der Wert darf *nicht höher als 1 Millionen EUR* sein und wird vom Gericht festgesetzt. Für **Ehe- und Kindschaftssachen** gilt darüber hinaus folgendes: Grundsätzlich ist bei der Beurteilung der Einkommensverhältnisse das Nettoeinkommen der Parteien in einem **Zeitraum von drei Monaten** zugrunde zu legen. Als Streitwert ist **mindestens der Betrag von 2 000,00 EUR** anzunehmen.

Beispiel: Das Nettoeinkommen des Ehemannes beträgt monatlich 2 800,00 EUR, das der Ehefrau 2 100,00 EUR. Für einen Zeitraum von drei Monaten ergibt sich die Summe von 14 700,00 EUR. Sind die übrigen zu berücksichtigenden Umstände durchschnittlicher Art, wird das Gericht 14 700,00 EUR als Streitwert festsetzen.

– In **Kindschaftssachen** ist von einem Wert von 2 000,00 EUR auszugehen (§ 12 Abs. 2 S. 3, 1. HS GKG).

– In **Scheidungsfolgesachen** nach § 621 Abs. 1 Nr. 1–3, 623 Abs. 1 und 4 ZPO (Regelung der elterlichen Sorge, des persönlichen Umgangs und der Herausgabe eines Kindes) ist von einem *Wert von 900,00 EUR* (§ 12 Abs. 2 S. 3 HS2 GKG) auszugehen.

– Sind die **Scheidungsfolgesachen mit dem Ehescheidungsverfahren verbunden** (§ 623 ZPO), werden die Werte des Scheidungsverfahrens und der Folgesachen addiert, die Gebühren werden aus dem Gesamtwert berechnet.

◆ Ist mit einem **nichtvermögensrechtlichen Anspruch ein aus ihm hergeleiteter vermögensrechtlicher Anspruch** verbunden, ist der Wert des höheren Anspruchs als Gegenstandswert anzunehmen (§ 12 Abs. 3 GKG). **Diese Bestimmung gilt nicht in Scheidungs- bzw. Scheidungsfolgesachen** (§ 19a Abs. 1 S. 3 GKG). Auch bei einstweiligen Anordnungen in Familiensachen (Gestattung des Getrenntlebens – Unterhalt der Ehegatten; Übertragung der elterlichen Sorge – Unterhalt der Kinder) wird heute überwiegend die Ansicht vertreten, **dass § 12 Abs. 3 GKG nicht anwendbar** sei, die Werte vielmehr zusammenzurechnen sind.

Wertvorschriften für häufig vorkommende Rechtsstreitigkeiten

Streitiger Anspruch	Gegenstandswert
◆ Feststellung des Bestehens oder der Dauer eines Miet-, Pacht- oder eines ähnlichen Nutzungsverhältnisses, Räumung eines Grundstücks, Gebäudes, Gebäudeteiles	◆ § 16 Abs. 1 und 2 GKG: Betrag des Jahreszinses als Höchstwert
◆ Räumung und Zahlung rückständiger Miete	◆ § 16 Abs. 2 GKG, § 7 Abs. 2 BRAGO: Jahresmiete und rückständiger Mietzins[1])
◆ Ansprüche auf Erfüllung einer gesetzlichen Unterhaltspflicht	◆ § 17 Abs. 1 GKG: Jahresunterhaltsbetrag
◆ Einstweilige Anordnungen über den Unterhalt für Ehegatte und Kinder, für nichteheliche Kinder ab Einreichung der Vaterschaftsklage	◆ § 20 Abs. 2 S. 1 GKG: sechsfacher Monatsunterhalt
◆ Einstweilige Anordnung über die Behandlung von Ehewohnung und Hausrat (§ 620 S. 1 Nr. 7) – wegen Benutzung der Ehewohnung – wegen Benutzung des Hausrats	◆ § 20 Abs. 2 S. 2 GKG: – der dreimonatige Mietwert – nach freiem Ermessen des Gerichts (§ 3 ZPO)
◆ Verfahren über die Behandlung von Ehewohnung und Hausrat nach der Scheidung (§ 620 Nr. 7 ZPO) – Streit über die Wohnung – Streit über den Hausrat – Streit über die Benutzung des Hausrats	◆ § 21 Abs. 3 der HausratsVO: – einjähriger Mietwert – Wert des Hausrats – Interesse der Beteiligten (zu schätzen nach § 30 Abs. 1 KostO)
◆ Entrichtung einer Geldrente wegen Tötung eines Menschen oder wegen Körperverletzung	◆ § 17 Abs. 2 GKG: fünffacher Jahresbetrag der Rente oder der Gesamtbetrag der geforderten Leistungen, wenn dieser geringer ist (gilt nicht für vertragliche Renten)
◆ Klagen von Arbeitnehmern, Beamten, Dienstpflichtigen auf wiederkehrende Leistungen	◆ § 17 Abs. 3 GKG: dreifacher Jahresbetrag bzw. die geringere Gesamtleistung
◆ Klagen, die das Bestehen, Nichtbestehen oder die Kündigung eines Arbeitsverhältnisses betreffen	◆ § 12 Abs. 7 ArbGG: Arbeitsentgelt für ein Vierteljahr
◆ Rückstände wiederkehrender Leistungen für die Zeit vor Rechtshängigkeit (vor Zustellung der Klage)	◆ § 17 Abs. 4 GKG: die Rückstände sind den laufenden Beträgen hinzuzurechnen
◆ Nichtvermögensrechtliche Ansprüche	◆ § 12 Abs. 2 GKG: Bestimmung nach Ermessen unter Berücksichtigung von Umfang und Bedeutung der Sache und der Einkommens- und Vermögensverhältnisse der Parteien, höchstens aber 1 Mio EUR
◆ Ehesachen	◆ § 12 Abs. 2 GKG: Mindestwert 2 000,00 EUR, Höchstwert 2 Mio EUR. Bestimmung nach Ermessen, Einkommensverhältnisse der Ehegatten sind mit Drei-Monats-Netto-Einkommen zu bewerten
◆ Kindschaftssachen	◆ § 12 Abs. 2, S. 3, 1. HS GKG: Ausgangswert 2 000,00 EUR
◆ Scheidungsfolgesachen (§ 621 Abs. 1 Nr. 1, 2, 3 ZPO)	◆ § 12 Abs. 2, S. 3, 2. HS GKG: Ausgangswert 900,00 EUR

[1]) bestritten: OLG Karlsruhe (3 W 3/96, Beschl. v. 6.2.96) u. a: Verkehrswert der Wohnung

Streitiger Anspruch	Gegenstandswert
◆ Verbindung von nichtvermögensrechtlichen mit daraus hergeleiteten vermögensrechtlichen Ansprüchen	◆ § 12 Abs. 3 GKG: der höhere Anspruch (gilt nicht für Scheidungs- und Folgesachen, § 19a GKG)
◆ Einstweilige Anordnungen über die elterliche Sorge, das Recht des persönlichen Umgangs mit dem Kinde, die Herausgabe des Kindes (§ 620 S. 1 Nr. 1, 2 oder 3 ZPO)	◆ § 8 Abs. 3, S. 3 BRAGO: Ausgangswert 500,00 EUR
◆ Verbindung von Anspruch auf Rechnungslegung oder Anfertigung eines Bestandsverzeichnisses mit Anspruch auf Zahlung bzw. Herausgabe (Stufenklage)	◆ § 18 GKG: der höhere Anspruch
◆ Klage und Widerklage oder wechselseitig eingelegte Rechtsmittel, die jeweils nicht in getrennten Prozessen behandelt werden	◆ § 19 Abs. 1 und 2 GKG: Addition der Ansprüche; bei demselben Streitgegenstand: der einfache Wert; derselbe Streitgegenstand, aber verschiedene Anspruchshöhe: der höhere Wert
◆ Aufrechnung mit bestrittener Gegenforderung	◆ § 19 Abs. 3 GKG: bei rechtskräftiger Entscheidung oder Vergleich über die bestrittene Gegenforderung die Summe beider Forderungen
◆ Hilfsanspruch mit höherem Wert	◆ § 19 Abs. 1, S. 3 GKG: der Hilfsanspruch (höherer Wert), wenn darüber entschieden worden ist; wenn nicht, Hauptanspruch. Bei verschiedenen Ansprüchen: Addition.

3. Die gerichtliche Festsetzung des Gegenstandswertes

In gerichtlichen Verfahren ist vom Kläger oder Antragsteller stets der Wert des Streitgegenstands anzugeben, wenn dieser nicht in einer bestimmten Geldsumme besteht, sich also nicht unmittelbar aus dem Antrag ergibt (§ 23 GKG). Der Rechtsanwalt des Antragstellers hat den Wert zunächst selbst zu schätzen, wobei ihm die §§ 3–9 ZPO und die §§ 12 ff. GKG als Grundlage dienen. Klagt z. B. A auf Überlassung eines Pkw, den er von B gemietet hat, so hat sein Rechtsanwalt den Wert des Pkw zu schätzen, der nach § 6 ZPO Wert des Streitgegenstands ist. Das Gericht ist an die Angaben des Antragstellers nicht gebunden; es kann einen anderen Wert festsetzen.

Das Gericht setzt den Streitwert **im eigenen Interesse (von Amts wegen)** in folgenden Fällen fest:

◆ wenn der Streitwert für die Zuständigkeit des Gerichts oder die Zulässigkeit eines Rechtsmittels maßgebend ist (§ 24 GKG).

  Regelmäßig ist die Festsetzung in einem solchen Falle nur erforderlich, wenn Streit über die Zuständigkeit besteht und weder ein Gericht ausschließlich zuständig noch die Vereinbarung der Zuständigkeit möglich ist.

  Die Höhe des Wertes ist nach den §§ 3–9 ZPO zu bestimmen. Ist der Streitwert hiernach festgesetzt, gilt er auch als Grundlage für die Berechnung der Gerichtsgebühren (§ 24 GKG).

◆ wenn die Festsetzung des Wertes nach § 24 GKG nicht erfolgt, der Streitwert aber als Grundlage für die Berechnung der Gerichtsgebühren zu dienen hat (§ 25 GKG).

In Ehesachen erübrigt sich z. B. die Festsetzung nach § 24 GKG, weil hier die sachliche und örtliche Zuständigkeit des Gerichts im Gesetz ausschließlich geregelt ist. Für die Gebührenberechnung kann aber die Festsetzung des Wertes von der Staatskasse beantragt werden.

◆ wenn für die Zuständigkeitsentscheidung und für die Gerichtsgebühren verschiedene Bewertungsvorschriften gelten.
So weichen z. B. die Bewertungsvorschriften wegen Bestehens oder Dauer von Miet- und Pachtverhältnissen (§ 8 ZPO und § 16 GKG) voneinander ab. Auch die Vorschriften über wiederkehrende Leistungen (§ 9 ZPO und § 17 GKG) decken sich nicht.

Wurde der für die Gerichtsgebühren maßgebende Wert gerichtlich festgesetzt, ist die Festsetzung auch für die Gebühren des Rechtsanwalts maßgebend (§ 9), es sei denn, für die Rechtsanwaltsgebühren gelten besondere Vorschriften[1].

Setzt das Gericht den Wert nicht von sich aus fest oder hat weder eine Partei noch die Staatskasse die Festsetzung beantragt, so **hat der Rechtsanwalt nach § 9 Abs. 2 ein eigenes Recht, die Festsetzung zu verlangen.** Dieses Recht ist besonders dann von Bedeutung, wenn die Parteien von den Gebühren befreit sind, also weder sie noch das Gericht an der Festsetzung des für die Gebühren maßgebenden Wertes interessiert sind.

Zuständig für die Festsetzung ist das **Gericht der betreffenden Instanz.** Soll z. B. der Wert für die Gebühren der ersten Instanz festgesetzt werden, ist der Antrag bei dem Prozessgericht der ersten Instanz zu stellen, für die Gebühren im Berufungsverfahren beim Berufungsgericht.

Das Gericht entscheidet über den Antrag durch *Beschluss.* Gegen den Beschluss ist die einfache *Beschwerde* gegeben, wenn der *Beschwerdewert 50,00 EUR übersteigt,* jedoch nicht, wenn das Rechtsmittelgericht den Beschluss erlassen hat (§ 25 Abs. 3 GKG)[2]. Der Rechtsanwalt hat nach § 9 Abs. 2 auch ein *eigenes Beschwerderecht.* Beschwerdewert in diesem Falle ist der Unterschied zwischen Anwaltsgebühren nach dem festgesetzten und dem vom Rechtsanwalt verlangten Wert.

Nach § 10 kann der Rechtsanwalt auch in solchen Fällen, in denen sich seine Gebühren nicht nach dem Wert richten, der für die Gerichtsgebühren maßgebend ist (z. B. § 64 Abs. 2) oder in denen sich die Gerichtsgebühren nicht nach einem Streitwert richten oder das Verfahren gerichtsgebührenfrei ist (z. B. Verfahren vor dem Bundesverfassungsgericht, § 34 Abs. 1 BVerfGG), die Festsetzung des Wertes beantragen.

> ### Wiederholungsaufgaben
>
> **1** Nach welchen Vorschriften ist in einem bürgerlichen Rechtsstreit der Gegenstandswert für die Rechtsanwaltsgebühren zu bestimmen?
>
> **2** Welche Vorschriften sind hilfsweise heranzuziehen?
>
> **3** Welcher Wert ist im Erkenntnisverfahren als Gegenstandswert anzunehmen? Woraus wird der Gegenstandswert im Zwangsvollstreckungsverfahren berechnet?

---

[1] Abweichende Vorschriften befinden sich z. B. in § 64 Abs. 2 für das Vertragshilfeverfahren, in § 68 Abs. 3 für das Zwangsversteigerungsverfahren, in § 69 Abs. 2 für das Zwangsverwaltungsverfahren, in § 77 für das Konkursverfahren, in § 81 für das Vergleichsverfahren.

[2] Die Beschwerde ist nur innerhalb von sechs Monaten nach Rechtskraft der Entscheidung in der Hauptsache oder nach anderweiter Erledigung des Verfahrens zulässig (§ 25 Abs. 2 S. 3 GKG).

4 Wie hoch ist der Gegenstandswert, wenn in einer Klage ein Kaufpreisanspruch von 2 500,00 EUR, ein Bereicherungsanspruch von 800,00 EUR und ein Schadensersatzanspruch von 700,00 EUR geltend gemacht werden?

5 Der Klageanspruch wird im Laufe des Prozesses um 500,00 EUR erhöht. Wie wirkt sich die Erhöhung auf die Gebühren aus?

6 Die Verhandlungsgebühr entsteht aus 1 000,00 EUR zu 5/10, aus 2 500,00 EUR zu 10/10. Was ist zu beachten?

7 Beweis wurde erhoben über einen Teilwert von 400,00 EUR, im folgenden Termin über einen weiteren Teilwert von 900,00 EUR. Aus welchem Wert ist die Beweisgebühr zu berechnen?

8 a) Nach welcher Vorschrift richtet sich der Gegenstandswert in nichtvermögensrechtlichen Angelegenheiten?
b) Welcher Wert ist höchstens anzusetzen?
c) Welche Umstände sind bei der Wertbestimmung zu beachten?

9 Welche Besonderheiten gelten für den Gegenstandswert in Ehesachen und in Kindschaftssachen?

10 Wie hoch ist der Gegenstandswert, wenn in einer Rechtssache ein nichtvermögensrechtlicher Anspruch mit einem daraus hergeleiteten vermögensrechtlichen Anspruch verbunden wird? Welche Vorschrift ist anzuwenden?

11 Wie hoch ist der Gegenstandswert in folgenden Fällen:
a) Klage auf Zahlung von 2 800,00 EUR nebst 4 % Zinsen hieraus für zwei Jahre
b) Klage auf Herausgabe eines Pkw
c) Klage auf Rückzahlung eines Darlehens von 4 000,00 EUR und auf Zahlung rückständiger Zinsen von 850,00 EUR
d) Klage auf Räumung der Wohnung. Die Monatsmiete beträgt 450,00 EUR; rückständige Miete von 1 350,00 EUR wird miteingeklagt
e) Unterhaltsklage eines nichtehelichen Kindes gegen seinen Vater auf Zahlung von 280,00 EUR monatlich
f) Klage auf Rentenzahlung wegen Körperverletzung von monatlich 200,00 EUR
g) Antrag auf Ehescheidung, Widerklage auf Aufhebung der Ehe in einem Durchschnittsfall?

III. Gebühren allgemeiner Art und Auslagen

Im zweiten Abschnitt (§§ 22–30) bringt die BRAGO einige Vorschriften, die in jedem gerichtlichen Verfahren, aber auch ohne Zusammenhang mit einem solchen, von Bedeutung sein können.

1. Die Gebühr für einen Rat oder eine Auskunft (§ 20)

Beschränkt sich die Tätigkeit des Rechtsanwalts darauf, einen Rat oder eine Auskunft schriftlich oder mündlich zu geben, ganz gleich in welcher Angelegenheit, ist die Vergütung nach § 20 zu bemessen. Schließt sich jedoch ein gerichtliches oder ein außergerichtliches Verfahren an, vielleicht gerade aufgrund des erteilten Rates, wird die *Ratgebühr auf die im nachfolgenden Verfahren entstehenden Gebühren angerechnet.*

Beispiel: Der Rechtsanwalt wird mit der Prüfung der Frage beauftragt, ob eine Mängelrüge-Klage Erfolg verspricht. Nach Prüfung der Sach- und Rechtslage rät er zur Klageerhebung. Er erhält daraufhin Prozessvollmacht.

Die entstandene Ratgebühr wird auf die Prozessgebühr angerechnet.

Die Gebühr ist **innerhalb eines Gebührenrahmens** zu bemessen. Handelt es sich um eine Angelegenheit, für die die Gebühren nach dem Gegenstandswert berechnet werden, ist ein *Gebührensatzrahmen von 1/10 bis 10/10* einzuhalten. Höchstens darf bei einer erstmaligen Beratung in der Angelegenheit ein Betrag von *180,00 EUR* berechnet werden. Betrifft der Rat oder die Auskunft strafrechtliche, bußgeldrechtliche oder sonstige Angelegenheiten, in denen die Gebühren nicht nach einem Gegenstandswert berechnet werden, so ist ein **Betragsrahmen von 15,00 bis 180,00 EUR** gegeben. Bezieht sich ein solcher Rat *zugleich* auf eine Angelegenheit, in der die Gebühren nach dem Gegenstandswert zu berechnen sind, so ist nicht der Betragsrahmen, sondern der *Gebührensatzrahmen* maßgebend.

Beispiel: Der Rechtsanwalt wird von dem in eine Strafsache verwickelten Auftraggeber um Auskunft darüber gebeten, ob sein Verhalten noch als Vorbereitungshandlung oder bereits als Versuch gewertet wird und ob er von dem Geschädigten zum Schadensersatz, ggf. in welcher Höhe, herangezogen werden könne.

Die Gebühr ist nach dem Gegenstandswert des infrage kommenden Schadensersatzbetrags im Rahmen von 1/10 bis 10/10 zu berechnen. Die Mehrarbeit des Rechtsanwalts durch Prüfung der strafrechtlichen Seite kann bei der Bemessung des Gegenstandswertes berücksichtigt werden, indem der strafrechtliche Gegenstand als nichtvermögensrechtlicher Wert nach § 8 Abs. 2 dazugerechnet wird.

Die *Gebühr* kann *mehrmals* entstehen, wenn in demselben Besprechungstermin in voneinander unabhängigen Angelegenheiten Rat oder Auskunft erteilt wird.

Beispiel: Der Rechtsanwalt wird um Rat gefragt,
- ob ein Rechtsstreit in einer Schadensersatzsache Erfolg verspricht
- ob der Gesellschaftsvertrag einer OHG wegen arglistiger Täuschung eines Gesellschafters angefochten werden kann.

Die Ratgebühr ist *für jede Angelegenheit besonders zu berechnen*. Es kann also zweimal bis zu 180,00 EUR erhoben werden.

Hat der Rechtsanwalt in einer Angelegenheit, mit der er noch nicht befasst war, die **Aussichten einer Berufung oder einer Revision** zu prüfen und rät er von der Einlegung des Rechtsmittels ab, erhält er nach § 20 Abs. 2 i. V. m. § 11 Abs. 1 S. 4 eine 13/20 Gebühr (**Abrategebühr**), auch wenn der Auftraggeber von seinem Rat keinen Gebrauch macht und das Rechtsmittel durch einen anderen Rechtsanwalt einlegen lässt. Dies gilt nicht für die straf- und bußgeldrechtlichen Fälle des § 20 Abs. 1. Wesentlich ist aber, dass der Rechtsanwalt mit der Sache noch nicht befasst war. Denn war er bereits in der vorherigen Instanz tätig, erhält er nicht die Abrategebühr nach Abs. 2, sondern die Ratgebühr nach Abs. 1 (1/10 bis 10/10).

Anders ist es, wenn der Rechtsanwalt zugleich beauftragt war, das Rechtsmittel einzulegen, nach Prüfung der Sach- und Rechtslage aber von der Einlegung abrät und diese dann auch unterbleibt. Hier findet § 20 keine Anwendung. Der Rechtsanwalt erhält vielmehr eine 13/20 (6,5/10) Prozessgebühr nach §§ 11, 31 Abs. 1 Ziff. 1, 32.

2. Die Gebühr für ein schriftliches Gutachten (§§ 21, 21 a)

Hat der Rechtsanwalt ein **schriftliches Gutachten mit juristischer Begründung** auszuarbeiten, kann er eine *angemessene Gebühr* beanspruchen (§ 21). Während der Rechtsanwalt, der einen Rat erteilt, selbst die Schlussfolgerung als Ergebnis der juristischen Überlegungen zieht, beleuchtet er im Gutachten die verschiedenen Seiten eines Rechtsfalles und überlässt es dem Auftraggeber, die Schlussfolgerungen daraus zu ziehen. Deshalb ist ein schriftlich begründeter Rat nicht ohne weiteres als Gutachten zu werten.

Bei der *Bemessung der Gebühr* ist § 12 heranzuziehen. Es kommt demnach auf Bedeutung, Umfang und Schwierigkeit des Falles an, sowie auf die Einkommens- und Vermögensverhältnisse der Beteiligten. Auch der Gegenstandswert gehört zu den Umständen, die die Höhe der Gebühr rechtfertigen.

Beispiel: Der Rechtsanwalt hat ein schriftliches Gutachten auszuarbeiten. Die Umstände, die nach § 12 bei der Bemessung der Gebühr zu beachten sind, sind durchschnittlicher Art, die Einkommens- und Vermögensverhältnisse des Auftraggebers liegen jedoch weit über dem Durchschnitt. Der Rechtsanwalt wird die Gebühr hier höher ansetzen als bei einem Auftraggeber, dessen finanzielle Verhältnisse durchschnittlicher Art sind.

Besonders vergütet wird ein **schriftliches Gutachten über die Aussichten einer Berufung oder einer Revision** (§ 21 a). Der Rechtsanwalt erhält hierfür eine volle Gebühr nach § 11 Abs. 1 S. 4. Keine Rolle spielt dabei, ob der Rechtsanwalt aufgrund der angestellten Überlegungen zu- oder abrät, das Rechtsmittel einzulegen. Maßgebend ist allein, dass er über dessen Aussichten ein Gutachten schriftlich ausgearbeitet hat. Gutachten dieser Art werden somit weder nach § 20 Abs. 2 (Abrategebühr) noch nach § 21 vergütet.

Legt der Rechtsanwalt danach im Auftrag des Mandanten das Rechtsmittel ein, wird die Gebühr für das Gutachten auf die Prozessgebühr *angerechnet* (§ 21 a S. 2).

Handelt es sich um Angelegenheiten, in denen die *Gebühren nicht nach dem Gegenstandswert* berechnet werden (z. B. strafrechtliche, verwaltungsrechtliche oder bußgeldrechtliche Angelegenheiten), ist § 21 a nicht anzuwenden. Die Vergütung ist vielmehr § 21 zu entnehmen.

3. Die Hebegebühr (§ 22)

Sind an den Rechtsanwalt Geldbeträge bar oder unbar übergeben worden und hat er diese *ausbezahlt oder zurückgezahlt,* so erhält er für diese Tätigkeit die Hebe- oder Inkassogebühr. Dasselbe gilt bei der Ablieferung oder Rückgabe von Wertpapieren oder Kostbarkeiten. Der Rechtsanwalt kann die Hebegebühr aber nur beanspruchen, wenn er entsprechend beauftragt wurde. Die gewöhnliche Prozessvollmacht reicht nicht aus, da sie nur ermächtigt, die Kosten vom erstattungspflichtigen Gegner anzunehmen. Die Vollmacht muss sich also auch auf Entgegennahme des *Streitgegenstandes* erstrecken.

Die Hebegebühr entsteht nicht,

- soweit der Rechtsanwalt eingezogene Beträge auf **seine eigene Vergütung** verrechnet.
  Beispiel: Der unterlegene Gegner übergibt dem Rechtsanwalt 1 500,00 EUR zur Ablieferung an den Auftraggeber. Der Rechtsanwalt verrechnet davon 450,00 EUR auf seine Kosten. Die Hebegebühr darf nur aus 1 050,00 EUR berechnet werden.

- soweit der Rechtsanwalt *eingezogene Kosten* an den Auftraggeber abliefert.
  Beispiel: Der Gegner überweist 2 300,00 EUR zur Ablieferung an den Auftraggeber. Davon entfallen 400,00 EUR auf die Kosten, der Rest auf die Hauptforderung.
  Die Hebegebühr ist nur aus 1 900,00 EUR zu berechnen.

- soweit der Rechtsanwalt *Kosten* an eine Behörde oder an ein Gericht *weiterleitet.*
  Beispiel: Der Auftraggeber übergibt seinem Rechtsanwalt 1 000,00 EUR. Davon sollen 240,00 EUR als Vorschuss an die Gerichtskasse weitergeleitet, der Restbetrag auf die Rechtsanwaltskosten verrechnet werden.
  Hier entsteht keine Hebegebühr.

Die Höhe der Gebühr richtet sich nach der **Höhe des ausgezahlten Betrags, bei Wertpapieren nach ihrem Kurswert.** Sie ist, wie aus § 22 ersichtlich, in Stufen degressiv gestaffelt.

Beispiel: Der Rechtsanwalt hat 28 000,00 EUR erhalten und zahlt sie bestimmungsgemäß aus. Er erhält:
1 %   aus   2 500,00 EUR =   25,00 EUR
0,5 %   aus   7 500,00 EUR =   37,50 EUR
0,25 % aus 18 000,00 EUR =   45,00 EUR
zusammen   = 107,50 EUR

Die Mindestgebühr beträgt 1,00 EUR.

Der Rechtsanwalt kann die Gebühr von dem Betrag, den er an den Auftraggeber auszuzahlen hat, einbehalten, nicht aber von einem Betrag, den ihm der Auftraggeber zur Weiterleitung an einen Dritten übergeben hat.

Die Hebegebühr entsteht auch, wenn der Rechtsanwalt den Geldbetrag vom Auftraggeber zur Weiterleitung erhält, ihn später aber wieder an ihn zurückgibt, weil er nicht mehr benötigt wird oder sich der Auftrag erledigt hat.

Wird Geld in mehreren Beträgen aus- oder zurückgezahlt, ist die Hebegebühr **aus jedem Teilbetrag gesondert** zu berechnen.

Die zahlungspflichtige Gegenpartei ist zur *Erstattung* der Hebegebühr nur verpflichtet, wenn die ihr zugrunde liegende Tätigkeit, also die Übermittlung des Geldes über den Rechtsanwalt, zur *zweckentsprechenden Rechtsverfolgung* notwendig war (§ 91 ZPO)[1]. Nur dann kann sie im Kostenfestsetzungsbeschluss festgesetzt werden.

4. Der Auslagenersatz (§§ 25–30)

Zu den vom Auftraggeber zu tragenden Auslagen gehören die Aufwendungen für *Post- und Telekommunikationsdienstleistungen* (Porto, Telefon, Telefax), für die Herstellung von *Fotokopien* und für die Durchführung beruflich erforderlicher *Reisen* (§ 25 Abs. 3). Darüber hinaus sonstige nützliche Aufwendungen (§ 670 BGB), wie *Detektiv- und Übersetzungskosten* und die an die Gerichte und an die Gerichtsvollzieher zu zahlenden *Vorschüsse*. Außerdem ist dem Rechtsanwalt die aus den Gebühren und Auslagen zu zahlende *Mehrwertsteuer*[2] zu erstatten (§ 25 Abs. 2).

◆ **Die Aufwendungen für Post- und Telekommunikationsdienstleistungen** können in der Kostenrechnung des Rechtsanwalts in einem *Gesamtbetrag* geltend gemacht werden, brauchen also nicht aufgeschlüsselt zu werden (§ 18 Abs. 2 S. 2). Anstelle einer aufwendigen Addition der Einzelbeträge aus den Akten kann der Rechtsanwalt vom Auftraggeber einen **Pauschbetrag** verlangen, der 15 % der in der Sache, – bei gerichtlichen Verfahren in der Instanz – entstandenen Gebühren, **höchstens aber 20,00 EUR** beträgt (§ 26). In Straf- und Bußgeldsachen können höchstens 15,00 EUR berechnet werden. Gebühren werden auf den nächstliegenden Cent auf- oder abgerundet, 0,5 Cent werden aufgerundet.

Auch der im Wege der Prozesskostenhilfe beigeordnete Rechtsanwalt kann die tatsächlich entstandenen Aufwendungen oder den Pauschsatz von 15 % (höchstens 20,00 EUR) aus den entstandenen Gebühren berechnen. Der Pauschsatz ist dabei nicht aus den verminderten Gebühren der Tabelle zu § 123 anzusetzen, sondern aus der Tabelle zu § 11. Bei dem PKH-Anwalt sollen nämlich nur die Gebühren verringert werden, nicht der Ersatz für seine Auslagen.

---

[1] Das ist z. B. der Fall, wenn ein Schuldner sehr unregelmäßige Zahlungen leistet und der Zahlungseingang daher ständig überwacht werden muss.
[2] Sie beträgt zz. 16 %.

Die Gebühren des Rechtsanwalts

◆ **Schreibauslagen** (§ 27) können nur in begrenztem Rahmen verlangt werden, z. B. für die Herstellung von Kopien aus Behörden- oder Gerichtsakten, soweit dies zur Bearbeitung der Sache erforderlich war, oder zur Unterrichtung von mehr als drei Gegnern oder Beteiligten, wenn dies aufgrund einer Rechtsvorschrift oder nach Aufforderung durch das Gericht geboten war. Auch dann, wenn der Auftraggeber die Herstellung weiterer Kopien wünschte. Bis zu drei Schriftsatzkopien sind also i. d. R. frei von Schreibauslagen. **Die Höhe der Schreibauslagen** richtet sich nach den Bestimmungen des *Gerichtskostengesetzes* (Nr. 9000 des Kostenverzeichnisses zum GKG) und beträgt zz. *0,50 EUR pro Seite, bei mehr als 50 Seiten in derselben Sache 0,15 EUR ab der 51. Seite.* Angefangene Seiten werden voll gerechnet.

◆ **Die Reisekostenvergütung** (§ 28) umfasst:

– **Fahrtkosten** für die Benutzung des eigenen Kraftfahrzeugs in Höhe von (zz.) 0,27 EUR pro gefahrenen Kilometer; bei Benutzung öffentlicher Verkehrsmittel die *tatsächlich entstandenen Kosten,* Taxi, sofern wegen Eile oder Zeitersparnis sinnvoll oder erforderlich. Hinzu kommen notwendige zusätzliche Auslagen, wie Parkgebühren, Platzkarten, Flugunfallversicherung.

– **Tage- und Abwesenheitsgeld,** gestaffelt nach der Abwesenheitsdauer:
  – bis 4 Stunden   15,00 EUR
  – mehr als 4 bis 8 Stunden   31,00 EUR
  – mehr als 8 Stunden   56,00 EUR

Bei Auslandsreisen kann zu diesen Beträgen ein Zuschlag von 50 % berechnet werden. Die Übernachtungskosten kommen hinzu, soweit sie angemessen sind.

Werden auf einer Geschäftsreise **mehrere Geschäfte** erledigt, sind die Reisekosten und das Tage- und Abwesenheitsgeld im Verhältnis der Kosten zu **verteilen,** die bei gesonderter Ausführung der Geschäfte entstanden wären (§ 29).

Beispiel: Rechtsanwalt Frank aus Stuttgart hat für den Mandanten Anzengruber eine zweitägige Besprechung in Köln wahrzunehmen, im Anschluss eine eintägige Besprechung für den Mandanten Krause in Frankfurt am Main. Er fährt mit dem eigenen Pkw.

Die Gesamtkosten der Reise betragen:
Fahrt von Stuttgart nach Köln 395 km x 0,27 EUR	106,65 EUR
Fahrt von Köln nach Frankfurt am Main 190 km x 0,27 EUR	51,30 EUR
Rückfahrt Frankfurt am Main nach Stuttgart 207 km x 0,27 EUR	55,89 EUR
Übernachtungskosten in Köln 2 x 80,00 EUR	160,00 EUR
Parkgebühren in Köln und Frankfurt am Main, zusammen	30,00 EUR
Tage- und Abwesenheitsgeld 3 x 56,00 EUR	<u>168,00 EUR</u>
Gesamtkosten	571,84 EUR

Es wird hier davon ausgegangen, dass in Köln zwei Übernachtungen stattfanden, die Fahrt von Köln nach Frankfurt am Main am Morgen des dritten Reisetags und die Rückfahrt von Frankfurt am Main nach Stuttgart am Abend des dritten Reisetags erfolgten.

Bei getrennten Reisen wären folgende Kosten entstanden:

a) Kosten im Auftrag Anzengruber:
Fahrt von Stuttgart nach Köln und zurück = 790 km x 0,27 EUR	213,30 EUR
Übernachtung Köln	80,00 EUR
Parkgebühren Köln	20,00 EUR
Tage- und Abwesenheitsgeld = 2 x 56,00 EUR	<u>112,00 EUR</u>
	425,30 EUR

Die Rückreise nach Stuttgart erfolgt am zweiten Tage der Geschäftsreise.

b) Kosten im Auftrag Krause

Fahrt von Stuttgart nach Frankfurt am Main und zurück, = 440 km x 0,27 EUR	118,80 EUR
Parkgebühren Frankfurt am Main	10,00 EUR
Tage und Abwesenheitsgeld (1 x)	56,00 EUR
	184,80 EUR

Die Rückreise nach Stuttgart erfolgt am Tage der Anreise.

Die Gesamtkosten von 571,84 EUR sind im Verhältnis der Einzelkosten 425,30 EUR / 184,80 EUR zu teilen:

(571,84 EUR : 610,10 EUR) x 425,30 EUR = 398,63 EUR = Anteil Anzengruber.
(571,84 EUR : 610,10 EUR) x 184,80 EUR = 173,21 EUR = Anteil Krause.

Formel: $\dfrac{\text{Gesamtkosten x Einzelberechnung}}{\text{Summe der Einzelberechnungen}}$

IV. Kostentragungspflicht und Kostenfestsetzung

1. Die Kostentragungspflicht

Kostenschuldner des Rechtsanwalts ist sein Auftraggeber. Dieser hat Anspruch auf eine von dem Rechtsanwalt oder seinem allgemeinen Vertreter unterschriebene *Kostenrechnung*, aus der sich die entstandenen *Gebühren*, die *Gegenstandswerte, Auslagen* und gezahlte *Vorschüsse* ergeben (§ 18). Wird der Gegner zur Tragung der Kosten verurteilt, kann der Auftraggeber die *Erstattung* etwa bereits gezahlter Kosten von ihm verlangen.

Das Gericht entscheidet von Amts wegen, wer die Kosten des Rechtsstreits zu tragen hat (§§ 91 ff. ZPO). Dies ist grundsätzlich die unterliegende Partei. *Ausnahmsweise sind der obsiegenden Partei die Kosten aufzuerlegen,*

- wenn der Beklagte keine Veranlassung zur Klageerhebung gegeben hat und er den Anspruch sofort anerkennt (§ 93 ZPO);
- wenn dem Beklagten zur Zeit der Klageerhebung der Übergang des Anspruchs auf den Kläger, z. B. durch Abtretung oder Erbfolge, unbekannt war (§ 94 ZPO);
- wenn sie Kosten durch Versäumung eines Termins oder einer Frist verursacht hat (§ 95 ZPO);
- wenn sie ein Rechtsmittel ohne Erfolg eingelegt hat (§ 97 ZPO).

Wenn jede Partei **teils obsiegt, teils unterliegt,** muss das Gericht die Kosten entweder **gegeneinander aufheben,** d.h. jede Partei trägt die eigenen außergerichtlichen Kosten und die Hälfte der Gerichtskosten, oder verhältnismäßig, d.h. dem Verhältnis zwischen Siegen und Unterliegen entsprechend, **teilen** (§ 92 ZPO).

„Die Kosten werden gegeneinander aufgehoben" bedeutet:

Kläger trägt	Beklagter trägt
◆ die Kosten seines Rechtsanwalts ◆ seine sonstigen außergerichtlichen Kosten, wie Zeitversäumnis, Detektivkosten usw. ◆ die Hälfte der entstandenen Gerichtskosten	◆ die Kosten seines Rechtsanwalts ◆ seine sonstigen außergerichtlichen Kosten, wie Zeitversäumnis, Detektivkosten usw. ◆ die Hälfte der entstandenen Gerichtskosten

„Die Kosten werden verhältnismäßig geteilt" bedeutet:

Kläger trägt	Beklagter trägt
◆ den in der Kostenentscheidung festgesetzten Bruchteil sämtlicher Rechtsanwaltskosten (beider Parteien), sämtlicher sonstigen außergerichtlichen Kosten und der Gerichtskosten	◆ den in der Kostenentscheidung festgesetzten Bruchteil sämtlicher Rechtsanwaltskosten (beider Parteien), sämtlicher sonstigen außergerichtlichen Kosten und der Gerichtskosten

In Scheidungssachen gilt Folgendes: Wird eine Ehe geschieden, sind die Kosten der Scheidungssache und der gleichzeitig oder vorweg (§ 627 Abs. 1 ZPO) entschiedenen Folgesachen grundsätzlich *gegeneinander aufzuheben*. In Ausnahmefällen kann das Gericht eine andere Verteilung vornehmen. Auch kann das Gericht eine Kostenvereinbarung der Parteien seiner Entscheidung zugrunde legen (§ 93 a Abs. 1 ZPO).

Die Kostenentscheidung kann grundsätzlich nur in Verbindung mit einem Rechtsmittel gegen die Entscheidung in der Hauptsache angefochten werden (§ 99 Abs. 1 ZPO). Haben die Parteien jedoch die Hauptsache für erledigt erklärt oder ist die Hauptsache aufgrund eines Anerkenntnisurteils erledigt, so kann die Entscheidung über den Kostenpunkt gesondert mit der sofortigen Beschwerde angefochten werden. Der Beschwerdewert muss **600,00 EUR** übersteigen (§§ 91 a Abs. 2, 99 Abs. 2 i. V. m. 511 Abs. 2 Nr. 1 ZPO).

2. Die Kostenfestsetzung[1])

Steht durch gerichtliche Entscheidung fest, wer der Kostenschuldner ist, so kann die Gegenpartei die ihr entstandenen Kosten vom Kostenschuldner erstattet verlangen. Hierzu dient das *Kostenfestsetzungsverfahren* nach §§ 103 ff. ZPO, in welchem der Betrag der zu erstattenden Kosten festgesetzt wird[2]). Antragsberechtigt ist die Partei. Dem Prozessbevollmächtigten steht kein eigenes Antragsrecht zu, er kann nur im Namen seines Auftraggebers handeln[3]).

Für die Festsetzung der Kosten aller Instanzen ist der *Rechtspfleger* des Gerichts der *ersten Instanz* zuständig (§§ 103 Abs. 2, 104 Abs. 1 S. 1 ZPO, § 21 Ziff. 1 RPflG.). Das Verfahren kann auf zweierlei Arten eingeleitet und durchgeführt werden:

◆ Wenn eine Partei am Schlusse der mündlichen Verhandlung, jedenfalls *vor Urteilsverkündung,* ihre Kostenberechnung dem Gericht übergibt, erfolgt die Kostenfestsetzung durch Stempelaufdruck *auf der Urteilsausfertigung* (§ 105 ZPO). Eines besonderen Antrags auf Festsetzung bedarf es in diesem Falle nicht (§ 105 Abs. 2). Die für den Gegner erforderliche Abschrift der Kostenberechnung wird vom Gericht von Amts wegen hergestellt. Ist das *Urteil zwar bereits verkündet,* eine Ausfertigung aber noch nicht erteilt, muss die Festsetzung zwar unter Beifügung einer für den Gegner bestimmten Kopie der Kostenberechnung *beantragt* werden, sie erfolgt aber auch hier durch Stempelaufdruck oder Aufschrift auf der Urteilsausfertigung. Der Kostenfestsetzungsbeschluss wird also nicht gesondert ausgefertigt und zugestellt (§ 105 Abs. 1 ZPO). *Die Erteilung einer Ausfertigung des*

---

[1]) Zur Festsetzung der Kosten des im Wege der Prozesskostenhilfe beigeordneten Rechtsanwalts siehe S. 445.
[2]) Im Mahnverfahren (§§ 688 ff. ZPO) ist der Vollstreckungsbescheid zugleich Festsetzungsbeschluß, denn die Kosten für den Mahn- wie für den Vollstreckungsbescheid werden zusammen mit dem Hauptanspruch festgestellt.
[3]) Anders bei Festsetzung der Vergütung gegen die eigene Partei (siehe S. 419) und gegen den in die Kosten verurteilten Gegner einer Partei, der Prozesskostenhilfe zugesprochen ist (siehe S. 443).

Urteils durch das Gericht darf in beiden Fällen nicht durch die Kostenfestsetzung verzögert werden (§ 105 Abs. 1 S. 1, letzter HS.). Die Festsetzung auf der Urteilsausfertigung kommt daher nicht in Betracht, wenn wegen der geltend gemachten Kosten eine Zwischenverfügung ergeht oder die Kosten im Urteil gequotet (§ 106 ZPO) sind. Selten erfolgt in der Praxis die Kostenfestsetzung auf der Ausfertigung des Urteils.

◆ Der Prozessbevollmächtigte der obsiegenden Partei[1] reicht namens seines Auftraggebers den Kostenfestsetzungsantrag ein (§ 103 Abs. 2 ZPO). Er enthält die Berechnung der Kosten. Eine Abschrift für den Gegner ist beizufügen. Der Antrag umfasst nicht nur die Kosten des Prozessbevollmächtigten selbst, sondern ggf. auch die eines Verkehrsanwalts (§ 52), Verhandlungsvertreters (§ 53) oder Beweisanwalts (§ 54). Die Kostenberechnung muss inhaltlich den Anforderungen des § 18 entsprechen. Die einzelnen Ansätze sind glaubhaft zu machen (§ 104 Abs. 2 S. 1 ZPO), was aber nur insoweit erforderlich ist, als sich die Kostenansätze nicht aus der Gerichtsakte nachvollziehen lassen. Wird für Post- und Telekommunikationsdienstleistungen nicht der Pauschalbetrag nach § 26 Abs. 1 S. 2, sondern ein konkreter Betrag gefordert, hat der Rechtsanwalt lediglich zu versichern, dass diese Auslagen entstanden sind (§ 104 Abs. 2 S. 2 ZPO). Bei geltend gemachter Umsatzsteuer (§ 25 Abs. 2) ist zu erklären, dass diese Beträge nicht als Vorsteuer abgezogen werden können (§ 104 Abs. 2 S. 3 ZPO). Reisekosten und Schreibauslagen sind zu belegen.

Das Gericht erlässt[2] den Kostenfestsetzungsbeschluss und lässt eine Ausfertigung von Amts wegen zusammen mit der Kostenberechnung (Antrag) dem zahlungspflichtigen Gegner zustellen. Kann dem Antrag teilweise nicht entsprochen werden, wird auch dem Antragsteller eine Ausfertigung zugestellt. Da zwischen der Zustellung und dem Beginn der Zwangsvollstreckung aus dem Beschluss eine *Wartefrist von zwei Wochen* eingehalten werden muss (§ 798 ZPO), wird erst nach Eingang der Zustellungsurkunde bei den Gerichtsakten dem Antragsteller eine vollstreckbare Ausfertigung des Beschlusses[3] erteilt.

Im Kostenfestsetzungsverfahren *können nur solche Kosten verlangt werden, die in einem Rechtsstreit entstanden sind,* also in einem bei Gericht anhängigen Verfahren. Dies ergibt sich aus § 103 ZPO, *wonach Voraussetzung für die Kostenerstattung ein zur Zwangsvollstreckung geeigneter Titel* ist, eine Entscheidung, aus der sich ergibt, wer die Kosten des Verfahrens zu tragen hat.

Beispiel: Der Rechtsanwalt erhält Klageauftrag wegen einer Forderung von **30 000,00 EUR**. Vor Einreichung der Klage bei Gericht zahlt der Schuldner nach Klageandrohung einen Teilbetrag von **10 000,00 EUR,** sodass nur wegen des Restes von **20 000,00 EUR** Klage eingereicht wird.

Der Rechtsanwalt des Klägers hat hinsichtlich der Prozessgebühr[4] in dieser Sache insgesamt folgenden Gebührenanspruch gegen seinen Mandanten:

5/10 Prozessgebühr nach §§ 11, 31 Abs. 1 Ziff. 1, 32 aus Gegenstandswert 10 000,00 EUR   243,00 EUR
10/10 Prozessgebühr nach §§ 11, 31 Abs. 1 Ziff. 1 aus Gegenstandswert 20 000,00 EUR   646,00 EUR
                                                                                      889,00 EUR
höchstens aber gemäß § 13 Abs. 3 10/10 aus Gegenstandswert 30 000,00 EUR   753,00 EUR

Im Kostenfestsetzungsverfahren gegen den Beklagten kann als Prozessgebühr nur eine 10/10 Gebühr nach §§ 11, 31 Abs. 1 Ziff. 1 aus einem Gegenstandswert von 20 000,00 EUR = 646,00 EUR geltend gemacht werden, weil *nur für den Teilwert von 20 000,00 EUR eine Kostenentscheidung vorliegt.* Die rest-

---

[1] Der Auftraggeber kann den Festsetzungsantrag auch selbst stellen, es besteht kein Anwaltszwang.
[2] Üblicherweise auf einem dafür vorgesehenen Formular.
[3] Eine Ausfertigung, die mit der Vollstreckungsklausel versehen ist, § 724 ZPO.
[4] Auch die übrigen Gebühren richten sich nach dem in das Gerichtsverfahren eingebrachten Streitwert.

lichen 107,00 EUR muss der Rechtsanwalt namens des Klägers gegen den Kostenschuldner im Mahn- oder Klageverfahren geltend machen, falls dieser sie nicht freiwillig zahlt.

Erstattungsfähig sind die Kosten nur, soweit sie „zur zweckentsprechenden Rechtsverfolgung oder Rechtsverteidigung notwendig waren" (§ 91 ZPO). Der Rechtspfleger hat also in jedem Einzelfalle zu prüfen, ob die geltend gemachten Kosten *notwendig* gewesen sind. Das gilt vor allem bei Auslagen und auch bei Kosten eines Unterbevollmächtigten im Vergleich zu sonst entstehenden Reisekosten des Hauptbevollmächtigten.

Einwendungen gegen den Kostenfestsetzungsbeschluss können mit der **sofortigen Beschwerde** innerhalb der Notfrist von zwei Wochen ab Zustellung des Beschlusses geltend gemacht werden (§§ 104 Abs. 3 ZPO, 11 Abs. 1 RpflG). Die Beschwerde ist nur zulässig, soweit sie sich gegen den Betrag der Kostenschuld richtet. Macht der Gegner z. B. geltend, die Beweisgebühr sei nicht entstanden, da eine Beweisaufnahme nicht stattgefunden habe, wendet er sich gegen den Kosten**betrag**; die Beschwerde ist zulässig.

Bringt er jedoch vor, die Kostenschuld sei ihm erlassen worden oder er habe mit einer Gegenforderung aufgerechnet, so muss er die Vollstreckungsabwehrklage (§ 767 ZPO) wählen, da er sich gegen den Kostenanspruch selbst wehrt. Nach der Neufassung von § 11 RpflG durch das 3. RpflÄndG vom 1. 10. 1998 kann der Rechtspfleger weder seinen Beschluss abändern, also der Beschwerde abhelfen (§ 567 Abs. 2 ZPO), noch hat er ihn seinem Abteilungsrichter vorzulegen. Es entscheidet vielmehr das Beschwerdegericht unmittelbar[1]). Die Beschwerde ist nur zulässig, wenn der Beschwerdewert 50,00 EUR übersteigt.

Das Kostenfestsetzungsverfahren ist gebührenfrei; auch der Rechtsanwalt erhält keine Vergütung. Der Rechtspfleger stellt aber auf Antrag fest, dass **die festgesetzten Kosten mit 5% über dem Basiszinssatz zu verzinsen sind,** entweder ab Eingang des Antrags bei Gericht oder, wenn die Kostenberechnung vor der Verkündung des Urteils dem Gericht eingereicht wurde, ab Urteilsverkündung (§ 104 Abs. 1 S. 2 ZPO).

Wird der *Gegenstandswert* **erst nach Festsetzung der Gebühren gerichtlich festgesetzt,** ist der Kostenfestsetzungsbeschluss entsprechend abzuändern, wenn der festgesetzte Wert von dem bisher angenommenen abweicht (§ 106 ZPO). Die Änderung geschieht *nur auf Antrag.* Der Antrag kann von den Beteiligten **innerhalb eines Monats** nach Zustellung des Wertfestsetzungsbeschlusses beim Prozessgericht erster Instanz gestellt werden. Der abgeänderte Kostenfestsetzungsbeschluss kann mit der **sofortigen Beschwerde** angefochten werden (§ 104 Abs. 3 ZPO).

Für das Beschwerdeverfahren erhält der Rechtsanwalt die **Regelgebühren nach § 61 Abs. 1 Ziff. 1 bzw. 2 BRAGO.** Die Gebühren entstehen stets zu 5/10, eine Ermäßigung auf die Hälfte tritt nicht ein (§ 61 Abs. 3). Gegenstandswert ist der Betrag, gegen dessen Festsetzung oder Aberkennung sich die sofortige Beschwerde richtet.

---

[1]) So OLG Dresden, Beschl. v. 4. 2. 1999 in 13 W 202/99, Rpfleger 1999, S. 211f., auch OLG Koblenz in Rpfleger 1999, S. 18, Schneider in Rpfleger 1998, S. 499f., Schütt in MDR 1999, S. 84f.; anderer Auffassung OLG München in MDR 1999, S. 58 und OLG Stuttgart in Rpfleger 1998, S. 509, die eine Regelungslücke oder ein Redaktionsversehen annehmen und eine Abhilfebefugnis des Rechtspflegers nach wie vor als gegeben ansehen.

3. Das Kostenausgleichsverfahren (§ 106 ZPO)

Wurden im Titel die Kosten beiden Parteien jeweils *zu Bruchteilen* auferlegt (z. B. Kläger trägt 1/3, Beklagter trägt 2/3 der Kosten des Verfahrens = Kostenverteilung nach Quoten), kann jede Partei *Ausgleich der Kosten* beantragen. Hat eine Partei den Festsetzungsantrag bei Gericht eingereicht, fordert die Geschäftsstelle des Gerichts den Gegner auf, seinerseits eine genaue Aufstellung der ihm erwachsenen Kosten *innerhalb einer Woche* einzureichen. **Die Aufforderung geschieht von Amts wegen** und wird dem Prozessbevollmächtigten der ersten Instanz übersandt. Der Rechtspfleger hat nun über beide Kostenberechnungen zu entscheiden und *festzustellen, welchen Betrag die eine Partei an die andere zu erstatten hat*. Die Entscheidung kann nur in einem *besonderen Beschluss* ergehen, vereinfachte Festsetzung auf der Urteilsausfertigung ist nicht möglich (s. o.).

Beispiel: Der Gegenstandswert beträgt 2 000,00 EUR. In einem Vergleich hat der Kläger die Kosten zu 1/3, der Beklagte zu 2/3 übernommen.

Die Gerichtskosten betragen:

1/1 Prozessgebühr nach Kostenverzeichnis zum GKG Nr. 1211	73,00 EUR
Auslagen	25,00 EUR
	98,00 EUR

Die Kosten des Klägers *betragen:*

10/10 Prozessgebühr	133,00 EUR
10/10 Verhandlungsgebühr	133,00 EUR
10/10 Beweisgebühr	133,00 EUR
10/10 Vergleichsgebühr	133,00 EUR
Auslagen-Pauschale	20,00 EUR
Umsatzsteuer 16 %[1]	88,32 EUR
	640,32 EUR
vom Kläger bezahlter Gerichtskostenvorschuss	73,00 EUR

Die Kosten des Beklagten *betragen:*

10/10 Prozessgebühr	133,00 EUR
10/10 Verhandlungsgebühr	133,00 EUR
10/10 Beweisgebühr	133,00 EUR
10/10 Vergleichsgebühr	133,00 EUR
Auslagen (deren Entstehung versichert wurde)	30,00 EUR
Umsatzsteuer 16 %	89,92 EUR
	651,92 EUR

Die Gerichtskosten *werden wie folgt ausgeglichen:*

Die Gerichtskosten betragen insgesamt	98,00 EUR
hiervon hat Kläger zu tragen 1/3	32,67 EUR
Beklagter trägt 2/3	65,33 EUR

Da der Kläger bereits einen Vorschuss von 73,00 EUR an das Gericht gezahlt hat, seine Kostenschuld aber nur 32,67 EUR beträgt, hat der Beklagte ihm den zu viel gezahlten Betrag von (73,00 EUR – 32,67 EUR) 40,33 EUR zu erstatten[2].

Die Rechtsanwaltskosten werden wie folgt ausgeglichen:

Sie betragen insgesamt	1 291,74 EUR
hiervon hat Kläger zu tragen 1/3	430,58 EUR
Beklagter trägt 2/3	861,16 EUR

---

[1] In den folgenden Beispielen wird die Umsatzsteuer, deren Prozentsatz sich öfter ändert, nur noch ausgerechnet, wenn dies zum besseren Verständnis notwendig ist.

[2] Der Beklagte wird außerdem vom Gericht aufgefordert werden, den restlichen Gerichtskostenbetrag von 25,00 EUR bei der Gerichtskasse einzuzahlen.

Die eigenen Rechtsanwaltskosten des Klägers betragen 640,32 EUR. Da er nur 430,58 EUR (1/3 der Gesamtkosten) selbst zu tragen hat, ist ihm die Differenz zwischen 640,32 EUR und 430,58 EUR = 209,74 EUR vom Beklagten zu erstatten.

Der Beklagte hat also an den Kläger 40,33 EUR zu viel gezahlter Gerichtskosten und 209,74 EUR Rechtsanwaltskosten zu erstatten, zusammen 250,07 EUR.

Reicht der Gegner trotz Aufforderung seine Kostenberechnung nicht ein, so setzt der Rechtspfleger die Kosten des Antragstellers ohne Rücksicht auf die Kosten des Gegners fest. Dieser hat dann von den Kosten des Antragstellers den Anteil (Bruchteil) an den Antragsteller zu erstatten, der ihn nach der zugrunde liegenden Kostenentscheidung trifft.

Beispiel: Dem Kläger sind im oben angeführten Beispiel 640,32 EUR Rechtsanwaltskosten entstanden. Außerdem hat er 73,00 EUR an Gerichtskosten gezahlt, zusammen also 713,32 EUR. Zu tragen hat er nach dem zugrunde liegenden Vergleich 1/3 aller Kosten, also seiner Rechtsanwaltskosten von 640,32 EUR sowie der Gerichtskosten von 98,00 EUR, zusammen 246,11 EUR. Die Differenz zwischen 713,32 EUR und 246,11 EUR = 467,21 EUR ist ihm vom Beklagten zu erstatten[1].

Der Gegner verliert seine Ansprüche aus der Kostenausgleichung nicht, er kann seine Kosten nachträglich geltend machen, wodurch eine Neufestsetzung bzw. Ausgleichung erforderlich wird. Der Antragsteller ist aber nicht gehindert, die Zwangsvollstreckung aus dem zu seinen Gunsten ergangenen Festsetzungsbeschluss zu betreiben. Will der Gegner mit seinem Ausgleichungsanspruch aufrechnen, muss er dies im Wege der Vollstreckungsabwehrklage nach § 767 ZPO tun.

4. Die Festsetzung der Vergütung gegen die eigene Partei (§ 19)

Kostenschuldner des Rechtsanwalts ist der Auftraggeber. Ist der Gegner zur Erstattung der Kosten verurteilt oder hat er in einem Vergleich die Rechtsanwaltskosten übernommen, wird der Rechtsanwalt zunächst im Namen seines Auftraggebers beantragen, die Kosten gegen den Gegner festzusetzen und sie anschließend, wenn nötig, im Wege der Zwangsvollstreckung beizutreiben. Ist beim Gegner „nichts zu holen", muss der Rechtsanwalt seinen Auftraggeber in Anspruch nehmen. Dasselbe gilt, wenn der Auftraggeber nach der gerichtlichen Entscheidung, einem zugrunde liegenden Vergleich oder nach Klagezurücknahme ohnehin die Prozesskosten zu tragen hat. Zahlt der Auftraggeber in diesen Fällen die Vergütung nicht freiwillig, kann der Rechtsanwalt sie **gegen ihn festsetzen lassen.** So erhält der Rechtsanwalt auf einfache Weise einen Vollstreckungstitel, der zugleich die Höhe der Kosten bestimmt.

Rahmengebühren können auf diese Weise nicht festgesetzt werden (§ 19 Abs. 8). Sie können nur im Mahnverfahren oder in einer Gebührenklage geltend gemacht werden.

Das Festsetzungsverfahren nach § 19 ist nicht auf bürgerliche Rechtsstreitigkeiten beschränkt, sondern gilt für Gerichtsverfahren jeder Art. Auch der Beistand, der Unterbevollmächtigte oder der Verkehrsanwalt können ihre Kosten festsetzen lassen. Daneben hat der Auftraggeber selbst ein Antragsrecht, da er ein Interesse daran haben kann, Gewissheit über die Höhe seiner Kostenschuld zu erlangen. Der Antrag ist zulässig, sobald die Vergütung *fällig* ist. Vor der Festsetzung sind die *Beteiligten zu hören.* Im Übrigen gelten für das Verfahren die Vorschriften für das Kostenfestsetzungsverfahren nach §§ 103 ff. ZPO[2].

---

[1] Auch hier wird das Gericht die noch nicht gezahlten restlichen Gerichtskosten von 25,00 EUR vom Beklagten anfordern.
[2] Siehe Abschnitt 2. Die Kostenfestsetzung, S. 415.

B. Die Gebühren in bürgerlichen Rechtsstreitigkeiten und ähnlichen Verfahren

Der dritte Abschnitt der BRAGO regelt die Vergütung der Rechtsanwälte für die Tätigkeit in bürgerlichen Rechtsstreitigkeiten und in ähnlichen Verfahren. Er betrifft nicht nur den eigentlichen Zivilprozess und die mit ihm in Zusammenhang stehenden Verfahren, wie das Mahnverfahren, das selbstständige Beweisverfahren, das Kostenfestsetzungs- und Zwangsvollstreckungsverfahren, sondern auch ähnliche Verfahren, wie das schiedsrichterliche Verfahren, das Verfahren vor den Gerichten für Arbeitssachen, das Vertragshilfe- und das Güteverfahren, das Verfahren in Hausrats- und Wohnungseigentumssachen.

I. Die Gebühren des Prozessbevollmächtigten (§ 31)

Folgende Gebühren können entstehen:

- Prozessgebühr,
- Beweisgebühr,
- Verhandlungsgebühr und
- Erörterungsgebühr.

In einem Rechtsstreit entstehen für den zum Prozessbevollmächtigten bestellten Rechtsanwalt in der Regel die *Prozessgebühr* (§ 31 Abs. 1 Nr. 1), die *Verhandlungsgebühr* (§ 31 Abs. 1 Nr. 2), die *Beweisgebühr* (§ 31 Abs. 1 Nr. 3) und die *Erörterungsgebühr* (§ 31 Abs. 1 Nr. 4). Sie sind vom *Gegenstandswert* abhängige *Pauschgebühren:* Sie werden nach dem Gegenstandswert berechnet, gelten eine Vielzahl von Einzeltätigkeiten ab und können in jedem Rechtszug nur einmal bis zu ihrer vollen Höhe entstehen (§§ 13, 37)[1]. Auch für einen nicht zum Prozessbevollmächtigten bestellten Rechtsanwalt können die genannten Gebühren erwachsen, sofern seine Tätigkeit im Zusammenhang mit einer Prozessführung steht[2].

1. Die Prozessgebühr (§ 31 Abs. 1 Nr. 1)

Die Prozessgebühr entsteht „für das Betreiben des Geschäfts einschließlich der Information". Durch sie werden also alle Tätigkeiten vergütet, die die Prozessführung *im Laufe eines Rechtszuges* mit sich bringt und für die der Rechtsanwalt keine besonderen Gebühren, wie z. B. die Verhandlungs- oder die Beweisgebühr erhält. Zu diesen Tätigkeiten gehört alles, was der *Vorbereitung,* der *Durchführung* und der *Abwicklung* des Rechtsstreits dient:

- Besprechungen mit dem Mandanten und mit der Gegenpartei
- Einsicht von Gerichts- und Behördenakten
- Beschaffung von Urkunden, von Zeugenanschriften und eidesstattlichen Versicherungen
- Entwerfen und Einreichen der Klageschrift und sonstiger Schriftsätze
- Schriftwechsel mit der eigenen und der Gegenpartei.

[1] Vgl. dazu die Abschnitte „Pauschgebühren" (S. 399) und „Wertgebühren" (S. 398).
[2] Siehe den Abschnitt „Gebühren des Rechtsanwalts, der nicht Prozessbevollmächtigter ist", S. 455 f.

Zum *Rechtszug* gehören aber auch folgende Tätigkeiten, die ebenfalls durch die Prozessgebühr abgegolten werden (§ 37):

- außergerichtliche Vergleichsverhandlungen
- Anträge auf Bewilligung der Prozesskostenhilfe
- Erwirkung eines Notfrist- und eines Rechtskraftzeugnisses
- die Kostenfestsetzung
- die Herausgabe der Handakten oder ihre Versendung an einen anderen Rechtsanwalt
- Verfahren, die die gesetzliche Unterhaltspflicht eines Elternteils oder beider Elternteile betreffen (§ 642 ZPO), sofern nicht außerhalb des Unterhalts- oder Abstammungsprozesses ein besonderes Verfahren stattfindet (Näheres siehe S. 441 f.).

◆ Volle Prozessgebühr – Halbe Prozessgebühr

In § 32 sind Fälle aufgezählt, in denen der Rechtsanwalt als Prozessbevollmächtigter des Klägers oder auch des Beklagten die Prozessgebühr *nur zur Hälfte*[1] erhält. Es handelt sich dabei um Situationen, in denen der Auftrag des Rechtsanwalts *erledigt* war, *bevor* er die dort genannten Maßnahmen ergriffen hat:

① bevor er die Klage eingereicht hat

② bevor er einen das Verfahren einleitenden Antrag eingereicht hat

③ bevor er einen Schriftsatz eingereicht hat, der Sachanträge, die Zurücknahme der Klage oder des Antrags enthält

④ bevor er seine Partei in einem Termin vertreten hat.

Die *volle Prozessgebühr* erhält der Rechtsanwalt demnach nur, wenn er eine dieser Maßnahmen bereits ergriffen hatte, bevor sein Auftrag beendet war.

Beispiele:

Zu ①: Rechtsanwalt Mohr erhält Klageauftrag über 10 000,00 EUR. Er prüft die Rechtslage, hat auch die Klageschrift bereits entworfen. Da ruft sein Auftraggeber an, die Klage erübrige sich, weil der Schuldner inzwischen bezahlt habe.

Zu ②: In einer eiligen Wettbewerbssache soll eine einstweilige Verfügung beantragt werden. Der Antrag und die eidesstattliche Versicherung zur Glaubhaftmachung des Sachverhalts sind geschrieben. Da teilt der Mandant mit, der Gegner habe seine Wettbewerbsverstöße eingestellt.

Zu ③: Rechtsanwalt Karsten hat als Vertreter des Beklagten das Mandat in einer Forderungssache vor dem Landgericht niedergelegt. Rechtsanwalt Falk übernimmt die Vertretung des Beklagten und teilt dies in einem Schriftsatz dem Gericht mit, der umfangreiche Rechtsausführungen, aber keinen Sachantrag enthält. Bevor er weiter tätig wird, nimmt der Kläger die Klage zurück.

Zu ④: Rechtsanwalt Steiger wird im Laufe eines Prozesses vor dem Amtsgericht zum Prozessbevollmächtigten bestellt. Termin zur mündlichen Verhandlung ist bestimmt. Bevor der Termin stattfindet und Rechtsanwalt Steiger einen Schriftsatz mit Sachanträgen bei Gericht eingereicht hat, nimmt der Kläger die Klage zurück.

In allen vier Fällen erhält der Rechtsanwalt nur die halbe Prozessgebühr, ohne Rücksicht auf den Zeitaufwand und die Schwierigkeit seiner Arbeit.

---

[1] Die **volle** Prozessgebühr beträgt in der ersten Instanz 10/10, im Berufungsverfahren 13/10, im Revisionsverfahren 13/10 oder 20/10, vgl. § 11 Abs. 1 S. 4 und 5; die **halbe** Prozessgebühr somit 5/10, 6,5/10 (= 13/20) oder 10/10.

Kostenrecht

◆ Differenzprozessgebühr

Der Rechtsanwalt erhält ebenfalls nur eine *halbe Prozessgebühr*, wenn er beantragt, einen bisher *nicht rechtshängigen Anspruch in einen Vergleich miteinzubeziehen,* der zu einem rechtshängigen Anspruch abgeschlossen wird.

Beispiel: Klage wird eingereicht über 2 000,00 EUR. Nach streitiger Verhandlung hierüber wird ein Vergleich geschlossen, in dem ein bisher nicht rechtshängiger Anspruch zwischen den Parteien in Höhe von 7 500,00 EUR miterledigt wird. Der Beklagte hat laut Vergleich an den Kläger 7 000,00 EUR zu zahlen.

Beide Rechtsanwälte erhalten:
Prozessgebühr: 10/10 aus 2 000,00 EUR   133,00 EUR
Prozessgebühr: 5/10 aus 7 500,00 EUR   206,00 EUR gem. § 32 Abs. 2
zusammen   339,00 EUR
und die Vergleichsgebühr: 10/10 aus 9 500,00 EUR   486,00 EUR

Erhöht sich der Gegenstandswert im Laufe des Prozesses, wirkt sich die Erhöhung stets auf die Prozessgebühr aus. Sie ist dann aus dem höchsten Gegenstandswert zu ermitteln.

Beispiel: Klage wurde eingereicht wegen 2 100,00 EUR. Im Laufe des Rechtsstreits erhöht der Kläger den Klageanspruch um 800,00 EUR.

Die Prozessgebühr beträgt 10/10 aus 2 900,00 EUR = 189,00 EUR.

Ermäßigt sich der Gegenstandswert im Laufe des Prozesses, sei es, dass der Kläger die Klage um einen Teilbetrag zurücknimmt oder der Beklagte einen Teilbetrag anerkennt, wirkt sich die Ermäßigung auf die Prozessgebühr nicht aus. Sie bleibt in der bisherigen Höhe erhalten.

2. Die Verhandlungsgebühr (§ 31 Abs. 1 Nr. 2)

Für die *Tätigkeit in der mündlichen Verhandlung* erhält der Prozessbevollmächtigte die Verhandlungsgebühr[1]). Die mündliche Verhandlung beginnt mit der *Stellung der Anträge* (§ 137 Abs. 1 ZPO). Werden ohne Antragstellung nur der Sach- und Streitstand oder die Möglichkeiten eines Vergleichs erörtert, entsteht nicht die Verhandlungsgebühr, sondern die Erörterungsgebühr nach § 31 Abs. 1 Nr. 4[2]). Die Verhandlungsgebühr gilt als Pauschgebühr sämtliche Verhandlungstermine in der Instanz ab[3]). Sie wird aus dem *Gegenstandswert* berechnet, *über den verhandelt wird*. Ermäßigt sich der Wert vor der Antragstellung, ist sie aus dem ermäßigten Wert zu berechnen. Erhöht er sich im Laufe des Prozesses, ist sie nur dann aus dem höheren Wert zu berechnen, wenn über ihn auch verhandelt wurde. Die Verhandlungsgebühr kann demnach nie höher sein als die Prozessgebühr, wohl aber geringer.

Beispiel: Klage wurde wegen eines Schadensersatzanspruchs von 4 000,00 EUR eingereicht. Vor dem Termin stellt sich heraus, dass der Schaden irrtümlich um 1 000,00 EUR zu hoch beziffert worden war. Im Termin wird der Anspruch vor Stellung der Anträge um 1 000,00 EUR ermäßigt.

Die Prozessgebühr erwächst aus 4 000,00 EUR, die Verhandlungsgebühr aus 3 000,00 EUR.

Die volle Verhandlungsgebühr (in erster Instanz 10/10, in der Berufungs- oder Revisionsinstanz 13/10) erhält der Rechtsanwalt, wenn *streitig* verhandelt wird, d. h. wenn die Parteien *einander widersprechende Anträge* stellen, z. B. Kläger beantragt Verurteilung des Beklagten, Beklagter beantragt Klageabweisung oder trägt vor, die Hauptsache habe sich erledigt. Findet dagegen eine *nichtstreitige Verhandlung* statt, steht dem Rechtsanwalt nur eine halbe Ver-

---

[1]) Ausnahmsweise kann nach § 35 auch ohne mündliche Verhandlung die Verhandlungsgebühr entstehen.
[2]) Näheres dazu siehe S. 424.
[3]) Ausnahmsweise kann sie nach Einspruch gemäß § 38 Abs. 2 nochmals in derselben Instanz entstehen.

handlungsgebühr zu (5/10 in der ersten Instanz, 13/20 im Berufungs- oder Revisionsverfahren). Nichtstreitig ist die Verhandlung dann, wenn

- nur eine Partei einen Antrag stellt, weil die andere Partei nicht anwesend ist oder keine Erklärungen abgibt
- beide Parteien zwar anwesend sind und Erklärungen abgeben, die von ihnen gestellten Anträge aber einander nicht widersprechen. Das ist z. B. der Fall, wenn der Kläger auf den Klageanspruch verzichtet und der Beklagte zugleich Klageabweisung beantragt oder wenn der Beklagte nach dem vom Kläger gestellten Verurteilungsantrag den Anspruch sofort anerkennt. Gleiches gilt auch, wenn der Kläger den Antrag zur Verurteilung stellt und der Beklagte Vertagung des Termins beantragt.

In § 33 Abs. 1 S. 2 sind **drei Ausnahmen** vorgesehen, bei denen die volle Verhandlungsgebühr trotz nichtstreitiger Verhandlung entsteht:

① wenn eine Entscheidung nach Lage der Akten (§ 331a ZPO) beantragt wird, nicht aber, wenn die Entscheidung von Amts wegen ergeht (§ 251a ZPO);

② wenn der Berufungskläger oder der Revisionskläger ein Versäumnisurteil beantragt (beantragt der Berufungs- oder Revisionsbeklagte das Versäumnisurteil, erwächst nur eine halbe Verhandlungsgebühr zu 13/20);

③ wenn der Kläger in Ehesachen, Lebenspartnerschaftssachen nach § 661 Abs. 1 bis 3 oder in Rechtsstreitigkeiten über die Feststellung der Rechtsverhältnisse zwischen Eltern und Kindern (Kindschaftssachen) nichtstreitig verhandelt.

Beispiele:

Zu ①: Rechtsanwalt Tausch hat die Vertretung des Klägers erst übernommen, nachdem bereits in einem Termin mündlich verhandelt und Beweis erhoben worden ist. Im folgenden Termin ist der Beklagte säumig. Da die Sachlage hinreichend geklärt ist, beantragt Rechtsanwalt Tausch Entscheidung nach Aktenlage (§ 331a ZPO).
Rechtsanwalt Tausch erhält außer der vollen Prozessgebühr auch die volle Verhandlungsgebühr.
Zu ②: Der Kläger hat Berufung gegen das Urteil des Amtsgerichts eingelegt. Im ersten Termin ist der Beklagte – Berufungsbeklagte – säumig. Der Vertreter des Klägers – Berufungsklägers – beantragt Versäumnisurteil.
Der Rechtsanwalt des Klägers erhält für die Versäumnisverhandlung die 13/10 Verhandlungsgebühr.
Zu ③: In einer Ehesache ist bereits vertagt worden, weil der Antragsgegner ohne Rechtsanwalt erschienen ist. Als er im folgenden Termin wieder ohne Vertreter kommt, wird das Vorbringen der Antragstellerin geprüft und darüber Beweis erhoben.
Der Rechtsanwalt der Antragstellerin erhält neben den übrigen Gebühren zu 10/10 auch eine 10/10 Verhandlungsgebühr.

Die Hälfte der Verhandlungsgebühr (5/10 in erster Instanz, 13/20 in der Berufung oder Revision) erhält der Rechtsanwalt, wenn er **nur Anträge zur Prozess- oder Sachleitung** stellt (§ 33 Abs. 2), also solche, die nur den Gang des Verfahrens betreffen, wie Vertagung, Unterbrechung oder Aussetzung, Anordnung des persönlichen Erscheinens, Ruhen des Verfahrens, Verbindung oder Trennung mehrerer Rechtsstreitigkeiten. Entsteht in dem Verfahren wegen einer streitigen oder nichtstreitigen Verhandlung ohnehin eine volle oder eine halbe Verhandlungsgebühr, wird die vorgenannte Gebühr für die Prozess- oder Sachleitung nicht gesondert erhoben, sondern geht in der allgemeinen Verhandlungsgebühr auf.

Entstehen aus Teilen des Streitgegenstands unterschiedlich hohe Verhandlungsgebühren und / oder Prozessleitungsgebühren nach § 33 Abs. 2, gilt § 13 Abs. 3, darf die Summe der aus den verschiedenen Wertteilen berechneten Gebühren nicht höher sein als eine Verhandlungsgebühr aus dem Gesamtwert nach dem höchsten vorkommenden Gebührensatz.

Beispiel: Klage wurde eingereicht wegen Zahlung von 5 000,00 EUR. Im ersten Termin beantragen die Rechtsanwälte beider Parteien die Vertagung des Rechtsstreits um eine Woche. Im folgenden Termin nimmt der Klägervertreter die Klage um 950,00 EUR zurück, die der Beklagte zwischenzeitlich gezahlt hat. Der Beklagtenvertreter erkennt sofort weitere 1.000,00 EUR an, wegen des Restes (3 050,00 EUR) wird streitig verhandelt.

Beide Rechtsanwälte erhalten:
Prozessgebühr 10/10 nach §§ 11, 31 Abs. 1 Nr. 1 aus 5 000,00 EUR   301,00 EUR
Verhandlungsgebühr 10/10 nach §§ 11, 31 Abs. 1 Nr. 2 aus 3 050,00 EUR = 217,00 EUR
Verhandlungsgebühr 5/10 nach §§ 11, 33 Abs. 1 S. 1 aus 1 000,00 EUR   = 42,50 EUR
Verhandlungsgebühr 5/10 nach § 33 Abs. 2 aus 950,00 EUR   = 42,50 EUR
                                                               Summe   302,00 EUR

jedoch nicht mehr als 10/10 Verhandlungsgebühr aus 5000,00 EUR
gemäß § 13 Abs. 3   = 301,00 EUR
                                                                          602,00 EUR

zuzüglich sonstige Gebühren, Auslagen und Mehrwertsteuer.

In den in § 35 genannten Fällen entsteht eine (volle oder halbe) Verhandlungsgebühr, obwohl gar keine mündliche Verhandlung stattgefunden hat. Die schriftlich abgegebenen Erklärungen werden also so behandelt, als wären sie mündlich abgegeben worden.

3. Die Erörterungsgebühr (§ 31 Abs. 1 Nr. 4)

Bei den Gerichten ist es üblich, dass die Anwälte und Parteien gemeinsam mit dem Richter das Sach- und Streitverhältnis schon vor der Stellung der Anträge, also vor dem Beginn der mündlichen Verhandlung erörtern. Hierfür entsteht keine Verhandlungsgebühr, obwohl die Verfahrensweise meist nicht weniger Mühe macht als eine mündliche Verhandlung. Daher erhalten die Anwälte dafür anstelle einer nicht entstandenen Verhandlungsgebühr die *Erörterungsgebühr*. Sie setzt voraus:

◆ die Anwesenheit beider Parteien bzw. ihrer Rechtsanwälte

◆ ein Gespräch (Streitgespräch) mit der Gegenpartei oder dem Gericht im Termin

◆ den Bezug des Gesprächs auf die geltend gemachten Ansprüche. Erörterungen über den technischen Verfahrensablauf lassen die Gebühr somit nicht entstehen.

◆ der Anspruch muss rechtshängig sein; sofern also nichtrechtshängige Ansprüche in eine Erörterung einbezogen werden, entsteht eine „Differenz-Prozessgebühr" (vgl. Seite 422), wenn diese Ansprüche mit verglichen werden insoweit auch eine Vergleichsgebühr, nicht aber eine Erörterungsgebühr[1]).

Beispiel: Klage auf Zahlung von 5 000,00 EUR. Im Termin erörtert das Gericht mit den Rechtsanwälten beider Parteien vor Stellung der Anträge die Sach- und Rechtslage. Danach schließen die Parteien einen Vergleich, wonach der Beklagte an die Klägerin einen Betrag von 3 500,00 EUR zu zahlen hat.

Die Rechtsanwälte erhalten:
Prozessgebühr 10/10, § 31 Abs. 1 Nr. 1, Wert 5 000,00 EUR   301,00 EUR
Erörterungsgebühr 10/10, § 31 Abs. 1 Nr. 4, Wert 5 000,00 EUR   301,00 EUR
Vergleichsgebühr 10/10, § 23 Abs. 1 S. 3, Wert 5 000,00 EUR   301,00 EUR
                                                                     903,00 EUR

zuzüglich Auslagen und Mehrwertsteuer.
Eine Verhandlungsgebühr ist nicht entstanden.

---

[1]) Streitig. Verneinend die Mehrzahl der Gerichte, bejahend OLG Stuttgart, Anw. Bl 77 S. 219

Findet in derselben Instanz und wegen desselben Streitstoffes schließlich doch noch eine Verhandlung statt, **sind Verhandlungsgebühr und Erörterungsgebühr aufeinander anzurechnen,** entstehen also nicht nebeneinander (§ 31 Abs. 2).

Beispiel: Klage auf Zahlung von 5 000,00 EUR. Im Termin erörtert das Gericht mit den Rechtsanwälten beider Parteien vor Stellung der Anträge die Sach- und Rechtslage. Es kommt nicht zu einer Einigung, der Rechtsanwalt des Klägers beantragt daher Verurteilung, der des Beklagten Klageabweisung. Die Rechtsanwälte erhalten:

Prozessgebühr 10/10, § 31 Abs. 1 Nr. 1, Wert 5 000,00 EUR	301,00 EUR
Verhandlungsgebühr 10/10, § 31 Abs. 1 Nr. 2, Wert 5 000,00 EUR	301,00 EUR
	602,00 EUR

zuzüglich Auslagen und Mehrwertsteuer.
Die Erörterungsgebühr wurde auf die Verhandlungsgebühr angerechnet.

Wird nach der Erörterung über den gesamten Anspruch nichtstreitig verhandelt, entsteht die Erörterungsgebühr in Höhe von 10/10. Die 5/10 Gebühr für die nichtstreitige Verhandlung wird jedoch auf die Erörterungsgebühr angerechnet, sodass letztere nur noch in Höhe von 5/10 angesetzt werden kann.

Beispiel: Klage auf Zahlung von 5 000,00 EUR. Nach Erörterung der Sach- und Rechtslage erkennt der Beklagte die Forderung an und wird antragsgemäß verurteilt. Die Rechtsanwälte erhalten:

Prozessgebühr 10/10, § 31 Abs. 1 Nr. 1, Wert 5 000,00 EUR	301,00 EUR
Verhandlungsgebühr 5/10, § 33 Abs. 1, Wert 5 000,00 EUR	150,50 EUR
Erörterungsgebühr 5/10, § 33 Abs. 1 Nr. 4, Wert 5 000,00 EUR	150,50 EUR
	602,00 EUR

zuzüglich Auslagen und Mehrwertsteuer.

◆ **Streitige und nichtstreitige Verhandlung über Teilansprüche**

Wird nach Erörterung des Gesamtanspruchs über einen Teil streitig, über den anderen nichtstreitg verhandelt, ist § 13 Abs. 3 zu beachten. Es entstehen gesondert berechnete Gebühren, jedoch nicht mehr als die höchste Gebühr aus dem Gesamtwert.

Beispiel: Klage auf Zahlung von 5 000,00 EUR. Nach Erörterung der Sach- und Rechtslage erkennt der Beklagte 1 000,00 EUR an, wegen 4 000,00 EUR wird streitig verhandelt. Die Rechtsanwälte erhalten:

Prozessgebühr 10/10, § 312 Abs. 1 Nr. 1, Wert 5 000,00 EUR	301,00 EUR
Verhandlungsgebühr 10/10, § 31 Abs. 1 Nr. 2, Wert 4 000,00 EUR	245,00 EUR
Verhandlungsgebühr 5/10, § 33 Abs. 1, Wert 1 000,00 EUR	42,50 EUR
Erörterungsgebühr 10/10, § 31 Abs. 1 Nr. 4, Wert 5 000,00 EUR = 301,00 EUR,	
abzüglich vorstehender Verhandlungsgebühren von 245,00 EUR + 42,50 EUR = 287,50 EUR	13,50 EUR
	602,00 EUR

zuzüglich Auslagen und Mehrwertsteuer.

Die beiden Verhandlungsgebühren wurden auf die Erörterungsgebühr angerechnet. Da die Erörterungsgebühr aus dem Gesamtbetrag 13,50 EUR mehr betrug, musste dieser Restbetrag als „Rest-" Erörterungsgebühr angesetzt werden. Würden die beiden Verhandlungsgebühren zusammen mehr betragen als eine volle Erörterungsgebühr, müssten sie auf diese Höhe gekürzt werden.

4. Die Beweisgebühr (§ 31 Abs. 1 Nr. 3)[1]

Wurde vom Gericht eine *Beweisaufnahme* angeordnet und ist der Rechtsanwalt im Beweisaufnahmeverfahren auch *tätig geworden,* erhält er dafür die Beweisgebühr (10/10 oder 13/10). Das Beweisaufnahmeverfahren beginnt mit der Verkündung des Beweisbeschlusses. Jede Handlung des Rechtsanwalts, die in irgendeinem Zusammenhang mit dem Beweisauf-

---

[1] Im selbstständigen Beweisverfahren erhält der Rechtsanwalt die in § 31 bestimmten Gebühren (§ 48).

nahmeverfahren steht, lässt die Beweisgebühr entstehen. Es genügt zum Beispiel, wenn der Rechtsanwalt

- eine Abschrift des Beweisbeschlusses seiner Partei zur Kenntnisnahme übersendet
- seine Partei vom Beweistermin benachrichtigt
- einen auswärtigen Rechtsanwalt beauftragt, den Beweistermin wahrzunehmen, und ihm die Handakten übersendet
- den Auslagenvorschuss bei Gericht einzahlt
- sich erkundigt, ob der Vorschuss bezahlt ist.

Der Gegenstandswert für die Beweisgebühr ist **der Wert des Anspruchs, wegen dessen die Beweiserhebung angeordnet worden ist.** Wird die Beweisaufnahme erst angeordnet, nachdem der Beklagte einen Teil des Anspruchs bereits anerkannt hat, ist die Beweisgebühr nur aus dem noch streitigen Restanspruch zu berechnen. Erhöht sich der Gegenstandswert nach der Beweisaufnahme, wirkt sich die Erhöhung auf die Beweisgebühr nur aus, wenn auch über den Erhöhungsbetrag Beweis erhoben wird. Wird wegen mehrerer Teile des Anspruchs Beweis erhoben, ist die Beweisgebühr aus der Summe der Teilansprüche zu berechnen.

Beispiel: Klage wird eingereicht wegen 2 000,00 EUR. Es wird streitig verhandelt und über einen Teilbetrag von 1 400,00 EUR Beweis erhoben. Im folgenden Termin wird weiter verhandelt und auch über den Restbetrag von 600,00 EUR Beweis erhoben. Danach erhöht der Kläger den Klageanspruch um 1 000,00 EUR. Nach weiterer streitiger Verhandlung ergeht Urteil zugunsten des Klägers. Beiden Rechtsanwälten stehen folgende Gebühren zu:

Prozessgebühr 10/10, § 31 Abs. 1 Nr. 1, Wert 3 000,00 EUR	189,00 EUR
Verhandlungsgebühr 10/10, § 31 Abs. 1 Nr. 2, Wert 3 000,00 EUR	189,00 EUR
Beweisgebühr 10/10, § 31 Abs. 1 Nr. 4, Wert 2 000,00 EUR	<u>133,00 EUR</u>
	511,00 EUR

Hinzu kommen Auslagen und Mehrwertsteuer.

Prozess- und Verhandlungsgebühr entstehen aus dem erhöhten Streitwert (3 000,00 EUR), nicht aber die Beweisgebühr; denn der Gegenstandswert ist erst nach der Beweisaufnahme erhöht worden. Es dürfen nicht zwei Beweisgebühren (aus 1 400,00 EUR und aus 600,00 EUR) angesetzt werden, sondern nur eine aus dem Gesamtwert von 2 000,00 EUR.

II. Die Vergleichsgebühr (§ 23)

Die Beilegung eines Rechtsstreits durch *beiderseitiges Nachgeben* (§ 779 BGB) fördert den Rechtsfrieden mehr, als eine gerichtliche Entscheidung dies kann. Rechtsanwälte, die an dem Abschluss eines Vergleichs mitwirken, erhalten dafür eine zusätzliche Gebühr. Sie beträgt

- 10/10 (§ 23 Abs. 1 S. 3), wenn der Rechtsstreit bei Gericht *anhängig* ist und in der ersten Instanz geschlossen wird; wird er in der Berufungsinstanz geschlossen, beträgt die Vergleichsgebühr 13/10.

- 15/10 (§ 23 Abs. 1 S. 1), wenn der Vergleich *außerhalb eines anhängigen Prozesses*, z. B. als Schiedsvergleich (§ 1044 a ZPO) oder als sofort vollstreckbarer Vergleich (§ 1044 b ZPO) geschlossen wird.

Die Vergleichsgebühr entsteht nie für sich allein, sondern stets als *zusätzliche Gebühr* neben anderen Gebühren, zumindest neben einer Prozessgebühr (§ 31. Abs. 1 Nr. 1) oder einer Geschäftsgebühr (§ 118 Abs. 1 Nr. 1).

Gegenstandswert für die Gebühr ist stets der Anspruch, der durch den Vergleich erledigt wird, *nicht etwa der Betrag, der von der einen Seite an die andere vergleichsweise zu leisten ist.*

Beispiel: Eingeklagt sind 10 000,00 EUR. Es wird ein Vergleich geschlossen, wonach der Beklagte an den Kläger 7 500,00 EUR zu zahlen hat und die Kosten des Verfahrens übernimmt. Die Vergleichsgebühr ist aus dem Wert von 10 000,00 EUR zu berechnen, da dieser Anspruch durch den Vergleich erledigt wird.

Bei einem Vergleich über gesetzliche *Unterhaltsansprüche* ist der Gesamtbetrag der geforderten Leistungen, höchstens aber der Jahresunterhaltsbetrag maßgeblich (§ 17 Abs. 1 S. 1 GKG). Wird im Vergleich eine Kapitalabfindung festgelegt, die im Regelfall erheblich höher als der Jahresunterhaltsanspruch ist, ist der Abfindungsbetrag als Streitwert für die Berechnung der Gebühr anzunehmen[1]. Rückständige Beträge werden hinzugerechnet.

Beispiel: Ein eheliches Kind klagt gegen seinen Vater auf Zahlung von 600,00 EUR monatlichen Unterhalt und Unterhaltsrückstand in Höhe von 3.000,00 EUR. Man vergleicht sich auf eine Abfindungssumme von 18 000,00 EUR. Die Vergleichsgebühr würde somit 606,00 EUR betragen. Nach der in Fußnote 1 zitierten Literatur und der entsprechenden Rechtsprechung wäre Gegenstandswert für die Vergleichsgebühr lediglich 600,00 EUR x 12 = 7 200,00 EUR, zuzüglich Rückstand 3 000,00 EUR = 10 200,00 EUR, die Gebühr daraus würde 526,00 EUR betragen.

Betrifft der Vergleich nur einen Teil der geltend gemachten Ansprüche, ist auch die Vergleichsgebühr nur aus dem Teilanspruch zu berechnen. Werden *Teilansprüche oder mehrere Rechtsstreitigkeiten* in einem Vergleich erledigt, so werden die Gegenstandswerte zusammengezählt, und zwar *auch dann, wenn die Ansprüche in verschiedenen Prozessen und in verschiedenen Instanzen anhängig sind.* Die Vergleichsgebühr wird aus dem Gesamtbetrag berechnet. Ihr Bruchteil richtet sich nach der höheren Instanz.

Beispiel: A führt gegen B drei Prozesse: wegen 5 000,00 EUR und wegen 3 500,00 EUR vor dem AG und wegen eines weiteren Anspruchs von 7 000,00 EUR vor dem übergeordneten LG in der Berufungsinstanz. In dem erstinstanzlichen Verfahren wegen 5 000,00 EUR schließt er mit B einen Vergleich, in den der Anspruch von 3 500,00 EUR und der bei dem LG anhängige über 7 000,00 EUR einbezogen werden. Gegenstandswert für die Vergleichsgebühr ist 5 000,00 EUR + 3 500,00 EUR + 7 000,00 EUR = 15 500,00 EUR, als Vergleichsgebühr entsteht eine 13/10 Gebühr, weil einer der verglichenen Ansprüche beim Landgericht in der Berufung anhängig war (§ 11 Abs. 1 S. 4).

Werden in einen bei Gericht geschlossenen Vergleich bisher nicht rechtshängige Ansprüche zwischen den Parteien einbezogen, sind zur Ermittlung des Wertes für die Vergleichsgebühr auch die nichtsrechtshängigen Ansprüche hinzuzurechnen.

Beispiel: Eingeklagt wurden 30 000,00 EUR. Ein Vergleich wird geschlossen, in den ein bisher nicht rechtshängiger Anspruch des Klägers von 2 000,00 EUR einbezogen wird. Nach dem Vergleich hat der Beklagte an den Kläger 25 000,00 EUR zu zahlen.
Die Vergleichsgebühr ist aus 32 000,00 EUR zu berechnen und beträgt 830,00 EUR.

Hinsichtlich der in diesem Falle entstehenden Prozessgebühr ist zu beachten:
Nach § 32 Abs. 2 ist aus dem einbezogenen Anspruch von 2 000,00 EUR eine (Differenz-) Prozessgebühr neben derjenigen aus dem eingeklagten Wert von 30 000,00 EUR zu erheben (siehe auch Seite 423).
Also:

Prozessgebühr 10/10, § 31 Abs. 1 Nr. 1, Wert 30 000,00 EUR	758,00 EUR
Prozessgebühr 5/10, § 32 Abs. 2, Wert 2 000,00 EUR	133,00 EUR
	891,00 EUR
aber gemäß § 13 Abs. 3 nicht mehr als 10/10 aus Wert 32 000,00 EUR =	830,00 EUR.
Als Prozessgebühr ist somit nur 830,00 EUR zu erheben.	

[1]) Streitig! a. A. statt vieler: Riedel-Sußbauer, Anm. zu § 23.

III. Die Gebühren im Mahnverfahren (§ 43)

1. Die Gebühren des Rechtsanwalts des Antragstellers

Für die Tätigkeit im Mahnverfahren erhält der Rechtsanwalt des Antragstellers

- eine volle Gebühr (10/10) für den *Antrag auf Erlass des Mahnbescheids.* Die Gebühr erhöht sich um 3/10 für den zweiten und jeden weiteren Auftraggeber (§ 6 Abs. 1 S. 2);
- 5/10 der vollen Gebühr für den *Antrag auf Erlass des Vollstreckungsbescheids,* wenn innerhalb der Widerspruchsfrist kein Widerspruch erhoben oder wenn im Wechselmahnverfahren ein erhobener Widerspruch gemäß § 703 a Abs. 2 Nr. 4 ZPO auf die Ausführung der Rechte des Beklagten beschränkt worden ist (§ 43 Abs. 1 Nr. 3).

Die Gebühr für den Antrag auf Erlass des Mahnbescheids ist auf die Prozessgebühr anzurechnen, die der Rechtsanwalt nach Widerspruch oder Einspruch des Antragsgegners im nachfolgenden Rechtsstreit erhält (§ 43 Abs. 2).

Beispiel: Mahnbescheid ergeht wegen 3 000,00 EUR. Der Gegner erhebt rechtzeitig Widerspruch. Der Rechtsanwalt des Antragstellers hat für diesen Fall im Mahnantrag, wie üblich, die Durchführung des streitigen Verfahrens beantragt. Er erhält eine 10/10 Prozessgebühr nach § 31 Abs. 1 Nr. 1 aus 3 000,00 EUR = 189,00 EUR. Die zunächst entstandene Gebühr nach § 43 Abs. 1 Nr. 1 von ebenfalls 189,00 EUR wird in voller Höhe auf die Prozessgebühr angerechnet, geht also darin auf.

Erledigt sich die Angelegenheit, bevor der Rechtsanwalt den Mahnantrag bei Gericht einreicht, z. B. weil der Antragsgegner inzwischen an den Antragsteller gezahlt hat, ist § 32 Abs. 1 anzuwenden. Für den Antrag auf Erlass des Mahnbescheids (§ 43 Abs. 1 Nr. 1) erhält der Rechtsanwalt nur eine Gebühr von 5/10.

Erhebt der Antragsgegner keinen Widerspruch und beantragt der Rechtsanwalt des Antragstellers daher den Vollstreckungsbescheid, erhält er dafür zusätzlich die 5/10 Gebühr nach § 43 Abs. 1 Nr. 3. Legt der Antragsgegner gegen den erlassenen Vollstreckungsbescheid Einspruch ein, kommt es, wie nach Widerspruch gegen den Mahnbescheid, zum *streitigen Verfahren.* Im Gegensatz zu der Gebühr für den Mahnantrag, die auf die Prozessgebühr anzurechnen ist, wird jedoch die Gebühr für den Antrag auf Erlass des Vollstreckungsbescheids nicht angerechnet. Der Rechtsanwalt erhält sie neben der Prozessgebühr.

Beispiel: Der Mahnbescheid über 3 000,00 EUR wird antragsgemäß erlassen. Nach Ablauf der Widerspruchsfrist beantragt der Rechtsanwalt des Antragstellers den Vollstreckungsbescheid. Auch dieser wird erlassen und dem Antragsgegner zugestellt. Er legt Einspruch ein, es kommt zur mündlichen Verhandlung. Der Rechtsanwalt des Antragstellers erhält folgende Gebühren:

Prozessgebühr 10/10, § 31 Abs. 1 Nr. 1, Wert 3 000,00 EUR (angerechnet ist die Gebühr für den Mahnantrag nach § 43 Abs. 1 Nr. 1)	189,00 EUR
Gebühr für Antrag auf Vollstreckungsbescheid 5/10, § 43 Abs. 1 Nr. 3	94,50 EUR
Verhandlungsgebühr 10/10, § 31 Abs. 1 Nr. 2, Wert 3 000,00 EUR	<u>189,00 EUR</u>
	472,50 EUR

Hinzu kommen Auslagen und Mehrwertsteuer.

Zu beachten sind die beiden folgenden *Sonderfälle:*

① Erhebt der Antragsgegner rechtzeitig, also innerhalb der Widerspruchsfrist von zwei Wochen (§ 692 Abs. 1 Nr. 3 ZPO), Widerspruch und beantragt der Rechtsanwalt des Antragstellers in Unkenntnis des fristgemäßen Widerspruchs den Vollstreckungsbescheid, erhält der Rechtsanwalt die Gebühr für den Antrag auf Erlass des Vollstreckungsbescheids nicht;

② Erhebt der Antragsgegner nach Ablauf der Widerspruchsfrist, aber vor Erlass des Vollstreckungsbescheids (§ 694 ZPO), Widerspruch und beantragt auch hier der Rechtsanwalt des Antragstellers in Unkenntnis des erhobenen Widerspruchs den Vollstreckungsbescheid, so erhält der Rechtsanwalt hier die Gebühr für den Antrag auf Erlass des Vollstreckungsbescheids, obwohl dieser gar nicht mehr erlassen werden kann. Er musste nämlich mit dem Widerspruch nicht mehr rechnen.

Beispiel: Am 5. März.. wird ein Mahnbescheid erlassen und am 10. März.. dem Antragsgegner zugestellt. Ablauf der Widerspruchsfrist ist somit am 24. März...

Zu ①: Am 21. März.. geht der Widerspruch des Antragsgegners bei Gericht ein. Am 26. März.. beantragt der Rechtsanwalt des Antragstellers, der vom Widerspruch nichts weiß, den Vollstreckungsbescheid. Er erhält die Gebühr für den Antrag auf Vollstreckungsbescheid nicht, weil der Widerspruch innerhalb der Frist eingelegt worden ist.

Zu ②: Der Widerspruch geht erst am 25. März.., also nach Ablauf der Widerspruchsfrist, bei Gericht ein. Wenn hier der Vertreter des Antragstellers am 26. März.. den Antrag auf Erlass des Vollstreckungsbescheids stellt, kann er die Gebühr für diesen Antrag erhalten.

Ist der Gegenstandswert im nachfolgenden Prozessverfahren höher oder geringer als im vorhergehenden Mahnverfahren, erhält der Rechtsanwalt die *Gebühr stets aus dem höheren Wert*.

Beispiele:

◆ Mahnbescheid ergeht wegen 2 600,00 EUR. Wegen eines Teilbetrags von 2 000,00 EUR erhebt der Antragsgegner Widerspruch, 600,00 EUR zahlt er. Der Rechtsanwalt des Antragstellers beantragt die Durchführung des streitigen Verfahrens. Er erhält:
Gebühr für den Mahnantrag 10/10, § 43 Abs. 1 Nr. 1, Wert 2 600,00 EUR   189,00 EUR
Prozessgebühr 10/10, § 31 Abs. 1 Nr. 1, Wert 2 000,00 EUR   133,00 EUR
Der Rechtsanwalt erhält die höhere Gebühr = 189,00 EUR. Hinzu kommen Verhandlungsgebühr, Auslagen und Mehrwertsteuer.

◆ Mahnbescheid ergeht wegen 2 600,00 EUR. Der Antragsgegner erhebt Widerspruch, der Vertreter des Antragstellers beantragt das streitige Verfahren und erhöht im Termin den Klageanspruch um 900,00 EUR. Es wird mündlich verhandelt und Beweis erhoben. Der Rechtsanwalt des Antragstellers erhält:
Gebühr für den Mahnantrag 10/10, § 43 Abs. 1 Nr. 1, Wert 2 600,00 EUR   189,00 EUR
Prozessgebühr 10/10, § 31 Abs. 1 Nr. 1, Wert 3 400,00 EUR   217,00 EUR
Verhandlungsgebühr 10/10, § 31 Abs. 1 Nr. 2, Wert 3 400,00 EUR   217,00 EUR
Beweisgebühr 10/10, § 31 Abs. 1 Nr. 3, Wert 3 400,00 EUR   217,00 EUR
                                                                                     840,00 EUR
Der Rechtsanwalt des Antragstellers (Klägers) erhält insgesamt 840,00 EUR zuzüglich Auslagen und Mehrwertsteuer.

2. Die Gebühren des Rechtsanwalts des Antragsgegners

Der Rechtsanwalt des Antragsgegners erhält für die *Erhebung des Widerspruchs* 3/10 der vollen Gebühr (§ 43 Abs. 1 Nr. 2). Die Gebühr ist auf die Prozessgebühr *anzurechnen*, die im nachfolgenden ordentlichen Verfahren entsteht (§ 43 Abs. 2). Er erhält die *volle Prozessgebühr*, wenn er in der Widerspruchsschrift den *Antrag auf Terminsbestimmung bzw. Durchführung des streitigen Verfahrens stellt oder wenn es wegen entsprechender Antragstellung der anderen Partei (Antragsteller) zum streitigen Verfahren kommt*. Stellt er einen solchen Antrag nicht und wird er auch von der Gegenseite unterlassen (z. B. weil sich die Sache inzwischen erledigt hat oder der Antragsteller auf weitere Rechtsverfolgung verzichtet), bleibt es bei der 3/10 Gebühr.

Beispiele:

◆ Mahnbescheid ergeht wegen 4 000,00 EUR. Der Antragsgegner erhebt durch seinen Rechtsanwalt Widerspruch und begründet diesen. Einen Antrag auf Bestimmung eines Termins stellt er jedoch nicht. Der Antragsteller nimmt daraufhin den Antrag auf Terminsanberaumung zurück und verfolgt den Anspruch nicht weiter.
Der Rechtsanwalt des Antragsgegners erhält hier eine 3/10 Gebühr nach § 43 Abs. 1 Nr. 2 zuzüglich Auslagen und Mehrwertsteuer.

◆ Mahnbescheid ergeht wegen 4 000,00 EUR. Der Rechtsanwalt des Antragsgegners erhebt Widerspruch. Auf Antrag der Gegenseite wird Termin anberaumt und mündlich verhandelt.
Der Rechtsanwalt des Antragsgegners erhält eine 10/10 Prozessgebühr, in der die 3/10 Gebühr für den Widerspruch aufgeht (Anrechnung, § 43 Abs. 2).
Daneben entstehen Verhandlungsgebühr, ggf. Beweisgebühr, Auslagen und Mehrwertsteuer.

◆ Mahnbescheid ergeht wegen 4 000,00 EUR. Der Rechtsanwalt des Antragsgegners erhebt Widerspruch, begründet diesen und stellt Antrag auf Bestimmung eines Termins zur mündlichen Verhandlung. Danach nimmt der Antragsteller den schon im Mahnantrag gestellten Antrag auf Terminsanberaumung zurück, weil er die Sache nicht weiter verfolgen will.
Der Rechtsanwalt des Antragsgegners hat hier die volle Prozessgebühr verdient, ob es nun zur Verhandlung kommt oder nicht. Die 3/10 Gebühr für den von ihm erhobenen Widerspruch wird auf die Prozessgebühr angerechnet.

IV. Die Gebühren in Ehe- und anderen Familiensachen, in Kindschaftssachen und in Unterhaltssachen Minderjähriger (§§ 31 ff., 36, 36 a, 41, 44) sowie Lebenspartnerschaftssachen § 661 Abs. 1 Nr. 5 und 7)

Der Prozessbevollmächtigte erhält die Gebühren nach **§§ 31 ff.**[1]).

◆ **in Kindschaftssachen** (§ 640 ZPO),

◆ **in Ehesachen** (§ 606 Abs. 1 ZPO),

◆ **in Scheidungsfolgesachen**[2]) nach §§ 623 Abs. 1–3 und 5, 621 Abs. 1 Nr. 1–3, 6, 7 und 9 ZPO:
Nr. 1 die Regelung der elterlichen Sorge,
Nr. 2 die Regelung des persönlichen Umgangs mit dem Kinde,
Nr. 3 die Herausgabe des Kindes,
Nr. 6 die Regelung des Versorgungsausgleichs,
Nr. 7 die Regelung der Rechtsverhältnisse an Ehewohnung und Hausrat,
Nr. 9 güterrechtliche Ansprüche nach §§ 1382, 1383 BGB
Zwar sind nach § 621 a Abs. 1 ZPO auf diese Verfahren hauptsächlich die Vorschriften des FGG anzuwenden und somit kämen für die Rechtsanwaltsgebühren die §§ 118 ff. in Betracht. Jedoch *bestimmt § 31 Abs. 3 ausdrücklich,* dass § 31 Abs. 1 und 2 auch für diese Scheidungsfolgesachen gilt;

◆ **in mit der Ehesache verbundenen Scheidungsfolgesachen** nach §§ 623 Abs. 1 und 4, 621 Abs. 1 Nr. 4, 5 und 8 ZPO:
Nr. 4 die gesetzliche Unterhaltspflicht,
Nr. 5 die durch Ehe begründete gesetzliche Unterhaltspflicht,
Nr. 8 Ansprüche aus dem ehelichen Güterrecht.

◆ **in selbstständigen,** d.h. nicht mit einer Scheidungssache im Verbund stehenden **Familiensachen** nach § 621 Abs. 1 Nr. 4, 5 und 8 ZPO *(Unterhalt für Ehegatten und Kinder, Güterrechtssachen),* auf deren Verfahren die ZPO anzuwenden ist.

Der Rechtsanwalt erhält Gebühren nach § 118 in selbstständigen, also nicht mit einer Scheidungssache im Verbund stehenden **Familiensachen** nach § 621 Abs. 1 Nr. 1–3, 6 und 9

---

[1]) Näheres über die Gebühren nach §§ 31 ff. siehe S. 420.
[2]) Scheidungsfolgesachen sind Familiensachen (§ 621 Abs. 1 ZPO), die zusammen mit einer Scheidungssache verhandelt und, falls der Scheidung stattgegeben wird, entschieden werden (§ 623 Abs. 1 und 4 ZPO).

ZPO *(elterliche Sorge, Recht des persönlichen Umgangs, Herausgabe des Kindes; Versorgungsausgleich, Verfahren nach §§ 1382, 1383 BGB)*, auf deren Verfahren die Vorschriften des FGG anzuwenden sind.

Dies gilt nicht für selbstständige Familiensachen, die die **Ehewohnung und den Hausrat** *betreffen* (§ 621 Abs. 1 Nr. 7 ZPO), obwohl es sich um Verfahren der freiwilligen Gerichtsbarkeit handelt. Der Rechtsanwalt erhält für seine Tätigkeit in diesem Verfahren die *Gebühren nach §§ 31 ff., aber nur zur Hälfte* (§ 63 Abs. 1 Nr. 1, Abs. 3).

Beispiele:

- Rechtsanwalt Moser vertritt den Antragsteller in der Scheidungssache und den Folgesachen, die die Regelung der elterlichen Sorge und den Versorgungsausgleich betreffen (§§ 623 Abs. 1, 621 Abs. 1 Nr. 1 und 6 ZPO).
  Rechtsanwalt Moser berechnet die Gebühren nach §§ 31 ff. aus den zusammengerechneten Gegenstandswerten.
- Die Eheleute Karmann leben getrennt. Rechtsanwalt Stubbe vertritt die Klägerin in folgenden (selbstständigen) Familiensachen:
  a) Übertragung der elterlichen Sorge für die gemeinsame minderjährige Tochter (§ 1672 BGB; § 621 Abs. 1 Nr. 1 ZPO),
  b) Verurteilung des Beklagten zur Unterhaltszahlung für die Klägerin und das Kind (§§ 1361, 1610 Abs. 3 BGB; § 621 Abs. 1 Nr. 5 und 4 ZPO).

Rechtsanwalt Stubbe berechnet seine Gebühren
- im Verfahren die elterliche Sorge betreffend nach § 118,
- im Unterhaltsprozess nach §§ 31 ff.

Die beiden Verfahren können *nicht* gemäß § 147 ZPO miteinander verbunden werden, weil verschiedene Verfahrensarten anzuwenden sind.

Für das vereinfachte Verfahren über den Unterhalt Minderjähriger nach §§ 645 f. ZPO gelten die Bestimmungen in § 44[1]).

1. Der Gegenstandswert[2])

Der Gegenstandswert ergibt sich aus den §§ 12 Abs. 2, 17, 17 a GKG und § 19 a:

In Ehesachen ist der Wert vom Gericht nach Ermessen zu bestimmen (§ 12 Abs. 2 GKG). Zu berücksichtigen sind alle Umstände des Einzelfalles, vor allem die Einkommensverhältnisse der Parteien. Die Bewertung der Einkommensverhältnisse entspricht dem in drei Monaten erzielten Nettoeinkommen beider Ehegatten.

Vom so errechneten Nettoeinkommen sind besondere Belastungen abzuziehen, z. B. ein Betrag

- für jedes unterhaltsberechtigte Kind,
- für besondere Krankheits- und Pflegekosten,
- für doppelte Haushaltsführung,
- für Schuldentilgung.

Der Mindestwert beträgt 2 000,00 EUR, der Höchstwert darf 1 Mio. EUR nicht übersteigen.

---

[1]) Siehe S. 435.
[2]) Siehe auch S. 403.

Für **Scheidungsfolgesachen** gilt:

- Ist die *elterliche Sorge* für ein eheliches Kind, das *Recht des persönlichen Umgangs* mit dem Kinde oder die *Herausgabe* des Kindes zu regeln (§ 621 Abs. 1 Nr. 1–3 ZPO), so ist von einem Wert von 900,00 EUR auszugehen (§ 12 Abs. 2 S. 3 GKG), auch wenn es sich um mehrere Kinder handelt (§ 19a Abs. 1 S. 2 GKG). Der Wert kann wohl erhöht, darf aber nicht entsprechend der Zahl der Kinder vervielfacht werden.
- Bei *gesetzlichen Unterhaltsansprüchen* der Kinder oder des Ehegatten (§ 621 Abs. 1 Nr. 4 und 5 ZPO) ist Gegenstandswert der Jahresbetrag der Unterhaltsleistung (§ 17 Abs. 1 GKG).
- Beim *Versorgungsausgleich* (§ 621 Abs. 1 Nr 6 ZPO) ist der Jahresbetrag der Rente, mindestens jedoch 500,00 EUR, anzusetzen (§ 17a GKG).
- Wegen *Ehewohnung* und Hausrat ist die Jahresmiete bzw. der Wert des Hausrats anzusetzen (§ 12 Abs. 1, § 17).

In **Kindschaftssachen**[1] ist von einem Streitwert von 2 000,00 EUR auszugehen (§ 12 Abs. 2 S. 3 GKG).

Scheidungssache und Folgesachen gelten als *dieselbe Angelegenheit* (§ 7 Abs. 3). Die Gebühren sind nach dem zusammengerechneten Wert der Gegenstände zu berechnen (§ 7 Abs. 2 BRAGO, § 19a Abs. 1 S. 1 GKG)[2]. *Nicht anzuwenden* ist § 12 Abs. 3 GKG, d.h., dass die Werte auch dann zusammenzurechnen sind, wenn ein vermögensrechtlicher Anspruch von einem nichtvermögensrechtlichen abgeleitet wird.

Beispiel: Mit einer Scheidungssache sind als Folgesachen verbunden:
a) die Regelung der elterlichen Sorge für 3 Kinder (§ 621 Abs. 1 Nr. 1 ZPO),
b) der monatliche Unterhalt von 350,00 EUR für jedes Kind (§ 621 Abs. 1 Nr. 4 ZPO),
c) der monatliche Unterhalt der Antragstellerin in Höhe von 700,00 EUR (§ 621 Abs. 1 Nr. 5 ZPO),
d) der Versorgungsausgleich als Rentenanwartschaft in Höhe einer Geldrente von 900,00 EUR (§ 621 Abs. 1 Nr. 6 ZPO).

Der *Gegenstandswert* ist wie folgt zu berechnen:

Wert der Scheidungssache (wird vom Gericht festgesetzt)	8 000,00 EUR
Wert zu a) Ausgangswert 1 500,00 EUR, vom Gericht festgesetzt	3 000,00 EUR
Wert zu b) 3 · 350,00 EUR · 12 (Jahresunterhalt) (§ 17 Abs. 1 GKG)	12 600,00 EUR
Wert zu c) 700,00 EUR · 12 (Jahresunterhalt) (§ 17 Abs. 1 GKG)	8 400,00 EUR
Wert zu d) 900,00 EUR · 12 (Jahresrente)	10 800,00 EUR
Nach § 19a GKG, § 7 Abs. 3 BRAGO beträgt der Gesamtwert die Summe der Einzelwerte	42 800,00 EUR

2. Die Vergleichsgebühr und die Aussöhnungsgebühr (§ 36)

Nach § 36 Abs. 1 S. 1 erhält der Rechtsanwalt keine Vergleichsgebühr, wenn er bei einer Vereinbarung der Ehegatten mitwirkt, die die Scheidung selbst betrifft, sie ermöglicht, erleichtert oder beschleunigt. Anders aber, wenn er bei einem Vergleich mitwirkt, der *Scheidungsfolgesachen* betrifft, z.B. den Vorschlag zur Regelung der elterlichen Sorge, den Unterhalt der Ehegatten und der Kinder, die Hausratsverteilung, den Versorgungsausgleich. Hierfür erhält er die *volle Gebühr* nach § 23 (Vergleichsgebühr). Auch für einen Vergleich über die Kosten fällt die Vergleichsgebühr nach § 23 an.

---

[1] Zu den Kindschaftssachen gehören insbesondere die Feststellung und Anfechtung der Vaterschaft.
[2] Eine Scheidungsfolgesache nach § 621 Abs. 1 Nr. 1, 2 oder 3 ZPO (siehe S. 430) ist auch dann als *ein* Gegenstand zu bewerten, wenn sie mehrere Kinder betrifft (§ 19a S. 2 GKG).

Die Gebühren des Rechtsanwalts

Der Gegenstandswert richtet sich nicht nach dem Wert der Ehesache, sondern nach dem *Gesamtwert der Folgesachen, die durch den Vergleich betroffen sind* (§ 36 Abs. 1 S. 2).

Beispiel: In einer Ehescheidungssache schließen die Ehegatten für den Fall der Scheidung folgenden Vergleich:
- Der Antragsgegner verpflichtet sich, an die Antragstellerin monatlich 800,00 EUR, an seine beiden Kinder Ruth und Michael monatlich je 450,00 EUR Unterhalt zu zahlen.
- Die Antragstellerin überlässt dem Antragsgegner die ihr gehörende Arbeitszimmereinrichtung im Wert von 12 300,00 EUR.

Der Gegenstandswert des Vergleichs ergibt sich aus
- dem jährlichen Unterhaltsbetrag für Ehefrau und Kinder
  800,00 EUR + 2 x 450,00 EUR = 1 700,00 EUR x 12   20 400,00 EUR
- dem Wert der Arbeitszimmereinrichtung   12 300,00 EUR
  Gesamtwert   32 700,00 EUR

Überblick über die Arten der Familiensachen, über Gegenstandswert und Rechtsanwaltsgebühren

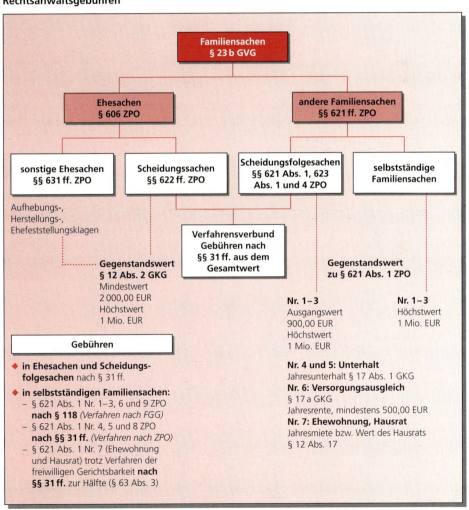

Kostenrecht

Bemüht sich der Rechtsanwalt erfolgreich um die **Aussöhnung der Ehegatten** in einem Zeitpunkt, zu dem das Scheidungsverfahren oder die Aufhebungsklage bereits anhängig ist oder ein Ehegatte sie ernstlich anhängig machen wollte, so erhält er für seine Bemühungen nach § 36 Abs. 2 eine *volle Gebühr* (**Aussöhnungsgebühr**). Sie ist aus dem Gegenstandswert der Ehesache zu berechnen und entsteht *neben* anderen ggf. bereits entstandenen Gebühren (Prozess-, Verhandlungs-, Beweisgebühr).

War der *Rechtsstreit noch nicht anhängig*, hatte der Rechtsanwalt aber bereits Klageauftrag, so erhält er neben der Aussöhnungsgebühr eine 5/10 Prozessgebühr nach § 32.

Beispiel: Frau Roth ist entschlossen, sich scheiden zu lassen. Sie erteilt Rechtsanwalt Dr. Färber Prozessvollmacht. Dieser teilt Herrn Roth die Scheidungsabsicht seiner Frau mit und fordert ihn auf, Unterhaltsvorschläge zu unterbreiten. Herr Roth bittet Rechtsanwalt Dr. Färber, eine Aussöhnung mit seiner Frau herbeizuführen. Nach langem Bemühen gelingt es diesem, Frau Roth mit ihrem Mann zu versöhnen.

5/10 Prozessgebühr aus 2 000,00 EUR §§ 11, 31 Abs. 1 Nr. 1, 32	66,50 EUR
10/10 Aussöhnungsgebühr aus 2 000,00 EUR §§ 11, 36 Abs. 2	133,00 EUR
	199,50 EUR

3. Die Gebühren im Verfahren über einstweilige Anordnungen (§ 41)

Trifft das Familiengericht im Rahmen des Ehescheidungsverfahrens einstweilige Anordnungen, z. B. in den in § 620 ZPO aufgeführten Fällen, erhält der Rechtsanwalt sämtliche Gebühren nach §§ 31 ff. in voller Höhe neben den Gebühren des Ehe- und Kindschaftsverfahrens.

Für *mehrere Verfahren* erhält der Rechtsanwalt die Gebühren in jedem Rechtszug nur *einmal*, jedoch *aus den zusammengezählten Werten* (§ 41 Abs. 1 S. 2).

Wirkt der Rechtsanwalt bei einer *durch gegenseitiges Nachgeben erfolgten Einigung* (Vergleich) in einem einstweiligen Anordnungsverfahren mit, erhält er die Vergleichsgebühr nach § 23. War ein *Antrag* auf Erlass der einstweiligen Anordnung gestellt, erhält er dazu noch die *volle Prozessgebühr*. Er erhält sie nur zu 5/10, wenn ein Antrag noch nicht gestellt oder wenn nur beantragt war, eine Einigung der Parteien zu Protokoll zu nehmen (§ 41 Abs. 2).

Gegenstandswert:

- ◆ Für einstweilige Anordnungen, die die *Regelung der elterlichen Sorge, das Recht des persönlichen Umgangs mit dem Kinde* und *die Herausgabe des Kindes* betreffen, ist § 8 Abs. 2 S. 3 maßgebend. Ausgangswert: 500,00 EUR.

- ◆ Handelt es sich um **Unterhaltsansprüche** (z. B. Unterhalt eines Ehegatten, eines minderjährigen Kindes), ist der *sechsmonatige Unterhaltsbetrag* maßgebend (§ 20 Abs. 2 GKG).

- ◆ Handelt es sich
  - um **Benutzung der Ehewohnung**, ist der dreimonatige Mietwert maßgebend (§ 20 Abs. 2 S. 2 GKG);
  - um **Benutzung des Hausrats**, ist der Wert vom Gericht nach billigem Ermessen festzusetzen (§ 3 ZPO).

Werden mehrere einstweilige Anordnungen nach § 620 ZPO oder nach § 641 d ZPO beantragt, so wird für jede Anordnung ein besonderer Gegenstandswert angenommen. Die Gebühren werden jedoch nur einmal aus den zusammengezählten Werten berechnet (§ 41 Abs. 1 S. 2).

Beispiel: Folgende einstweilige Anordnungen werden beantragt:

Gestattung des Getrenntlebens, Unterhaltszahlung an die Antragstellerin von monatlich 900,00 EUR, Übertragung der elterlichen Sorge an die Antragstellerin (zwei Kinder), Unterhaltszahlung von monatlich 350,00 EUR für jedes Kind.

Berechnung des Gegenstandswertes:

Gestattung des Getrenntlebens (nichtvermögensrechtlicher Anspruch) bewertet mit	1 600,00 EUR
Unterhaltsanspruch der Antragstellerin (vermögensrechtlicher Anspruch) 6 · 900,00 EUR	5 400,00 EUR
Übertragung der elterlichen Sorge (nichtvermögensrechtlicher Anspruch) bewertet mit	1 300,00 EUR
Unterhaltsanspruch der Kinder (vermögensrechtlicher Anspruch) 6 · (2 · 350,00 EUR)	4 200,00 EUR
	12 500,00 EUR

4. Die Gebühren in Unterhaltssachen Minderjähriger, Vereinfachtes Verfahren (§§ 645 f. ZPO, § 44 Abs. 1 Nr. 1 BRAGO), Annexverfahren (§ 653 ZPO)

Sämtliche Unterhaltsansprüche (Ehegattenunterhalt, Verwandtenunterhalt, Unterhalt ehelicher und nichtehelich geborener Kinder) konnten in der Vergangenheit und können auch in Zukunft in einem „normalen" Unterhaltsprozess geltend gemacht werden, für den die Kostenbestimmung des Zivilprozesses Anwendung finden. Insoweit haben sich keine Änderungen ergeben. Das Kindesunterhaltsgesetz (KindUG) vom 6. April 1998[1]), in Kraft getreten am 1. Juli 1998, hat jedoch mit den neu gefassten Bestimmungen der §§ 645 f. ZPO zur Feststellung der Unterhaltsansprüche Minderjähriger alternativ ein vereinfachtes Verfahren vor dem Rechtspfleger eingeführt, das sowohl von ehelich wie auch außerhalb einer Ehe geborener Minderjährigen in Anspruch genommen werden kann. Für die außerehelich geborenen Minderjährigen hat es das frühere *Regelunterhaltsverfahren* abgelöst[2]). Auch die mögliche Verbindung des Unterhaltsausspruchs auf den Regelbetrag (früher *Regelunterhalt*) mit der Vaterschaftsfeststellung (Annexverfahren, § 653 ZPO) wurde beibehalten, wenn auch modifiziert.

Der Rechtsanwalt, der im vereinfachten Verfahren den Unterhaltsgläubiger oder den Unterhaltsschuldner vertritt, erhält hierfür eine volle (10/10) Gebühr nach § 44 Abs. 1 S. 1 Nr. 1. Liegt eine der Voraussetzungen des § 32 vor, ermäßigt sich die Gebühr auf 5/10 (§ 44 Abs. 1 S. 2). Gegenstandswert ist der Jahresbetrag nach Klageeinreichung zuzüglich etwaiger Rückstände, höchstens der geltend gemachte Gesamtbetrag (§ 17 Abs. 1, Abs. 4 GKG).

Beispiel: Für den am 1. August 1998 geborenen Thorsten Schulz beantragt Rechtsanwalt Schmedes am 1. November 1998 die Festsetzung des Unterhalts im vereinfachten Verfahren in Höhe von 205,00 EUR monatlich (= 114,6 % des Regelbetrags).

Der Streitwert beträgt 12 x 205,00 EUR =	2 460,00 EUR	
zuzüglich Rückstände für 3 Monate =	615,00 EUR	3 075,00 EUR

Hieraus eine 10/10 Gebühr nach § 44 Abs. 1 S. 1 Nr. 1 = 217,00 EUR, zuzüglich Pauschale nach § 26 und MWSt.

---

[1]) BGBl I S. 666.
[2]) Zu den Einzelheiten des vereinfachten Verfahrens siehe S. 247.

Hätte Rechtsanwalt Schmedes anstelle eines bestimmten Geldbetrags *den Regelbetrag* zur Festsetzung beantragt, wäre Streitwert der Jahresbetrag des bei Klageeinreichung gültigen Regelbetragssatzes für die Altersstufe, in der sich das Kind gerade befindet, zuzüglich etwaiger Rückstände. Im vorliegenden Falle also

  12 x 179,00 EUR   2 148,00 EUR
+ 3 x 179,00 EUR   537,00 EUR   2 685,00 EUR.

Wird auf Antrag einer Partei das vereinfachte Verfahren in ein streitiges Unterhaltsverfahren übergeleitet (§ 651 ZPO), ist die nach § 44 Abs. 1 S. 1 Nr. 1 entstandene Gebühr auf die dann entstehende Prozessgebühr nach § 31 Abs. 1 Nr. 1 anzurechnen. Auch die übrigen bisherigen Kosten des vereinfachten Verfahrens gelten dann als Kosten des streitigen Unterhaltsverfahrens (§ 651 Abs. 5 ZPO).

Für das *Annexverfahren* (s. o.) gilt hinsichtlich des Streitwertes § 12 Abs. 3 GKG. Der vermögensrechtliche Unterhaltsanspruch ist aus dem nichtvermögensrechtlichen Vaterschaftsfeststellungsanspruch hergeleitet. Die Werte der beiden Ansprüche sind somit nicht zusammenzurechnen, sondern anzusetzen ist der *höhere* Anspruch von beiden.

5. Die Gebühren in den Verfahren zur Abänderung von Unterhaltstiteln (§§ 654, 655, 656 ZPO, § 44 Abs. 1 S. 1 Nr. 2, Abs. 3 BRAGO)

Mit der neu eingeführten *Klage nach § 654 ZPO* können ausschließlich Unterhaltstitel angegriffen werden, die im vereinfachten Verfahren nach §§ 645 f. ZPO oder im Annexverfahren nach § 653 ZPO ergangen sind. Streitwert ist der Unterschied zwischen den Jahresbeträgen aus dem angegriffenen Titel und dem mit der Klage geforderten Unterhalt. Es entstehen die Gebühren nach § 31 f.

In dem *vereinfachten Abänderungsverfahren* nach § 655 ZPO[1]) entsteht für die Rechtsanwälte von Antragsteller oder Antragsgegner jeweils eine halbe (5/10) Gebühr nach § 44 Abs. 1 S. 1 Ziff. 2. Streitwert ist wiederum der Jahresdifferenzbetrag zwischen dem angegriffenen Unterhaltstitel und dem mit dem Änderungsantrag geforderten (§ 44 Abs. 3).

Erledigt sich das Verfahren *vorzeitig* im Sinne von § 32, erhalten die Rechtsanwälte nur eine 3/10-Gebühr als Verfahrensgebühr (§ 44 Abs. 1 S. 2).

Gegen den Festsetzungsbeschluss im vereinfachten Abänderungsverfahren nach § 655 ZPO kann die *Abänderungsklage nach § 656 ZPO* erhoben werden. Geschieht dies, ist die o. g. 5/10-Gebühr nach § 44 Abs. 1 S. 2 Nr. 2 auf die dann entstehende Prozessgebühr nach § 31 Abs. 1 Nr. 1 anzurechnen (§ 44 Abs. 2 S. 2). Der Streitwert für diese Abänderungsklage bemisst sich wie bei dem vereinfachten Abänderungsverfahren nach § 655 ZPO. Auch hier gelten die Kosten des vorausgegangenen vereinfachten Abänderungsverfahrens sodann als Kosten des nachfolgenden Rechtsstreits nach § 656 ZPO (§ 656 Abs. 3 ZPO).

Letztlich ist bei einer wesentlichen Änderung der zugrunde liegenden persönlichen Verhältnisse von Unterhaltsgläubiger oder Unterhaltsschuldner auch die Abänderungsklage nach § 323 ZPO möglich. Hier entstehen die Gebühren nach § 31 f. aus dem Wertunterschied wie bei den vorgenannten Änderungsverfahren. Gebührenanrechnungen finden nicht statt.

[1]) Zuständig für das Verfahren ist der Rechtspfleger, § 20 Nr. 10 b RpflG.

Wiederholungsaufgaben

1. In welcher Vorschrift sind die wichtigsten Gebühren des Prozessbevollmächtigten bestimmt?

2. Wofür erhält der Rechtsanwalt die Prozessgebühr?

3. Wie hoch ist die Prozessgebühr anzusetzen,
   a) wenn der Rechtsanwalt die Klage bei Gericht eingereicht hat,
   b) wenn sich die Angelegenheit vor Klageeinreichung erledigt hat,
   c) wenn sich ein Teilanspruch von 1 500,00 EUR vor Klageeinreichung erledigt, wegen des Restanspruchs von 1 200,00 EUR Klage erhoben wird,
   d) wenn der Prozessbevollmächtigte des Beklagten nach Zustellung der Klageschrift in einem Schriftsatz Klageabweisung beantragt, der Kläger aber vor dem Termin die Klage zurücknimmt?

4. Aus welchem Wert ist die Prozessgebühr zu ermitteln, wenn Klage wegen 2 800,00 EUR eingereicht worden ist, der Kläger im Laufe des Rechtsstreits den Klageanspruch um 720,00 EUR erhöht?

5. Wofür erhält der Rechtsanwalt die volle Verhandlungsgebühr?

6. Wie hoch ist die Verhandlungsgebühr, wenn der Beklagte im ersten Termin 800,00 EUR anerkennt und über 900,00 EUR streitig verhandelt wird?

7. In welchen Ausnahmefällen erwächst die volle Verhandlungsgebühr (§ 33 Abs. 1 Nr. 1–3)?

8. Für welche Art Anträge erhält der Rechtsanwalt nach § 33 Abs. 2 5/10 der vollen Verhandlungsgebühr?

9. Welche Gebühren erhält der Rechtsanwalt,
   a) der Klage wegen 1 000,00 EUR einreicht, im ersten Termin lediglich Vertagung beantragt, bevor der zweite Termin stattfindet die Klage zurücknimmt?
   b) der als Vertreter des Beklagten Berufung gegen das Urteil erster Instanz einlegt und im Termin vor Stellung der Sachanträge im Einverständnis mit der Gegenpartei das Ruhen des Verfahrens beantragt? Nach einigen Wochen erklären die Parteien die Hauptsache für erledigt. Der Gegenstandswert beträgt 4 000,00 EUR.

10. Unter welchen Voraussetzungen erhält der Prozessbevollmächtigte die Beweisgebühr?

11. Wie hoch ist die Beweisgebühr, wenn im ersten Termin über einen Teilwert von 2 000,00 EUR, im folgenden Termin über einen solchen von 450,00 EUR Beweis erhoben wird?

12. Wofür erwächst dem Rechtsanwalt die Vergleichsgebühr?

13. Welche Gebühren entstehen, wenn der Rechtsanwalt Klageauftrag hat, aber vor Klageeinreichung die Parteien zu einem Vergleich bewegen kann?

14. Wie hoch ist die Vergleichsgebühr, wenn der Klageanspruch 3 000,00 EUR beträgt, der Beklagte sich im Vergleich zur Zahlung von 2 100,00 EUR verpflichtet?

Kostenrecht

15 Der Klageanspruch beträgt 1 500,00 EUR. Nach streitigem Verhandeln vergleichen sich die Parteien, wobei ein nichtrechtshängiger, aber ebenfalls streitiger Anspruch von 1 000,00 EUR, für den der Rechtsanwalt des Klägers bereits Prozessauftrag hatte, mitverglichen wird. Welche Gebühren erwachsen dem Rechtsanwalt des Klägers?

16 Welche Gebühren können dem Rechtsanwalt des Gläubigers und dem Rechtsanwalt des Schuldners im Mahnverfahren (§§ 688 ff. ZPO) erwachsen?

17 Die Vorschrift des § 43 Abs. 2 ist zu erklären!

18 Welche besondere Gebühr kann im Eheverfahren erwachsen?

19 In welchem Fall kann auch im Eheverfahren eine Vergleichsgebühr nach § 23 entstehen?

20 In einem Ehescheidungsverfahren beantragt der Prozessbevollmächtigte der Antragstellerin folgende einstweilige Anordnungen:

  a) der Antragstellerin das Getrenntleben zu gestatten und anzuordnen, dass ihr der Antragsgegner monatlich 500,00 EUR Unterhalt für die Dauer des Rechtsstreits zu zahlen habe;

  b) der Antragstellerin das Sorgerecht für ihre minderjährige Tochter zu übertragen und dem Antragsgegner eine Unterhaltsverpflichtung von monatlich 350,00 EUR aufzuerlegen.

  Welche Gebühren erhält der Rechtsanwalt der Antragsstellerin, wenn über die Anträge mündlich verhandelt wurde und der Gegenstandswert für die nichtvermögensrechtlichen Ansprüche jeweils auf 1 000,00 EUR festgesetzt worden ist?

V. Die Gebühren bei besonderem Verfahrensverlauf

1. Die Gebühren bei Verweisung (Abgabe) des Rechtsstreits (§ 14 Abs. 1 S. 1, sog. Horizontalverweisung)

Wird die Klage bei einem örtlich oder sachlich *unzuständigen* Gericht eingereicht und rügt der Beklagte die Unzuständigkeit, so wird auf Antrag des Klägers der Rechtsstreit durch unanfechtbaren Beschluss an das zuständige Gericht verwiesen (§ 281 ZPO). Das *Verfahren bleibt in derselben Instanz.* Für die Gebühren des Rechtsanwalts bedeutet dies, dass seine Tätigkeiten vor dem bisherigen Gericht und dem später mit der Sache befassten als eine Einheit angesehen werden; *er erhält die Gebühren insgesamt nur einmal.* Wird allerdings nach der Verweisung ein anderer Rechtsanwalt tätig, was regelmäßig bei der Verweisung an ein anderes Landgericht der Fall ist, erwirbt dieser auch *eigene Gebührenansprüche. Erstattungsfähig* sind die in solchem Falle bei dem unzuständigen Gericht entstandenen Gebühren jedoch nur dann, wenn der *Anwaltswechsel notwendig* war. Als notwendig wird der Anwaltswechsel grundsätzlich nicht angesehen, wenn das zunächst angerufene Gericht *von Anfang an unzuständig war,* was der Kläger bei mehr Aufmerksamkeit hätte erkennen müssen. Die mangelnde Erstattungsfähigkeit kommt üblicherweise im Urteilsausspruch zum Ausdruck, wo es bei Obsiegen des Klägers heißt: „Die Kosten des Verfahrens trägt der Beklagte, ausgenommen die Kosten, die durch die Anrufung des unzuständigen Gerichts entstanden sind."

2. Die Gebühren bei Zurückverweisung des Rechtsstreits im selben Instanzenzug (§ 15, sog. Vertikalverweisung)

Verweist das im Rechtszug *übergeordnete Gericht* den Rechtsstreit zur abschließenden Entscheidung an ein **untergeordnetes Gericht** zurück, gilt das Verfahren vor dem unteren Gericht als *neuer Rechtszug*. Sämtliche Gebühren können für die Tätigkeit vor dem unteren Gericht neu entstehen, ausgenommen die *Prozessgebühr*. Diese entsteht nur dann neu, wenn das untere Gericht noch nicht mit der Sache befasst war.

Beispiel: Der Rechtsstreit war in erster Instanz vor dem Landgericht Stuttgart anhängig. Der Beklagte legt mit Einwilligung des Klägers Sprungrevision zum Bundesgerichtshof ein, der nach Entscheidung über die zugrunde liegende streitige Rechtsfrage den Rechtsstreit zur abschließenden Entscheidung an das Oberlandesgericht Stuttgart zurückverweist.

Für die nachfolgende Tätigkeit vor dem Oberlandesgericht Stuttgart entstehen alle Gebühren neu, auch die Prozessgebühr, letztere deswegen, weil das OLG Stuttgart mit der Sache noch nicht befasst war. Die volle Gebühr beträgt hier vor dem OLG 13/10, da das OLG Berufungsgericht gewesen wäre.

3. Die Gebühren bei Zurückverweisung an das Gericht eines niedrigeren Rechtszugs, das nicht zum Instanzenzug gehört (§ 14 Abs. 1 S. 2, sog. Diagonalverweisung)

Verweist ein Rechtsmittelgericht den Rechtsstreit an ein *niedrigeres Gericht, das nicht zu seinem eigenen Instanzenzug gehört*, gilt das Verfahren vor dem niedrigeren Gericht stets als *neues Verfahren*, sodass alle Gebühren neu entstehen können. Die Prozessgebühr entsteht dabei stets neu.

Beispiel: Das Landessozialgericht verweist eine Sache zurück an das Arbeitsgericht oder an das Verwaltungsgericht erster Instanz. Oder: Das Landgericht als Berufungsgericht verweist einen Rechtsstreit an das Arbeitsgericht erster Instanz.

4. Die Gebühren bei Einspruch gegen ein Versäumnisurteil (§ 38)

Grundsätzlich bildet das Verfahren bis zum Versäumnisurteil zusammen mit der Verhandlung, die dem Einspruch folgt, *kostenrechtlich eine Instanz*. Die beteiligten Rechtsanwälte erhalten also die *Regelgebühren (§ 31 Abs. 1) grundsätzlich nur einmal*. Je nach Ergebnis des Einspruchstermins ist aber wie folgt zu unterscheiden:

◆ § 38 Abs. 2: Wird der Einspruch *zugelassen und zur Hauptsache verhandelt* oder diese erörtert, erhält der Rechtsanwalt, der das Versäumnisurteil erwirkt hat, eine *zusätzliche Verhandlungsgebühr* für den Termin, in dem er das Versäumnisurteil beantragt hat (Sonderverhandlungsgebühr, Höhe von 5/10, weil nichtstreitige Verhandlung).

Wird ein Versäumnisurteil in einem Berufungs- oder Revisionstermin beantragt, gilt Folgendes:
– Ist der Berufungs- oder Revisionskläger säumig (beantragt also der *Rechtsanwalt des Rechtsmittelbeklagten* das Versäumnisurteil), erhält der Rechtsanwalt des Rechtsmittelbeklagten die Sonderverhandlungsgebühr zu 13/20 (halbe Gebühr).
– Ist der Berufungs- oder Revisionsbeklagte säumig (beantragt also der *Rechtsanwalt des Rechtsmittelklägers* das Versäumnisurteil), erhält der Rechtsanwalt des Rechtsmittelklägers die Sonderverhandlungsgebühr zu 13/10, also in voller Höhe (§ 33 Abs. 1 Ziff. 2).

Kostenrecht

Beispiele:

- Klage auf Zahlung von 12 000,00 EUR. Im ersten Termin vor dem Landgericht ist der Beklagte säumig. Kläger beantragt und erhält Versäumnisurteil. Beklagter legt Einspruch ein. Im Einspruchstermin wird nach Zulassung des Einspruchs zur Hauptsache verhandelt. Der Beklagte wird antragsgemäß verurteilt. Der Rechtsanwalt des Klägers erhält folgende Gebühren:

Prozessgebühr 10/10, § 31 Abs. 1 Nr. 1, Wert 12 000,00 EUR	526,00 EUR
Sonderverhandlungsgebühr 5/10, § 38 Abs. 2, Wert 12 000,00 EUR	263,00 EUR
Verhandlungsgebühr 10/10, § 31 Abs. 1 Nr. 2, Wert 12 000,00 EUR	526,00 EUR
	1 315,00 EUR

  Hinzu kommen ggf. Beweisgebühr, Auslagen und Mehrwertsteuer.

- Gegen das erstinstanzliche Urteil des Amtsgerichts über 4 000,00 EUR hat der Beklagte Berufung eingelegt. In der Berufungsverhandlung erscheint er nicht. Der Rechtsanwalt des Berufungsbeklagten beantragt und erhält ein Versäumnisurteil gegen ihn. Dagegen legt der Berufungskläger Einspruch ein. In einem weiteren Termin wird der Einspruch zugelassen, zur Hauptsache mündlich verhandelt und die Berufung alsdann zurückgewiesen. Der Rechtsanwalt des Berufungsbeklagten erhält:

Prozessgebühr 13/10, §§ 31 Abs. 1 Nr. 1, 11 Abs. 1 S. 4, Wert 4 000,00 EUR	318,50 EUR
Sonderverhandlungsgebühr 13/20, § 38 Abs. 2, Wert 4 000,00 EUR	159,25 EUR
Verhandlungsgebühr 13/10, §§ 31 Abs. 1 Nr. 2, 11 Abs. 1 S. 4, Wert 4 000,00 EUR	318,50 EUR
	796,25 EUR

  Hinzu kommen ggf. Beweisgebühr, Auslagen und Mehrwertsteuer.

- Der Beklagte wurde in erster Instanz vom Amtsgericht zur Zahlung von 3 000,00 EUR verurteilt. Er legt Berufung ein. In der Berufungsverhandlung ist der Kläger = Berufungsbeklagter säumig. Der Rechtsanwalt des Beklagten = Berufungskläger beantragt und erhält Versäumnisurteil. Dagegen legt der Kläger = Berufungsbeklagte frist- und formgerecht Einspruch ein. Im Einspruchstermin wird zur Hauptsache mündlich verhandelt. Danach wird der Berufung stattgegeben, das Urteil des Amtsgerichts aufgehoben und die Klage abgewiesen. Der Rechtsanwalt des Beklagten = Berufungsklägers erhält folgende Gebühren:

Prozessgebühr 13/10, §§ 31 Abs. 1 Nr. 1, 11 Abs. 1 S. 4, Wert 3 000,00 EUR	245,70 EUR
Sonderverhandlungsgebühr 13/10, §§ 38 Abs. 2, 33 Abs. 1 Nr. 2, Wert 3 000,00 EUR	245,70 EUR
Verhandlungsgebühr 13/10, §§ 31 Abs. 1 Nr. 2, 11 Abs. 1 S. 4, Wert 3 000,00 EUR	245,70 EUR
	737,10 EUR

  Hinzu kommen ggf. Beweisgebühr, Auslagen und Mehrwertsteuer.

◆ **§ 38 Abs. 1:** Wird nach einem Versäumnisurteil Einspruch eingelegt, dieser aber *vom Gericht z. B. wegen Fristversäumnis verworfen oder aber von demjenigen, der ihn eingelegt hat, zurückgenommen,* wird das Verfahren über die Zulässigkeit des Einspruchs (mündliche Verhandlung über den Einspruch) *kostenrechtlich als besondere Instanz* gewertet. Die Regelgebühren – ausgenommen die Prozessgebühr, die auf die bereits entstandene anzurechnen ist – können erneut in voller Höhe entstehen.

Beispiel: Klage wurde wegen 1 700,00 EUR erhoben. Im ersten Termin wird streitig verhandelt. Im folgenden Termin ist der Beklagte säumig. Auf Antrag des Rechtsanwalts des Klägers ergeht Versäumnisurteil. Hiergegen legt der Beklagte Einspruch ein. Im Termin zur mündlichen Verhandlung über Einspruch und Hauptsache macht der Kläger geltend, der Einspruch sei verspätet eingelegt worden; der Beklagte bestreitet dies und tritt Beweis an.

Die Bürovorsteherin des Beklagtenvertreters wird als Zeugin vernommen. Der Einspruch wird durch Urteil verworfen.

Dem Rechtsanwalt des Klägers stehen folgende Gebühren zu:

Prozessgebühr 10/10, § 31 Abs. 1 Nr. 1, Wert 1 700,00 EUR	133,00 EUR
Verhandlungsgebühr 10/10, § 31 Abs. 1 Nr. 2, Wert 1 700,00 EUR	133,00 EUR
zusätzlich für den Einspruchstermin:	
Verhandlungsgebühr 10/10, §§ 31 Abs. 1 Nr. 1, 38 Abs. 1, Wert 1 700,00 EUR	133,00 EUR
Beweisgebühr 10/10, §§ 31 Abs. 1 Nr. 3, 38 Abs. 1, Wert 1 700,00 EUR	133,00 EUR
	532,00 EUR

Hinzu kommen Auslagen und Mehrwertsteuer.

VI. Die Gebühren in besonderen Verfahrensarten

1. Die Gebühren im Arrestverfahren und im Verfahren über eine einstweilige Verfügung (§§ 40, 59 Abs. 1)

Das Verfahren über einen Antrag auf Anordnung, Abänderung oder Aufhebung eines Arrestes oder einer einstweiligen Verfügung gilt als *besondere Angelegenheit* (§ 40). Sämtliche Gebühren entstehen unabhängig von den im Hauptprozess entstandenen Gebühren, selbst wenn über die Hauptsache und über den Arrestantrag im selben Termin verhandelt wird. Die Gegenstandswerte sind nicht zusammenzurechnen. Ist für das Verfahren das Berufungsgericht als Gericht der Hauptsache zuständig, so erhöhen sich die Gebühren *nicht* um 3/10, es gilt § 11 Abs. 1 Satz 1 (§ 40 Abs. 3).

Der Gegenstandswert ergibt sich aus § 20 Abs. 1 GKG in Verbindung mit § 3 ZPO; er ist vom Gericht nach freiem Ermessen festzusetzen.

Beispiel: Ein Rechtsstreit ist wegen 18 000,00 EUR in zweiter Instanz beim OLG Stuttgart anhängig. Der Kläger erfährt, dass der Beklagte seine wertvollsten Vermögensstücke, einen fast neuen Pkw und einige Bilder, veräußern will. Er beantragt, den dinglichen Arrest in das Vermögen des Beklagten anzuordnen. Das Gericht setzt den Gegenstandswert auf 12 000,00 EUR fest.

Die Gebühren werden für beide Verfahren getrennt berechnet, für den Hauptprozess zu 13/10 aus 18 000,00 EUR, für das Arrestverfahren zu 10/10 aus 12 000,00 EUR.

Die volle Prozessgebühr entsteht mit Antragstellung, für den Gegenanwalt in der Regel mit Einreichung des Widerspruchs oder des Antrags auf Bestimmung einer Frist zur Erhebung der Klage beim Gericht der Hauptsache.

Die Verhandlungsgebühr entsteht, wenn über den Antrag mündlich verhandelt wird, *die Beweisgebühr* nur, wenn im Termin anwesende Personen vernommen oder durch das Gericht eine eidesstattliche Versicherung dieser Personen aufgenommen oder ein Augenschein eingenommen wird. *Vorlegung* einer eidesstattlichen Versicherung genügt nicht.

Die Vergleichsgebühr kann ebenfalls entstehen. Bei einem gemeinsamen Vergleich über Hauptsache und Arrest oder einstweilige Verfügung wird die Vergleichsgebühr aus den zusammengezählten Werten berechnet.

Die Verfahren über Anordnung und Abänderung oder über Anordnung und Aufhebung eines Arrestes *oder* einer einstweiligen Verfügung gelten als *eine* Angelegenheit.

Die Vollziehung des Arrestes oder einer einstweiligen Verfügung ist ein Verfahren der Zwangsvollstreckung (§ 59 Abs. 1). Die Gebühren ergeben sich aus §§ 57, 58 (Näheres Seite 459 f.).

2. Die Gebühren im selbstständigen Beweisverfahren (§ 48)

Der Rechtsanwalt erhält die in § 31 bestimmten Gebühren in voller Höhe (§ 48), soweit seine Tätigkeit die Voraussetzungen erfüllt. Die §§ 32 (vorzeitige Beendigung des Auftrags) und 33 (nichtstreitige Verhandlung) sind gegebenenfalls anzuwenden, nicht aber § 34 (Vorlegung von Urkunden usw.). Die Gebühren werden auf die entsprechenden Gebühren, die in der Hauptsache entstehen, angerechnet, da nach § 37 Nr. 3 das selbstständige Beweisverfahren stets zum Rechtszug der Hauptsache gehört.

Kostenrecht

Im selbstständigen Beweisverfahren kann auch die Vergleichsgebühr entstehen, da die Beweissicherung auch das Ziel verfolgen kann, einen Rechtsstreit zu vermeiden (§§ 485 Abs. 2 S. 2, 492 Abs. 3 ZPO).

Auf Verfahren im Rahmen der freiwilligen Gerichtsbarkeit, die ähnlichen Zwecken dienen, ist nicht § 48, sondern § 118 anzuwenden.

Der Gegenstandswert des selbstständigen Beweisverfahrens entspricht in der Regel dem der Hauptsache, wenn nicht, ist das Interesse des Antragstellers an der Beweissicherung maßgebend. Für die Wertfestsetzung ist das Gericht zuständig, das das selbstständige Beweisverfahren angeordnet hat.

Beispiele:

◆ Vor Klageeinreichung ersucht der Rechtsanwalt des Gläubigers das Gericht um Vernehmung eines Zeugen im Wege des selbstständigen Beweisverfahrens. Dem Antrag wird stattgegeben; der Zeuge wird vernommen. Hierauf reicht der Rechtsanwalt Klage wegen 4 700,00 EUR ein. Nach mündlicher Verhandlung und Vernehmung weiterer Zeugen wird der Klage stattgegeben.

Der Rechtsanwalt erhält:
im selbstständigen Beweisverfahren:

Prozessgebühr:	10/10 aus 4 700,00 EUR §§ 11, 31 Abs. 1 Nr. 1, 48	301,00 EUR
Beweisgebühr:	10/10 aus 4 700,00 EUR §§ 11, 31 Abs. 1 Nr. 3, 48	301,00 EUR

im Hauptprozess:

Prozessgebühr:	10/10 aus 4 700,00 EUR §§ 11, 31 Abs. 1 Nr. 1	301,00 EUR
Verhandlungsgebühr:	10/10 aus 4 700,00 EUR §§ 11, 31 Abs. 1 Nr. 2	301,00 EUR
Beweisgebühr:	10/10 aus 4 700,00 EUR §§ 11, 31 Abs. 1 Nr. 3	301,00 EUR

Die Gebühren im selbstständigen Beweisverfahren werden auf die im Streitverfahren entstandenen Gebühren angerechnet.

◆ Wegen eines Kaufpreisanspruchs von 1 800,00 EUR wurde Klage eingereicht. Der Prozessbevollmächtigte des Beklagten erwidert und ersucht das Gericht um Vernehmung eines Sachverständigen zur Sicherung des Beweises. Der Rechtsanwalt des Klägers gibt eine Gegenerklärung ab. Über den Antrag wird mündlich verhandelt; das Gericht gibt dem Antrag statt, der Sachverständige wird vernommen, worauf sich die Parteien über die Hauptsache und Kosten vergleichen.

Die Rechtsanwälte, die in beiden Verfahren mitgewirkt haben, erhalten:

Prozessgebühr:	10/10 aus 1 800,00 EUR §§ 11, 31 Abs. 1 Nr. 1	133,00 EUR
Verhandlungsgebühr:	10/10 aus 1 800,00 EUR §§ 11, 31 Abs. 1 Nr. 2, 48	133,00 EUR
Beweisgebühr:	10/10 aus 1 800,00 EUR §§ 11, 31 Abs. 1 Nr. 3, 38	133,00 EUR
Vergleichsgebühr:	10/10 aus 1 800,00 EUR §§ 11, 23	133,00 EUR

Das selbstständige Beweisverfahren wurde durchgeführt, als die Hauptsache bereits anhängig war. Die Prozessgebühr des Hauptprozesses gilt die entsprechende Tätigkeit der Rechtsanwälte im selbstständigen Beweisverfahren ab. Die Rechtsanwälte erhalten aber die volle Verhandlungsgebühr und die volle Beweisgebühr nach § 48, weil im Verfahren über die Hauptsache keine Verhandlungs- und keine Beweisgebühr entsteht. Außerdem erhalten sie die Vergleichsgebühr.

Wiederholungsaufgaben

1 Rechtsanwältin Kühne vertritt den Kläger vor dem Amtsgericht Stuttgart wegen eines Kaufpreisanspruches von 1 350,00 EUR. Im ersten Termin rügt der Beklagte sofort die Unzuständigkeit des Gerichts. Nach streitigem Verhandeln hierüber wird der Rechtsstreit auf Antrag des Klägers an das Amtsgericht Heilbronn verwiesen. Dort wird streitig verhandelt und Beweis erhoben.

Welche Gebühren erhalten die Rechtsanwälte?

Die Gebühren des Rechtsanwalts

2 Vor dem Landgericht wird über 65 000,00 EUR streitig verhandelt und Beweis erhoben. Der Klage wird stattgegeben. Gegen das Urteil legt der Beklagte mit Einwilligung des Klägers Sprungrevision beim Bundesgerichtshof ein. Nach streitigem Verhandeln wird der Rechtsstreit an das Oberlandesgericht zurückverwiesen. Dort wird erneut verhandelt und Beweis erhoben. Die Klage wird abgewiesen.

Die Vergütung, die der Kläger seinen Prozessbevollmächtigten zu bezahlen hat, ist zu berechnen. Vor Landgericht und Oberlandesgericht wird er von Rechtsanwalt Klaus vertreten, vor dem Bundesgerichtshof von Rechtsanwältin Scholl.

3 Unter welchen Voraussetzungen entsteht die Sonderverhandlungsgebühr für das Versäumnisverfahren, unter welchen Voraussetzungen gilt das Einspruchsverfahren als besondere Angelegenheit?

4 Aus welchem Wert erwächst die Sonderverhandlungsgebühr?
   a) Wenn im ersten Termin Versäumnisurteil über 1 200,00 EUR erging, nach Einspruch über 1 000,00 EUR verhandelt wird,
   b) wenn im ersten Termin über 1 200,00 EUR streitig verhandelt wurde, im folgenden Termin Versäumnisurteil erging, dagegen wegen 1 000,00 EUR Einspruch eingelegt und verhandelt wurde?

5 Im Urkundenprozess wird über 2 000,00 EUR streitig verhandelt; im sich anschließenden Nachverfahren wird über 2 580,00 EUR verhandelt und Beweis erhoben.
Welche Gebühren sind zu berechnen?

6 a) Welche Gebühren können im selbstständigen Beweisverfahren entstehen?
   b) Rechtsanwalt Jahn beantragt, den Zeugen Haber im Wege des selbstständigen Beweisverfahrens zu vernehmen. Der Gegenanwalt tritt dem Antrag ohne Erfolg entgegen. Das Gericht vernimmt den Zeugen. Hierauf vergleichen sich die Parteien über Hauptanspruch (5 300,00 EUR) und Kosten.
   Welche Gebühren stehen den Rechtsanwälten zu?

3. Die Gebühren im Verfahren über die Bewilligung der Prozesskostenhilfe (§ 51) – Die Vergütung des beigeordneten Rechtsanwalts (§§ 121 ff.)

Auf Antrag kann einer Partei, die die Prozesskosten nicht oder nur teilweise oder nur in Raten aufbringen kann, Prozesskostenhilfe[1]) bewilligt werden, wenn ihr Prozessbegehren **hinreichende Aussicht auf Erfolg** hat **und nicht mutwillig erscheint** (§ 114 ZPO).

Der Rechtsanwalt, der noch *keinen Prozessauftrag* hat und im Auftrag seiner Partei um Prozesskostenhilfe nachsucht, erhält nach § 51 für seine Tätigkeit die Gebühren des § 31 zu 5/10. Die Gebühren für das Verfahren über die Prozesskostenhilfe sind der Tabelle zu § 11 zu entnehmen. *Gegenstandswert* ist der Wert der Hauptsache (§ 51 Abs. 2).

Beispiel: Rechtsanwalt Kühne beantragt in einer Scheidungssache, seiner Mandantin Prozesskostenhilfe zu gewähren. Das Gericht bestimmt Termin zur mündlichen Erörterung, an dem Rechtsanwalt Kühne im Auftrag seiner Mandantin teilnimmt. Zwei Zeugen, die das Gericht vorsorglich zwecks Feststellung der Erfolgsaussichten geladen hat, werden vernommen. Durch Beschluss wird die Prozesskostenhilfe abgelehnt.

---

[1]) Näheres über Voraussetzungen und Verfahren siehe Seite 176 f.

Rechtsanwalt Kühne erhält (Wert der Ehesache: 6 000,00 EUR):
Prozessgebühr: 5/10 aus 6 000,00 EUR §§ 11, 31 Abs. 1 Nr. 1, 51	169,00 EUR
Erörterungsgebühr: 5/10 aus 6 000,00 EUR §§ 11, 31 Abs. 1 Nr. 4, 51	169,00 EUR
Beweisgebühr: 5/10 aus 6 000,00 EUR §§ 11, 31 Abs. 1 Nr. 3, 51	169,00 EUR

Rechtsanwalt Kühne kann seine Gebühren, Auslagen und Umsatzsteuer nach § 19 gegen seine Mandantin festsetzen lassen.

Wird Prozesskostenhilfe gewährt und erteilt hierauf die Partei dem Rechtsanwalt *Prozessauftrag*, werden die im Verfahren über die Prozesskostenhilfe erwachsenen Gebühren auf die Gebühren des nachfolgenden Prozessverfahrens angerechnet (§ 37 Nr. 3).

Beispiel: Wurde der Klägerin im oben angeführten Beispiel Prozesskostenhilfe gewährt und Rechtsanwalt Kühne als Anwalt beigeordnet, so erhält er nur die Gebühren für das Eheverfahren, und zwar, wenn mündlich verhandelt und Beweis erhoben wurde,

je 10/10 Prozess-, Verhandlungs- und Beweisgebühr.

Wird jedoch im Eheverfahren weder mündlich verhandelt noch Beweis erhoben, weil den Rechtsanwälten noch vor dem Termin eine Aussöhnung der Parteien gelingt, erhält Rechtsanwalt Kühne

im Eheverfahren (Streitwert 6 000,00 EUR):
10/10 Prozessgebühr §§ 123, 31 Abs. 1 Nr. 1	225,00 EUR
10/10 Aussöhnungsgebühr §§ 123, 36 Abs. 2	225,00 EUR

im Prozesskostenhilfeverfahren:
Erörterungsgebühr: 5/10 aus 6 000,00 EUR §§ 11, 31 Abs. 1 Nr. 4, 51	169,00 EUR
Beweisgebühr: 5/10 aus 6 000,00 EUR §§ 11, 31 Abs. 1 Nr. 3, 51	169,00 EUR

Erörterungs- und Beweisgebühr im Prozesskostenhilfeverfahren werden hier nicht auf die im Eheverfahren erwachsenen Gebühren angerechnet, weil im Eheverfahren keine Erörterungsgebühr und keine Beweisgebühr entstanden sind.

Der Rechtsanwalt reicht das Gesuch um Bewilligung der Prozesskostenhilfe *zugleich mit der Klage* ein. Soll die Klage aber – worauf deutlich hinzuweisen ist – nur als eingereicht gelten, wenn Prozesskostenhilfe bewilligt wird, so kann regelmäßig angenommen werden, dass der Rechtsanwalt Prozessauftrag hat. In einem solchen Fall steht ihm die *halbe Prozessgebühr* nach §§ 31 Abs. 1 Nr. 1, 32 zu, wenn die Partei nach Ablehnung des Gesuchs von der Durchführung des Prozesses absieht. Hat über das Gesuch aber eine mündliche Erörterung stattgefunden, erhält er außerdem 5/10 Erörterungsgebühr nach § 51, gegebenenfalls auch 5/10 Beweisgebühr.

Beispiel: Der Kläger erteilt Rechtsanwalt Paul in seiner Forderungssache Prozessvollmacht und bittet ihn, um Prozesskostenhilfe nachzusuchen. Rechtsanwalt Paul verbindet das Gesuch mit der Klage, die aber nur als eingereicht gelten soll, wenn Prozesskostenhilfe gewährt wird. Im Bewilligungsverfahren werden die Parteien gehört, ein Zeuge wird vernommen. Durch Beschluss wird die Prozesskostenhilfe abgelehnt; der Kläger sieht deshalb von der Durchführung des Prozesses ab.

Rechtsanwalt Paul stehen folgende Gebühren zu:
Gegenstandswert 8 000,00 EUR
5/10 Prozessgebühren §§ 11 Abs. 1 Nr. 1, 32	206,00 EUR
(5/10 Prozessgebühr im Prozesskostenhilfeverfahren nach § 51 wird darauf angerechnet)	
5/10 Erörterungsgebühr §§ 11, 31 Abs. 1 Nr. 4, 51	206,00 EUR
5/10 Beweisgebühr §§ 11, 31 Abs. 1 Nr. 3, 51	206,00 EUR

Gegen den die Prozesskostenhilfe ablehnenden oder den die Bewilligung aufhebenden Beschluss (§ 124 ZPO) ist die einfache Beschwerde gegeben (§ 127 Abs. 2 S. 2 ZPO), jedoch nicht, wenn das Berufungsgericht die Entscheidung getroffen hat. Das Beschwerdeverfahren ist stets eine besondere Kostenangelegenheit. Die Gebühren des Rechtsanwalts sind § 61 Abs. 1 Nr. 1 zu entnehmen. **Gegenstandswert** ist der Wert der Hauptsache.

Die Gebühren des Rechtsanwalts

Beispiel: Rechtsanwalt Paul legt im oben angeführten Beispiel gegen den die Prozesskostenhilfe versagenden Beschluss Beschwerde ein. Er erhält noch

5/10 Prozessgebühr aus 8000,00 EUR §§ 11, 31 Abs. 1 Nr. 1, 61 Abs. 1 Nr. 1   242,50 EUR

Für den *Gegenanwalt* entstehen die Gebühren des § 51 ebenfalls, wenn er im Prozesskostenhilfeverfahren tätig geworden ist, so z. B., wenn er dem Gesuch schriftlich widersprochen hat (5/10 Prozessgebühr), im Erörterungstermin oder bei der Beweisaufnahme zugegen war (5/10 Erörterungs- bzw. Beweisgebühr).

4. Die Vergütung des beigeordneten Rechtsanwalts (§§ 121 ff.)

Wurde der Partei Prozesskostenhilfe bewilligt, so wird ihr im *Anwaltsprozess* ein zur Vertretung bereiter Rechtsanwalt ihrer Wahl beigeordnet (§ 121 Abs. 1 ZPO), im *Parteiprozess* nur dann, wenn die Vertretung durch einen Rechtsanwalt erforderlich erscheint oder der Gegner durch einen Rechtsanwalt vertreten ist (§ 121 Abs. 2 ZPO). Wenn erforderlich, kann sowohl im Anwalts- als auch im Parteiprozess ein Rechtsanwalt auch nur als *Verkehrsanwalt*[1]) (§ 52) oder als *Beweisanwalt*[2]) (§ 54) beigeordnet werden (§ 121 Abs. 3 ZPO). Findet die Partei keinen zu ihrer Vertretung bereiten Rechtsanwalt, ordnet ihr der Vorsitzende einen Rechtsanwalt bei (§ 121 Abs. 4 ZPO).

Der beigeordnete Rechtsanwalt erhält für seine Tätigkeit dieselben Gebühren, die er als „Wahlanwalt" erhielte (Prozess-, Verhandlungs-, Beweisgebühr usw.), jedoch sind sie, wenn der Gegenstandswert 3 000,00 EUR übersteigt, *dem Betrage nach geringer*. Beträgt der Gegenstandswert nicht mehr als 3 000,00 EUR, so sind die Gebühren der Tabelle zu § 11 zu entnehmen (Normalgebühren). Nur wenn der Gegenstandswert höher ist als 3 000,00 EUR, ist die eigens für die Gebühren des beigeordneten Rechtsanwalts bestimmte Tabelle zu § 123 heranzuziehen.

Der Umfang des Anspruchs des beigeordneten Rechtsanwalts gegen die Staatskasse ergibt sich aus dem Bewilligungs- und dem Beiordnungsbeschluss (§ 122 Abs. 1). So erstreckt sich z. B. die Beiordnung für die Berufung und die Revision auch auf die Rechtsverteidigung gegen eine Anschlussberufung bzw. eine Anschlussrevision, es sei denn, der Beiordnungsbeschluss schließt dies ausdrücklich aus (§ 122 Abs. 2).

In einer *Ehesache* erstreckt sich die Beiordnung auch auf den Abschluss eines Vergleichs, welcher Unterhaltsansprüche, die Sorgerechtsregelung, die Ehewohnung, den Hausrat oder das eheliche Güterrecht betrifft, desgleichen auf die Rechtsverteidigung gegen eine Widerklage (§ 122 Abs. 3 S. 1 und S. 3 Nr. 4).

In *Scheidungssachen* erstreckt sich die Bewilligung der Prozesskostenhilfe und die Beiordnung auch auf die Folgesachen, sofern diese im Beschluss nicht ausdrücklich ausgenommen sind (§ 624 Abs. 2 ZPO).

Der *Gegenstandswert* ist für die Gebühren des beigeordneten Rechtsanwalts nur bis 30 000,00 EUR von Einfluss auf die Höhe der Gebühr. Ist er höher, beträgt die Gebühr stets 391,00 EUR (Höchstbetrag).

Die Gebühren des beigeordneten Rechtsanwalts erhöhen sich im Berufungs- und Revisionsverfahren wie die Normalgebühren um 3/10. Die Prozessgebühr im Revisionsverfahren erhöht sich jedoch um 10/10 (§ 11 Abs. 2 S. 3).

[1]) Siehe S. 451.
[2]) Siehe S. 451.

Kostenrecht

Vorschuss: Der beigeordnete Rechtsanwalt darf von seiner Partei grundsätzlich keine Bezahlung fordern[1]), seine Ansprüche werden von der Staatskasse abgegolten. Von dieser kann er für bereits entstandene Gebühren sowie für entstandene und voraussichtlich entstehende Auslagen einen angemessenen Vorschuss fordern (§ 127). Er kann auch *von seinem Auftraggeber nach § 17 einen Vorschuss für Einreichung des Gesuchs um Bewilligung der Prozesskostenhilfe verlangen,* da er zu dieser Zeit noch nicht beigeordneter Anwalt ist. Diesen Vorschuss braucht er sich nur dann auf den Gebührenanspruch gegen die Staatskasse anrechnen zu lassen, wenn und soweit der vom Mandanten bezahlte Betrag die Normalvergütung nach der Tabelle zu § 11 übersteigt.

Beispiel: In einem Rechtsstreit beträgt die Vergütung des beigeordneten Rechtsanwalts:

Prozessgebühr: 10/10 aus 8 500,00 EUR §§ 123, 31 Abs. 1 Nr. 1	238,00 EUR
Verhandlungsgebühr: 10/10 aus 8 500,00 EUR §§ 123, 31 Abs. 1 Nr. 2	238,00 EUR
Beweisgebühr: 10/10 aus 6 000,00 EUR §§ 123, 31 Abs. 1 Nr. 3	225,00 EUR
Auslagen-Pauschale	20,00 EUR
Umsatzsteuer	115,36 EUR
	836,36 EUR

Im selben Rechtsstreit würde die Vergütung mit den Normalgebühren betragen:

Prozessgebühr: 10/10 aus 8 500,00 EUR §§ 11, 31 Abs. 1 Nr. 1	449,00 EUR
Verhandlungsgebühr: 10/10 aus 8 500,00 EUR §§ 11, 31 Abs. 1 Nr. 2	449,00 EUR
Beweisgebühr: 10/10 aus 6 000,00 EUR §§ 11, 31 Abs. 1 Nr. 3	338,00 EUR
Auslagen	20,00 EUR
Umsatzsteuer	200,96 EUR
	1 456,96 EUR

Der Unterschiedsbetrag von Normalvergütung mit		1 456,96 EUR
und Vergütung nach § 123 mit		836,36 EUR
beträgt		620,60 EUR
Der Rechtsanwalt hat von seinem Mandanten		
als Vorschuss erhalten	300,00 EUR	
Der Vorschuss von	300,00 EUR	
übersteigt den Unterschiedsbetrag von	620,60 EUR	
nicht.		

Die *Fälligkeit der Vergütung* ergibt sich, wie bei der Normalvergütung, aus § 16. Der beigeordnete Rechtsanwalt kann die Vergütung verlangen,

◆ wenn der Auftrag erledigt oder die Angelegenheit beendigt ist;

◆ wenn eine Kostenentscheidung ergangen ist;

◆ wenn der Rechtszug beendet ist;

◆ wenn das Verfahren länger als drei Monate ruht.

Die *Festsetzung der Vergütung,* die der Rechtsanwalt von der Staatskasse erhält, erfolgt gebührenfrei durch den Urkundsbeamten der Geschäftsstelle des Gerichts, das den Rechtsanwalt beigeordnet hat (§ 128).

Obsiegt die „arme Partei" im Rechtsstreit und wird der Gegner zur Kostentragung verurteilt, kann ihr Rechtsanwalt nach § 126 Abs. 1 ZPO seine Kosten vom unterlegenen Gegner verlangen. Er kann auf zweierlei Arten vorgehen:

---

[1]) Eine hierauf gerichtete Vereinbarung begründet für den Mandanten keine Zahlungsverpflichtung; zahlt er jedoch freiwillig, kann er das Geleistete nicht zurückverlangen (§ 3 Abs. 4).

- Er verlangt von der Staatskasse die Vergütung nach § 123 erstattet und lässt gegen die unterlegene Partei den Unterschiedsbetrag zwischen der Vergütung nach § 123 und der Normalvergütung vom Gericht erster Instanz festsetzen.

  Dieser Weg ist stets zu empfehlen, da die Staatskasse ein unbedingt sicherer Schuldner ist.

- Er kann die Normalvergütung in voller Höhe gegen die unterlegene Partei vom Gericht erster Instanz festsetzen lassen. Zuständig ist der Rechtspfleger (§§ 103 ff. ZPO).

Der Rechtsanwalt hat nach § 126 ZPO ein *eigenes Antragsrecht*, seine Kosten gegen den zur Kostentragung verurteilten Gegner festsetzen zu lassen. Werden die Kosten versehentlich auf den Namen der Partei festgesetzt, läuft der Rechtsanwalt Gefahr, dass der Gegner mit Forderungen, die ihm gegen die Partei zustehen, wirksam gegen den Kostenanspruch aufrechnet. Um dies zu verhindern, ist der Kostenfestsetzungsantrag ausdrücklich als „Kostenfestsetzungsantrag nach § 126 ZPO" zu bezeichnen.

Ist die Partei imstande, *einen Teil der Prozesskosten selbst zu tragen*, weil ihr z. B. zuzumuten ist, einen Teil der Kosten aus ihrem Vermögen zu bestreiten (§ 115 Abs. 2 ZPO), so kann ihr nach § 114 Abs. 1 ZPO Prozesskostenhilfe auch nur für einen Teil der Kosten bewilligt werden. Der Rechtsanwalt erhält dann einen entsprechenden Teil der Kosten aus der Staatskasse (§ 121).

Ist Prozesskostenhilfe nur *für einen Teil des Anspruchs* bewilligt worden, sind die Rechtsanwaltsgebühren nach § 123 aus dem Teil des Gegenstandswertes zu berechnen, für den Prozesskostenhilfe bewilligt worden ist. Für den anderen Teil des Wertes erhält der Rechtsanwalt die Normalgebühren, sofern auch wegen dieses Teils der Rechtsstreit durchgeführt wird.

Beispiel: Der Kläger ist im Rechtsstreit unterlegen.

Der Klageanspruch beträgt 46 000,00 EUR. Dem Kläger wurde Prozesskostenhilfe für einen Teilbetrag von 30 000,00 EUR bewilligt. Der Rechtsstreit wird wegen 46 000,00 EUR durchgeführt. Der dem Kläger beigeordnete Rechtsanwalt erhält aus dem Gegenstandswert von 30 000,00 EUR von der Staatskasse

Prozessgebühr	354,00 EUR
Verhandlungsgebühr	354,00 EUR
Beweisgebühr	354,00 EUR
	1 062,00 EUR

hinzu kommen Auslagen und Umsatzsteuer.

Von seiner Partei kann der Rechtsanwalt sofort verlangen den Unterschiedsbetrag von	
den Normalgebühren aus 46 000,00 EUR (3 x 1 046,00 EUR)	3 138,00 EUR
und den Normalgebühren aus 30 000,00 EUR (3 x 758,00 EUR)	2 274,00 EUR
	864,00 EUR
Dem beigeordneten Rechtsanwalt stehen demnach sofort zu	
Gebühren nach § 123 aus 30 000,00 EUR	1 062,00 EUR
und Wahlanwaltsgebühren mit	864,00 EUR
	1 926,00 EUR

5. Die Vergütung des Rechtsanwalts für die Beratungshilfe (§ 132)[1]

Einem Rechtsuchenden mit geringem Einkommen kann auf seinen Antrag Beratungshilfe vom zuständigen Amtsgericht (Rechtspfleger, § 24 a RPflG) gewährt werden.

Kann der Rechtspfleger die Beratungshilfe nicht selbst geben, stellt er dem Rechtsuchenden einen **Berechtigungsschein zur Beratungshilfe** durch einen Rechtsanwalt seiner Wahl aus.

---

[1] Näheres über Beratungshilfe siehe S. 178.

Kostenrecht

Der Rechtsanwalt kann vom Rechtsuchenden nach § 8 Beratungshilfegesetz (BerHG) eine Gebühr von 10,00 EUR verlangen, die er, je nach den wirtschaftlichen Verhältnissen des Rechtsuchenden ermäßigen oder ganz erlassen kann.

Aus der Staatskasse erhält er darüber hinaus nach § 132 BRAGO folgende Gebühren:

- für einen mündlichen oder schriftlichen Rat und für eine Auskunft   23,00 EUR
- für Tätigkeiten nach §§ 118 ff. (z. B. in Angelegenheiten der freiwilligen Gerichtsbarkeit, vor Verwaltungsbehörden, außerhalb von gerichtlichen oder behördlichen Verfahren)   56,00 EUR
- wenn seine Tätigkeit nach §§ 118 ff. zu einem Vergleich führt oder   102,00 EUR
- zu einer anderen Erledigung der Rechtssache (z. B. zur Aufhebung eines den Rechtsuchenden belastenden Verwaltungsaktes)   69,00 EUR

Der Rechtsanwalt erhält außerdem *Auslagen und Umsatzsteuer* erstattet.

Die Vergütung wird auf Antrag des Rechtsanwalts nach Vorlage des vom Amtsgericht ausgestellten Berechtigungsscheins *vom Urkundsbeamten der Geschäftsstelle festgesetzt* (§§ 133, 128).

Ist der Gegner verpflichtet, dem Rechtsuchenden die Kosten der diesem gewährten Beratungshilfe zu ersetzen, hat er die *gesetzliche Vergütung für die Tätigkeit des Rechtsanwalts* zu zahlen (§ 9 BerHG). Der Anspruch geht auf den Rechtsanwalt über. Zahlungen, die der Rechtsanwalt vom Gegner erhält, werden auf die Vergütung aus der Staatskasse angerechnet.

Wiederholungsaufgaben

1 Nach welcher Vorschrift ist der Gegenstandswert in Eheverfahren zu bestimmen?

2 a) Welche Gebühren entstehen, wenn der Rechtsanwalt seinen Auftraggeber nur im Verfahren um Bewilligung der Prozesskostenhilfe vertritt?
b) Welche Vorschrift ist anzuwenden?
c) Wonach bestimmt sich der Gegenstandswert?

3 Rechtsanwältin Stöhr wird beauftragt, die Scheidung zu beantragen und um Bewilligung der Prozesskostenhilfe nachzusuchen. Sie reicht das Gesuch zugleich mit dem Scheidungsantrag ein, jedoch soll der Antrag nur als eingereicht gelten, wenn Prozesskostenhilfe bewilligt wird. Über das Gesuch findet eine mündliche Erörterung statt; Prozesskostenhilfe wird versagt. Welche Gebühren kann Rechtsanwältin Stöhr berechnen?

4 a) Welche Gebühren können dem im Wege der Prozesskostenhilfe beigeordneten Rechtsanwalt erwachsen?
b) Welche Gebührentabelle ist maßgebend?
c) Wie ist die Höhe der Gebühren des beigeordneten Rechtsanwalts in Verfahren über einstweilige Anordnungen im Eheverfahren geregelt?

5 Wie ist ein Vorschuss, den der Rechtsanwalt vor seiner Beiordnung von seinem Auftraggeber oder von Dritten erhalten hat, zu verrechnen?

6 Wann ist die Vergütung des beigeordneten Rechtsanwalts fällig?

7 Bei welchem Gericht ist die Festsetzung der Kosten des im Wege der Prozesskostenhilfe beigeordneten Rechtsanwalts zu beantragen?

8 Rechtsanwalt Bertold war dem Kläger in einem Rechtsstreit im Wege der Prozesskostenhilfe beigeordnet worden. Nach mündlicher Verhandlung und Beweisaufnahme wird der Klage stattgegeben; dem Beklagten werden die Kosten des Rechtsstreits auferlegt. Der Gegenstandswert beträgt 20 500,00 EUR.
a) Welche Vergütung erhält Rechtsanwalt Bertold?
b) Auf welche Weise kann er seine Vergütung festsetzen lassen?

9 Dem Kläger wurde Prozesskostenhilfe nur wegen 3 500,00 EUR bewilligt, eingeklagt wurden jedoch 7 000,00 EUR.
Nach mündlicher Verhandlung und Beweisaufnahme vergleichen sich die Parteien: Jede Partei trägt die Hälfte der Gerichtskosten und ihre eigenen Rechtsanwaltskosten. Rechtsanwalt König wurde dem Kläger beigeordnet. Wie berechnet er seine Vergütung?

10 Welche Gebühren kann Rechtsanwältin Stoll in folgenden Fällen fordern, in denen sie im Wege der Beratungshilfe tätig wird?
a) Sie vertritt ihren Mandanten in einer Bausache vor dem Baurechtsamt.
b) Stahl möchte wissen, wie sich die im Testament seiner Tante angeordnete Nacherbfolge auf sein Verfügungsrecht als Erbe auswirkt.
Rechtsanwältin Stoll bespricht die Angelegenheit mit ihrem Mandanten.

11 Faber hat von der Firma Strobel ein Fernsehgerät im Wert von 1 430,00 EUR gekauft, das nicht funktioniert. Der Firma ist es bis jetzt nicht gelungen, den Mangel zu beseitigen, sie ist aber auch nicht bereit, das Gerät zurückzunehmen.
Rechtsanwalt Stoll, von Faber beauftragt, erreicht, dass die Firma Strobel das defekte Gerät gegen ein einwandfreies austauscht.
Welche Kosten berechnet Rechtsanwalt Stoll? Wer ist Schuldner der Kosten?

VII. Die Gebühren des Rechtsanwalts, der nicht Prozessbevollmächtigter ist

1. Vertretung in der mündlichen Verhandlung (Unterbevollmächtigter, § 53)

Die Partei oder ihr Prozessbevollmächtigter können einen *anderen Rechtsanwalt* beauftragen, in der *mündlichen Verhandlung* aufzutreten. Dies ist z. B. sinnvoll, wenn die Verhandlung bei einem entfernt gelegenen Amtsgericht durchgeführt wird oder wenn die Partei ihren Prozess vor einem Amtsgericht selbst führt, in der mündlichen Verhandlung aber einen Rechtsanwalt auftreten lassen will. Der *Verhandlungsvertreter* erhält eine halbe Prozessgebühr, daneben die Verhandlungsgebühr nach streitiger (10/10) oder nichtstreitiger (5/10) Verhandlung, ggf. die Erörterungsgebühr nach § 31 Abs. 1 Nr. 4. Erledigt sich der Auftrag vor dem Auftreten in der Verhandlung, entsteht keine Verhandlungsgebühr, es verbleibt ihm jedoch die 5/10-Prozessgebühr. Tritt der Vertreter auftragsgemäß auch in der Beweisaufnahme auf, steht ihm die volle (10/10) Beweisgebühr zu (§ 53 S. 3), ebenso die Vergleichsgebühr (§ 23), wenn er am Zustandekommen eines Vergleichs mitgewirkt hat.

Der *Prozessbevollmächtigte*, der den Unterbevollmächtigten im Einvernehmen mit seiner Partei bestellt hat, erhält neben den ihm zustehenden Gebühren die Hälfte der dem Unterbevollmächtigten zustehenden Verhandlungs- oder Erörterungsgebühr, mindestens jedoch eine 3/10-Gebühr (§ 33 Abs. 3). Hat er selbst bereits oder später eine Verhandlungs- oder Erörterungsgebühr verdient, wird die Gebühr nach § 33 Abs. 3 darauf *angerechnet*.

Kostenrecht

Beispiele:

◆ Der Prozessbevollmächtigte des Klägers beauftragt im Einverständnis mit seiner Partei einen beim auswärtigen Amtsgericht ansässigen Rechtsanwalt, ihn in der mündlichen Verhandlung zu vertreten. Im Termin ist die beklagte Partei säumig. Auf Antrag des Klägervertreters ergeht Versäumnisurteil.

Es erhalten:

Prozessbevollmächtigter	Unterbevollmächtigter
Prozessgebühr 10/10, § 31 Abs. 1 Nr. 1 Verhandlungsgebühr 3/10, § 33 Abs. 3	Prozessgebühr 5/10, § 53 S. 1 Verhandlungsgebühr 5/10, §§ 53, 33 Abs. 1

◆ Rechtsanwalt Kuhn in Ludwigsburg wird in einem Prozess, der bei dem Amtsgericht Frankfurt am Main anhängig ist, zum Prozessbevollmächtigten bestellt. Der Gegenstandswert beträgt 4 000,00 EUR. Er beauftragt im Einvernehmen mit seiner Partei den in Frankfurt am Main ansässigen Rechtsanwalt Faber, ihn im ersten Verhandlungstermin wegen Unabkömmlichkeit zu vertreten.

Im ersten Termin erkennt der Beklagte sofort einen Teilanspruch von 1 000,00 EUR an, über den Restanspruch wird streitig verhandelt und anschließend Beweis erhoben. Auf Antrag der Parteien wird vertagt. Im folgenden Termin tritt Rechtsanwalt Kuhn selbst auf. Es wird weiterverhandelt und durch Vernehmung eines weiteren Zeugen Beweis erhoben. Schließlich wird der Klage stattgegeben.

Es erhalten:

Prozessbevollmächtigter		Unterbevollmächtigter	
Prozessgebühr 10/10 aus 4 000,00 EUR	245,00 EUR	Prozessgebühr 5/10 aus 4 000,00 EUR	122,50 EUR
Verhandlungsgebühr: 3/10 aus 1 000,00 EUR 10/10 aus 3 000,00 EUR (darf nicht mehr betragen als 10/10 aus 4 000,00 EUR = 245,00 EUR)	25,50 EUR 189,00 EUR 214,50 EUR	Verhandlungsgebühr: 5/10 aus 1 000,00 EUR 10/10 aus 3 000,00 EUR (darf nicht mehr betragen als 10/10 aus 4 000,00 EUR = 245,00 EUR)	42,50 EUR 189,00 EUR 231,50 EUR
Beweisgebühr 10/10 aus 3 000,00 EUR	189,00 EUR 648,50 EUR	Beweisgebühr 10/10 aus 3 000,00 EUR	189,00 EUR 543,00 EUR

Die 5/10-Verhandlungsgebühr aus einem Wert von 3 000,00 EUR, die dem Prozessbevollmächtigten nach § 33 Abs. 3 für die erste Verhandlung noch zustünde, wird auf die volle Verhandlungsgebühr aus diesem Wert angerechnet, die er für das eigene Auftreten im zweiten Termin erhält.

Die Partei hat neben den Gebühren des Prozessbevollmächtigten diejenigen des Verhandlungsvertreters (Unterbevollmächtigten) nur zu bezahlen, wenn dieser *mit ihrem Einverständnis* bestellt worden ist. Das Einverständnis braucht nicht unbedingt ausdrücklich erklärt zu werden, es genügt, wenn es vernünftigerweise vorausgesetzt werden darf. Dies ist der Fall, wenn wegen der weiten Entfernung des Gerichtsortes zur Kanzlei des Prozessbevollmächtigten hohe Reisekosten für diesen entstehen würden. Das Einverständnis kann nicht vorausgesetzt werden, wenn der Prozessbevollmächtigte einen beim selben Gericht zugelassenen Rechtsanwalt beauftragt, weil er selbst wegen der Angelegenheit eines anderen Auftraggebers verhindert ist, den Termin wahrzunehmen. In solchem Falle ist der Verhandlungsvertreter nur Erfüllungsgehilfe des Prozessbevollmächtigten, er tritt zur Partei in kein Auftragsverhältnis. Seine Entschädigung wird zwischen den Rechtsanwälten vereinbart.

2. Vertretung in der Beweisaufnahme (§ 54)

Die Beweisaufnahme erfolgt *nicht immer vor dem Prozessgericht*.

Beispiel: Der Zivilprozess findet vor dem Amtsgericht *München* statt. Im Verfahren soll ein in *Berlin* wohnhafter Zeuge vernommen werden. Wenn das Prozessgericht nicht unbedingt einen eigenen unmittelbaren Eindruck von dem Zeugen haben will, kann es das Amtsgericht Berlin ersuchen, den Zeugen dort zu vernehmen (§ 362 ZPO), wodurch Reisekosten und Verdienstausfall des Zeugen entfallen oder zumindest stark ermäßigt werden. Zum Zwecke weiterer Kosteneinsparung kann der Prozessbevollmächtigte einen Kollegen in Berlin beauftragen, den Beweistermin wahrzunehmen.

Der *Beweisanwalt* in Berlin erhält für seine Tätigkeit 5/10 der Prozessgebühr und 5/10 der Beweisgebühr. Findet die Beweisaufnahme in der Berufungsinstanz statt, erhält er jeweils 13/20 von beiden Gebühren.

Der *Prozessbevollmächtigte* erhält neben der ihm zustehenden Prozessgebühr ebenfalls eine Beweisgebühr, und zwar in voller Höhe (10/10 bzw. 13/10, § 31 Abs. 1 Nr. 3), da er den Beweisbeschluss übersandt und den Beweisanwalt beauftragt hat (siehe Seite 425 f. unter „Die Beweisgebühr").

Gegenstandswert für die *Beweisgebühr* ist der *Betrag, über den Beweis erhoben* worden ist. *Gegenstandswert* für die 5/10 bzw. 13/20-*Prozessgebühr* des Beweisanwalts ist der Wert des Anspruchs, der zur Zeit der Beweiserhebung *rechtshängig* war, da sich der Beweisanwalt häufig über den gesamten Prozessstoff klar werden muss.

Der Gegner hat die Kosten des Beweisanwalts bis zur Höhe der vom Prozessbevollmächtigten ersparten Reisekosten (einschließlich Tage- und Abwesenheitsgeld) zu erstatten, da die Vertretung im Beweistermin im Sinne des § 91 ZPO *zur zweckentsprechenden Rechtsverfolgung notwendig* und die Reise des Prozessbevollmächtigten zum Beweistermin vor allem bei geringen Streitwerten *nicht zumutbar* ist.

Vom *Verhandlungsvertreter* im Sinne von § 53 unterscheidet sich der Beweisanwalt dadurch, dass er *nicht* an einer nur vor dem Prozessgericht möglichen *mündlichen Verhandlung* teilnimmt, also *keine Verhandlungsgebühr* (oder Erörterungsgebühr) verdienen kann.

3. Die Gebühren des Verkehrsanwalts (§ 52)

Oft erweist es sich als sinnvoll (oder gar als notwendig im Sinne von § 91 ZPO), außer dem Prozessbevollmächtigten einen weiteren Rechtsanwalt als *Verkehrsanwalt*, auch *Korrespondenzanwalt* genannt, zu bestellen.

Beispiele:

① Herr Zagner, wohnhaft in Stuttgart, will die Gier & Graus GmbH, Sitz in Köln, bei dem Landgericht in Köln verklagen. Er muss einen beim Landgericht Köln zugelassenen Rechtsanwalt zum Prozessbevollmächtigten bestellen (§ 78 ZPO). Diesen könnte er schriftlich informieren, wenn die Sach- und Rechtslage einfach ist. Er könnte auch zu einer Besprechung nach Köln fahren. Das wäre recht aufwendig.

② Bei dem Amtsgericht, Familiengericht, Kassel, wurden die Eheleute Behrends geschieden. Herr Behrends will gegen das Urteil Berufung bei dem Oberlandesgericht Frankfurt am Main einlegen. Er muss dazu einen dort zugelassenen Rechtsanwalt beauftragen. Auch hier würden mindestens eine, wahrscheinlich aber mehrere Informations- und Besprechungsreisen nach Frankfurt am Main erforderlich.

Im Beispiel ① wird es sinnvoll sein, wenn Herr Zagner den Anwalt seines Vertrauens *in Stuttgart* aufsucht, die Sache mit ihm erörtert und es auch ihm überlässt, den Prozessbevollmächtigten in Köln zu bestellen und zu informieren. Der Rechtsanwalt in Stuttgart ist Verkehrs- oder Korrespondenzanwalt.

Im Beispiel ② wird Herr Behrends ähnlich handeln. Er wird seinen Rechtsanwalt aus der ersten Instanz – oder einen anderen Rechtsanwalt in *Kassel* – beauftragen, den Prozessbevollmächtigten bei dem Oberlandesgericht in Frankfurt am Main zu beauftragen und zu informieren.

Der Verkehrsanwalt erhält für seine Tätigkeit eine Gebühr in *derselben Höhe* wie die *Prozessgebühr des Prozessbevollmächtigten*[1]). Im Berufungsverfahren beträgt sie somit 13/10, im Zwangsvollstreckungs- oder im Beschwerdeverfahren 3/10. Ermäßigt sich die Prozessgebühr auf die Hälfte (§ 32), so beträgt die Verkehrsgebühr ebenfalls die Hälfte. Neben der Verkehrsgebühr können *andere Gebühren* als die Prozessgebühr entstehen. Wird der Verkehrsanwalt z. B. beauftragt, den *Beweistermin* vor dem ersuchten Richter wahrzunehmen, so erhält er dafür eine halbe Beweisgebühr nach § 54.

Erstattungsfähig ist die Verkehrsgebühr nur, wenn die Zuziehung eines Verkehrsanwalts „zur zweckentsprechenden Rechtsverfolgung oder Rechtsverteidigung notwendig war" (§ 91 ZPO). Dies ist der Fall, wenn die Partei aufgrund ihres Bildungsstands oder wegen der Schwierigkeiten des Rechtsstreits nicht in der Lage war, den Prozessbevollmächtigten schriftlich zu informieren. Erstattungsfähig ist die Gebühr jedoch stets in Höhe der Reisekosten, die die Partei sonst hätte aufwenden müssen.

4. Gebühren für sonstige Einzeltätigkeiten (§ 56)

Ein Rechtsanwalt, der *nicht zum Prozessbevollmächtigten bestellt* ist und dessen Tätigkeit auch *nicht nach einer anderen Bestimmung* des 3. Abschnitts der BRAGO (§§ 31–67) vergütet wird, erhält eine *halbe Gebühr,* wenn er

♦ einen *Schriftsatz* anfertigt, unterzeichnet oder einreicht (§ 56 Abs. 1 Nr. 1), z.B. Anfertigung des Entwurfs für eine Klageschrift vor einem Gericht, bei dem er selbst nicht zugelassen ist;

♦ *andere Termine* wahrnimmt als solche, die zur mündlichen Verhandlung oder zur Beweisaufnahme bestimmt sind, z. B. Güteversuch vor dem beauftragten oder ersuchten Richter nach § 279 ZPO.

Die Gebühr ermäßigt sich auf 3/10, wenn der Auftrag beendet ist, bevor der Schriftsatz ausgehändigt oder eingereicht ist oder der Termin begonnen hat (§ 56 Abs. 2).

Voraussetzung für das Entstehen der Gebühr ist, dass

♦ es sich um einen *bürgerlichen Rechtsstreit oder ein ähnliches Verfahren* handelt; dies ergibt sich aus der Stellung des § 56 im 3. Abschnitt der BRAGO;

♦ wegen der Rechtssache ein *gerichtliches Verfahren anhängig* ist oder anhängig gemacht werden soll[2]).

Die Gebühren gelten die Tätigkeit des Rechtsanwalts pauschal ab. Er erhält sie jeweils nur einmal, auch wenn er mehrere Schriftsätze fertigt und einreicht oder in mehreren Terminen auftritt. Erteilt der Rechtsanwalt zugleich einen *Rat,* ist die Ratgebühr nach § 20 auf die Gebühren nach § 56 anzurechnen (§ 20 Abs. 1 S. 4). Handelt es sich um *einfache Schreiben,* erhält der Rechtsanwalt die Gebühr nur zu 2/10, betrifft ein Schreiben nur den *äußeren Verfahrensablauf* im Sinne von § 120 Abs. 2, so erhält er nur die Mindestgebühr (§ 56 Abs. 3 i. V. m. § 120).

---

[1]) Ausnahme: Erhält der Prozessbevollmächtigte im Revisionsverfahren vor dem BGH eine 20/10-Prozessgebühr (vgl. § 11 Abs. 1 S. 5), so erhält der Verkehrsanwalt nur 13/10.

[2]) Ist noch kein Prozessauftrag erteilt, finden die §§ 118 ff. Anwendung. Näheres siehe S. 477.

VIII. Die Gebühren im Zwangsvollstreckungsverfahren (§§ 57 ff.)

1. Allgemeines

Die Zwangsvollstreckung ist ein vom Prozessverfahren unabhängiges Verfahren, das auch kostenrechtlich als *besondere Angelegenheit* gilt. Das Zwangsvollstreckungsverfahren kann seinerseits wieder verschiedene Gebührenangelegenheiten bilden.

Tätigkeiten im Zwangsversteigerungs- und Zwangsverwaltungsverfahren, im Insolvenzverfahren und im Vergleichsverfahren zur Abwendung der Insolvenz werden nicht nach §§ 57 ff. vergütet, da die Gebühren hierfür im vierten und fünften Abschnitt der BRAGO besonders geregelt sind. Ebenso wenig finden die §§ 57 ff. Anwendung auf Tätigkeiten im Verwaltungszwangsverfahren und im Zwangsverfahren nach § 33 FGG; sie werden nach §§ 118 ff. vergütet.

In Zwangsvollstreckungsangelegenheiten erwachsen *die Regelgebühren zu* 3/10. Sie betragen stets 3/10, also nie 3/20, da § 57 S. 2 die Anwendung der §§ 32, 33 Abs. 1 und 2 ausschließt. Da selten mündlich verhandelt und Beweis erhoben wird, bleibt es meist bei der Antragsgebühr. Die Gebühren entstehen auch für den *Rechtsanwalt des Schuldners*, wenn dieser im Verfahren tätig wird. Gibt ein Rechtsanwalt für den *Drittschuldner* die Erklärungen nach § 840 ZPO ab, so erhält auch er eine 3/10-Gebühr.

Wird die Zwangsvollstreckung gegen mehrere Schuldner betrieben, z. B. gegen Gesamtschuldner, so handelt es sich um mehrere Angelegenheiten, selbst wenn ein einheitlicher Antrag vorliegt. Die 3/10-Gebühr entsteht entsprechend der Zahl der Schuldner mehrmals.

Gegenstandswert ist der Wert des Anspruchs, wegen dessen die Zwangsvollstreckung betrieben wird. Mitzurechnen sind die Zinsen, die Prozesskosten und die Kosten früherer notwendiger Zwangsvollstreckungsaufträge (§ 57 Abs. 2 S. 1). Maßgebend ist der Wert zu dem Zeitpunkt, zu dem der Rechtsanwalt tätig wird. Wird nur wegen eines Teilbetrags vollstreckt, ist Gegenstandswert der Teilbetrag. Bei mehreren Teilaufträgen darf die Gesamtgebühr nicht höher sein als 3/10 aus dem ganzen Betrag.

Soll ein *bestimmter Gegenstand* gepfändet werden, der einen geringeren Wert als der Anspruch des Gläubigers hat, so ist der *geringere Wert* maßgebend (§ 57 Abs. 2 S. 2).

Bei Pfändung von künftig fällig werdendem Arbeitseinkommen ist der Wert der noch nicht fälligen Ansprüche nach § 17 Abs. 1 und 2 GKG zu bestimmen.

Der Schuldner hat die dem Gläubiger entstandenen Kosten regelmäßig zu erstatten (§ 788 ZPO), wenn die Vollstreckungsmaßnahmen *erforderlich* (§ 91 ZPO) und *sinnvoll* waren. Wenn nicht, hat sie der Gläubiger selbst zu tragen.

2. Der Begriff der „Angelegenheit" in der Zwangsvollstreckung (§ 58)

Der Begriff „Angelegenheit" hat in der Zwangsvollstreckung eigene Bedeutung und bereitet nicht selten Schwierigkeiten. Nach § 58 gilt in der Zwangsvollstreckung „*jede Vollstreckungsmaßnahme zusammen mit den durch diese vorbereiteten weiteren Vollstreckungshandlungen als eine Angelegenheit*". Demnach gehört zu einer Zwangsvollstreckungsangelegenheit alles, was im Laufe einer Vollstreckungsmaßnahme erforderlich wird, um die Befriedigung des Gläubigers durch diese eine Maßnahme zu erreichen. So bilden z. B. für den Rechtsanwalt des Gläubigers *eine* **Angelegenheit:**

- der Pfändungsauftrag,
- der Antrag auf Zulassung der Pfändung an einem Sonntag oder zur Nachtzeit,
- die Empfangnahme des Pfändungsprotokolls,
- die Benachrichtigung des Gläubigers von der Pfändung,
- der Schriftwechsel mit Gläubiger, Schuldner und Gerichtsvollzieher wegen Stundung oder wegen Verlegung des Versteigerungstermins,
- die Empfangnahme des Versteigerungserlöses und
- die Weiterleitung an den Mandanten.

Alle diese Maßnahmen sind erforderlich, um im Wege einer Sachpfändung den Gläubiger zu befriedigen.

Soll eine Forderung gepfändet werden, gehören zur selben Angelegenheit: vorläufiges Zahlungsverbot und Pfändungs- und Überweisungsbeschluss, die Aufforderung an den Drittschuldner, sich gemäß § 840 ZPO zu erklären, die Erinnerung des Gläubigers gegen die Art und Weise der Zwangsvollstreckung (§ 766 ZPO), eine Dienstaufsichtsbeschwerde des Gläubigers gegen die Tätigkeit des Gerichtsvollziehers.

In § 58 Abs. 2 sind bestimmte Tätigkeiten aufgeführt, die ausdrücklich als *keine besonderen Angelegenheiten bezeichnet* werden.

Beispiele:
- Die Zulassung der Zwangsvollstreckung zur Nachtzeit, an einem Sonntag oder an einem allgemeinen Feiertag (§ 761 ZPO),
- die einer Verurteilung vorausgehende Strafandrohung (§ 890 Absatz 2 ZPO – Zwangsvollstreckung wegen Duldung und Unterlassungen),
- die Aufhebung einer Vollstreckungsmaßnahme. Hierunter fällt jede freiwillige Beendigung der Zwangsvollstreckung: die Zurücknahme des Antrags, die Freigabe gepfändeter Sachen, der Verzicht auf eine gepfändete Forderung.

3. Besondere Angelegenheiten (§ 58 Abs. 3)

In § 58 Abs. 3 sind Verfahren aufgeführt, die als *besondere Angelegenheiten* bezeichnet sind, so z. B. unter Nr. 4 das Verfahren auf Zulassung der Austauschpfändung nach § 811 a ZPO, unter Nr. 4a das Verfahren über einen Antrag auf andere Verwertung gepfändeter Sachen nach § 825 ZPO, unter Nr. 6 das Verfahren auf Eintragung einer Zwangshypothek nach §§ 867, 870 a ZPO.

Besondere Angelegenheiten sind außerdem:

◆ Das Verfahren zur Abnahme der eidesstattlichen Versicherung (§ 58 Abs. 3 Nr. 11)

Das Verfahren zur Abnahme der eidesstattlichen Versicherung bildet *eine besondere Instanz* der Zwangsvollstreckung. Gemeint ist die eidesstattliche Versicherung nach §§ 807, 883 ZPO und nicht die eidesstattliche Versicherung, zu deren Leistung der Schuldner nach den Vorschriften des bürgerlichen Rechts verurteilt worden ist (z. B. §§ 259, 260, 2028 BGB); für diese Verfahren erhält der Rechtsanwalt die Gebühren nach § 58 Abs. 3 Nr. 8: Zwangsvollstreckung wegen Vornahme einer nicht vertretbaren Handlung.

Im Verfahren zur Abgabe der eidesstattlichen Versicherung können für den Rechtsanwalt des Gläubigers *alle Gebühren* des § 31 zu 3/10 entstehen. Die Prozessgebühr entsteht mit Einreichung des Antrags, die Verhandlungsgebühr für die Wahrnehmung des Termins, in dem der Schuldner Widerspruch erhebt.

Der R*echtsanwalt des Schuldners,* der beauftragt wird, Widerspruch zu erheben, erhält 3/10 Prozessgebühr und für die Wahrnehmung des Termins, in dem er Widerspruch erhebt, 3/10 Verhandlungsgebühr.

Wird das Verfahren *gegen mehrere Schuldner* betrieben (z. B. gegen Gesamtschuldner), entstehen für das Verfahren gegen *jeden Schuldner* die Gebühren besonders, auch wenn ein einheitlicher Antrag vorliegt oder dasselbe Urteil die Grundlage bildet.

Zur Instanz gehören alle Vollstreckungshandlungen bis zur Abgabe der eidesstattlichen Versicherung. Es darf deshalb für den Antrag auf Erlass des Haftbefehls und für den Verhaftungsauftrag *keine besondere Gebühr* berechnet werden.

Der **Gegenstandswert** für die eidesstattliche Versicherung nach § 807 ZPO bestimmt sich nach dem Betrag, der aus dem Vollstreckungstitel noch geschuldet wird; er darf jedoch samt Zinsen und Kosten *nicht höher* angenommen werden als 1 500,00 EUR (§§ 58 Abs. 3 Nr. 11, 57 Abs. 2).

Das Verfahren auf *Löschung der Eintragung im Schuldnerverzeichnis* ist eine besondere Angelegenheit, für die der Rechtsanwalt neben allen bisher verdienten Zwangsvollstreckungsgebühren erneut die Gebühren nach § 57 verlangen kann (§ 58 Abs. 3 Nr. 12).

◆ **Die Zwangsvollstreckung wegen Vornahme einer vertretbaren Handlung (§ 58 Abs. 1 und Abs. 3 Nr. 7)**

Der Antrag auf Ermächtigung des Gläubigers, die Handlung selbst vornehmen zu dürfen, und der Antrag auf Verurteilung des Schuldners zur Vorauszahlung der Kosten bilden eine *Angelegenheit* der Zwangsvollstreckung (§ 58 Abs. 1). **Gegenstandswert** ist das Interesse, das der Gläubiger an der Handlung hat. Der Betrag des verlangten Vorschusses dient als Anhaltspunkt. Betreibt der Gläubiger die Zwangsvollstreckung wegen der vorauszuzahlenden Kosten, ist dies eine *besondere Zwangsvollstreckungsangelegenheit* (§ 58 Abs. 3 Nr. 7), wofür der Rechtsanwalt erneut Gebühren erhält. Gegenstandswert ist der vorauszuzahlende Betrag.

◆ **Die Zwangsvollstreckung wegen Vornahme einer nicht vertretbaren Handlung (§ 58 Abs. 3 Nr. 8)**

Wurde der Schuldner zu einer nichtvertretbaren Handlung (§ 888 ZPO) verurteilt und weigert er sich, die Handlung auszuführen, ist vom Prozessgericht erster Instanz auf Antrag des Gläubigers zu erkennen, dass der Schuldner durch Zwangsgeld oder Zwangshaft zur Vornahme der Handlung anzuhalten sei.

Der Rechtsanwalt des Gläubigers erhält die Gebühren nach § 57 *nur einmal,* selbst wenn mehrere Anträge auf Verurteilung zu Zwangsgeld oder Zwangshaft erforderlich werden. Auch das Betreiben der Vollstreckung der verhängten Zwangsmaßnahmen wird mit abgegolten.

Der **Gegenstandswert** richtet sich nach dem Wert der zu erzwingenden Handlung (Wert der Hauptsache), die Höhe des Zwangsgeldes spielt keine Rolle.

◆ Die Zwangsvollstreckung wegen Duldungen und Unterlassungen (§ 58 Abs. 3 Nr. 9)

Wurde der Schuldner verurteilt, eine Handlung zu unterlassen oder eine Handlung zu dulden und soll die Zwangsvollstreckung durch Ordnungsgeld oder Ordnungshaft bewirkt werden (§ 890 Abs. 1 ZPO), wird *jede Verurteilung zu einer Maßnahme* als besondere Instanz gewertet. Mit jedem Antrag können demnach Gebühren nach § 57 entstehen.

Der **Gegenstandswert** ergibt sich aus dem Interesse an der zu erzwingenden Unterlassung oder Duldung. Die Höhe des Ordnungsgeldes und der Wert des Klageanspruchs sind nicht maßgebend.

Die Zwangsmaßnahme ist in der Regel bereits im Urteil angedroht. Ist dies nicht der Fall, ist die Androhung nachträglich zu erwirken. Hierfür erwächst dem Rechtsanwalt *keine besondere Gebühr* (§ 58 Abs. 2 Nr. 6), es sei denn, er hat den Gläubiger im Prozess nicht vertreten.

◆ Das Verfahren über Vollstreckungsschutzanträge (§ 58 Abs. 3 Nr. 3)

Vollstreckungsschutzverfahren nach §§ 765 a, 813 a, 851 b ZPO bilden selbstständige Zwangsvollstreckungsangelegenheiten. Hierzu gehören nur *gerichtliche Verfahren,* nicht auch ein Aufschub, den der Gerichtsvollzieher gewährt (vgl. § 765 a Abs. 2 ZPO). Bei *mehreren* Vollstreckungsschutzanträgen bildet jeder für sich eine besondere „Angelegenheit", jedoch nicht, wenn sie sich auf dieselbe Vollstreckungsmaßnahme beziehen, so wenn z. B. nacheinander aus verschiedenen Gründen Vollstreckungsaufschub beantragt wird.

Im Vollstreckungsschutzverfahren können die *in § 31 bestimmten Gebühren zu* 3/10 entstehen. **Gegenstandswert** ist der Gegenstand des Zwangsvollstreckungsverfahrens.

Wiederholungsaufgaben

1 Rechtsanwältin Bolta hat den Prozessbevollmächtigten im Verhandlungstermin vor dem auswärtigen Amtsgericht wegen eines Schadensersatzanspruchs von 1 750,00 EUR vertreten.
   a) Welche Gebühren stehen ihr zu?
   b) Welche Gebühren erhält sie, wenn sie ihrem Auftrag entsprechend in der sich anschließenden Beweisaufnahme tätig geworden ist?
   c) Angenommen, der Verhandlungstermin findet nicht statt. Rechtsanwältin Bolta sendet dem Prozessbevollmächtigten die Unterlagen zurück.
   Welche Vergütung steht Rechtsanwältin Bolta zu?

2 a) Wie hoch ist jeweils die Verhandlungsgebühr, die dem Prozessbevollmächtigten in den Fällen der Aufgabe 1 a) – c) zusteht?
   b) Welche Gebühren erhält der Prozessbevollmächtigte, wenn er im Falle der Aufgabe 1 b) den Termin selbst wahrnimmt und Rechtsanwalt Bolta neben ihm als Fachanwalt auftritt?

3 Rechtsanwalt Fabricius in Norden ist beauftragt, den Kläger, der einen Rechtsstreit wegen 16 000,00 EUR vor dem Landgericht Frankfurt führt, im Wege der Rechtshilfe im Beweistermin vor dem Amtsgericht Norden zu vertreten. Die Beweisaufnahme betrifft einen Teilanspruch von 12 500,00 EUR.
   a) Welche Vergütung erhält Rechtsanwalt Fabricius?
   b) Welche Gebühren berechnet der Prozessbevollmächtigte des Klägers, Rechtsanwalt Gerber, der vor dem Landgericht Frankfurt in zwei Verhandlungsterminen aufgetreten ist, nach Eintreffen des Beweisergebnisses weiterverhandelt und zuletzt die Parteien zu einem Vergleich bewogen hat?

4 Wonach richtet sich die Vergütung des Verkehrsanwalts?

5 Rechtsanwalt Fiebig wurde vom Kläger zum Verkehrsanwalt bestellt, Rechtsanwalt Honolka zum Prozessbevollmächtigten vor dem LG Köln. Klage wurde wegen 15 800,00 EUR erhoben. Vor dem LG Köln wird streitig verhandelt und über 12 500,00 EUR Beweis erhoben. Im folgenden Verhandlungstermin tritt Rechtsanwalt Fiebig neben dem Prozessbevollmächtigten auf; es gelingt ihm zusammen mit Rechtsanwalt Honolka, die Parteien zu einem Vergleich zu bewegen.

Die Kostenrechnung beider Rechtsanwälte ist anzufertigen. Rechtsanwalt Fiebig berechnet 158,50 EUR Auslagen, Rechtsanwalt Honolka 20,00 EUR.

6 Unter welchen Voraussetzungen erhält der Rechtsanwalt für Einzeltätigkeiten nach § 56 die Hälfte der vollen Gebühr?

7 Nach welchen Vorschriften wird die Tätigkeit des Rechtsanwalts in folgenden Fällen vergütet:
   a) Der Prozessbevollmächtigte fordert den Schuldner, bevor er Klage gegen ihn einreicht, zur Zahlung auf; dieser bezahlt die ganze Schuld.
   b) Rechtsanwalt Kunike in Göttingen entwirft für einen Bekannten die Klageschrift, die dieser beim Amtsgericht Dortmund einreichen will, und händigt sie ihm aus.
   c) Der Kläger führt vor dem Amtsgericht Esslingen selbst einen Mietprozess. Er beauftragt Rechtsanwalt Hausmann, ihn im nächsten Termin bei den Vergleichsverhandlungen zu unterstützen. Rechtsanwalt Hausmann lässt sich die Unterlagen vom Kläger geben. Die Angelegenheit erledigt sich, bevor der Termin stattfindet.
   d) Rechtsanwalt Sibelius in Berlin wird vom Beklagten in Wiesbaden beauftragt, im Beweistermin vor dem Amtsgericht Berlin-Charlottenburg (ersuchter Richter) anwesend zu sein und einige Fragen an den Zeugen zu richten.
   e) im Fall b) hat Rechtsanwalt Kunike die Klageschrift entworfen. Bevor er sie dem Auftraggeber aushändigt, teilt dieser ihm mit, die Sache habe sich erledigt.
   f) Rechtsanwalt Kahle ersucht im Auftrag eines Mandanten in einer Rechtssache, die dieser selbst führt, das Amtsgericht, einen Beweistermin noch im Laufe der Woche anzuberaumen, da sich ein wichtiger Zeuge im Laufe der folgenden Woche einer Operation unterziehen müsse.

8 Die Rechtsanwältin des Gläubigers lässt den Schuldner zur Abgabe der eidesstattlichen Versicherung laden und nimmt den Termin wahr. Da der Schuldner im Termin die Abgabe verweigert, beantragt sie Haftbefehl und beauftragt den Gerichtsvollzieher, den Schuldner zu verhaften.

Welche Gebühren kann der Rechtsanwältin des Gläubigers berechnen?

9 Der Schuldner wurde verurteilt, die Holzbaracke auf dem Grundstück des Gläubigers zu entfernen. Die festgesetzten Kosten betragen 325,80 EUR, hinzu kommen 4 % Zinsen mit 8,17 EUR.

Trotz mehrmaliger Aufforderung durch den Gläubiger ließ der Schuldner die Baracke nicht entfernen.

Rechtsanwalt Labius betreibt aus dem Urteil die Zwangsvollstreckung.

Er beantragt,
   ◆ den Gläubiger zur Selbstvornahme zu ermächtigen,
   ◆ den Schuldner zur Zahlung eines Kostenvorschusses von 450,00 EUR zu verurteilen.

Das Interesse des Gläubigers an der Entfernung der Baracke gibt Rechtsanwalt Labius mit 5 200,00 EUR an.

Aufgrund des Vorauszahlungsbeschlusses beauftragt Rechtsanwalt Labius den Gerichtsvollzieher, in das bewegliche Vermögen des Schuldners zu vollstrecken.

Die Kosten sind zu berechnen.

> **10** Dem Schuldner wurde durch Urteil des Amtsgerichts untersagt, den Hauseingang des Gläubigers zu benutzen. Da er wiederholt gegen das Urteil verstoßen hatte, betreibt der Prozessbevollmächtigte die Zwangsvollstreckung aus dem Urteil und stellt folgende Anträge:
> - dem Schuldner für jede Zuwiderhandlung Ordnungsgeld oder Ordnungshaft anzudrohen (die Androhung fehlt im Urteil).
>   Das Gericht droht für jede Zuwiderhandlung Ordnungsgeld von 150,00 EUR an.
> - den Schuldner wegen drei Zuwiderhandlungen zu Ordnungsgeld von je 150,00 EUR zu verurteilen.
>
> Welche Vergütungen kann der Rechtsanwalt des Gläubigers verlangen? Die festgesetzten Kosten des Rechtsstreits betragen 98,70 EUR, die 4 % Zinsen hieraus 1,99 EUR. Das Interesse an der Unterlassung ist mit 500,00 EUR anzunehmen.
>
> **11** Welche Gebühren erhält der Rechtsanwalt des Schuldners, wenn er einen Vollstreckungsschutzantrag nach § 765 a ZPO und nach § 813 a ZPO im selben Verfahren gestellt hat?

IX. Sinngemäße Anwendung der Vorschriften des dritten Abschnitts der BRAGO

Auf einige Verfahren, die bürgerlich-rechtliche Ansprüche betreffen, aber nicht im Wege des Zivilprozesses vor den ordentlichen Gerichten durchgeführt werden, sind die Gebührenvorschriften für bürgerliche Rechtsstreitigkeiten *sinngemäß* anzuwenden. Hierzu gehören unter anderem das Verfahren vor den Gerichten für Arbeitssachen, das Verfahren in Hausrats-, Wohnungseigentums- und Landwirtschaftssachen und das schiedsrichterliche Verfahren. Wesentliche gebührenrechtliche Besonderheiten, die sich aus der Eigenart der genannten Verfahren ergeben, werden im Folgenden behandelt.

1. Die Gebühren im Verfahren vor den Gerichten für Arbeitssachen (§ 62)

Grundsätzlich gelten für die Verfahren vor den Gerichten für Arbeitssachen die Vorschriften für bürgerliche Rechtsstreitigkeiten (§ 62 Abs. 1). Folgende Besonderheiten sind zu beachten:

- *Für die Güteverhandlung* (§ 54 ArbGG), die stets der streitigen mündlichen Verhandlung vorauszugehen hat, erhält der Rechtsanwalt die Erörterungsgebühr (10/10; § 31 Abs. 1 Nr. 4).

  Wird anschließend streitig verhandelt, erhält der Rechtsanwalt die volle Verhandlungsgebühr; die Erörterungsgebühr für die Güteverhandlung wird angerechnet.

  Vergleichen sich die Parteien in der Güteverhandlung, erwächst dem Rechtsanwalt für sein Mitwirken neben der vollen Prozessgebühr und der Erörterungsgebühr noch die Vergleichsgebühr nach § 23.

- *Für einige Einzeltätigkeiten im schiedsrichterlichen Verfahren* nach §§ 101 ff. ArbGG erhält der Rechtsanwalt die *Gebühren nach § 31 zur Hälfte* (§ 62 Abs. 3), aber nur dann, wenn die Tätigkeit des Rechtsanwalts auf diese Einzeltätigkeiten beschränkt ist.

In Urteilsverfahren des *ersten Rechtszugs* hat die obsiegende Partei keinen Anspruch auf Erstattung der Gebühren und Auslagen eines hinzugezogenen Rechtsanwalts (§ 12 a Abs. 1 S. 1 ArbGG). Der Rechtsanwalt hat die Partei *vor* Übernahme der Vertretung darauf hinzuweisen (§ 12 a Abs. 1 S. 2 ArbGG).

Die Kosten sind jedoch erstattungsfähig, soweit durch die Zuziehung Parteikosten, z. B. Reisekosten, erspart werden. Im zweiten und dritten Rechtszug sind die Rechtsanwaltskosten stets erstattungsfähig, da hier Anwaltszwang herrscht. Die Zwangsvollstreckungskosten sind vom Schuldner regelmäßig zu erstatten, da sich § 12a Abs. 1 S. 1 ArbGG auf die Zwangsvollstreckung nicht bezieht.

Gegenstandswert bei Klagen über das Bestehen oder Nichtbestehen eines Arbeitsverhältnisses ist höchstens der Betrag des Arbeitsentgelts für ein Vierteljahr. Bei Rechtsstreitigkeiten über das Arbeitsentgelt ist höchstens der Wert des dreijährigen Bezugs maßgebend (§ 12 Abs. 7 ArbGG).

2. Die Gebühren in Hausrats- und Wohnungseigentumssachen (§ 63)

Die in § 63 genannten Verfahren (Hausrats-, Wohnungseigentums- und Landwirtschaftssachen) gehören zur freiwilligen Gerichtsbarkeit, haben aber *prozessähnlichen Charakter*. Hieraus ist zu erklären, dass die Gebührenvorschriften für bürgerliche Rechtsstreitigkeiten *sinngemäß* anzuwenden sind. Jedoch darf die Vorschrift nicht auf andere prozessähnliche Verfahren der freiwilligen Gerichtsbarkeit ausgedehnt werden, wie z. B. auf die Regelung der elterlichen Sorge für Kinder aus geschiedenen Ehen.

Betrifft das Verfahren **Ehewohnung und Hausrat nach der Scheidung** (Hausratsverordnung), i. V. m. § 661 Abs. 2 ZPO, so erwachsen dem Rechtsanwalt die *Regelgebühren des § 31 nur zur Hälfte* (§ 63 Abs. 3); andere Gebühren, wie z. B. die Vergleichsgebühren, entstehen in voller Höhe.

War zuerst das Prozessgericht angerufen worden und gibt dieses die Sache nach § 18 HausratsVO an das Amtsgericht ab, so ermäßigen sich die beim Prozessgericht entstandenen Gebühren nicht auf die Hälfte, denn beide Verfahren gelten nach § 14 als *ein* Rechtszug. Die bereits entstandenen Gebühren bleiben bestehen.

Als **Gegenstandswert** ist bei einem Streit über die Wohnung die *Jahresmiete* anzusetzen, bei einem Streit über den Hausrat der *Wert des Hausrats* (§ 21 Abs. 3 HausratsVO).

Im Verfahren über **Wohnungseigentumssachen** (§§ 43 ff. WohnungseigentumsG) erhält der Rechtsanwalt die *vollen Gebühren* des § 31 (§ 63 Abs. 1 S. 2).

Den *Gegenstandswert* setzt der Richter nach dem Interesse der Beteiligten an der Entscheidung von Amts wegen fest (§ 48 Abs. 3 WohnungseigentumsG). Grundsätzlich ist der einjährige Mietwert der Gebäude- und Grundstücksteile als Wert anzunehmen.

Für die Verfahren in Hausrats- und Wohnungseigentumssachen gilt Folgendes *gemeinsam:*

◆ Im Beschwerdeverfahren über eine *Entscheidung, die den Rechtsstreit beendet,* entstehen die Gebühren in gleicher Höhe wie im ersten Rechtszug (§ 63 Abs. 2). Im Beschwerdeverfahren gegen andere Entscheidungen, z. B. gegen einen Beweisbeschluss, ist § 61 Abs. 1 Nr. 1 anzuwenden, wonach die Gebühren zu 5/10 erwachsen.

◆ Jeder Beteiligte trägt grundsätzlich *seine eigenen Rechtsanwaltskosten.* Jedoch kann der Richter nach billigem Ermessen bestimmen, welcher Beteiligte die außergerichtlichen Kosten des anderen ganz oder teilweise zu erstatten hat (vgl. § 20 S. 2 HausratsVO, § 47 S. 2 WohnungseigentumsG).

3. Die Gebühren im schiedsrichterlichen Verfahren (§ 67)

Wird der Rechtsanwalt in einem schiedsrichterlichen Verfahren (§§ 1034ff. ZPO) tätig, so erwachsen ihm *nach § 67 dieselben Gebühren wie in bürgerlichen Rechtsstreitigkeiten.*

Nicht unter § 67 fallen Verfahren über Anträge auf Vollstreckbarkeitserklärung eines Schiedsspruchs oder eines schiedsrichterlichen Vergleichs oder über Tätigkeiten, die die Ernennung eines Schiedsrichters betreffen; sie werden nach § 46 besonders vergütet.

Da der Gang des Verfahrens weitgehend von den Schiedsrichtern bestimmt wird, erhält der Rechtsanwalt die *volle Prozessgebühr,* wenn er im Zusammenhang mit dem Verfahren tätig geworden ist, die *volle Verhandlungsgebühr* auch dann, wenn der Schiedsspruch ohne mündliche Verhandlung erlassen wurde (§ 67 Abs. 2).

Ist im Schiedsvertrag die Möglichkeit eines Rechtsmittels vereinbart (schiedsrichterliches Berufungs- oder Revisionsverfahren), *erhöhen* sich die Gebühren des Rechtsanwalts *um* 3/10 (§ 67 Abs. 3). Wird innerhalb des schiedsrichterlichen Verfahrens ein gerichtliches Verfahren erforderlich, z. B. die Beeidigung eines Zeugen, so gelten beide Verfahren als *ein* Rechtszug.

Die Kostenentscheidung trifft das Schiedsgericht nach § 91 ZPO. Die Kosten, die der einen Partei von der anderen zu erstatten sind, werden vom Schiedsgericht festgesetzt, entweder im Schiedsspruch selbst oder nachträglich in einer zusätzlichen Entscheidung.

Wiederholungsaufgaben

1 Auf welche Verfahren sind die Gebührenvorschriften für bürgerliche Rechtsstreitigkeiten sinngemäß anzuwenden?

2 Welche Besonderheiten gelten für die Vergütung des Rechtsanwalts im Verfahren vor den Gerichten für Arbeitssachen?

3 Rechtsanwältin Ille vertritt die geschiedene Ehefrau bei der Hausratsauseinandersetzung. Der Wert des Hausrats beträgt insgesamt 15 000,00 EUR.
Im ersten Termin wird verhandelt. Auf Antrag der Beteiligten wird vertagt. Im folgenden Termin vergleichen sich die Parteien dahingehend, dass die Antragsgegnerin dem Antragsteller Hausrat im Wert von 4 500,00 EUR überlässt.
Die Gebühren Rechtsanwältin Illes sind zu berechnen!

4 Welche Gebühren können dem Rechtsanwalt erwachsen, wenn er einen Beteiligten vertritt
a) in einer Wohnungseigentumssache,
b) im schiedsrichterlichen Verfahren nach § 1034 ZPO?

C. Die Gebühren im Verfahren der Zwangsversteigerung und der Zwangsverwaltung (§§ 68–71)

Die Vorschriften der §§ 68–71 regeln die Vergütung des Rechtsanwalts für Tätigkeiten im Verfahren nach dem Gesetz über die Zwangsversteigerung und die Zwangsverwaltung (ZVG).

Die Vorschriften gelten, wenn ein Grundstück oder grundstücksgleiches Recht (z. B. Erbbaurecht) im Wege der Zwangsvollstreckung nach dem ZVG versteigert oder verwaltet wird. Dies gilt auch für Zwangsversteigerung und Zwangsverwaltung

- im Rahmen eines Insolvenzverfahrens (§§ 172 ff. ZVG),
- auf Antrag der Erben (§§ 175 ff. ZVG),
- zur Aufhebung einer Gemeinschaft (§§ 180 ff. ZVG).

Auf die Zwangsversteigerung von Schiffen und Luftfahrzeugen sind die Vorschriften ebenfalls anzuwenden. Nicht hierher gehören die freiwillige Versteigerung eines Grundstücks und die Eintragung einer Zwangshypothek. Im ersten Fall entstehen Gebühren nach §§ 118 ff., im zweiten nach § 57.

Die Gebühren, die der Rechtsanwalt jeweils erhält, sind *Pauschgebühren*. Zwangsversteigerungs- und Zwangsverwaltungsverfahren sind kostenrechtlich *besondere Angelegenheiten*. Folgt z. B. auf ein abgebrochenes Zwangsverwaltungsverfahren das Zwangsversteigerungsverfahren und ist der Rechtsanwalt in beiden Verfahren tätig geworden, erhält er die Gebühren für jedes *Verfahren besonders*.

I. Die Gebühren im Verfahren der Zwangsversteigerung (§ 68)

Die Höhe der Gebühren richtet sich, abgesehen vom Gegenstandswert, danach, wen der Rechtsanwalt zu vertreten hat und in welchem Verfahrensabschnitt er tätig wird.

Vertritt der Rechtsanwalt einen Beteiligten – als Beteiligte gelten außer Gläubiger und Schuldner die in § 9 ZVG genannten Personen – so erhält er

- *für das Verfahren bis zur Einleitung des Verteilungsverfahrens 3/10 der vollen Gebühr* (Verfahrensgebühr § 68 Abs. 1 Nr. 1).

  Die Gebühr vergütet alle Tätigkeiten, mit Ausnahme der Wahrnehmung der Termine, bis zur Einleitung des Verteilungsverfahrens, so insbesondere die Information, die erforderlichen Anträge, die Vorbereitung des Versteigerungstermins.

- *für die Wahrnehmung der Versteigerungstermine 4/10 der vollen Gebühr* (Termingebühr § 68 Abs. 1 Nr. 2).

  Der Rechtsanwalt braucht im Termin nicht tätig geworden zu sein, seine Anwesenheit genügt.

- *für das Verteilungsverfahren 3/10 der vollen Gebühr* (Verteilungsgebühr § 68 Abs. 1 Nr. 3).

  Die Gebühr erwächst auch, wenn der Rechtsanwalt bei einer *außergerichtlichen* Verteilung mitwirkt.

Demnach erhält der Rechtsanwalt, der einen Beteiligten in allen Verfahrensabschnitten vertritt, insgesamt höchstens eine volle Gebühr. Vertritt er im selben Verfahrenen *mehrere* Auftraggeber, so entstehen nach § 6 Abs. 1 S. 1 die Gebühren nur einmal, jedoch aus den zusammengezählten Gegenstandswerten (§ 7 Abs. 2).

Vertritt der Rechtsanwalt einen *Bieter, der nicht zugleich Beteiligter ist,* so erhält er für das *ganze Verfahren* (Vorbereitung, Terminwahrnehmung, Verteilungsverfahren) *2/10 der vollen Gebühr* (§ 68 Abs. 2). Der geringe Gebührensatz ist berechtigt, weil der Gegenstandswert meist hoch ist und der Rechtsanwalt in der Regel nur den Versteigerungstermin wahrzunehmen hat.

Der **Gegenstandswert** ist in § 68 Abs. 3 b*esonders geregelt.*

Beispiel: Rechtsanwalt König vertritt in einem Zwangsversteigerungsverfahren Firma Lautermann, die Gläubigerin der ersten Hypothek, und Herrn Karl Moser, der Gläubiger der zweiten Hypothek ist.

Rechtsanwalt König ist im Versteigerungstermin zugegen und vertritt seine Auftraggeber im Verteilungsverfahren.

Kostenrecht

Die erste Hypothek sichert eine Forderung von 50 000,00 EUR, die zweite eine solche von 20 000,00 EUR. Firma Lautermann macht außerdem 2 400,00 EUR Zinsrückstände geltend.

Rechtsanwalt König erhält insgesamt folgende Gebühren:

Gegenstandswert: 50 000,00 EUR + 20 000,00 EUR + 2 400,00 EUR	72 400,00 EUR
3/10 Verfahrensgebühr §§ 11, 68 Abs. 1 Nr. 1	360,00 EUR
4/10 Terminegebühr §§ 11, 68 Abs. 1 Nr. 2	480,00 EUR
3/10 Verteilungsgebühren §§ 11, 68 Abs. 1 Nr. 3	360,00 EUR
zuzüglich Auslagen und Umsatzsteuer	
zusammen eine volle Gebühr	1 200,00 EUR

II. Die Gebühren im Verfahren der Zwangsverwaltung (§ 69)

Auch hier richtet sich die Höhe der Gebühren vor allem danach, *wen* der Rechtsanwalt zu vertreten hat und *in welchem Verfahrensabschnitt* er tätig wird.

Vertritt der Rechtsanwalt den *Antragsteller* (den die Zwangsverwaltung betreibenden oder einen beitretenden Gläubiger), erhält er

◆ im Verfahren über den Antrag auf Anordnung der Zwangsverwaltung oder auf Zulassung des Beitritts 3/10 der vollen Gebühr (§ 69 Abs. 1 Nr. 1).
Die Gebühr entsteht bereits, wenn der Rechtsanwalt den Auftrag erhalten hat.

◆ im weiteren Verfahren (nach Zulassung der Zwangsverwaltung oder des Beitritts), *einschließlich dem Verteilungsverfahren, 3/10 der vollen Gebühr, mindestens jedoch 75,00 EUR* (§ 69 Abs. 1 Nr. 2).

Vertritt der Rechtsanwalt *einen anderen Beteiligten,* insbesondere den *Schuldner,* erhält er für das ganze Verfahren, einschließlich dem Verteilungsverfahren, 3/10 der vollen Gebühr, mindestens jedoch 75,00 EUR.

Der *Gegenstandswert* ist in § 69 Abs. 2 besonders geregelt.

III. Die Gebühren im Rechtsmittelverfahren (§ 70)

Die Vergütung des Rechtsanwalts, der in einem Rechtsmittelverfahren[1] tätig ist, ist in § 70 besonders geregelt.

Der Rechtsanwalt, der einen *Beteiligten, einen Bieter* oder *den Ersteher* vertritt, kann 5/10 *der vollen Gebühr* berechnen

◆ als *Prozessgebühr,*
◆ für die Wahrnehmung der im Verfahren stattfindenden Termine,
◆ für die Vertretung im Beweisaufnahmeverfahren.

In der Regel entsteht jedoch nur 5/10 Prozessgebühr.

Der **Gegenstandswert** bestimmt sich nach den für die Gerichtsgebühren geltenden Wertvorschriften (§ 8 Abs. 1 S. 1 BRAGO; §§ 29, 30 GKG).

---

[1] Beschwerde nach §§ 95 ff. ZVG; Anrufung des Vollstreckungsgerichts gegen Entscheidungen der baden-württembergischen Notare.

D. Gebühren im Insolvenzverfahren §§ 72–77 BRAGO

Im Insolvenzverfahren ist es von grundsätzlicher Bedeutung, ob das Verfahren auf Antrag des Schuldners oder eines Gläubigers durchgeführt wird.

- Der **Gegenstandswert** (§ 77) richtet sich nach dem Wert der Insolvenzmasse soweit der Schuldner das Verfahren beantragt hat. Der Mindestwert beträgt 3 000,00 EUR (§ 77 Abs. 1). Beantragt ein Gläubiger das Verfahren, ist der Nennwert (nebst Nebenforderungen) ausschlaggebend (§ 77 Abs. 2).
- Im **Antragsverfahren** erhält der **Schuldnervertreter** eine Geschäftsgebühr von 3/10. Wird er auch im Verfahren über den Schuldenbereinigungsplan tätig, erhöht sich die Gebühr auf eine volle (10/10) Gebühr (§ 72 Abs. 1). Der Gläubigervertreter erhält eine 5/10 Geschäftsgebühr im Antragsverfahren, die sich auf 8/10 erhöht, wenn er auch im Verfahren über den Schuldenbereinigungsplan tätig wird (§ 72 Abs. 2).
- Für die **Vertretung im Verfahren** entsteht auf Gläubiger und Schuldnerseite eine 5/10 Gebühr (§ 73).
- Restschuld- und Insolvenzplanverfahren werden besonders behandelt (§ 74).

  Der Anwalt erhält eine volle (10/10) Tätigkeitsgebühr (§ 74 Abs. 1 Satz 1) in diesem Verfahren. Legt der Schuldner den Insolvenzplan vor, erhält der Schuldnervertreter zusätzlich zwei volle Gebühren, zusammen 30/10 Gebühren (§ 74 Abs. 1 Satz 2).

  Vertritt der Anwalt den Schuldner oder Gläubiger aber im Restschuldbefreiungsverfahren **und** im Insolvenzplanverfahren fällt die Gebühr nach Absatz 1 Satz 1 nur einmal nach dem höchsten Gebührensatz an (§ 74 Abs. 1 Satz 3).

  Der Antrag auf Versagung oder Widerruf der Restschuldbefreiung löst ein separates Verfahren aus, das eine extra Gebühr in Höhe von 5/10 entstehen lässt (§ 74 Abs. 2). Die Gebühr entsteht einmalig unabhängig von der Zahl der Anträge (§ 74 Abs. 2 Satz 2).

- Für die Anmeldung einer Insolvenzforderung erhält der Gläubigervertreter eine 3/10 Gebühr (§ 75).
- Im Beschwerdeverfahren entsteht eine besondere zusätzliche 5/10 Geschäftsgebühr nach § 76 i. V. m. § 31.

Beispiele: Rechtsanwalt König meldet für Gläubiger Adam eine Forderung von 1 000,00 EUR zum Insolvenzverfahren an.

Der Wert der Gläubigervertretergebühr bestimmt sich nach dem Nennwert der Forderung. Rechtsanwalt König verdient demnach eine 3/10 Gebühr aus einem Streitwert von 1 000,00 EUR.

Rechtsanwalt Fleißig vertritt den Schuldner Sorglos im gesamten Insolvenzverfahren; d.h. Antragsverfahren, Insolvenzverfahren, Insolvenzplanverfahren und Restschuldbefreiungsverfahren. Er beantragt für Sorglos das Verfahren und legt auch den Insolvenzplan des Schuldners vor.

Der Wert der Insolvenzmasse beträgt 2 500,00 EUR.

Rechtsanwalt Fleißig verdient im Verfahren:

10/10 Geschäftsgebühr im Antragsverfahren (§ 72 Abs. 1);
 5/10 Verfahrensgebühr (§ 73);
10/10 Gebühr für die Vertretung im Insolvenzplan und Restschuldbefreiungsverfahren (§ 74 Abs. 1 Satz 1 und 3);
20/10 Gebühr für den Insolvenzplan (§ 74 Abs. 1 Satz 2).
Insgesamt: 45/10 Gebühren aus dem Mindestwert von 3 000,00 EUR.

E. Die Gebühren in Strafsachen

Die Tätigkeit des Rechtsanwalts in Strafverfahren unterscheidet sich wesentlich von der in bürgerlichen Rechtsstreitigkeiten. Während in Zivilsachen die Information und das Anfertigen von Schriftsätzen den Rechtsanwalt überwiegend in Anspruch nehmen, ist Schwerpunkt der Tätigkeit des Verteidigers sein Auftreten in der Hauptverhandlung.

Die Gebühren des Prozessbevollmächtigten in bürgerlichen Rechtsstreitigkeiten werden in der Regel nach festen Gebührensätzen aus dem Gegenstandswert berechnet (Wertgebühren)[1]. Die Gebühren in Strafsachen dagegen sind im Gesetz nur dem Rahmen nach bestimmt (Rahmengebühren)[1]. Das Gesetz sieht Mindest- und Höchstbeträge vor, innerhalb deren die Gebühr unter Berücksichtigung aller Umstände nach billigem Ermessen zu bestimmen ist (§ 12)[1].

Die allgemeinen Grundsätze des Gebührenrechts gelten auch in Strafsachen[2]. So sind z.B. die Vorschriften über Honorarvereinbarungen (§ 3), Tätigkeit von Vertretern des Rechtsanwalts (§ 4), mehrere Rechtsanwälte (§ 5), mehrere Auftraggeber (§ 6), Umfang der Angelegenheit (§ 13), Fälligkeit der Gebühren (§ 16) und Vorschuss (§ 17) heranzuziehen. Auch die Vorschriften über Auslagen und Umsatzsteuer gelten entsprechend.

Die Gebühren in Strafsachen sind *Pauschgebühren;* sie entgelten die gesamte Tätigkeit des Rechtsanwalts als Verteidiger einschließlich der Einlegung von Rechtsmitteln beim Gericht derselben Instanz, z.B. Beschwerden, aber nicht Berufung und Revision (§ 87). Ausnahmen von diesem Grundsatz bringen die §§ 91, 92 und 94, die Gebühren für einzelne Tätigkeiten vorsehen.

Der Beschuldigte, der Privatkläger und der Nebenkläger können ihren Verteidiger selbst wählen *(gewählter Verteidiger – Wahlverteidiger).* Unterlassen sie dies, ist die Verteidigung aber notwendig (§ 140 StPO), so kann vom Gericht ein Verteidiger bestellt *(Pflichtverteidiger)* oder dem Privatkläger ein *Rechtsanwalt beigeordnet* werden.

I. Die Gebühren des Wahlverteidigers (§§ 83–93)

1. Die Gebühren im ersten Rechtszug (§§ 83, 84)

Mit Beginn der Hauptverhandlung erwächst dem Verteidiger die Gebühr nach § 83 *(Hauptverhandlungsgebühr).* Die Hauptverhandlung beginnt mit Aufruf der Sache. Der Rechtsanwalt braucht nicht in sachliche Erörterungen eingetreten zu sein; es genügt, dass er anwesend ist. Die Gebühr erwächst ihm z.B. auch dann, wenn sofort nach Aufruf der Zeugen vertagt wird, selbst wenn er im späteren Hauptverhandlungstermin nicht mehr auftritt.

Die Gebühr nach § 83 Abs. 1 umfasst nur den ersten Verhandlungstag. Dauert die Hauptverhandlung *mehrere Tage,* so erhält der Verteidiger zusätzlich für jeden weiteren Tag die Gebühr nach § 83 Abs. 2.

---

[1] Näheres über Wert- und Rahmengebühren S. 398 f.
[2] Zu den Strafsachen gehören noch das Jugendstrafverfahren, das Privatklageverfahren, das Klageerzwingungsverfahren und das Verfahren zur Vorbereitung der öffentlichen Klage. Dies ergibt sich aus §§ 83–86, 91, 94.

Die Gebühren des Rechtsanwalts

War der Rechtsanwalt nur in *vorbereitenden Verfahren* tätig,

Beispiele:
◆ im polizeilichen Ermittlungsverfahren,
◆ im Verfahren vor der Staatsanwaltschaft,
◆ Einsicht der Strafakten,
◆ Briefwechsel mit dem Beschuldigten,
◆ Besprechung in der Untersuchungshaft,

oder in einem bereits bei Gericht anhängigen Verfahren außerhalb der Hauptverhandlung,

Beispiel: zwischen Mitteilung der Anklageschrift und Eröffnungsbeschluss,

oder in einem Verfahren, in dem eine Hauptverhandlung nicht stattfindet,

Beispiel: bei Strafbefehlen,

so erhält er die Gebühr nach § 84.

War der die Hauptverhandlung wahrnehmende Verteidiger auch im vorbereitenden Verfahren tätig, was die Regel ist, so erhält er *neben* der Hauptverhandlungsgebühr des § 83 die Gebühr nach § 84 *besonders*.

Der Rahmen, innerhalb dessen die Gebühren zu bestimmen sind, richtet sich nach der *Ordnung des zuständigen Gerichts*. Ist das Verfahren nicht gerichtlich anhängig geworden, so ist die Ordnung des Gerichts maßgebend, das für die Hauptverhandlung zuständig gewesen wäre (§ 84 Abs. 3).

Beispiele:
◆ Rechtsanwalt Struwe wird als Verteidiger eines des einfachen Diebstahls Beschuldigten im staatsanwaltlichen Ermittlungsverfahren tätig. Das Verfahren wird eingestellt.
Für die Hauptverhandlung wäre der Strafrichter zuständig gewesen. Der Gebührenrahmen umfasst somit 50,00 EUR bis 660,00 EUR (§§ 84 Abs. 1, 83 Abs. 1 Nr. 3).

◆ Rechtsanwalt Feld hat den Beschuldigten in der Haftanstalt aufgesucht, nachdem er die Strafakten eingesehen hatte. Die Hauptverhandlung vor der großen Strafkammer erstreckt sich über zwei Tage. Rechtsanwalt Feld berechnet seine Vergütung wie folgt (Mittelwert):

  Gebühren für das vorbereitende Verfahren
  (§§ 84 Abs. 1, 83 Abs. 1 Nr. 2 – Gebührenrahmen 60,00 EUR bis 780,00 EUR)   210,00 EUR

  Hauptverhandlungsgebühr:
  für den ersten Tag (§ 83 Abs. 1 Nr. 2)
  Gebührenrahmen 60,00 EUR bis 780,00 EUR   420,00 EUR

  für den zweiten Tag (§ 83 Abs. 2 Nr. 2)
  Gebührenrahmen 60,00 EUR bis 390,00 EUR   225,00 EUR

  zuzüglich Auslagen und Mehrwertsteuer

Beginnt die Hauptverhandlung, nachdem sie unterbrochen worden ist (vgl. § 229 StPO), von neuem, so erhält der Verteidiger für den ersten Tag der neuen Hauptverhandlung wiederum die Gebühr nach § 83 Abs. 1.

Beispiel: In einer Strafsache vor dem Schwurgericht wurde die Hauptverhandlung nach zwei Verhandlungstagen zehn Tage unterbrochen. Danach wird die an zwei weiteren Tagen fortgesetzt.
Die Hauptverhandlungsgebühr beträgt:

zwei Gebühren für den jeweils ersten Tag
nach § 83 Abs. 1 Nr. 1 (2x Mittelgebühr)   1 390,00 EUR

zwei Gebühren für den jeweils zweiten Tag
nach § 83 Abs. 2 Nr. 1 (2x Mittelgebühr)   740,00 EUR

Gebühren im ersten Rechtszug (§§ 83, 6 Abs. 1 S. 3)

Ordnung der Gerichte	Gebührenrahmen für Tätigkeit in der Hauptverhandlung §§ 83, 6 Abs. 1 S. 3	Gebührenrahmen im vorbereitenden Verfahren, in gerichtlich anhängigen Verfahren außerhalb der Hauptverhandlung, in Verfahren ohne Hauptverhandlung §§ 84, 6 Abs. 1 S. 3
1. Ordnung Oberlandesgerichte (auch Bay. ObLG) Schwurgerichte Jugendkammer (sofern diese in Sachen entscheidet, die nach den allgemeinen Vorschriften zur Zuständigkeit des Schwurgerichts gehören)	**1. bei einem Auftraggeber** ♦ *für den ersten Tag:* 90,00 EUR bis 1 300,00 EUR ♦ *für jeden weiteren Tag:* 90,00 EUR bis 660,00 EUR	45,00 EUR bis 650,00 EUR
	2. bei mehreren Auftraggebern durch jeden weiteren Auftraggeber Erhöhung des Mindest- und Höchstbetrages um 3/10, z. B. *bei zwei Auftraggebern:* ♦ *für den ersten Tag:* 117,00 EUR bis 1 690,00 EUR ♦ *für jeden weiteren Tag:* 117,00 EUR bis 858,00 EUR	58,50 EUR bis 845,00 EUR
2. Ordnung Große Strafkammer und Jugendkammer (in anderen als Schwurgerichtssachen)	**1. bei einem Auftraggeber** ♦ *für den ersten Tag:* 60,00 EUR bis 780,00 EUR ♦ *für jeden weiteren Tag:* 60,00 EUR bis 390,00 EUR	30,00 EUR bis 390,00 EUR
	2. bei mehreren Auftraggebern durch jeden weiteren Auftraggeber Erhöhung des Mindest- und Höchstbetrages um 3/10, z. B. *bei zwei Auftraggebern:* ♦ *für den ersten Tag:* 78,00 EUR bis 1 014,00 EUR ♦ *für jeden weiteren Tag:* 78,00 EUR bis 1 318,20 EUR	39,00 EUR bis 507,00 EUR
3. Ordnung Schöffengericht Jugendschöffengericht Strafrichter Jugendrichter	**1. bei einem Auftraggeber** ♦ *für den ersten Tag:* 50,00 EUR bis 660,00 EUR ♦ *für jeden weiteren Tag:* 50,00 EUR bis 330,00 EUR	25,00 EUR bis 330,00 EUR
	2. bei mehreren Auftraggebern durch jeden weiteren Auftraggeber Erhöhung des Mindest- und Höchstbetrages um 3/10, z. B. *bei zwei Auftraggebern:* ♦ *für den ersten Tag:* 65,00 EUR bis 858,00 EUR ♦ *für jeden weiteren Tag:* 65,00 EUR bis 429,00 EUR	32,50 EUR bis 429,00 EUR

2. Die Gebühren im Berufungs-, Revisions- und Wiederaufnahmeverfahren (§§ 85, 86, 90)

Für die *Einlegung* eines Rechtsmittels (Berufung, Revision) erhält der Verteidiger der unteren Instanz keine besondere Gebühr (§ 87 S. 2). *Die Hauptverhandlungsgebühr nach § 83 gilt auch diese Tätigkeit ab.* Die Gebühren nach §§ 85, 86 entstehen deshalb nur, wenn der Rechtsanwalt beauftragt wurde, die Verteidigung vor dem Berufungs- oder Revisionsgericht zu führen und wenn er in dieser Eigenschaft tätig geworden ist. Wurde er nur *außerhalb der Hauptverhandlung* tätig oder findet eine Hauptverhandlung vor dem Berufungs- oder Revisionsgericht nicht statt, so erhält er nur *die Hälfte der Gebühren* (§§ 85 Abs. 3, 86 Abs. 3).

Beispiel: Rechtsanwalt Kipp wurde vom verurteilten Angeklagten zum Verteidiger im Berufungsverfahren bestellt. Er legt namens seines Auftraggebers Berufung gegen das Urteil ein und beantragt zugleich Wiedereinsetzung in den vorigen Stand. Die Wiedereinsetzung wird vom Gericht abgelehnt.

Rechtsanwalt Kipp erhält nur die Hälfte der in § 85 Abs. 1 bestimmten Gebühr.

Wird im Berufungs- oder Revisionsverfahren die Hauptverhandlung ausgesetzt und danach neu begonnen, so erhält der Verteidiger für den ersten Tag der neuen Hauptverhandlung die Gebühren nach § 85 Abs. 1 bzw. § 86 Abs. 1.

Der Gebührenrahmen ist wiederum je nach Ordnung des Gerichts verschieden.

Gebühren im Berufungsverfahren (§§ 85, 6 Abs. 1 S. 3)

Berufungsgericht	Gebührenrahmen für Tätigkeit in der Hauptverhandlung	Gebührenrahmen für Tätigkeit außerhalb der Hauptverhandlung oder wenn eine Hauptverhandlung nicht stattfindet
Strafkammer und Jugendkammer	**1. bei einem Auftraggeber** ♦ für den ersten Tag: 60,00 EUR bis 780,00 EUR ♦ für jeden weiteren Tag: 60,00 EUR bis 390,00 EUR	30,00 EUR bis 390,00 EUR
	2. bei mehreren Auftraggebern Erhöhung des Rahmens je Auftraggeber um 3/10, z. B. *bei zwei Auftraggebern:* ♦ für den ersten Tag: 78,00 EUR bis 1 014,00 EUR ♦ für jeden weiteren Tag: 78,00 EUR bis 507,00 EUR	39,00 EUR bis 507,00 EUR

Gebühren im Revisionsverfahren (§§ 86, 6 Abs. 1 S. 3)

Revisionsgerichte	Gebührenrahmen für Tätigkeit in der Hauptverhandlung	Gebührenrahmen für Tätigkeit außerhalb der Hauptverhandlung oder wenn eine Hauptverhandlung nicht stattfindet
Bundesgerichtshof	**1. bei einem Auftraggeber** ♦ *für den ersten Tag:* 90,00 EUR bis 1 300,00 EUR ♦ *für jeden weiteren Tag:* 90,00 EUR bis 650,00 EUR	45,00 EUR bis 650,00 EUR
	2. bei mehreren Auftraggebern Erhöhung des Rahmens je Auftraggeber um 3/10, z. B. *bei zwei Auftraggebern:* ♦ *für den ersten Tag:* 117,00 EUR bis 1 690,00 EUR ♦ *für jeden weiteren Tag:* 117,00 EUR bis 845,00 EUR	58,50 EUR bis 845,00 EUR
Oberlandesgericht	**1. bei einem Auftraggeber** ♦ *für den ersten Tag:* 60,00 EUR bis 780,00 EUR ♦ *für jeden weiteren Tag:* 60,00 EUR bis 390,00 EUR	30,00 EUR bis 390,00 EUR
	2. bei mehreren Auftraggebern Erhöhung des Rahmens je Auftraggeber um 3/10, z. B. *bei zwei Auftraggebern:* ♦ *für den ersten Tag:* 78,00 EUR bis 1 014,00 EUR ♦ *für jeden weiteren Tag:* 78,00 EUR bis 507,00 EUR	39,00 EUR bis 507,00 EUR

Wurde ein Rechtsanwalt nur beauftragt, Berufung oder Revision einzulegen, *ohne* als Verteidiger bestellt zu sein, so sind die Gebühren § 91 zu entnehmen, der die *Vergütung für Einzeltätigkeiten* bestimmt[1]).

Beantragt der Rechtsanwalt **die Wiederaufnahme des Verfahrens** (§ 366 StPO), so steht ihm je nach der Ordnung des Gerichts, das im ersten Rechtszug entschieden hat, die Gebühr nach § 84 zu. Die Gebühr steht ihm auch zu, wenn er von der Antragstellung abrät (§ 90 Abs. 1). Die Gebühr entgilt die Anfertigung oder Unterzeichnung des Antrags, darüber hinaus aber auch die *ganze Tätigkeit* im Verfahren über den Antrag bis zur Entscheidung, ob der Antrag begründet ist oder nicht.

Wird dem Antrag stattgegeben und ordnet das Gericht die Erneuerung der Hauptverhandlung an, so erhält der Rechtsanwalt als Verteidiger *erneut* Gebühren nach den Vorschriften für den ersten Rechtszug (§§ 83, 84). Der Gebührenrahmen richtet sich wiederum nach der Ordnung des Gerichts, vor dem die Hauptverhandlung stattfindet.

[1]) Näheres S. 470.

3. Die Berücksichtigung des Gegenstandswertes bei besonderen Tätigkeiten (§ 88)

In § 88 sind eine Anzahl Maßnahmen aufgeführt, die den Verteidiger mit *zusätzlicher Arbeit und Verantwortung* belasten, wenn sich die Tätigkeit z. B. auf die Einziehung, Vernichtung oder Unbrauchbarmachung von Gegenständen oder die Abführung des Mehrerlöses bezieht. Der Verteidiger erhält für eine solche Mehrarbeit *keine* besondere Gebühr, sie ist nur ein nach § 12 *zu berücksichtigender Umstand*, der den Umfang und die Schwierigkeit der Angelegenheit vergrößern kann.

Beispiel: Kern ist wegen gewohnheitsmäßiger Jagdwilderei (§ 292 Abs. 3 StGB) vor dem Schöffengericht angeklagt. Die benutzten Jagdgeräte drohen eingezogen zu werden.

Der Rahmen 50,00 EUR bis 780,00 EUR (Schöffengericht) ist heranzuziehen. Sämtliche zu berücksichtigenden Umstände (§ 12) sind mittlerer Art. Es ist deshalb vom Mittelwert

$$\frac{50{,}00 \text{ EUR} + 780{,}00 \text{ EUR}}{2} = 415{,}00 \text{ EUR}$$

auszugehen.

Da durch das Einziehungsverfahren der Umfang der Angelegenheit größer wird, kann der Mittelwert überschritten werden. Außerdem ist der Wert der bei Kern vorgefundenen Jagdflinten mit 1 500,00 EUR zu berücksichtigen. Eine Gebühr von etwa 600,00 EUR dürfte angemessen sein.

Reicht der Gebührenrahmen nicht aus, die Tätigkeit des Rechtsanwalts in einem solchen Fall angemessen zu vergüten, so wenn z. B. durch das Einziehungsverfahren Umfang und Schwierigkeit der Tätigkeit wesentlich zunehmen, oder wegen der außergewöhnlichen Höhe des Gegenstandswertes die Bedeutung der Angelegenheit wächst, kann der Gebührenrahmen *um eine volle Gebühr aus dem Gegenstandswert überschritten* werden, im zweiten und dritten Rechtszug um 13/10.

Erstreckt sich die Tätigkeit des Rechtsanwalts auf ein Fahrverbot oder auf die Entziehung der Fahrerlaubnis, kann der Gebührenrahmen bis zu 25 % überschritten werden (§ 88 S. 3).

Beispiel: Angenommen, der Gebührenrahmen umfasst nach § 83 Abs. 1 Nr. 3 50,00 EUR bis 780,00 EUR.

Der Rechtsanwalt kann, wenn es sich z. B. um ein Fahrverbot handelt und eine Erhöhung des Rahmens angemessen ist, die Gebühr aus 50,00 EUR bis 975,00 EUR (statt 50,00 EUR bis 780,00 EUR) berechnen. Der Mittelwert beträgt somit 512,50 EUR.

4. Die Gebühren im Adhäsionsverfahren (§ 89)

Unter Adhäsionsverfahren (§§ 403 ff. StPO) ist die *Gelteneurachung eines aus einer Straftat erwachsenen vermögensrechtlichen Anspruchs im Strafverfahren* zu verstehen.

Beispiel: Hat Thomas, der mit seinem Fahrrad vorschriftswidrig in eine Straße einbog, den Fußgänger Andreas schwer verletzt, so kann Andreas seine Schadensersatzansprüche im Strafverfahren geltend machen, da diese aus der Straftat unmittelbar erwachsen sind. Der Verteidiger von Thomas, der diesen auch bei Abwehr des bürgerlich-rechtlichen Anspruchs vertritt, erhält dafür eine besondere Vergütung.

Die Entscheidung über vermögensrechtliche Ansprüche im Strafverfahren erfolgt allerdings nur, wenn der Fall *einfach gelagert* ist. Der Rechtsanwalt erhält deshalb nicht die Gebühren des § 31, die ihm in einem abgetrennten Zivilverfahren zustünden, sondern nur das *Einein-halbfache der vollen Gebühr* aus dem vermögensrechtlichen Anspruch für das ganze Verfahren, im Berufungs- und Revisionsverfahren *das Doppelte* (§ 89 Abs. 1).

Kostenrecht

5. Die Gebühren für Einzeltätigkeiten (§§ 91, 92)

Die bisher behandelten Vorschriften regeln die Vergütung, die dem mit der Verteidigung betrauten Rechtsanwalt zusteht. Da es sich ausnahmslos um Pauschgebühren handelt, sind sämtliche Tätigkeiten, die im Rahmen der Verteidigung erforderlich werden, mit abgegolten.

Die in § 91 erwähnten Gebühren stehen deshalb nur dem *Nichtverteidiger* zu, also dem Rechtsanwalt, dem nur *Einzelaufgaben* übertragen worden sind. Die Vorschrift führt eine Anzahl solcher Einzeltätigkeiten auf und teilt sie in drei Gruppen ein. Auffallend ist, dass der Gebührenrahmen der ersten Gruppe geringer ist als der der zweiten, der Gebührenrahmen der zweiten wiederum geringer ist als der der dritten. Dies ist damit zu erklären, dass die Tätigkeiten der höheren Gruppe jeweils umfangreicher und schwieriger sind als die der unteren.

Folgende Tätigkeiten werden besonders vergütet:

Art der Tätigkeit	Gebührenrahmen
1. Gruppe: Einlegen eines Rechtsmittels, Anfertigung oder Unterzeichnung anderer Anträge, Gesuche oder Erklärungen, z. B. Anträge auf Strafaussetzung zur Bewährung, auf Strafaufschub, Strafanträge und Strafanzeigen.	15,00 EUR bis 175,00 EUR
2. Gruppe: Anfertigung oder Unterzeichnung von Schriftsätzen zur Rechtfertigung der Berufung oder zur Gegenerklärung auf die Revision, Tätigkeit des Korrespondenzanwalts.	25,00 EUR bis 325,00 EUR
3. Gruppe: Anfertigung oder Unterzeichnung von Schriftsätzen zur Begründung der Revision oder zur Gegenerklärung auf die Revision.	35,00 EUR bis 515,00 EUR

Auch diese Gebühren sind *Pauschgebühren.* Sie gelten deshalb nicht nur die Tätigkeit selbst ab, sondern auch deren Vorbereitung und Abwicklung.

Eine besondere Gebühr erhält der Rechtsanwalt, der in einer **Gnadensache**[1]) tätig wird (§ 93), ohne Rücksicht darauf, ob er eine Gebühr als Verteidiger erhalten hat. Die Gebühr ist einem *Rahmen von 20,00 EUR bis 260,00 EUR* zu entnehmen. Sie entgilt die Tätigkeit in sämtlichen Gnadeninstanzen. Nur wenn der Rechtsanwalt nach Ablehnung eines Gnadengesuches ein weiteres einreicht, entsteht die Gebühr erneut.

Wiederholungsaufgaben

1 In Strafsachen bestimmt die BRAGO die Vergütung des Rechtsanwalts nur dem Rahmen nach.
   a) Welche Umstände sind für die Höhe der Gebühren maßgebend?
   b) Welcher Vorschrift sind diese Umstände zu entnehmen?

2 Welche Tätigkeit wird durch die Hauptverhandlungsgebühr vergütet?

3 Rechtsanwältin Wohlers verteidigte den Angeklagten vor dem Schwurgericht. Die Hauptverhandlung zog sich über zwei Tage hin.
   Wie hoch kann die Vergütung angesetzt werden, wenn es sich um einen Durchschnittsfall handelte?

---

[1]) Gnadengesuche richten sich gegen rechtskräftig erkannte Strafen.

4 a) Rechtsanwalt Berger trat in der Berufungsverhandlung vor der Großen Strafkammer als Verteidiger des Angeklagten auf. Die Hauptverhandlung dauerte zwei Tage.
Welche Vergütung kann er beanspruchen, wenn sämtliche Umstände mittlerer Art waren?
b) Aus welchem Gebührenrahmen ist die Gebühr zu entnehmen, wenn Rechtsanwalt Berger nur außerhalb der Hauptverhandlung tätig geworden ist?
c) Rechtsanwalt Berger wurde außerdem beauftragt, gegen das Berufungsurteil der Großen Strafkammer Revision beim Oberlandesgericht einzulegen. Er tritt in der Hauptverhandlung auf, die wiederum zwei Tage dauert.
Welche Vergütung kann er beanspruchen?

5 Rechtsanwalt Schenk hat den Angeklagten vor der großen Strafkammer zu verteidigen. Gegenstände im Wert von 45 000,00 EUR sollen eingezogen werden. Der Ausgang des Strafverfahrens ist für den Angeklagten von überragender Bedeutung, die Tätigkeit des Verteidigers außerordentlich umfangreich; der Gebührenrahmen reicht deshalb für eine angemessene Vergütung des Verteidigers nicht aus.
Wie hoch kann die Vergütung von Rechtsanwalt Schenk höchstens angesetzt werden?

6 Rechtsanwältin Bröker wurde vom Beschuldigten nur beauftragt, die Berufungsbegründung gegen ein Strafurteil des Strafrichters auszuarbeiten und, falls er verurteilt werden sollte, Strafaussetzung zur Bewährung zu beantragen. Rechtsanwältin Bröker führt beide Aufträge aus.
a) Aus welcher Vorschrift sind die Gebühren zu entnehmen?
b) Welche Gebühren können berechnet werden, wenn es sich um einen Durchschnittsfall handelt?

7 Welche Gebühren erhält der Rechtsanwalt, der als Verteidiger in der Hauptverhandlung aufgetreten ist und nach Verurteilung des Angeklagten vor mehreren Gnadenbehörden tätig geworden ist?
Es handelt sich um einen Durchschnittsfall.

II. Die Gebühren anderer gewählter Vertreter – im Privatklageverfahren, für die Vertretung eines Nebenklägers und anderer Verfahrensbeteiligter – (§§ 94, 95)

Die Privatklage (§§ 374 ff. StPO) gibt dem durch eine der in § 374 StPO aufgeführten Straftaten Verletzten (z. B. durch Körperverletzung, Sachbeschädigung, Hausfriedensbruch) die Möglichkeit, ohne Anrufung der Staatsanwaltschaft im Wege des Privatklageverfahrens eine Verurteilung des Täters herbeizuführen[1]. Der, gegen den die Privatklage gerichtet ist, ist Beschuldigter; er wird zum Angeklagten, wenn das Hauptverfahren gegen ihn eröffnet ist.

Die Nebenklage (§§ 395 f. StPO) unterstützt die öffentliche Klage und erstrebt die Verurteilung des Angeklagten. Der Nebenkläger schließt sich zu diesem Zweck der öffentlichen Klage an. Verweist z. B. die Staatsanwaltschaft in einem Falle der Körperverletzung den Verletzten nicht auf die Privatklage, sondern erhebt öffentliche Klage, so kann der Verletzte als Nebenkläger auftreten.

Der Beschuldigte kann sich durch einen Rechtsanwalt verteidigen, der Privatkläger oder der Nebenkläger durch einen Rechtsanwalt vertreten lassen. Die *Vergütung* der Rechtsanwälte richtet sich nach den Vorschriften der §§ 83–93 und §§ 94, 95.

[1] Näheres über Voraussetzungen und Verfahren S. 381.

Besondere Vorschriften für die Privatklage § 94 Abs. 2–5:

◆ Eine *Widerklage* erhöht die Gebühren nicht, selbst wenn der Widerbeklagte nicht der Privatkläger, sondern eine dritte Person ist (§ 94 Abs. 2).
Beispiel: Herr Kuhn erhebt gegen Frau Pohl Privatklage wegen Beleidigung seiner Ehefrau. Frau Pohl erhebt Widerklage gegen Frau Kuhn wegen Körperverletzung.
Rechtsanwalt Kurz, der den Privatkläger, Herrn Kuhn, und die Widerbeklagte, Frau Kuhn vertritt, erhält keine erhöhten Gebühren, obwohl er zwei Personen vertritt. § 6 Abs. 1 S. 2 ist hier nicht anwendbar.

◆ Kommt es zu einem *Vergleich*, erhält der Rechtsanwalt des Privatklägers und des Beschuldigten, wenn er dabei mitgewirkt hat, *zusätzlich* eine Gebühr von **15,00 EUR bis 125,00 EUR** (§ 94 Abs. 3).
Wird darüber hinaus ein Vergleich über vermögensrechtliche Ansprüche geschlossen, so erwächst noch eine Vergleichsgebühr nach § 23 aus dem Wert der vermögensrechtlichen Ansprüche.

◆ Hat der Rechtsanwalt die *Privatklage nur anzufertigen oder zu unterzeichnen*, nicht aber bei Gericht einzureichen, so erhält er eine Gebühr im Rahmen von **25,00 EUR bis 325,00 EUR**. Wird er *danach erst mit der Vertretung* des Privatklägers beauftragt, so wird die Gebühr auf die Gebühren, die ihm als Vertreter des Privatklägers zustehen, angerechnet (§ 94 Abs. 4).
Beispiel: Rechtsanwalt Feine hat den Auftrag erhalten, eine Privatklage zu entwerfen. Der Auftraggeber reicht die Klage selbst ein.
Zwei Tage darauf bittet der Privatkläger Rechtsanwalt Feine, er möge ihn im Verfahren vertreten. Die Hauptverhandlung wird eröffnet; der Angeklagte wird mit einer Geldstrafe bestraft.
Folgende Gebühren kann Rechtsanwalt Feine berechnen (die nach § 12 zu berücksichtigenden Umstände sind mittlerer Art):

– Gebühr für die Anfertigung der Privatklage
§ 94 Abs. 4 S. 1 (Mittelwert)   175,00 EUR
– Gebühr für die Vertretung im Privatklageverfahren
(Hauptverhandlungsgebühr) §§ 83 Abs. 1 Nr. 3, 94 Abs. 1 (Mittelwert)   <u>355,00 EUR</u>
Die erste Gebühr wird auf die zweite angerechnet (§ 94 Abs. 4 S. 2);
Rechtsanwalt Feine erhält deshalb insgesamt   355,00 EUR
zuzüglich Auslagen und Umsatzsteuer.

◆ Einer Privatklage wegen Hausfriedensbruch, Beleidigung, leichter vorsätzlicher oder fahrlässiger Körperverletzung, Bedrohung, Sachbeschädigung und Verletzung des Briefgeheimnisses muss in der Regel ein *Sühneversuch* vorausgehen (§ 380 StPO). Erst wenn der Sühneversuch erfolglos verlaufen ist, kann Privatklage erhoben werden. Der Rechtsanwalt, der im Sühneversuch tätig wird, erhält eine Gebühr von **15,00 EUR bis 125,00 EUR**. Wirkt er bei einer Einigung mit, so erhält er eine weitere Gebühr von **15,00 EUR bis 125,00 EUR** (§ 94 Abs. 5).
Beispiel: Frau Färber hat Frau Kehrer eine „Schlampe" genannt und sie geohrfeigt. Frau Kehrer will Privatklage wegen Beleidigung und Körperverletzung gegen Frau Färber erheben. Im Sühneversuch einigen sich die beiden Frauen unter Mitwirkung von Rechtsanwalt Tausch, der als Beistand der Privatklägerin auftritt, dahingehend, dass Frau Kehrer von der Privatklage absieht und Frau Färber ihr 300,00 EUR Schmerzensgeld bezahlt.
Rechtsanwalt Tausch berechnet folgende Gebühren:

– Gebühr für Mitwirkung im Sühneversuch § 94 Abs. 5 (Mittelwert)   70,00 EUR
– Gebühr für Mitwirkung bei der Einigung der Parteien § 94 Abs. 5
(nach § 12 angemessen)   <u>90,00 EUR</u>
insgesamt   160,00 EUR
zuzüglich Auslagen und Umsatzsteuer.

III. Die Gebühren des gerichtlich bestellten Verteidigers und des beigeordneten Rechtsanwalts (§§ 97–103)

In § 140 StPO sind Fälle aufgeführt, in denen die Mitwirkung eines Verteidigers *notwendig* ist (**Pflichtverteidiger**), so z. B., wenn die Hauptverhandlung im ersten Rechtszug vor dem Oberlandesgericht oder dem Landgericht stattfindet, wenn dem Beschuldigten ein Verbrechen zur Last gelegt wird, wenn das Verfahren zur Unterbringung in einer Heil- und Pflegeanstalt oder zu einem Berufsverbot führen kann. In anderen Fällen wird auf Antrag des Beschuldigten oder von Amts wegen ein Pflichtverteidiger bestellt, wenn wegen der Schwere der Tat oder wegen der Schwierigkeit der Sach- oder Rechtslage ein Verteidiger notwendig erscheint oder wenn sich der Beschuldigte nicht selbst verteidigen kann. Dem Beschuldigten, der in einem Fall der *notwendigen Verteidigung* nicht selbst einen Rechtsanwalt mit der Verteidigung beauftragt, muss vom Gericht ein Verteidiger bestellt werden.

Grundsätzlich erhält der Pflichtverteidiger *Gebühren* für dieselben Tätigkeiten *wie der Wahlverteidiger* (§ 97 Abs. 1). **Ausgenommen** sind jedoch die Vertretung wegen vermögensrechtlicher Ansprüche (§ 89), die Vertretung in Gnadensachen (§ 93) und im Kostenfestsetzungs- und Zwangsvollstreckungsverfahren (§ 96); denn § 97 Abs. 1 verweist nicht auf diese Vorschriften. Tätigkeiten dieser Art werden durch die Hauptverhandlungsgebühr abgegolten.

◆ **Der Pflichtverteidiger erhält das Vierfache der dem Wahlverteidiger zustehenden Mindestbeträge aus der Staatskasse, jedoch nicht mehr als die Hälfte des Höchstbetrages (§ 97 Abs. 1 S. 1), außerdem Ersatz seiner Auslagen, soweit sie notwendig waren** (§ 97 Abs. 2).

Beispiel: Rechtsanwalt Klaiss wurde in einer Strafsache zum Pflichtverteidiger bestellt. Er ist in der zwei Tage dauernden Hauptverhandlung vor dem Schwurgericht tätig.

Er erhält nach §§ 83 Abs. 1, 97 Abs.1: 4 x 90,00 EUR =	360,00 EUR
für den 2. Verhandlungstag nach § 83 Abs. 2 Nr. 1 zusätzlich 4 x 90,00 EUR =	360,00 EUR
	720,00 EUR
insgesamt höchstens die Hälfte der Summe der beiden Höchstbeträge: (1 300,00 EUR + 650,00 EUR) : 2 =	975,00 EUR

War der Pflichtverteidiger nicht nur im Hauptverfahren, sondern *bereits im vorbereiteten Verfahren tätig*, so erhält er zur Hauptverhandlungsgebühr *hinzu das Vierfache der in § 84 bestimmten Mindestbeträge*.

Beispiel: In einer anderen Strafsache, in der er ebenfalls zum Pflichtverteidiger bestellt worden war, ist Rechtsanwalt Klaiss im Haftprüfungsverfahren tätig; seine Tätigkeit endet vor der Hauptverhandlung, die vor der Großen Strafkammer stattfinden sollte.

Er erhält nach §§ 84 Abs. 1, 83 Abs. 1 Nr. 2, 97 Abs. 1 (4 x 30,00 EUR)	120,00 EUR

Unerheblich ist, in welcher Lage des vorbereiteten Verfahrens er zum Verteidiger bestellt worden oder tätig geworden ist, ob bereits im Ermittlungsverfahren der Staatsanwaltschaft oder erst kurz vor Eröffnung des Hauptverfahrens. Wesentlich ist nur, dass er tätig geworden ist, bevor das Hauptverfahren eröffnet war.

◆ In Strafsachen, die **besonders umfangreich oder schwierig** sind, kann dem Pflichtverteidiger auf Antrag durch das Oberlandesgericht eine *Pauschvergütung* bewilligt werden, die *höher* ist als die in § 97 bestimmten Gebühren (§ 99).

Die Vergütung, die dem Pflichtverteidiger aus der Staatskasse zu gewähren ist, wird auf Antrag des Rechtsanwalts vom Urkundsbeamten der Geschäftsstelle des Gerichts des ersten Rechtszugs festgesetzt (§ 98). Gegen die Festsetzung ist die *Erinnerung*, gegen den Erinnerungsbeschluss ist die *Beschwerde* gegeben. Der Beschwerdegegenstand muss

Kostenrecht

100,00 EUR übersteigen (§ 304 Abs. 3 StPO). Für beide Verfahren erhält der Rechtsanwalt *keine Vergütung* (§ 98 Abs. 4).

Der gerichtlich bestellte Verteidiger ist nicht unbedingt auf die Gebühren nach §§ 97, 99 angewiesen. Er kann vom Beschuldigten die *Gebühren eines Wahlverteidigers verlangen, wenn dieser zur Zahlung in der Lage ist* (§ 100). Voraussetzung ist jedoch, dass das *Gericht des ersten Rechtszugs* auf Antrag des Rechtsanwalts *feststellt,* der Beschuldigte sei in der Lage, die Gebühren eines Wahlverteidigers zu bezahlen (§ 100 Abs. 2). Der Beschuldigte muss dazu gehört werden. Vorschüsse kann der Rechtsanwalt nicht fordern (§ 100 Abs. 1 S. 1), freiwillig bezahlte Vorschüsse kann er jedoch annehmen.

Hat der Rechtsanwalt bereits Gebühren aus der Staatskasse erhalten, so ermäßigt sich der Anspruch gegen den Beschuldigten um diese Beträge.

◆ Hat der Rechtsanwalt vom Beschuldigten oder einem Dritten, z. B. vom Ehemann der beschuldigten Ehefrau, **Vorschüsse** oder sonstige Zahlungen erhalten, so muss er sich diese auf die von der Staatskasse zu zahlenden Gebühren *anrechnen* lassen. Erhält er Zahlungen erst, nachdem die Staatskasse die Gebühren bereits bezahlt hat, so ist er zur Rückzahlung verpflichtet (§ 101).

◆ Wird der Rechtsanwalt dem *Privatkläger,* dem *Nebenkläger* oder dem *Antragsteller im Klageerzwingungsverfahren* im Wege der Prozesskostenhilfe beigeordnet, so gelten die §§ 97 bis 101 sinngemäß (§ 102).

IV. Die Gebühren im Bußgeldverfahren (§ 105)

Der Rechtsanwalt erhält als Verteidiger im Bußgeldverfahren vor den Verwaltungsbehörden, z. B. vor dem Landratsamt, Finanzamt, eine Verfahrensgebühr von 25,00 EUR bis 330,00 EUR (§ 105 i. V. m. § 83 Abs. 1 Nr. 3).

Die Kosten, die ein Beteiligter einem anderen zu erstatten hat, werden auf Antrag von der Verwaltungsbehörde festgesetzt (vgl. § 106 OWiG).

Nach Einlegung des Einspruchs gegen den Bußgeldbescheid erhält der Rechtsanwalt im *Bußgeldverfahren vor dem Amtsgericht* die Gebühren nach § 83 Abs. 1 Nr. 3: 50,00 EUR bis 660,00 EUR. Im Übrigen sind die Gebührenvorschriften in Strafsachen sinngemäß anzuwenden (§ 105 Abs. 2 und 3).

Wiederholungsaufgaben

1 Nach welchen Bestimmungen richtet sich die Vergütung des Rechtsanwalts, der
 a) den Privatkläger,
 b) den Nebenkläger
 vertritt?

2 Welche Vergütung erhält der Wahlverteidiger des Beschuldigten in einem Privatklageverfahren?

Die Gebühren des Rechtsanwalts

3 Welche besonderen Gebührenvorschriften gelten im Privatklageverfahren, wenn der Rechtsanwalt
   a) den Privatkläger zugleich als Widerkläger vertritt?
   b) bei der gütlichen Beilegung der Angelegenheit mitwirkt?
   c) die Privatklage nur zu unterzeichnen, aber nicht bei Gericht einzureichen hat?
   d) in einem der Privatklage vorausgehenden Sühneversuch tätig wird?

4 Rechtsanwalt Klabauter vertritt den Privatkläger, Rechtsanwalt Holländer den Beschuldigten. Der Sühneversuch, bei dem beide Rechtsanwälte tätig waren, blieb erfolglos. Das Hauptverfahren wird eröffnet; in der Hauptverhandlung kommt es zu einer Einigung der Parteien. Welche Vergütung erhalten beide Rechtsanwälte?
Der jeweilige Gebührenrahmen und die anzuwendenden Gesetzesvorschriften sind anzugeben.

5 a) Welche Gebühren kann der Pflichtverteidiger erhalten? Wie hoch sind sie?
   b) Wodurch wird die verhältnismäßig niedrige Vergütung des Pflichtverteidigers ausgeglichen?

6 Rechtsanwältin Gollach wird zur Pflichtverteidigerin des wegen Totschlags vor dem Schwurgericht angeklagten Beschuldigten bestellt. Sie wird im Ermittlungsverfahren der Staatsanwaltschaft und in der Hauptverhandlung, die drei volle Tage dauert, tätig.
Der Angeklagte ist in der Lage, die Gebühren eines Wahlverteidigers zu bezahlen. Rechtsanwältin Gollach stellt beim Schwurgericht den entsprechenden Antrag. Der Ausgang des Verfahrens ist für den Angeklagten von außerordentlicher Bedeutung; die Tätigkeit der Verteidigerin ist so umfangreich, dass für ihre Vergütung der Höchstbetrag des Gebührenrahmens angemessen ist.
Die Vergütung von Rechtsanwältin Gollach ist zu berechnen. Vom Beschuldigten hat sie einen Vorschuss von 500,00 EUR erhalten.

F. Die Gebühren in Verfahren vor Gerichten der Verfassungs-, Verwaltungs-, Finanz- und Sozialgerichtsbarkeit (§§ 113–117)[1]

Auf die Tätigkeit des Rechtsanwalts in einem Verfahren vor den Gerichten der Verfassungs-, Verwaltungs- und Finanzgerichtsbarkeit sind die Gebührenvorschriften für andere Zweige der Gerichtsbarkeit *sinngemäß* anzuwenden. Im Folgenden werden nur die für die einzelnen Verfahren geltenden *Sondervorschriften* behandelt.

◆ Im *Verfahren vor dem* **Bundesverfassungsgericht** *und vor den* **Verfassungsgerichten der Länder,** die *strafrechtlichen Charakter* haben, gelten die Gebührenvorschriften für Strafsachen vor dem Oberlandesgericht sinngemäß (§ 113 Abs. 1). Hierzu gehören z. B. Verfahren über die Verwirkung von Grundrechten, über die Verfassungswidrigkeit von Parteien, Anklagen gegen den Bundespräsidenten.

[1] Wegen der Gebühren in Verfahren vor dem Gerichtshof der Europäischen Gemeinschaft siehe § 113 a.

- ◆ In *„sonstigen Verfahren"* vor dem Bundesverfassungsgericht, z. B. Streitigkeiten zwischen Bund und Ländern, oder dem Verfassungsgericht eines Landes, z. B. Wahlprüfungsverfahren, sind die Gebührenvorschriften in bürgerlichen Rechtsstreitigkeiten (§§ 31 ff.) sinngemäß anzuwenden (§ 113 Abs. 2).
  - **Die Höhe der Gebühren** richtet sich nach § 11 Abs. 1 S. 4; der Rechtsanwalt, der einen Beteiligten vertritt, erhält demnach die Gebühren zu 13/10 (§ 113 Abs. 2 S. 2).
  - **„Der Gegenstandswert** ist unter Berücksichtigung aller Umstände, insbesondere der Bedeutung der Angelegenheit, des Umfangs und der Schwierigkeit der anwaltlichen Tätigkeit sowie der Vermögens- und Einkommensverhältnisse des Auftraggebers nach billigem Ermessen zu bestimmen"; er darf jedoch nicht weniger als 4 000,00 EUR betragen (§ 113 Abs. 2 S. 3).

- ◆ Im *Verfahren vor den Gerichten der* **Verwaltungs- und Finanzgerichtsbarkeit** (§ 114) sind die Gebührenvorschriften in bürgerlichen Rechtsstreitigkeiten (§ 31 ff.) sinngemäß anzuwenden. Der **Gegenstandswert** richtet sich nach den für die Gerichtsgebühren geltenden Wertvorschriften (§ 8 Abs. 1 BRAGO); § 13 GKG.
  Folgende gebührenrechtliche Besonderheiten sind unter anderem zu beachten (§ 114):
  - Der Rechtsanwalt erhält in Verfahren des *ersten Rechtszugs* vor dem *Bundesverwaltungsgericht,* dem Bundesfinanzhof oder vor einem Oberverwaltungsgericht (Verwaltungsgerichtshof) die Gebühren zu 13/10. Im Verfahren vor dem *Finanzgericht* betragen die Gebühren 10/10 (§ 114 Abs. 2).
  - Das Verfahren auf *Erlass einer einstweiligen Anordnung* wird als besondere Angelegenheit behandelt. Die Vorschriften über die Gebühren für einstweilige Verfügungen der ZPO gelten sinngemäß: § 40 für das Anordnungsverfahren, § 59 für die Vollziehung (§ 114 Abs. 5).
  - Nach § 114 Abs. 5 ist § 40 auch sinngemäß anzuwenden auf das Verfahren auf *Aussetzung oder Aufhebung der Vollziehung eines Verwaltungsaktes;* auf das Verfahren auf *Anordnung oder Wiederherstellung der aufschiebenden Wirkung eines Verwaltungsaktes.*
  - Wird eine *Maßnahme der Verwaltungszwangsvollstreckung* (Verwaltungszwang) bei einem Verwaltungsgericht *angefochten,* so entstehen die in § 31 bestimmten Gebühren zu 3/10 (§ 114 Abs. 6); die §§ 32, 33 Abs. 1 und 2 sind nicht anzuwenden.
  - Im Verfahren vor den *Gerichten der* **Finanzgerichtsbarkeit** gilt noch folgende Besonderheit:
    Die volle Verhandlungsgebühr erwächst dem Rechtsanwalt auch dann, wenn das Gericht ohne mündliche Verhandlung entscheidet (§ 117).

- ◆ Im Verfahren vor den *Gerichten der* **Sozialgerichtsbarkeit** sind die Gebühren grundsätzlich[1] *dem Rahmen nach* bestimmt (Betragsrahmengebühren). Die Gebühren entgelten jeweils die gesamte Tätigkeit des Rechtsanwalts in den einzelnen Instanzen (§ 116 Abs. 1).
  Der Rechtsanwalt erhält im Verfahren folgende Gebühren:

vor dem Sozialgericht	50,00 EUR bis 660,00 EUR
vor dem Landessozialgericht	60,00 EUR bis 780,00 EUR
vor dem Bundessozialgericht	90,00 EUR bis 1 300,00 EUR

  Die Gebühren sind nach *billigem Ermessen* zu bestimmen. Im Normalfall kann der Mittelwert angenommen werden. Nach § 12 sind alle Umstände, die für eine Erhöhung oder Ermäßigung der Gebühr sprechen, zu berücksichtigen.

---

[1] Ausgenommen sind die in § 116 Abs. 2 aufgeführten Angelegenheiten, hier werden die Gebühren nach dem Gegenstandswert berechnet, die §§ 31 ff. gelten sinngemäß.

◆ Für das **Verfahren vor Verwaltungsbehörden** treffen die §§ 114 ff. nicht zu. Die Tätigkeit des Rechtsanwalts wird in einem solchen Verfahren nach den Vorschriften über „Gebühren in sonstigen Angelegenheiten" (§§ 118 ff.) vergütet[1]). Die Erledigungsgebühr nach § 24 kann entstehen.

Die Gebühren entstehen in jedem Verfahren nur einmal. So erhält der Rechtsanwalt, der eine Steuerklärung angefertigt hat, für den Einspruch gegen den späteren Steuerbescheid keine besondere Gebühr.

War der Rechtsanwalt in einem Verwaltungsverfahren tätig und danach in einem Verfahren, das dem Verwaltungsrechtsstreit vorausgeht und der Nachprüfung des Verwaltungsaktes dient, der angefochten werden soll (Vorverfahren, Einspruchs-, Beschwerde-, Abhilfeverfahren), erhält er für beide Verfahren die Gebühren nur einmal, da beide kostenrechtlich als *eine* Angelegenheit gewertet werden (§ 119 Abs. 1).

G. Die Gebühren in sonstigen Angelegenheiten (§§ 118 ff.) – Außergerichtliche Schadensregulierung

Der zwölfte Abschnitt der BRAGO, „Gebühren in sonstigen Angelegenheiten", bestimmt die Vergütung solcher Tätigkeiten, die in den vorhergehenden Abschnitten drei bis elf nicht geregelt sind. Insbesondere § 118 regelt die Vergütung des Rechtsanwalts für weitere Gebiete seiner Tätigkeit:

◆ in *Angelegenheiten der freiwilligen Gerichtsbarkeit*
   Beispiele:
   ◆ in Vormundschafts-,
   ◆ Betreuungs-,
   ◆ Nachlass-,
   ◆ Grundbuch- und Registersachen,
   ◆ in Verschollenheitssachen,

◆ in Verfahren vor Verwaltungsbehörden
   Beispiele:
   ◆ Vertretung vor den Finanzämtern,
   ◆ vor Verwaltungsbehörden in Gewerbepolizei- und Baupolizeisachen,
   ◆ im Enteignungsverfahren,

◆ für Tätigkeiten außerhalb gerichtlicher und behördlicher Verfahren
   Beispiele:
   ◆ für das Entwerfen und Anfertigen von Verträgen und sonstigen Urkunden,
   ◆ für Vermögensverwaltungen,
   ◆ für vorgerichtliche Tätigkeiten, wenn der Rechtsanwalt noch keinen Klageauftrag hatte.

Folgende Gebühren können erwachsen:

◆ Die **Geschäftsgebühr** (§ 118 Abs. 1 Nr. 1) „für das Betreiben des Geschäfts einschließlich der Information". Sie entspricht inhaltlich der Prozessgebühr nach § 31 Abs. 1 Nr. 1. Sie entgilt nicht nur die Haupttätigkeit, z. B. den Entwurf eines Gesellschaftsvertrages, sondern auch alle erforderlichen Nebentätigkeiten, z. B. Schriftwechsel und Besprechungen mit den einzelnen Gesellschaftern, Einsicht in das Grundbuch oder ins Handelsregister.

◆ die **Besprechungsgebühr** (§ 118 Abs. 1 Nr. 2) „für das Mitwirken bei mündlichen Verhandlungen und Besprechungen über tatsächliche oder rechtliche Fragen".

---

[1]) Näheres im folgenden Abschnitt.

Sie entspricht etwa der Verhandlungsgebühr nach § 31 Abs. 1 Nr. 2.

Die Verhandlungen oder Besprechungen können mit dem Gegner, vor Gerichten oder Behörden stattfinden. *Besprechungen mit dem Auftraggeber sind bereits mit der Geschäftsgebühr abgegolten.*

Wirkt der Rechtsanwalt jedoch bei der Gestaltung eines Gesellschaftsvertrags oder bei der Auseinandersetzung von Gesellschaften und Gemeinschaften mit, erhält er ebenfalls die Besprechungsgebühr.

Die Gebühr erwächst für mündliche und fernmündliche *Besprechungen*, nicht aber für bloße Nachfragen.

◆ Die **Beweisaufnahmegebühr** (§ 118 Abs. 1 Nr. 3) „für das Mitwirken bei Beweisaufnahmen".

Sie entspricht etwa der Beweisgebühr nach § 31 Nr. 3. Die Beweisaufnahme muss v*on einem Gericht oder einer Behörde angeordnet* sein. Zieht der Rechtsanwalt selbst Auskünfte ein, so entsteht die Gebühr nicht.

Der Rechtsanwalt muss bei der Beweisaufnahme mitwirken, d. h. hier, er muss dabei sein; nicht erforderlich ist, dass er Fragen und Anträge stellt.

Die Gebühren sind *Gebührensatz-Rahmengebühren*[1]). Der Rahmen umfasst Gebührensätze von *5/10 bis 10/10*. Im Regelfall kann der *Mittelwert* angenommen werden. *Nach § 12* sind alle Umstände zu berücksichtigen, die einen höheren oder geringeren Gebührensatz rechtfertigen. Vertritt der Rechtsanwalt mehrere Auftraggeber, so ist bei der Besprechungs- und Beweisaufnahmegebühr die Mehrarbeit innerhalb des Rahmens zu berücksichtigen. Die Geschäftsgebühr erhöht sich jedoch durch jeden weiteren Auftraggeber um 3/10. Mehrere Erhöhungen dürfen zwei volle Gebühren nicht übersteigen (§ 6 Abs. 1 S. 2).

Beispiel: Rechtsanwalt Schröder vertritt die Geschwister Dr. med. Franz Ebert und Frau Maria Kahle, geb. Ebert. Ein im Miteigentum der Geschwister stehendes Grundstück soll zugunsten des Straßenbaus enteignet werden.

Rechtsanwalt Schröder fertigt umfangreiche Schriftsätze an, nimmt an verschiedenen Besprechungen vor der Behörde und an einer amtlichen Besichtigung des Geländes teil.

Die Vermögensverhältnisse der Auftraggeber sind überdurchschnittlich. Auch ist die Angelegenheit für sie von besonderer Bedeutung, da sie in einigen Jahren auf dem schön und ruhig gelegenen Grundstück den Bau eines Kurheims beabsichtigen, das sie gemeinsam leiten und bewirtschaften wollen.

Der Wert des Grundstücks beträgt 500 000,00 EUR.

Rechtsanwalt Schröder nimmt für Besprechungs- und Beweisaufnahmegebühr als Gebührensatz 7/10 an. Die Geschäftsgebühr berechnet er zu 7/10 + 3/10 = 10/10 (§ 6 Abs. 1 S. 2).

Rechtsanwalt Schröder berechnet folgende Gebühren:

Gegenstandswert 500 000,00 EUR.

1. 10/10 Geschäftsgebühr §§ 11, 118 Abs. 1 Nr. 1, 6 Abs. 1 S. 2	2 996,00 EUR
2. 7/10 Besprechungsgebühr §§ 11, 118 Abs. 1 Nr. 2	2 097,20 EUR
3. 7/10 Beweisaufnahmegebühr §§ 11, 118 Abs. 1 Nr. 3	2 097,20 EUR
zuzüglich Auslagen und Umsatzsteuer.	7 190,40 EUR

Die Geschäftsgebühr ist auf die *entsprechende Gebühr* für die Tätigkeit in einem sich anschließenden gerichtlichen oder behördlichen Verfahren anzurechnen (§ 118 Abs. 2).

Für *einfache Schreiben*, z. B. Mahnungen, Kündigungen, erhält der Rechtsanwalt, dessen Tätigkeit sich hierauf beschränkt, nur 2/10 der vollen Gebühr (§ 120 Abs. 1).

---

[1]) Näheres über Rahmengebühren S. 399.

Für Schreiben, die nur dem *äußeren Betreiben des Verfahrens* dienen, z. B. Gesuche um Beschleunigung oder Erteilung von Ausfertigungen, erhält er nur eine Gebühr von 10,00 EUR (§ 120 Abs. 2).

Die Bestimmung einer gerechten Vergütung ist bei allen Rahmengebühren äußerst schwierig. Allen Schwierigkeiten kann der Rechtsanwalt aber durch eine *Gebührenvereinbarung*[1] (§ 3) aus dem Wege gehen.

◆ Außergerichtliche Unfallschadensregulierung

Eine für die Praxis bedeutsame Gebührenvereinbarung besonderer Art hat der Deutsche Anwaltverein mit dem Verband der Haftpflichtversicherer getroffen, dem sich die meisten Versicherungsgesellschaften angeschlossen haben. Sie bezweckt, die bei außergerichtlichen Unfallregulierungen häufig auftretenden Meinungsverschiedenheiten zwischen Versicherern und Rechtsanwälten über Art und Höhe der Anwaltsgebühren zu beseitigen. Nach dieser Vereinbarung zahlt der Kraftfahrzeug-Haftpflichtversicherer im Falle einer **vollständigen** außergerichtlichen Schadensregulierung dem Rechtsanwalt des Geschädigten anstelle der gesetzlichen Gebühren, unabhängig davon, ob ein Vergleich geschlossen wurde oder eine Besprechung stattgefunden hat, einen einheitlichen Pauschbetrag in Höhe von einer 15/10-Gebühr nach dem Erledigungswert. Sind auch Körperschäden Gegenstand der Regulierung, erhöht sich die Gebühr ab einem Gesamterledigungswert von 10 000,00 EUR auf 17,5/10.

Der Erledigungswert errechnet sich aus dem vom Versicherer – vereinbarungsgemäß – gezahlten Betrag.

Beispiel: Durch einen von A verschuldeten Unfall ist dem B an seinem Fahrzeug ein Schaden von etwa 5 000,00 EUR entstanden. Außerdem hat B einen Beckenbruch und schwere Prellungen erlitten, die eine Krankenhausbehandlung erforderlich machten. Der Rechtsanwalt des B macht bei der Versicherungsgesellschaft des A einen Schaden von insgesamt 22 500,00 EUR einschließlich Schmerzensgeld geltend. Man einigt sich schließlich auf einen Betrag von 20 000,00 EUR (Erledigungswert).

Der Rechtsanwalt erhält an Gebühren:

17,5/10 aus 20 000,00 EUR = 1 130,50 EUR

Vertritt der Rechtsanwalt mehrere durch ein Schadensereignis Geschädigte, errechnet sich der zu ersetzende Pauschbetrag aus der Summe der Erledigungswerte. Er erhöht sich in diesen Fällen auf 20/10; betrifft die Regulierung auch Körperschäden, auf 22,5/10 ab einem Gesamterledigungswert von 10 000,00 EUR.

Auslagen wie z. B. Fotokopierkosten, Postgebühren usw. werden dem Rechtsanwalt nach den gesetzlichen Vorschriften ersetzt.

---

[1] Näheres über Gebührenvereinbarungen S. 399.

Die Gerichtskosten nach dem Gerichtskostengesetz

A. Einführung

Die Gerichtskosten sind öffentliche Abgaben für die Inanspruchnahme der Gerichte. Sie umfassen die Gebühren und die Auslagen in folgenden Verfahren (§ 1)[1]:

- vor den ordentlichen Gerichten nach der Zivilprozessordnung, der Konkursordnung, der Vergleichsordnung, der Seerechtlichen Verteilungsordnung, dem Gesetz über die Zwangsversteigerung und die Zwangsverwaltung, nach der Strafprozessordnung, dem Jugendgerichtsgesetz, dem Gesetz über Ordnungswidrigkeiten und dem Strafvollzugsgesetz
- vor den Staatsanwaltschaften nach der Strafprozessordnung, dem Jugendgerichtsgesetz und dem Gesetz über Ordnungswidrigkeiten
- vor den Verwaltungsgerichten nach der Verwaltungsgerichtsordnung
- vor den Finanzgerichten nach der Finanzgerichtsordnung
- vor den Gerichten für Arbeitssachen, soweit das Arbeitsgerichtsgesetz keine besonderen Bestimmungen enthält.

Auf die Verfahren in der freiwilligen Gerichtsbarkeit ist das GKG nicht anzuwenden. Dort gilt die KostO. Mit den Gerichtskosten wird in der Regel nur ein recht geringer Teil des tatsächlichen Aufwands gedeckt. Wer unnötig prozessiert, tut dies zumindest zum Teil auf Kosten der Allgemeinheit.

Nach § 2 und weiteren bundes- und landesrechtlichen Regelungen sind der Bund, die Länder und andere öffentliche Einrichtungen von der Zahlung von Gerichtskosten oder auch nur der Gerichtsgebühren befreit, teilweise aber nur bei Rechtsstreitigkeiten vor bestimmten Gerichten.

Im Gegensatz zur BRAGO und zur KostO, wo die Gebührensätze und Gebührentatbestände auf eine Vielzahl von Paragraphen verteilt sind, enthält das GKG ein *Kostenverzeichnis* in Form eines Katalogs, in dem die Gebührensätze und die Gebührentatbestände zusammengefasst, geordnet und mit Nummern bezeichnet sind. Steht der Wert des Streitgegenstands fest, sind die Gebühren also vergleichsweise einfach zu ermitteln. Die Höhe der Gebühren aufgrund der Gebührensätze ergibt sich aus der *Tabelle,* die dem § 11 Abs. 2 als Anlage beigefügt ist.

B. Gebührentatbestände in bürgerlichen Rechtsstreitigkeiten

Die folgenden Ausführungen beschränken sich auf die wichtigsten Gebührentatbestände in bürgerlichen Rechtsstreitigkeiten.

I. Wertgebühren – Streitwert

Die Gebühren in bürgerlichen Rechtsstreitigkeiten sind überwiegend Wertgebühren (wertabhängige Gebühren) und zugleich Pauschgebühren. Der Streitwert ergibt sich aus §§ 12–22 GKG, hilfsweise aus §§ 3–9 ZPO. Die volle Gebühr ist aus der Tabelle zu § 11 Abs. 2 GKG zu entnehmen.

---

[1] §§ ohne Angabe des Gesetzes beziehen sich auf das GKG.

II. Gebühren für das Prozessverfahren

- **Erste Instanz (Nr. 1210, 1211):** In erster Instanz entstehen für das *Verfahren im Allgemeinen* 3 volle Gebühren (dreifacher Gebührensatz) = Verfahrensgebühr – Nr. 1210 –. Damit sind auch die Kosten für ein Urteil abgegolten.

  Ist ein *Mahnverfahren vorausgegangen* – wofür nach Nr. 1100 bereits eine Verfahrensgebühr von 0,5 entstanden ist – wird die Verfahrensgebühr für das Prozessverfahren nur noch in Höhe von 2,5 Gebühren erhoben, weil die *Mahnverfahrensgebühr anzurechnen* ist (siehe dazu unter 4).

  Erledigt sich das Verfahren auf einfache Weise, z. B. durch *Klagezurücknahme, Anerkenntnisurteil oder Abschluss eines Vergleichs,* ermäßigt sich die Verfahrensgebühr Nr. 1210 vom dreifachen auf den *einfachen Gebührensatz* – Nr. 1211 –.

- **Berufungsverfahren (Nr. 1220–1229):** In der Berufungsinstanz entstehen für das *Verfahren im Allgemeinen* 1,5 Gebühren (eineinhalbfacher Gebührensatz) = Verfahrensgebühr – Nr. 1220 –.

  Wird die Instanz mit einem *begründeten Endurteil* abgeschlossen, kommen 3 volle Gebühren hinzu (Nr. 1226), für ein *Urteil ohne Begründung* (Nr. 1227) 1,5 Gebühren. Wird zunächst in der Instanz ein Grundurteil (§ 304 ZPO) oder ein Vorbehaltsurteil (§§ 302, 599 ZPO) gesprochen, entstehen dafür 1,5 Gebühren (Nr. 1223), für das folgende, die Instanz abschließende Urteil weitere 1,5 Gebühren, wenn es begründet ist (Nr. 1224), und 0,75 Gebühren bei einem Endurteil ohne Begründung (Nr. 1225).

  Auch im Berufungsverfahren kann sich die *Verfahrensgebühr* (Nr. 1220) *ermäßigen*, und zwar von 1,5 Gebühren auf 0,5 Gebühren, wenn die *Berufung zurückgenommen* wird, bevor ein Beweisbeschluss unterschrieben oder ein Termin zur mündlichen Verhandlung unterschriftlich bestimmt ist (Nr. 1221).

- **Revisionsverfahren (Nr. 1230–1239):** In der Revisionsinstanz entstehen für das *Verfahren im Allgemeinen* 2 Gebühren (zweifacher Gebührensatz) = Verfahrensgebühr – Nr. 1231 –.

  Für das die Instanz abschließende *Urteil* kommen 3 Gebühren hinzu, wenn es begründet ist (Nr. 1236), unbegründet 1,5 Gebühren (Nr. 1237).

  Eine *Ermäßigung der Verfahrensgebühr* (Nr. 1230) von 2 auf 0,5 Gebühren tritt ein, wenn die Revision oder die Klage zurückgenommen werden, bevor die Schrift zur Begründung der Revision bei Gericht eingegangen ist (Nr. 1232).

III. Scheidungs- und Folgesachen (Nr. 1510 - 1539)

- **Erste Instanz:** Es entsteht eine *Verfahrensgebühr* von 1,0 (Nr. 1510). Wird der *Antrag oder die Klage zurückgenommen,* bevor ein Beweisbeschluss unterschrieben ist und früher als eine Woche vor Beginn des Tages der vorgesehenen mündlichen Verhandlung, *entfällt die Verfahrensgebühr* rückwirkend. Für ein *begründetes Endurteil oder einen Beschluss* in einer Folgesache, der die Instanz abschließt, kommt eine 1,0 Gebühr hinzu (Nr. 1516). Enthält das *Urteil keine Gründe,* beträgt die Gebühr nur 0,5 (Nr. 1517).

  Zum Kostenbeschluss nach § 91 a ZPO bei Erledigung der Hauptsache siehe unten Ziff. 6 bei „Erledigung der Hauptsache".

- **Berufungsverfahren, Beschwerdeverfahren in Folgesachen:** Es entsteht eine *Verfahrensgebühr* von 1,5 (Nr. 1520). Auch hier *ermäßigt sich die Verfahrensgebühr* bei Zurücknahme der Berufung, der Beschwerde, des Antrags oder der Klage vor Ablauf des Tages, an dem ein Beweisbeschluss unterschrieben wurde oder ein Termin zur mündlichen Verhandlung bestimmt worden ist, und zwar auf eine Gebühr von 0,5 (Nr. 1521). Für ein die Instanz *abschließendes Urteil* oder einen *derartigen Beschluss* kommt eine Urteilsgebühr von 2,0 – bei begründetem Urteil oder Beschluss – bzw. 1,0 – bei unbegründetem Urteil – hinzu.

Ein *Kostenbeschluss nach § 91 a ZPO* bei Erledigung der Hauptsache lässt eine Gebühr von 1,5 – begründet – bzw. 0,75 – unbegründet – entstehen (Nr. 1528, 1529).

◆ **Revisionsverfahren, weitere Beschwerde in Folgesachen:** Es entstehen die gleichen Gebühren wie bei allgemeinen Prozessverfahren in der Revisionsinstanz, siehe oben Ziff. II, 2 c).

IV. Vergleichsgebühr (Nr. 1653)

Wird ein Vergleich über den *rechtshängigen Anspruch* geschlossen, entsteht *keine Vergleichsgebühr;* denn das Gericht soll in jeder Lage des Verfahrens auf eine gütliche Beilegung des Rechtsstreits hinwirken (§§ 279, 495 ZPO). Nur wenn der *Wert des Vergleichsgegenstands den Wert des Streitgegenstands übersteigt,* wird aus dem überschießenden Betrag 1/4 Gebühr angesetzt, jedoch nicht bei Vergleichen über Ansprüche, die in Verfahren nach § 620 oder § 641 d ZPO geltend gemacht werden können (Nr. 1653).

Beispiel: Klage auf Zahlung von 5 000,00 EUR *Teilschaden* wurde erhoben. Die Parteien vergleichen sich wegen des *gesamten Schadensersatzanspruchs* von 15 000,00 EUR, wonach der Beklagte an den Kläger insgesamt 8 000,00 EUR zu zahlen hat.

Das Gericht erhebt hier 1/4 Vergleichsgebühr nach Nr. 1653 aus einem Wert von 15 000,00 EUR minus 5 000,00 EUR = 10 000,00 EUR , die 49,00 EUR beträgt.

V. Mahnverfahren (Nr. 1100)

Im Mahnverfahren (§§ 688 ff. ZPO) wird 1/2 Gebühr erhoben für das Verfahren über den Antrag auf Erlass eines Mahnbescheids = *Verfahrensgebühr* – Nr. 1100 –. Für den Erlass des *Vollstreckungsbescheids* wird *keine Gebühr* erhoben. Der Mahnbescheid soll erst nach Zahlung der Gebühr erlassen werden (§ 65 Abs. 3). Auslagen für die Zustellung des Mahnbescheids durch die Post (Nr. 9002) werden nur erhoben, wenn sie mehr als 50,00 EUR in der Instanz betragen, was kaum eintreten dürfte.

Wird der Mahnbescheid maschinell erstellt, ist die Verfahrensgebühr erst vor dem Erlass des Vollstreckungsbescheids zu zahlen.

Wenn der Antragsgegner gegen den Mahnbescheid *Widerspruch* erhoben und der Antragsteller die *Durchführung des streitigen Verfahrens* beantragt hat, soll die Sache an das für die Verhandlung zuständige Gericht erst dann abgegeben werden, wenn nicht nur die 1/2-Mahnverfahrensgebühr, sondern auch die jetzt fällig werdende zusätzliche 2 1/2 fache Gebühr für das Prozessverfahren im Allgemeinen – Nr. 1210 – (siehe oben Abschnitt II Nr. 2 a) gezahlt ist (§ 65 Abs. 1 S. 2).

Beispiel: Berner beantragt gegen Kimpel den Erlass eines Mahnbescheids wegen einer Forderung von 6 500,00 EUR. Dafür zahlt er einen Gerichtskostenvorschuss in Höhe von 1/2 Mahnverfahrensgebühr = 75,50 EUR ein. Im Mahnantrag hat Berner zugleich beantragt, im Falle des Widerspruchs seitens des Antragsgegners das streitige Verfahren durchzuführen. Nach Erlass und Zustellung erhebt Kimpel Widerspruch gegen den Mahnbescheid, wovon das Mahngericht Berner benachrichtigt. Die Widerspruchsnachricht enthält die Mitteilung, dass die Sache erst dann an das Streitgericht abgegeben werden könne, wenn ein weiterer Kostenvorschuss von 2 1/2 Gebühren = 377,50 EUR eingezahlt sei. Berner zahlt den Vorschuss ein. Erst danach gibt das Mahngericht den Vorgang an das Streitgericht ab.

VI. Erledigung der Hauptsache

Haben die Parteien die Hauptsache für erledigt erklärt, entscheidet das Gericht nach § 91 a ZPO durch *Beschluss nur noch darüber, wer die Kosten des Rechtsstreits zu tragen hat.* Der Beschluss kann mit Gründen versehen oder unbegründet sein.

Die Gebühren für den Beschluss sind unterschiedlich geregelt. Es entstehen:

- ◆ in erster Instanz:
  - Allgemeine Zivilsachen:
    Beschluss mit Begründung: keine Gebühr
    Beschluss ohne Begründung: keine Gebühr
  - Scheidungssachen und Folgesachen (Nr. 1518, 1519):
    Beschluss mit Begründung: 1 Gebühr
    Beschluss ohne Begründung: 0,5 Gebühren.
    Die Gebühr entsteht aber nur, wenn nicht bereits ein Endurteil oder ein das Verfahren abschließender Beschluss ergangen ist. Ansonsten ist der Kostenbeschluss gebührenfrei.

- ◆ im Berufungs- und im Revisionsverfahren (Nr. 1228, 1229, 1238, 1239):
  Beschluss mit Begründung: 1,5 Gebühren
  Beschluss ohne Begründung: 0,75 Gebühren
  Für die Berufungsinstanz gilt: Voraussetzung für das Entstehen der Gebühren ist, dass nicht ein begründetes Endurteil in der Instanz vorausgegangen ist.

Streitwert, aus dem die Gebühren zu erheben sind, ist der *Gesamtbetrag der gerichtlichen und außergerichtlichen Kosten* des Rechtsstreits, *höchstens jedoch der im Streit gewesene Hauptanspruch* (§ 22 Abs. 3).

VII. Arrest und einstweilige Verfügung, ihre Aufhebung und Abänderung (Nr. 1310–1324)

- ◆ **Erste Instanz:** Für das *Anordnungsverfahren* entsteht 1,0 Verfahrensgebühr (Nr. 1310). Sie *erhöht* sich auf 3,0 Verfahrensgebühren, wenn eine *mündliche Verhandlung* stattfindet (Nr. 1311). *Erledigt* sich das gesamte Verfahren *vorzeitig* durch Zurücknahme des Antrags (vor Schluss der mündlichen Verhandlung) durch ein Anerkenntnis- oder Verzichtsurteil oder Abschluss eines Vergleichs vor Gericht ohne vorhergehendes Urteil, *ermäßigt sich die dreifache Verfahrensgebühr nach Nr. 1311 auf 1,0 Verfahrensgebühr* (Nr. 1312).
  Verfahren über *Anträge auf Aufhebung oder Abänderung von Arresten oder einstweiligen Verfügungen* (§§ 926 Abs. 2, 927, 936 ZPO) gelten hinsichtlich der Gerichtsgebühren (nicht hinsichtlich der Rechtsanwaltsgebühren!) als neue *Angelegenheit,* die Verfahrensgebühren werden also erneut erhoben.
  Für die Entscheidung durch Urteil entsteht keine weitere Gebühr.

- ◆ **im Berufungsverfahren:** Es entsteht eine 0,75-*Verfahrensgebühr* (Nr. 1320). Für ein *abschließendes Urteil* entsteht zusätzlich eine *1,5-Urteilsgebühr,* wenn das Urteil mit Gründen versehen ist, unbegründet eine *0,75-Urteilsgebühr* (Nr. 1321, 1322).
  Wurde die Hauptsache für erledigt erklärt, bleibt es bei der 0,75-Verfahrensgebühr. Hinzu kommt für den *Kostenbeschluss nach § 91 a ZPO* eine 1,0-Gebühr, wenn er begründet ist, ist er unbegründet, beträgt die Gebühr für ihn 0,5 (Nr. 1323, 1324).

VIII. Einstweilige Anordnungen (Nr. 1700–1704)

In Verfahren über einstweilige Anordnungen in *Unterhaltssachen, Ehe- und Kindschaftssachen* (§§ 127 a, 620 S. 1 Nr. 4, 6 bis 9, 621 f, 641 d ZPO) wird eine *0,5-Gebühr für die Entscheidung* erhoben. Für *mehrere Entscheidungen* gleicher Art in derselben Instanz wird die *Gebühr nur einmal* erhoben.

IX. Besondere Verfahrensarten (Nr. 1610–1659)

Der Abschnitt VI des Gebührenverzeichnisses enthält eine Anzahl von Verfahrensarten, für die jeweils ein *bestimmter Gebührensatz* oder ein *fester Gebührenbetrag* für das gesamte Verfahren entstehen.

Beispiele:

Verfahrensarten	Gebührensatz oder Betrag
Selbstständiges Beweisverfahren (§§ 485 ff. ZPO); Verteilungsverfahren (§§ 872 ff. ZPO); Aufgebotsverfahren (§§ 946 ff. ZPO); gerichtliche Verfahren in schiedsrichterlichen Verfahren (§§ 1025 ff. ZPO);	0,5
Verzögerungsgebühr nach § 34 GKG (Nr. 1637)	wie vom Gericht bestimmt
Vergleich über zivilrechtliche Ansprüche, soweit der Wert des Vergleichsgegenstands den Wert des Streitgegenstands übersteigt („Differenzverfahrensgebühr") (Nr. 1653)	0,25
Erlass von Pfändungs- und Überweisungsbeschlüssen; Verfahren über Vollstreckungsschutzanträge nach §§ 765 a oder 813 a ZPO;	10,00 EUR
Verfahren über Anträge auf Erteilung eines Vermögensverzeichnisses oder Erteilung der Einsicht an einen Drittgläubiger (mit Wegfallmöglichkeit)	10,00 EUR

X. Schuldner der Gerichtskosten

Schuldner der Gerichtskosten in bürgerlichen Rechtsstreitigkeiten ist

◆ der *Antragsteller* des Verfahrens in der Instanz (§§ 49, 50, 52, 53)

◆ derjenige, dem durch gerichtliche Entscheidung die *Kosten des Verfahrens auferlegt* wurden (Entscheidungsschuldner, § 54 Nr. 1)

◆ derjenige, der in einem gerichtlichen Vergleich oder in einer dem Gericht gegenüber abgegebenen Erklärung die *Kosten übernommen* hat (Übernahmeschuldner, § 54 Nr. 2).

An sich haften alle Kostenschuldner *gesamtschuldnerisch* (§ 58 Abs. 1). Nach § 58 Abs. 2 S. 1 soll jedoch das Gericht die Kosten von der Partei anfordern, die zur Tragung der Kosten verurteilt wurde *(Entscheidungsschuldner)* oder die sie freiwillig übernommen hat *(Übernahmeschuldner)*. Die beiden Letzteren werden auch als *Erstschuldner* bezeichnet. Der obsiegende Antragsteller *(Zweitschuldner)* soll erst herangezogen werden, wenn die Zwangsvollstreckung in das bewegliche Vermögen des Erstschuldners erfolglos geblieben ist oder von vornherein aussichtslos erscheint. Ist dem *Erstschuldner Prozesskostenhilfe* bewilligt worden, soll ein anderer Kostenschuldner (Zweitschuldner) *nicht in Anspruch* genommen werden (§ 58 Abs. 2 S. 2). Hält sich das Gericht nicht an diese Regel, steht dem in Anspruch genommenen Zweitschuldner die *Erinnerung* nach § 5 zu.

XI. Vorauszahlungspflicht (Kostenvorschuss)

Die Vorauszahlungspflicht für Gebühren ist in §§ 65 ff. geregelt. So soll das Gericht z. B. die folgenden Maßnahmen erst *nach Zahlung der vorgesehenen Gebühr* vornehmen:

- Zustellung der Klageschrift
- Abgabe der Mahnakten an das Streitgericht nach erhobenem Widerspruch
- Erlass des Vollstreckungsbescheids im maschinellen Mahnverfahren
- Abgabe der Mahnakten an das Streitgericht nach Erlass eines Vollstreckungsbescheids unter Vorbehalt der Rechte des Beklagten
- Erlass des Mahnbescheids
- Abnahme der eidesstattlichen Versicherung
- Erteilung einer Abschrift des Vermögensverzeichnisses
- Erteilung der Genehmigung zur Einsicht in ein Vermögensverzeichnis

Bei vielen gerichtlichen Vollstreckungshandlungen, z. B. dem Erlass von Pfändungs- und Überweisungsbeschlüssen, sind nicht nur die Gebühren, sondern *auch die Auslagen,* z. B. für notwendige Zustellungen, im Voraus zu entrichten (§ 65 Abs. 5). Die Vorauszahlungspflicht bezweckt die Sicherstellung der Staatskasse.

Zu beachten ist, dass

- bei der Einlegung eines *Rechtsmittels grundsätzlich keine Vorschusspflicht* besteht, es sei denn, der Klageantrag wird erweitert (§ 65 Abs. 1 S. 3)
- die Vorschusspflicht entfällt (§ 65 Abs. 7), wenn
  - dem Antragsteller *Prozesskostenhilfe* bewilligt ist oder Gebührenfreiheit zusteht
  - der Antragsteller glaubhaft macht, dass ihm die *alsbaldige Zahlung schwer fällt*
  - der Antragsteller glaubhaft macht, dass eine Verzögerung ihm einen *nicht oder nur schwer zu ersetzenden Schaden bringen würde.*

Für *Auslagen,* die mit einer beantragten gerichtlichen Maßnahme verbunden sind, besteht *stets Vorschusspflicht* (§ 68 Abs. 1).

XII. Auslagen

Als Auslagen werden erhoben:

- Schreibauslagen (Nr. 9000). Sie betragen für die ersten 50 Seiten im selben Rechtszug 0,50 EUR pro Seite, für jede weitere Seite 0,15 EUR. Sie entstehen für Ausfertigungen und Abschriften gerichtlicher Schriftstücke, wobei aber jede Partei und jeder Beteiligte Anspruch auf ein schreibauslagenfreies Exemplar hat.
- *sonstige Auslagen,* z. B.:
  - Entgelte für Telekommunikation, außer Telefondienst (Nr. 9001)
  - Kosten für Zustellungen durch die Post oder durch Justizbedienstete (Nr. 9002 b)
  - Aktenversendung, pauschal (Nr. 9003)
  - Kosten für öffentliche Bekanntmachungen (Nr. 9004)
  - Entschädigungen für Zeugen und Sachverständige (Nr. 9005)
  - Reisekosten, Auslagenersatz, Kosten des Dienstkraftfahrzeugs betr. Justizpersonen (Nr. 9006)
  - Kosten für die Beförderung mittelloser Personen aus Anlass von Verhandlungen (Nr. 9008)
  - Kosten der Zwangshaft und anderer Haft (Nr. 9010, 9011).

XIII. Gebühren im Insolvenzverfahren (§§ 35 – 39 GKG)

Der Wert bestimmt sich im Insolvenzverfahren nach dem Wert der Insolvenzmasse (§ 37 GKG).

Auch hier besteht die Vorschusspflicht. Jedoch können die Gerichtskosten gem. § 4 a InsO gestundet werden. Die Gebühren sind in Nr. 5110 bis Nr. 5135 KV zum GKG geregelt. Sie gliedern sich nach den Abschnitten des Insolvenzverfahrens.

Beantragt ein Schuldner das Insolvenzverfahren, entsteht eine 0,5 Gebühr. Beantragt ein Gläubiger das Verfahren fallen 2,5 Gebühren an. Die Mindestgebühr von 100,00 EUR betrifft nur die Insolvenzanträge eines Gläubigers. Dadurch soll es vermieden werden, dass Gläubiger das Verfahren beantragen, um Druck auf den Schuldner auszuüben.

Die Gebühr für die Verfahrensdurchführung beträgt 3,0 (KV-Nr. 5115). Wird das Verfahren auf Antrag des Schuldners ausgeführt, ermäßigt sich die Gebühr auf 2,5 (KV-Nr. 5112).

Je Forderungsprüfung entsteht eine Festgebühr von 13,00 EUR (KV-Nr. 5118).

Für die Entscheidung auf Versagung oder Widerruf der Restschuldenbeschreibung entsteht eine Festgebühr von 30,00 EUR (KV-Nr. 5119).

Die Kosten des Notars

A. Allgemeine Vorschriften[1)]

I. Die gesetzlichen Grundlagen

Die Kosten (Gebühren und Auslagen) in Angelegenheiten der freiwilligen Gerichtsbarkeit werden grundsätzlich nach der Kostenordnung (KostO)[2)] erhoben (§ 1 KostO). Der erste Teil der Kostenordnung (§§ 1–139) behandelt die Gerichtskosten. Nach diesen Bestimmungen werden auch die Kosten der Notare berechnet, soweit nicht die Vorschriften des zweiten Teils (§§ 140–157), der Spezialbestimmungen über die Kosten der Notare enthält, zur Anwendung kommen (§ 141).

Der Notar erhält für seine Tätigkeit Gebühren (§ 17 Bundesnotarordnung). Die volle Gebühr ergibt sich aus der Tabelle, die dem § 32 KostO beigefügt ist. Die Mindestgebühr beträgt 10,00 EUR. Gebühren werden auf den nächstliegenden Cent auf- oder abgerundet (§ 32). Im Allgemeinen fließen die Gebühren den Notaren selbst zu. Ausnahmen gelten für die Notare im Landesdienst in Baden-Württemberg, deren Gebühren grundsätzlich der Staatskasse zufließen. Auf Tätigkeiten, die der Notar nebenamtlich ausübt, z.B. als Testamentsvollstrecker oder Konkursverwalter, ist die KostO überhaupt nicht anzuwenden.

Im Folgenden sind nur die Gebühren des Notars behandelt, die ihm selbst zufließen.

II. Hauptgeschäft, Nebengeschäft, Geschäftswert

Die Aufgaben der Notare sind in den §§ 20–24 BNotO bestimmt. Die KostO unterscheidet in diesem Rahmen Hauptgeschäfte und Nebengeschäfte. Das Nebengeschäft bereitet das Hauptgeschäft vor und fördert es.

Beispiele:

Hauptgeschäft	Nebengeschäft
Beurkundung einer Hypothek	Einholung von Rangänderungserklärungen oder Genehmigungen, Einsicht in das Grundbuch, Einlieferung der Urkunde bei dem Grundbuchamt, Stellung von Rangänderungsanträgen
Beurkundung der Änderung des Gesellschaftsvertrags einer GmbH	Bescheinigung des neuen vollständigen Wortlauts des Gesellschaftsvertrags (§ 47 S. 1, 2. HS)
Bescheinigung der Vertretungsbefugnis des Prokuristen einer Handelsgesellschaft (§ 21 BNotO)	Einsicht in das Handelsregister oder in einen beglaubigten Handelsregisterauszug

Die Gebühr für das Hauptgeschäft gilt auch die Nebengeschäfte mit ab (§ 35). Die Abgrenzung der Nebengeschäfte zum Hauptgeschäft spielt jedoch eine erhebliche Rolle, da die

---

[1)] §§ ohne Angabe des Gesetzes beziehen sich auf die Kostenordnung.
[2)] Gesetz über die Kosten in Angelegenheiten der freiwilligen Gerichtsbarkeit (Kostenordnung) vom 26. Juli 1957, mehrfach geändert.

Nebengeschäfte auch zum Hauptgeschäft werden können und dann gesondert vergütet werden müssen (§§ 146, 147).

Die meisten Gebühren der KostO sind Wertgebühren (wertabhängige Gebühren), die nach dem Geschäftswert berechnet werden (§ 18). In wenigen Fällen sieht das Gesetz Festgebühren[1]) und Rahmengebühren vor. Maßgebend ist der Geschäftswert zur Zeit der Fälligkeit der Gebühren (§ 18 Abs. 1). Zur Feststellung des Wertes kann der Notar von den Beteiligten und von dem Finanzamt Unterlagen verlangen[2]).

III. Gebührenvereinbarungen, Gebührenbefreiungen

Der Notar hat seine Kosten ausschließlich nach dem Gesetz zu berechnen. Er darf weder höhere noch niedrigere Gebühren ansetzen. Vereinbarungen über die Höhe der Kosten sind – im Gegensatz zum Rechtsanwalt, dem diese Möglichkeit nach § 3 BRAGO gegeben ist – unwirksam (§ 140). Mit Zustimmung des Präsidenten der zuständigen Notarkammer darf er jedoch Gebühren erlassen oder ermäßigen, wenn dies durch eine sittliche Anstandspflicht geboten ist[3]).

Ist ein Notar in anderer – nicht zu seiner Berufstätigkeit gehörender – Eigenschaft tätig, z. B. als Testamentsvollstrecker, Konkurs- oder Vermögensverwalter, kann er freie Gebührenvereinbarungen treffen.

Einem unbemittelten Beteiligten, dem nach den Bestimmungen der Zivilprozessordnung Prozesskostenhilfe zu bewilligen wäre, hat der Notar seine Urkundentätigkeit vorläufig gebührenfrei oder gegen Zahlung der Gebühren in Monatsraten zu gewähren (§ 17 Abs. 2 BNotO). Die Befreiung erstreckt sich nicht auf die Auslagen. Eine Erstattung der Gebühren aus der Staatskasse ist nicht vorgesehen. Kosten, die bei richtiger Behandlung der Sache nicht entstanden wären, werden nicht erhoben (§ 16), ebenso Auslagen, die durch eine vom Notar veranlasste Verlegung eines Termins oder einer Verhandlung entstanden sind. Die Bestimmungen des § 11 über allgemeine Kostenbefreiungen des Bundes, der Länder und anderer Einrichtungen finden auf den Notar, dem die Kosten selbst zufließen[4]), keine Anwendung (§ 143 Abs. 1). Dies gilt auch für Gebühren- und/oder Auslagenbefreiungen, die in anderen bundes- oder landesrechtlichen Vorschriften vorgesehen sind (§ 143 Abs. 2). Nach § 144 ermäßigen sich aber in diesen Fällen und bei der Beteiligung von mildtätigen oder kirchlichen Einrichtungen im Sinne der Abgabenordnung (§ 144 Abs. 2) die in den §§ 36 bis 59, 71, 133, 145 und 148 bestimmten Gebühren[5]) wie folgt:

◆ Keine Ermäßigung bei einem Geschäftswert bis zu 26 000,00 EUR.

◆ Bei Geschäftswerten
　　über　　26 000,00 EUR bis　　100 000,00 EUR　　30 %
　　über　　100 000,00 EUR bis　　260 000,00 EUR　　40 %
　　über　　260 000,00 EUR bis 1 000 000,00 EUR　　50 %
　　über 1 000 000,00 EUR　　　　　　　　　　　　　60 %

---

[1]) Festgebühren sind dem Betrag nach bestimmt, siehe §§ 86 Abs. 2, 92, 150
[2]) Vgl. §§ 19 Abs. 2, 26 Abs. 6
[3]) Siehe „Standesrechtliche Richtlinien für die Amtsausübung der Notare"
[4]) Für die baden-württembergischen Notare im Landesdienst, deren Gebühren die Staatskasse vereinnahmt, gilt nach wie vor § 13, also ggf. vollständige Kostenbefreiung
[5]) Nicht zu ermäßigen sind die Gebühren nach §§ 146, 147, 149 und 150, keine Ermäßigung gibt es für Schreib- und andere Auslagen.

Die auf diese Weise ermäßigte Gebühr darf jedoch nicht geringer sein als die bei einem niedrigeren Geschäftswert (gemeint ist ein niedrigerer Staffelwert des § 144 Abs. 1 S. 1) zu erhebende – ermäßigte – Gebühr (§ 144 Abs. 1 S. 2). Es muss also eine Vergleichsberechnung mit der jeweils niedrigeren Wertstaffel angestellt werden.

Beispiel: Der Landwirt Florian Kinzel verkauft an die Gemeinde Neudorf ein forstwirtschaftlich zu nutzendes Grundstück zum Kaufpreis von 300 000,00 EUR. Die Beurkundungsgebühr nach § 36 Abs. 2 aus diesem Geschäftswert beträgt 1 014,00 EUR. Die Gemeinde als Gebührenschuldnerin erhält gemäß § 144 Abs. 1 bei diesem Geschäftswert eine Gebührenermäßigung von 50%, sodass die Beurkundungsgebühr nur noch 507,00 EUR beträgt. Diese Gebühr darf nicht geringer sein als eine ermäßigte Gebühr aus dem nächstniedrigeren Geschäfts(Staffel-)wert. Nach obiger Tabelle ist der nächstniedrigere Wert 260 000,00 EUR. Eine Gebühr nach § 36 Abs. 2 aus 260 000,00 EUR beträgt 894,00 EUR, um 40% (= 357,60 EUR) ermäßigt 536,40 EUR. Der Notar hat also 536,40 EUR zu erheben, weil dieser Betrag höher ist als die ermäßigte Gebühr (507,00 EUR) aus dem tatsächlichen Kaufpreis von 300 000,00 EUR.

Die handelsüblichen Gebührentabellen enthalten auch Tabellen zu den nach § 144 ermäßigten Gebühren.

Eine Gebührenermäßigung tritt nicht ein, wenn die Beurkundung ein wirtschaftliches Unternehmen der begünstigten Einrichtung betrifft. Hängt die notarielle Tätigkeit mit einem Grundstückserwerb zusammen, müssen die Beteiligten außerdem darlegen, dass die Weiterveräußerung des Grundstücks oder eines Teils davon an einen nicht begünstigten Dritten nicht beabsichtigt ist. Andernfalls tritt ebenfalls keine Gebührenermäßigung ein. Die Ermäßigungsbeträge sind an den Notar nachzuentrichten, falls dennoch innerhalb von drei Jahren nach Beurkundung der Auflassung eine Weiterveräußerung an einen vom Gesetz nicht begünstigten Dritten erfolgt. Der zunächst begünstigt gewesene Kostenschuldner hat in solchem Falle den Notar zu unterrichten. Über diese Hinweispflicht wird der Notar in der Urkunde zweckmäßigerweise belehren.

IV. Kostenschuldner, Zurückbehaltungsrecht, Kostenvorschuss, Verjährung

Schuldner der Notarkosten ist,
◆ wer die Übernahme der Kosten erklärt hat (§ 3 Nr. 2)
◆ wer den Notar beauftragt hat (§ 2 Nr. 1)
◆ wer kraft Gesetzes für die Kostenschuld eines anderen haftet (§ 3 Nr. 3), z. B. die Gesellschafter einer OHG für die Kostenschuld der Gesellschaft (§ 128 HGB), der Erbe für die Kostenschuld des Erblassers (§ 1967 BGB).

In dieser Reihenfolge werden sie – zu 2 und 3 bei Ausfall des vorhergehenden – vom Notar in Anspruch genommen. Sie haften jedoch als Gesamtschuldner (§ 5). Darüber wird der Notar in der Urkunde belehren.

Der Notar kann Ausfertigungen, Abschriften und zurückzugebende Urkunden zurückbehalten, bis die in der Sache entstandenen Kosten bezahlt sind (§ 10). Von der Zurückbehaltung ist unter den in Abs. 2 angeführten Umständen abzusehen.

Der Notar ist berechtigt, einen Vorschuss auf seine Kosten zu verlangen (§ 8 Abs. 1). Grundsätzlich soll er die Vornahme des Geschäfts, also die Beurkundung pp., von der Vorschussleistung oder ihrer Sicherstellung abhängig machen (§ 8 Abs. 2).

Die Kostenansprüche der Notare verjähren in vier Jahren (§ 17 Abs. 1). Die Verjährungsfrist beginnt am Ende des Jahres, in dem die Amtshandlung vorgenommen wurde. Auf den Zeitpunkt der Übersendung der Kostenberechnung an den Kostenschuldner kommt es also nicht an.

V. Kostenberechnung, Einforderung der Kosten (§ 154)

Der Notar hat sämtliche entstandenen Kosten dem Schuldner schriftlich mitzuteilen. Die Kostenberechnung muss von ihm eigenhändig unterschrieben sein; ein Faksimile-Stempel oder die Unterschrift des Bürovorstehers reichen nicht aus.

Die Kostenberechnung muss enthalten (§ 154 Abs. 2):

- ◆ den Geschäftswert
- ◆ die Kostenvorschriften, d.h. die einschlägigen Paragraphen der KostO
- ◆ eine Kurzbezeichnung des jeweiligen Gebührentatbestands, z. B. „Vertragsbeurkundung", „Testamentsbeurkundung", „Unterschriftsbeglaubigung", „Einholung der Genehmigung des Vormundschaftsgerichts", „Vertretungsbescheinigung"
- ◆ die Bezeichnung der Auslagen, z. B. „Schreibauslagen", „Postdienstleistungen/Porto", „Postdienstleistungen/Telefon", „Reisekosten/Fahrtkosten"
- ◆ die Beträge der angesetzten Gebühren und der Auslagen
- ◆ die Beträge etwa verauslagter Gerichtskosten
- ◆ die Beträge empfangener Vorschüsse.

Beispiel:

Kostenberechnung nach der KostO

Geschäftswert 500.000,00 EUR

Gebühr § 36 Abs. 2 für Beurkundung eines Grundstückskaufvertrags 20/10	1 614,00 EUR
Gebühr § 146 Abs. 1 für Einholung des Zeugnisses nach § 28 Abs. 1 BauGB 1/10	80,70 EUR
Schreibauslagen §§ 136, 152	18,00 EUR
Postdienstleistungen/Porto, § 152	6,00 EUR
Umsatzsteuer (z. Zt.) 16 %	274,99 EUR
Summe	1 993,69 EUR

Ort, Datum   Unterschrift des Notars

Eine Abschrift der dem Kostenschuldner übersandten Rechnung hat der Notar in seiner Nebenakte aufzubewahren (§ 154 Abs. 3). Außerdem hat er die Kostenberechnung unter jeder Ausfertigung der betreffenden Urkunde bzw. unter jedem Beglaubigungsvermerk anzubringen.

Zahlt der Kostenschuldner nicht aufgrund der übersandten Rechnung, fertigt der Notar von der Rechnung eine Ausfertigung (Kopie mit Ausfertigungsvermerk), versieht diese mit einer Vollstreckungsklausel und lässt sie durch den Gerichtsvollzieher an den Schuldner zustellen (§ 155). Die Vollstreckungsklausel hat folgenden Wortlaut:

Vorstehende erste vollstreckbare Ausfertigung erteile ich mir hiermit zum Zwecke der Zwangsvollstreckung gegen den Kostenschuldner ..., wohnhaft in ... .

Ort, Datum
Amtssiegel   Unterschrift des Notars

Die mit der Vollstreckungsklausel versehene Ausfertigung der Kostenberechnung ist ein Vollstreckungstitel im Sinne der ZPO. Nach Ablauf von zwei Wochen seit Zustellung kann der Gerichtsvollzieher mit der Zwangsvollstreckung beginnen (§ 798 ZPO).

Der Kostenschuldner kann Einwendungen gegen die Kostenberechnung zunächst gegenüber dem Notar erheben (§ 156). Hilft der Notar nicht ab, kann er die Sache dem Landgericht, in dessen Bezirk er seinen Amtssitz hat, zur Entscheidung vorlegen. Der Kostenschuldner kann auch unmittelbar beim Landgericht[1]) Beschwerde einlegen.

B. Die Bestimmung des Geschäftswerts
I. Allgemeines

Die Gebühren werden in der Regel nach dem Geschäftswert berechnet[2]). Das ist der Wert, den der Gegenstand des Geschäfts zur Zeit der Fälligkeit der Gebühren hat (§ 18 Abs. 1)[3]). Die Bestimmungen über die Berechnung des Geschäftswerts sind überwiegend in den §§ 18–30 zusammengefasst, aber für einzelne Notargeschäfte auch über die KostO verteilt (z. B. §§ 39–41, 46, 49, 146 Abs. 4). Soweit sie Spezialbestimmungen sind, gehen sie den allgemeinen Bestimmungen vor oder ergänzen sie. (Bei der Ermittlung des Geschäftswertes gibt es in der Praxis zahlreiche Probleme und Schwierigkeiten, die durch Zuhilfenahme der einschlägigen Kommentare zu lösen sind.) Die folgenden Ausführungen können sich nur mit den wichtigsten Grundsätzen und Bestimmungen beschäftigen.

Bei der Feststellung des Geschäftswertes entscheidet der objektive Wert, nicht die subjektive Interessen- oder Vermögenslage der Beteiligten, ausgenommen bei der Wertbestimmung nach § 30 Abs. 2, wo auch subjektive Merkmale eine Rolle spielen.

Maßgebend ist der Hauptgegenstand des Geschäfts; Nebengegenstände wie Früchte, Nutzungen, Zinsen, Vertragsstrafen und Kosten werden grundsätzlich nicht berücksichtigt, es sei denn, sie sind Gegenstand eines besonderen Geschäfts (§ 18 Abs. 2)[4]).

Beispiele:
- Es wird die Bestellung einer Hypothek über einen Nennbetrag von 200 000,00 EUR nebst 7 % Zinsen p. a., Verwaltungskostenbeitrag und Vorfälligkeitsentschädigung beurkundet. Geschäftswert für die Beurkundungsgebühr ist nur der Hauptgegenstand – Nennbetrag der Hypothek –, obwohl sich der Schuldner in der Urkunde ja auch zur Zahlung der übrigen Leistungen verpflichtet.
- Die Hypothek ist bereits im Grundbuch eingetragen. Der Notar beurkundet nunmehr eine Änderung des Zinssatzes und der Kündigungsfristen. Die Nebengegenstände – Zinssatz und Kündigungsfristen – sind hier Gegenstand eines besonderen Geschäfts, damit Hauptgegenstand für diese Beurkundung und für die Ermittlung des Geschäftswertes entscheidend.

Verbindlichkeiten, das sind Schulden und Lasten, werden bei der Ermittlung des Geschäftswertes nicht abgezogen (§ 18 Abs. 3), es sei denn, der Abzug ist in der KostO ausdrücklich bestimmt.

---

[1]) Zuständig ist die Zivilkammer des Landgerichts (DNotZ 1972, 243).
[2]) In einigen wenigen Fällen sind Rahmengebühren und Festgebühren zu erheben.
[3]) Fällig sind die Gebühren mit der Beendigung des gebührenpflichtigen Geschäfts, z. B. der Beurkundung; Auslagen sind sofort nach ihrer Entstehung fällig (§ 7).
[4]) Vgl. hierzu auch für den Bereich der streitigen Gerichtsbarkeit § 4 Abs. 1 ZPO.

Beispiele:
- Der Miterbe B verkauft seinen Erbteil an den Miterben A. Zum Nachlass gehört ein Hausgrundstück, an dem der C ein auf 20 Jahre begrenztes Wohnungsrecht hat. Der anteilige Wert des Wohnungsrechts wird bei der Feststellung des Geschäftswertes für die Beurkundungsgebühr nicht abgezogen.
- Die Erben A und B aus obigem Beispiel lassen beim Notar einen Erbscheinsantrag beurkunden. Bei der Berechnung des Geschäftswertes für den Erbscheinsantrag ist der Wert des Wohnungsrechts vom Wert des Nachlasses abzuziehen, weil § 49 Abs. 2 i. V. m. § 107 Abs. 2, S. 1, 1. HS. dies ausdrücklich vorschreibt.

Stets dürfen solche Verbindlichkeiten abgezogen werden, die nach der Verkehrsanschauung den Wert des Gegenstands selbst mindern, weil sie vom Eigentümer nicht einseitig abgelöst werden können, z. B. öffentliche Lasten, Grunddienstbarkeiten, Erbbaurechte, Abgaben nach dem Lastenausgleichsgesetz.

II. Die Bewertung einzelner Gegenstände

1. Die Bewertung von Sachen (§ 19)

Der Wert einer Sache ist der gemeine Wert, d. h. der allgemeine Veräußerungswert der Sache zur Zeit des Geschäftsabschlusses (§ 19 Abs. 1). Dabei bleibt es für bewegliche Sachen.

Bei der Bewertung von Grundstücken (§ 19 Abs. 2) gilt grundsätzlich dasselbe, ihr gemeiner Wert = Verkehrswert ist maßgebend. Dieser richtet sich u. a. nach Angebot und Nachfrage, ist also nicht absolut verbindlich nachweisbar. (Es gibt eine Anzahl von Berechnungs- und Schätzungsmethoden, die in den größeren Kommentaren aufgeführt werden und im Wege des Freibeweises unter Nutzung der in § 19 Abs. 2 S. 1 genannten Anhaltspunkte verwertet werden können[1])). Wenn sich aus den Umständen kein höherer Wert als der Einheitswert feststellen lässt, ist letzterer der Geschäftswert. Falls der Einheitswert (vom Grundstückseigentümer) nicht nachgewiesen werden kann, ist das Finanzamt vom Notar um Auskunft zu ersuchen. Wurde der Einheitswert vom Finanzamt noch nicht festgestellt, ist er vorläufig vom Notar zu schätzen (wobei die Vornahme der Schätzung nicht weniger Probleme aufwerfen dürfte).

2. Kauf, Vorkauf, Wiederkauf (§ 20)

Geschäftswert beim Kauf von beweglichen und unbeweglichen Sachen ist der Kaufpreis. Ist der Kaufpreis niedriger als der Wert der Sache (Verkehrswert), wie dies bei Verwandtengeschäften auftreten kann, ist der Wert der Sache maßgebend. Zum Kaufpreis werden Leistungen hinzugerechnet, die sich der Verkäufer vorbehalten hat oder die vom Käufer zusätzlich übernommen worden sind.

Beispiel: Im Grundstückskaufvertrag ist ein bar zu zahlender Kaufpreis von 200 000,00 EUR vereinbart. Der Verkäufer hat sich daneben vorbehalten, das verkaufte Hausgrundstück nach der Übergabe weitere drei Monate kostenfrei bewohnen zu können. Der Käufer hat sich außerdem verpflichtet, rückständige Anliegerbeiträge in Höhe von 25 000,00 EUR an die Gemeinde zu zahlen.

Der Geschäftswert für den Kaufvertrag beträgt:
Barkaufpreis	200 000,00 EUR
kostenfreies Wohnen; 3 Monate x 1 000,00 EUR (angenommen)	3 000,00 EUR
rückständige Anliegerbeiträge	25 000,00 EUR
Geschäftswert	228 000,00 EUR

Anders wäre es natürlich, wenn das kostenfreie Wohnen und die Zahlung der Anliegerbeiträge unter Anrechnung auf einen Gesamtkaufpreis vereinbart worden wäre.

---

[1]) Einfach und gut brauchbar ist die häufig von den Grundbuchämtern vorgenommene Berechnung des Wertes bebauter Grundstücke auf der Grundlage des Brandkassenwertes i. V. m. dem Baukostenindex.

Die Wertvorschriften des § 20 Abs. 1 gelten nicht nur für die Beurkundung des Kaufvertrags selbst, sondern auch für eine etwa gesonderte Beurkundung der Auflassung, der Eintragung im Grundbuch und für die Beurkundung des Kaufs grundstücksgleicher Rechte, z. B. Erbbaurechte, oder von Wohnungseigentum.

Als Geschäftswert eines Vorkaufsrechts oder eines Wiederkaufsrechts ist in der Regel der halbe Wert (Verkehrswert oder ggf. Einheitswert) des Grundstücks anzunehmen. Ist das Recht nur eine Bedingung in einem beurkundeten Kaufvertrag, bleibt sein Wert unberücksichtigt.

3. Erbbaurecht, Wohnungseigentum, Wohnungserbbaurecht (§ 21)

Bei der Bestellung eines Erbbaurechts beträgt der Geschäftswert 80 % des Wertes des belasteten Grundstücks (§ 21 Abs. 1 S. 1). Der Grundstückswert ist nach § 19 Abs. 2 zu bestimmen. Wurde zwischen den Beteiligten ein Erbbauzins vereinbart (die Regel), ist sein nach § 24 kapitalisierter Betrag mit dem Wert nach § 21 Abs. 1 S. 1 zu vergleichen. Der höhere Betrag ist Geschäftswert für die Beurkundung der Bestellung des Erbbaurechts.

Mit dem Erbbaurecht werden oft Vorkaufsrechte verbunden, und zwar

◆ für den Erbbauberechtigten am Grundstück,

◆ für den Grundstückseigentümer am Erbbaurecht.

Das Vorkaufsrecht am Grundstück wird überwiegend als Inhalt des Erbbaurechts angesehen und bleibt bei der Bewertung außer Betracht. Das Vorkaufsrecht am Erbbaurecht hingegen wird gesondert bewertet, und zwar in der Regel mit 50 % der geplanten Baukosten (§ 20 Abs. 2), bei Zustimmungserfordernis des Grundstückseigentümers zum Verkauf des Erbbaurechts mit einem niedrigeren Prozentsatz, etwa 10 bis 20 %[1]). Dieser Wert ist dann dem Wert des Erbbaurechts zur Ermittlung des Geschäftswertes für die Urkunde hinzuzurechnen.

Bei der Veräußerung von (bestehenden) Erbbaurechten ist der Geschäftswert entweder der Kaufpreis (§ 20 Abs. 1) oder der Wert nach § 19 Abs. 2.

Bei der Begründung von Wohnungseigentum (Teileigentum) und bei Aufhebung und Erlöschen von solchem ist Geschäftswert der halbe Grundstückswert (§ 21 Abs. 2).

4. Grunddienstbarkeiten (§ 22)

Als Geschäftswert gilt der Wert, den die Grunddienstbarkeit für das herrschende Grundstück hat (§ 22). Ist die Wertminderung, die das dienende Grundstück erleidet, größer als die Werterhöhung des herrschenden Grundstücks, ist Geschäftswert der höhere Betrag. Die Beträge können durchaus unterschiedlich sein. Ein Wegerecht kann z. B. den Wert des herrschenden Grundstücks entscheidend erhöhen, ohne dass der Wert des dienenden Grundstücks besonders beeinträchtigt sein muss. Jedenfalls sind aber die Werte nach § 30 Abs. 1 und 2 zu schätzen.

5. Hypotheken und Grundschulden (Bestellung und Löschung, Einbeziehung in die Mithaft, Entlassung aus der Mithaft, Rangänderung) (§ 23)

Bei der Bestellung und bei der Löschung von Hypotheken und Grundschulden[2]) ist der Nennbetrag des Rechts Geschäftswert für die Urkunde (§ 23 Abs. 2, 1. HS).

---

[1]) Vgl. statt vieler OLG Stuttgart in Rpfleger 1964, 131 und OLG Frankfurt am Main in DNotZ 1960, 408.
[2]) Rentenschulden werden wegen ihrer Bedeutungslosigkeit in der Praxis hier nicht erörtert.

Wird eine bereits im Grundbuch eingetragene Hypothek oder Grundschuld auf ein weiteres Grundstück des Schuldners erstreckt (Einbeziehung in die Mithaft) oder eines von mehreren belasteten Grundstücken vom Gläubiger freigegeben (Entlassung aus der Mithaft), gilt als Geschäftswert für die erforderlichen Bewilligungen und Anträge der Nennwert des Grundpfandrechts oder der Wert des betroffenen Grundstücks, je nach dem, welcher der beiden Werte geringer ist (§ 23 Abs. 2, 2. HS).

Bei Einräumung des Vorranges oder des gleichen Ranges ist der Wert des vortretenden Rechts maßgebend. Oberste Grenze ist aber der Wert des zurücktretenden Rechts. Hieraus ergibt sich, dass der geringere Wert anzusetzen ist (§ 23 Abs. 3).

6. Wiederkehrende Nutzungen oder Leistungen (§ 24)

Soll ein Recht auf wiederkehrende Nutzungen oder Leistungen bestellt werden, so sind zu unterscheiden:

◆ Rechte von bestimmter Dauer: Ist das Recht auf eine bestimmte Zeit beschränkt, so ist Geschäftswert die Summe der einzelnen Jahreswerte, höchstens das 25fache des Jahresbetrags (§ 24 Abs. 1 a).

Beispiel: Der Grundstückseigentümer bestellt für einen Dritten und dessen Erben eine Reallast auf 30 Jahre. Der Jahreswert der Reallast beträgt 6 000,00 EUR.

Geschäftswert für die Eintragungsbewilligung oder den Eintragungsantrag ist höchstens der 25fache Jahresbetrag, also 150 000,00 EUR.

Ist die Reallast zwar auf 30 Jahre, höchstens aber auf die Lebensdauer des Berechtigten (also nicht für seine Erben) bestellt, gelten für die Wertberechnung zusätzlich die Vorschriften des § 24 Abs. 2. Ist z. B. der Berechtigte im Zeitpunkt der Bestellung der Reallast 40 Jahre alt, kann als Geschäftswert nur der 18fache Jahresbetrag, also 108 000,00 EUR, angesetzt werden.

◆ Rechte von unbeschränkter Dauer (der Wegfall des Rechts ist ungewiss): Hierunter fallen Überbau- und Notweg-Renten, Nießbrauchsrechte für juristische Personen, sofern nicht auf bestimmte Zeit bestellt. Geschäftswert ist der 25-fache Jahreswert (§ 24 Abs. 1 b).

◆ Rechte von unbestimmter Dauer (der Wegfall des Rechts ist gewiss, der Zeitpunkt des Wegfalls jedoch ungewiss): Hierzu gehören vor allem:

– alle Rechte, die auf Lebenszeit (ohne sonstige zeitliche Begrenzung) einer natürlichen Person bestellt werden, wie beschränkte persönliche Dienstbarkeiten und Nießbrauchsrechte,

– Rechte, die durch Kündigung erlöschen, auch wenn sie sich, falls nicht gekündigt wird, automatisch verlängern.

Geschäftswert ist zunächst der 12 1/2fache Jahresbetrag (§ 24 Abs. 1 b). Bei den auf Lebenszeit bestellten Rechten ist jedoch wiederum als Obergrenze § 24 Abs. 2 zu beachten.

Beispiel: Emil bestellt seinem 68-jährigen Nachbarn den lebenslangen Nießbrauch an einem Obstbaumgrundstück. Geschäftswert ist hier nicht der 12 1/2fache, sondern nur der 7 1/2fache Jahreswert der Nutzungen (§ 24 Abs. 2).

Werden Rechte für eine Person bestellt, die zu dem in § 24 Abs. 3 genannten Personenkreis gehört, so ist als Geschäftswert höchstens der 5fache Jahreswert anzusetzen, jedoch der dreifache, wenn der Berechtigte über 80 Jahre alt ist (§ 24 Abs. 2).

Beispiel: Christian bestellt für seinen 29-jährigen Neffen ein Wohnungsrecht auf 30 Jahre. Als Geschäftswert ist nicht anzusetzen:

- der 30-jährige Wert (§ 24 Abs. 1 a 1. Alternative)
- der 25-jährige Wert (§ 24 Abs. 1 a 2. Alternative)
- der 20-jährige Wert (§ 24 Abs. 2),

sondern der 5fache Jahreswert (§ 24 Abs. 3), weil der Neffe zu dem Personenkreis des § 24 Abs. 3 gehört (Verwandter 3. Grades in der Seitenlinie).

7. Anmeldungen zum Handelsregister (§ 26)

Der Geschäftswert von Anmeldungen zum Handelsregister[1]) ergibt sich aus § 26. Wird aufgrund einer Anmeldung ein **bestimmter Geldbetrag** in das Handelsregister eingetragen, so ist dieser Geldbetrag der Geschäftswert.

Beispiel: Erste Anmeldung einer GmbH: Geschäftswert ist das Stammkapital. Kapitalherabsetzung bei einer AG: Geschäftswert ist der Herabsetzungsbetrag; Beitritt oder Ausscheiden von Kommanditisten: Geschäftswert ist die Kommanditeinlage, bei mehreren Kommanditisten die Summe der betroffenen Einlagen. Wird ein bisheriger Kommanditist persönlich haftender Gesellschafter oder ein solcher Kommanditist, ist ebenfalls die Kommanditeinlage der Geschäftswert.

Besonders gilt für die erste Anmeldung bzw. Eintragung einer Kommanditgesellschaft:

Geschäftswert ist die Summe der Kommanditeinlagen zuzüglich 25 000,00 EUR für den persönlich haftenden Gesellschafter. Hat die Gesellschaft mehrere persönlich haftende Gesellschafter, werden für den zweiten und jeden weiteren 12 500,00 EUR hinzugerechnet.

Für Anmeldungen, die **nicht** zur Eintragung eines **bestimmten Geldbetrags** führen, gilt:

Die Berechnung für **erste** Anmeldungen ergibt sich aus Abs. 3:

1. Erstanmeldung des Einzelkaufmanns: 25 000,00 EUR
2. Erstanmeldung einer OHG:
   a) mit zwei Gesellschaftern: 37 500,00 EUR
   b) mit mehr als zwei Gesellschaftern zusätzlich 12 500,00 EUR für den dritten und jeden weiteren Gesellschafter.
3. Erstanmeldung einer juristischen Person (§ 33 HGB): 50 000,00 EUR.

Für **spätere** Anmeldungen ergibt sich die Berechnung aus Abs. 4:

1. Änderungsanmeldung bei einer Kapitalgesellschaft (z. B. Geschäftsführer- oder Vorstandswechsel, Sitzverlegung): 1 % des eingetragenen Grund- oder Stammkapitals, mindestens 25 000,00 EUR, höchstens 500 000,00 EUR. Werden mehrere Anmeldungstatbestände in einer Anmeldung zusammengefasst, sind die Teilwerte zu addieren,

Beispiel: Geschäftsführer A ist ausgeschieden, B ist zum Geschäftsführer bestellt, die Firma ist geändert: drei Anmeldungstatbestände = 3% vom eingetragenen Stammkapital, mindestens 25 000,00 EUR, höchstens 500 000,00 EUR.

[1]) Er gilt auch für die Eintragungsgebühren.

2. Änderungsanmeldung bei einem Versicherungsverein auf Gegenseitigkeit: 50 000,00 EUR.
3. Änderungsanmeldung bei einer OHG oder KG: 25 000,00 EUR. Sind der Eintritt oder das Ausscheiden von mehr als zwei persönlich haftenden Gesellschaftern angemeldet, kommen für den dritten und jeden weiteren Gesellschafter 12 500,00 EUR hinzu.

   Beispiel: Angemeldet wird: Zwei persönlich haftende Gesellschafter sind ausgeschieden (25 000,00 EUR). Drei persönlich haftende Gesellschafter sind eingetreten (25 000,00 + 12 500,00 = 37 500,00 EUR). Die Firma ist geändert (25 000,00 EUR), der Sitz ist verlegt (25 000,00 EUR). Der Geschäftswert der Anmeldung beträgt 25 000,00 + 37 500,00 + 25 000,00 + 25 000,00 EUR = 112 500,00 EUR.

4. Änderungsanmeldung beim Einzelkaufmann oder bei einer juristischen Person: 25 000,00 EUR.
5. Anmeldungen betreffend die Prokuren bei Kapitalgesellschaften und bei Versicherungsvereinen auf Gegenseitigkeit werden wie oben bei Ziff. 1 und 2 bewertet.

   Beispiel: Bei einer Aktiengesellschaft mit Grundkapital 70 000 000,00 EUR ist ein Prokurist ausgeschieden. Drei Prokuristen wurden neu bestellt. Der Geschäftswert für die Anmeldung beträgt 4x1% (700 000 EUR = 2,8 Mio., wg. § 39 Abs. 4 aber nur 500 000,00 EUR).

   Prokurenanmeldungen bei Personenhandelsgesellschaften und Einzelkaufleuten werden stets als Änderungsanmeldungen wie oben Ziff. 3 bzw. 4 bewertet, lassen also pro Person (Prokurist) einen Wertanteil von 25 000,00 EUR entstehen.

6. Anmeldung des Erlöschens der Firma oder der Löschung der Gesellschaft:

   bei **Kapitalgesellschaften** Änderungsanmeldung wie oben Ziff. 1, höchstens aber 200 000,00 EUR;

   bei einem **Versicherungsverein auf Gegenseitigkeit:** 50 000,00 EUR (s. o. Änderungsanmeldung Ziff. 2);

   bei einer **Personenhandelsgesellschaft** oder einem **Einzelkaufmann** 25 000,00 EUR (s. o. Änderungsanmeldung Ziff. 3, 4).

7. Bei Anmeldungen, die eine **Zweigniederlassung** betreffen, ist der Geschäftswert die Hälfte des nach vorstehenden Bestimmungen zu berechnenden Wertes. Betrifft die Anmeldung mehrere Zweigniederlassungen, ist der vorgenannte **hälftige** Wert durch die Anzahl der Zweigniederlassungen zu teilen. So ergibt sich der Wert für jede einzelne Zweigniederlassung.
8. Anmeldungen ohne wirtschaftliche Bedeutung haben einen Geschäftswert von 3 000,00 EUR.

Im Übrigen ist zu beachten, dass keine Anmeldung einen höheren Geschäftswert als 500 000,00 EUR haben kann (§ 39 Abs. 4.).

8. Anmeldungen zum Partnerschaftsregister (§ 26a)

Der Geschäftswert bestimmt sich nach § 26, soweit dieser auf die offene Handelsgesellschaft Anwendung findet.

9. Anmeldungen zum Güterrechtsregister (§ 29)

Soll eine Eintragung aufgrund eines Ehevertrags erfolgen, ist der Geschäftswert für die Anmeldung nach § 39 Abs. 3 zu bestimmen: zusammengerechneter Wert der beiderseitigen Vermögensmassen der Eheleute. Schulden sind von dem Vermögen des Ehepartners abzuziehen, den sie betreffen. Hat ein Ehepartner mehr Schulden als Vermögen, wird sein Vermögen mit 0,00 EUR angesetzt, seine Überschuldung ist nicht etwa vom Vermögen des anderen Partners abzuziehen.

Wird im Ehevertrag der Ausschluss des Versorgungsausgleichs vereinbart, ist der Wert dieser Vereinbarung sowohl in der Vertragsurkunde als auch in der Anmeldung nach § 30 Abs. 2 zu schätzen und kann bei Fehlen jeglicher Anhaltspunkte mit dem Regelwert von 3 000,00 EUR angenommen werden.

Bei der in der Praxis häufigen Vereinbarung der Gütertrennung zugleich mit dem Ausschluss des Versorgungsausgleichs werden die Werte für die Gütertrennung (§ 39 Abs. 3) und für den Ausschluss des Versorgungsausgleichs (§ 30 Abs. 2) gemäß § 44 Abs. 2a addiert. Aus der Wertsumme wird die Gebühr für die Anmeldung zum Güterrechtsregister (§ 38 Abs. 2 Ziff. 7) erhoben.

10. Beurkundung von Beschlüssen (§ 27)

Die Kapitalgesellschaften, wie AG und GmbH, treffen wesentliche Entscheidungen, z. B. die Bestellung und Abberufung von Vorstandsmitgliedern bzw. Geschäftsführern oder die Änderung des Gesellschaftsvertrags (Satzung), durch Beschlussfassung in den zuständigen Organen (Hauptversammlung, Gesellschafterversammlung). Sofern diese Beschlüsse beurkundet werden, was immer dann erforderlich ist, wenn sie eine Satzungsänderung beinhalten (z. B. die Verlegung des Geschäftssitzes, die Firmenänderung), richtet sich die Bestimmung des Geschäftswertes für die notarielle Kostenberechnung nach § 27. Danach gilt § 26 für die Berechnung entsprechend. Für jede selbstständige Änderung ist gemäß § 26 Abs. 4 Ziff. 1 ein Prozent des eingetragenen Grund- oder Stammkapitals, mindestens 25 000,00 EUR, höchstens 500 000,00 EUR anzunehmen. Die einzelnen Teilbeträge werden bis zur Höchstsumme von 500 000,00 EUR addiert.

Beispiel: Die Gesellschafterversammlung der Beutel GmbH (Stammkapital 300 000,00 EUR) beschließt: Der Gesellschafter Bock wird zum weiteren Geschäftsführer bestellt. Die Firma wird geändert und lautet künftig: „Bock & Beutel GmbH". Der Geschäftssitz wird von Frankfurt am Main nach Düsseldorf verlegt.

Es handelt sich um drei Beschlüsse. Der Wert jedes Beschlusses beträgt 1% vom Stammkapital = 3 000,00 EUR, mindestens 25 000,00 EUR, zusammen mithin 75 000,00 EUR.

Zu beachten ist:

◆ Die Summe der Beschlüsse, deren Wert auf diese Weise berechnet wird, darf die obere Grenze von 500 000,00 EUR nicht übersteigen (Beschlüsse mit bestimmtem Geldwert, z. B. Kapitalerhöhungen, allein oder in Verbindung mit den vorgenannten Beschlüssen, dürfen diese Grenze übersteigen!);

◆ die Bestellung oder Abberufung mehrerer Organe (Vorstandsmitglieder, Geschäftsführer, Prokuristen) in einer Urkunde gilt wertmäßig als nur ein Beschluss.

11. Angelegenheiten ohne bestimmten Geschäftswert – nichtvermögensrechtliche Angelegenheiten (§ 30)

Ergibt sich in einer vermögensrechtlichen Angelegenheit der Geschäftswert nicht aus den Vorschriften der KostO und ist er auch sonst nicht festzustellen, ist er vom Notar nach freiem Ermessen zu bestimmen (§ 30 Abs. 1). Reichen die tatsächlichen Anhaltspunkte für eine Schätzung nicht aus, ist § 30 Abs. 2 anzuwenden: Es ist regelmäßig ein Wert von 3 000,00 EUR anzunehmen, der aber auch im Einzelfalle bis zur unteren Grenze der Werttabelle des

§ 32 (1 000,00 EUR) vermindert oder bis auf 500 000,00 EUR erhöht werden kann. Zu berücksichtigen ist bei jeder Schätzung:

- das Interesse der Beteiligten an der Vornahme des Geschäfts,
- ihre wirtschaftlichen Verhältnisse,
- der Zweck und die Auswirkung des Geschäfts,
- der Umfang der Arbeit des Notars.

In nichtvermögensrechtlichen Angelegenheiten ist der Wert ebenfalls nach § 30 Abs. 2 zu bestimmen (Regelwert 3 000,00 EUR, Mindestwert 1 000,00 EUR, Höchstwert 500 000,00 EUR). Nichtvermögensrechtliche Angelegenheiten sind meist familienrechtlicher Art, z. B. das Vaterschaftsanerkenntnis, die Annahme als Kind, Zustimmungserklärungen zu Ehelicherklärungen und zur Adoption, Lebensbescheinigungen. Betrifft die Sache die Adoption eines Minderjährigen, ist der Wert stets 3 000,00 EUR.

C. Die Höhe der Gebühren

I. Gebühren allgemeiner Art, Auslagenersatz

Jede Tätigkeit des Notars ist grundsätzlich kostenpflichtig. Deshalb gibt es als Auffangbestimmung § 147 Abs. 2, wonach in allen Fällen, für die keine besondere Regelung getroffen ist, für eine Tätigkeit im Auftrag eines Beteiligten die Hälfte der vollen Gebühr anzusetzen ist.

Die Gebühr für das Hauptgeschäft umfasst auch die Nebengeschäfte (§ 35) und die das Hauptgeschäft vorbereitende oder fördernde Tätigkeit (§ 147 Abs. 3), wie die Erteilung eines Ratschlags oder die Einsicht in das Grundbuch. Eine besondere Gebühr entsteht für eine solche Tätigkeit nur, wenn sie nicht durch die Gebühr für das Hauptgeschäft mit abgegolten wird. So entsteht z.B. für die Raterteilung eine halbe Gebühr nach § 147 Abs. 2 dann, wenn der Notar das Geschäft nicht zu beurkunden, sondern nur eine Unterschrift zu beglaubigen hatte[1]. Im Einzelfall ist es häufig schwierig festzustellen, ob eine Tätigkeit Nebengeschäft oder besonders zu vergüten ist.

Unabhängig vom Hauptgeschäft werden folgende Tätigkeiten besonders vergütet:

- die Erteilung weiterer vollstreckbarer Ausfertigungen (§ 133),
- die Fertigung von Entwürfen, die nicht beurkundet werden (§ 145),
- der Vollzug des Geschäfts (z. B. die Einholung von Genehmigungen, § 146),
- die Vermittlung von Auseinandersetzungen (§ 148).

1. Weitere vollstreckbare Ausfertigungen (§ 133)

Die erste vollstreckbare Ausfertigung einer Urkunde erteilt der Notar gebührenfrei, da dies Nebengeschäft zum Hauptgeschäft – dem Beurkundungsvorgang – ist. In den folgenden Fällen ist jedoch für die Erteilung der vollstreckbaren Ausfertigung eine halbe Gebühr zu erheben:

- wenn vor Erteilung der Eintritt einer Tatsache im Sinne von § 726 ZPO zu prüfen ist,

---

[1] Wurde er überhaupt nur um einen Rat gefragt, entsteht für die Antwort selbstverständlich die halbe Gebühr nach § 147 Abs. 2, weil die Raterteilung damit zum Hauptgeschäft wurde.

◆ wenn die vollstreckbare Ausfertigung für oder gegen den Rechtsnachfolger einer Partei erteilt werden soll und der Notar daher die Rechtsnachfolge zunächst zu prüfen hat (§ 727 ZPO),

◆ wenn nach Verlust, Beschädigung, Vernichtung oder irrtümlicher Aushändigung der ersten vollstreckbaren Ausfertigung auf Antrag eine weitere vollstreckbare Ausfertigung erteilt werden soll (§ 733 ZPO)[1].

Geschäftswert für die Gebühr ist der Gesamtbetrag, der aus der Urkunde noch dem Gläubiger geschuldet wird.

2. Entwürfe, die nicht beurkundet werden (§ 145)

Erhält der Notar den Auftrag, (zunächst) nur den Entwurf einer Urkunde anzufertigen und nach der Fertigung den Beteiligten auszuhändigen, erhebt er dieselbe Gebühr, die er für die Beurkundung dieses Textes zu berechnen hätte. Seine Verantwortung für die Richtigkeit des Inhalts ist gleich, ob er nun beurkundet oder lediglich einen Textentwurf geliefert hat (§ 145 Abs. 1 S. 1).

Beispiel: Der Notar entwirft ein gemeinschaftliches Testament, das die Ehegatten als eigenhändiges Testament niederschreiben wollen.

Er berechnet nach §§ 46 Abs. 1, 145 Abs. 1 S. 1 die doppelte Gebühr (2/1).

Bei auftragsgemäßer Überprüfung, Änderung oder Ergänzung eines dem Notar vorgelegten Entwurfs entsteht die Hälfte der für die Beurkundung der Erklärung vorgesehenen Gebühr, mindestens ein Viertel der vollen Gebühr.

Nimmt der Notar aufgrund des gelieferten oder überprüften Entwurfs „demnächst"[2] eine Beurkundung dieses Textes vor, wird die Entwurfsgebühr auf die Beurkundungsgebühr angerechnet (§ 145 Abs. 1 S. 3).

Beglaubigt der Notar unter einem von ihm entworfenen oder überprüften Text eine Unterschrift, ist diese Beglaubigung gebührenfrei; eine Gebühr nach § 45 entsteht also nicht. Die Beglaubigung wird durch die Entwurfsgebühr abgegolten (§ 145 Abs. 1 S. 4). Dies gilt aber nur für den ersten Beglaubigungsvermerk unter diesem Text. Werden weitere Beglaubigungsvermerke unter demselben Text vorgenommen, entstehen für diese sodann Beglaubigungsgebühren nach § 45.

Beispiel: Der Notar entwirft auftragsgemäß eine Erbschaftsausschlagungserklärung des Karsten Koch betreffend den Nachlass seines Vaters. Dafür entsteht nach § 38 Abs. 3 ein Viertel der vollen Gebühr. Anschließend beglaubigt er die Unterschrift des Karsten Koch unter diesem Text. Für die Beglaubigung entsteht keine Gebühr.

Eine Woche später erscheint der Bruder des Karsten Koch, Heinrich Koch, und lässt ebenfalls seine Unterschrift unter der – inhaltlich übereinstimmenden – Erbschaftsausschlagungserklärung beglaubigen. Hierfür entsteht keine Entwurfsgebühr mehr (die hat bereits Karsten Koch bezahlt), wohl aber eine Gebühr für die Unterschriftsbeglaubigung (§ 45).

---

[1] Über deren Zulässigkeit entscheidet zunächst das Amtsgericht, ausgenommen bei Rückgabe einer beschädigten Urkunde an den Notar, wo er auch ohne Zustimmung des Amtsgerichts nach Vernichtung der beschädigten Ausfertigung eine neue vollstreckbare Ausfertigung erteilen kann (§ 797 Abs. 3 ZPO)

[2] „Demnächst" bedeutet, dass die Beurkundung in einem angemessenen Zeitraum nach dem Entwurf erfolgt, der aber zeitlich nicht allgemein eingegrenzt werden kann; es muss jedenfalls ein Handlungszusammenhang erkennbar sein.

Hat der Notar den Entwurf zu einem beurkundungspflichtigen Rechtsgeschäft gefertigt und einem Beteiligten ausgehändigt, erhebt er die Hälfte der für die Beurkundung vorgesehenen Gebühr, wenn diese wegen Zurücknahme des Auftrags unterbleibt (§ 145 Abs. 3).

Beispiel: Der Notar entwirft einen Grundstückskaufvertrag und händigt ihn den Beteiligten aus. Danach erklären diese, der Beurkundungsauftrag habe sich erledigt. Der Notar erhebt eine volle Gebühr (§ 145 Abs. 3 i. V. m. Abs. 2). Für die Beurkundung des Vertrags wäre nämlich das Doppelte der vollen Gebühr entstanden (§ 36 Abs. 2).

Wäre die auf diese Weise entstehende Gebühr geringer als eine volle Gebühr, wird sie bis auf diese Höhe (volle Gebühr) angehoben.

Beispiel: Der Notar hat auftragsgemäß ein Grundstücksveräußerungsangebot entworfen und den Entwurf seinem Auftraggeber ausgehändigt. Die Beurkundung unterbleibt aber, weil der Auftraggeber von der Veräußerung des Grundstücks absieht.

Für die Beurkundung des Vertragsangebots wäre nach § 37 die 1 1/2 fache Gebühr entstanden. Die Hälfte davon wäre eine 3/4-Gebühr, zu erheben ist aber mindestens eine volle (1/1) Gebühr.

Wenn die für die Beurkundung vorgesehene Gebühr selbst geringer ist als eine volle Gebühr, kann bei Zurücknahme des Beurkundungsauftrags höchstens die Beurkundungsgebühr erhoben werden.

Beispiel: Der Notar hat den Text für die Annahmeerklärung zu einem Grundstückskaufvertragsangebot entworfen und ausgehändigt. Für die Beurkundung dieses Textes würde nach § 38 Abs. 2 Ziff. 2 eine halbe Gebühr (1/2) entstehen. Wenn der Beurkundungsauftrag zurückgenommen wird, erhebt der Notar an sich die Hälfte der (1/2) Beurkundungsgebühr, das wäre eine viertel Gebühr, mindestens aber eine volle (1/1) Gebühr, jedoch hier nur die halbe (1/2) Gebühr. Er darf nämlich bei einem nicht durchgeführten Geschäft (Beurkundung) nicht mehr erheben als für das vollständig durchgeführte Geschäft, also für die vollendete Beurkundung § 145 Abs. 2, letzter Teilsatz).

Nicht selten händigt der Notar den Beteiligten einen Entwurf aus, um eine Nachprüfung durch eine Behörde zu veranlassen, ohne deren Genehmigung die Beurkundung nicht wirksam werden kann. Versagt die Behörde die Genehmigung, so ermäßigt sich die Gebühr ebenso auf die Hälfte der Beurkundungsgebühr, mindestens eine volle Gebühr (1/1), höchstens aber auf die Gebühr für die durchgeführte Beurkundung (§ 145 Abs. 2, siehe vorstehendes Beispiel).

Blieb die Verhandlung vor dem Notar nach Eintritt in das Beurkundungsgespräch erfolglos, z. B. weil der Antrag zurückgenommen wurde oder ein Beteiligter die Unterschrift unter den vom Notar entworfenen Vertrag verweigert hat, ohne dass der Notar zuvor einen Entwurf ausgehändigt hatte, wird die Hälfte der vollen Gebühr (1/2) erhoben, jedoch nicht mehr als die für die beantragte Beurkundung bestimmte Gebühr; die Gebühr darf 50,00 EUR nicht übersteigen (§ 57). Diese Gebühr ist im Übrigen auch dann zu erheben, wenn der Notar, wie vielfach üblich, ohne besonderen diesbezüglichen Auftrag, also von sich aus, vor der Beurkundung einen Entwurf an die Beteiligten übersandt hatte, um Änderungen während des Beurkundungsgesprächs möglichst zu vermeiden.

Wurde der Notar mit einer Beurkundung beauftragt, der Auftrag aber vor der Beurkundung und ohne Fertigung eines Entwurfs zurückgenommen, entsteht nach § 130 ein Viertel der vollen Gebühr, höchstens aber ein Betrag von 20,00 EUR.

3. Vollzug des Geschäfts (§ 146)

Der Notar wird von den Beteiligten häufig beauftragt, bei Grundstücksveräußerungsverträgen die nötigen Genehmigungen, unter anderem nach dem Baugesetzbuch und nach dem Grundstücksverkehrsgesetz, einzuholen oder um die Erteilung von sonstigen Zeugnissen nachzusuchen. Er erhält hierfür als Vollzugsgebühr die Hälfte der vollen Gebühr neben der Beurkundungsgebühr. Holt er nur ein Negativattest nach § 28 Abs. 1 BauGB ein, erhält er dafür nur 1/10 der vollen Gebühr.

Für das Betreiben eines Eintragungs-, Veränderungs- oder Löschungsantrags betreffend eine Hypothek, Grundschuld, Rentenschuld oder Schiffshypothek erhält der Notar eine viertel Gebühr nach § 146 Abs. 2, wenn er den Entwurf der Urkunde nicht gefertigt oder überprüft, sondern nur die Unterschrift darunter beglaubigt hat. Voraussetzung ist allerdings, dass er mehr tut, als nur die Unterlagen an das Grundbuchamt zu übersenden, z. B. Prüfung und Feststellung der Rangverhältnisse, Vorsorge für ranggerechte Eintragung, Prüfung der Vertretungsverhältnisse, Einholung von Unterlagen.

Die halbe Gebühr erhält der Notar, wenn er in anderen Fällen als den vorgenannten Anträge oder Beschwerden bei den Gerichten oder Behörden einreicht, die er im Auftrag der Beteiligten näher begründen muss (§ 146 Abs. 3). Voraussetzung ist hier, dass der Antrag oder die Beschwerde aufgrund einer von ihm aufgenommenen oder entworfenen Urkunde erforderlich wird. Er erhält diese Gebühr neben der Beurkundungs- oder Entwurfsgebühr.

Beispiel: Der Notar reicht beim Nachlassgericht einen beurkundeten Erbscheinsantrag ein und begründet die von ihm angenommene Erbfolge ausführlich in einem begleitenden Schriftsatz.
Außer der vollen Beurkundungsgebühr nach § 49 Abs. 1 und 3 erhält er eine halbe Vollzugsgebühr nach § 146 Abs. 3.

4. Erhebung, Verwahrung und Ablieferung von Geld, Wertpapieren und Kostbarkeiten (Hebegebühr, § 149)

Für die Empfangnahme, die Verwahrung und die anschließende Auszahlung von Geld, Wertpapieren und Kostbarkeiten erhält der Notar die Hebegebühr nach § 149. Wird Geld in mehreren Teilbeträgen ausgezahlt, ist die Hebegebühr aus jedem Betrag einzeln zu berechnen. Die Gebühr ist ebenso zu berechnen wie die Hebegebühr des Rechtsanwalts nach § 22 BRAGO. Daher kann auf die diesbezüglichen Ausführungen auf Seite 411 verwiesen werden. Die Mindestgebühr beträgt 1,00 EUR.

5. Gebühren für Geschäfte außerhalb der Geschäftsräume des Notars, an Sonn- und Feiertagen und zur Nachtzeit (§ 58)

Wenn der Notar außerhalb seiner Geschäftsräume tätig wird, weil dies von der Sache oder den beteiligten Personen her erforderlich ist[1]), erhält er eine zusätzliche Gebühr nach § 58 Abs. 1 in Höhe der Hälfte der vollen Gebühr, höchstens aber 30,00 EUR. Ist die für das Hauptgeschäft entstehende (Beurkundungs-)Gebühr geringer (z. B. nur eine halbe oder eine viertel Gebühr), so ist diese maßgebend.

Beispiele:
◆ Der Notar beurkundet im Hause eines Kranken dessen Testament. Das Nettovermögen des Testators beträgt 250 000,00 EUR. Der Notar erhält folgende Gebühren:
Beurkundungsgebühr § 46 Abs. 1 (1/1)   432,00 EUR
Gebühr § 58 Abs. 1 (1/2) = 216,00 EUR, es dürfen aber höchstens angesetzt werden   30,00 EUR

---

[1]) Grundsätzlich soll der Notar in seinem Büro tätig werden. Außerhalb des Büros z. B. nur dann, wenn ein Beteiligter bettlägerig erkrankt ist oder die große Anzahl der Beteiligten (z. B. bei der Hauptversammlung einer Aktiengesellschaft) andere Räumlichkeiten erfordert.

◆ In der Stadthalle von Neuburg beurkundet der Notar den Ablauf der Hauptversammlung der Phönix AG. Anschließend entwirft er dort die Anmeldung einer Vorstandsänderung zum Handelsregister und beglaubigt darunter die erforderlichen Unterschriften und Zeichnungen der Vorstandsmitglieder. Das Grundkapital der Gesellschaft beträgt 1 200 000,00 EUR, der Geschäftswert für die Anmeldung somit 25 000,00 EUR. Der Notar erhält für die Anmeldung:
Entwurfsgebühr (beinhaltet auch die Beglaubigung)
nach §§ 38 Abs. 2 Ziff. 7 i.V.m. § 145 Abs. 1 (1/2)   42,00 EUR
Gebühr § 58 Abs. 1 (1/2)   30,00 EUR
Hatte der Notar im Vorgriff auf das Ergebnis der Hauptversammlung die Anmeldung bereits in seinem Büro entworfen und in der Stadthalle lediglich die dort geleisteten Unterschriften und Zeichnungen beglaubigt, erhält er die Zusatzgebühr nicht in Höhe von 30,00 EUR (= 1/2 Gebühr), sondern nur in Höhe von 21,00 EUR (= 1/4 Gebühr), weil in diesem Falle das „Geschäft", für das sie erhoben wird, nur in der Beglaubigung bestand. Der Entwurf wurde ja im Büro erstellt[1]).

Eine weitere Zusatzgebühr in derselben Höhe, also auch mit denselben Begrenzungen, entsteht, wenn der Notar auf Wunsch der Beteiligten außerhalb der „üblichen Geschäftszeiten" des Notariats, die in § 58 Abs. 3 genannt sind, tätig wird. Es reicht für das Entstehen der Gebühr aus, wenn die Beurkundung zwar noch in der üblichen Geschäftszeit beginnt, sich aber über deren Grenzen hinaus erstreckt. Hat allerdings der Notar den Termin ohne Not von sich aus so spät angesetzt, kann er die Zusatzgebühr nicht erhalten. Konnte der Notar hingegen den auf die Beurkundung drängenden Beteiligten wegen Terminproblemen keinen in die übliche Geschäftszeit fallenden Beurkundungstermin anbieten, erhält er die Zusatzgebühr.

Die Zusatzgebühr entsteht für jede aufgenommene Urkunde gesondert.

Die Gebühren nach Abs. 1 und Abs. 3 können nebeneinander entstehen (also: Beurkundung außerhalb des Büros an einem Werktag um 19:00 Uhr: Je eine Zusatzgebühr nach § 58 Abs. 1 und nach Abs. 3).

6. Auslagenersatz (§§ 136, 137, 152, 153)

Für die Erteilung von Ausfertigungen und (beglaubigten oder einfachen) Abschriften sind grundsätzlich Schreibauslagen an den Notar zu zahlen. Allerdings sind bei der Beurkundung von Verträgen zwei Ausfertigungen oder Abschriften, bei Beurkundung einseitiger Erklärungen ein derartiges Exemplar schreibauslagenfrei. Auch dann, wenn an einem Vertrag mehr als zwei Personen oder an einer einseitigen Erklärung mehr als eine Person beteiligt sind, gilt diese Begrenzung auf zwei bzw. ein Exemplar.

Die Schreibauslagen betragen für die ersten 50 Seiten in einer Sache unabhängig von der Art ihrer Herstellung 0,50 EUR pro Seite, für jede weitere Seite 0,15 EUR pro Seite.

Außerdem kann der Notar die in § 137 aufgeführten sonstigen Auslagen erheben, daneben die entstandenen Fernsprechgebühren und Portokosten (§ 152), letztere nur in konkreter Höhe, nicht pauschaliert.

Reisekosten (§ 153) entstehen in derselben Höhe wie bei einem Rechtsanwalt. Es kann daher auf die Berechnung auf Seite 420 verwiesen werden. Das Tage- und Abwesenheitsgeld ist zur Hälfte auf eine nach § 58 Abs. 1 entstandene Zusatzgebühr anzurechnen. Diese Hälfte bleibt also bis zur Höhe der Gebühr nach § 58 außer Ansatz.

Beispiel: Für die Geschäftsreise des Notars Dr. Weimer von Stuttgart nach Ludwigsburg ist nach § 153 Abs. 2 Ziff. 2 ein Tage- und Abwesenheitsgeld von 31,00 EUR entstanden. Daneben ist eine Gebühr

---

[1]) Nach herrschender Meinung erhält der Notar die Zusatzgebühr nach § 58 aber dann in Höhe der Entwurfsgebühr (1/2 Gebühr), wenn er den im Büro gefertigten Entwurf vor der Beglaubigung an Ort und Stelle mit den Beteiligten nochmals erörtert, also erst dort „fertig stellt"

nach § 58 Abs. 1 in Höhe von 21,00 EUR entstanden. Die Hälfte des Tage- und Abwesenheitsgeldes (= 15,50 EUR) ist auf die Gebühr nach § 58 (21,00 EUR) anzurechnen, geht also darin unter. Zu erheben sind also 15,50 EUR + 21,00 EUR = 36,50 EUR. Wäre ein Tage- und Abwesenheitsgeld von 56,00 EUR entstanden, hätte dessen Hälfte (= 28,00 EUR) auf die Zusatzgebühr von 21,00 EUR angerechnet werden müssen mit dem Ergebnis, dass insgesamt ein Tage- und Abwesenheitsgeld von 28,00 EUR (= andere Hälfte) + 7,00 EUR (= Rest aus der angerechneten Hälfte) = 35,00 EUR neben der Gebühr nach § 58 Abs. 1 (21,00 EUR) zu erheben gewesen wäre.

Die Reisekostenvergütung des Notars, dessen Gebühren der Staatskasse zufließen, richtet sich nach den für Bundesbeamten der Reisekostenstufe B geltenden Vorschriften (§ 153 Abs. 3).

Der Notar hat wie der Rechtsanwalt Anspruch auf Ersatz der auf seine Kosten entfallenden Umsatzsteuer. Sie ist aus den ihm zustehenden Gebühren und Auslagen zu berechnen (§ 151a).

II. Gebühren für Beurkundungen

1. Einseitige Erklärungen (§ 36 Abs. 1)

Es entsteht eine volle Gebühr (1/1), auch wenn mehrere Personen die Erklärung abgeben.

Beispiele: Kündigungen, Bürgschaftserklärungen, Mitteilung der Ausübung des Vorkaufsrechts, Quittungen, Rücktrittserklärungen, Schuldversprechen und Schuldanerkenntnis, Vaterschaftsanerkenntnis.

2. Verträge (§ 36 Abs. 2)

Hier entsteht das Doppelte der vollen Gebühr (2/1). In Betracht kommen vor allem: Kauf-, Miet-, Pacht-, Schenkungs-, Tausch-, Übergabe-, Ehe- und Gesellschaftsverträge.

3. Vertragsangebote (§ 37)

Für die Beurkundung entsteht die einundeinhalbfache Gebühr (11/2). Für die später getrennt beurkundete Annahme des Angebots entsteht nach § 338 Abs. 2 Nr. 2 eine halbe Gebühr (1/2), sodass zusammen die gleichen Gebühren (2/1) entstehen wie bei einem beurkundeten Vertrag (siehe oben).

4. Besondere Fälle (§ 38)

Abs. 1: Der Notar erhält eine volle Gebühr für die Beurkundung eines Vertrags über die Verpflichtung zur Übertragung des Eigentums an einem Grundstück, Wohnungseigentum oder Erbbaurecht, wenn sich mindestens einer der Vertragspartner vorher in einem beurkundeten Vertrag (Vorvertrag) zur Übertragung oder zum Erwerb des Eigentums verpflichtet hat. Damit sollen unangemessen hohe Kosten bei mehraktigen Geschäften vermieden werden.

Abs. 2: Für die hier unter Ziff. 1–6 aufgeführten Beurkundungen entsteht jeweils eine halbe (1/2) Gebühr. Zu den einzelnen Fällen sind folgende Besonderheiten zu beachten:

Zu Ziff. 1: Zustimmungserklärungen zu Beschlüssen (§ 47) fallen nicht hierunter. Sie sind gemäß § 36 Abs. 1 als einseitige Willenserklärung anzusehen (siehe oben Ziff. 2a) oder, wenn die Zustimmung selbst Beschlusscharakter hat, nach § 47 zu berechnen.

Zu Ziff. 2: Für die Beurkundung einer verspäteten Annahme wird nicht die halbe Gebühr, sondern nach § 37 die eineinhalbfache Gebühr erhoben, weil es sich dabei um ein neues Angebot handelt (§ 150 Abs. 1 BGB).

Werden in der Urkunde außer der Annahme weitere Erklärungen abgegeben, muss dies berücksichtigt werden.

Beispiel: Beurkundet wird die Annahme des Kaufvertragsangebots für ein Grundstück. In der Annahmeurkunde unterwirft sich der Käufer der sofortigen Zwangsvollstreckung wegen des Kaufpreises von 100 000,00 EUR.

Für die Unterwerfungserklärung an sich ist nach § 36 Abs. 1 eine volle (1/1) Gebühr zu erheben, für die Annahme nach § 38 Abs. 2 Nr. 2 eine halbe Gebühr (1/2). Beide Erklärungen haben aber denselben Gegenstand im Sinne von § 44 Abs. 1 Satz 1. Der Notar erhebt daher eine volle Gebühr (1/1) nach §§ 36 Abs. 1, 44 Abs. 1 Satz 1 aus 100 000,00 EUR = 207,00 EUR.

Zu Ziff. 3: Auch eine nur teilweise Erfüllung darf nicht vorliegen (z. B. Kaufpreisteilzahlung, Übergabe der Sache), andernfalls die Gebühr des § 36 Abs. 2 (doppelte Gebühr) für die Aufhebungsurkunde anzusetzen wäre.

Zu Ziff. 4: Hierunter fällt nur die durch rechtsgeschäftliche Willenserklärung erteilte Vollmacht. Wird die Vollmacht durch einen Beschluss erteilt (z. B. durch die Gesellschafterversammlung einer GmbH), ist für die Gebührenberechnung § 47 anzuwenden.

Der Geschäftswert ist in § 41 bestimmt: Für eine Spezialvollmacht entspricht er dem Wert des Rechtsgeschäfts, für das die Vollmacht erteilt wurde. Der Wert einer Generalvollmacht ist nach freiem Ermessen zu bestimmen (§ 30). Er beträgt nie – auch nicht bei der Spezialvollmacht – mehr als 500 000,00 EUR.

Zu Ziff. 5 a: Werden Eintragungs- oder Löschungsbewilligungen zusammen mit dem zugrunde liegenden Rechtsgeschäft beurkundet (z. B. die Bestellung einer Hypothek mit Unterwerfung unter die sofortige Zwangsvollstreckung und Eintragungsbewilligung sowie Eintragungsantrag), entsteht nach § 44 Abs. 1 Satz 1 nur die Gebühr nach § 36 Abs. 1. Die Gebühr nach § 38 Abs. 2 Ziff. 5 a entsteht demnach nur dann, wenn Bewilligung und/oder Antrag gesondert, also ohne die Schulderklärungen beurkundet werden.

Zu Ziff. 6 a–d: Das einer Auflassung zugrunde liegende Rechtsgeschäft ist ein Kauf-, Schenkungs-, Übergabe- oder Tauschvertrag. Wird die Auflassung zusammen mit diesem zugrunde liegenden Vertrag beurkundet, fällt sie neben der Beurkundungsgebühr für den Vertrag nicht ins Gewicht, weil sie gegenstandsgleich ist (§ 44 Abs. 1). Wird sie aber gesondert beurkundet, ist für diese Urkunde die Gebühr nach § 38 Abs. 2 Ziff. 6 a anzusetzen. Vergleichbares gilt in den Fällen b und c bei der Einräumung von Sondereigentum (Wohnungseigentum) und bei der Bestellung oder Übertragung eines Erbbaurechts. Die Beurkundung der Abtretung von Geschäftsanteilen kostet eine halbe Gebühr, wenn der ihr zugrunde liegende Kauf (Tausch, Schenkung) bereits beurkundet wurde. Wurde das Grundgeschäft gar nicht oder im Ausland beurkundet, wie dies häufig bei der Übertragung von Geschäftsanteilen geschieht, kann für die Beurkundung der Abtretung nicht die halbe Gebühr nach § 38 Abs. 2 Ziff. 6, sondern nur die doppelte Gebühr nach § 36 Abs. 2 angesetzt werden.

Ziff. 7: Ist eine Anmeldung zum Handelsregister in einer Urkunde mit dem Gesellschaftsvertrag enthalten, hat sie gebührenrechtlich keine Auswirkungen, da sie gegenstandsgleich im Sinne von § 44 Abs. 1 Satz 1 mit dem Gesellschaftsvertrag ist. Wird sie aber aus hinreichen-

---

[1]) Auf Beschlüsse und Willenserklärungen, die in einer Urkunde zusammengefasst sind, findet § 44 keine Anwendung. Hier sind vielmehr die Gebühren für den Beschluss (§ 47) und die für die Willenserklärung (§§ 36, 37 oder 38) gesondert zu berechnen, also zwei Gebührenansätze für eine Urkunde!

dem Grunde gesondert beurkundet oder ist sie in einer Urkunde enthalten, die ansonsten nur Gesellschafterbeschlüsse enthält[1]), ist für sie nach § 38 Abs. 2 Ziff. 7 die halbe Gebühr (1/2) anzusetzen. Der Geschäftswert für die Anmeldungen ergibt sich aus § 26, siehe oben Seite 512.

Die Beglaubigung der erforderlichen Zeichnungen wird i. d. R. in der Anmeldung enthalten sein und kostet dann keine gesonderte Gebühr. Ist sie ausnahmsweise in ein besonderes Schriftstück aufzunehmen (wenn z. B. der neu bestellte Prokurist bei der durch den Geschäftsführer erfolgten Anmeldung nicht zugegen war), entsteht auch hierfür eine halbe Gebühr. Der Geschäftswert ist in diesem Falle nach § 30 zu schätzen.

Die vorstehend zu Ziff. 1, 4, 5 und 7 genannten Erklärungen bedürfen nicht der Beurkundung und werden daher stets in unterschriftsbeglaubigter Form abgegeben. Wegen § 145 Abs. 1 Satz 1 erhält der Notar aber für den Entwurf des Textes – zusammen mit der erfolgten Beglaubigung – ebenfalls die Gebühren nach § 38 Abs. 2.

Abs. 3: Unter diese Bestimmung fällt vor allem die Beurkundung der Erbschaftsausschlagung. Der Geschäftswert ist nach § 112 Abs. 2 zu bestimmen, der den Abzug der Schulden vom Vermögen vorschreibt.

Auch die Erbschaftsausschlagung wird in der Praxis mit Unterschriftsbeglaubigung vorgenommen, sodass die halbe Gebühr im Zusammenhang mit § 145 Abs. 1 Satz anzusetzen ist.

5. Ergänzung und Änderung beurkundeter Erklärungen (§ 42)

Für Urkunden, durch die eine andere Urkunde ergänzt oder geändert wird, wird eine Gebühr nach demselben Gebührensatz erhoben wie für die ursprüngliche Beurkundung, jedoch nicht mehr als die volle (1/1) Gebühr.

Der Geschäftswert bestimmt sich nach dem Wert der Änderung.

Beispiel: Durch Änderungsurkunde wird der Kaufpreis für ein Grundstück von 110 000,00 EUR auf 140 000,00 EUR heraufgesetzt. Zu erheben ist für die Änderungsurkunde eine volle Gebühr (1/1) aus einem Wert von 30 000,00 EUR = 96,00 EUR.

Werden Bestimmungen ohne bestimmten Geldwert geändert, z. B. der Zeitpunkt der Übergabe bei einem Grundstück, das keine bezifferbaren Nutzungen abwirft, muss der Wert nach § 30 geschätzt werden.

6. Beurkundung mehrerer Erklärungen in einer Urkunde (§ 45)

Aus einer Urkunde entsteht i. d. R. nur eine Beurkundungsgebühr[1]). Der Notar ist verpflichtet, zusammenhängende Gegenstände zusammen zu beurkunden, weil das für den Kostenschuldner günstiger ist. Betreffen die Erklärungen denselben Gegenstand – diese Feststellung begegnet in der Praxis häufig Schwierigkeiten –, wird die Gebühr für die Beurkundung nach dem höchsten in Betracht kommenden Gebührensatz aus dem Wert des Gegenstands bestimmt.

Beispiel: Der Grundstückskaufvertrag und die Auflassung des Grundstücks werden in einer Urkunde beurkundet. Für den Kaufvertrag entsteht die doppelte Gebühr nach § 36 Abs. 2, für die Auflassung die halbe Gebühr nach § 38 Abs. 2 Ziff. 6a. Beide Erklärungen – Kauf und Auflassung – betreffen denselben Gegenstand. Erhoben wird die doppelte Gebühr aus dem Kaufpreis als Geschäftswert (§ 20).

---

[1]) Ausnahme: Zusammenbeurkundung von Willenserklärungen und von Beschlüssen (§ 47), siehe die vorhergehende Fußnote!

Hat die Gebühr für beide Willenserklärungen die gleiche Höhe, wird sie einfach aus dem Wert erhoben.

Beispiel: Beurkundet werden die Annahme des Grundstückskaufangebots und die Auflassung in einer Urkunde. Für beide Willenserklärungen ist eine halbe Gebühr anzusetzen (§ 38 Abs. 2 Ziff. 2 und Abs. 2 Ziff. 6 a). Somit wird für die Urkunde insgesamt eine halbe Gebühr aus dem Kaufpreis (Geschäftswert) angesetzt.

Betreffen die gemeinsam beurkundeten Erklärungen verschiedene Gegenstände, so z. B. wenn im Grundstückskaufvertrag zugleich eine Hypothek als Sicherung für einen Dritten bestellt wird, der den Kaufpreis bezahlt hat, oder wenn Vaterschaftsanerkenntnis und Unterhaltsverpflichtung zusammen beurkundet werden, so gilt nach § 44 Abs. 2 Folgendes:

- Unterliegen die Erklärungen demselben Gebührensatz, so wird nach diesem die Gebühr nur einmal aus den zusammengerechneten Werten bestimmt.

    Beispiel: Vaterschaftsanerkenntnis und Unterhaltsverpflichtung werden zusammen beurkundet. Die Gegenstände sind verschieden (nichtvermögensrechtliche und vermögensrechtliche Erklärung): Der Geschäftswert des Vaterschaftsanerkenntnisses ist nach § 30 Abs. 3 zu bestimmen und kann mit 3 000,00 EUR angenommen werden, der Wert der Unterhaltsverpflichtung nach § 24 Abs. 4 in Höhe des einjährigen Bezugs (12 x 230,00 EUR = 2 760,00 EUR). Der Gebührensatz ist bei beiden Gegenständen derselbe, nämlich eine volle Gebühr nach § 36 Abs. 1. Die Werte sind folglich zusammenzurechnen, aus der Summe von 5 760,00 EUR ist eine volle Gebühr zu erheben (48,00 EUR).

- Sind verschiedene Gebührensätze anzuwenden, wird jede Gebühr für sich berechnet. Der Gesamtbetrag darf jedoch nicht mehr betragen als die nach dem höchsten Gebührensatz berechnete Gebühr aus dem Gesamtwert (§ 44 Abs. 2 b).

    Beispiel: Das Vaterschaftsanerkenntnis und die vergleichsweise Abfindung (vertragliche Vereinbarung) der Kindesmutter wegen Entbindungskosten und sonstiger Aufwendungen aus Anlass der Geburt werden in einer Urkunde aufgenommen.

    Der Notar berechnet folgende Gebühren:

Gebühr für Vaterschaftsanerkenntnis § 36 Abs. 1 (1/1)	
(Geschäftswert 3 000,00 EUR, geschätzt)	26,00 EUR
Gebühr für Vergleich § 36 Abs. 2 (2/1)	
(Geschäftswert 6 000,00 EUR, angenommen)	<u>48,00 EUR</u>
	74,00 EUR

    Insgesamt dürfen die Gebühren nicht mehr betragen als 2/1 aus (3 000,00 + 6 000,00) 9 000,00 EUR = 54,00 EUR. Der Notar erhebt somit eine Gebühr von 54,00 EUR.

7. Beurkundung von Verfügungen von Todes wegen (§ 46)

Für die Beurkundung eines (einseitigen) Testaments entsteht die volle Gebühr, für die Beurkundung eines gemeinschaftlichen Testaments oder eines Erbvertrags das Doppelte der vollen Gebühr. Die Bestimmung entspricht der Regelung in § 36. Die Ablieferung des Testaments zur Verwahrung an das Nachlassgericht ist gebührenfreies Nebengeschäft.

Wird der Widerruf eines Testaments, die Aufhebung oder Anfechtung eines Erbvertrags oder der Rücktritt von einem Erbvertrag beurkundet, entsteht dafür die Hälfte der vollen Gebühr. Bei einer Anfechtung gegenüber dem Nachlassgericht entsteht nur eine 1/4-Gebühr gemäß § 38 Abs. 3.

Wird zugleich mit dem Widerruf eines Testaments, der Aufhebung, Anfechtung oder dem Rücktritt von einem Erbvertrag eine neue Verfügung von Todes wegen beurkundet, entsteht eine Gebühr für den Widerruf nur dann, wenn die widerrufene Verfügung einen höheren

Geschäftswert hatte als die neu errichtete. Der Geschäftswert für die Widerrufsgebühr entspricht der Differenz zwischen dem Geschäftswert der früheren und der neuen Verfügung.

Beispiel: Der Erblasser erklärt in notarieller Urkunde den Rücktritt von einem Erbvertrag, der einen Geschäftswert von 200 000,00 EUR hatte. In derselben Urkunde ordnet er eine andere Erbfolge an. Sein Vermögen beträgt zum Zeitpunkt der Beurkundung jedoch nur noch 120 000,00 EUR.

Der Notar erhebt für die neue Urkunde folgende Gebühren:

Gebühr § 46 Abs. 1 (1/1), Geschäftswert 120 000,00 EUR	237,00 EUR
Gebühr § 46 Abs. 2 (1/2), Geschäftswert 80 000,00 EUR	88,50 EUR[1]).

Wäre das Vermögen des Erblassers bei der jetzigen Beurkundung gleich oder höher gegenüber der früheren Beurkundung, würde eine Gebühr für den Widerruf nicht erhoben werden.

Geschäftswert ist in der Regel das Gesamtvermögen des Erblassers im Zeitpunkt der Beurkundung, abzüglich der Schulden (§ 46 Abs. 4).

Wird zugleich mit einem Erbvertrag ein Ehevertrag beurkundet, sind die Geschäftswerte beider Verträge gesondert zu ermitteln, dann zu vergleichen. Geschäftswert für den Gesamtvertrag ist der höhere der beiden Werte (§ 46 Abs. 3).

8. Beurkundung der Beschlüsse von Gesellschaftsorganen (§ 47)

Hier kommt vor allem die Beurkundung der Beschlüsse von Gesellschafterversammlungen der Gesellschaften mit beschränkter Haftung sowie der Hauptversammlungen von Aktiengesellschaften infrage. Erhoben wird das Doppelte der vollen Gebühr (2/1). Die Gebühr darf höchstens 5 000,00 EUR betragen, sowohl bei Beschlüssen unbestimmten Geldwertes (bei denen der Geschäftswert nach §§ 36, 27 zu ermitteln ist) als auch bei solchen mit bestimmtem Geldwert, wie Kapitalerhöhungen.

9. Beurkundung eidesstattlicher Versicherungen (§ 49)

Hier handelt es sich vor allem um die in jedem Erbscheinsantrag enthaltene eidesstattliche Versicherung nach § 2356 Abs. 2 BGB. Der Notar erhebt für ihre Beurkundung eine volle Gebühr aus dem Wert des reinen Nachlasses (§§ 49 Abs. 2, 107 Abs. 2) nach Abzug der Verbindlichkeiten. Der in der Urkunde enthaltene Erbscheinsantrag selbst löst daneben keine weitere Gebühr aus (§ 49 Abs. 3).

III. Gebühren für Beglaubigungen

1. Beglaubigung von Unterschriften (§ 45)

Der Notar erhält ein Viertel der vollen Gebühr, höchstens 130,00 EUR. Ohne Bedeutung ist, ob die Unterschrift (oder das Handzeichen) vor ihm vollzogen oder vor ihm anerkannt wurde oder ob es sich um eine oder mehrere Unterschriften handelt, die in einem Vermerk beglaubigt werden. Die Gebühr entsteht nur einmal für jeden Beglaubigungsvermerk. Der Geschäftswert ist ebenso zu bestimmen, wie wenn das Schriftstück beurkundet würde.

---

[1]) § 44 Abs. 2 b ist hier nicht anzuwenden

2. Beglaubigung von Abschriften (§ 55)

Für die Beglaubigung der Abschrift einer Urkunde, die der Notar selbst aufgenommen hat oder auf Dauer verwahrt, erhält er keine Beglaubigungsgebühr, sondern nur Schreibauslagen (Kopierkosten) nach § 136. Hat er jedoch die Abschrift (Kopie) eines fremden Schriftstücks zu beglaubigen, z. B. eines Prüfungszeugnisses, entsteht neben den Schreibauslagen (Kopierkosten) eine Beglaubigungsgebühr von 1,00 EUR pro Seite, mindestens aber die Mindestgebühr nach § 33, zz. also 20,00 EUR.

IV. Gebühren für die Aufnahme von Wechsel- und Scheckprotesten (§ 51)

Der Notar erhebt für Wechsel- und Scheckproteste eine halbe Gebühr aus dem Wechselnennbetrag (§ 51 Abs. 1). Die Gebühr entsteht auch, wenn eine Protestbeurkundung gar nicht erfolgt, weil bei Vorzeigen des Wechsels[1]) an den Notar Zahlung geleistet oder die bereits (z. B. durch Post oder Bank) erfolgte Zahlung ihm nachgewiesen wird (§ 51 Abs. 3).

Für jeden Weg, der aus Anlass des Protestauftrags am Amtssitz zurückzulegen ist, erhält der Notar eine Wegegebühr von 1,50 EUR. Muss er sich zum Zwecke des Protestes aus den Grenzen seines Amtssitzes heraus begeben, erhält er Reisekosten nach § 153 (siehe oben Seite 507). Die Fahrtstreckenentschädigung, die ihm im Rahmen der Reisekosten zusteht, ist auf das Wegegeld anzurechnen, sodass dieses dann unerhoben bleibt.

Erhält der Notar beim Vorzeigen des Wechsels Zahlung, entsteht aus dem Betrag der Zahlung eine Hebegebühr nach § 149 (siehe Seite 506), die auf die Protestgebühr nach § 51 Abs. 1 anzurechnen ist.

Beispiele:

- Der Notar ist beauftragt, Wechselprotest mangels Zahlung aus einem Wechsel über 100 000,00 EUR zu erheben. Er begibt sich zur Zahlstelle (Bank) an seinem Amtssitz, die Zahlung mangels Guthaben ablehnt. Der Notar stellt folgende Kosten in Rechnung:
  Geschäftswert 100 000,00 EUR
  Gebühr § 51 Abs. 1; 1/2, Wechselprotest   103,50 EUR
  Wegegebühr § 51 Abs. 2   1,50 EUR
  Umsatzsteuer 16 %   16,80 EUR
                                               121,80 EUR

- Die Zahlstelle im Beispiel oben leistet bei Vorzeigen des Wechsels Zahlung in voller Höhe an den Notar. Es entstehen folgende Kosten:
  Gebühr § 51 Abs. 1 (Wert 100 000,00 EUR),
  1/2, Wechselprotest   103,50 EUR
  Hebegebühr (Wert 100 000,00 EUR)   287,50 EUR,
  anzurechnen auf die Protestgebühr   103,50 EUR
  sodass sie nur mit   184,00 EUR
  zum Ansatz kommt.
  Wegegebühr § 51 Abs. 2   1,50 EUR
  Umsatzsteuer 16 %   46,20 EUR
                                                                335,24 EUR

Wird die Zahlung an den Notar erst geleistet, nachdem er bereits die Protesturkunde aufgenommen hat, wird die Hebegebühr nicht auf die Protestgebühr angerechnet, sondern entsteht neben ihr in voller Höhe.

---

[1]) Scheckproteste kommen in der Praxis kaum vor.

Abkürzungen

AG	Amtsgericht	GVG	Gerichtsverfassungsgesetz
AGBG	Gesetz zur Regelung des Rechts der Allgemeinen Geschäftsbedingungen	HGB	Handelsgesetzbuch
		JGG	Jugendgerichtsgesetz
		JWG	Gesetz für Jugendwohlfahrt
ArbGG	Arbeitsgerichtsgesetz	KG	Kommanditgesellschaft
BerHG	Beratungshilfegesetz	KostO	Kostenordnung
BeurkG	Beurkundungsgesetz	KSchG	Kündigungsschutzgesetz
BGB	Bürgerliches Gesetzbuch	LG	Landgericht
BGBl	Bundesgesetzblatt	OHG	Offene Handelsgesellschaft
BGH	Bundesgerichtshof	OLG	Oberlandesgericht
BNotO	Bundesnotarordnung	OVG	Oberverwaltungsgericht
BRAGO	Bundesrechtsanwalts-gebührenordnung	OWiG	Gesetz über die Ordnungswidrigkeiten
BRAO	Bundesrechtsanwaltsordnung	PStG	Personenstandsgesetz
BZRG	Bundeszentralregistergesetz	RA	Rechtsanwalt
DONot	Dienstordnung für Notare	RpflG	Rechtspflegergesetz
DRiG	Deutsches Richtergesetz	SGB	Sozialgesetzbuch
eG	eingetragene Genossenschaft	StGB	Strafgesetzbuch
EheG	Ehegesetz	StPO	Strafprozessordnung
ErbbRVO	Verordnung über das Erbbaurecht	StVG	Straßenverkehrsgesetz
		VerbrKrG	Verbraucherkreditgesetz
e.V.	eingetragener Verein	VG	Verwaltungsgericht
FGG	Gesetz über die Angelegenheiten der freiwilligen Gerichtsbarkeit	VwGO	Verwaltungsgerichtsordnung
		WEG	Wohnungseigentumsgesetz
		ZPO	Zivilprozessordnung
FGO	Finanzgerichtsordnung	ZVG	Gesetz über die Zwangsversteigerung und Zwangsverwaltung
GBO	Grundbuchordnung		
GG	Grundgesetz		
GKG	Gerichtskostengesetz	ZSEG	Gesetz über die Entschädigung von Zeugen und Sachverständigen
GmbHG	Gesetz betreffend die Gesellschaften mit beschränkter Haftung		

Sachwortverzeichnis

A

Abänderung
– der Annahmeerklärung 39
– des Antrags 39
– des Urteils 225, 228, 248
Abänderungsklage 228
Abfindung des Arbeitnehmers 341
Abfindungsvertrag wegen Unterhalts 137
Abgabe des Rechtsstreits 202, 209
Abgabe von Willenserklärungen 37 f.
– Klage wegen 204
– vor einer Behörde 41, 117
– Zwangsvollstreckung wegen 317
Abhandenkommen 90
Abhilfe im Reisevertragsrecht 70
Abkömmlinge 144 f.
Ablehnung des
– Angebots 39
– Gerichtsvollziehers 13
– Rechtspflegers 12
– Richters 12
– Sachverständigen 221
Ablieferung
– eines Testaments 150
– von Wertgegenständen 17
Ablieferungspflicht des Finders 94
Ablösungssumme 110
Abrategebühr 410
Abschlusszwang 39
Absehen von Strafe 359
Absolute Rechte 34
Abstammung 127
Abstandnahme vom Urkundenprozess 239
Abstrakter Vertrag 91
Abteilungen
– des Amtsgerichts 165
– des Grundbuchs 98
Abtretung
– der Forderung 57 f.
– des Grundpfandrechts 107
– des Herausgabeanspruchs 92
Abweichungen vom normalen Verfahren 233
Abwesenheitspflegschaft 141

Adhäsionsverfahren, RA-Kosten 469
Adoption 129 f.
Aktenlage, Entscheidung nach 235
Akzessorisch
– abhängig von der zu sichernden Forderung 106
– Abhängigkeit der Bürgschaftsschuld 77
Allgemeine Geschäftsbedingungen 62 f.
Amtliche Verwahrung
– des Erbvertrags 152, 271
– des Testaments 150, 271
Amtsanwalt 14
Amtsgericht
– örtliche Zuständigkeit 168 f.
– sachliche Zuständigkeit 166
Amtszustellung 182
Änderung
– des Klageantrags 207
– des Klagegrundes 207
Aneigung von Sachen 94 f.
Anerkenntnisurteil 224, 227
Anerkennung der Vaterschaft 128, 246
Anfangsvermögen 121
Anfechtung
– der Anerkennung der Vaterschaft 128, 246
– des Erbvertrags 153
– des Testaments 151
– des Verwaltungsakts 348
– von Willenserklärungen 41 f.
Anfechtungsklagen 158, 246, 348
Angebot (Antrag, Offerte) 38 f.
– Ablehnung 39
– Annahme 39
– Erlöschen 39
Angeklagter 375
Angeschuldigter 375
Anhörungspflicht im Verfahren der freiwilligen Gerichtsbarkeit 266
Anklageschrift, Anklagesatz 377
Annahme als Kind 129
Annahme des Antrags 39
Annahmeverzug 55
Anordnung des Gerichts

– der Vormundschaft oder Fürsorgeerziehung 265
– des persönlichen Erscheinens 226
– einstweilige Anordnung in Ehe- und Kindschaftssachen 245 f.
– in Bagatellsachen schriftlich zu verhandeln 210
Anschlussberufung 253
Anschlusspfändung 291
Anspruch
– Begriff 46
– Verjährung 46
– Verwirkung 47
Anstalten des öffentlichen Rechts 10
Anstifter 358
Antrag (Offerte, Angebot) 38 f.
Antrag, siehe Klageantrag
Antragsdelikte 376, 381
Antragssachen der freiwilligen Gerichtsbarkeit 266
Antragsschrift in Scheidungssachen 244
Anwaltshonorar 15
Anwaltszwangs 15, 173, 343
Anwesenheit
– gleichzeitige 43, 103, 117, 149, 151
– persönliche 117, 149, 151
Arbeitgeber, Arbeitnehmer 340
Arbeitgeberverbände 339
Arbeitseinkommen, Pfändung 298, 301
Arbeitsgerichtsbarkeit 339 f.
Arbeitsgerichtsverfahren 341 f.
Arbeitskampf 341
Arbeitsrecht 339
Arbeitssachen, Kosten in 420, 458
Arbeitsschutzgesetze 339
Arbeitsverhältnis 68, 339 f.
Arbeitsverhältnis, Klage, Wert 406
Arglistige Täuschung 42, 118
Arrest 331 f., 442, 483
– dinglicher 330
– persönlicher Sicherheitsarrest 330
– Vollzug 331
Arrestbefehl 331

Sachwortverzeichnis

Arrestgesuch 330
Artvollmacht 45
Aufbewahrung und Ablieferung von Wertgegenständen 17
Aufenthaltsort 168
Aufgebotsverfahren 146, 153, 261, 484
Aufhebung
– der Ehe 118, 240, 243 f.
– von Vollstreckungsmaßnahmen 313 f., 326
Aufklärungspflicht des Gerichts 213
Auflagen
– für den Erben 156
– in Strafsachen 358, 376
Auflassung 103
Auflassungsvormerkung 111 f.
Auflösung der Ehe 123 f.
Aufrechnung 60
Aufrechnung mit Gegenforderung, Wert 407
Aufruf der Sache
– im Haupttermin 216
– in der Hauptverhandlung 378
Aufschiebung der Strafvollstreckung 382
Aufschrift des Grundbuchblattes 98
Aufsichtspflicht, Verletzung der 82
Auftrag 75 f.
Augenschein, Beweismittel 217, 219
Auseinandersetzung
– einer Gemeinschaft 305
– des Nachlasses 154
Ausfallbürgschaft 78
Ausfertigung, weitere vollstreckbare 499
Ausfertigungen 180
Ausgleich des Zugewinns 121
Ausgleichsanspruch der Ehegatten 120, 125 f.
Ausgleichspflicht der Abkömmlinge 147
Ausgleichsrente 125
Auskunftsgebühr 409
Auslagenersatz 412, 502
Ausländische Urteile 279
Ausschlagung der Erbschaft 152
Ausschließung
– der Öffentlichkeit 210
– von Personen der Rechtspflege 12 f.

– von Rechten im Aufgebotsverfahren 261
Ausschlussfrist 227
Ausschlussurteil 261
außergerichtliche Schadensregulierung, RA-Kosten 477
Aussetzung der Verwertung in der Zwangsvollstreckung 294
Aussetzung des Verfahrens 224
Aussöhnungsgebühr 434
Aussperrung 341
Austauschpfändung 290 f.

B

Bagatellsachen 376
Bagatellstreitverfahren 210, 236
Bahnunternehmer, Haftung 83
Beauftragter Richter 210
Beeidigung
– der Partei 222
– des Zeugen 220, 379
Beendigung des Verfahrens 225 f.
Befähigung zum Richteramt 12
Befangenheit 17
Beglaubigung, Gebühren 507 f.
Beglaubigung, öffentliche 40
Begleitname 119
Behörden als Vollstreckungsorgane 286
Behörden der freiwilligen Gerichtsbarkeit 264
Beibringungsgrundsatz, siehe Verhandlungsgrundsatz
beigeordneter RA 443, 451
Beiordnung eines Rechtsanwalts 177 f., 244, 343
Beistand
– im elterlichen Sorgerecht 134
– im Jugendstrafverfahren 387
– in Sachen der freiwilligen Gerichtsbarkeit 265
Beitritt im Zwangsversteigerungsverfahren 310
Bekanntmachung, öffentliche der Versteigerung 311
Belehrungspflichten des Notars 17, 270
Beleidigung 81, 376, 381
Benachrichtigung des Drittschuldners 298 f.
Beratungshilfe 16, 178 f.
Beratungshilfe, Kosten des RA 447
Berechnung der Fristen 184 f.
Berechnung des Streitwerts 166

Berechtigungsschein 447
Bereicherung, siehe ungerechtfertigte Bereicherung
Bereicherungsanspruch, Verjährung des 86
Berichtigung
– des Tatbestands 227
– von Schreib- und Rechenfehlern 227
Berliner Testament 150
Berufsunfähigkeitsrente 126
Berufsverbände (Koalitionen) 339
Berufsverbot 361
Berufung 251 f., 342, 349, 379, 401
– Anschlussberufung 253
Beschäftigungsort, Gerichtsstand 167
Beschleunigungsverfahren 214, 343, 379
Beschlüsse, Beurkundung 497, 507
beschränkte persönliche Dienstbarkeit 111, 494
Beschuldigter 375
Beschwer 250
Beschwerde 255 f., 257, 267, 325
Beschwerdewert 417
Besitz 88 f.
Besitzdiener 89 f.
Besitzmittlungsverhältnis (Besitzkonstitut) 89
Besitzschutz 89
Besondere Arten der Verwertung 293
Bestandsverzeichnis des Grundbuchs 98
Bestandteile von Sachen 32 f.
– wesentliche 33
Bestellen der Hypothek 106 f.
– der Grundschuld 108 f.
Beteiligte (freiwillige Gerichtsbarkeit) 265
Betreuung Volljähriger 139
Betreuungsverfahren 271
Betriebseinheitswert 495
Betriebsrat und Personalrat 340
Betriebsvereinbarung 340
Betriebsversammlung 340
Betrug 368
Beurkundungen, notarielle 40
Beurkundungsgebühren 503
Beurkundungssachen 269
Bewährungsfrist 358

Bewährungshelfer 358
Beweisanwalt 451
Beweisaufnahme 218, 378
Beweisbeschluss 218
Beweisgebühr 420, 425, 426
Beweismittel 217 f.
Beweisverfahren 217 f.
Beweisverfahren, selbstständiges 441 f., 484
Beweiswürdigung, freie 219
Bewilligung, Eintragungs- 100 f.
Bezugsberechtigung (Lebensversicherung) 304
BGB-Gesellschaft 30 f.
Bote 44
Boykott 341
Brandstiftung 357
Briefgrundschuld 108 f.
Briefhypothek 106 f.
Bringschuld 52 f.
Buchgrundschuld 108 f.
Buchhypothek 106 f.
Bundesanwälte 14
Bundesgerichte 11
Bundeszentralregister 383
Bürgerliches Recht 19 f.
Bürgermeister, Errichtung von Nottestamenten 148
Bürgschaft 77 f.
Bußgeldverfahren 389 f.
Bußgeldverfahren, RA-Kosten 474

C

Code Napoleon (Code civile) 23

D

Darlehen 74 f.
Dauerarbeitsverhältnis 340
Deliktsfähigkeit 26 f.
Diebstahl 364
Dienstbarkeiten 110 f.
Dienstverpflichteter, siehe Dienstvertrag
Dienstvertrag 68 f.
Differenzprozessgebühr 422
Dinglicher Arrest 330
Dinglicher Gerichtsstand 169
Dinglicher Vertrag 91
Dingliches Recht 88, 106
Direkte Stellvertretung 44
Doppelehe 117
Drittschuldner 298 f.
Drittschuldnerklage 299

Drittwiderspruchsklage 324
Drohung 42, 367
Durchsuchung der Wohnung 289, 377

E

Echtheit von Urkunden 222
Ehe- und Kindschaftssachen 405 f., 430 f.
Eheaufhebung 117
Ehefähigkeit 117
Ehefeststellungsklage 243
Eheherstellungsklage 243
Ehehindernisse 117 f.
Eheliche Lebensgemeinschaft 117
Ehename 119 f., 124
Eherecht 116 f.
Ehesachen 241 f.
Ehescheidung 122 f.
Ehescheidungsklage 240 f.
Eheschließung 117
Eheverbote 117
Ehevertrag 121, 125
Ehewohnung, einstw. Anordnung, Wert 406, 431, 434, 459
Ehrenamtliche Richter 12
Ehrengerichte 11
Eidesleistung 220
eidesstattl. Versicherung, RA-Kosten 455 ff.;
– Gerichtskosten 484
Eidesstattliche Versicherung 319
Eigenbesitz 89
Eigenhändiges Testament 148 f.
Eigenmacht, verbotene 90
Eigenschaftsirrtum 42
Eigentum 90
Eigentümergrundschuld 109
Eigentumserwerb
– an beweglichen Sachen 91
– an Grundstücken 95
Eigentumsvorbehalt 66
Eigentumswohung 104
Einbenennung 131
Einheitswert 493
Einigung 91, 95
Einlassungsfrist 183, 239
Einrede
– der Rechtshängigkeit 206
– der Verjährung 46
– der Vorausklage 78
Einschränkungen des Eigentums 90
einseitige Erklärungen 503

Einspruch gegen den
– Bußgeldbescheid 389
– gegen den Strafbefehl 381
– gegen das Versäumnisurteil 234 f., 439 f.
– gegen den Vollstreckungsbescheid 197 f.
Einstellung des Verfahrens 377
Einstweilige Anordnungen 245 f., 484
Einstweilige Einstellung der Zwangsvollstreckung 282, 313
Einstweilige Verfügung 332, 441, 483
Eintragung ins Grundbuch 99 f.
Eintragungsbewilligung 100 f.
Eintragungsverfügung des Grundbuchbeamten 101
Eintragungsvoraussetzungen 99
Einwendungen gegen die Zwangsvollstreckung 323 f.
Einwilligung des gesetzlichen Vertreters 25, 129 f.
Einwilligung zur Sprungrevision 255
Einzelkaufleute 496
Einzelzwangsvollstreckung 278 f.
Elterliche Sorge 132 f.
Empfängniszeit 128
Empfangsbedürftige Willenserklärung 39
Endurteile 228
Endvermögen 121
Enteignung 91
Entlastungsbeweis 82
Entschädigung von Zeugen und Sachverständigen 220
Entscheidung
– dem Einzelrichter übertragen 218
– nach Lage der Akten 235
– ohne mündliche Verhandlung 236
Entscheidungsschuldner 484
Entwürfe von Urkunden 499
Entziehung der Fahrerlaubnis 361
Entziehung des Pflichtteils 155
Erbauseinandersetzung 153, 268, 305
Erbbaurecht 104, 493
Erbengemeinschaft 153
Erbfall 143
Erbfallschulden 153

Sachwortverzeichnis

Erbfolge
- gesetzliche 143
- testamentarische 147 f.

Erblasserschulden 152

Erbrecht
- der Verwandten 143 f.
- des Ehegatten 146
- des Fiskus 146

Erbschaft
- Anfall 152
- Ausschlagung 153

Erbschaftsbesitzer 155
Erbschaftsklage 155
Erbschein 154 f.
- Erbteil 143
Erbteilungsklage 153
Erbunwürdigkeit 157
Erbvertrag 151 f.
Erbverzicht 157
Erfolgshonorar 15, 399
Erfüllungsgehilfe 84
Erfüllungsgeschäft 91 f.
Erfüllungsort und Gerichtsstand 52 f., 167 f.
Ergänzung des Urteils 227
Ergänzungspflegschaft 140
Erhebung der Klage 205
Erhöhung des Anspruchs 403, 422, 429
Erinnerung 98, 250, 257, 289, 323, 417
Erkenntnisverfahren 164, 278
Erklärungen, mehrere in einer Urkunde 505 f.
Erledigung der Hauptsache 225, 483
Ermäßigung des Anspruchs 422, 429
Ermittlungsverfahren der Staatsanwaltschaft 375 f.
Eröffnungsbeschluss 377
Erörterungsgebühr 420, 424
Erpresserischer Menschenraub 367
Ersatzerbe 147
Ersatzfreiheitsstrafe 359
Ersatzlieferung (Umtausch) 65
Ersatzzustellung 181
Ersitzung 93
Erstattungsfähigkeit 402
Erstschuldner 484
Ersuchter Richter 210
Erwerb des Eigentums
- an beweglichen Sachen 91 f.
- an Grundstücken 95

- durch Sicherungsübereignung 96
- gutgläubiger 92

Erwerbstätigkeit des Ehegatten 119
Erziehungsmaßregeln 385 f.
Erziehungsregister 383
Erziehungsrente 126
Erzwingungshaft 390
Euthanasie, siehe Sterbehilfe
Exculpationsbeweis (Entlastungsbeweis) 82

F

Fahrererlaubnis, Entziehung 361
Fahrlässige Tötung 363
Fahrlässigkeit 81
Fahrnisrecht 88f.
Fälligkeit der Gebühren 402
Fälligkeit der Leistung 54 f.
Familiengericht 164 f., 242 f.
Familienname 119 f., 129 f.
Familiensachen 241 f.
Familiensachen, selbstständige 430 ff.
Familiensachen, Übersicht Werte und Gebühren 433
Festgebühren 488
Festsetzung des Gegenstandswertes 407
Festsetzung gegen eigene Partei 419
Feststellung
- der Abstammung 127 f.
- der Vaterschaft 128 f.
Feststellungsklage 204, 348
Finanzgerichte, RA-Kosten vor 476
Finanzgerichtsbarkeit 351, 476
Fiskus
- als Erbe 146
Fixgeschäft 52
Flurbuch (Kataster) 97
Folgen
- der Scheidung 124 f.
- der Unzuständigkeit des Gerichts 170
Forderungsabtretung 57 f.
Form der Rechtsgeschäfte 40 f.
Freiheitsentziehende Maßnahmen 360
Freiwillige Gerichtsbarkeit 263 f.
Fremdbesitz 89
Fristen
- Arten 183 f.

- Berechnung 184 f.
- Verjährungsfristen 46
- Früher Erster Termin 214
Führungsaufsicht 360
Fund 94
Fürsorgepflicht des Dienstherrn 68

G

Gattungssachen 65
Gebietsköperschaften 10
Gebot, geringstes 311
Gebührenbefreiung 488
Gebührenermäßigung, neue Bundesländer 397
Gebührentabelle RA-Kosten in Strafsachen 466
Gebührenvereinbarung 399, 488
Gebührenklage, Gerichtsstand 168
Geburtsname 119 f., 124
Gefährdung des Straßenverkehrs 368
Gefährdungshaftung 83
Gefahrübergang 64
Gegenstände des Rechtsverkehrs 32 f.
Gegenstandswert 403 f., 431 f.
Gehilfe des Straftäters 358
Geisteskrankheit 25
Geistesschwäche 26
Geldrente
- als Unterhaltsleistung 136
- beim Versorgungsausgleich 125
- für Notweg 91
Geldschulden 52, 54
Geldstrafe 358
Gemeinde 10
gemeiner Wert 492
Generalbundesanwalt 14
Generalvollmacht 45
Genossenschaftsregister 269
gerichtlich bestellter Verteidiger 473 f.
Gerichtlicher Vergleich, siehe Prozessvergleich
Gerichtliches Mahnverfahren 192 f.
Gerichtsgebühr in Kostenmarken 206
Gerichtskosten 480 f.
Gerichtsstände 168 f.
Gerichtsvollzieher 13
Geringstes Gebot 311
Gesamtgut der Eheleute 122

513

Sachwortverzeichnis

Gesamthandsgläubiger 53
Gesamthandsschuldner 53
Gesamtrechtsnachfolge 143
Gesamtschuldner 53
Gesamtstrafe 359
Gesamtvollmacht 45
Geschäftsbedingungen, allgemeine 62
Geschäftsfähigkeit 25
Geschäftsführer 495
Geschäftsführung ohne Auftrag 76 f.
Geschäftswert 487 f., 491 f.
Geschwister
– halbbürtige 117
Gesellschaft des bürgerlichen Rechts 30 f.
Gesetzgebende Organe 8
Gesetzliche Erbfolge 143 f.
Gesetzliche Stellvertretung 43
Gesetzliches Pfandrecht 95
Gestaltungsrechte 34
Gewährleistungsansprüche 64 f.
Gewahrsam
– bei Diebstahl und Unterschlagung 364 f.
– des Dritten 315
– des Schuldners 290
Gewerkschaften 339
Gewinn, entgangener 84
Gewohnheitsrecht 8
Glaubhaftmachung 218
Gläubiger 53 f.
Gläubigerverzug 55
Gnadensachen, RA-Kosten 470
Grundakte 99
Grundbuch 98 f.
– Erbbaugrundbuch 105
– Grundbuchamt 98
– Grundbuchbeamter, Grundbuchrichter 98
– Grundbuchblatt 98
– Grundbuchberichtigung 102
– Grundbuchordnung 98 f.
– Grundbuchsachen 264
– Grundbuchverfügung 101
Grunddienstbarkeiten 111, 493
Grundfreibetrag bei Lohnpfändung 301
Grundgeschäft 95
Grundpfandrechte 105 f.
Grundsätze
– des Strafrechts 355
– des Zivilprozesses 210 f.
Grundschuld 108 f.
Grundschuldbrief 108

Grundschulden 493
Grundstück 98
Grundstückskauf 103
Grundstückszubehör 106
Grundurteil 229
Gutachten des Sachverständigen 220
Gütergemeinschaft 121 f.
Güterrecht, eheliches 120 f.
Güterrechtsregister, Anmeldung zum 496
Gütertrennung 122
Güteverfahren 343
Gutgläubiger Erwerb 92, 102, 155

H

Haft zur Erzwingung der eidesstattlichen Versicherung 320
Haftbefehl 320, 377
Haftung
– der juristischen Personen 27
– der Aufsichtspflichtigen 82
– des belasteten Grundstücks 106
– des Erben 153 f.
– für die Kosten 402
– des Schuldners 54
– des Reiseveranstalters 70 f.
– des Tierhalters 82 f.
– für Verrichtungsgehilfen 82
– Handakten 15
Handelsregister 269
Handelsregister, Anmeldung zum 495
Handelssachen 269
Handlungsvollmacht 45
Härteklausel 123
Hauptanspruch 404
Hauptgeschäft 487, 498
Hauptgeschäft/Nebengeschäft 487
Hauptsache, Erledigung der 483
Haupttermin 214, 216
Hauptverhandlung 378
Hauptvollmacht 45
Hausbesetzung 371
Hausfriedensbruch 371
Haushaltsführung des Ehegatten 118
Hausrat als „Voraus" 146
Hausrat, einstw. Anordnung, Wert 406, 431, 434, 459
Hausratsauseinandersetzung 264
Hausratssachen 166, 243 f.
Haustürgeschäfte 62 f.

Hebegebühr 411, 501
Hehlerei 364
Heimfallanspruch (Erbbaurechl 105
Heiratsregister 120
Hemmung der Verjährung 46
Heranwachsende 385
Herausgabe eines Kindes 132, 241
Herrschaftsrechte 34
Herstellung des ehelichen Lebens 240 f.
Hilfsanspruch mit höherem Wert 407
Hilfsbeamte der Staatsanwaltschaft 376
Hilfspfändung 304
Hinterlegung 55, 59
Höchstpersönliche Rechte 43, 115, 143
Holschulden 52
Honorarvereinbarung 15
Horizontalverweisung 438
Hypothek 105 f., 493

I

Inhalt der Klageschrift 205 f.
Inkassovollmacht 174
Insolvenzverfahren 335
Interventionsklage 324

J

Jugendamt 117, 127, 130, 134, 265, 386 f.
Jugendgerichte 387
Jugendgerichtshilfe 387
Jugendkammer 387
Jugendrichter 387
Jugendschöffengericht 387
Jugendschutzgesetz 81
Jugendstaatsanwalt 387
Jugendstrafe 387
Jugendstrafverfahren 385 f.
Juristische Personen 27 f.

K

Kaffeefahrten, siehe Haustürgeschäfte
Kammer für Handelssachen 164, 166
Kapitalgesellschaften 497
Kapitalverbrechen 375
Katalog-, Versandhandel 67
Kataster (Flurbuch) 97
Kauf 492

Kauf unter Eigentumsvorbehalt 66
Kaufvertrag 63 f.
Kinder
– Annahme als Kind 129 f.
– elterliche Sorge 132 f.
– Erbrecht 143 f.
– Rechtsstellung 131
Kindschaftssachen 246 f.
Kirchenrecht 9
Klage und Widerklage, Wert 407
Klageänderung 207
Klageantrag 205
Klagearten 204
Klageerhebung 205f., 377
Klageerwiderung 216 f.
Klagegrund 205
Klagenhäufung 207
Klageschrift 205 f., 213
Klageverfahren 213 f.
Klageverzicht 225
Klagezurücknahme 225
Kollegialgerichte 172
Kontokorrentvorbehalt 67
Kontrahierungszwang 39
Konzentration des Verfahrens 214
Körperschaften 10
Körperverletzung 363 f.
Kostenausgleich 418
Kostenberechnung 490
Kostenbeschluss § 91 a ZPO 482
Kostenentscheidung 414f.
Kostenentscheidung, Anfechtung der 415
Kostenfestsetzung 415 ff., 419
Kostenfestsetzungsbeschluss 280, 284
Kostenrecht 398 f.
Kostenschuldner 414, 484
Kostenverzeichnis 480
Kostenvorschuss 402, 485, 489
Kosten im Insolvenzverfahren 463
Kraftfahrzeughalter, Haftung 83
Kraftloserklärung von Urkunden 261 f.
Kreditsicherungsmittel
– Bürgschaft 77 f.
– Forderungsabtretung 57 f.
– Grundpfandrechte 105 f.
– Sicherungsübereignung 96
Kriminalpolizei 14
Kronzeugenregelung 383

Kündigung
– von Arbeitsverhältnissen 338
– von Dienstverhältnissen 69
– von Schuldverhältnissen 59
– von Wohnraum 73
Kündigungsschutzklage 341

L
Ladung zum Termin 215, 233, 320, 378
Ladungsfrist 183, 239, 378
Laienrichter (ehrenamtliche Richter) 12
Landfriedensbruch 370
Landrechte 23
Lasten und Beschränkungen im Grundbuch 98
Lebensgemeinschaft
– eheliche 118
– nichteheliche 137
Lebenspartnerschaft 138
Lebensversicherung 51, 304
Leibesfrucht, Pflegschaft 140
Leihe 74
Leistung des Interesses 317
Leistung wiederkehrende 46
Leistung, Fälligkeit 54
Leistungsklage 204
Leistungsort 52 f.
Leistungsstörungen 54 f.
Leistungszeit 52
Leistungsverzug 54 f.
– siehe auch Schuldnerverzug
Liegenschaftsrecht 97 f.
Liegenschaftsvollstreckung 309.
Lohn- und Gehaltsforderungen, Pfändung 303 f.
Lohnklagen, Wert 406
Lohnschiebungsverträge 302
Lokaltermin 182
Luftfahrzeughalter 83
Luxustiere 83

M
Mahnbescheid, Antrag auf 193
Mahnverfahren 193 f., 428, 482 f.
– Wechselmahnverfahren 240
Mangel der Sache 64
Mängelrüge 65
Maßregeln der Besserung und Sicherung 360
mehrere Ansprüche 403
mehrere Auftraggeber 400 ff.
Meistbietender 312

Menschenraub, erpresserischer 367
Mietverhältnis, Wert 406
Mietvertrag 72 f.
Minderjährige 25
Mindern 64, 70
Mindestarbeitsbedingungen 339
Mindestgebot 313
Mindestgebühr 491
Miteigentum 104
Miterben 143, 154
Mithaft 494
Mittäter 357
Mitverschulden 84
Mord 362
Motivirrtum 42
Mündlichkeit, Grundsatz 312
Mutterschaft 127
Mutwillige Rechtsverfolgung 176, 179

N
Nachbarrecht 91
Nachbesserung 65, 69
Nachbürgschaft 78
Nacherbe 147
Nachlass l43, 153 f.
Nachlassgericht 268
Nachlassgläubiger 153
Nachlassinsolvenzverfahren 153
Nachlasssachen 268
Nachlassverbindlichkeiten 152 f.
Nachlassverwaltung 153
Nachpfändung 290
Nachtzeit, Pfändung zur 291
Nachverfahren 239
Name
– des Adoptivkindes 131
– des Kindes 131
– Ehename 119 f.
– Familienname 119 f., 131
– Geburtsname 119, 131
Namensänderungsgesetz 120
Naturalherstellung 84
Nebenforderungen 404
Nebengeschäft 487, 498
Nebenklage 381
Nebenklage, RA-Kosten 471 ff.
Nebenkläger 381
Nebenstrafen, Nebenfolgen 359
Nichteheliche Lebensgemeinschaft 137 f.
Nichtige Rechtsgeschäfte 41
Nichtöffentliche Verhandlung 210

Sachwortverzeichnis

nichtvermögensrechtliche Angelegenheiten 403, 405 f., 497 f.
nichtvermögensrechtlicher/vermögensrechtlicher Anspruch 405 f.
Niederschrift des Notars 270
Nießbrauch 111, 494
Notar 16 f., 265 f.
Notarkammer 17
Notarkosten 487
Notfrist 183, 344
Notfristzeugnis 229
Nötigung 367
Notstand 36, 356
Nottestament 148
Notwehr 35, 356
Notwendige Verteidigung 35
Nutztiere 82

O

Oberste Bundesgerichte 11
Objektives Recht 7
Öffentliche Klage 377
Öffentliche Urkunden 221
Öffentliche Versteigerung 292
Öffentlicher Glaube des Grundbuchs 102
Öffentliches Interesse an Strafverfolgung 381
Öffentliches Recht 9
Öffentlichkeitsgrundsatz 210
Offerte, siehe Angebot Ordnungsgeld, Ordnungshaft 220, 317, 378
Ordnungswidrigkeiten 354, 389
Örtliche Zuständigkeit der ordentlichen Gerichte
– in Strafsachen 375
– in Verfahren nach FFG 265
– in Zivilsachen 167 f.

P

Pacht 73
Pachtverhältnis, Wert 406
Parteifähigkeit 170 f.
Parteivernehmung 222
Partnerschaftsregister, Anmeldung zum 496
Patentgerichtsbarkeit 11
Pauschgebühren 398
Personen
– juristische 9, 27
– natürliche 25 f.
– der Rechtspflege 12 f.
Personengesellschaften 495 f.

Personenkörperschaften 10
Personensorge 132 f.
Personenstandssachen 264
Persönlicher Sicherheitsarrest 330
Persönlicher Umgang mit dem Kinde 127, 133
Persönlichkeitsrechte, allgemeine 34
Pfandgläubiger 95 f.
Pfandrecht
– gesetzliches (besitzloses) 95
– Pfändungspfandrecht 95, 290
– Grundpfandrechte 105 f.
– vertragliches (Faustpfand) 95
Pfandsiegel 288
Pfändung
– von beweglichen Sachen 288 f.
– von Geldforderungen 298 f.
– von Grundpfandrechten 303
– von Hausrat 290
– von Herausgabeansprüchen 302
– von Wertpapieren 305
– Wirkung von Pfändung 289
Pfändungs- und Überweisungsbeschluss 298, 484
Pfändungsankündigung (Vorpfändung) 299
Pfändungsauftrag 288
Pfändungsbeschränkungen 290
Pfändungspfandrecht 289
Pfändungsprotokoll 289
Pfändungsschutz
– für Lohn- und Gehaltsforderungen 291
– in Härtefällen 326
– strafrechtlicher Schutz 292
Pfandverkauf 96
Pfandverstrickung 279
Pflegschaft 140
Pflichtteil 155
Pflichtverteidiger 372, 468 ff.
Polizeiliche Hilfe 278, 370
Positive Vertragsverletzung 56 f.
Post- und Telekommunikation 407, 498
Postspartguthaben (Pfändung) 294
Privatklage 375
Privatklage, RA-Kosten 466 ff.
Privatrecht 8
Privaturkunden 210 f.
Produkthaftung 83
Prokura 45

Prorogation 169
Protokoll 223 f., 270, 289, 378
Prozessfähigkeit 172
Prozessgebühr 398, 420
Prozessgericht 1. Instanz als Organ der Zwangsvollstreckung 286
Prozesskostenhilfe 176, 443
Prozessparteien 171 f.
Prozessurteile 228
Prozessverfahren 479
Prozessvergleich 226
Prozessvollmacht 173 f., 242
Prozessvoraussetzungen 172 f.
Prüfungs- und Belehrungspflichten des Notars 17, 270
Pseudonym 40

R

Rahmengebühren 399, 488
Rangänderung 494
Rangverhältnis im Grundbuch eingetragener Rechte 100 f.
Rangvorbehalt 102
Ratgebühr 409
Raub 366
Räuberischer Diebstahl 366
Räumung, Wert 406
Räumungsklage 167, 171
Rauschgiftsucht 360
Reallast 110, 494
Rechte
– absolute 34
– relative 34
Rechtfertigungsgrund 81, 356
Rechtliches Gehör 213
Rechtsänderung im Grundbuch 102
Rechtsanwalt, Beruf 14 f.
Rechtsanwaltskammern 16
Rechtsbehelfe 250, 257
Rechtsbeistand, Kosten des 397
Rechtsberatung 178
Rechtsbeschwerde 267 f.
Rechtsfähigkeit 25
Rechtsgeschäft 37 f.
– Anfechtung 42
– Arten 37
– Form 40 f.
– Nichtigkeit 41
Rechtshängigkeit 205 f.
Rechtskraft des Urteils 229 f.
Rechtskraftzeugnis 229
Rechtsmängel 64
Rechtsmittel gegen Entscheidungen im Verfahren

– der Arbeitsgerichtsbarkeit 344
– der Finanzgerichtsbarkeit 351
– der Sozialgerichtsbarkeit 350
– der Strafgerichtsbarkeit 379
– der Verwaltungsgerichtsbarkeit 349
– der freiwilligen Gerichtsbarkeit 267
– im Bußgeldverfahren 389
– vor den ordentlichen Zivilgerichten 250 f.
Rechtsmittel in Strafsachen, RA-Kosten 467 ff.
Rechtsmittelbelehrung
– in Arbeitssachen 343
– in Strafsachen 379
– im Verwaltungsakt 347
Rechtsnachfolge
– Einzelrechtsnachfolge 143
– Gesamtrechtsnachfolge 143
Rechtsobjekte 32 f.
Rechtsordnung 7
Rechtspfleger 12 f.
Rechtsquellen 7 f.
Rechtsschutzbedürfnis 205, 283
Rechtssubjekte 24 f.
Rechtsverhältnis 51 f.
Rechtsverordnungen 8
Rechtszug 420, 421
Regelbetrag 136
Reihenfolge
– der Unterhaltsbedürftigen 135
– der Unterhaltsverpflichteten 135
Reisekosten des Notars 503
Reisekosten des Rechtsanwalts 413
Reisemängel 70
Reisevertrag 70
Rente, Wert 406
Rentenschuld 110
Restitutionsklage 258
Revision 254, 344, 349, 351, 380
Richter 12
– beauftragter 210
– ersuchter 210
Richteramt 12
Richterrecht 346
Rubrum 228
Rückbürgschaft 78
rückständige wiederkehrende Leistungen, Wert 406
Rücktritt
– vom Versuch 357
– vom Vertrag 55, 57, 59

– von der vollendeten Straftat 357
Rückübertragung der Grundschuld 108
Ruhen des Verfahrens 224

S
Sachbeschädigung 366
Sachen 32
Sachen, Wert 492
Sachenrecht 88 f.
Sachkundiger Zeuge 221
Sachliche Zuständigkeit 161 f., 193, 239, 242, 245, 265, 284 f., 374
Sachmängel 64
Sachurteil 228
Sachverständigenbeweis 220 f.
Satzungen 8
Satzungsänderung 497
Schaden 84
Schadensersatz 83 f.
Schädigung, sittenwidrige 81
Scheckprozess 239
Scheidung der Ehe 122 f., 243 f.
Scheidungsfolgen 124 f., 244 f.
Scheidungsfolgesachen 241 f., 405 ff., 430, 432, 481 ff.
Scheidungssachen 241f.
Scherz- und Scheingeschäfte 41
Schickschulden 52
Schiedsgerichtsverfahren 262
schiedsrichterliches Verfahren 460ff.
Schiedsspruch 262
Schiedsvergleich 262
Schiedsvertrag 262
Schlechterfüllung 56 f.
„Schlüsselgewalt" 118
Schlüssigkeit der Klage 233
Schlussvortrag 379
Schmerzensgeld 84
Schöffen 374 f.
Schöffengericht 375
Schreibauslagen 413, 502
Schriftform 40
schriftliches Gutachten, Gebühr 410
Schriftliches Verfahren 236
Schuldfähigkeit 24 f.
Schuldhaftes Handeln 83
Schuldnerschutzbestimmungen 288, 301 f.
Schuldnerverzeichnis 321
Schuldnerverzug 54 f.
Schuldschein 221

Schuldurkunde 106
Schuldverhältnis 51 f.
– Aufhebung 5 8 f.
– Entstehung 51
– Erlöschen 59 f.
Schutz des Schuldners
– bei Forderungsabtretung 57 f.
– bei Zwangsvollstreckung, siehe Schuldnerschutzbestimmungen
Schutzgesetze 81
Schwägerschaft 116
Schwarze Liste 321
Schweigepflicht 15, 17
Seetestament 148
Selbstständiges Beweisverfahren 222, 441 ff.
Selbsthilferecht 34 f., 81, 90
Selbsthilfeverkauf 55
Selbstschuldnerische Bürgschaft 78
Sequester 302
Sicherheitsleistung 280 f.
Sicherungshypothek 106, 309
Sicherungspfandrecht 309
Sicherungsübereignung 96
Sitte
– Verstoß gegen die guten Sitten 81
Sittlichkeit 7
Sitzungsprotokoll 223
Sofortige Beschwerde 256, 267, 320, 325
Sondereigentum 104
Sondergut 121 f.
Sorge für die Kinder 126 f., 131 f.
Sozialgerichte, RA-Kosten vor 476
Sozialgerichtsbarkeit 11, 350
Spezialvollmacht 45
Sprungrevision 255
Staatsangehörigkeit 118, 124, 130 f.
Staatsanwalt 14
Staatsaufsicht 10
Staatsgerichtsbarkeit 11
Staatsrecht 9
Staatsschutzkammer 375
Standesbeamter 117 f.
Steckbrief 377, 382
Stellvertretung 43 f.
Sterbehilfe 363
Steuerrecht 9
Stiftungen 10
Stillstand des Verfahrens 224

Sachwortverzeichnis

Strafanzeige 376 f.
Strafaussetzung zur Bewährung 387
Strafbefehl 380
Strafgerichtsbarkeit 374 f.
Strafmilderungs- und Strafschärfungsgründe 355
Strafrecht
– materielles 354
– formelles 354
Strafrechtlicher Schutz der Pfändung 292
Strafsachen, RA-Kosten 464 ff.
Strafunmündigkeit 385
Strafverfahren 374 f.
Strafverfolgungsbehörde 374 f.
Strafvollstreckung und Strafvollzug 381 f.
Strafvollstreckungskammer 382
Strafvorbehalt, Verwarnung mit 359
Streikrecht 347
Streitgehilfe 171
Streitgenossen 54, 171
Streitige Verhandlung 216
Streitverkündung 171, 299
Streitwert 167, 403
Stufenklage, Wert 406
Stundung der Schuld 46
Subjektives Recht 7
Sühneversuch in Privatklagesachen 381

T

Tarifautonomie 339
Tarifverträge 339
Tarifvertragsparteien 339
Taschengeld 26, 118
Tatbestand 227, 356
Täterschaft 357
Taubstumme 27
Täuschung, arglistige 42, 118
Tauschvertrag 63
Teilanerkenntnisurteil 225
Teilurteil 228
Tenor des Urteils 228, 379
Terminbestimmung 214 f., 252, 378
– Lokaltermin 182
Testament 147 f.
– Berliner Textament 150
– eigenhändiges 148 f.
– gemeinschaftliches 149 f.
– Nottestament 148
– öffentliches Testament 149
– Privattestament 148

– Seetestament 148
– wechselseitiges 149
Testamentvollstrecker 154
Testierfähigkeit 148
Tiere 33
Todeserklärung 134
Totschlag 362
Tötung auf Verlangen 363
Treu und Glauben 52
Treuhänder, siehe Sequester
Trunkenheit im Verkehr 369
Trunkenheit, Trunksucht 26

U

Überbaurente 494
Übereignung
– bei Sicherungsübereignung 96
– von beweglichen Sachen 91
– von Grundstücken 95
Überlassung des Gebrauchs bei Miete und Pacht 72
Übernahmeschuldner 484
Überpfändung, Verbot 290
Übertragung
– der Grundschuld 109
– der Verkehrshypothek 107
Überwachung des Pernmeldeverkehrs 377
Überweisungsbeschluss
– zur Einziehung 298 f.
– an Zahlungs statt 298 f.
Umgang, persönlicher, mit dem Kinde 127, 133
Umschreibung der Vollstreckungsklausel 283
Umtausch, siehe Ersatzlieferung
Umwelt, Straftaten gegen 371
Unerlaubte Handlung 80 f.
Unerlaubtes Entfernen vom Unfallort 369
Unfall 369
Unfallschadensregulierung, außergerichtlich, RA-Kosten 479
Ungerechtfertigte Bereicherung 85 f.
Unmittelbare (direkte) Stellvertretung 44
Unmöglichkeit der Leistung 56
Unpfändbare Gegenstände 290
unpfändbares Arbeitseinkommen 301
Untätigkeitsklage 348
Unterbevollmächtigter 449
Unterbrechung des Verfahrens 224

Unterbrechung der Verjährung 46 f.
Unterbringung
– in der Sicherungsverwahrung 360
– in einem psychiatrischen Krankenhaus 360
– in einer Entziehungsanstalt 360
Unterhalt, vereinfachtes Abänderungsverfahren 436 f.
Unterhaltsbeschlüsse im vereinfachten Verfahren 247, 280
Unterhaltspflicht
– der Verwandten 134 f.
– der Ehegatten untereinander 118, 124
– der Eltern gegenüber ihren Kindern 127
Unterhaltspflicht, Wert 406, 430 ff., 436
Unterhaltsverfahren 247
Unterhaltsvertrag, siehe Abfindungsvertrag
Unterhaltsvorschuss 135 f.
Unterlassen
– strafbares 355
– von Störungen 90
Unterlassene Hilfeleistung 372
Unterlassungsanspruch 46
Unterlassungsklage 204
Unterschlagung 365
Unterschriftsbeglaubigung 40
Untersuchungsgrundsatz 213, 243, 266
Untersuchungshaft 377
Untervermächtnis 156
Untervollmacht 45
Unwirksamkeit
– des Testaments 148
– von Verfügungen gegenüber dem Vormerkungsberechtigten 112
Unzeitgebühr 501
Urkunden
– öffentliche 221
– private 221
– Verwahrung 270
– vollstreckbare 280
Urkunden- und Wechselprozess 238 f.
Urkundenbeweis 221
Urkundsbeamter 13, 224
Urteil
– Arten 228
– ausländische 279

Sachwortverzeichnis

- Berichtigung 227
- Form und Inhalt 228
- Rechtskraft 229
- Verkündigung 227
- Vorläufige Vollstreckbarkeit 280

Urteilsgebühr 481

V

Vaterschaft, Anerkennung 128, 246
Vaterschaftsanerkenntnis 498
Verbindlichkeiten, unvollkommene 51
Verbindung, Vermischung, Verarbeitung 93 f.
Verbraucherkredit 67
Verbrechen 355
Verein
- eingetragener 28 f.
- nicht eingetragener 29 f.

Vereinbarte Form 41
Vereinfachtes Verfahren 214, 247
Vereinigte Große Senate 166
Vereinsregister 28
Verfahren in Familien- und Kindschaftssachen 240 f.
Verfahrensgebühr 481
Verfahrensgrundsätze
- der freiwilligen Gerichtsbarkeit 264 f.
- des Zivilprozesses 210

Verfassungsgerichte, RA-Kosten vor 475 f.
Verfolgung im öffentlichen Interesse bei
- Antragsdelikten 376
- steckbriefliche 377

Verfügung von Todes wegen 147 f., 506 f.
Verfügungen
- des Gerichts 226, 266 f.
- einer Behörde 347
- einstweilige 332
- letztwillige 147 f.

Verfügungsgeschäfte 38
Vergehen 355
Vergleich
- gerichtlicher, siehe Prozessvergleich

Vergleichsgebühr 426, 432, 483
Verhaftungen 376
Verhandlungs- und Beibringungsgrundsatz 213

Verhandlungsgebühr 398, 420, 422
Verhandlungsvertreter 449
Verjährung 46 f.
- Fristen 46
- Hemmung 46
- Unterbrechung 46
- von Straftaten 383

Verjährung der Gebühren 402, 490
Verkehrsanwalt 451
Verkehrshypothek 106 f.
Verkehrssicherungspflicht 81
Verkehrssitte 52
Verkehrsstraftat 368 f.
Verkehrsunfallflucht 369
Verkehrswert (Verkaufswert) 166,492
Verkündung des Urteils 227, 344, 379
Verlöbnis 116f.
Vermächtnis 156
Vermögensrechtliche Streitigkeiten 254
Vermögenssorge 132, 133, 139
Vermögensverzeichnis 320
Vermutung
- unwiderlegbare 123
- widerlegbare 154

Verpflichtungsgeschäft siehe Grundgeschäft
Verpflichtungsklage 348
Verrichtungsgehilfe 82
Versandhandel 67
Versäumnisurteil 233, 344
verschiedene Gebührensätze 395
verschiedene Wertteile 404, 425
Versendungskauf 64
Versorgungsausgleich 125 f.
Versorgungsausgleich, Ausschluss des 497
Versteigerungstermin 292, 310 f.
Verstrickungsbruch 292
Versuch 357
Vertagung 183
Verteidiger 378
Verteilung des Versteigerungserlöses 294, 306
Verteilungsverfahren 306, 484
Vertikalverweisung 439
Vertrag 38 f.
- dinglicher 90 f.
- Vertragsfreiheit 39, 62
- Vertragshilfe 264

- zugunsten Dritter 51

Verträge 503
Vertragsangebote 503
Vertrauensinteresse 42
Vertreter der Anklage, siehe Staatsanwalt
Vertreter des RA 400
Vertretung des Rechtsanwalts 16
Vertretung durch mehrere Rechtsanwälte 400
Vertretung, siehe Stellvertretung
Veruntreuung 365
Verwahrung von Urkunden 17, 149, 151, 271
Verwahrungsvertrag 89
Verwaltungsakt 10, 347
Verwaltungsanordnung 8
Verwaltungsbehörde 10, 346, 390
Verwaltungsbehörden, RA-Kosten vor 477
Verwaltungsgerichte, RA-Kosten vor 476
Verwaltungsgerichtsbarkeit 11, 347 f.
Verwaltungsgerichtsordnung 347
Verwaltungsrecht 9, 346
Verwaltungsstreitverfahren 347
Verwandtschaft 115 f.
- Rechtsfolgen 116f., 134

Verwarnung
- im Jugendstrafrecht 386
- mit Strafvorbehalt 359
- Verwarnungsgeld 389

Verweisung des Rechtsstreits 438
Verweisung, Abgabe des Rechtsstreits von Amts wegen 196 f.
Verweisungsantrag 171
Verwertung der Pfandsache 292
Verwirkung 47
Verzicht
- auf Forderung 60
- auf Klage 225
- auf Rechtsmittel 229

Verzögerungsgebühr 484
Verzug
- des Gläubigers 55
- des Schuldners 54 f.

Verzugsschaden 56
Völkerrecht 9
Vollbürtige Geschwister 115
Volljährige 25, 117
Vollmacht 44 f.

519

Sachwortverzeichnis

– Arten 45
– Erlöschen 45
– Widerruf 45
vollstreckbare Kostenberechnung 490
vollstreckbare Urkunden 106, 280
Vollstreckung des Bußgeldbescheids 390
Vollstreckung, siehe Zwangsvollstreckung
Vollstreckungsabwehrklage (Vollstreckungsgegenklage) 323
Vollstreckungsauftrag 288 f.
Vollstreckungsbescheid 197 f., 202, 240, 280
Vollstreckungsbescheid, Antrag auf 197, 428
Vollstreckungsgericht 285
– Zuständigkeit 285
Vollstreckungsklausel 282 f.
Vollstreckungsorgane 284 f.
Vollstreckungsschutz 281, 290, 301 f.
Vollstreckungsschutzantrag 484
Vollstreckungstitel 279 f.
Vollstreckungsvereitelung 292
Vollurteile 228
Vollzug des Geschäfts 500
Voraus des Ehegatten 146
Vorbehaltsgut 121 f.
Vorbehaltsurteil 228
vorbereitendes Verfahren, RA-Kosten 465
Vorbereitungshandlungen 357
Voreintragung des Betroffenen 100, 107
Vorempfänge, Ausgleich 147
Vorerbe 147, 150
Vorkauf 492
Vorkaufsrecht 67, 98
Vorläufige Austauschpfändung 291
Vorläufige Festnahme 376
Vorläufige Vollstreckbarkeit 280
Vorläufiges Fahrverbot 377
Vorläufiges Zahlungsverbot (Herausgabeverbot, Vorpfändung) 299
Vormerkung 111 f.
Vormundschaft über Minderjährige 138
Vormundschaftsgericht 138 f.
Vormundschaftssachen 264
Vorpfändung 299

Vorsatz 80, 356
Vorschuss 402
Vorverfahren
– in Verwaltungssachen 347
– schriftliches 215
Vorwegpfändung 291
vorzeitige Erledigung des Auftrags 421
Vorzugsweise Befriedigung 325

W

Wahlverteidiger 464 f.
Wandeln 64
Wartefrist 371
Wartepflicht 369
Wechselmahnverfahren 240
Wechselprotest 508
Wechselprozess 239
Wechselseitiges Testament 149
Wegnahme von Sachen bei Zwangsvollstreckung 288, 315
Weigerungsklage 348
Werklieferungsvertrag 69
Werkvertrag 69
Wertfestsetzung 407
Wertgebühren 398, 488
Wertpapiere, Zwangsvollstreckung 305
Wesentliche Bestandteile 33
Widerklage 208
Widerklage und Klage, Wert 407
Widerrechtliches Handeln 80 f.
Widerruf
– des Angebots 59
– des Prozessvergleichs 226
– des Testaments 150
– des Verbraucherkreditvertrags 67
– der Vollmacht 45
Widerspruch
– gegen den Mahnbescheid 195 f., 203
– im Grundbuch 112
Widerspruch im Mahnverfahren 429
Widerspruchsklage
– des Dritten (Drittwiderspruchsklage) 324
Widerspruchsrecht des Mieters 73
Widerspruchsverfahren 347
Wiederaufnahme des Verfahren 258, 382

Wiedereinsetzung in den vorigen Stand 186, 267
Wiederkauf 492
wiederkehrende Nutzungen/Leistungen 494
Willenserklärungen 24 f., 37 f.
– Anfechtung 41 f.
– des Stellvertreters 43 f.
Wirkung der Bewilligung der Prozesskostenhilfe 176
Wirtschaftsstrafkammer 375
Wohnsitz 118, 131, 168
Wohnung
– Ehewohnung 243 f.
– Räumung 315
Wohnungseigentum 104, 493
Wohnungseigentumssachen 46
Wohnungserbbaurecht 493
Wohnungsgrundbuch 104
Wohnungsrecht (persönliche Dienstbarkeit) 111
Wuchergeschäft 41

Z

Zahlungsverbot, vorläufiges, siehe Vorpfändung
Zedent 57
Zeitungsanzeigen 38
Zerrüttungsprinzip 123
Zession 57
Zessionar 57
Zeuge 219 f., 378
Zeugenbeweis 219
Zeugnisverweigerungsrecht 220, 379
Zinsen
– Prozesszinsen 207
– Verzugszinsen 55
Zivilgerichtsbarkeit 11, 164 f.
Zubehör 33
Zuchtmittel 386
Zugewinngemeinschaft 120 f.
Zulassung des Rechtsanwalts 17
Zurechnungsfähigkeit 26
Zurückbehaltungsrecht 489
Zurückverweisung des Rechtsstreits 439
Zurückverweisung in anderen Instanzenzug (Diagonalverweisung) 439
Zuschlag
– in öffentlicher Versteigerung 292 f.
– in Zwangsversteigerung 312
Zuständigkeit, siehe sachliche und örtliche Zuständigkeit

Zuständigkeitsvereinbarung 169
Zustellungen 180 f., 283
Zwangserbe 146
Zwangsgeld 269, 316
Zwangshaft 316
Zwangshypothek 309
Zwangsversteigerung 309
Zwangsversteigerung, Zwangsverwaltung, RA-Kosten 460 ff.
Zwangsversteigerungsvermerk 310
Zwangsverwaltung 313 f.
Zwangsvollstreckung wegen anderer Ansprüche
– wegen Abgabe einer Willenserklärung 317
– wegen Herausgabe von Sachen
– bewegliche Sachen 315
– unbeweglichen Sache 315
– Sachen im Gewahrsam eines Dritten 315
– wegen Vornahme vertretbarer und nichtvertretbarer Handlungen 315 f.
– zur Erzwingung von Duldungen und Unterlassungen 317
Zwangsvollstreckung wegen Geldforderungen
– in Ansprüche aus Lebensversicherungen 304
– in Anteile an einer Gemeinschaft 305
– in das bewegliche Vermögen 288
– in Geldforderungen 297 f.
– in Grundschulden 303
– in Herausgabeansprüche 302
– in Hypotheken 303
– in körperliche Sachen 288
– in Postspareguthaben 304
– in Spareguthaben 304
– in Wechsel und andere Orderpapiere 303
– in Wertpapiere 305
– in das unbewegliche Vermögen 309
Zwangsvollstreckung, Gegenstandswert 404
Zwangsvollstreckung, RA-Kosten 453 ff.
Zwangsvollstreckungsorgane 284 f.
Zwangsvollstreckungsrecht 275 f.
Zwangsvollstreckungsverfahren 278 f.
Zwangsvollstreckungsvoraussetzungen 279 f.
Zwangsweise Vorführung
– des Angeklagten 378
– von Zeugen 220
zweckentsprechende Rechtsverfolgung 417
Zweitschuldner 484
Zwischenurteile 229
Zwischenverfügung des Grundbuchbeamten 101